A Fundamentação da Sentença no Sistema Penal Português: Legitimar, Diferenciar, Simplificar

A Fundamentação da Sentença no Sistema Penal Português: Legitimar, Diferenciar, Simplificar

José António Mouraz Lopes

2011

A FUNDAMENTAÇÃO DA SENTENÇA NO SISTEMA PENAL PORTUGUÊS: LEGITIMAR, DIFERENCIAR, SIMPLIFICAR

AUTOR
José António Mouraz Lopes

EDITOR
EDIÇÕES ALMEDINA, S.A.
Rua Fernandes Tomás nºs 76, 78, 80
3000-167 Coimbra
Tel.: 239 851 904 · Fax: 239 851 901
www.almedina.net · editora@almedina.net

DESIGN DE CAPA
FBA.

PRÉ-IMPRESSÃO
EDIÇÕES ALMEDINA, S.A.

IMPRESSÃO E ACABAMENTO
G.C. – GRÁFICA DE COIMBRA, LDA.
Palheira Assafarge, 3001-453 Coimbra
producao@graficadecoimbra.pt
Outubro, 2011

DEPÓSITO LEGAL
335604/11

Apesar do cuidado e rigor colocados na elaboração da presente obra, devem os diplomas legais dela constantes ser sempre objecto de confirmação com as publicações oficiais.

Toda a reprodução desta obra, por fotocópia ou outro qualquer processo, sem prévia autorização escrita do Editor, é ilícita e passível de procedimento judicial contra o infractor.

 GRUPOALMEDINA

BIBLIOTECA NACIONAL DE PORTUGAL – CATALOGAÇÃO NA PUBLICAÇÃO
LOPES, José António Mouraz
A fundamentação da sentença no sistema penal português : legitimar, diferenciar, simplificar. – (Teses de doutoramento)
ISBN 978-972-40-4661-7
CDU 343
    342

À Manuela, ao Francisco e à Catarina.
À minha Mãe e, sobretudo, em memória do meu Pai.

"*Nenhuma justiça se exerce, nenhuma justiça se faz, nenhuma justiça é efectiva nem se determina na forma de direito, sem ser através de uma decisão*".

JACQUES DERRIDA

«*Nas ciências vão-se simplificando cada vez mais os procedimentos acerca do passado; na jurisprudência, ao contrário, vão-se complicando cada vez mais. Enquanto todas as artes progridem multiplicando os resultados com o emprego de meios mais reduzidos, a jurisprudência retrocede, multiplicando os meios e reduzindo os resultados*»

J. BENTHAM

PALAVRAS PRÉVIAS

A obra que agora se publica corresponde, com pequeníssimas alterações, à dissertação de doutoramento submetida a apreciação das Faculdades de Direito e Economia da Universidade de Coimbra, no âmbito do programa de Doutoramento Justiça e Cidadania no Século XXI, em Maio de 2011, por um júri presidido pelo Senhor Prof. António Santos Justo e integrado pelos Senhores Profs. José Joaquim Gomes Canotilho, José Francisco de Faria Costa, Manuel da Costa Andrade, Anabela Maria Pinto de Miranda Rodrigues, José Manuel Damião da Cunha (arguente), Maria João da Silva Baila Madeira Antunes (arguente), José Augusto Preto Xavier Lobo Moutinho, António Pedro Nunes Caeiro e Helena Isabel Gonçalves Moniz Falcão de Oliveira, que atribuiu ao autor o grau de Doutor em Direito.

Tendo em consideração que em momento posterior à sua apresentação foi alterado o Código de Processo Penal, através da Lei nº 26/2010, de 30 de Agosto, exactamente em normas referentes à questão essencial que foi objecto do trabalho – a fundamentação da sentença simplificada – optou-se por incluir uma breve adenda sobre as alterações introduzidas.

A elaboração deste trabalho resultou, essencialmente, da inquietude com que enfrentamos o exercício da jurisdição, actividade profissional que exercemos há mais de vinte anos e da curiosidade intelectual que, associada ao aperfeiçoamento dessa prática, tem como objectivo a concretização de uma justiça mais justa.

A essa curiosidade acrescentamos as palavras cativantes de algumas pessoas que, neste momento, não podem deixar de ser enunciados. As suas compreensões da jurisdição e da justiça e, sobretudo, as suas palavras, constituíram provocações positivas que se traduziram num incentivo fundamental para que este trabalho se iniciasse. Os nossos agradecimentos, por isso, aos Senhores Professores Doutores José Joaquim Gomes Canotilho e Boaventura de Sousa Santos.

Um trabalho com esta responsabilidade só poderia sustentar-se na disponibilidade e orientação esclarecida do Senhor Professor Doutor José Francisco de Faria Costa. Porque as palavras, quando sentidas, devem repetir-se, mais uma vez, «grazie tante, Maestro».

Este trabalho não teria sido possível sem a preciosa ajuda de várias pessoas que, ao longo do tempo, de uma maneira ou de outra, possibilitaram a «disponibilidade do tempo» necessário à investigação que nos propusemos, trocaram connosco palavras críticas e incentivadoras fundamentais ou ajudaram e prestaram apoio em questões muito concretas. Não posso deixar de identificar, em representação do Conselho Superior da Magistratura, o Senhor Conselheiro Ferreira Girão e o Dr. José Eusébio Soeiro de Almeida. De igual modo, é devida uma palavra especial a Jacques Rayroud, do *Ministére Public de la Confédération Suisse*, ao Dr. José Reis e à Dra. Fátima de Sousa, sem os quais seria muito mais difícil terminar este trabalho.

Uma palavra especial é devida ao Dr. Pedro Soares de Albergaria, colega e amigo, pelo seu olhar crítico, a sua perspicácia e naturalmente o tempo que despendeu.

Um especial agradecimento é devido à minha irmã, Professora Doutora Ana Maria Mouraz Lopes, pelo permanente incentivo e pelas críticas absolutamente fundamentais no desenvolvimento do trabalho.

À minha família e ao cultivo que sempre fez da liberdade, da diversidade crítica e do respeito.

Aos meus filhos Francisco e Catarina, que continuaram a sentir a escassez do tempo devido.

Uma palavra final, que não é mais do que a Palavra, para o reconhecimento que ultrapassa todas as cumplicidades: à minha mulher sem a qual nada disto seria possível.

Introdução

1. A decisão final, nas modalidades da sentença ou acórdão, assume-se, de um ponto de vista finalístico, como a questão fundamental no processo penal.

O dever de decidir sobre a responsabilidade de um facto que pôs em causa a ordem jurídica e a reposição desse equilíbrio de modo a conseguir o restabelecimento da paz jurídica, é uma exigência do sistema jurídico. Historicamente aceitou-se que a legitimidade de proferir sentenças penais seja atribuída a alguém dotado de garantias estruturais próprias, como a independência e a imparcialidade, num quadro procedimental onde se exprimam os vários argumentos que permitam atingir e fixar a verdade.

É certo que a estrutura da jurisdição foi diferenciada consoante os tempos, sustentada em quadros normativo-constitucionais diversos e em sistemas processuais penais cujo figurino ideológico nem sempre coincidiam. Julgar e decidir, no sistema penal, no quadro constitucional democrático não é o mesmo que julgar e decidir num regime constitucional de cariz autoritário.

O estabelecimento de um quadro constitucional democrático que assumiu as garantias fundamentais como expressão inequívoca de um Estado de Direito e as subsequentes modificações decorrentes das revisões constitucionais de 1982 e 1997, densificaram a questão da decisão judicial através do imperativo da obrigação de fundamentação.

No âmbito das questões jurídicas que envolvem a fundamentação das decisões penais, a inexistência de um sistema diferenciado de fundamentação constitui o ponto de partida para o objectivo de discutir a possibilidade de novas abordagens à questão da fundamentação da sentença penal.

De modo mais específico, organizaremos o nosso trabalho pela identificação e discussão dos seguintes problemas em que a questão se apresenta.

Em primeiro lugar, no âmbito da decisão penal importa delimitar e analisar a verdade de um ponto de vista jurídico, na medida em que esta se apresenta como razão estruturante na legitimação da decisão. Trata-se de colocar o assunto numa dimensão epistemológica.

Num segundo momento, entrando no domínio específico da dimensão jurídico-normativa, o nosso problema obriga a equacionar a fundamentação das decisões judiciais com as suas implicações constitucionais que enquadram a justiça no Estado de Direito.

Um aspecto relevante no âmbito do trabalho é o que se trata e analisa nos Capítulos III e IV, onde se revisita a questão da fundamentação das decisões na sua racionalidade estrutural e no domínio normativo, permitindo compreender o modo de construção de uma decisão fundamentada. Averigua-se os limites e os problemas que o sistema processual penal, na sua dimensão pragmática, suscita.

No Capítulo V, discute-se a justificação dogmática de propostas de fundamentação alternativas sustentadas na diferenciação processual que nos permitem, no último capítulo, apresentar uma proposta de modelo de fundamentação que, respeitando a vinculação constitucional do princípio da fundamentação das decisões, se pretende simplificada.

É nosso objectivo propor um modelo de revisão do processo de fundamentação da sentença penal que seja, simultaneamente, capaz de responder a dois problemas fundamentais da justiça: a celeridade do procedimento e a garantia a uma justiça justa.

2. Imergir no problema da fundamentação da decisão penal pressupõe o conhecimento do tipo de decisão que subjaz ao sistema de justiça, nomeadamente quais as especificidades que se evidenciam no acto essencial da decisão jurisdicional.

Decidir no âmbito de um processo, nomeadamente num processo judicial penal, não deixando de ser uma decisão sobre um conflito, tanto na modalidade de sentença final, como na modalidade de outras intervenções jurisdicionais proferidas no decurso do procedimento, pressupõe a vinculação a uma decisão correcta. O direito é funcional porque é justo e não o contrário. A funcionalidade pacificadora do direito depende da presunção de justiça e da sua objectivação manifestada nas decisões judiciais.

E se a procura da justiça no caso concreto é a finalidade última em todo o procedimento, no âmbito do sistema penal assume uma dimensão impressiva,

INTRODUÇÃO

tanto pelos interesses subjacentes, como pelas consequências que pode importar, nomeadamente pela aplicação de uma pena.

O objectivo da produção da decisão justa como *ratio* essencial do processo judicial condiciona toda a abordagem que se pretenda efectuar sobre uma teoria da decisão na justiça uma vez que a dimensão cognoscitiva da verdade é um elemento caracterizador da decisão judicial.

A questão da verdade é transversal a todas as ideologias que concebem a decisão justa como finalidade do processo. Nenhuma decisão pode considerar-se justa se se funda em juízos erróneos. Esta proposição leva à questão «primária» da finalidade do processo penal e, sobretudo, ao que está em causa na decisão judicial ou seja, a «busca da verdade», finalidade que também se impõe no modelo cognitivo de processo penal no qual assenta a estrutura jurídico-constitucional do sistema português.

A convicção de que não é a verdade absoluta que está em causa levou a dogmática a enveredar por modelos divergentes sustentados na verdade material ou substancial e na verdade formal ou processual, de acordo com modelos epistemológicos diferenciados nomeadamente, os modelos jusnaturalista e juspositivista.

A tentativa de encontrar um caminho que ultrapassa a busca da verdade «sem implicações metafísicas» associando o predicado verdadeiro a proposições que motivam um pronunciamento judicial é, actualmente, uma via dogmaticamente racional e sustentada.

Trata-se, no âmbito processual penal, do entendimento da verdade assente num princípio de objectividade não absoluta que aceita o seu modo de determinação num modelo intersubjectivo de conhecimento, partilhando, de algum modo uma ideologia de consenso.

Por outro lado, o modelo de verdade jurisdicional é um modelo que se afirma como aproximativo isto é, decorrente das limitações de uma actividade de produção de prova assente em modelos similares à «reconstrução histórica» mas sujeita a procedimentos e regras pré-definidas com limites previamente fixados.

A verdade numa abordagem pragmática sobre a jurisdição, como é a «construção da decisão», tem ainda uma outra repercussão fundamental. Trata-se da conexão entre verdade e legitimidade e, nessa medida, descodificando o modo específico de legitimação da decisão e as suas repercussões no domínio da fundamentação, pretende-se alicerçar a relevância da sentença como elemento legitimador da própria jurisdição no sistema de divisão de poderes estabelecido num Estado democrático.

3. O modo de construção da decisão penal, tanto de um ponto de vista normativo como ao nível dos princípios estruturais subjacentes a essa normatividade, exige um suporte constitucional efectivo sem o qual não se cumpre a [re]afirmação do processo penal como «direito constitucional aplicado» (Figueiredo Dias) ou a imagem-conteúdo do processo penal como «sismógrafo da Constituição do Estado» (Claus Roxin).

A conformação e a modelação das normas do processo aos princípios constitucionais e à interpretação que deles fazem os Tribunais Constitucionais têm vindo a reflectir a importância da «Constituição real» no desenvolvimento do procedimento.

As normas constitucionais mudam, impulsionadas pelo caminho jurisprudencial da sua interpretação ou tão só pela mudança expressa pelo legislador constituinte. O alcance dessas mudanças em normas referentes a direitos fundamentais ou normas cuja trajectória de colisão com esses direitos é muito frequente, implica que se afirme peremptoriamente o não retorno dos direitos consagrados. Ou seja, no âmbito dos direitos fundamentais, os limites das alterações constitucionais devem impor uma «fuga para a frente» no sentido do reforço daqueles direitos.

Desde 1982 que a evolução das normas constitucionais portuguesas referentes à fundamentação das decisões judiciais é um exemplo de um processo de «desenvolvimento» constitucional.

A constitucionalização destas normas não esconde, no entanto, a frágil situação em que se encontra a construção jurídica, dogmática e metodológica relativa à decisão judicial e, sobretudo, sobre a sua fundamentação.

A evolução jurisprudencial demonstra o que alguma doutrina identifica como antinomias entre normas e princípios de nível superior e normas e *praxis* de nível inferior, ou seja, um *gap* entre as garantias estabelecidas como princípios e a sua efectivação nomeadamente, na passagem dos níveis mais altos aos níveis mais baixos do ordenamento – da Constituição à legislação ordinária, da legislação à sua aplicação judiciária e ainda à sua aplicação policial.

O percurso histórico-constitucional da questão da fundamentação das decisões permite identificar um modelo vinculativo de fundamentação das decisões, com repercussões no próprio entendimento da legitimação da jurisdição no sistema constitucional, estruturado em cinco características sobre os quais deve assentar tanto o edifício legislativo subsequente como a interpretação que é efectuada. A fundamentação da decisão é geral, indisponível, tem um conteúdo completo, deve ser pública e permitir a consagração do duplo grau de jurisdição.

INTRODUÇÃO

O processo de mudanças a que está sujeita a ordem jurídica, cada vez mais complexa e em adaptação a processos de normativização ainda não totalmente percepcionados, modela actualmente a aplicação do direito. Neste domínio, a dimensão extraprocessual subjacente ao princípio da fundamentação das sentenças emerge actualmente da jurisprudência do Tribunal Europeu dos Direitos do Homem, assumindo um novo modo de encarar o princípio da fundamentação das sentenças, como elemento configurador do direito a um processo equitativo, público e concretizado por um tribunal independente e imparcial.

Por outro lado, a configuração dogmática do dever de fundamentação das sentenças, num quadro normativo decorrente do espaço judiciário europeu pode mesmo evidenciar um tópico sobre a pretensão a um esquema europeu de fundamentação das decisões que, dentro das finalidades subjacentes às garantias que decorrem desse princípio, possa consagrar um nível de protecção elevado de direitos dos cidadãos.

4. A exigência da fundamentação das decisões decorre da necessidade de tornar controlável e menos arbitrário um poder inicialmente sustentado numa legitimidade autoritária.

Toda a construção dogmática, normativa e jurisprudencial vem densificando uma dupla dimensão finalística referente à fundamentação das decisões assente nas dimensões endo e extraprocessual.

Por um lado, através da dimensão endoprocessual possibilita-se o controlo da decisão por parte dos intervenientes no processo, sejam estes os destinatários directos da decisão, em que estão em causa funções de garantia, de impugnação e de defesa, sejam os seus autores, onde está em causa uma função de autocontrolo.

Por outro lado, a dimensão extraprocessual da fundamentação concretiza a expectativa democrática do princípio da fundamentação das decisões revelada em várias ordens jurídicas na constitucionalização daquele dever, enquanto manifestação do princípio da participação popular na administração da justiça. Através da enunciação das «razões da decisão», permite-se o controlo do exercício da jurisdição tanto por parte dos seus destinatários directos como pelo auditório geral constituído pelo povo, entidade ou razão fundamental e legitimadora do exercício da função judicial.

A fundamentação, como acto processual autónomo, impõe, no entanto, a necessidade de clarificações conceptuais, nomeadamente, sobre o que é entendido como «fundamentação», «motivação» e «justificação tendo em conta a relativa sobreposição dos conceitos utilizados pela dogmática. De igual modo, a utilização dos conceitos de justificação interna e externa da decisão permite entender o processo de fundamentação que envolve a actividade jurisdicional. Na justificação interna pretende-se afirmar que uma decisão está justificada quando se demonstre a validade da inferência entre a conclusão alcançada e as premissas existentes. Na justificação externa uma decisão está ou é justificada quando o juiz demonstra a validade das regras de inferência e as premissas internas. A relevância da discussão decorre da pretensão de assegurar a racionalidade probatória na fixação das premissas fácticas, tratando-se de afirmar e desenvolver o conteúdo da argumentação necessária à justificação da decisão.

Discute-se o modelo racional de construção e fundamentação da decisão como questão essencial em todo o processo de fundamentação. Partindo de uma análise entre o dever de decidir e o dever de fundamentar, analisam-se as suas correlações, o grau de autonomia conceptual e conclui-se que não se pode efectuar uma cisão entre os contextos de fundamentação e decisão.

O processo de decisão no âmbito do sistema penal de matriz acusatória parte da necessidade de verificação e validação de uma hipótese formulada por uma entidade independente de quem julga, através do êxito cognoscitivo que configura toda a prova produzida e sobre a qual se validará, ou não, essa hipótese. Trata-se de um procedimento assente numa racionalidade comunicativa na base da qual vários sujeitos através da comunicação intersubjectiva, coordenam as suas participações para alcançarem um consenso baseado na razão da verdade e da justiça.

Enquanto elemento estrutural do processo decisório, acresce à dimensão intersubjectiva, o contraditório. A possibilidade permanente de refutação ou contraprova da hipótese em que se sustenta a acusação, a que acresce o dever de participação na construção da decisão que identifica o modelo de audiência de julgamento, transmite-se igualmente ao modelo de fundamentação da sentença.

O processo de fundamentação não pode deixar de ser vinculado aos conteúdos argumentativos que são expostos durante o processo de construção e aos resultados probatórios emergentes do contraditório que daí decorrem. Ou seja, não há decisão racionalmente adoptada sem um efectivo contraditório.

A intersubjectividade e o contraditório existem, no entanto, num modelo de processo que se assume como público.

A dimensão do espaço público numa sociedade democrática, pluralista e globalizada e o modo como essa dimensão plural da sociedade é actualmente entendida condiciona a fundamentação.

INTRODUÇÃO

A exposição pública a que os tribunais estão sujeitos, a apetência do público pelas questões judiciais e os sistemas de informação na justiça, alteraram significativamente o modo de comunicar as decisões judiciais, com consequências para o próprio sistema, nomeadamente na apreensão por parte dos cidadãos do modo como se decide judicialmente

Factores como a permeabilidade a que estão sujeitas as jurisdições, através da circulação e cruzamento das decisões, contribuem igualmente e de forma irreversível, para a modelação de um auditório que vai para além do espaço e do âmbito subjectivo inicialmente pensado. Desenvolveu-se um «auditório universal» com uma configuração «plástica», apto a desempenhar funções de «destinatário» do controlo público das decisões penais.

A sentença evidencia na sua estrutura uma dimensão pública inequívoca. As consequências dessa «carga genética» transmitem-se ao processo de fundamentação, tanto no âmbito, como nas restrições a que pode ser sujeita.

Todo o processo de recolha, apreciação, produção do contraditório e valoração da prova assentam primordialmente na afirmação de um discurso racional e impõem a justificação de todos os passos do procedimento aquisitivo e valorativo da prova em que se sustenta a decisão. Um modelo de construção e fundamentação da sentença, constitucionalmente vinculado, não pode admitir um modelo de construção e validação da hipótese acusatória sustentada em momentos intuitivos, «não racionalizados».

O acto de conhecimento efectuado no âmbito do julgamento tem intrinsecamente ligado, no entanto, actos especificamente intuitivos que escapam a qualquer possibilidade de justificação. A constatação de um «défice» de racionalidade em todo o processo permite afirmar a negação de um hiperracionalismo subjacente ao processo decisório.

5. No processo penal não é actualmente sustentável uma decisão judicial não fundamentada.

Não obstante o trajecto histórico da autonomia sistémica e unitária da codificação processual penal, só em 1987 com o CPP, se constata uma viragem paradigmática do modelo normativo de fundamentação da sentença.

A vinculação constitucional decorrente do artigo 205º da Constituição, levou a que o CPP, no artigo 97º nº 5, estabelecesse que «os actos decisórios são sempre fundamentados, devendo ser especificados os motivos de facto e de direito da decisão» e, no que se refere à sentença, o artigo 374º estabelecesse de uma forma explícita a exigência de fundamentação e a forma como deve ser efectuada numa estrutura unitária e horizontalmente aplicável a todas as decisões e em todas as formas de processo admissíveis. Com o CPP, a sentença só se visualiza como acto processual na medida em que a sua dimensão decisória abranje a fundamentação.

No modelo processual vigente, a racionalidade justificativa identifica-se na compreensão da validade dos argumentos usados pelo juiz através de uma tripla dimensão: suficiência, coerência e razoabilidade em função dos objectivos ou finalidades que decorrem da vinculação constitucional do princípio da fundamentação e que a condicionam.

Na dicotomia matéria de facto/matéria de direito a importância da narrativa judicial leva a que se perspectivem dificuldades quando se pretende afirmar uma distinção entre ambas na forma como se desenvolve a construção da decisão judicial.

Há uma dimensão prática essencial na construção daquela narrativa que impõe que se efectue a distinção entre o facto e o direito, ainda que intimamente conectados, na certeza de que ambos constituem a sentença e, nessa medida exigem uma articulação.

É, no entanto, nos factos e na sua dimensão probatória, sustentada numa análise crítica contraditória mas decidida com base do princípio da livre apreciação da prova, que se evidencia o núcleo da actividade jurisdicional do procedimento racionalmente sustentado num processo justificativo.

Problemas estruturais como a utilização das «máximas de experiência» ou a exigência de uma fundamentação reforçada no domínio da prova vinculada, concretamente na prova pericial e científica, evidenciam a relevância do papel da fundamentação. De igual modo, o problema da imediação nomeadamente, o modo como deve articular-se este princípio fundamental do processo penal com a exigência de uma fundamentação devida, não pode servir como mero tópico ou razão justificativa para a não fundamentação.

Um modelo de fundamentação de sentença assente na estrutura racionalizada da suficiência, coerência e razoabilidade é normativamente restringido pela imposição de uma argumentação concisa. A viabilidade de um modelo de economia argumentativa que concilie as finalidades da fundamentação e as suas guias constitucionais parece decorrer da dimensão normativa que estrutura a elaboração da sentença. Daí a admissibilidade restrita, da fundamentação *per relationem* ou mesmo, da fundamentação implícita.

A economia argumentativa deve compatibilizar-se com as exigências decorrentes de um processo penal onde o princípio do acusatório exige uma clara afirmação do princípio da independência do juiz. Nas decisões colegiais debate-se actualmente a admissibilidade e a amplitude do chamado voto de vencido. As opções legislativas que o admitem, exigem como contrapartida, uma fundamentação suficientemente justificada, de forma a que a liberdade de decisão que está na sua origem, não ponha em causa nem a própria força da decisão onde se integra nem possa enfraquecer a legitimidade do órgão de onde emana.

A imposição constitucional do princípio da generalidade e da completude da fundamentação das decisões, configura uma quase derrogação do imperativo da concisão da fundamentação quando estão em causa decisões que restrinjam direitos fundamentais proferidas nas fases interlocutórias do processo, nomeadamente onde é verificável uma eliminação ou restrição da regra da publicidade. De igual forma, as decisões proferidas no âmbito do sistema processual que rege a execução da pena privativa da liberdade, envolvendo um contexto de decisão estruturado num modelo diferenciado em relação ao esquema típico da sentença, suscitam particularidades no modelo de fundamentação. A vulnerabilidade subjectiva e mesmo processual do destinatário directo da decisão pode impor uma alteração ao modelo de fundamentação.

A sintonia entre o processo de decisão e o processo de fundamentação de modo a garantir as finalidades desta, impõe que as patologias do modo de fundamentação obedeçam a um quadro normativo específico.

A inexistência ou omissão total de um discurso justificador, a justificação de algo que nada tem que ver com a decisão que se pretendia fundar ou a concretização de uma fundamentação que vai muito além do que é decidido evidenciam patologias com consequências diversificadas na economia do sistema. Estas podem consubstanciar tanto uma deficiência na elaboração da fundamentação, que não atinje os fundamentos em que esta se sustenta, como fulminar a própria decisão pela verificação de uma nulidade da sentença.

6. Nos diagnósticos subjacentes às reformas do sistema de justiça elaborados ao longo dos últimos anos é possível retirar um denominador comum mínimo sobre as causas da crise do sistema de justiça: uma hiper procura do sistema penal em áreas da pequena e média criminalidade, associada à incapacidade das instituições formais de controlo em dar uma resposta adequada e em tempo razoável aos problemas identificados.

Ao longo dos últimos anos foram apresentadas, discutidas e levadas a termo várias propostas de reforma tanto na orgânica judiciária como no direito substantivo e adjectivo pretendendo dar resposta a esses problemas.

Uma constatação decorre de todo esse movimento: a inexpressiva atenção dada à questão da decisão judicial. Sendo esta, por natureza, o primeiro objectivo de qualquer demanda judicial ou, por outras palavras, a questão essencial que faz mover todo o sistema de justiça justifica-se, no mínimo, alguma perplexidade perante a quase omissão destes processos de reforma relativamente à decisão.

É mais estranho esse silêncio quando se analisa alguma rigidez normativa nos procedimentos decisionais em vários tipos de procedimentos especiais, que foram sendo normativamente adaptados (e criados *ex novo*) como resposta funcional adaptada aos vários tipos de criminalidade.

Reconhecendo a relevância e amplitude da questão no sistema de justiça, evidencia-se o papel que uma diferenciação das decisões, nomeadamente no domínio da pequena e média criminalidade, pode importar para o sistema, nomeadamente em termos de celeridade e eficácia.

A abordagem teórica entre a dicotomia «casos difíceis»/«casos fáceis» é um ponto de partida para a possibilidade das decisões diferenciadas enquanto elemento contributivo para a aproximação do cidadão ao sistema de justiça penal através de uma justiça mais célere e, simultaneamente, qualitativamente mais eficaz.

A discussão sustenta-se, ainda, nas experiências de direito comparado, nomeadamente, em dois modelos que, embora diferentes, Germânico e Suíço, permitem aliar a sustentabilidade dogmática ao pragmatismo exigível na abordagem político criminal dos problemas da justiça penal.

Responde-se afirmativamente à questão sobre a possibilidade de introduzir outro modo de decidir no âmbito do paradigma processual vigente, sustentado na compreensão da decisão enquanto fenómeno complexo, que exige abordagens diferenciadas em função dos vários problemas que pretende resolver.

Neste sentido, será normativamente suportável outro modo de decisão penal, o qual não pondo em causa os objectivos fundamentais de racionalização, assenta na forma de legitimação extra e intraprocessual, possibilitando uma maior aproximação ao destinatário e, sobretudo, uma forma mais célere de concretizar a justiça penal.

É disto que se trata na presente dissertação.

Capítulo I
A decisão judicial como questão essencial da jurisdição

I. Enquadramento da questão decisional

Abordar a questão essencial da fundamentação da decisão penal, dum ponto de vista teórico, é imergir, num primeiro momento, na questão da decisão.

Numa perspectiva de compreensão fenomenológica do problema partilha-se a ideia de Taruffo, segundo a qual «uma cultura jurídica centrada de forma tendencialmente exclusiva nos fenómenos normativos, esquece muitas outras dimensões que são necessárias para a compreensão destes fenómenos»[1]. Este é um discurso que a abordagem do conhecimento de um problema jurídico não pode deixar de ter, sob pena de se reduzir o problema a uma dimensão normativa e, nessa medida, simplificada.

E se esta é a tendência na abordagem global das questões jurídicas e nos problemas suscitados na tentativa da sua compreensão dogmática, a questão da decisão e da sua fundamentação, porque atinge o cerne da *jurisdictio*, colide inevitavelmente com perspectivas que a filosofia, a epistemologia, a lógica, a teoria do conhecimento e a sociologia têm vindo a desenvolver.

Trata-se de reafirmar a perspectiva habermasiana de que os discursos devem «articular-se sem que um deles possa reivindicar para si próprio uma prioridade, seja numa perspectiva fundacionalista, seja sobre a forma de um

---

[1] O autor afirma neste sentido, que "o jurista típico é «ignorante» na medida em que não sabe nada (a não ser por casualidade ou por gosto) de qualquer coisa que não possa integrar-se numa concepção fortemente restritiva do que é o «direito»": cf. Michele Taruffo, *La Prueba de los Hechos*, Editorial Trotta, Madrid, 2005, p. 523.

reducionismo (filosófico ou teórico social *versus* físico, biológico ou neuro-fisiológico)»[2].

Neste sentido, a análise da questão da decisão judicial no sistema de justiça penal deve partir de uma representação pluralista do discurso teórico[3]. A teoria e a prática da argumentação têm suportes e premissas filosóficas. Toda a matéria do tratamento dos factos e da sua prova sustenta-se na lógica e na epistemologia. A verdade, como componente essencial do discurso da justiça, sustenta-se na teoria do conhecimento.

É nossa pretensão entender e identificar, para efeitos de compreensibilidade jurídico-penal, particularidades de um processo conceptual horizontalmente comum à teoria da decisão sem que tal implique, necessariamente, incluir a decisão judicial no âmbito da teoria geral da decisão[4].

A teoria da decisão de um ponto de vista epistemológico, abrange um vasto conjunto de assuntos e disciplinas científicas, sendo de todo inadequado, no âmbito do que se propõe, abordar, ainda que de uma forma tópica, a matéria da decisão. O âmbito pluridisciplinar que envolve a abordagem dogmática da decisão confronta-nos com a dificuldade de analisar através de um único ponto de vista, um tema tão vasto. Será «excessivo» ter a pretensão a uma abordagem global das teorias e mesmo de construção de «uma teoria da decisão»[5].

Interessa-nos tão só o desenvolvimento da questão decisional no âmbito do procedimento e, concretamente no âmbito do processo penal.

Neste sentido, a afirmação de Luhmann de que «o objectivo do procedimento juridicamente organizado consiste em tornar intersubjectivamente transmissível a redução da complexidade, quer com a ajuda da verdade, quer

---

[2] Cf. Jürgen Habermas, *L'Éthique de la Discussion et la Question de la Verité*, Grasset, Paris, 2003, p. 33.

[3] Concretamente na matéria da fundamentação das decisões judiciais a importância dos conhecimentos multidisciplinares dos juízes é salientado por P. Foriers in «Considérations sur les motifs» in Ch. Perelman et P. Foriers, *La Motivatión des Décisions de Justice*, Bruylant, Bruxelles, 1978, p. 20.

[4] Neste sentido, Castanheira Neves refere como «um erro a corrente que actualmente quer incluir a decisão jurisdicional na «teoria geral da decisão»: cf. «Da jurisdição no actual Estado de Direito», in *AB VNO OMNES, 75 Anos da Coimbra Editora*, Coimbra Editora, Coimbra, 1998, p. 219.

[5] Para uma visão pluridisciplinar da teoria da decisão, não obstante a omissão da perspectiva jurídica, cf. Carlos Henggeler Antunes, Luís Cândido Dias (coordenação), *Decisão, Perspectivas Interdisciplinares*, Coimbra, Imprensa da Universidade de Coimbra, 2007.

através da criação do poder legítimo da decisão»[6], contém os elementos fulcrais que, no âmbito da decisão judicial, importa analisar.

Comece por se referir que, segundo Luhmann, se o mundo «é excessivamente complexo, cheio de possibilidades imprevisíveis e, como tal, desconcertante»[7], então «a necessidade de adoptar decisões responde ao carácter contingente do mundo», na expressão de Innerarity[8].

A pressuposição de que essa contingência é um elemento de complexidade, como é, leva-nos à segunda afirmação de que a decisão é uma forma de reduzir essa complexidade[9].

Segundo Caracciolo, «uma decisão não é outra coisa senão uma escolha entre diversas opções disponíveis para actuar»[10], que necessariamente termina num resultado[11].

A afirmação não deixa de ser aplicável às decisões judiciais, na medida em que estas, partindo de um momento epistemológico de dúvida, resultante de um conflito, são entendidas como escolhas entre alternativas que terminam numa acção.

O juiz tem como função primária decidir, ou seja, escolher, sopesar, preferir. No final do procedimento, quando decide que uma determinada versão dos factos é a "verdadeira" o juiz, segundo Taruffo, «não estará simplesmente atendendo à narração completa que emerge do processo mas antes esco-

---

[6] Assim Niklas Luhmann, *Legitimação pelo Procedimento*, Editora Universidade de Brasília, 1980, pp. 27 e 45.

[7] *Ibidem*, p. 25. Para Luhmann, no entanto, o procedimento judicial é um «sistema de complexidade relativamente pequena»: *ibidem*, p. 118.

[8] Cf. Daniel Innerarty, «La ilustración sociológica de Niklas Luhmann», *Persona y Derecho*, nº 17, 1987, p. 14.

[9] Ainda segundo Inerarty, «a formação de sistemas é o verdadeiro processo de racionalização e obedece à necessidade de transformar e reduzir os problemas originados pela complexidade do mundo a uma dimensão na qual a experiência e a acção humana podem orientar-se, seleccionando um restringido campo de alternativas de comportamentos acessíveis»: cf. «La ilustración sociológica de Niklas Luhmann», *citado*, p. 13. No mesmo sentido, José Lamego, «Fundamentação "material" e justiça da decisão», *Revista Jurídica da AAFDL*, nº 8, 1986, p. 70.

[10] O autor explicita a afirmação referindo que «o processo de decisão conclui, se não for frustrado, uma definida acção que transforma o estado do mundo existente previamente»: cf. Ricardo A. Caracciolo, «Derecho y decisiones colectivas», *Revista de Centro de Estúdios Constitucionales*, nº 10, 1991, p. 27.

[11] Resultado que se entende como «o estado das coisas, no sentido mais amplo desta expressão, provocado pela actividade do agente e que é constitutivo para a definição da acção realizada», assim, Ricardo A. Caracciolo, *ibidem*, p. 27.

lhendo de entre as diversas versões que foram levadas ao processo a versão particular que considera preferível»[12], em função do conjunto de provas que a sustenta e sobre as quais terá que optar.

Toda a escolha judicial não é, no entanto, arbitrária e, pelo contrário, obedece sempre e necessariamente a um processo de racionalização, não sendo aceitável qualquer processo de decisão fundado exclusivamente em argumentos que se sustentam unicamente na autoridade de quem a profere. A racionalidade jurídica articula-se em torno do problema fundamental da autoridade na medida que esta pretende mostrar-se «não como esmagadora razão da força mas como a sedutora força da razão»[13].

A teoria jurídica tem utilizado, como elemento a partir do qual se percepcionam os problemas em que se desenvolve a questão da decisão judicial e sobretudo da sua fundamentação, o modelo desenvolvido a partir de Hans Reichenbach sobre o *contexto de descobrimento* e o *contexto de justificação*[14], pensado no âmbito do conhecimento empírico e lógico.

No modelo de que parte Reichenbach, entende-se como contexto de descobrimento a actividade que consiste em descobrir ou enunciar uma teoria e como contexto de justificação o procedimento que consiste em justificar ou validar a teoria, confrontando-a com os factos e mostrando a sua validade. «O acto de descobrimento escapa à análise lógica; não existem regras lógicas segundo as quais se possa construir uma «máquina descobridora» que assuma a função criadora (...). À lógica só importa o contexto de justificação. E é a justificação de uma teoria em função dos dados de observação o que constitui a matéria da teoria da indução», refere o autor[15].

---

[12] Cf. Michele Taruffo, «Consideraciones sobre prueba y verdade», *Derechos y Libertades, Revista del Instituto Bartolomé de Las Casas*, Año VII, Enero/Dicembre 2002, número 11, p. 109.

[13] Uma evolução do argumento da autoridade na história do direito, cingida à questão da decisão, pode ver-se em Jesus I. Martinez Garcia in «Decisión jurídica y argumento de autoridad», *Anuário de Filosofia del Derecho*, 1984, Tomo I, pp. 152 e 153.

[14] Desenvolvido na obra *La Filosofia Científica*, Fondo de Cultura Económica, México, Buenos Aires, 1953.

[15] Cf. Hans Reichenbach, *La Filosofia Científica*, cit., p. 210. Uma análise mais aprofundada pode ver-se em Manuel Atienza, *As Razões do Direito. Teorias da Argumentação Jurídica*, Landy Editora, São Paulo, 2002, p. 21 e também em Ana Laura Nettel, «La distinción entre contexto de descubrimiento y de justificatión y la racionalidade de la decisión judicial», *Isonomia*, n° 5, Octubre 1995, p. 109 que sublinha a «paternidade» da terminologia de Reichenbach, mas refere Karl Popper como o autor que pela primeira vez efectuou uma distinção concreta entre os dois conceitos. Sobre esta última questão: cf. Sónia Boente, *La Justificación de las Decisiones*

A utilização da metodologia dos *conceitos de descobrimento e justificação* no âmbito da teoria jurídica permite apelar a um outro conceito ou seja o *contexto de decisão* como momento específico da jurisdição.

No *contexto de decisão* parte-se do pressuposto de que qualquer decisão de um indivíduo numa determinada situação culmina numa escolha entre alternativas de acção mutuamente excludentes.

Assim, segundo Arrow, «uma "acção" significa uma descrição completa de todas as actividades que o indivíduo pode levar a cabo e duas acções alternativas são duas descrições que diferem entre si por algo de relevante. Essa diferença indica que a relevância consiste no facto de conduzirem a resultados – estados de coisas – que não podem ter lugar simultaneamente. A descrição em questão está determinada por dois factores: a) o que um indivíduo pode fazer é funcional em relação ao seu conhecimento da situação; um incremento desse conhecimento aumenta o número das acções possíveis; b) como esse conhecimento é relativo a uma certa linguagem, qualquer mudança de linguagem conduz também a uma modificação da descrição das acções disponíveis. A descrição escolhida na situação em causa é denominada contexto de *decisão*»[16].

Importa, ainda nesta perspectiva, efectuar a distinção entre as decisões normativas e as decisões institucionais[17], sendo que dentre estas há que identificar as decisões institucionais individuais, em que a norma é atribuída como resultado de uma decisão individual e as decisões institucionais colectivas, em que a acção de criar a norma é atribuída, com base em certas regras de procedimento, a um ente colectivo.

No fio condutor que traçamos relevam-se tão só as decisões institucionais individuais, que culminam, na sua estrutura conceptual, numa escolha entre alternativas de acções que são mutuamente excludentes.

Judiciales. El artículo 120.3 de la Constitución Española, Universidade de Santiago de Compostela, Santiago de Compostela, 2003, p. 148 e, aprofundando o debate entre contexto de descobrimento e contexto de justificação, pp. 153-171.

[16] Cf. Kenneth Arrow, *Social Choice and Individual Values*, Yale University Press, New Haven and London, 1968, *apud* Ricardo A. Caracciolo, «Derecho y decisiones colectivas», cit., p. 28.

[17] Seguindo o mesmo autor, as decisões jurídicas normativas são as que consistem na *promulgação* de normas, (itálico nosso) sendo as decisões institucionais «as acções que sobre a base de cumprimento de definidos procedimentos são considerados actos de "criação" de normas: *ibidem*, p. 27.

O processo de escolha entre alternativas resulta de uma relação de preferência entre elas. Pode, no entanto, configurar-se a situação de nenhuma delas constituir uma alternativa preferencial, verificando-se neste caso uma relação de indiferença.

Daí que seja preciso justificar uma escolha *racional* das alternativas. Para tal, Arrow refere que «o pressuposto segundo o qual o sistema de valores estabelece uma ordem, significa que certas condições de consistência têm que funcionar como axioma nas relações de preferência e indiferença e que, além do mais, se admite que, qualquer escolha em qualquer contexto, pode ser determinada por essa ordem»[18].

Assim, com base nesta configuração conceptual, a *racionalidade* individual pode ser pensada como «a consistência das decisões com o próprio sistema de valores. O que significa que a escolha de uma determinada alternativa de acção, qualquer que seja o contexto, está determinada pela ordem que no contexto estabelece esse sistema, no sentido de que se uma alternativa x1 é preferida a todas as demais, x1 será a escolhida»[19].

Retomando a dicotomia *contexto de descobrimento, contexto de justificação* e a sua aplicação ao procedimento jurisdicional penal, toda a fase investigatória e a sua concretização através da proposta de uma hipótese de acusação identifica-se com uma dimensão do contexto de descobrimento.

A relevância dos conceitos assume especial interesse na actividade subsequente envolvendo a apreciação probatória das hipóteses de acusação e defesa, na fase de julgamento.

Assim, no âmbito do *contexto de decisão*, mas ainda no *contexto de descobrimento*, são evidenciadas as escolhas judiciais efectuadas pelo juiz que, posteriormente, se abrem ao *contexto de justificação*, no qual se justificam racionalmente os fundamentos das escolhas efectuadas[20].

---

[18] Assim Ricardo Caracciolo, «Derecho y decisiones colectivas», cit., p. 29.

[19] *Ibidem*, p. 29.

[20] O modelo sumariamente transcrito é referido por Perfecto Ibañez in «Carpinteria de la sentencia penal», *Revista del Poder Judicial*, nº 49, 1998, p. 402 alertando o autor no entanto para que «no modelo ideal se encontram estrita e dialecticamente relacionados, de maneira que se é certo que o juiz ao motivar parte da decisão, também ao decidir leva em consideração a necessidade de motivar racionalmente a sua opinião.(...) Na realidade os contextos não são desconexos: o juiz escolhe e decide no âmbito do motivável, decide o que está em condições de motivar». Trata-se de um problema com repercussões práticas relevantes que infra será desenvolvido. Neste sentido também parece perspectivar-se, de um ponto de vista epis-

A questão da escolha como «coluna vertebral» do processo decisional assume, por isso, na perspectiva judicial um aspecto nuclear.

Robert Alexy refere, no âmbito da teoria da argumentação, que com a escolha «uma acção ou o comportamento de uma ou várias pessoas é preferido a outras acções ou outros comportamentos dessas pessoas ou seja, um estado de coisas é preferido a outro. Na base de tal acção de preferir está um julgamento de uma alternativa escolhida como melhor nalgum sentido e, portanto, uma valoração»[21].

Segundo Ricoeur, é na escolha enquanto tomada de posição que se atinge o sentido forte da palavra julgar. Partindo deste «sentido usual» de escolha, Ricoeur identifica quatro condições que autorizam a afirmação do acto de julgar ou seja: « (i) a existência de leis escritas; (ii) a presença de um quadro institucional: tribunais, tribunais superiores; (iii) a intervenção de pessoas qualificadas, competentes, independentes que dizemos encarregadas de julgar; (iv) o correr da acção constituída pelo processo de que a pronúncia do juízo constitui o ponto terminal»[22].

temológico, Ana Laura Nettel in «La distinción entre contexto de descubrimiento y de justificatión y la racionalidade de la decisión judicial», cit., pp. 116 e 117 ao sublinhar que «não [se] pode [r] deixar de lado o contexto em que se produz o conhecimento; no nosso caso o contexto em que se produz um argumento judicial acerca dos factos». No mesmo sentido Jochen Schneider, refere que «não há uma separação absoluta entre o momento de decisão e a sua fundamentação (...) elementos da decisão e da argumentação penetram-se constantemente num processo não linear», in Arthur Kaufmann e Winfried Hassemer, *Introdução à Filosofia do Direito e à Teoria do Direito Contemporâneas*, Fundação Calouste Gulbenkian, Lisboa, 2002, p. 522. A influência do contexto de descobrimento no contexto de decisão é afirmada por Sónia Boente in *La justificación de las decisiones*, cit., p. 163, apelando para tanto a um estudo de Sobral Fernandéz e Prieto Ederra, *Psicologia y Ley. Un Examen de las Decisones Judiciales*, Eudema, Madrid, 1994, em que os autores analisam a decisão judicial como comportamento de alguém que a profere sob certas circunstâncias e contextos e por isso os prejuízos, estereótipos, teorias implícitas e as ideologias de quem julga são tão inseparáveis do julgador «como o é o filtro situado em frente à objectiva da câmara fotográfica do resultado final da fotografia».

[21] Cf. Robert Alexy, *Teoria de la Argumentación Jurídica*, Centro de Estudos Constitucionales, Madrid, 2007 p. 27. A questão de escolha entre hipóteses é também sublinhada por Perfecto Andrès Ibañez como «a dimensão central do julgamento»: cf. «Carpinteria», cit., p. 15.

[22] Cf. Paul Ricoeur, *O Justo ou a Essência da Justiça*, Instituto Piaget, Lisboa, 1997, p. 164. O autor sublinha, no entanto que «não nos podemos agarrar a esta definição do acto de julgar inteiramente dominada pelas condições do processo», concretizando neste sentido um afastamento e uma crítica ao processualismo de Rawls. Daí que apele a um sentido mais profundo do acto através de dois aspectos que considera fundamentais: por um lado, «cortar, pôr fim à

O processo de construção e elaboração da decisão judicial é sempre um processo de escolha, de opção, de valoração[23]. O juiz faz escolhas no processo de selecção dos factos que considera provados e não provados e, nos momentos posteriores, quando formula a motivação da opção ou escolha anteriormente efectuada justificando, «fundamentando», os motivos dessa escolha, expondo os critérios e os passos lógicos que dão validade e portanto aceitabilidade à sua decisão[24]. Idêntica estrutura é evidenciada na valoração que o juiz faz na fundamentação jurídica e ocorre no momento de escolha do argumento A em detrimento do argumento B.

A jurisdição não pode prescindir de tais valorações. Questão é, segundo Alexy, «onde e em que medida são necessárias valorações, como deve ser determinada a relação destas valorações com os métodos de interpretação jurídica e com os enunciados e conceitos da dogmática jurídica e como podem ser racionalmente fundamentadas ou justificadas estas valorações»[25].

Em qualquer destes momentos trata-se de uma opção vinculada a regras, efectuada sempre através de um processo de eliminação e de escolha, nomeadamente entre diversas versões que constituem os enunciados, também eles diferenciados, que se desenvolveram durante todo o processo[26].

Na jurisdição podem, no entanto, identificar-se situações onde nenhuma dúvida é suscitada ao decisor na forma como tem que decidir ou ainda momentos em que essa dúvida existe mas assume graduações diferenciadas[27].

---

incerteza, separar as partes; por outro lado fazer reconhecer a cada um a parte que o outro ocupa na mesma sociedade»: *ibidem* p. 169.

[23] Ainda seguindo Alexy, «a expressão "valoração" pode ser utilizada tanto para designar a acção de preferir como o julgamento de uma alternativa como melhor ou também para referir-se às regras de preferência que estão na base deste julgamento (e, portanto, do preferir)»: cf. *Teoria de la Argumentación Jurídica*, cit., p. 27.

[24] Assim Michele Taruffo, *La Prueba de los Hechos,* cit., p. 522. No mesmo sentido, Wanda Mastor, refere que «qualquer que seja o entendimento do papel do juiz na proferição da decisão, este tem sempre que justificar essa escolha, decorra ela de uma estrita aplicação do direito ou de uma aplicação subjectiva. Aí reside todo o interesse da motivação»: cf. «Essai sur la motivation des décisions de justice», *Annuaire International de Justice Constitutionnelle*, XV, 1999, p. 39.

[25] Cf. *Teoria de la Argumentación Jurídica*, cit., p. 28.

[26] Taruffo salienta o aspecto de escolha como elemento essencial e não apenas de descrição e constatação narrativa dos enunciados, sublinhando a resolução do "conflito entre narrativas diferentes escolhendo uma e descartando as demais como falsas ou não plausíveis": cf. Michelle Taruffo, «Consideraciones sobre prueba y verdad», cit., p. 109.

[27] Salientando esta dimensão da «ausência de dúvida» e as suas consequências no âmbito da argumentação, seja «por razões das normas vigentes pressupostas seja por referência a enunciados

A «clareza» de algumas situações,[28] a graduação das dúvidas no processo de decisão ou mesmo a ausência de dúvidas na elaboração do processo de «escolha» ou valoração podem assumir repercussões relevantes, nomeadamente no tratamento diferenciado da elaboração das decisões e na própria fundamentação diferenciada da decisão[29].

Por outro lado, o processo de elaboração da decisão não pode alhear-se, actualmente, de uma compreensividade global da economia do sistema político e especialmente da economia do sistema de justiça. Os valores da celeridade, da eficácia e mesmo dos custos do sistema de justiça assumem relevância significativa em relação aos valores da legitimação, da transparência e da compreensibilidade. Daí que a ausência de dúvida ou de conflito ou, ao inverso, a perspectiva do consenso[30] no processo de elaboração da decisão judicial na medida em que possa permitir a simplificação de todo o procedimento podem configurar a possibilidade de formulação de decisões processuais diferenciadas e simplificadas.

II. O problema da verdade na pretensão a uma decisão justa

1. A pretensão a uma decisão justa

Decidir no âmbito de um processo e nomeadamente num processo penal, configurando a decisão sobre um conflito, tanto na modalidade de sentença final, como na modalidade de qualquer decisão jurisdicional proferida no decurso do processo[31], exige a vinculação a uma ideia de decisão justa assente em pressupostos tidos como verdadeiros.

---

da dogmática ou a precedentes», veja-se Alexy, *Teoria de la Argumentación Jurídica*, cit., p. 29. Sublinhando a «graduação da dúvida» como fonte de diferenciação de tratamento dos casos «difíceis» e dos casos «fáceis»: cf. Sónia Boente, *La Justificación de las Decisiones Judiciales*, cit., p. 77.

[28] Alexy fala em «casos claros», alertando no entanto que não se trata de uma questão fácil: cf. *Teoria de la argumentación jurídica*, cit., p. 29.

[29] Sobre esta questão e a sua relação com os «casos difíceis» e «casos fáceis» ver, desenvolvidamente, infra Capítulo V, ponto 2.

[30] O «apelo» ao consenso surge aqui na perspectiva desenvolvida por Faria Costa, como «pressuposto da procedimentalidade» e não como qualquer fonte de legitimidade material do direito: cf. José de Faria Costa, «Consenso, verdade e direito», in *BFDUC*, nº 77, 2001, p. 423 e *Linhas de Direito Penal e de Filosofia*, Coimbra Editora, Coimbra, 2005, p. 95.

[31] A afirmação do «processo», e não já e «apenas» procedimento, no sentido que nos interessa, é a desenvolvida por Damião da Cunha quando afirma que o processo se inicia «quando,

A verdade assume-se, no processo penal, como «o ponto em torno da qual se desenrola o debate quanto à eficácia gnoseológica do julgamento contraditório»[32]. Neste sentido assume especial relevância o debate «linguístico-epistemológico» em torno da verdade.

A afirmação de Rawls de que «a justiça é a primeira virtude das instituições sociais como a verdade o é dos sistemas de pensamento» funcionará assim como «pórtico» para uma introdução ao problema[33].

O conceito de justiça é imprescindível na abordagem da questão da decisão. O direito, como forma de resolução dos problemas humanos, é funcional porque é justo. Innerarity refere, neste sentido que «a funcionalidade pacificadora do direito depende não só da presunção de justiça, senão da sua justiça objectiva»[34].

As teorias procedimentalistas, de matriz Rawlsiana, trouxeram à discussão a relevância do procedimento no sentido de que uma decisão é justa porque decorre de um procedimento aplicado correctamente. Trata-se, no entanto, de teorias que restringem o justo à existência do procedimento e nessa medida sustentam aos seus críticos várias questões.

Os críticos referem que se uma concepção processual da justiça fornece a melhor racionalização de um sentido de justiça é, no entanto, inevitável a necessidade do reconhecimento de um pressuposto ético na sua susten-

---

durante um qualquer procedimento, alguém é prevenido de que se desenvolve uma actividade que visa sacrificar os seus legítimos direitos ou interesses, e lhe são conferidos poderes – direitos – que, se exercidos, o autor do acto final deverá necessariamente tomar em consideração»: cf. *O Caso Julgado Parcial. Questão da Culpabilidade e Questão da Sanção num Processo de Natureza Acusatória*, Universidade Católica, Porto, 2002, p. 290. Ou seja trata-se aqui do processo jurisdicional em que o «actor» principal que sustenta a decisão «é dotado de um conjunto de garantias orgânicas que, cumuladas com um procedimento obrigado a condições rigorosas permite afirmar a sua decisão», *ibidem*, pp. 290 e 295.

[32] Cf. Bruno Montanari, «La "faute" et "l'acusation": reflexions sur la vérité dans le procés», in *Revue International de Droit Penal*, Volume 68, n.º 1-2, 1997, p. 44.

[33] Cf. John Rawls, *Uma teoria da justiça*, Editorial presença, 1993, p. 27. Não sendo nosso propósito efectuar uma abordagem jus-filosófica sobre a matéria sublinha-se, no entanto, a relevância da asserção referida para um debate sobre justiça e verdade, independentemente das críticas às posições contratualistas e o amplo debate que se suscita sobre a matéria. Para uma perspectiva crítica global à obra de Rawls veja-se Chandran Kukathas e Philip Pettit, *Rawls «Uma Teoria da Justiça» e os seus críticos*, Gradiva, Lisboa, 1995. Igualmente críticos à teoria processualista da justiça de Rawls Paul, Paul Ricoeur, *O Justo ou a Essência da Justiça*, cit., p. 61 e ss (esp. pp. 65, 76 e 84) e Michele Taruffo, «Consideraciones sobre prueba y verdad», cit., p. 111.

[34] Assim Daniel Inerarty, «La ilustración sociológica de Niklas Luhmann», cit., p. 27.

tação[35]. Segundo Taruffo, a «justiça do procedimento pode ser considerada sem dúvida uma condição de justiça da decisão (...) mas não pode ser considerada como única condição ou como a única condição suficiente de justiça da decisão»[36]. Por outras palavras, há decisões judiciais que são processualmente correctas mas são injustas.

As razões para que uma decisão seja justa decorrem de nela se encontrarem outras condições consideradas como necessárias, dependentes do respeito de critérios substanciais ou de justiça. Ricouer vai buscar tais razões a uma «dimensão histórica do sentido de justiça que resulta de uma longa *Bildung*, vinda tanto da tradição judaica e cristã como da grega e da romana»[37]. De igual modo Taruffo, na procura desses critérios substanciais identifica, num primeiro momento, o facto de qualquer decisão judicial para ser justa ter que «derivar da correcta aplicação da regra de direito (não importa se legislativa, jurisprudencial ou de outro tipo) que regula o caso concreto»[38]. A afirmação do princípio democrático da decisão fundada na lei é, através da verificação deste critério, assegurada[39]. No entanto, ainda segundo Taruffo, esta aplicação ao caso concreto «só é correcta se a norma é adequada ao caso, se foi interpretada correctamente e se os factos do caso foram apurados de forma verdadeira»[40].

Taruffo conclui que «uma decisão só pode ser justa se se funda numa determinação verdadeira dos factos (para além de derivar de um processo correcto e da justa interpretação e aplicação das normas)»[41].

A procura da justiça no caso concreto é a razão essencial de todo o procedimento judicial.

No âmbito do sistema de justiça penal, tanto pelos interesses que se pretendem proteger como pelas consequências que provocam as decisões judi-

---

[35] Assim Paul Ricouer *O Justo ou a Essência da justiça*, cit., pp. 61 e ss (esp. pp. 65, 76).

[36] Cf. «Consideraciones sobre prueba y verdad», cit., p. 111.

[37] Assim Paul Ricouer *O Justo ou a Essência da Justiça*, cit., p. 84.

[38] Assim «Consideraciones sobre prueba y verdad», cit., p. 112.

[39] Sobre a dificuldade em concretizar a compatibilização dos critérios «legalidade» e «justiça» a que devem presidir as decisões judiciais: cf. R. Hernández Marin, *Las Obligaciones Básicas de los Jueces*, Marcial Pons, Madrid, 2005, p. 122 e ss.

[40] Assim «Consideraciones sobre prueba y verdad», cit., p. 112.

[41] Veja-se Michele Taruffo, *La Prueba de los Hechos*, cit., p. 525, «Consideraciones sobre prueba y verdad», citado, p. 113 e «Idee per una teoria della decisione giusta», *Rivista Trimestrale di Diritto e Procedura Civile*, 1997, pp. 315 e ss.

ciais, a exigência da finalidade do justo assume uma perspectiva mais relevante em relação a outros subsistemas judiciais[42].

Aqui, o objectivo da pretensão a uma decisão justa como *ratio* essencial do processo judicial implica um discurso que suscite a questão da verdade. Não é outra, aliás, a sustentação de Ricoeur ao referir que o «justo envolve uma dose de verdade na sua circunscrição».[43]

O contexto judicial onde se desenvolve o processo penal é um contexto em que a verdade empírica é necessária. Conforme refere Taruffo, o processo «tem como finalidade resolver a incerteza que se produz sobre a verdade ou falsidade dos enunciados que fazem referência aos factos relevantes para a causa»[44].

A questão que importa analisar é saber se é sustentável uma decisão proferida no processo penal que omita na sua racionalidade a dimensão da verdade. É esta questão essencial que obriga a uma abordagem, ainda que tópica, sobre o problema da verdade.

Do ponto de vista epistemológico a actividade jurisdicional assenta na apreciação de afirmações supostamente verdadeiras e não apenas por afirmações prescritivas, contrariamente à actividade legislativa ou administrativa.

Do ponto de vista ideológico, a questão da verdade é transversal a todas as ideologias que concebem algum tipo de decisão justa como finalidade do processo, nomeadamente no processo penal, não podendo entender-se como uma questão ideológica específica de um tipo de procedimento. Autores que não defendem uma teoria da justiça assente na verdade acabam por salientar que nenhuma decisão pode considerar-se justa se se funda em juízos erróneos[45]. A verdade constitui um valor fundamental sobre o qual se afirma o sistema normativo e não pode ser deixada de lado no âmbito do processo penal. Segundo Gutzmán, partilhando esta afirmação, «o conhecimento da verdade é inevitável se o que se pretende é concretizar uma con-

---

[42] Neste sentido, Ferrajoli sublinha que o «nexo exigido pelo princípio de estrita legalidade entre a "validez" da decisão e a "verdade" da motivação é mais forte [na jurisdição penal] do que qualquer outro tipo de actividade judicial»: cf. *Derecho y Razón*, Editorial Trotta, Madrid, 1997, p. 47.

[43] Cf.Paul Ricoeur, *Le Juste 2*, Editions Esprit, Paris, 2001, p. 70.

[44] Cf. Michele Taruffo, «Consideraciones sobre prueba y verdad», cit., p. 114.

[45] Assim Jerome Frank, *Courts on Trial*, apud Taruffo, *La Prueba de los Hechos*, cit., p. 66.

A DECISÃO JUDICIAL COMO QUESTÃO ESSENCIAL DA JURISDIÇÃO

denação porquanto só uma condenação que tenha na sua base o referido valor poderá ser considerada justa»[46].

Mesmo de um ponto de vista político, não se pode descurar o enquadramento da verdade no âmbito do processo penal de um Estado de Direito democrático. Ou seja, a verdade é um valor próprio das sociedades democráticas por contraposição à mentira e falsificação em que se fundam os regimes autoritários identificando-se nesse sentido com o conjunto de valores onde se sustenta a própria democracia[47].

Pode, por isso, identificar-se hoje, uma «ideologia legal racional» da decisão, de que fala Wróblewski[48], que tem no seu centro uma concepção racional e analítica da verdade judicial como característica essencial de uma decisão que se exige controlável e justificada. Como refere Taruffo, «a verdade dos factos é, neste sentido, o resultado de um procedimento cognoscitivo complexo que se desenvolve segundo directivas jurídicas e racionais e acaba num juízo racionalmente justificado»[49].

A complexa problemática da verdade suscita alguma cautela no modo como é abordada no âmbito judicial[50].

Entre as posições cépticas relativas ao conhecimento da verdade, que não admitem sequer um conhecimento da realidade assente na determinação verdadeira dos factos, até às posições contrárias, que só admitem uma justiça fundada exclusivamente numa verdade ontologicamente determinável, o debate sobre a questão tem sido historicamente dividido[51].

---

[46] Cf. *La Verdad en el Proceso Penal*, Editores del Puerto, Buenos Aires, 2006 p. 24.

[47] Uma interessante obra sobre a relevância da verdade para a vida humana e os seus relacionamentos sociais é dada por Michael P. Lynch in *La Importância de la Verdad. Para una Cultura Pública Decente*, Paidós, Barcelona, 2005. O autor defende e explicita ao longo da obra quatro teses essenciais sobre a importância da verdade («truísmos»): a verdade é objectiva, a verdade é «boa», vale a pena investigar a verdade e pode valer a pena uma preocupação pela verdade em si mesma (esp. pp. 23, 24, 26 e 29).

[48] Assim Jerzy Wróblewski, *Legal Syllogism*, apud, Taruffo, *La Prueba de los Hechos*, cit. p. 69. A conexão directa entre verdade e justificação é defendida também por Robert Alexy, «Justicia como corrección», *Doxa*, nº 26, 2003, p. 163.

[49] Cf. Taruffo, *La Prueba de los Hechos*, cit., p. 69

[50] Afirmando o carácter controverso do uso da palavra verdadeiro, Popper justifica a sua cautela em se «envolver» no problema da verdade: cf. *Conjecturas e Refutações*, Almedina, Coimbra, 2000, p. 303.

[51] É absolutamente assertiva a afirmação de Perfecto Ibañez referindo o leque de posições que vão do «nihilismo mais desesperante ao realismo mais ingénuo»: cf. «"Carpinteria" de la sen-

A FUNDAMENTAÇÃO DA SENTENÇA NO SISTEMA PENAL PORTUGUÊS

A razão prática[52] faz-nos acompanhar, sem hesitações, a afirmação de Faria e Costa de que «em direito a verdade é uma noção operatória da sua aplicação»[53].

Neste sentido, como finalidade do processo penal e sobretudo como razão da decisão judicial, de acordo com a imposição normativa estabelecida no Código de Processo Penal da «descoberta da verdade»[54], impõe que se

tencia penal (en matéria de hechos)», cit., p. 398. Um panorama «fotográfico» mas suficientemente preciso sobre estas posições, pode ver-se em Taruffo, *La Prueba de los Hechos*, cit., p. 21 e ss. De igual modo Giulio Ubertis in *La Conoscenza del Fatto nel Processo Penale*, Giulio Ubertis (a cura), Giuffrè Editore, Milano, 1992, p. 2. Uma perspectiva «nihilista» sobre a impossibilidade da verdade (e da justiça) como finalidades do processo judicial, sustentada numa visão «Luhmaniana» do procedimento pode ver-se em Dimitri Dimoulis, Soraya Gasaparetto Lunardi, «A verdade e a justiça constituem finalidades do processo penal?», *Sequência*, nº 55, Dezembro, 2007, p. 175. Os AA configuram o objectivo principal do processo como a possibilidade de «tomada de uma decisão de maneira relativamente célere e segura» afastando a justiça e a verdade como finalidades do processo judicial. Não se vê, no entanto, que as preocupações fundadas e legítimas sobre a necessidade de uma justiça célere e segura possam conflituar, como é sustentado pelos autores, com a questão da verdade. Outras dimensões da verdade, nomeadamente a verdade como direito, a verdade como dever, a verdade como interdito são interessantes pontos de vista que sugerem aprofundamentos: cf. Xavier Lagarde, «Vérité», Loïc Cadiet (direction), *Dictionnaire de la Justice*, puf, Paris, 2004, p. 1324

[52] Segundo Zagrebelsky, «consideram-se ciências teoréticas aquelas em que o homem se coloca numa relação com o mundo que não muda nem é alterável segundo o interesse humano (assim são as ciências da natureza e as ciências do divino). Ao contrário, consideram-se ciências práticas as que têm como âmbito material o que, podendo ser de um modo ou de outro, está compreendido no raio de influência da acção humana. Objectivo das ciências teoréticas é o conhecimento; das ciências práticas, a acção; razão final das ciências teoréticas é colocar a razão em contacto com a verdade; das ciências práticas, pô-la em contacto com o actuar»: cf. Gustavo Zagrebelsky, *El Derecho Dúctil. Ley, Derecho, Justicia*, Trotta, Madrid, 2007, p. 120.

[53] Assim Faria Costa, «Consenso, verdade e direito», cit., p. 421 e *Linhas de Direito Penal e de Filosofia*, cit., p. 97.

[54] São várias as imposições normativas no domínio do CPP à finalidade da descoberta da verdade que condiciona todo o processo. Desde logo no que respeita ao MP a razão do seu procedimento e imposição de colaboração com o tribunal (50º nº 2 e 53º nº 1). No que respeita ao arguido, a obrigação de responder com verdade a determinado tipo de perguntas [61º nº 3 alínea b)] e a não informação pelo tribunal, em determinadas situações, dos factos imputados no interrogatório [141º nº 4 alínea d)]. A nível do decurso do processo, no caso da prestação de informações em segredo de justiça [86º nº 9 alínea a)]. No que respeita às testemunhas, desde logo e paradigmaticamente, o conteúdo do juramento (91º), o dever de responder com verdade [132º alínea d)] e ainda a quebra de segredo (135º nº 3). No interrogatório do arguido, a faculdade dada de lhe serem efectuadas perguntas, se tal for relevante para a des-

A DECISÃO JUDICIAL COMO QUESTÃO ESSENCIAL DA JURISDIÇÃO

analise que verdade é esta e quais as condicionantes que possibilitam o seu conhecimento.

A impossibilidade de formular um critério seguro de verdade das teses judiciais decorre da constatação de que a verdade certa, "objectiva" ou "absoluta" representa sempre a expressão de um ideal "inalcançável"[55].

À constatação de algum consenso dogmático de que no processo judicial e sobretudo no processo penal não é a verdade absoluta que está em causa[56],

---

coberta da verdade (141º nº 6). No que respeita ao assistente e partes civis, o dever de verdade na prestação das suas declarações (145º nº 2). No domínio da prova, a admissibilidade da prova por acareação (146º) e os esclarecimentos a peritos (158º). A nível dos meios de obtenção de prova, a proibição de acesso ao local do crime, quando prejudique a descoberta da verdade (171º nº 2), o requisito para apreensão de correspondência (179º alínea d) e 252º), apreensão em estabelecimento bancário (181º nº 1) ou admissibilidade de escutas telefónicas (187º) e, finalmente a nível das formalidades das operações de escutas para os OPC (188º nº 1) e audição pelo tribunal ou junção de novas transcrições (188º nº 10). No domínio das medidas de coacção, no caso da restrição do conhecimento dos elementos do processo que indiciam os factos [194º nº 4 alínea b)], restrições nas declarações para memória futura (271º nº 6). No âmbito da instrução, formulação de perguntas pelo MP, arguido, defensor e assistente (289º nº 2), ordem da prática dos actos (291º nº 1), actos supervenientes (299º). Na fase de julgamento, desde logo os poderes do presidente quanto à disciplina da audiência [323º, alíneas a) e b)] suspeita da veracidade da confissão (344º), afastamento do arguido quando iniba o declarante de dizer a verdade [352º, alínea a)], interesse na presença de testemunhas após a prestação de depoimento (353º), sendo, no entanto de salientar o «comando expresso no artigo 340º nº 1 do CPP impondo que «o tribunal ordena, oficiosamente ou a requerimento, a produção de todos os meios de prova cujo conhecimento se lhe afigure necessário à descoberta da verdade e à boa decisão da causa». No âmbito dos processos especiais, o adiamento da audiência no processo sumário para diligências de prova [387º, nº 2, alínea b)], reenvio para outra forma de processo [390º c)]. Finalmente na fase dos recursos, no processo de revisão de sentença, nos casos de produção de prova referente a novos factos ou meios de prova (453º).

[55] Neste sentido Ferrajoli sublinha que «ideia contrária de que se pode conseguir e asseverar uma verdade objectiva ou absolutamente certa é, na realidade, uma ingenuidade epistemológica»: cf. *Derecho y Razón*, cit., p. 50.

[56] Sobre a «verdade material» no processo penal português que não se confunde com uma verdade «ontológica» ou «absoluta» mas sim uma «verdade judicial, prática e, sobretudo, não obtida a qualquer preço mas processualmente válida» veja-se Castanheira Neves, *Sumários de Processo Criminal*, Coimbra, 1968, p. 48 e Figueiredo Dias, *Direito Processual Penal*, Coimbra Editora, Coimbra, 1981, p. 194, referindo Castanheira Neves que «a verdade que importa ao direito (e, assim, ao processo) não poderá ser outra senão a que traduza uma determinação humanamente objectiva de uma realidade humana. É ela, pois, uma verdade histórico-prática». No mesmo sentido salienta Taruffo que «parece absolutamente óbvia a observação de

contrapõem-se modelos diversos de identificação e procura de verdade, sustentados tanto na admissibilidade da verdade material como na verdade formal ou processual, de acordo com modelos epistemológicos também eles diferenciados, nomeadamente um modelo jusnaturalista e um modelo jus-positivista.

No modelo jusnaturalista procura-se atingir aquela verdade material como verdade absoluta em relação às pessoas investigadas e aos factos ocorridos a qual pode ser alcançável por qualquer meio, mesmo para além das rígidas regras processuais.

No modelo juspositivista está em causa uma verdade formal ou processual, que se alcança através do respeito a regras precisas e pré-determinadas, relativas a factos e circunstâncias identificados como penalmente relevantes.

No âmbito do trabalho não se pretende aprofundar as várias teorias sobre a verdade que ao longo dos tempos têm sido desenvolvidas[57].

que no processo não se trata de estabelecer verdade absolutas ou imutáveis sobre nada e portanto só tem sentido falar de verdades relativas»: cf. *La Prueba de los Hechos*, cit., p. 74. Mais desenvolvidamente sobre os debates entre cépticos e não cépticos sobre a «verdade absoluta» veja-se Taruffo, *ibidem*, pp. 176, 177 e 178, salientando que «o reconhecimento generalizado da impossibilidade de obter verdades absolutas não implica, em absoluto o fim da ciência nem da epistemologia nem o costume de pensar que, de alguma forma, as coisas e os factos do mundo material podem ser racionalmente conhecidos». Assinalando a limitação do não conhecimento da verdade total no âmbito do processo penal veja-se Paolo Tonini, *Manuale di Procedura Penale*, Giuffrè, Milano, 2000, p. 160. A questão da «verdade material» e absoluta e o modo como é conseguida é objecto de crítica por alguma doutrina recente quando estão em causa questões relacionadas com julgamentos de actividades de risco criadas por actividades produtivas ou ligadas a práticas sociais como as actividades cirúrgicas. Assim, Frederico Stela, questiona a actividade judicial que nestes casos concretos envolvem normalmente comportamentos negligentes ou gravemente negligentes: «o juiz não hesita, por vezes, a vestir a roupagem do legislador, sendo visível nas sentenças de condenação uma manipulação do requisito da causalidade ao ponto de se fazer coincidir com a culpa»: cf. «Verità, scienza e giustizia: le frequenze médio-basse nella sucessione di eventi», *Rivista Italiana di Diritto e Procedura Penale*, Fasc. 4, Ottobre-Dicembre, 2002, p. 1218.

[57] Uma obra fundamental onde se apresentam de uma forma panorâmica as teorias da verdade no século XX é a obra de J.A. Nicolás e Mª. J. Frápolli (Editores), *Teorias de la Verdad en el Siglo XX*, Tecnos, Madrid, 1997. Os autores, esquematicamente, identificam sete grandes grupos sobre as várias teorias da verdade. Num primeiro grupo são identificadas as teorias pragmáticas da verdade que se desenvolveram na segunda metade do século XIX tendo então como expoentes William James (teoria pragmático-funcionalista) e Charles Pierce (teoria pragmático-semiótica). Actualmente as teorias pragmáticas têm os seus cultores em Richard Rorty (teoria hermenêutico-relativista) e S.Haack (teoria ético-pragmática). Num segundo grupo

A DECISÃO JUDICIAL COMO QUESTÃO ESSENCIAL DA JURISDIÇÃO

O objectivo é tão só traçar um caminho que associe o predicado verdadeiro, sem implicações metafísicas, a proposições que assentam num procedimento que leva à decisão judicial, pondo de lado as verdades absolutas «património exclusivo de alguma metafísica ou religião integrista»[58].

2. Os modelos de verdade na justiça

O conceito de verdade relaciona-se intimamente com a essência do conhecimento no sentido de que «verdadeiro conhecimento é somente o conhecimento verdadeiro»[59].

Partindo de uma abordagem fenomenológica da teoria do conhecimento assente nos elementos que a mobilizam ou seja, o sujeito, o objecto e o relacionamento entre ambos[60], importa abordar três concepções relevantes e diferenciadas nomeadamente, no âmbito das concepções objectivas da verdade, a concepção semântica de Tarsky, a concepção pragmática e a concepção intersubjectiva consensualista sustentada na posição de Habermas.

os autores integram as teorias da verdade como correspondência que se dividem no entanto em teorias semânticas da verdade, desenvolvida por Tarsky e seguida por autores como E. Tugendahat, H.Putnam, S. Kriplke e W.v.o. Quine e teorias não semânticas onde se inclui J. Austin. Num terceiro grupo são identificadas as teorias pró-oracionais de D.Grover e C.J.W. Williams. Num quarto grupo os autores identificam as teorias fenomenológicas da verdade de Husserl e J. Ortega e X. Zubiri. Num quinto grupo estão as teorias hermenêuticas da verdade tendo como figura de referência Heidegger e posteriormente H.G. Gadamer, Karl Jaspers, Michel Foucault, G. Vattimo e Jacques Derrida. Num sexto grupo os autores identificam as teorias coerentistas da verdade tendo na sua origem Hegel, tendo sido desenvolvidas por Neurath, Hempel, N. Rescher e L.B. Puntel. Finalmente num sétimo grupo os autores identificam as teorias intersubjectivas da verdade onde distinguem a teoria consensual da verdade, representada por K.O. Apel e J. Habermas e a teoria dialógica da verdade de Konrad Lorenz, P. Lorenzen e W. Kamlah.

[58] Assim Michele Taruffo, *in* «Consideraciones sobre pueba y motivacion», *Jueces para la Democracia, Informacíon y Debate,* nº 59, julio 2007, p. 74.

[59] Neste sentido Hessen refere que «um conhecimento diz-se verdadeiro se o seu conteúdo concorda com o objecto designado. O conceito de verdade é, assim o conceito de uma relação. Exprime uma relação, a relação do conteúdo do pensamento, da imagem com o objecto»: cf. Johannes Hessen, *Teoria do Conhecimento,* Arménio Amado, Editor – sucessor, Coimbra, 1976, p. 30.

[60] Para Hessen, seguindo, aliás, Hartmann «no conhecimento encontram-se frente a frente a consciência e o objecto, o sujeito e o objecto (...) A relação entre os dois elementos é ao mesmo tempo uma correlação». Daí que, segundo o autor o «o conhecimento signifique uma relação entre um sujeito e um objecto que entram, por assim dizer, em contacto mútuo»: *ibidem*, p. 34.

A FUNDAMENTAÇÃO DA SENTENÇA NO SISTEMA PENAL PORTUGUÊS

As repercussões que qualquer destas teorias trouxeram ao entendimento do que pode e como pode determinar-se a verdade judicial, como elemento essencial da decisão, são suficientemente relevantes para uma abordagem sintética a cada uma delas.

2.1. As concepções objectivas de verdade

Uma concepção objectiva da verdade assenta em primeiro lugar na constatação de que a verdade é uma propriedade objectiva da acção em si mesma: o que se diz corresponde ao que é.

As teorias objectivas da verdade, segundo Popper, permitem a afirmação de que «procuramos a verdade, mas podemos não saber quando a encontrámos; que não temos nenhum critério de verdade, mas somos, não obstante, guiados pela ideia de verdade como princípio regulador (como Kant ou Pierce poderiam ter dito); e que, apesar de não existirem quaisquer critérios gerais pelos quais possamos reconhecer a verdade – excepto, talvez a verdade tautológica – existem critérios de progresso em direcção à verdade»[61].

Neste sentido, segundo Popper[62] o que se afirma através das teorias objectivas da verdade ultrapassa o problema central das teorias subjectivistas, que concebem o conhecimento como um tipo particular de estado mental ou uma espécie particular de crença. As teorias subjectivistas (onde Popper inclui as teorias pragmáticas, as teorias da coerência e da evidência) dizem, aproximadamente, que a verdade é o que nós temos razões para acreditar ou aceitar, de acordo com certas regras e critérios, relativamente às origens ou fontes do nosso conhecimento de acordo com determinadas regras ou critérios.

Nas teorias objectivas, a perspectiva desenvolvida por A. Tarsky[63] relativa à concepção semântica da verdade, assume uma especial relevância, pela sua

---

[61] Assim Karl Popper, *Conjecturas e Refutações*, cit. p. 307. Detalhadamente sobre as diferenças entre a teorias subjectivas e objectivas de conhecimento cientifico, *ibidem*, p. 309.

[62] Cf. Karl Popper, *Conjecturas e Refutações*, cit., p. 306.

[63] A teoria «objectiva» da verdade como correspondência com os factos, de Alfred Tarsky, é suporte de outras construções filosóficas e epistemológicas sobre a verdade. Popper afirma a relevância desta teoria na estruturação do seu modo de ver e aplicar a verdade: «o grande feito de Tarsky – e o verdadeiro significado da sua teoria para a filosofia das ciências empíricas – consistiu no facto de ter reabilitado a teoria da correspondência da verdade absoluta ou objectiva»: cf. *Conjecturas e Refutações*, cit., pp. 303, 304, 305 e 314.

generalizada aceitação teórica como ponto de partida para uma discussão sobre a verdade no processo penal.

A «concepção semântica» de verdade é assumida como ponto de partida para uma construção de uma base teórica para o tratamento da verdade no processo judicial por vários autores[64].

Na concepção semântica da verdade uma proposição será verdadeira se existe uma correspondência entre a proposição e o mundo externo.

Uma explicitação compreensiva da teoria de A. Tarsky permite-nos «entender a "verdade" como sinónimo de "correspondência com os factos" e, em seguida, (esquecendo tudo acerca da "verdade") procedermos à explicação dessa ideia de "correspondência com os factos" (...). O ponto decisivo é a descoberta de Tarsky de que, para falarmos de correspondência com os factos temos de utilizar uma metalinguagem em que possamos falar de duas coisas: os *enunciados e os factos a que esses enunciados se referem* (Tarsky chama de semântica a essa metalinguagem)»[65].

Taruffo, canalizando o seu estudo para a questão da prova, refere poder assim, evitar-se uma «excisão total entre linguagem e realidade empírica e falar-se, sensatamente, de uma verdade como correspondência, quer dizer, uma verdade que não se reduz de forma exclusiva à coerência interna do discurso ou do sistema de conceitos que este utiliza»[66].

No âmbito da verdade fáctica encontramos os factos ocorridos na realidade. No âmbito da verdade jurídica estão as normas a que eles se referem. Conjuntamente, a verdade fáctica e a verdade jurídica, definem a verdade processual. Uma proposição jurisdicional será (processual ou formalmente) verdadeira se, e somente se, é verdadeira tanto fáctica quanto juridicamente.

---

[64] Cf. Michele Taruffo, *La Prueba de los Hechos*, cit., pp. 59, 169 e 176, Luigi Ferrajoli, *Derecho y Razón*, cit., pp. 48 e ss, Giulio Ubertis, *Fatto e Valore nel Sistema Probatório Penale*, Giuffrè, Milan, 1979, pp. 91 e 92, Nicolás Guzmán, *La Verdad en el Proceso Penal*, cit. pp. 52, 63 a 67 e Stella, in «Verità, scienza e giustizia», cit., p. 1222, salientando a não correspondência ontológica entre a afirmação da verdade e a realidade e sublinhando ainda a sua utilidade prática.

[65] Cf. Popper, *Conjecturas e Refutações*, cit., p. 305, explicitando o cerne da teoria de A. Tarski. Como refere Alexy, sobre as teorias semânticas, «a verdade pode pois definir-se como concordância entre enunciados e factos»: cf. *Teoria de la Argumentación Jurídica*, cit., p. 112.

[66] Cf. Michele Taruffo, *La Prueba de los Hechos*, cit., pp. 169 e 176. O mesmo autor, numa perspectiva mais genérica mas também mais desenvolvida (e muito recente) adopta inequivocamente a concepção *correspondentista* (itálico do autor), como opção para a defesa da sua concepção racional da decisão: cf. Michele Taruffo, «Consideraciones sobre prueba y motivacion», cit., p.75.

A FUNDAMENTAÇÃO DA SENTENÇA NO SISTEMA PENAL PORTUGUÊS

Deste modo só pode afirmar-se que é verdade que uma pessoa cometeu um delito quando esse delito está perfeitamente determinado pela lei penal, ou seja «quando a linguagem legal formula uma clara e precisa descrição da conduta criminal de maneira que permita estabelecer se é verdadeira a asserção que afirma que uma pessoa x cometeu um facto h descrito na norma n»[67].

A essência da concepção da «verdade como correspondência» está na exigência de determinar, «sobre as bases das provas disponíveis, se os factos de que dependem as posições jurídicas objecto da controvérsia se produziram efectivamente no «mundo exterior» que se supõe existente e cognoscível»[68].

A teoria semântica da verdade acolhe por isso um conceito de verdade que se limita a indicar as condições do uso do termo verdadeiro, nada dizendo sobre os critérios de verdade, ou seja as condições em que se aceita uma asserção como verdadeira.

Daí que segundo Tarski, seja uma teoria completamente neutral em relação às diversas concepções ontológicas e epistemológicas: «podemos aceitar a concepção semântica de verdade sem abandonar nenhuma atitude gnoseológica que possamos ter tido; continuamos a ser realistas ingénuos, realistas críticos ou idealistas, empiristas ou metafísicos: o que tínhamos sido antes»[69].

2.2. As teorias pragmáticas de verdade

As teorias pragmáticas da verdade elaboradas na segunda metade do século XIX essencialmente por Charles Pierce e por William James e, mais tarde já no século XX, desenvolvidas por Richard Rorty, assentam em primeiro lugar na constatação de que a verdade é uma propriedade de algumas das nossas ideias.

Segundo Rorty, a verdade «significa a sua "correspondência" (e a falsidade a sua "não correspondência") com a realidade».[70] Nesse sentido as teorias

---

[67] Assim Nicolás Guzmán, *La Verdad en el Proceso Penal*, cit. p. 66.

[68] Cf. Michele Taruffo, «Consideraciones sobre prueba y motivacion», cit., p. 75.

[69] Cf. A. Tarsky, *La Concepcion Semântica de la Verdad y los Fundamentos de la Semántica*, apud Nicolás Guzmán, *La Verdad en el Proceso Penal*, cit. p. 54.

[70] Cf. William James, *O Pragmatismo*, Imprensa Nacional Casa da Moeda, Lisboa, 1997, p. 101. Segundo Richard Rorty, in *Consequências do Pragmatismo*, Instituto Piaget, Lisboa, 1999, p. 13, «para os pragmatistas, "verdade" é apenas o nome de uma propriedade que todas as afirmações verdadeiras partilham».

pragmáticas assentam num princípio ou tronco comum com as doutrinas «intelectualistas», delas começando no entanto a divergir quando se atenta «na questão do significado preciso dos termos "correspondência" e "realidade"»[71].

A essência das propostas pragmatistas envolve o princípio de que a questão da «verdade» se justifica apenas por razões práticas. «A posse da verdade, longe de ser um fim em si mesma, é apenas um meio preliminar ao serviço de outras satisfações vitais. (...) O valor prático das ideias verdadeiras deriva assim em primeiro lugar da importância prática que os seus objectos tiverem para nós»[72]. As crenças verdadeiras são simplesmente aquelas que nos proporcionam aquilo que queremos da vida. Daí que, para os pragmatistas, a verdade é valiosa como um meio e não como um fim.

O princípio fundamental onde assenta a concepção pragmática da verdade decorre da ideia fundamental de que esta «não é uma propriedade estável de uma ideia que lhe seria inerente. A verdade acontece a uma ideia. Ela torna-se verdadeira, é feita verdadeira pelos acontecimentos. A sua veracidade é de facto um acontecimento, um processo: nomeadamente o processo de se verificar a si mesma, da sua verificação. A sua validade é o processo da sua validação»[73]. «A verdade faz-se, não se encontra», segundo Michael Lynch, referindo-se ao modo como o pragmatismo clássico de William James encarava a verdade[74].

Daí que segundo William James as «ideias verdadeiras são as que podemos assimilar, validar, corroborar e verificar. As ideias falsas são as que não o permitem»[75].

Independentemente das posições críticas sobre a relevância filosófica das teorias pragmatistas, nomeadamente a discutibilidade da asserção da validade da verdade como meio, importa reter, por um lado a constatação e negação da aquisição da verdade como algo de metafisico e por outro a ques-

---

[71] Cf. William James, *O Pragmatismo*, cit., p. 101.

[72] *Ibidem*, p. 103. Daí que alguns autores como Michael Lynch falem, referindo-se aos pragmatistas, como «a filosofia da politica real, dos resultados. Encarna o respeito pelo êxito e a falibilidade da ciência, a impaciência com a metafísica a admiração pelo caso concreto»: cf. *La Importância de la Verdad*, cit., p. 84.

[73] *Ibidem*, p. 102.

[74] Cf. Michael Lynch, *La Importância de la Verdad*, cit., p. 84.

[75] Cf. William James, *O Pragmatismo*, cit., p. 102.

A FUNDAMENTAÇÃO DA SENTENÇA NO SISTEMA PENAL PORTUGUÊS

tão da relevância do procedimento no processo de aquisição, verificação e corroboração da verdade[76]. Trata-se de duas asserções que, no que respeita ao processo de busca da verdade judicial, nomeadamente no domínio do processo penal são actualmente indiscutíveis na medida em que orientam os limites devidos no âmbito da descoberta da verdade material.

2.3. O modelo consensualista de verdade

A concepção de verdade defendida por J. Habermas assenta num modelo intersubjectivo e consensualista[77].

Sustentado nos pressupostos da teoria do agir comunicacional, que segundo J. Habermas «se ramifica em diversos níveis do discurso»[78], trata-se no problema da verdade de identificar na argumentação um conteúdo normativo cujo princípio, longe de se limitar ao horizonte do "provável" ou de se ver dotado de um alcance simplesmente prático, se prolonga naturalmente numa teoria consensual da verdade[79].

Para J. Habermas um enunciado é verdadeiro quando está justificada a pretensão de validade dos actos de linguagem com os quais se afirmam esses enunciados ou seja, a verdade apresenta-se como uma pretensão de validade que vincula os enunciados que são afirmados. Nesse sentido, J. Habermas refere que «as provas que invocamos no contexto de justificação devem ser suficientes para nos autorizar a construir a pretensão à verdade. Não obs-

---

[76] Não subestimando a importância das teorias pragmatistas da verdade na história da filosofia, mas num tom acentuadamente crítico, veja-se Michael Lynch, *La Importância de la Verdad*, cit., pp. 89 e 94.

[77] Comece por referir-se que Habermas utiliza o termo "intersubjectividade" para referir «o carácter comum das relações estabelecidas entre indivíduos com capacidade de discurso e acção através da compreensão de significados idênticos e do reconhecimento de pretensões universais»: cf. «O que é a pragmática universal?» in *Racionalidade e Comunicação*, Edições 70, 2002, p. 100.

[78] Assim J. Habermas, *Facticidad y Validez*, Editorial Trotta, Madrid, 2008, p. 58. Saliente-se que para Habermas «a racionalidade inerente à comunicação reside na ligação interna entes (a) as condições que tornam um acto de fala válido, (b) a pretensão apresentada pelo falante de que estas condições estão satisfeitas e (c) a credibilidade da garantia emitida pelo falante para o facto de poder, se necessário, justificar discursivamente a pretensão de validade»: assim «Alguns esclarecimentos complementares sobre o conceito de racionalidadee comunicativa» in *Racionalidade e Comunicação*, cit., p. 194.

[79] Assim Jean-Pierre Cometti, «Racionalidade e Legitimação», in *Dicionário do Pensamento Contemporâneo*, Manuel Maria Carrilho (dir.) Circulo de Leitores, 1991, p. 282.

tante a verdade não possa ser reduzida à coerência ou à afirmação justificada tem que existir um nexo interno entre verdade e justificação»[80].

Para distinguir os enunciados verdadeiros dos falsos é necessário contar com a participação de todos aqueles que possam iniciar uma discussão. Daí que a condição para a verdade dos enunciados é o potencial assentimento de todos os intervenientes.

Assim, é verdadeiro aquele enunciado sobre o qual se chega a um consenso fundado: «a verdade de uma proposição significa a promessa de se chegar a um consenso racional sobre o que foi dito»[81].

No entanto, nem todo o consenso conseguido de uma forma argumentativa é um consenso fundadamente válido. Apenas aquele que é conseguido numa *situação ideal de discurso* ou seja, na situação em que «a comunicação não só não está contaminada por influências externas mas também pelas coacções que se seguem à própria estrutura da comunicação»[82].

Numa perspectiva crítica, segundo Kaufman, a principal objecção contra a teoria do consenso «está em que a verdade se torna num negócio consigo mesmo, que também serve para legitimar como verdadeira a formalmente correcta mentira consentida (todas as proposições estão de acordo)»[83]. Outras críticas são efectuadas à conceptualização do consenso ou da comunicação intersubjectiva, por não terem, como conceitos, que relacionar-se com o conceito de verdade. Nesse sentido Boente refere que «algo é verdadeiro independentemente de todos os intervenientes na situação ideal poderem estar em desacordo. A propriedade "verdadeiro" é consubstancial à realidade (ou é ou não é) e independente do sujeito ou sujeitos que afirmem o facto verdadeiro»[84].

A retenção da ideia chave de que a justificação de uma afirmação não deve depender da verdade da própria afirmação mas antes e, pelo contrário, que a verdade da afirmação depende da sua justificação é, por isso e no que res-

---

[80] Cf. J. Habermas, *Vérité et Justification*, Gallimard, Paris, 1999, p. 182. Uma abordagem crítica a Habermas, sob o ponto de vista da verdade e o seu reflexo no discurso jurídico, pode ver-se em Robert Alexy, *Teoria de la Argumentación Jurídica*, cit., p. 113 e, também, em Sónia Boente, *La Justificación de las Decisiones Judiciales*, cit., p. 49.

[81] Cf. J. Habermas, *Logique des Sciences Sociales et Autres Essais*, Paris, Puf, 1987, p. 30.

[82] Cf. J. Habermas, in *Teorias de la Verdad*, cit. p. 589.

[83] Assim Arthur Kaufmann, *Filosofia do direito*, Fundação Calouste Gulbenkian, Lisboa, 2004, p. 421.

[84] Assim Sónia Boente, *La Justificación de las Decisions Judiciales*, cit. p. 52.

A FUNDAMENTAÇÃO DA SENTENÇA NO SISTEMA PENAL PORTUGUÊS

peita à consequência jurídico processual da verdade um tópico fundamental do pensamento de J. Habermas.

Daí a relevância essencial, como se verá, da doutrina habermasiana para a compreensibilidade da questão da fundamentação das sentenças.

Como refere Munõz Conde, «a necessidade de uma motivação das decisões judiciais, entendida como argumentação intersubjectiva, comunicável e que racionalmente tornou possível a verificação das razões através das quais se chegou a uma determinada valoração e, portanto a uma decisão fundada nessa valoração, tem na base a consequência lógica de uma teoria consensual da verdade»[85].

Nesse sentido não pode ignorar-se a relevância da dimensão consensualista de verdade para a compreensibilidade do modelo democráticamente fundado de fundamentação das decisões judiciais, o qual exige a justificação pública e compreensível da decisão de um conflito.

3. Um modelo vinculativo à verdade

Qualquer conceito de verdade é sempre condicionado por uma dose de contingência e de aproximação.

Trata-se, na verdade judicial como na verdade científica, de constatar que «quando se afirma a "verdade" de uma ou várias proposições, a única coisa que se diz é que estas são (plausivelmente) verdadeiras pelo que sabemos sobre elas, ou seja, em relação ao conjunto de conhecimentos confirmados que delas possuímos»[86]. Ou, como refere Popper, a «ideia de uma verdade objectiva como padrão que podemos não atingir»[87].

---

[85] Acrescentando aliás, ser a «única possível num processo penal que respeite as liberdades e os direitos fundamentais (...) e também com a presunção de inocência»: cf. Francisco Munõz Conde, La Búsqueda de la Verdad en el Proceso Penal, Hammurabi, Buenos Aires, 2007, p. 118.

[86] Cf. Ferrajoli, cf. Derecho y Razón, cit., p. 50. Taruffo refere-se à verdade «como aproximação na reconstrução processual dos factos à sua realidade empírica e histórica»: cf. «Consideraciones sobre prueba e motivación», cit. p. 74. Por outro lado a ideia de Popper de verossimilhança consubstancia esta verdade aproximativa à verdade objectiva. Segundo o autor, «a definição de verosimilhança implica que o seu máximo só seria atingido por uma teoria que fosse não apenas verdadeira, mas de uma verdade totalmente abrangente: que correspondesse a todos os factos, por assim dizer, e – escusado será dizer – unicamente a factos reais»: cf. Conjecturas e Refutações, cit., pp. 314, 315 e 318. Sublinhando a «contingência» da verdade processual Stella, «Verità, scienza e giustizia», cit., p. 1247.

[87] Cf. Popper, Conjecturas e Refutações, cit., p. 311.

Tal constatação assenta na compreensão realista da incapacidade de substituir significados construídos socialmente no tribunal, que envolvem necessariamente a compreensão da falibilidade humana, por modelos científicos, laboratorialmente elaborados. A verdade é um princípio regulador (ou um modelo limite) da jurisdição da mesma forma que a ideia de verdade objectiva é um princípio regulador na ciência os quais, no entanto, não se sobrepõem nem se confundem[88].

De uma outra forma, «a verdade como correspondência absoluta de uma descrição com o estado de coisas do mundo real não é alcançável com procedimentos cognitivos concretos já que é apenas um valor-limite teórico da verdade da descrição», refere Taruffo[89].

Daí que faça sentido assumir que é sobre um irredutível elemento de verosimilhança, mais do que de verdade, que deve construir-se todo o conhecimento do que se passa no tribunal e, por isso mesmo, assumir de uma forma frontal que no âmbito da procura da verdade judicial teremos que *«get on with it»*[90].

A assimilação da verdade como valor (modelo) limite é fundamental para percepcionar de uma forma sensata a verdade dos factos de um ponto de vista processual, como aproximação à realidade sobre a qual se pretende construir a decisão. Conforme refere Schneider, «o objectivo da investigação dos factos verdadeiros não pode ser sempre antecipado como viável. Mas o objectivo "apuramento dos factos verdadeiros" mantém-se, mesmo que o princípio do apuramento não seja realizável num processo concreto»[91].

Torna-se por isso necessário precisar que elementos podem condicionar a aquisição da verdade num procedimento judicial.

---

[88] A questão tem outras repercussões, nomeadamente no valor do juízo científico e na sua valoração jurisdicional, nomeadamente no domínio das provas «científicas». A questão será abordada *infra*.

[89] Cf. *La Prueba de dos Hechos*, cit., p. 180.

[90] A afirmação é de Bernard Jackson que sublinha a exigência de conciliar, «por baixo da máscara do modelo científico o carácter socialmente construído da verdade produzida pelos procedimentos institucionais»: cf. «Truth or proof: the criminal verdict», *International Journal of Law*, Vol. XI, nº 35, 1998, p. 27.

[91] Cf. «Perspectivas da aplicação da norma jurídica: determinação, argumentação e decisão», cit., p. 520.

Ferrajoli identifica quatro limites à hipótese de um ideal de correspondência entre a verdade fáctica e a verdade jurídica[92].

Assim, num primeiro momento, sublinha-se o facto da actividade judicial consubstanciar uma reconstrução histórica de factos efectuada pelo juiz, que escapa à observação directa e que assenta na apreciação e validação de um conjunto de provas apresentado, o qual pretende demonstrar e comprovar factos ocorridos no passado[93]. Esse conjunto de factos, apresentados num primeiro momento como «hipótese» de acusação e, posteriormente, como acusação, admitem «várias explicações alternativas»[94] as quais não podem ser descuradas pelo juiz, sejam ou não suscitadas pelos intervenientes no processo.

Por outro lado, sublinha-se a dimensão temporal do juízo a proferir, nomeadamente no duplo sentido de que a justiça tem um tempo próprio e, no que é absolutamente relevante, tem que ser concluída num determinado momento[95]. A não resolução do problema num tempo próprio não pode deixar de ter consequências. Conforme refere Ferrajoli, «se o dilema não é resolúvel, prevalece a hipótese mais favorável ao acusado, graças a uma regra jurídica sobre as condições de aceitabilidade da verdade processual»[96].

Em segundo lugar, o que Ferrajoli intitula de *carácter inevitavelmente opinativo da verdade jurídica das teses judiciais*, há que salientar que a verificação jurídica é também o resultado de uma inferência que não resulta só da observação directa dos factos mas de um raciocínio «chamado de subsunção» que

---

[92] Vale a pena salientar que a abordagem efectuada por Ferrajoli a propósito da decisão abrange a questão global da procura da verdade seja através dos factos seja do direito, o que não é muito comum em várias abordagens teóricas sobre a questão da decisão. Salientando esta posição, veja-se Taruffo, *La Prueba de los Hechos*, cit., p. 64.

[93] Sobre as diferenças entre a verdade judicial e a «verdade histórica» bem como os limites do conhecimento judicial da verdade no domínio do processo judicial, cf. D.R. Pastor, «Processos Penales solo para conocer la verdad?» in *Jueces para la Democracia, Información y Debate*, nº 59, júlio, 2007, p. 96 e 104.

[94] Como refere Ferrajoli, «as diversas hipóteses ou conjecturas podem ser, também falsas»: cf. *Derecho y Razón*, cit., p. 82.

[95] Sobre a relevância do tempo no direito penal e no processo penal, Faria e Costa refere que «é bom para os interesses do Estado que os processos criminais sejam instruídos em tempo côngruo»: cf. «O Direito penal e o tempo (algumas reflexões dentro do nosso tempo em redor da prescrição)», Separata do *BFDUC*, Volume Comemorativo, 2002, p. 23.

[96] Cf. Ferrajoli, *Derecho y Razón*, cit., p. 56.

A DECISÃO JUDICIAL COMO QUESTÃO ESSENCIAL DA JURISDIÇÃO

tem a natureza de um processo classificatório. «Tal raciocínio consiste numa inferência dedutiva cuja conclusão é analiticamente verdadeira a respeito das premissas, mas tão opinativa como estas últimas»[97].

A própria natureza opinativa apela à constatação de uma certa «ambiguidade» no âmbito da linguagem jurídica utilizada pelos intervenientes que condiciona todo raciocínio judicial e que por vezes se torna necessário desconstruir. No processo da construção da decisão e da sua fundamentação a relevância da linguagem é, actualmente, um elemento fundamental tratado em várias dimensões jurídicas[98].

Numa terceira condicionante parte-se do princípio de que todo o processo de conhecimento judicial é condicionado pela própria subjectividade do julgador tanto na interpretação dos factos e na sua valoração como na interpretação normativa. O juiz, «por mais que se esforce para ser objectivo, está sempre condicionado pelas circunstâncias ambientais nas quais actua, pelos seus sentimentos, as suas inclinações, as suas emoções, os seus valores ético-políticos»[99].

Finalmente o autor identifica como limite intrínseco à verdade o próprio procedimento judicial, assumindo-o como factor de divergência essencial entre a verdade processual e o modelo ideal de "correspondência". «Diferentemente do que ocorre em qualquer outra actividade cognitiva, tanto a verdade fáctica das teses de facto e das alegações probatórias como a verdade jurídica das teses de direito e das interpretações são demonstráveis jurisdicionalmente sob a condição de se observarem regras e procedimentos que

---

[97] Cf. Ferrajoli, *Derecho y Razón*, cit., p. 56.

[98] Sobre esta questão, cf. Winfried Hassemer, «Palabras justas para un derecho justo?», *Persona y Derecho*, nº 35, 1996, p. 144, Ana Maria Del Gesso Cabrera, «Lenguage y derecho. El discurso jurídico, un discurso connotado», *Critica Jurídica*, nº 13, 1993, p. 65, Maria da Conceição Carapinha Rodrigues, «Linguagem, discurso e direito – algumas questões de linguagem jurídica», *Revista do Ministério Público*, nº 111, 2007, p. 5.

[99] Ferrajoli refere que «em todo o juízo, em suma, está sempre presente uma certa dose de preconceito»: cf. *Derecho y Razon*, cit., p. 58 e 59. Sublinhe-se, no domínio da sociologia jurídica, a «teoria dos papeis» e a importância de, através dela, se tentar «descobrir as determinantes que condicionam estruturalmente uma decisão do juiz»: cf. Jochenn Schneider, «Perspectivas...», cit., p. 518. A questão da intersubjectividade do julgador e as suas condicionantes no âmbito do contexto de «descobrimento» e nas suas conexões com o contexto de justificação são realçadas por Sónia Bonente in *La Justificacion de las Decisiones*, cit., p. 161. Mais desenvolvidamente veja-se *infra*, Capítulo III.

A FUNDAMENTAÇÃO DA SENTENÇA NO SISTEMA PENAL PORTUGUÊS

disciplinam a sua comprovação e que imprimem a ambas um carácter autorizado e convencional»[100].

A verdade judicial resulta necessariamente da condição de se observar um procedimento, que pode mudar consoante os sistemas de processo historicamente identificados, obedecendo, inclusivamente a finalidades diferenciadas[101]. Independentemente do tipo de processo ser mais ou menos «rígido», certo é que o respeito pelo conjunto de regras que o constituem é indispensável no procedimento judicial de atingir a verdade.

A constatação da existência de limites inerentes ao conhecimento procedimental que leva à verdade leva-nos ao último tópico, ou seja como se determina a verdade processual que pode ser alcançável no processo penal e que necessariamente vai sustentar a decisão.

Está em causa a relevância de um procedimento onde se expõem os factos e se cruzam os argumentos e as razões que possibilitam a sua escolha, verificando ou refutando as motivações que as sustentam para que sejam tidas como válidas.

A existência de condições – ou garantias – que assegurem o modo de determinar a verdade na decisão judicial é controlada e (relativamente) vinculada mas, em tal caso, deve esclarecer-se a sua natureza específica, explicando as escolhas que igualmente intervêm na aceitação da verdade fáctica e da verdade jurídica além dos critérios e das regras que as justificam. Será por isso relevante a constatação de que «no direito penal a única justificação aceitável das decisões é representada pela verdade dos seus pressupostos jurídicos e fácticos, entendida a verdade precisamente no sentido da correspondência mais aproximada possível da motivação às normas aplicadas e aos factos julgados»[102].

---

[100] *Ibidem*, p. 59.

[101] As variações entre procedimentos que podem produzir-se «em função das diferenças entre modelos processuais distintos» são também sobrelevadas por Taruffo, nomeadamente ao caracterizar os elementos cognitivos que se utilizam para determinar a verdade e que por isso mesmo tornam sempre a verdade relativa: cf., *La Prueba de los Hechos*, cit., p. 74. Uma reflexão sobre a verdade no processo acusatório é efectuada por Bruno Montanari, «La "faute" et "l'acusation"...», cit., pp. 52 e ss, concluindo o autor que «o modelo acusatório é o que melhor apreende o problema da verdade num sentido pós-metafísico, sem cair no funcionalismo». Salientando a verdade obtida de um modo *processualmente válida*, como elemento fundamental da verdade no processo penal veja-se Figueiredo Dias, *Direito Processual Penal*, cit., p. 194.

[102] Cf. Ferrajoli, *Derecho y Razón*, cit., p. 68. Germano Marques da Silva utiliza a mesma perspectiva epistemológica para concluir que «nos devemos contentar com procurar aproximar-

Dito de outra forma, a verdade resulta afinal de «um procedimento cognoscitivo estruturado e comprovável de maneira intersubjectiva»[103].

Daí que a função da prova como elemento fundamental no processo de chegada à descoberta da verdade se situa no interior de um procedimento racional de conhecimento e está orientada à formulação de «juízos de verdade» fundados numa justificação racional.

Sublinha-se a afirmação da natureza intersubjectiva do procedimento tendo em conta que se trata de uma característica fundamental que vai condicionar toda a perspectiva justificadora da própria fundamentação da decisão.

O processo penal é, no sentido que vem sendo exposto, sempre um processo vinculado à verdade. Trata-se, no entanto, de um modelo que se sustenta no reconhecimento das limitações que decorrem de uma actividade intersubjectiva de produção e valoração de prova, sujeita a regras específicas e pré-definidas e que, por isso se impõe com um valor aproximativo.

III. A questão da verdade como factor de legitimação da jurisdição

A questão da verdade como elemento estruturante no domínio do processo penal assume-se como inevitável no âmbito da abordagem dos problemas suscitados pela decisão judicial.

Interessa-nos, no entanto, procurar o sentido da compreensibilidade da verdade na decisão, agora como elemento legitimador da própria função jurisdicional ou seja do órgão que profere a decisão.

Trata-se da conexão entre «verdade» como noção operatória essencial ao procedimento e «verdade» como factor de legitimidade da jurisdição,

---

nos o mais possível da verdade objectiva» e no processo, para tal, usar «métodos que assegurem o mais possível essa aproximação»: cf. Germano Marques da Silva, *Curso de Processo Penal, II volume*, 4ª edição, Lisboa, 2008, p. 132.

[103] Cf. Michele Taruffo, «Consideraciones sobre prueba e motivación», cit., p. 76. Em sentido semelhante Giulio Ubertis, pretendendo chegar a um conceito funcional de *verdade judicial* através de uma reconstrução fundada na afirmação de que «a decisão final, consegue-se no fim de uma procura que consiste não no passivo «reconhecer» uma hipóstatiza da realidade externa mas no activo operar axiologicamente e legislativamente orientado»: cf. *La conoscenza del fatto nel processo penale*, cit., p. 36. Em sentido idêntico, Bruno Montanari in «La "faute" et "l'acusation"...», cit., p. 54 refere que «a sentença é justa não porque tenha um sucesso social mas antes porque resulta de um processo que se desenrola respeitando as regras comunicacionais intersubjectivas».

matéria que envolve o núcleo essencial da função judicial e que, por isso, a condiciona.

A questão coloca-se já não no sentido de saber se pode a jurisdição sustentar-se em decisões que não afirmem uma verdade, mas antes se não constituirá a verdade uma dimensão legitimadora da própria função judicial.

No esquema tradicional de repartição de poderes, «a função judicial e particularmente a penal difere assim de todas as demais funções do Estado porque é uma actividade cognitiva onde as escolhas e as decisões vêm justificadas por critérios pragmáticos e subjectivos, mas sempre relacionados, como qualquer outra forma de conhecimento, à busca da verdade objectiva»[104].

Por outro lado na teoria dos actos normativos, ao contrário do conjunto de normas e actos cuja validade se sustenta na vinculação formal à observância de normas de nível superior, «as sentenças penais são os únicos actos normativos cuja validade se funda na verdade»[105].

O discurso da legitimação jurisdicional não pode prescindir de uma análise brevíssima do discurso da legitimação do poder nas sociedades actuais[106].

De uma forma sintética trata-se, na legitimação, de saber como é reconhecida como justa uma determinada ordem.

---

[104] Cf. Ferrajoli, *Derecho y Razón*, cit., p. 49 e, no mesmo sentido, Igartua Salaverria, referindo que «a jurisdição, diferentemente de outras actividades alheias à verdade ou falsidade, tende a definir-se como um *métier* cognoscitivo que pelo menos no que diz respeito aos factos expressa-se mediante proposições cuja verdade –obviamente relativa– remete para uma verificação empírica sujeita a prova e contraprova, aberta à negação ou à confirmação através do contraditório»: cf. Juan Igartua Salaverria, *Valoración de la Prueba, Motivacion y Control en el Proceso Penal*, Tirant lo blanch, Valência, 1995, p. 176.

[105] Cf.*Derecho y Razón*, cit., p. 543. Não é outro o sentido que Faria Costa sublinha ao referir que «a problemática da verdade não se coloca, em regra, no momento genético do acto legiferante»: cf. José de Faria Costa, «Consenso, verdade e direito», cit., p. 426 e *Linhas de Direito Penal e de Filosofia*, cit., p. 98.

[106] A questão da legitimação do processo penal tem sido abordada e discutida no espaço jurídico-cultural português ao longo do tempo. Não se pretende, de todo, imergir no amplíssimo discurso da legitimação como «momento constitutivo e problema crítico do pensamento jurídico» desenvolvido por Faria Costa in *O Perigo em Direito Penal*, Coimbra Editora, Coimbra, 1992, em especial pp. 25 e ss. Tendo em conta o objecto que nos propusemos abordar trata-se apenas de salientar alguns tópicos identificativos de uma «gramática da legitimidade e da legitimação», na expressão utilizada por João Loureiro: cf. *O Procedimento administrativo. Entre a Eficiência e a Garantia dos Particulares*, Coimbra Editora, Coimbra, 1995, p. 94.

A DECISÃO JUDICIAL COMO QUESTÃO ESSENCIAL DA JURISDIÇÃO

Como se sabe, nas sociedades pré-modernas a legitimação não se entendia de um ponto de vista estritamente jurídico, porquanto se apoiava em concepções religiosas ou meta jurídicas do mundo[107].

A abordagem weberiana sobre as sociedades modernas permitiu verificar que estas são sociedades onde a legitimação da dominação deixou de passar pelo recurso às concepções metafísicas ou religiosas. As relações sociais passaram a ser legitimadas por uma ordem jurídica formalmente instituída tendo a racionalidade jurídica conferido à dominação exercida pelas formas legais a sua legitimação. O juiz não era mais do que a boca da lei editada pela vontade geral, sendo que a aplicação da lei aos casos concretos operava-se por uma dedução lógica rigorosa e axiologicamente neutra[108].

As alterações sociais decorrentes da evolução histórico-social das concepções políticas do Estado puseram em crise essa forma de legitimação jurídica, formalmente normativa.

Segundo Luhman, «na medida em que cresce a complexidade da sociedade no decurso do processo civilizacional, aumentam os problemas carecendo de solução e, portanto têm de se ultrapassar as formas mais antigas de acordo espontâneo e confirmação do que é exacto. (...) Por conseguinte, partindo de um determinado limite de desenvolvimento têm de se procurar qualitativamente outras formas de legitimação das decisões»[109].

---

[107] Uma análise sintética sobre a evolução das formas de legitimação é feita por Hervé Pourtois em «Théorie sociale et jugement juridique. A propôs de J. Habermas ct Klaus Günther» in *Archives de Philosophie du Droit*, Tome 37, 1992, pp. 303 ss. Sobre as «querelas» dogmáticas num ponto de vista sociológico entre Habermas e Luhmam, nos anos setenta e a evolução das suas perspectivas cf. António Manuel Hespanha, *O Caleidoscópio do Direito*, Almedina, Coimbra, 2008, p. 197 (onde se identifica uma vasta bibliografia sobre a questão) salientando a influência mútua dos dois autores na evolução dos seus próprios pensamentos. Uma «confrontação» entre o pensamento dos dois autores, na perspectiva da legitimação do procedimento administrativo é efectuada por João Loureiro in *O Procedimento Administrativo. Entre a Eficiência e a Garantia dos Particulares*, cit., pp. 104, 112 e especialmente 116. Saliente-se a conclusão do autor no sentido da «mera legalidade material já não assegura a legitimidade administrativa de exercício: esta exige a penetração dos cidadãos e dos grupos na organização e no procedimento. Daí e apenas com este sentido, *poder falar-se de uma função legitimatória (no plano normativo) dos procedimentos, desde que estes sejam estruturados da forma devida ou justa*» (itálico nosso).

[108] Cf., criticamente, Jürgen Habermas, *Direito e Moral*, Instituto Piaget, Lisboa, 1999, p. 13 e ss e Hervés Pourtois, «Théorie sociale et jugement juridique», cit., p. 305.

[109] Cf. *Legitimação pelo Procedimento*, cit., p. 31. As razões referidas pelo autor são válidas independentemente da unanimidade da aceitação da solução que propõe.

A FUNDAMENTAÇÃO DA SENTENÇA NO SISTEMA PENAL PORTUGUÊS

Actualmente, a racionalidade jurídica identifica-se menos na forma semântica da lei e na sua dependência directa com referência a normas ou valores substanciais do que na reflexividade das práticas jurídicas. Esta reflexividade significa que os procedimentos de construção e de aplicação das normas jurídicas são, eles próprios, juridicamente normativizados.

A assumpção desta «percepção processualista» da racionalidade jurídica sendo partilhada por dois autores fundamentais como Luhmann e Habermas assume, no entanto, entre eles, concepções diferentes.

Para Luhmann, nas sociedades actuais o sistema jurídico estabelece-se ao lado de outros subsistemas sociais, como um subsistema funcionalmente especializado, auto referencial e auto reprodutivo, tratando as entradas de informação unicamente em função do seu próprio código[110].

É deste código que Luhmann retira a capacidade de distinção entre o que é justo e o que é injusto identificando o justo com o que é legal. A conformidade de um acto com os procedimentos legais basta para lhe dar uma legitimidade jurídica. O que confere a uma decisão a sua validade é o facto de ela resultar de procedimentos socialmente definidos como jurídicos no interior do sistema[111].

---

[110] A «divisão» efectuada por Luhmann sobre a dimensão de fechamento normativa e de abertura cognitiva do sistema permite-lhe a conclusão que «toda a operação jurídica, todo o *processus* jurídico de informação utiliza simultaneamente as orientações normativas e as orientações cognitivas que têm entre elas ligações simultâneas e necessárias, mas sem terem as mesmas funções. O carácter de norma serve à auto-criação do sistema, à sua auto-continuação, que o diferencia do ambiente. O carácter cognitivo serve à coordenação deste *processus* com o ambiente do sistema»: cf. «L'unitè du système juridique», *Archives de Philosophie du Droit»*, Tome 31, 1986 p. 173.

[111] Segundo Luhmann, «a legitimação pelo procedimento e pela igualdade das probabilidades de obter decisões satisfatórias substitui os antigos fundamentos jusnaturalistas ou os métodos variáveis de estabelecimento de consenso. Os procedimentos encontram como que um reconhecimento generalizado, que é independente do valor do mérito de satisfazer a decisão isolada e este reconhecimento arrasta consigo a aceitação e consideração de decisões obrigatórias»: *Legitimação pelo procedimento,* cit. p. 31. Neste sentido é pertinente a crítica a Luhmann de que «o discurso jurídico não tem mais do que uma função retórica e não legitimante. Assim, mesmo afastando-se da concepção formalista do julgamento jurídico, Luhmann continua preso a uma visão positivista duma racionalidade juridica axiologicamente neutra»: cf. Hervé Pourtois em «Théorie sociale et jugement juridique», cit. p. 305. Crítica que é efectuada, também, por Faria Costa in *O Perigo em Direito Penal*, cit., pp. 110 e ss. quando refere que «o que Luhmann faz, em termos de metódica, pouco tem de diferente da construção vertical de Kelsen. Enquanto para este último autor a validade residia na sua própria transcendência (a *Grundnorm*) Luhmann afasta-se do (método) do discurso vertical e hierarquizado e passa

A perspectiva de Habermas, não contestando a pertinência das perspectivas funcionalistas do direito, põe em causa a capacidade destas explicarem como e porquê a coacção jurídica é reconhecida como legítima. Nesse sentido, Habermas entende que numa sociedade moderna, caracterizada pelo pluralismo dos valores e das orientações normativas e pela possibilidade destes serem postos em causa, a ligação entre direito e moral não se situa ao nível dos conteúdos normativos inscritos na lei, mas ao nível dos procedimentos racionais de criação e aplicação das normas.

É muito clara a sua perspectiva procedimental ao afirmar, que «nos sistemas jurídicos que nos finais do século XX regem nas democracias de massa articuladas em termos de Estado social, o que mais se lhes ajusta é uma compreensão procedimental do direito»[112].

Habermas apoia-se numa análise dos pressupostos pragmáticos dos actos do discurso. Não se pode compreender o significado duma norma e a força da sua obrigação sem se referir o acto de linguagem pela qual um indivíduo enuncia essa norma. Ao proferir um enunciado normativo, um indivíduo pretende que esse enunciado seja válido. O reconhecimento dessa pretensão de validade normativa por quem é destinatário desse enunciado não é efectuado em função de intuições ou de emoções morais, nem resultado de uma dedução sustentada em proposições descritivas. O reconhecimento da pretensão de validade da norma advém, antes, do facto do indivíduo ser convencido das boas razões que sustentam essa norma. Assim, a validade dos enunciados normativos distingue-se da verdade proposicional dos enunciados descritivos e pode ser justificada por argumentos.

No essencial, Habermas refere que a garantia de validade de uma norma não está numa norma substancial superior, tipo *Grundnorm* kelsiana, da qual possa ser deduzida a sua validade mas antes, na forma como é justificada[113].

---

para um discurso e uma metodologia cujo centro é o próprio círculo». Para além disso, refere Faria Costa, cit., p. 119, que a captação sistémica «é uma das formas possíveis de se apreenderem os fenómenos jurídicos (...) mas não nos aclara o que é fundamental do direito, mormente a sua intencionalidade normativa (...). Em verdadeiro rigor, Luhmann só pesquisa sistematicamente uma parte ínfima das relações do homem com a sociedade».

[112] Cf. J. Habermas, *Facticidad y Validez*, cit. p. 264.

[113] Numa substancial diferença com o discurso de Luhmann, para Habermas, segundo Hervé Pourtois, «o discurso jurídico não tem apenas um papel retórico. Ele é o lugar onde se inscreve a exigência moral que se impõe ao sistema jurídico e através dele à sociedade na sua totalidade»: «Théorie sociale et jugement juridique», cit., p. 309.

Tal justificação assentará assim numa ética de discussão de acordo com a qual «a validade de uma norma moral indica que esta «merece» ser universalmente reconhecida em razão da sua capacidade de fazer a ligação, unicamente através de razões, à vontade dos seus destinatários»[114].

Efectuada esta incursão pela dogmática da legitimação impõe-se o regresso à constatação de que toda a construção do procedimento judicial assenta sempre na procura da verdade alcançável numa decisão que se pretende correcta.

Conforme refere Habermas, «a tensão imanente ao direito entre facticidade e validade manifesta-se na administração da justiça como tensão entre o princípio da segurança jurídica e a pretensão de se proferirem decisões correctas»[115].

O resultado da procura judicial, obedecendo a uma lógica de comunicação intersubjectiva e contraditória só se satisfaz no entanto através de um procedimento finalisticamente orientado à procura e alcance da verdade.

A legitimidade de uma decisão judicial sustentada num conjunto de procedimentos formalmente válidos que não assente também na verdade, mesmo que determinada de acordo com um processo de comunicação intersubjectiva, ainda que relativa e aproximativa, será sempre questionável.

O vínculo à verdade processual constitui «a principal fonte de legitimação externa, ético política ou substancial do Poder Judicial»[116] que, como se verá, diversamente de qualquer outro poder público nomeadamente de natureza legislativa, sustenta-se numa legitimação «de tipo racional e legal, adequada ao carácter cognitivo dos factos e recognitivo da sua qualificação jurídica, que é indispensável à motivação dos actos jurisdicionais»[117].

A relação entre o conceito de justiça e o conceito de justificação é, afinal, a chave do entendimento entre a verdade, a justiça e a fundamentação como justificação das decisões.

---

[114] Cf. Jurgen Habermas, *L'Ethique de la Discussion et la Question de la Vérité*, cit., p. 78.
[115] Cf. *Facticidad y Validez*, cit. p. 266.
[116] Assim, Ferrajoli, *Derecho y Razón*, cit., p. 543.
[117] *Ibidem*, p. 543.

IV. A validade da decisão judicial pela fundamentação

O reconhecimento da obrigação de fundamentar as decisões, nomeadamente as decisões judiciais, é particularmente significativo nas sociedades pluralistas que não consideram como fonte de legitimidade ou de consenso a tradição e a autoridade, nomeadamente para efeitos de legitimação de quem as profere.

Seguindo Maccormick, pode falar-se numa «falácia positivista» quando se «pretende manter que os argumentos a partir de razões de autoridade, mesmo que sejam entendidos num sentido mais amplo, são os únicos argumentos aceitáveis em direito»[118]. Se é certo que os argumentos de autoridade ocupam em todo o momento um lugar especial no direito, não se trata, no entanto de um «lugar exclusivo e excludente (...). As razões sobre as quais se sustentam as pretensões de autoridade não podem ser na sua totalidade razões de autoridade»[119].

Aceitar qualquer pretensão de autoridade supõe afirmar argumentos deontológicos, teleológicos ou uma combinação de ambos. Daí que, ainda segundo, MacCormick, «a autoridade deve basear-se na correcção ou na justiça conseguida através do respeito pelas normas produzidas de uma certa forma ou em valores (paz e ordem social) que assegurem esse processo. A justificação das normas emanadas por determinadas autoridades deve realizar-se de forma a concretizar a sua justiça ou correcção ou do bem que pretendem realizar»[120].

Alexy refere que a justiça «é a correcção (*Richtigkeit*) na distribuição e na compensação»[121]. Para o autor, «assim como a verdade é o mais elevado critério de valoração da correcção das proposições que demonstram o que ocorre, do mesmo modo a justiça é o mais elevado critério de valoração da correcção de distribuições e compensações»[122]. Alexy refere, por isso, que «quem afirma que algo é justo afirma sempre e de algum modo simultaneamente que é correcto. E quem afirma que algo é correcto subentende que é susceptível de ser fundamentado, justificado, mediante razões»[123].

---

[118] Assim, Neil MacCormick, «La argumentación y la interpretación en el derecho», *Revista Vasca de Administración Publica*, numero 36, 1993, p. 204.

[119] *Ibidem* p. 204.

[120] *Ibidem*, p. 205.

[121] Cf. Robert Alexy in «Justicia como corrección», cit., p. 163.

[122] *Ibidem*, p. 163.

[123] Cf. Robert Alexy, «Justicia como corrección», cit., p. 163.

A FUNDAMENTAÇÃO DA SENTENÇA NO SISTEMA PENAL PORTUGUÊS

No discurso argumentativo, a «pretensão da correcção» evidencia-se como elemento fundamental no discurso jurídico, distinguindo-o claramente do discurso prático geral. Aquela envolve uma dimensão inequívoca de justiça: «uma decisão judicial que aplica correctamente uma lei irracional ou injusta não satisfaz a pretensão de correcção por ela estabelecida»[124].

Daí que no discurso jurídico como «caso especial» do discurso prático, a relevância da pretensão de correcção é, segundo Robert Alexy, «não [é] só uma condição de êxito [dos debates judiciais] mas antes uma *condição de jogo*»[125].

Na sociedade contemporânea as pessoas querem decisões legítimas, dotadas de autoridade mas exigem, sobretudo, justificações para tais decisões. Nesse sentido a responsabilidade do juiz converteu-se na responsabilidade de justificar as suas decisões dando a conhecer as razões pelas quais decidiu. A base para o uso do poder e da sua autoridade por parte do juiz reside mais na aceitação das suas decisões do que na forma de poder que possa ter[126].

Os tribunais, como órgãos constitucionais estão dotados de uma legitimidade inequívoca. Os juízes, na medida em que são titulares dos órgãos que exercem a jurisdição estão, também eles, dotados de legitimação para o exercício concreto da *jurisdictio*[127].

---

[124] Cf. Robert Alexy, *Teoria de la Argumentación Juridica*, cit., p.316.

[125] *Ibidem*, p. 318. Sobre relevância da pretensão de correcção subjacente à decisão judicial e a sua fundamentação: cf. Manuel Atienza, «Entrevista a Robert Alexy», *Doxa*, nº 24, 2001, p. 671. Ainda sobre o conceito de «pretensão de correcção»: cf. Robert Alexy, *La Institucionalización de la Justicia*, Editorial Comares, Granada, 2005 p. 32.

[126] Neste sentido veja-se A. Aarnio, *Le Rationnel comme Raisonable*, L.G.D.J. Paris, 1992, p. 7. No mesmo sentido veja-se Manuel Atienza, *As Razões do Direito*, cit., p. 22. Também Innerarity, sustentado na legitimação procedimental decorrente de Luhmann refere que «a nova legitimação há-de repousar sobre a aceitação mecânica de decisões burocráticas e não sobre a tradição a convicção ou o consenso», «La ilustracion...», cit., p. 24.

[127] A questão da legitimação do poder judicial envolvendo toda a orgânica judicial assume vertentes diferenciadas consoante se trata da justiça constitucional e da justiça comum. Sobre a legitimação dos Tribunais Constitucionais veja-se a obra global, *Legitimidade e Legitimação da Justiça Constitucional*, Colóquio no 10º Aniversário do Tribunal Constitucional, Coimbra Editora, 1995. Saliente-se a afirmação de Sousa Brito, de que «o problema do fundamento da jurisdição constitucional é tão somente o problema da sua legitimação democrática»: cf. «Jurisdição constitucional e princípio democrático», in *Legitimidade e Legitimação da Justiça Constitucional*, cit., p. 39. Veja-se também Gomes Canotilho, *Direito Constitucional e Teoria da Constituição*, Almedina, Coimbra, 1999, p. 1335. Sobre a legitimação dos tribunais comuns, cf. Castanheira Neves, «O instituto dos «Assentos» e a função jurídica dos Supremos Tribu-

A DECISÃO JUDICIAL COMO QUESTÃO ESSENCIAL DA JURISDIÇÃO

O discurso da legitimação da jurisdição, nos sistemas continentais, assenta primariamente no estrito cumprimento e vinculação à lei por parte dos juízes e dos tribunais comuns. A legitimação dos tribunais através de uma actividade de juízo unicamente vinculada à lei, decorrerá, por isso, citando A. Arnd, deles próprios serem «um órgão imediato da comunidade»[128] que, de uma forma concreta aplicam a lei. Daí que o princípio da jurisdição se traduza na «concreta aplicação autoritária do direito [que] deverá competir unicamente a órgãos independentes, com uma estrita intenção de objectividade e que obedeçam apenas ao Direito»[129].

O sentido fundamental da jurisdição, no âmbito do sistema político democrático identifica-se na medida em que funciona «como contraponto à tendente unidimensionalidade, senão totalitarismo, do político», possibilitando através da «índole jurídica (autonomamente jurídica) da função jurisdicional», a afirmação da autonomia do direito como «medida do poder»[130].

---

nais» *RLJ*, Ano 105, nº 3474 (1972-1973), pp. 429 e ss., «Da jurisdição no actual Estado de Direito», cit. p. 182 e Gomes Canotilho, *Direito Constitucional e Teoria da Constituição*, cit., p. 611. Uma evolução tópica sobre os mecanismos de legitimação dos tribunais e sobretudo quais os contornos que assume, actualmente, essa discussão é efectuada por Paulo Rangel in «Estado fraco, tribunais fortes: de novo as questões de legitimidade e função», in *Julgar*, nº 3, 2007, p. 92. Sobre a legitimação democrática dos juízes, que «não significa, de modo, algum, que os tribunais possam aparecer como órgãos representativos em termos análogos aos órgãos de exercício da função política *stricto sensu*», cf. Jorge Miranda, «O perfil dos juízes nas constituições democráticas», in António Pedro Barbas Homem, Eduardo Vera-Cruz Pinto, Paula Costa e Silva, Susana Videira, Pedro Freitas (coordenação), *O Perfil do Juiz na Tradição Ocidental*, Almedina, Coimbra, 2009, p. 275.

[128] Cf. Castanheira Neves, «O instituto dos «Assentos» e a função jurídica dos Supremos Tribunais» cit., pp 464 e 474 e «Da jurisdição no actual Estado de Direito», cit., p. 182. Já em 1975 numa obra sobre a independência do juiz, Dieter Simon aludia à «legitimação por vinculação à lei em que assentam os tribunais comuns, tendo em conta que estes juízes não são eleitos»: cf. Dieter Simon, *La Independencia del Juez*, Ariel, Barcelona, 1985, p. 172. Critico à questão da legitimação dos tribunais como orgãos imediatos da comunidade, veja-se Figueiredo Dias in «Nótulas sobre temas de direito judiciário», in *RLJ*, Ano 127 (1995), nº 3850 p. 9 e ss.

[129] Cf. Castanheira Neves, «A Revolução e o direito», in *Digesta*, Volume 1º, Coimbra Editora, Coimbra, 1995, p. 211 e *Sumários de Processo Criminal*, cit., p. 5.

[130] Assim, Castanheira Neves, que da afirmação retira o reconhecimento do «direito como dimensão constitutivamente indefectível do Estado e assim o Estado verdadeiramente como Estado-de-Direito»: cf. «Entre o «legislador», a «sociedade» e o «juiz» ou entre «sistema», «função» e «problema» – os modelos alternativos da realização jurisdicional do Direito», *RLJ*, Ano 130, nº 3883, 3884 e 3886 (1998), p. 297. Refira-se que o autor não omite um outro modelo

A FUNDAMENTAÇÃO DA SENTENÇA NO SISTEMA PENAL PORTUGUÊS

Recorde-se que a não sobreposição de uma legitimação política da jurisdição a uma forma de eleição dos juízes é um ponto de discussão teórica recorrente nomeadamente, quando se questiona, com alguma frequência, a propósito de concretas decisões judiciais, a própria legitimação de quem as profere[131].

de jurisdição, que «assume o político como único protagonista» em que «a função judicial não lhe poderá ser estranha, numa qualquer autonomia intencional, e converter-se-á no operador táctico no terreno, com os meios institucionais e normativos decisórios que lhe caibam, da estratégia global praticamente definida. Hipótese em que a jurisdicionalização se funcionalizará a essa estratégia como seu instrumento ou longa manus»: *ibidem*, p. 297. Não é, no entanto, este o seu modelo na medida em que a afirmação da necessidade de que «o direito se compreenda no seu sentido autêntico, não mero imperativo de poder, não simples meio técnico de quaisquer estratégias, mas validade em que a axiologia e a responsabilidade do homem se manifestem» impõe a indispensabilidade do juiz dotado de uma «responsabilidade ética de projecção comunitária». Ora um juiz «mero funcionário, funcionalmente enquadrado e nisso comprazido, servidor passivo de qualquer legislador, simples burocrata legitimante da coacção» negará aquele sentido autêntico – cf. obra citada, nº 3886, p. 14. Daí que seja importante a existência de um sistema de formação de juízes onde a dimensão ética seja garantida de uma forma inequívoca de modo a que seja concretizada *ab initio* uma capacidade de percepção global ao futuro juiz dos seus deveres e poderes constitucionais. Colocando exactamente o mesmo sentido na relevância de uma formação ética profunda dos juízes cf. Eusébio Fernandez Garcia, «Los jueces buenos y los buenos jueces. Algunas sencillas reflexiones y dudas sobre ética judicial» in *Derechos y Libertades*, Número 19, Época II, Junio 2008, pp. 26 e 27. Relacionando a questão da fundamentação das decisões com o sistema diferenciado de formação de juízes nos sistemas continentais e anglosaxónicos, saliendo para os juízes anglo saxónicos a sua anterior prática como advogados como uma melhor forma de aquisição de capacidade para julgarem, veja-se Neil Maccormick, «Judgments in Common Law» in *La Motivation des Décisions de Justice*, cit., p. 168.

[131] Sobre a legitimação do poder judicial, em Portugal para além de Castanheira Neves (ob. cit. notas 128 e 129), veja-se Cunha Rodrigues, «Modelos de governo do poder judicial: alternativas» in *Lugares do Direito*, Coimbra Editora, Coimbra, 1999, pp. 215 e 216 e, apresentando um conjunto de «soluções» para alguma fragilização dos tribunais num momento de crise, «Para onde vai a justiça?», in *Sub judice*, nº 14, 1999, pp. 33 e ss. Aflorando a questão da legitimação fundada essencialmente na independência, Orlando Afonso, «A independência do poder judicial. Garantia do estado de Direito», in *Sub judice*, nº 14, 1999 p. 45. Uma análise sociológica global até 1995 sobre o processo de democratização da justiça e as consequências em termos de legitimação é efectuada por Pedro Coutinho de Magalhães in «Democratização e independência judicial em Portugal», *Análise Social*, nº 130, Volume XXX, 1995, p. 79. Assumindo uma posição minoritária na doutrina nacional, Figueiredo Dias, in «Nótulas sobre temas de Direito Judiciário», citado, p. 354 e ss. e «A pretensão a um juiz independente como expressão do relacionamento democrático entre o cidadão e a justiça», in *Sub judice*, nº 14, 1999, p. 28 defende o principio de que a legitimação do magistrado colide com a eleição,

A DECISÃO JUDICIAL COMO QUESTÃO ESSENCIAL DA JURISDIÇÃO

Daí que se reconheça que uma dimensão positivista e formal sustentada na vinculação à lei é por si só insuficiente para garantir a legitimação a quem exerce a jurisdição. Desde logo porque, como refere Castanheira Neves,

pelos pares para o Conselho Superior da Magistratura. Mais recentemente, analisando os estilhaços de alguma politização dos fenómenos sociais e a função de regulação político social que o enfraquecimento o Estado parece trazer consigo, Paulo Rangel defende um reforço do estatuto político dos tribunais, sem contudo concretizar: cf. «Estado fraco, tribunais fortes: de novo as questões de legitimidade e função», cit., p. 95. Em Espanha sobre a legitimação dos juízes, o Consejo General del Poder Judicial criado pela Constituição de 1978 e a desqualificação dos seus membros, veja-se a análise de Perfecto Andrès Ibanez in «A experiência espanhola do Consejo General del Poder Judicial» in *Sub judice*, nº 14, 1999, pp. 15, 18 e 20. Mais recentemente incidindo também o seu olhar sobre o fenómeno italiano e rebatendo a argumentação da falta de legitimação democrática dos juízes, veja-se Perfecto Ibañez in «A profissão de juiz, hoje» in *Julgar*, nº 1, 2007, p. 35. Em Itália o debate decorre ininterruptamente, pelo menos a partir do momento em que se suscitou a intervenção da magistratura no âmbito de investigações criminais com repercussões no domínio político. Do que foi a experiência até 1995 é interessante o artigo de A. Pizzorusso, «La experiência italiana del Consiglio Superiore della Magistratura» in *Jueces para la Democracia, Información y Debate*, nº 25, 1995, p. 67. De um ponto de vista global, Carlo Guarnieri e Patrizia Pederzoli, *Los Jueces y la Política*, Taurus, Madrid, 1999, p. 27, e especialmente pp. 136 a 139, onde são expostas as contradições entre a necessidade de um poder independente que garanta os direitos dos cidadãos, «inclusivamente contra a maioria» e a soberania popular de onde advém o poder dos juízes. Igualmente Carlo Guarnieri in *La Giustizia in Itália*, il Mulino, Bologna, 2001, esp. pp. 79 e ss. Mais recentemente, Francesco Rigano, in «Note sullo statuto costituzionale del giudice comune», *Rivista di Dirito Costituzionale*, 2006, p. 114 releva, no plano do controlo sobre o exercício da justiça, três questões: o inserimento de elementos laicos no Conselho Superior da Magistratura; a competência do Ministro da Justiça em matéria de organização judiciária e a obrigação de motivação das decisões. Em França veja-se, numa perspectiva histórica, Robert Badinter, «Une si longue defiance» in *Pouvoirs*, nº 74, 1995, p. 7. Sobre as questões da legitimidade dos juízes em geral veja-se Antoine Garapon, «La question du juge», *Pouvoirs*, nº 74, 1995, p. 13, Valéry Turcey, *Le Prince et ses Juges*, Plon, Paris, 1997, esp. p. 240, criticando os defensores da legitimação eleitoral dos juízes e Denis Salas, *Le Tiers Pouvoir*, Hachette, Paris, 1998, esp. pp. 72 e ss. Em obra mais recente Salas apela a uma nova legitimidade através do apelo à exigência de mais imparcialidade, reflexividade e um esforço permanente de argumentação dos juízes aliado a um elevado padrão ético: cf. «Le juge aujourd'hui», in *Droits*, nº 34, 2001, pp. 61 e 68. Uma perspectiva recente sobre a compatibilização de uma «emancipação dos juízes» sobretudo no domínio internacional e o equilíbrio de poderes pode ver-se Mireille Delmas Marty in *La Refondation des Pouvoirs*, Seuil, Paris, 2007, pp. 45, 61 e ss. Também Pierre Rosanvallon, parece enveredar por uma inflexão discursiva sobre esta matéria sublinhando o tópico da «importância de não ser eleito» como forma de legitimação democrática no que respeita aos juízes e sobretudo dando ênfase a uma legitimidade pela imparcialidade e pela reflexividade: cf. Pierre Rosanvallon, *La Légitimité Démocratique*, Seuil, Paris, 2008, esp. pp. 243-263 (esp.258).

é «no concreto decidir dos litígios que a função jurisdicional afinal culmina e é, portanto, desse modo que ela verdadeiramente se define»[132]. Ou seja, a fonte de legitimação da jurisdição sustenta-se primariamente na decisão. Perspectiva que decorre do entendimento de «uma justiça assente na independência, não politizada e imparcial», conforme defende Bobbio e que sustenta muito do pensamento europeu sobre a necessidade de uma magistratura como terceiro poder[133].

A legitimação formal está assegurada pelo princípio da legalidade e pela sujeição do juiz à lei, entendida na sua expressão primária e fundamental que é a própria Constituição. No entanto, a actividade jurisdicional assume actualmente, através da aplicação e interpretação da lei, um papel, diferenciado, mais amplo e interventivo.

Para alguns autores passou-se do processo como complexo de regras para o processo como «complexo de decisões judiciais»[134], numa expansão da actividade jurisdicional que, não questionando a sua legalidade, lhe atribui poderes mais amplos no exercício das suas funções concretas. Iacovello sublinha a ideia da transformação do processo penal «como linha recta» para um processo penal como «rede», onde os poderes do juiz serão cada vez mais amplos[135]. A essa amplificação de poderes contrapõe-se uma maior exigência de deveres que surge como condição de legitimação do seu exercício. Autores, como Ferrajoli, incidem a imperativa vinculação da actividade jurisdicional à «sua capacidade de tutela ou garantia dos direitos fundamentais do cidadão»[136], evidenciada na decisão do caso concreto, dando assim corpo a uma legitimação substancial da jurisdição que é vista como elemento reconhecidamente fundamental ao exercício da jurisdição por parte dos seus destinatários.

[132] Cf.«Da Jurisdição...» cit., p. 180.
[133] Cf. Norberto Bobbio, «Quale giustizia, quale legge, quale giudice», *Questione Giustizia*, 2004, nº 1, pp. 1 e 7.
[134] Neste sentido Iacovello, in «Motivazione della sentenza penale (controlo della)», *Enciclopedia Del Diritto, Aggiornamento IV*, Giuffrè, Milano, 2000, p. 754.
[135] O autor exemplifica essa complexa rede decisional com referência ao processo penal italiano, através de um elenco não exaustivo das várias decisões processuais salientando a decisão de arquivamento, o incidente probatório, a decisão para julgamento, a decisão sobre processos alternativos, a decisão sobre medidas de coacção e as decisões sobre utilização de meios de prova: *ibidem*, p. 754.
[136] Assim Ferrajoli, *Derecho y Razón*, cit., p. 918.

A DECISÃO JUDICIAL COMO QUESTÃO ESSENCIAL DA JURISDIÇÃO

Trata-se de uma evolução do papel dos juízes na arquitectura processual penal europeia, com um consequente aumento de poderes no âmbito da tutela dos direitos fundamentais que, no que respeita aos sistemas germânico, francês e italiano, segundo Chiavario, «respeitam os princípios comuns necessários para defender uma vontade de viver em conjunto em nome de um idêntico ideal de liberdade»[137].

Seja como contraposição a essa amplificação de poderes procedimentais, seja como exigência de uma vinculação substancial garantistica, a actividade jurisdicional exige em contrapartida ao juiz um conjunto de garantias que surgem como condição de legitimação do exercício dos poderes que assume.

Trata-se, por um lado, do conjunto de garantias positivas asseguradas pela estrutura normativo-constitucional que assegura a independência e a imparcialidade das estruturas jurisdicionais face aos cidadãos, às organizações e aos restantes poderes do Estado.

Por outro lado trata-se de exigir a quem julga um conjunto de deveres e exigências ético-jurídicas que funcionam como contraponto à sustentabilidade daquelas garantias[138]. Por outras palavras, se a independência e a imparcialidade exigem um conjunto de garantias positivas que assegurem na lei a sua efectividade, impõe-se igualmente que seja exigido a quem julga o cumprimento de um conjunto de princípios éticos, consubstanciados em rigorosos deveres pessoais de isenção, integridade, reserva, diligência e humanismo que condicionem todo o modo de julgar.

Para além destes deveres pessoais que são exigíveis a quem julga assumirem uma dimensão normativa, o seu reflexo directo impõe-se no acto concreto de decidir e especificamente no dever e no modo de justificar as decisões tomadas.

O exercício concreto do poder jurisdicional efectua-se através de um procedimento que culmina numa decisão fundamentada em argumentos racionalizados que assim o identifica, o individualiza e o contrapõe aos poderes cuja legitimação política e de exercício decorre directamente da vontade da maioria (como é o caso dos poderes legislativo e executivo).

Todo o processo em que se desenvolve a actividade jurisdicional, através da verificação e refutação de hipóteses, só tem sentido se concretizar uma

---

[137] Cf. Mário Chiavario (a cura), *Procedura Penali d'Europa*, Cedam, Padova, 2001, p. 494.
[138] Sublinhando os altos padrões éticos exigíveis aos juízes como uma forma de legitimação da sua função veja-se Denis Salas, «Le juge aujourd'hui», cit., p. 69.

A FUNDAMENTAÇÃO DA SENTENÇA NO SISTEMA PENAL PORTUGUÊS

decisão que terá de ser motivada e assente num processo argumentativo que faça emergir aquelas duas condições[139]. Ou seja, a «essência do juízo jurisdicional» assenta na afirmação da fundamentação e motivação das decisões que consubstanciam a função primordial do julgador. Daí a relevância da fundamentação das sentenças no âmbito mais vasto da teoria da jurisdição.

O papel desempenhado pela aplicação e vinculação à lei, reflectido na racionalidade justificativa do conteúdo decisório[140] que envolve a pronúncia judicial, consubstancia a essência do juízo jurisdicional não podendo, nessa medida, deixar de configurar um elemento relevantíssimo da sua própria legitimação.

A legitimação democrática da jurisdição vai assim para além da nomeação dos juízes e do modo como são organizados os órgãos de gestão da sua disciplina, sendo esta última, aliás, uma dimensão que em alguns países não assume um significado relevante, como questão de legitimação[141].

Nos sistemas onde não há qualquer forma de legitimidade electiva dos juízes[142] a justificação para o convencimento do auditório das decisões judiciais, que resulta directamente da fundamentação das decisões judiciais, tanto como permitir o controlo da decisão pelos interessados directos no conflito, identifica e legitima a actividade dos órgãos judiciais para o exercício da sua função[143].

---

[139] A verificabilidade ou refutabilidade das hipóteses acusatórias, comprovadas por procedimentos que permitem essa verificação ou refutação, consubstanciam as «duas condições do princípio da estrita jurisdicionalidade»: cf. Ferrajoli, *Derecho y Razón*, cit., p. 36.

[140] Cf. Castanheira Neves, «Da jurisdição...», cit., p. 217.

[141] Nos países onde existem estes órgãos são uma garantia fundamental da independência dos Tribunais.

[142] Sobre a legitimação dos juízes eleitos, que «garantindo uma legitimação democrática ímpar, compromete decisivamente a independência e a imparcialidade» e a legitimação decorrente do modo de designação dos juízes federais no sistema Norte-Americano, veja-se Paulo Rangel, *Repensar o Poder Judicial*, Universidade Católica, Porto, 2001, pp. 50 e 47. Para uma visão comparada entre o sistema francês e norte-americano relativo à eleição dos juízes comuns («ordinaires») cf. Pierre Rosanvallon, *La Légitimité Démocratique*, cit., pp. 245-249. Em França o sistema vigorou desde a Revolução até ao seu abandono em 1883 com resultados tão maus que não «voltou a ser sequer colocada na ordem do dia»: *ibidem*, p. 249. Resultado diferente («inverso» segundo o autor) constata-se no sistema de eleição dos juízes no sistema Norte americano que, embora mitigado e diversificado consoante os Estados e sujeito a vários controlos, tem respondido às necessidades dos cidadãos.

[143] Neste sentido, cf. Ennio Amodio, in «Motivazione della sentenza penale», *Enciclopédia del Diritto*, XXVII, p. 188, Luigi Grilli in *Il Dibattimento Penale*, CEDAM, Milano, 2003, p. 423 refe-

A dimensão extraprocessual enquanto finalidade da fundamentação da sentença concretiza uma função de controlo externo das decisões colocando-se por isso mesmo e como se verá[144], no mesmo patamar da sua dimensão endoprocessual a qual concretiza a seu controlo interno. Essa dimensão corporiza a legitimação da própria decisão. Simultaneamente é a própria legitimação do órgão que a profere que está em causa e que, por via da fundamentação da decisão, é reafirmada.

Em sistemas jurídicos paradigmaticamente diferenciados, onde o exercício do poder judicial e a sua legitimação estão claramente assentes na tradição, como é o caso dos sistemas de *common law*, o dever de fundamentação das decisões, assimilado ao conceito do dever de dar razões (*duty to give reasons*) assume na doutrina e sobretudo na jurisprudência um papel cada vez mais relevante, não só no âmbito das questões envolvendo a matéria de direito, mas também nas situações em que o tribunal aprecia a questão de facto[145]. Segundo Ho, «durante muito tempo o *common law* não impunha esse dever [de dar razões]. Mas o sistema de *common law* é uma *living thing*»[146]. Daí que em grande parte dos países do *common law* a situação é hoje outra, constatando-se uma expansão jurisprudencial sobre o que é o conteúdo do *duty to give reasons*. Também aqui emerge a inevitabilidade da compreensão da decisão judicial pelas razões onde se sustenta e que, por tal motivo, devem ser publicamente referidas[147].

---

rindo este que «a motivação é a parte essencial da decisão aquela que num certo sentido legitima a jurisdição no seu exercício concreto». No mesmo sentido veja-se Igartua Salaverria, in *La Motivación de las Sentencias*, cit., p. 25 e Francesco Rigano, in «Note sullo statuto costituzionale del giudice comune», cit., p. 114, sublinhando este último a dupla função legitimadora da fundamentação decorrente da sua divulgação pública e do seu controlo pelo tribunal de recurso.

[144] Mais detalhadamente sobre as dimensões extra e endoprocessual da fundamentação das sentenças infra, Capítulo III.

[145] Cf., neste sentido, Michele Taruffo, «Legalità e giustificazione della creazione giudiziaria del diritto», *Rivista Trimestrale di Diritto e Procedura Civile*, Marzo 2001, p. 28. Também Maccormick salienta a diferença dos sistemas de *common law* e dos sistemas continentais mas defende não existir, em substância uma tão profunda diferença entre os dois sistemas nesta questão que ponha em causa um conjunto de elementos fundamentais comuns às duas ordens jurídicas: veja-se Neil MacCormick, «Judgments in Common Law», cit. p. 171.

[146] Cf. H.L. Ho, «The judicial duty to give reasons», *Legal Studies*, 20, 2000, p. 42.

[147] Neste sentido, a propósito do sistema norte-americano, Owen Fiss, refere que «os juízes estão obrigados a escutar críticas que prefeririam ignorar noutras circunstâncias, a assumir

Na sua essência, tanto nos sistemas de matriz continental como no sistema da *common law*, o tribunal, no exercício da sua acção «actua menos em termos de poder que pura e simplesmente se impõe, do que no modo de um juízo decisório, que dá conta do seu critério e se pretende validamente fundado: menos um poder que, com base na sua autoridade apenas exige obediência do que um juízo que, embora com autoridade, se comunica justificado para um convencimento de concordância»[148].

Como refere Aarnio, «nos estados modernos (de bem estar) os juízes ou os tribunais exercem em geral as suas responsabilidades justificando as suas decisões de uma forma bem conhecida. Esta e só esta garante a autoridade necessária à sua função. A simples referência aos textos jurídicos de autoridades não é suficiente. As pessoas pedem mais e colocam uma questão adicional: porquê? A única resposta a esta questão é usar argumentos apropriados (razões)»[149].

O que está em causa e o que importa reter como essencial, na medida em que consubstancia o núcleo legitimador é, afinal, como refere Ricoeur, que «a "razão de" não é somente algo que explica mas também legitima»[150].

A fundamentação das decisões, na medida em que consubstancia uma justificação racional susceptível de ser compreendida e valorada criticamente pelos cidadãos, sejam ou não destinatários directos das decisões, demonstra que o juiz exerce o exercício do poder do povo em nome de quem julga e decide, legitimando o poder de decisão do juiz à face da ideia de justiça para os cidadãos.

V. Síntese

A questão da fundamentação da decisão judicial, nomeadamente a decisão proferida no âmbito de um processo penal assenta no entendimento de que é necessário entender, de um ponto de vista global, a *ratio* da decisão, de forma a reduzir a complexidade do mundo, através do processo de escolha subjacente a qualquer processo decisional.

---

responsabilidades pessoais pelas suas decisões e a justificá-las com base em razões publicamente aceitáveis»: cf. *El Derecho como Razón Pública*, Marcial Pons, Madrid, 2007, p. 17.

[148] Assim Castanheira Neves in «A revolução e o direito», cit. p. 237.

[149] Cf. A. Aarnio, «La tesis de la única respuesta correcta», cit., p. 26 e no mesmo sentido *Le Rationnel Comme Raisonable*, cit., p. XII.

[150] Cf. C. Paul Ricoeur, *El Discurso de la Acción*, Catedra, Madrid, 1988, p. 52.

No domínio jurídico e, concretamente, quando se fala da decisão processual, trata-se de identificar um processo de escolha racional, pressupondo a diferenciação dos conceitos de descobrimento e justificação possibilitando uma identificação global do processo de decisão e justificação que a sustenta.

Uma decisão judicial é, no entanto, uma decisão vinculada à questão da verdade. Ao contrário de outros sistemas decisórios, a actividade jurisdicional sustenta-se em afirmações supostamente verdadeiras e não apenas em afirmações meramente indicativas ou presuntivas, pelo que faz sentido perguntar pelo seu estatuto epistemológico. Assim, a dimensão da verdade assume, neste domínio, uma matriz essencial que condiciona todo o processo de elaboração da decisão.

No âmbito processual penal trata-se do entendimento da verdade, não como algo que se sustente num carácter metafísico, mas antes assente num princípio de objectividade não absoluta que aceita o seu modo de determinação num modelo intersubjectivo de conhecimento partilhando, de algum modo, uma ideologia de consenso.

Por outro lado o modelo de verdade jurisdicional é um modelo que se afirma como aproximativo. As limitações decorrentes de uma actividade de produção de prova assente em modelos similares à «reconstrução histórica», sujeita a procedimentos e regras pré-definidas com limites previamente fixados, exige essa perspectiva.

Daí que a constatação dessa «verdade aproximativa» seja aquela verdade com que, no procedimento judicial, se tem que viver. Ou, de uma forma mais simples, é esta a «verdade a que temos direito».

A relevância da verdade assume todavia uma dimensão fundamental na jurisdição na medida em que se afirma, também, como uma dimensão legitimadora da função judicial, ou seja legitima a actividade [de exercício] de quem decide e profere sentenças no âmbito do processo judicial.

A pretensão de validade da decisão, sustentada em escolhas fundamentadas espelhadas na sua estrutura justificadora, permite ainda o reconhecimento e a validade do órgão que a emite.

Questionada a legitimação consensual/tradicional dos órgãos judiciais, pelo menos nos sistemas continentais, identifica-se a legitimação da jurisdição na sua vinculação à lei através de um processo de decisão que surge sempre devidamente fundamentado e justificado. A capacidade de justificação para o convencimento do conjunto de destinatários, decorrente da escolha e decisão fundamentada, após um processo dialógico e contraditório na sua construção, permite a afirmação de um poder verdadeiramente independente.

Com o produto lógico do questionamento levado a efeito, há que concluir que a actividade jurisdicional unicamente vinculada à lei mas, sobretudo, racionalmente justificada, consubstancia a essência legitimadora do exercício do poder judicial.

Capítulo II
Construção e autonomia constitucional de um conceito: o princípio da fundamentação das decisões

I. Introdução à dimensão constitucional da fundamentação das decisões
Nas «cores primárias» utilizadas na abordagem de um qualquer tema de processo penal a Constituição assume uma relevância fundamental. A sua «manipulação» mais ou menos densificada condiciona, no que respeita ao processo judicial e, especificamente, ao processo penal, todo o desenho normativo que configura o procedimento, legitimando ou não actos que por regra sustentam essencialmente restrições de direitos fundamentais constitucionalmente consagrados[151].

A [re]afirmação do processo penal como «direito constitucional aplicado»[152] ou a imagem-conteúdo do processo penal como «sismógrafo da Constituição do Estado»[153] continua, com o decurso do tempo, a manter uma

---

[151] A Constituição como «medida e forma» da ordem estadual e dos actos e poderes públicos, na expressão de Gomes Canotilho, *Direito Constitucional e Teoria da Constituição*, cit., p. 241.
[152] A essência da palavras de Figueiredo Dias, nos alvores do Constitucionalismo democrático, aludindo à dupla dimensão daquela afirmação mantêm, ainda, um fulgor impressionante nomeadamente quando alude aos «fundamentos do direito processual penal serem, simultaneamente, os alicerces constitucionais do Estado, e naquela outra [dimensão] resultante de a concreta regulamentação de singulares problemas processuais ser conformada juridico-constitucionalmente»: cf. *Direito Processual Penal*, cit., p. 74.
[153] A afirmação de Claus Roxin significando «ao mesmo tempo que cada mudança essencial na estrutura política (sobretudo uma modificação na estrutura do Estado) também conduz a

A FUNDAMENTAÇÃO DA SENTENÇA NO SISTEMA PENAL PORTUGUÊS

actualidade central com repercussões directas na vida dos cidadãos e no seu relacionamento com o sistema de justiça.

As alterações legislativas que incidem recorrentemente no sistema penal são um reflexo directo desse princípio.

É, sobretudo, o eficaz trabalho dos Tribunais Constitucionais na conformação e modelação das normas do processo que tem vindo a reflectir a importância da «Constituição real» no desenvolvimento do procedimento[154].

Também as normas constitucionais mudam, impulsionadas pelo caminho jurisprudencial da sua interpretação ou *apenas* pela assumpção clara da

---

transformações do processo penal» será como que uma premonição no âmbito da matéria que se pretende abordar: cf. Claus Roxin, *Derecho Procesal Penal*, (tradução da 25º edição alemã), Editores del Puerto, Buenos Aires, 2000, p. 10.

[154] Relativamente ao papel desempenhado pelo Tribunal Constitucional português quer antes quer após o CPP87, é hoje inequívoca a aceitação da sua relevância. Bastaria, para uma demonstração probatória da afirmação, atentar na recente reforma legislativa do CPP87, decorrente da Lei nº 48/2007 de 29 de Agosto e no que foram os seus motivos, para verificar que algumas das soluções legislativas decorrem, directamente, de anteriores decisões do TC que fulminaram escolhas legislativas e sobretudo interpretações jurisprudenciais não conformes com o texto Constitucional. Assim, neste sentido, e mantendo-nos apenas no âmbito do tema da investigação proposta, a solução agora estabelecida para o artigo 194º nº 4 do CPP, relativa à fundamentação da decisão que aplica medidas de coacção surge como «resposta» à decisão do TC proferida no Acórdão nº 607/2003, publicado no *DR* II Série, nº 84 de 8 de Abril de 2004 ou, no que respeita ao interrogatório do arguido detido e ao regime agora estabelecido de forma minuciosa no artigo 141º nº 4, à decisão proferida pelo TC no Acórdão nº 416/2003, publicado no *DR* II Série, nº 82 de 6 de Abril de 2004. O papel modelador da jurisprudência constitucional é igualmente central noutras ordens jurídicas que de algum modo nos são próximas e, *pour cause*, são aqui referidas. Em Itália, o papel do TC na modelação das normas do CPPit de 1988 é absolutamente crucial. Na Alemanha o Tribunal Constitucional Alemão, segundo Roxin, assume um papel de «Constituição real», no âmbito do desenvolvimento do processo penal: cf. *Derecho Procesal Penal*, cit. p. 12, dando o autor como o exemplo a evolução do princípio da proporcionalidade e a sua aplicação no domínio do processo penal. Sobre o papel do Tribunal Constitucional em Espanha, nomeadamente na conformação do sistema penal à Constituição cf. Faustino Cordon Moreno, *Las Garantias Constitucionales del Proceso Penal*, Aranzadi, Madrid, 1999 e mais recentemente a obra fundamental *El Proceso Penal en la Doctrina del Tribunal Constitucional* (1981-2004), coordenada por Manuel Ortells Ramos e Isabel Tapia Fernandez, Thomson-Arandzi, Madrid, 2006 em que é efectuada uma análise aprofundada e exaustiva de toda a intervenção do TC no sistema penal. Sobre o livro é interessante comentário de Pedro Tenório, «Processo penal y doctrina del Tribunal Constitucional», *Revista Española de Derecho Constitucional*, número 8, mayo-agosto 2007 p. 387.

CONSTRUÇÃO E AUTONOMIA CONSTITUCIONAL DE UM CONCEITO

mudança expressa pelo legislador constituinte, mudanças formalmente decorrentes dos processos de revisão[155].

Questão diferente é o âmbito e o alcance dessas mudanças e sobretudo – porque essa questão se prende de alguma maneira com o objecto do trabalho – a sua repercussão em normas referentes a direitos fundamentais ou normas cuja trajectória de colisão com esses direitos é muito frequente.

A questão da possibilidade de restrição de direitos fundamentais desde que não ponha em causa o seu valor essencial, implica que sobre esta matéria se afirme peremptoriamente o não retorno dos direitos consagrados[156]. Ou

---

[155] Sobre o desenvolvimento constitucional atente-se nas palavras de Gomes Canotilho "no sentido de que o núcleo duro ou «essência constitucional» não deve ser compreendido (apenas!) a partir de paradigmas antigos. A constituição assume-se também como tarefa de renovação», aí se enquadrando, por exemplo, «as novas compreensões dos direitos fundamentais e novas compreensões das normas de procedimento e de processo»: cf. *Direito Constitucional e Teoria da Constituição*, cit., pp. 1001 e 1067.

[156] A questão é discutível e discutida, nomeadamente na doutrina nacional. A admissibilidade do poder de revisão «também poder restringir os direitos liberdades e garantias, desde que não ponham em causa o seu conteúdo essencial» é defendida por Vieira de Andrade: cf. *Os Direitos Fundamentais na Constituição Portuguesa de 1976*, Almedina, Coimbra, 1987, p. 318. Uma inadmissibilidade *tout court* de tal restrição é defendida por Vital Moreira e Gomes Canotilho. Segundo os AA, «a revisão constitucional pode acrescentar outros direitos fundamentais mas não pode eliminar os actualmente reconhecidos; pode levantar algumas das restrições aos direitos fundamentais actualmente previstos na Constituição mas não pode criar outras restrições»: cf. *Constituição da República Portuguesa, Anotada*, Coimbra Editora, Coimbra, 1993, p. 1064. Jorge Miranda, referindo-se concretamente à alínea d) do artigo 288º, mas circunscrevendo-a às normas do Título II, parte I, e não aos direitos de natureza análoga, efectua uma distinção entre regime dos direitos liberdades e garantias específicos – que «as leis de revisão têm de respeitar (ou seja manter e preservar) os direitos, liberdades e garantias que correspondam a limites transcendentes ao Direito estatal ou, doutro ângulo, pelo menos, os direitos, liberdades e garantias que, mesmo em estado de necessidade, não podem ser suspensos (artigo 19º nº 6)»; «limites imanentes à legitimidade democrática da Constituição, como o direito de sufrágio e o direito de associação política» e «os demais direitos liberdades e garantias», parecendo quanto a estes admitir *apenas* (itálico nosso) o respeito pelo conteúdo essencial do sistema desses direitos «podendo então vir a diminuir o seu elenco ou a afectar o conteúdo essencial de qualquer deles, desde que não fique prejudicado o sistema global»: cf. *Manual de Direito Constitucional*, tomo IV, Coimbra Editora, Coimbra, 2000, p. 382. Em relação ao sistema germânico, Hassemer refere, a propósito do conteúdo essencial dos direitos fundamentais, que «na lei fundamental alemã temos duas situações de indisponibilidade, uma das quais é que nada deve ferir o conteúdo essencial de um direito fundamental»: cf. Winfred Hassemer, «Processo penal e direitos fundamentais», in *Jornadas de Direito Processual Penal e Direitos Fundamentais*, coordenação de Maria Fernanda Palma, Almedina, Coimbra, 2004, p. 24.

A FUNDAMENTAÇÃO DA SENTENÇA NO SISTEMA PENAL PORTUGUÊS

seja, os limites das alterações constitucionais, no âmbito dos direitos fundamentais, devem impor uma «fuga para a frente» no sentido do reforço daqueles direitos.

A evolução das normas constitucionais portuguesas referentes à fundamentação das decisões judiciais é um exemplo de um processo de «desenvolvimento» constitucional.

Até à 1ª revisão constitucional, ocorrida em 1982, não existia nenhuma norma constitucional expressa referente à fundamentação das decisões. O percurso desenvolvido desde então está fixado desde 1997, a partir da 4ª revisão, no actual artigo 205º nº 1 – «As decisões dos tribunais que não sejam de mero expediente são fundamentadas na forma prevista na lei».

A constitucionalização desta norma, cuja relevância prática se espelhou em alterações legislativas directas e mesmo em alterações jurisprudenciais de enorme relevo não esconde, no entanto, a frágil situação em que se encontra a construção jurídica, dogmática e metodológica relativa à decisão judicial e sobretudo sobre a fundamentação, nomeadamente no sistema judicial português[157].

A própria evolução jurisprudencial demonstra o que alguma doutrina identifica como antinomias entre normas e princípios de nível superior e

---

[157] A afirmação é sustentada por Gomes Canotilho que num texto recente, alude de uma forma cirúrgica à essência da questão da relevância da decisão judicial no sistema judicial e ao que não tem sido uma abordagem substancial da doutrina sobre a matéria, sustentada essencialmente em princípios «que mais não são do que a cristalização da jurisdicidade estatal no âmbito do poder judiciário»: cf. Joaquim Gomes Canotilho, «Julgar e decidir entre a antecâmara e a racionalidade da decisão», *Revista do CEJ*, nº 7, 1º Semestre de 2007, p. 13. Uma constatação semelhante, relativamente ao sistema espanhol, nomeadamente no *tratamento de terceira* [itálico nosso] que os constitucionalistas têm dado à questão do poder judicial é efectuada por Juan Igartua Salaverria in *La Motivación de las Sentencias, Imperativo Constitucional*, Centro de Estúdios Políticos y Constitucionales, Madrid, 2003 p. 9. A afirmação não cobre, no entanto, a questão da fundamentação das decisões no domínio da administração, nomeadamente no âmbito do acto administrativo, onde pese embora se tratar de matéria em que está em causa, também, a decisão – administrativa – trata-se de uma outra racionalidade, até no domínio constitucional, que não se pretende abordar – cf. a obra fundamental de José Carlos Vieira de Andrade, *O Dever de Fundamentação Expressa de Actos Administrativos*, Almedina, Coimbra, 1992, (especialmente pp. 16 e 214) e sobretudo a sua constatação da recusa em efectuar «uma aproximação nesta matéria entre os actos administrativos e as sentenças judiciais», tendo em conta que «uma diferença fulcral afasta as duas funções (...): a Administração visa satisfazer interesses públicos legalmente determinados enquanto o juiz tem como missão "dizer" o Direito nos casos concretos».

normas e *praxis* de nível inferior ou seja, o *gap* entre as garantias estabelecidas como princípios e a sua efectivação, na passagem dos «níveis mais altos aos níveis mais baixos do ordenamento – da Constituição à legislação ordinária, da legislação à sua aplicação judiciária e ainda à sua aplicação policial»[158].

Impõe-se por isso uma análise do que tem [ou não tem] sido o percurso histórico constitucional da questão da fundamentação das decisões, da sua autonomia conceptual e quais as suas consequências, nomeadamente para o sistema penal português.

Questão diferente, mas não menos relevante, será a conexão entre a autonomia normativa constitucional do princípio da fundamentação e o direito à decisão fundada no direito, a que se reconduz o artigo 20º nº 4 da CRP ao estabelecer que «todos têm direito a que uma causa em que intervenham seja objecto de decisão em prazo razoável e mediante processo equitativo»[159].

De igual forma, importa saber se no âmbito da garantia constitucional do direito de defesa, «incluindo o recurso» a que se alude no artigo 32º nº 1, a fundamentação não será segmento significativo na interpretação da norma.

A inclusão do direito à fundamentação nestes perfis constitucionais suscita uma análise àquelas dimensões normativas não perdendo, no entanto, o rumo inicialmente traçado.

II. A trajectória histórica do silêncio constitucional

1. O constitucionalismo monárquico
Uma retrospectiva à história constitucional portuguesa anterior à Constituição de 1976, não permite encontrar qualquer preocupação sobre a necessidade de enquadrar a questão da fundamentação da decisão judicial

---

[158] Assim Luigi Ferrajoli, *Derecho y Razón*, cit., p. 698.
[159] Sobre o direito de obter uma decisão fundada no direito, como dimensão jurídico-constitucional do direito ao processo equitativo, cf. Gomes Canotilho, *Direito Constitucional e Teoria da Constituição*, cit., p. 464. O direito à decisão, fundamentada, como princípio que consubstancia ou densifica o conceito de processo equitativo é hoje uma dimensão aceite pela doutrina e também pela jurisprudência, nomeadamente a jurisprudência do TEDH no âmbito do artigo 6º da CEDH: cf. Gomes Canotilho, Vital Moreira, *Constituição da República Portuguesa, Anotada*, volume I, Coimbra Editora, 2007, p. 415. Na doutrina espanhola, no mesmo sentido, veja-se Faustino Cordon Moreno, *Las Garantias Constitucionales del Proceso Penal*, cit., p. 178. Sobre a jurisprudência do TEDH, desenvolvidamente, infra, ponto V, 2.1.

A FUNDAMENTAÇÃO DA SENTENÇA NO SISTEMA PENAL PORTUGUÊS

no quadro constitucional, de uma forma autónoma, tanto no domínio do enquadramento constitucional dos poderes dos Tribunais como órgãos de soberania, de acordo com uma visão constitucional da divisão de poderes e do que será o seu conteúdo, como no catálogo da consagração de direitos fundamentais.

Não assumindo, neste domínio, qualquer *black out* em relação ao passado normativo anterior à Constituição de 1822, a estrutura formal do Estado constitucional moderno português inicia-se com aquele documento sendo, por isso, aí que importa ancorar[160].

Em todas as Constituições «monárquicas» portuguesas as referência ao modo como nos tribunais se devem fundamentar a suas decisões são mínimas.

A Constituição de 1822, que consagrava algum desenvolvimento às garantias do cidadão[161], não faz qualquer referência à fundamentação da decisão final, seja no domínio do sistema de justiça visto na sua globalidade, seja no

---

[160] Não pode, no entanto, omitir-se uma alusão ao que foi o fim do «Ancien Regime» e à própria evolução histórica decorrente da Revolução Francesa e a sua repercussão nos sistemas políticos europeus. A Constituição *du 5 frimaire an III,* no seu artigo 208º, adoptou pela primeira vez na história constitucional o princípio de que «*les jugements sont motivés et on y énonce les termes de la loi appliquée*». Não sendo a primeira alusão normativa, depois da Revolução, à fundamentação das decisões – o que aconteceu com a *loi des 16-24 août 1790 sul l'organisation judiciaire,* que estabelecia no seu artigo 15º a estrutura que deveriam ter as sentenças judiciais, expressamente referindo que «*le résultat des faits reconnus ou constates para l'instruction et les motifs qui auront déterminè le juge seront exprimés*» – a importância do princípio constitucional estabelecido pela Constituição do ano III foi fundamental para a indiscutibilidade das decisões motivadas nas várias legislações que se lhe seguiram, nomeadamente no artigo 195º *do Code d'instruction criminelle* – veja-se, neste sentido, Tony Sauvel, «Histoire du jugement motivé», *Revue du Droit Public et de La Science Politique en France et a l'Etranger,* année 61, 1955, p. 45. Vale a pena salientar que a primeira disposição legislativa que previu em França, ainda no fim do «Ancien Regime», a motivação das sentenças encontra-se no «Edit du 1er Mai 1788» de Louis XVI que, no entanto, praticamente não foi aplicado – cf. J. Constant, «Propôs sur la motivation des jugements et arrêts en matiére répressive», *Revue de Droit Pénal et Criminologie,* nº 3, Décembre, 1970, p. 281. Sobre a origem da motivação e a relevância da Constituição do Ano III, sublinhando o carácter de primeira e última das Constituições francesas que consagrou a motivação das decisões veja-se Wanda Mastor, «Essai sur la motivation des décisions de Justice», cit., p. 42.

[161] Jorge Miranda salienta o «desenvolvimento emprestado às garantias (nesse título e no do poder judicial), em contraste com o relativo apagamento das liberdades»: cf. *Manual de Direito Constitucional,* tomo I, Coimbra Editora, 1981, p. 228.

CONSTRUÇÃO E AUTONOMIA CONSTITUCIONAL DE UM CONCEITO

processo criminal, pese embora algum desenvolvimento pormenorizado das garantias devidas no âmbito do processo penal[162] que estão estabelecidas nos artigos 201º e seguintes.

O constitucionalismo português sustentado na Constituição de 1822 parece assumir já uma perspectiva dos direitos individuais do cidadão como «direitos fundamentais, institucionalizados juridicamente e constituindo direito objectivamente vigente»[163].

Importa salientar, no que respeita ao tratamento constitucional da prisão preventiva, «antes de culpa formada», o que então se estabeleceu sobre a necessidade de o juiz «dentro de vinte e quatro horas, contadas da entrada na prisão, mandará entregar ao réu uma nota por ele assinada, em que declare o motivo da prisão, e os nomes do acusador e das testemunhas, havendo-as».

Trata-se de uma norma que terá seguimento na Carta Constitucional (artigo 145º) e na Constituição de 1838 (artigo 17º) tendo vigorado até à implantação do regime republicano[164].

Vale a pena salientar que «a razão da prisão», que mais não era do que o motivo que fundamentava a decisão dada pelo juiz, por escrito, decorria já das «Bases da Constituição», documento aprovado pelas Cortes que consagravam os princípios fundamentais sobre os quais se construiu a Constituição de 1822.

No que respeita à diferenciação procedimental em função de vários tipos de delitos, se a Constituição de 1822 ainda impunha a diferenciação processual entre delitos leves e os restantes crimes, quer a Carta Constitucional quer a Constituição de 1838 nada referem sobre a matéria, pese embora se constate em ambas uma maior extensão dos direitos fundamentais[165].

---

[162] Neste sentido, Sousa Brito, «A lei penal na Constituição», in *Estudos sobre a Constituição*, coordenação de Jorge Miranda, Livraria Petrony, Lisboa, 1978, p. 213.

[163] Assim Gomes Canotilho, *Direito Constitucional e Teoria da Constituição*, 3ª edição, cit., p. 107.

[164] Sobre o regime constitucional monárquico e a sua atribulada evolução, em termos de vigência das três Constituições, de uma forma geral, cf. Marcello Caetano, *Constituições Portuguesas*, 4ª edição, Verbo, Lisboa, 1978, pp. 11 e ss., Jorge Miranda, *As Constituições Portuguesas*, Petrony, 4ª edição, 1997 e *Manual de Direito Constitucional*, tomo I, cit., pp. 208 e ss.

[165] Importa sublinhar, no entanto, que na Carta Constitucional de uma forma significativa, os direitos do cidadão são remetidos para o último artigo (art. 145º). O catálogo dos «Direitos Civis e Políticos dos Cidadãos Portugueses recolhe, porém, muitas das conquistas vintistas», refere Gomes Canotilho, in *Direito Constitucional e Teoria da Constituição*, 3ª edição, cit. p. 139.

A FUNDAMENTAÇÃO DA SENTENÇA NO SISTEMA PENAL PORTUGUÊS

De igual modo, no conjunto normativo referente aos Tribunais («Poder Judicial», na Carta Constitucional e na Constituição de 1822 e «Poder Judiciário», na Constituição de 1838) nada é estabelecido sobre a questão da fundamentação das decisões[166].

No que respeita às garantias do processo criminal, nomeadamente o direito ao recurso, estabelecia a Constituição de 1822 um conjunto alargado de normas[167] que reconheciam de uma forma muito precisa o âmbito dos recursos admissíveis (da matéria de facto e de direito, dos juízes eleitos e dos Juízes letrados, para as Relações e para o Supremo) sendo de salientar que «Das decisões dos Juízes de facto se poderá recorrer à competente relação, só para efeito de se tomar novo conhecimento e decisão no mesmo ou em diverso conselho de Juízes de facto nos casos, e pela forma que a lei expressamente declarar» – artigo 189º.

Já a Carta Constitucional se mostrou muito mais «parca» na extensão das normas referentes ao recurso, apenas consagrando a existência de Relações «que forem necessárias para comodidade dos povos», «para julgar as Causas em segunda, e última instância» – artigo 125º.

É muito semelhante a norma constitucional estabelecida na Constituição de 1838 sobre recursos, também ela muito restritiva, estabelecendo tão só que «haverá Relações para julgar as causas em segunda e última instância» – artigo 125[168].

A rápida fotografia ao sistema constitucional monárquico permite a constatação de uma admissibilidade restrita da fundamentação das decisões na

---

Por outro lado a Constituição de 1838 retoma o figurino da Constituição de 1822 deslocando o catálogo dos direitos fundamentais para a 1ª parte da Constituição no título «Dos Direitos e Garantias dos Portugueses».

[166] O princípio da tutela jurisdicional, que se encontra na Constituição vigente no artigo 20º, não tem nas constituições monárquicas qualquer autonomia: cf. neste sentido, Jorge Miranda, *Manual de Direito Constitucional*, tomo IV, cit, p. 129.

[167] Cf. os artigos 181º, 188º, 189º, 191º e 192º. Referindo-se ao carácter minucioso da regulamentação constitucional do texto de 1822 quanto ao poder judicial, Paulo Pinto de Albuquerque fala em «construção aporética»: cf. Paulo Pinto de Albuquerque, *A Reforma da Justiça Criminal em Portugal e na Europa*, Almedina, Coimbra, 2005 p. 102.

[168] As razões para esta restrição constitucional ao título sexto da Constituição de 1838 referente ao processo criminal encontrar-se-ão, segundo Paulo Pinto de Albuquerque, por um lado na Constituição Espanhola de 1837 e, por outro lado, no fracasso das primeiras constituições da península: cf., *A Reforma da Justiça Criminal em Portugal e na Europa*, cit., p. 226.

CONSTRUÇÃO E AUTONOMIA CONSTITUCIONAL DE UM CONCEITO

matéria relacionada com os direitos fundamentais decorrentes da exigência da fundamentação da prisão preventiva e, também, numa imprecisa tutela do direito ao recurso.

2. O constitucionalismo republicano

As Constituições da República do século XX até à 1ª Revisão da Constituição de 1976 são, também elas, omissas no que respeita ao tratamento autónomo do princípio da fundamentação das decisões judiciais.

A Constituição de 1911, no âmbito dos direitos e garantias individuais, estabelece um conjunto de direitos fundamentais no que toca ao processo criminal – n.º 15 a n.º 24 do artigo 3.º. No entanto, pese embora se continuar a garantir que «à excepção do flagrante delito, a prisão não poderá executar-se senão por ordem escrita da autoridade competente e em conformidade com a expressa disposição da lei», desaparece a obrigação constitucional de motivação da decisão sobre a prisão sem culpa formada. O que, como se verá, trouxe consequências efectivas para o processo penal que se seguiu.

No âmbito dos direitos fundamentais, relacionados com o sistema de justiça, há que salientar que, com a Constituição de 1911, foram estabelecidos alguns direitos «novos» que se revelaram de grande relevância para uma amplificação da tutela dos cidadãos nomeadamente, a proibição da pena de morte (artigo 3.º/22: «Em nenhum caso poderá ser estabelecida a pena de morte, nem as penas corporais perpétuas ou de duração ilimita»), a garantia do *habeas corpus* (artigo 3.º/31: «Dar-se-á o *habeas corpus* sempre que o indivíduo sofrer ou se encontrar em iminente perigo de sofrer violência, ou coacção, por ilegalidade, ou abuso de poder») e o controlo judicial da constitucionalidade das leis (artigo 63.º: «O Poder Judicial, desde que, nos feitos submetidos a julgamento, qualquer das partes impugnar a validade da lei ou dos diplomas emanados do Poder Executivo ou das corporações com autoridade pública, que tiverem sido invocados, apreciará a sua legitimidade constitucional ou conformidade com a Constituição e os princípios nela consagrados»).

Sublinha-se a novidade constitucional da garantia ao recurso, como direito individual, estabelecida no artigo 3.º/24: «É assegurado, exclusiva-

---

[169] Sobre o debate constituinte a propósito do âmbito do recurso, cf. Pinto de Albuquerque, *A Reforma da Justiça Criminal em Portugal e na Europa*, cit., p. 411.

A FUNDAMENTAÇÃO DA SENTENÇA NO SISTEMA PENAL PORTUGUÊS

mente em benefício do condenado, o direito de revisão de todas as sentenças condenatórias»[169].

Mais restritiva será ainda a Constituição de 1933 que, no que respeita aos direitos fundamentais, colocou-os de forma a moverem-se «no âmbito da lei, em vez de a lei se mover no âmbito dos direitos fundamentais (...) ficando o cidadão submetido à discricionariedade limitadora do legislador»[170]. Nesse sentido, não será de estranhar que se tenha eliminado qualquer referência à necessidade de fundamentação da prisão sem culpa formada, apenas se garantindo como um dos «direitos e garantias individuais dos cidadãos portugueses», «não ser privado da liberdade pessoal nem preso sem culpa formada, salvo nos casos previstos nos §§ 3º e 4º», segundo o artigo 8º, da Constituição.

O caminho restritivo no âmbito dos direitos individuais é acentuado, sendo disto exemplo o § 3 do artigo 8º que estabelecia ser «autorizada a prisão, sem culpa formada, em flagrante delito e nos seguintes crimes consumados, frustrados ou tentados: contra a segurança do Estado; falsificação de moeda, notas de Banco e títulos de dívida pública; homicídio voluntário; furto doméstico ou roubo; furto, burla ou abuso de confiança, praticados por um reincidente; falência fraudulenta; fogo posto; fabrico, detenção ou emprego de bombas explosivas e outros engenhos semelhantes».

No título referente aos «Tribunais», já não ao «Poder Judiciário» ou «Poder Judicial», numa mudança com um significado não meramente simbólico[171], nada se refere quanto à necessidade de fundamentação das decisões.

---

[170] Assim Gomes Canotilho in *Direito Constitucional e Teoria da Constituição*, cit., p. 179. Salientando o «carácter autoritário do regime dos direitos, liberdades e garantias, com leis a regular o exercício das liberdades de expressão, de ensino, de reunião e de associação» cf. Jorge Miranda, *Manual de Direito Constitucional*, tomo I, cit., p. 254.

[171] Uma crítica à supressão constitucional da referência ao Poder Judicial e à sua «transformação» em função judicial é efectuada por Monteiro Dinis referindo que «embora pareça que a distinção é puramente vocabular, ela encerra um conteúdo profundo, na medida em que o regime autoritário em que foi aprovada (...) pretendeu, e conseguiu depois, (...) colocar os tribunais num plano de subordinação, ou ao menos, num determinado plano de dependência orgânica relativamente aos outros poderes do Estado, e considerou sempre, no exercício da sua vigência, até ao 25 de Abril, os tribunais como um poder secundário» – cf. Monteiro Dinis, «A revisão constitucional. As magistraturas e os tribunais», in Sindicato dos Magistrados do Ministério Público, *A Revisão Constitucional. O Processo Penal e os Tribunais*, Livros Horizonte, Lisboa, 1981, p. 99. Idêntica crítica é feita por Gonçalves da Costa, salientando a «intromissões do poder executivo na esfera do poder judicial, designadamente por intermédio do

CONSTRUÇÃO E AUTONOMIA CONSTITUCIONAL DE UM CONCEITO

No que respeita às garantias de defesa sublinhe-se o direito a «haver instrução contraditória, dando-se aos arguidos, antes e depois da formação da culpa, as necessárias garantias de defesa»[172], sendo que no que respeita aos recursos se mantém o direito individual da «revisão das sentenças criminais» – artigo 8º/10 e 20.

Não é possível, assim, identificar muito maior relevo constitucional à questão da fundamentação das decisões nas duas primeiras Constituições Republicanas, por contraposição às Constituições Monárquicas, sendo mesmo reconhecido um retrocesso enorme com a Constituição de 1933, no âmbito dos direitos de defesa.

3. O constitucionalismo democrático

A versão inicial da CRP de 1976 não fazia qualquer alusão à fundamentação das decisões, como matéria autónoma integrante das normas constitucionais referentes directamente ao sistema judicial[173].

No que respeita ao catálogo dos direitos fundamentais, substancialmente modificados e densificados em relação à tradição constitucional portuguesa, no âmbito das garantias de defesa do processo criminal recuperaram-se de algum modo algumas das exigências referentes à fundamentação da aplicação da prisão preventiva, «perdidas» em 1911, não obstante não ser sobreponível o dever de fundamentação exigido pelas Constituições monárquicas

---

ministro da Justiça», comprometendo a independência institucional e efectiva da magistratura: cf. José Gonçalves da Costa, «O sistema judiciário português», *BFDUC,* LXXIV, 1998, p. 178.

[172] Sendo notória a diminuição do alcance em relação às «garantias de defesa» consagradas na Constituição de 1911. Sobre o alcance desta norma constitucional e as suas repercussões, cf. Francisco Salgado Zenha, *Notas sobre a Instrução Criminal,* Braga, Centro Gráfico de Famalicão, 1968, p. 49.

[173] As normas sobre o sistema judiciário, nomeadamente o artigo 205º, referente à definição dos Tribunais, o artigo 206º, referente à função jurisdicional, o artigo 207, referente à apreciação da inconstitucionalidade, o artigo 208º, referente à independência, o artigo 209º, referente à coadjuvação das autoridades, o artigo 210º referente à execução das decisões e o artigo 211º, referente à audiência dos Tribunais omitiam qualquer referência à decisão judicial e à forma ou modo de a fundamentar. Sobre a forma «ligeira» e «relativamente célere» como problemas de alta complexidade que o sistema judiciário comporta foram abordados na Assembleia Constituinte, por comparação a outras matéria relacionadas com o poder político é impressiva a intervenção de Monteiro Dinis, «A revisão constitucional. As magistraturas e os tribunais», cit., p. 98.

ao dever de fundamentação imposto nesta matéria pela Constituição de 1976. Efectivamente a declaração do «*motivo da prisão, e os nomes do acusador e das testemunhas, havendo-as*», a que se referiam a Constituição de 1822, a Carta Constitucional e a Constituição de 1838 e que claramente impunha um dever de motivação das decisões sobre prisão preventiva ao juiz, naqueles precisos termos, é mais ampla no seu conteúdo que a comunicação «*das causas da detenção ao detido*» a que se refere o artigo 28º nº 1 da CRP[174].

No âmbito da tutela constitucional do acesso ao direito, «defesa dos direitos» conforme decorria do artigo 20º na sua versão originária[175], se, por um lado, se reconheceu a garantia da via judiciária para a defesa dos direitos por outro lado, a sua densificação não integrava ainda, o que veio a ser consagrado mais tarde como garantia de um direito ao processo equitativo, enquanto efectiva «conformação do processo de forma materialmente adequada a uma tutela judicial efectiva»[176]. Nesse sentido, a questão do direito à fundamentação de uma decisão não era, ainda, neste âmbito suscitada. No entanto mesmo sem essa dimensão expressamente consagrada do direito ao processo equitativo, a consagração da tutela judicial efectiva consubstanciava já um direito à decisão judicial sem dilações indevidas[177].

---

[174] Como aliás se veio a confirmar até muito recentemente na aplicação das normas processuais sobre a matéria. Efectivamente mesmo com o quadro legislativo do CPP de 1987 só com a reforma de 2007 e após intervenção do TC em várias decisões – veja-se os Ac. TC nº 416/2003 in *DR II Série*, de 6/4/2004 e Ac. TC nº 339/2005 in *DR II Série*, de 11.10.2005 – se entendeu, normativamente, que a questão do «motivos da decisão e as provas que a fundamentam» devem constar no despacho judicial que aplica as medidas de coacção e de garantia patrimonial.

[175] A garantia do acesso ao direito, pese embora a sua autonomia formal, no artigo 20º, é ela própria um direito fundamental de natureza análoga aos direitos liberdades e garantias, conforme decorre do artigo 17º – assim Fernando Alves Correia, «Os direitos fundamentais e a sua protecção jurisdicional efectiva», *BFDUC*, 2003, p. 73; no mesmo sentido, embora referindo tratar-se de um direito fundamental procedimental, Jorge Miranda, *Manual de Direito Constitucional*, tomo IV, cit., pp. 94 e 129; Gomes Canotilho refere-se a "um «direito fundamental formal»", pois a protecção dos direitos através do direito exige uma prévia e inequívoca consagração desses direito": cf. *Direito Constitucional e Teoria da Constituição*, cit., p. 268.

[176] Cf. Gomes Canotilho, Vital Moreira, *Constituição da República Portuguesa, Anotada*, volume I, cit., p. 415.

[177] Assim, nesse sentido e apelando já, embora de forma não directa, ao conceito de «processo justo», Gomes Canotilho, Vital Moreira, *Constituição da República Portuguesa, Anotada*, cit., p. 163.

No âmbito das garantias do processo criminal o artigo 32º nº 1 estabelecia que «o processo criminal assegura todas as garantias de defesa». Tratando-se de um preceito eminentemente programático foi, no entanto, utilizado como princípio fundamental para servir de esteio à declaração de inconstitucionalidade de alguns preceitos da lei ordinária de processo penal nos primeiros anos da Constituição[178].

Mais do que uma garantia, o direito de defesa dos arguidos, estabelecido detalhadamente no artigo 32º da CRP, conjuntamente com os demais direitos fundamentais referidos no artigo 19º nº 6, foi dotado de um regime de protecção reforçada, tendo como consequência, entre outras, o facto de «quaisquer normas violadoras dos mesmos direitos consideram-se feridas de nulidade radical ou fundamental»[179].

III. O princípio da fundamentação das decisões judiciais na Constituição da República

1. A revisão constitucional de 1982

A amplificação do debate jurídico processual, com incidências constitucionais, que a questão da ausência de fundamentação das sentenças, nomeada-

---

[178] Assumindo que a natureza do preceito devia ser eminentemente programática, não obstante as suas virtualidades, e por isso não devendo ser alterado em sede de revisão constitucional, cf. Figueiredo Dias «A revisão constitucional e o processo penal», in *A Revisão Constitucional. O Processo Penal e os Tribunais*, cit. pp. 51 e 91.

[179] Assim Jorge Miranda, *Manual de Direito Constitucional*, tomo IV, cit., p. 370. Gomes Canotilho e Vital Moreira, in *Constituição da República Portuguesa, Anotada*, cit., p. 402 fazem, no entanto, alguma diferenciação entre saber se "o «direito de defesa dos arguidos» abrange em processo criminal «todas as garantias de defesa» (artigo 32º-1) ou apenas o direito de dizer de sua justiça, com direito a defensor no processo, antes da decisão (cf. art. 32º-3)". Se não há dúvidas de que as garantias de defesa comportam hoje o direito ao recurso, – se havia dúvidas, depois da revisão de 1997, desvaneceram-se – então será mais sustentada a visão de Jorge Miranda, que parece incluir todas as garantias de defesa no âmbito do processo criminal como matéria intangível e por isso sujeita a um regime reforçado de tutela. É evidente que a opção por uma ou outra posição tem implicações directas (e diferenciadas) nomeadamente no âmbito das consequências referentes a uma não motivação das decisões no domínio do processo penal que ponha em causa os direitos de defesa do arguido. A não motivação de uma decisão susceptível de recurso será, sobre esta última perspectiva, fulminada com um regime de nulidade. A esta matéria voltaremos infra no Capítulo III, ponto 5.

mente a questão da motivação de facto das sentenças penais vinha tendo, repercutiu-se directamente no percurso jurídico-político que levou à revisão da Constituição em 1982.

A questão da premência da fundamentação das sentenças tornou-se visível em projectos e debates no âmbito da revisão, evidenciando-se a alusão à necessidade de constitucionalizar de uma forma autónoma o princípio da fundamentação das decisões, que viria a ter concretização constitucional na 1ª Revisão Constitucional[180].

[180] No *Estudo e Projecto de Revisão da Constituição*, da autoria de A. Barbosa de Melo, J.M. Cardoso da Costa e J.C. Vieira de Andrade, publicado em 1981 e conhecido como «projecto de Coimbra», estabelece-se o artigo 180º, «Audiência dos Tribunais e fundamentação das sentenças», onde no número 2 se diz, expressamente, que «as sentenças dos tribunais serão sempre fundamentadas». Nas observações efectuadas pelos autores refere-se, expressamente, que o «nº 2 é novo e explica-se pelo intuito de deixar consignado na Constituição o núcleo fundamental de um princípio – o da obrigatoriedade de fundamentação das decisões judiciais – que afinal é ainda um aspecto da necessária publicidade de que deve revestir-se a actuação dos tribunais, para garantia da sua independência (que é como quem diz, para garantia dos destinatários das suas decisões). Decerto que se trata de um princípio incontestável e incontestado que a lei formula em termos genéricos e claros (cf. artigos 158º e 668º nº 1, alínea b) do Código de Processo Civil; mas porque é um princípio que – por inerente à própria essência da função de julgar e à razão de ser da sua atribuição aos tribunais – assume uma natureza, no fundo, constitucional, tem sentido incluir na Lei Fundamental ao menos a afirmação do que representará o seu núcleo irredutível»: cf. A. Barbosa de Melo, J.M. Cardoso da Costa e J.C. Vieira de Andrade, *Estudo e Projecto de Revisão da Constituição,* Coimbra Editora, Coimbra, 1981 p. 240. Na obra já referida, *A Revisão Constitucional. O Processo Penal e os Tribunais,* é manifestada a necessidade de revisão constitucional em sede do sistema de justiça, não sendo no entanto especificamente tratada a questão da fundamentação das decisões. É no entanto sublinhada a questão da necessidade de manter a referência constitucional «da administração da justiça em nome do povo», como forma de legitimação democrática dos tribunais – assim Monteiro Diniz in «A revisão da Constituição», cit., p. 108. No mesmo sentido, chamando também à colação o sistema italiano em que as sentenças têm de começar por dizer «Em nome do povo», Vital Moreira, «A revisão constitucional. As magistraturas e os tribunais», in *A Revisão Constitucional. O Processo Penal e os Tribunais,* cit., p. 115. Não pode omitir-se o papel desempenhado por alguma doutrina processual civilista no impulso da consagração constitucional do princípio da fundamentação das sentenças nomeadamente a obra de Alexandre Pessoa Vaz e a persistência das suas posições sobre a oralidade. Cf. neste sentido o depoimento dos deputados Costa Andrade e Almeida Santos na sessão de 22 de Julho de 1982 in *DAR,* nº 124, de 22 de Julho de 1982 p. 5205. Sobre aquelas posições, até 1982, veja-se Alexandre Pessoa Vaz, «O tríplice ideal da justiça célere, económica e segura ao alcance do legislador processual moderno», *ROA,* ano 33, Volume 1, Janeiro-Junho, 1973, p. 167 e ss. Posteriormente veja-se «A crise da justiça em Portugal. Os grandes paradoxos da prática judiciária nos últimos cinquenta anos», *ROA,* Ano 46, volume III, Dezembro, 1986, p. 625 e ss.

CONSTRUÇÃO E AUTONOMIA CONSTITUCIONAL DE UM CONCEITO

A introdução do novo nº 1 do artigo 205º estabelecendo que «As decisões dos tribunais são fundamentadas nos casos e nos termos previstos da lei»[181] é a primeira norma na história constitucional portuguesa que expressamente refere a fundamentação das decisões judiciais assumindo, por isso, um enorme carácter simbólico, quer pelas consequências processuais dela decorrentes quer, sobretudo, pela mudança do entendimento da própria função judicial.

A norma constitucional teve como fonte o projecto da Aliança Democrática e a proposta do então Deputado Jorge Miranda à CERC, proposta essa que por motivos procedimentais, foi retirada, tendo-se no entanto chegado a um consenso sobre o texto a incluir relativo à questão da fundamentação que consagrou que «as decisões dos tribunais são fundamentadas nos casos e nos termos previstos na lei».

Na apresentação das propostas salientou-se que as decisões que teriam de ser fundamentadas seriam as que incidissem sobre o mérito da causa, invocando-se que «uma consideração específica do princípio da fundamentação ou da motivação das decisões judiciais é inerente, ou decorrente, do Estado de Direito», sendo o exemplo das Constituições Italiana, Grega e Espanhola objecto de referência expressa[182].

---

[181] Sobre o alcance da 1ª revisão da CRP, nomeadamente as duas alterações significativas referentes, por um lado, à «eliminação de formas linguísticas típicas das narrativas emancipatórias» que constavam na versão inicial, e por outro lado, à desmilitarização do projecto constitucional, cf. Gomes Canotilho, *Direito Constitucional e Teoria da Constituição*, cit. p. 205. Parece evidente que a inclusão matéria da fundamentação das decisões se integra mais nos acrescentos «racionalizadores da arquitectura jurídico-constitucional», também efectuados pela revisão, do que nas alterações estruturantes referidas.

[182] Cf. Deputado Jorge Miranda, *DAR*, nº 124, sessão de 22 de Julho de 1982, p. 5203. As referências às Constituições Italiana, no seu artigo 111º e à Constituição Espanhola, no seu artigo 120º nº 3 estiveram também na origem do projecto apresentado por A. Barbosa de Melo, J.M. Cardoso da Costa e J.C. Vieira de Andrade, publicado em 1981: cf. *Estudo e Projecto de Revisão da Constituição*, cit. p. 241. A Constituição Italiana no seu artigo 111º estabelece que «Tutti i provvedimenti giurisdizionali devono essere motivati». Segundo alguns autores a «norma não só enuncia um *alto* princípio de *civiltá* jurídica mas estabelece também a finalidade de tornar mais intensa e mais eficaz a apreciação das decisões em caso de recurso»: cf. António S. Agro, Carlo Lavagna, Franco Scoca Paolo Vitucci, *La Costituzione Italiana, Annotata com la Giurisprudenza della Corte Costituzionale*, UTET, Torino, 1979, p. 1552. A jurisprudência do Tribunal Constitucional italiano entendeu sempre que no artigo 111º, no que respeita à motivação, trata-se de uma norma de «immediata operativitá», independentemente da sua inclusão nas normas processuais – cf. obra citada, p. 1552. No mesmo sentido, cf. Carlo Lavagna, *La Costituzione*

A FUNDAMENTAÇÃO DA SENTENÇA NO SISTEMA PENAL PORTUGUÊS

No debate travado no Parlamento a redução da fundamentação às decisões de mérito foi contestada, tendo em conta que a própria lei processual seria mais lata na exigência de fundamentação, sendo por outro lado e em sentido contrário, objecto de algumas críticas, que duvidavam da viabilidade da proposta, dado que as situações nos nossos tribunais não permitiam uma consagração tão lata do princípio[183]. A discussão sobre a amplitude do grau

Italiana Comentata com la Decisioni delle Corte Costituzionale, UTET, 1970, p. 863. Pese embora a história da motivação das sentenças penais na Itália tenha uma vida própria anterior ao artigo 111º, alguma doutrina tem considerado ter sido este artigo o ponto de referência fundamental contra «os possíveis laxismos e arbítrios do legislador e do poder judiciário: cf. Mário Pisani, «Appunti per la storia della motivazione nel processo penale», *L'Indice Penale*, Anno IV, 1970, p. 321. Sublinhe-se que o artigo foi objecto de uma alteração constitucional relevante, em 1999 (L. cost. 23 novembre 1999, n. 2. *Inserimento dei principi del giusto processo nell'articolo 111 della Constituzione*), que introduziu cinco novos parágrafos referentes à constitucionalização do princípio do *giusto processo*. Relativamente à Constituição de Espanha, de 1978, o artigo 120º nº 3 estabelece, de uma forma também autónoma em relação a outros preceitos decorrentes da tutela judicial que «Las sentencias serán siempre motivadas y se pronunciarán en audiência pública». A obrigação de motivar as sentenças é uma instituição recente no direito constitucional espanhol que «lentamente penetra no ordenamento processual em meados do século XIX»: cf. Ortells, M. «Origem histórico del deber de motivar las sentencias», *Revista de Derecho Procesal Iberoamericana*, número 4, 1977 *apud* Luís Aguiar de Luque, Ricardo Blanco Canales, *Constitucion Española 1978.1988*, Centro de Estudos Constitucionales, Madrid, 1988, p. 993. Salientando a constatação da recepção do princípio no direito processual a partir «das exigências dos Estados Liberais», pese embora só ter sido constitucionalizado em 1978, cf. António Jimenez-Blanco, *Comentário a la Constitution*, Editorial Centro de Estudos Ramón Areces, S.A. Madrid, 1993, p. 720. Ernesto Pedraz Penalva sublinha o facto da Constituição Espanhola dedicar duas normas à motivação, nomeadamente o artigo 24, relativo ao direito a uma tutela judicial efectiva e o artigo 120.3, afirmando no entanto que «a verdadeira localização da motivação está no artigo 24.2, referente ao processo devido e não no nº 1, relativo à tutela judicial efectiva»: cf. *Derecho Procesal Penal. Tomo I*, Colex, Madrid, 2000, p. 374. Não obstante a Constituição falar «apenas» na obrigatoriedade de fundamentação das sentenças também as decisões proferidas em autos, segundo o direito espanhol devem ser, actualmente, motivadas: cf. R. Hernandez Marín, *Las Obligaciones Básicas de los Jueces*, cit., p. 143. Para uma análise aprofundada da norma e a sua implicação no sistema judicial espanhol, cf. Juan Igartua Salaverria, *La Motivacion de las Sentencias*, cit. p. 19 e ss.

[183] O então deputado Almeida Santos referia «se fossemos exigir, por razões de perfeccionismo e também de reforço de garantias, a fundamentação – e ainda por cima uma fundamentação adequada – de todas as sentenças e, pior do que isso, de todas as decisões, aconteceria que, provavelmente, os nossos tribunais iriam ficar ainda mais paralisados e as razões de queixa que hoje temos contra o atraso dos processos, iriam concerteza, agravar-se»: cf. *DAR* nº 124, cit., p. 5205. Sobre a mesma critica pronunciou-se também o então deputado Costa Andrade, referindo que seria na prática «inviável» consagrar essa norma global, tendo em conta «a

CONSTRUÇÃO E AUTONOMIA CONSTITUCIONAL DE UM CONCEITO

de consagração constitucional do princípio da fundamentação das decisões acabou por estar condicionado por um motivo «pragmático» relacionado com a inexistência, na altura, de meios de gravação da prova produzida em audiência, tendo-se «confundido» a questão da fundamentação e da motivação das decisões judiciais, nomeadamente da sentença, com a questão da «documentação da audiência».

A opção tomada pelo legislador constituinte acabou por traduzir essas dúvidas não obstante a unânime votação da inserção da norma no quadro constitucional.

Pela primeira vez no quadro constitucional português a fundamentação das decisões dos tribunais passou a ter concretização constitucional[184] nomeadamente, no âmbito das normas constitucionais referentes à jurisdição, deixando-se porém ao legislador ampla liberdade de concretização, sem sequer se exigir um mínimo de fundamentação, nomeadamente no que respeita às decisões de mérito[185].

Apesar da alusão expressa do legislador às Constituições Italiana e Espanhola como matrizes referenciais da questão da fundamentação, não se

necessidade de equipar todos os tribunais com gravadores para gravar todo o julgamento»: *ibidem*, p. 5206.

[184] Para além dos países citados na nota 182, importa sublinhar que a obrigação de fundamentar as decisões está inscrita em várias constituições europeias – Constituição do Luxemburgo, de 17 de Outubro de 1868, artigo 89º e Constituição dos Países Baixos, de 30 de Novembro de 1887. A Constituição Alemã, de 1949 impõe expressamente a motivação do mandado de detenção (artigo 104§ 3). No entanto, o artigo 20º, § 3 ao vincular a jurisdição à lei e ao direito é entendido como uma exigência de fundamentação das decisões judiciais – assim, Robert Alexy, *Teoria de la Argumentacón Jurídica*, cit., p. 208. Por outro lado, o Tribunal Constitucional alemão tem deduzido da garantia do direito ao juiz, ou da via judiciária, estabelecida no artigo 19º alínea 4, o princípio «imperativo de uma protecção jurídica eficaz (...), [significando isso] o direito a um controlo sobre o direito e sobre o facto, completo e eficaz», o que naturalmente pressupõe uma exigência de fundamentação das decisões: cf. Mattias Pechstein, «La constitutionnalisation du droit au juge en Allemagne», in *Le droit au Juge dans l'Union Européenne*, Joel Rideau, (dir.), L.G.D.J. Paris, 1998. Não obstante a matriz constitucional francesa decorrente da Revolução ter sido a inspiradora das normas constitucionais sobre a fundamentação das decisões, na actual Constituição Francesa (de 1958) não está prevista qualquer obrigação de motivação das sentenças. Segundo a Constituição Brasileira (Art. 93, inc. IX) «todos os julgamentos dos órgãos do Poder Judiciário serão públicos e fundamentadas todas as decisões judiciais, sob pena de nulidade".

[185] Sobre este processo legislativo cf. António Nadais, António Vitorino, Vitalino Canas, «Constituição da República Portuguesa, Texto e Comentário à Lei nº 1/82», Suplemento à *Revista Jurídica da AAFDL*, Lisboa 1983, p. 245.

A FUNDAMENTAÇÃO DA SENTENÇA NO SISTEMA PENAL PORTUGUÊS

seguiram, no entanto, essas experiências constitucionais na sua integralidade, restringindo o legislador constituinte o âmbito da fundamentação aos casos explicitados na lei.

Deixando-se à lei a definição do âmbito do dever de fundamentação, «a discricionariedade legislativa nesta matéria não é total, visto que há-de entender-se que o dever de fundamentação é uma garantia integrante do próprio conceito de Estado de direito democrático (cf. art. 2º) ao menos quanto às decisões judiciais que tenham por objecto a solução da causa em juízo, como instrumento de ponderação e legitimação da própria decisão judicial e de garantia do direito ao recurso. Nestes casos, particularmente, impõe-se a fundamentação ou motivação fáctica dos actos decisórios através da exposição concisa e completa dos motivos de facto, bem como das razões de direito que justifiquem a decisão»[186].

Ou seja o caminho constitucional da densificação do dever de fundamentação das decisões deu um passo decisivo com a revisão de 1982, emancipando-se das questões, também elas constitucionais, do direito ao recurso como garantia de defesa, nomeadamente no domínio do processo penal[187] e do princípio da tutela judicial efectiva, passando a integrar a chamada «constituição judiciária».

---

[186] Assim Gomes Canotilho e Vital Moreira, criticando então a falta de «consagração constitucional de um dever geral de fundamentação das decisões judiciais» por contraposição à existência de normas constitucionais especificas que impõem a fundamentação de certas decisões, nomeadamente nos casos dos artigos 209º e 282º nº 4: cf. *Constituição Anotada*, cit., p. 798.

[187] As consequências práticas, a nível da jurisprudência constitucional, e mesmo da jurisprudência do STJ, relativa à necessidade de fundamentação das decisões em matéria de facto no âmbito do processo penal foram, contudo, relativamente reduzidas. As decisões do TC sobre esta matéria, pese embora assentarem numa compreensão constitucional mais alargada do princípio da fundamentação das decisões, nomeadamente em matéria de processo penal, continuaram a afirmar o princípio de que seria a lei – e não a Constituição – que deveria concretizar o âmbito e a extensão da fundamentação – neste sentido cf. os Ac. nº 55/85 de 25.03.85 *in* DR II Série nº 122 de 28.5.1985, Ac. nº 61/88 de 9.3.1988 *in DR II Série* nº 192 de 20.08.1988, Ac. nº 207/88 de 12.10.1988 *in DR II Série* nº 2 de 3.10.1989, Ac. nº 219/88 de 15.2.1989 *in DR II Série* nº e Ac. nº 124/90 de *in DR II Série* nº 33 de 8.2.1991. Praticamente todos os acórdãos citados foram tirados com votos de vencido sobre a questão, permitindo concluir que a questão não era pacífica. Alguma doutrina refere-se a esta tomada de posição reiterada do TC como não «muito prestigiante», tanto mais que «o legislador constituinte havia pretendido justamente o contrário» – assim Cristina Queiroz, *Interpretação Constitucional e Poder Judicial*, Coimbra Editora, Coimbra, 2000, p. 165.

CONSTRUÇÃO E AUTONOMIA CONSTITUCIONAL DE UM CONCEITO

A introdução da norma no conjunto de normas constitucionais referentes aos Tribunais torna clara a natureza de norma garantistica geral no âmbito da jurisdição que vai para além de interesses individuais tutelados por cada um dos vários procedimentos[188].

Independentemente da natureza processual que esteja em causa na apreciação do conflito, do tipo de decisão que seja proferida e da composição do tribunal que a profira, toda a decisão proveniente de um tribunal tem que ser acompanhada de uma fundamentação.

A consagração constitucional do princípio da fundamentação das decisões judiciais é uma garantia do processo judicial, no sentido de um procedimento justo e adequado de acesso ao direito e de realização do direito. Mas é sobretudo o reconhecimento de que os tribunais, constitucionalmente investidos do poder de julgar em nome do povo, têm que dar conta do modo como exercem esse poder através da fundamentação das suas decisões que legitima a sua própria função[189].

O sentido fundamental que deve extrair-se da norma constitucional, mesmo com as restrições «quantitativas» que foram assumidas pelo próprio legislador constituinte, permitiu pela primeira vez na ordem jurídico-constitucional que a dimensão extraprocessual da fundamentação das decisões assumisse uma dimensão clara e inequívoca, fazendo emergir a relevância do papel da jurisdição no sistema jurídico-constitucional.

2. A revisão constitucional de 1997

Os motivos que estiveram na origem da restrição ao modelo constitucional aprovado para a fundamentação das decisões em 1982 (cf. nota 183) adivinhavam-se frágeis, porquanto o modelo restritivo assentava essencialmente em razões pragmáticas relacionadas com a documentação da prova efectuada nos julgamentos através da gravação. A questão da dificuldade da gravação da prova seria certamente um problema conjuntural (como, aliás, se veio posteriormente a confirmar) que não deveria pôr em causa a assumpção e con-

---

[188] No mesmo sentido, referindo à inserção da norma semelhante no ordenamento constitucional italiano, E. Amodio, «Motivazione della sentenza penale», cit., p. 189.

[189] Afirmando a questão da legitimação institucional dos tribunais pela fundamentação e sobretudo a legitimidade democrática dos juízes [a que voltaremos], cf. Germano Marques da Silva in «A fundamentação das decisões judiciais. A questão da legitimidade democrática dos juízes», *Direito e Justiça*, volume X, tomo 2, 1996, p. 21 e António Ulisses Cortês, «A fundamentação das decisões no processo penal», *Direito e Justiça*, volume XI, tomo 1, 1997, p. 47.

A FUNDAMENTAÇÃO DA SENTENÇA NO SISTEMA PENAL PORTUGUÊS

cretização de um princípio fundamental com reflexos no entendimento da própria jurisdição.

Com a revisão Constitucional de 1997 (4ª revisão) o legislador constituinte proporcionou uma tripla alteração densificadora da matéria relacionada com a fundamentação das decisões.

Por um lado e de uma forma impressiva, modificou o artigo 205º estabelecendo que «as decisões dos tribunais que não sejam de mero expediente são fundamentadas na forma prevista na lei»[190].

Por outro lado no âmbito da garantia da tutela jurisdicional efectiva, o artigo 20º, foi amplamente modificado e sobretudo autonomizado com carácter principal o princípio de que «todos têm direito a que uma causa em que intervenham seja objecto de decisão em prazo razoável e mediante processo equitativo»[191].

Finalmente e agora apenas no que respeita ao processo penal incluiu-se expressamente no artigo 32º nº 1 «o direito ao recurso» como garantia do processo criminal[192], alteração que consubstancia um alargamento significativo de um dos direitos liberdades e garantias reforçados, traduzindo, consequentemente, um alargamento dos limites materiais da possibilidade de revisão[193].

---

[190] Curiosamente pelo menos uma decisão anterior do TC – Ac. nº 55/85 de 25.03.1985 – não obstante ter decidido da não inconstitucionalidade do artigo 469º do CPP de 1929 afirmara, então, que «o princípio da fundamentação dos actos jurisdicionais, expresso no artigo 210º nº 1 da CRP, não se refere apenas a decisões sobre o mérito da causa, mas a todas e quaisquer decisões em relação às quais o legislador resolva estender o princípio. Assim e potencialmente, abarca as próprias decisões sobre a matéria de facto».

[191] Sobre o sentido da alteração, que transpôs o conceito estabelecido no artigo 6º da CEDH para o ordenamento jurídico-constitucional português, essencialmente para dar dignidade constitucional a esse inciso e ao que vinha sendo uma densificação efectuada pelo TEDH, cf. Deputado Alberto Martins, *in* «IV Revisão Constitucional», Comissão Eventual para a Revisão Constitucional, *DAR*, II Série, RC, nº 18, de 6 de Setembro de 1996, p. 431. Sobre a inclusão deste artigo na ordem constitucional e a sua repercussão no sistema processual penal, cf. José António Mouraz Lopes, *A tutela da Imparcialidade Endoprocessual no Processo Penal Português*, Coimbra Editora, Coimbra, 2005, p. 179.

[192] «Traduzindo-se aquele direito ao recurso «na reapreciação da questão por um tribunal superior, quer quanto à matéria de direito quer quanto à matéria de facto»: cf. Gomes Canotilho e Vital Moreira *Constituição da República Portuguesa, Anotada, I Volume*, cit., p. 516. Referindo a contribuição da jurisprudência constitucional através de alguns arestos, como é o caso do Acórdão nº 31/87, para a criação do direito ao recurso como direito fundamental ou decorrência de um direito fundamental, cf. Jorge Miranda, *Manual de Direito Constitucional*, tomo IV, p. 173.

[193] Sobre as consequências do alargamento dos limites materiais cf. José Carlos Vieira de Andrade, *Os Direitos Fundamentais na Constituição Portuguesa de 1976*, cit., p. 317.

CONSTRUÇÃO E AUTONOMIA CONSTITUCIONAL DE UM CONCEITO

Resultante de um acordo entre os dois principais partidos, PS e PSD, a revisão de 1997 consubstanciava várias alterações, nomeadamente em sede de justiça[194]. No entanto, a matéria alterada, no que respeita ao artigo 205º, que não integrava o texto do acordo, resultou de uma proposta do PCP que visou tornar imperativa a fundamentação de todas as decisões, excepto as de mero expediente.

Tornou-se desde logo claro que as decisões judiciais, desde que não estejam em causa despachos de mero expediente exigem uma fundamentação.

Trata-se de uma imposição constitucional inequívoca que se traduz num dever constitucional a que estão sujeitos os órgãos constitucionais[195], assim se densificando a tutela jurisdicional constitucionalmente estabelecida[196].

---

[194] Sobre o acordo PS/PSD subjacente à revisão bem como o teor e a fonte das alterações efectuadas pode ver-se Marcelo Rebelo de Sousa, Luís Marques Guedes e Luís Marques Mendes, *Uma Constituição Moderna para Portugal*, Lisboa, 1997, p. 251. Criticando o «Acordo de Revisão», como manifestação de uma justiça processual imperfeita na medida em que «não se negoceia em segredo», mas antes «sobre os problemas da *res publica* delibera-se em termos plurais, abertos e conflituantes», cf. Gomes Canotilho, *Direito Constitucional e Teoria da Constituição*, cit., p. 210.

[195] Salientando que se trata de uma imposição ou obrigação constitucional e não de um direito fundamental, veja-se Jorge Miranda, *Manual de Direito Constitucional*, tomo IV, cit., p. 178. Importa no entanto referir que o autor considera como verdadeiros direitos, liberdades e garantias «o direito a um processo equitativo» constante no artigo 20º nº 4, 2ª parte: *ibidem*, p. 260.

[196] Vale a pena salientar que a ligação directa da fundamentação das decisões à tutela judicial efectiva como direito fundamental sempre assim foi entendida pela jurisprudência constitucional espanhola bem como pela doutrina. O artigo 24.1 da Constituição Espanhola, consagrando um direito de prestação, compreende, entre outros o direito à resolução fundada no direito «ou seja o direito à motivação das decisões» – cf. Francisco Chamorro Bernal, *La Tutela Judicial Efectiva*, Bosch, Barcelona, 1994, p. 242, António Jimenez-Blanco, *Comentário a la Constitucion*, cit., p. 243 e José Manuel Martinez Pereda Rodriguez, Juan José Gonzalez Rivas, Joaquin Huelin y Martinez de Velasco e José Luís Gil Ibañez, *Constitucion Española*, Colex, 1993 p. 432. De igual forma Juan Igartua Salaverria, *La Motivación de las Sentencias*, cit., p. 57. Sublinhando a motivação das decisões judiciais como concretizadora da tutela de uma jurisdição efectiva em Espanha, cf. Laurence Bourgorgue-Larsen, «La constitutionnalisation du droit au juge en Espagne» *in Le Droit au Juge dans l'Union Européenne*, cit. p. 79. Também o Tribunal Constitucional tem entendido que o dever de motivação se concretiza igualmente, para além do artigo 120.3 no artigo 24.1. – cf. decisão 5/86 de 21 de Janeiro, decisão 14/91 de 28 de Janeiro (aqui se salientando que «ainda que o artigo 120.3 se refira só a sentenças também desde a perspectiva do direito à tutela judicial existem as mesmas razões para exigir a motivação dos autos»). Quanto às decisões penais quer a doutrina constitucional quer a jurisprudência do Tribunal são inequívocas na exigência da motivação das sentenças seja na motivação

O patamar mínimo da fundamentação deixado ao legislador foi, desta forma estabelecido na Constituição – deixando de estar apenas legalmente estabelecido, como até então – quer de um ponto de vista negativo para todas as decisões que ultrapassem as decisões de mero expediente dos tribunais[197], quer de um ponto de vista positivo, ao relegar apenas «a forma» da fundamentação para a lei. Se a forma da fundamentação pode ser deixada ao critério do legislador, as decisões judiciais, quaisquer que sejam, que não de mero expediente, têm que ser fundamentadas.

Ao contrário dos sistemas constitucionais Espanhol e Italiano, a norma geral constitucional continua a deixar ao legislador o ónus de densificar a questão da motivação sendo, no entanto, objectivamente diferenciadas as situações «constitucionais» daqueles dois países, fontes constituintes da norma estabelecida na CRP em 1982.

A norma da Constituição Espanhola refere-se apenas à fundamentação das sentenças se bem que no ordenamento jurídico infra constitucional se sustente a necessidade da fundamentação das restantes decisões tomadas pelos Tribunais, que não apenas as sentenças[198].

No caso Italiano, a norma refere-se a todos os «provvedimenti giurisdizionali»[199], sendo aliás pela doutrina entendida não como uma simples norma de processo mas «uma escolha *di campo* do sistema jurisdicional que subentende uma teoria do processo e do conhecimento processual»[200],

---

fáctica com declaração expressa dos factos provados seja na motivação jurídica suficientemente razoável – cf. entre outras a decisão 174/92.

[197] Conforme se escreve no Acórdão do TC nº 680/98 publicado no DR II Série de 5.3.1999, «a alteração inculca, manifestamente, uma menor margem de liberdade legislativa na conformação concreta do dever de fundamentação».

[198] Assim e neste sentido R.Hernández Marín, *Las Obligaciones Básicas de los Jueces*, cit., p. 143. Sublinhe-se que, para muitos autores, a motivação das decisões não configura apenas uma obrigação normativa mas deriva da ideia da jurisdição e do seu exercício nos Estados Democráticos, sendo nesse sentido deixar de aplicar-se a todas as decisões judiciais. Neste sentido Victoria Iturralde Sesma refere que a motivação é «constitutiva da jurisdição»: cf. *Aplicación del Derecho y Justificación de la Decisón Judicial*, tirant lo blanch, Valência, 2003, p. 258.

[199]Sobre a forma, diferenciada, de motivação que os vários «provvedimenti» estabelecidos no CPPit têm que assumir, nomeadamente a diferenças entre a «sentenza» e a «ordinanza», por um lado e o «decreto» por outro, cf. Andrea Pellegrino, *Il Provvedimenti del Giudi Penale*, Giuffré Editore, 2006, pp. 4, 29 e 61.

[200] Cf., neste sentido, Iacovello, «Motivazzione della sentenza penale (controlo della)», cit., p. 761, que numa concretização positiva da norma constitucional, refere que esta «condiciona tanto o dever de julgar como o dever de motivar as decisões»: *ibidem*, p. 761.

sendo por isso muitíssimo mais amplo o imperativo constitucional da fundamentação.

A densificação exigida ao legislador parte da imperativa exigência constitucional de um mínimo de fundamentação, remetendo-se apenas para a lei a configuração, do ponto de vista positivo, do «quantum» e do «como» se deverá em cada caso consolidar a fundamentação das decisões.

O que suscita, desde logo, a questão de saber se, em termos constitucionais, é sustentável a admissibilidade de uma decisão judicial não fundamentada, fora do âmbito das decisões de mero expediente e em que medida essa exigência constitucional não alterou o paradigma constitucional da jurisdição.

IV. Corolários do princípio constitucional da fundamentação das decisões

O trajecto constitucional que vem sendo explanado permite afirmar que as normas constitucionais actualmente vigentes, nomeadamente os artigos 205º, como norma preceptiva genérica, 20º nº 4 e 32º nº 1, sustentam a afirmação de que a fundamentação das decisões está concretizada de uma forma sólida e autónoma numa tripla dimensão.

Desde logo no âmbito do direito ao processo equitativo, o direito à decisão fundamentada consubstancia um direito fundamental devido ao cidadão.

Por outro lado o dever de fundamentação, como imposição e obrigação constitucional, no âmbito do princípio da tutela jurisdicional, é um dever constitucional para os órgãos judiciais[201].

O trajecto constitucional de densificação da matéria da fundamentação das decisões fez emergir uma terceira e mais relevante dimensão constitucional do princípio ou seja a fundamentação das decisões como núcleo do princípio da jurisdição, ou, na formulação de Gomes Canotilho[202], a compreensão da fundamentação das decisões como um «princípio estruturante do Poder Judiciário», se bem que de índole jurídico-organizatório e funcional.

---

[201] No sistema constitucional alemão a garantia do direito ao juiz, o *Grundgesetz*, estabelecida no artigo 19º alínea 4 da Constituição alemã, assume o «carácter de uma garantia institucional e por outro constitui um direito fundamental»: cf. Matthias Pechstein, «La constitutionalisation du droit au juge en Allemagne», *Le Droit au Juge dans l'Union Européenne*, cit., p. 59.

[202] Cf. *Direito Constitucional e Teoria da Constituição*, cit., pp. 615 e 621.

A FUNDAMENTAÇÃO DA SENTENÇA NO SISTEMA PENAL PORTUGUÊS

Mais do que uma norma reforçada, ou seja, uma norma que *ratio materiae* pertence à legalidade processual ordinária mas à qual a Constituição conferiu o vigor próprio das normas constitucionais[203], a questão coloca-se no sentido de se afirmar a exigência da fundamentação das decisões como elemento fundamental do princípio da jurisdição[204].

A repercussão de tal entendimento tem de reflectir-se em todo o ordenamento, nomeadamente no ordenamento processual penal expandindo os seus efeitos quer nas intervenções legislativas efectuadas no sistema, quer na aplicação normativa que tem de ser efectuada pelos tribunais.

A afirmação de um princípio constitucional com autonomia própria com a estrutura tríptica identificada tem consequências directas tanto para o legislador como para quem aplica e interpreta as normas vigentes no ordenamento jurídico positivo.

A concretização do princípio constitucional da obrigação de fundamentação das decisões implica, por isso, um conjunto de corolários que decorrem directamente das normas constitucionais. Desde logo trata-se de uma obrigação de natureza geral, com carácter indisponível, com um conteúdo sujeito ao princípio da completude e vinculado a uma exigência de publicidade. Por outro, lado a afirmação constitucional do princípio da fundamentação das decisões implica a consagração do princípio do duplo grau de jurisdição.

Importa aprofundar qual a incidência destas características.

1. Generalidade

A primeira consequência do princípio constitucional da obrigatoriedade da fundamentação das decisões resulta na afirmação de que todas as decisões judiciais têm que ser fundamentadas.

---

[203] Assim em relação à norma semelhante existente em Espanha, Juan Igartua Salaverria, *La Motivacion de las Sentencias*, cit. p. 21.

[204] Assim na doutrina italiana, a propósito do artigo 111 da Const.It., E. Amodio, *in* «Motivazione della sentenza penale», cit., p. 188 e Iacoviello, *La Motivazione della Sentenza Penale e il suo Controllo in Cassazione*, Giuffré, Milano, 1997, p. 11. Na doutrina espanhola, a propósito do artigo 120-3 da CE, Juan Salaverria, *La Motivación de las Sentencias*, cit., p. 21 e Ignacio Colomer Hernandez, *La Motivación de las Sentencias: sus Exigências Constitucionales y Legales,* Tirant lo blanch, 2003 p. 31 referindo, este último que «não se concebe um conceito de jurisdição sem a obrigação de motivar». De igual modo Vitoria Iturralde Sesma, «Aplicacion del derecho...», cit., p. 258. Não é outra a perspectiva de Gomes Canotilho referindo-se às razões fundamentais da motivação das decisões decorrentes do artigo 205º n. 1 da CRP: cf. *Direito Constitucional e Teoria da Constituição*, cit. p. 621.

CONSTRUÇÃO E AUTONOMIA CONSTITUCIONAL DE UM CONCEITO

A imperatividade da afirmação sofre, no sistema constitucional português, face à opção assumida pelo legislador constituinte, a excepção dos despachos de mero expediente, os quais sendo também decisões de carácter judicial ficaram voluntária e expressamente fora do leque da imposição constitucional de obrigação de fundamentação das decisões judiciais[205]. Daí que, fora deste âmbito, todas as decisões judiciais, quaisquer que sejam, em qualquer tipo de procedimento, têm que ser fundamentadas[206].

Importa, por isso, identificar quais as decisões judiciais que não são «de mero expediente» nomeadamente, no sistema penal.

Decisões judiciais são todas as decisões emanadas no exercício da função jurisdicional. Aceitando-se como ponto de partida um critério subjectivo da definição do acto decisório, sustentado no sujeito que exerce a *juris dictio* e nas suas garantias constitucionais, não ficarão resolvidos todos os problemas.

A identidade pré-constitucional do que são actos de mero expediente[207] como, entre outros, aqueles «actos que se destinam a regular, em harmonia com a lei, os termos do processo», decorre de uma definição dogmaticamente sedimentada e estabelecida no artigo 679º nº 2 do CPC. Trata-se essencialmente de despachos que «não interferem com a relação jurídico processual, não importam a correcção de qualquer anomalia ou irregulari-

---

[205] No sistema italiano a discussão sobre a extensão do dever de motivar as decisões constitucionalmente previsto incidiu [incide] no significado da expressão «provvedimento giurisdizionale» fixado no artigo 111 comma 6 da Constituiçao da Republica Italiana. No que respeita ao sistema constitucional espanhol a norma – artigo 120.3 – tem uma amplitude muito mais reduzida, cingida que está à obrigatoriedade de fundamentação das «sentenças».

[206] No mesmo sentido E. Amodio, «Motivazione della sentenza penale», cit., p. 189 e Juan Ignacio Salaverria, *La Motivation de las Sentencias*, cit., p. 22. O reconhecimento do princípio da generalidade, na jurisprudência portuguesa, embora tardio, começou a sedimentar-se, reconhecendo os tribunais actualmente uma «menor margem de liberdade legislativa na conformação concreta do dever de fundamentação»: cf., para o TC, os Ac. TC 680/98 (já citado) e, para o STJ, o Ac. STJ de 11.10.2007, processo 07p3240.

[207] A referência histórica ao despacho de «mero expediente» surge com o artigo 64º § 1º do Decreto nº 12353 de 22 de Setembro de 1926, sendo num primeiro momento, a propósito dos recursos, considerados de mero expediente os despachos proferidos «em harmonia com a lei». Com a reforma introduzida no processo civil pelo Decreto-lei nº 329- -A/95 de 12-12, o legislador incluiu no CPC o nº 4 do artigo 156º onde se define de forma finalística o despacho de mero expediente: «os despachos de mero expediente destinam- se a prover ao andamento regular do processo, sem interferir no conflito de interesses entre as partes».

A FUNDAMENTAÇÃO DA SENTENÇA NO SISTEMA PENAL PORTUGUÊS

dade no andamento ou seguimento do processo, não concedem nem recusam direitos»[208].

Daí que se coloque a questão da necessidade de fundamentação das decisões dos juízes que não sendo de mero expediente, são proferidas no âmbito de um poder discricionário[209]. Trata-se, nestas decisões, de despachos que se orientam por critérios de conveniência ou oportunidade e não por critérios de legalidade[210].

Uma apreciação finalística das razões que justificam a exigência da fundamentação das decisões judiciais leva-nos a uma melhor compreensão da questão. Ou seja há que apelar às funções de natureza endoprocessual e extraprocessual identificadas como finalidades primárias da fundamentação das decisões[211].

Pela função endoprocessual visa-se essencialmente permitir ao juiz a verificação e o controlo da decisão, permitindo aos sujeitos processuais ou a quem seja afectado pela decisão, a sua reapreciação através do recurso, com total conhecimento da situação e, ainda, colocar o tribunal de recurso em posição de exprimir em termos inequívocos um juízo concordante ou divergente sobre a decisão proferida.

Através da função extraprocessual pretende-se tornar possível um controlo externo sobre a fundamentação factual e jurídica da decisão, garan-

---

[208] Cf. Aníbal de Castro, *Impugnação das Decisões Judiciais*, Livraria Petrony, Lisboa, 1984, p. 29. Salientando o facto de os despachos de mero expediente deixarem inalterados os direitos das partes, Artur Anselmo de Castro, *Direito Processual Civil Declaratório*, Almedina, Coimbra, 1982, Volume III, p. 95

[209] Consideram-se proferidos no uso legal de um poder discricionário os despachos que decidam matérias confiadas ao prudente arbítrio do legislador – artigo 156º nº 4 do CPP.

[210] Neste sentido, Artur Anselmo de Castro, *Direito Processual Civil Declaratório*, p. 94. A questão do poder discricionário do juiz no âmbito do processo tem suscitado algumas dúvidas, sobretudo no domínio do processo civil. A questão pode replicar-se também no processo penal, devendo no entanto ter como parâmetro que o poder discricionário do juiz, na «medida em que lhe é conferida uma ou mais alternativa de opção, entre as quais o juiz deve escolher em seu prudente arbítrio e em atenção a um fim geral», cf. neste sentido João de Castro Mendes, *Direito Processual Civil, III volume*, AADFL, Lisboa, 1987 p. 46. As finalidades específicas do processo penal, que se prendem com a descoberta da verdade material com vista à estabilização da «paz jurídica», serão a chave da compreensão da questão. Como exemplo de actos proferidos no âmbito de um poder discricionário do juiz, que não são de mero expediente, pode identificar-se o despacho proferido ao abrigo do artigo 312º nº 1 do CPP – despacho que designa a data de julgamento.

[211] Sobre as finalidades endo e extraprocessual, desenvolvidamente *infra*, Capítulo III.

tindo a transparência tanto do processo decisório como da própria decisão. Simultaneamente aquela função faz emergir o carácter legitimador da sentença e do órgão que a profere. A vinculação constitucional que o princípio da fundamentação vem assumindo em diversos ordenamentos comportou uma nova relevância à dimensão extraprocessual[212].

As decisões judiciais proferidas no domínio de um poder discricionário justificam-se quando é legítima a alternativa jurisdicional de ser ou não proferida a decisão, «no seu prudente arbítrio e em atenção a um fim geral»[213]. Independentemente da possibilidade de recurso, a necessidade de se entenderem as razões que levaram o juiz a optar e a decidir de determinada maneira, impõe, no entanto, que tal decisão seja fundamentada, em função do princípio do controlo externo da decisão.

Uma outra consequência do princípio da generalidade é a obrigação de fundamentação das decisões se aplicar a todas decisões judiciais proferidas no processo penal, nomeadamente, as decisões aplicadas pelo Tribunal de Execução de Penas. Todas as decisões proferidas no âmbito da actividade jurisdicional da execução das penas de prisão e medidas de segurança fazem parte integrante do sistema penal sendo por isso fundamentadas, de facto e de direito, como resulta do novo artigo 146º nº 1 do CEPMPL[214].

Finalmente esta obrigação constitucional traduz-se, também, na exigência de fundamentação ser independente da existência ou não de controlo jurisdicional através do recurso. Ou seja, quer as decisões que pela sua natureza não admitam recurso quer as decisões proferidas pelos tribunais de última instância das quais não há recurso exigem sempre uma fun-

---

[212] Sublinhando o papel da relevância constitucional da fundamentação no entendimento da função extraprocessual veja-se Michelle Taruffo, in «Notte sulla garanzia costituzionale della motivazionne», cit., p. 31.

[213] Cf. Castro Mendes, *Direito Processual Civil, III volume*, cit., p. 49.

[214] Sublinhe-se que apenas em 8 de Janeiro de 2007 o TC julgou «inconstitucional, por violação do princípio do Estado de Direito consagrado no artigo 2º e nos artigos 20º, nº1, 27º, nº 1 e 32º, nº 1 da Constituição, a norma do artigo 127º do Decreto-lei nº 783/76, de 29 de Outubro, na parte em que não admite o recurso das decisões que neguem a liberdade condicional»: cf. Ac TC nº 638/2006 in *DR II Série* nº 5 de 8 de Janeiro de 2007. A fundamentação das decisões do TC sustenta-se essencialmente na violação de direitos fundamentais que essa restrição impunha mas também na mudança verificada com a revisão constitucional de 1997 e a autonomia que então foi dada ao direito ao recurso. Curiosamente nada se refere quanto à questão da fundamentação das decisões. A esta matéria, voltaremos mais desenvolvidamente *infra*.

damentação[215]. O que está em causa é a garantia do cumprimento das finalidades extraprocessuais da fundamentação das decisões assentes na vertente legitimatória.

Questão diferente é o âmbito da «forma» da fundamentação bem como do seu conteúdo que poderá, de acordo com a lei ser diferenciada em função do tipo de decisão, questão que será abordada infra.

2. Indisponibilidade

Uma segunda consequência do princípio constitucional da fundamentação das decisões resulta na afirmação do carácter indisponível desta obrigação, no sentido em que nenhum dos destinatários da norma constitucional pode abdicar da fundamentação.

Não se reconhece, na perspectiva constitucional, uma decisão judicial que não seja fundamentada, com excepção das decisões de mero expediente.

A razão de ser desta consequência encontra-se na tutela da dimensão extraprocessual da fundamentação, no sentido de que o conhecimento das razões pelas quais se decidiu emerge da dimensão legitimadora da jurisdição. A fundamentação é parte verdadeiramente essencial e integrante da decisão judicial e é exigível independentemente dos destinatários directos da decisão quererem ou não utilizar os mecanismos de controlo interno processualmente admissíveis.

A indisponibilidade tem como destinatários directos tanto o legislador como os titulares dos interesses afectados pela decisão.

Ao legislador está vedada a possibilidade de criar normas que impeçam a não fundamentação das decisões judiciais. Aos titulares dos interesses afectados pela decisão está-lhes vedado prescindir da motivação das mesmas.

Nos sistemas constitucionais espanhol e italiano[216] onde, como se viu, a obrigação constitucional de motivar as decisões não tem qualquer constrição, esta indisponibilidade é absoluta, ou seja, veda-se quer ao legislador quer às partes a possibilidade de abdicar da motivação nomeadamente, na elaboração de normas processuais e na conformação das decisões proferidas pelos juízes[217].

---

[215] Salientando este aspecto, para o direito italiano, veja-se Michelle Taruffo, in «Notte sulla garanzia costituzionale della motivazione», cit., p. 32.

[216] E não assim no sistema constitucional germânico.

[217] Assim, para o sistema italiano, veja-se E. Amodio, «Motivazione della sentenza penale», cit., p. 189, Mariano Menna, *La Motivazione del Giudizio Penale*, Pubblicazione della Facoltà Di

O que leva, desde logo, alguma doutrina a não admitir, pelo menos em Itália, a possibilidade do legislador processual lançar mão de soluções equiparadas às «sentenças abreviadas» existentes no sistema processual alemão, as quais possibilitam, no domínio do processo penal a não elaboração da fundamentação se, quem tiver legitimidade para recorrer da decisão a ela renunciar[218].

A norma constitucional portuguesa impõe, como se viu, um imperativo de fundamentação nomeadamente, a partir da revisão de 1997. O carácter indisponível da fundamentação, na medida em que nenhum destinatário da norma constitucional possa dele prescindir, decorre directamente da norma constitucional[219].

Na doutrina processual, Damião da Cunha defende a indisponibilidade da fundamentação, nomeadamente no que respeita ao arguido, concluindo que «só esta solução permite reforçar a ideia de que o dever de fundamentação é parte integrante do acto jurisdicional, e além disso, garantir a efectiva legitimidade democrática da função jurisdicional»[220].

No entanto, a restrição constitucional referente à forma e ao conteúdo da motivação, inexistente nos sistemas constitucionais italiano e espanhol, permite questionar o carácter absoluto da indisponibilidade da fundamentação no sistema constitucional português.

Não pondo em causa o princípio da indisponibilidade, o princípio constitucional da fundamentação pode compatibilizar-se com a existência de mecanismos de simplificação processual das sentenças que possibilitem a existência de processos de fundamentação diversificados, admissíveis de acordo com razões que justifiquem formas diferenciadas de procedimentos.

Giurisprudenza della Seconda Università Ni Napoli, Casa Editrice Jovene, Napoli, 2000, p. 30. Para o sistema espanhol, veja-se Juan Ignacio Salaverria, *La Motivation de las Sentencias*, cit., p. 23.

[218] Assim E. Amodio, «Motivazione della sentenza penale», cit., p. 189 e Mariano Menna, *La Motivazione del Giudizio Penale*, cit., p. 31.

[219] O carácter indisponível da fundamentação de todas as decisões, tendo por base as finalidades que a fundamentação das sentenças assumem era sustentado já, em 1961, por Eduardo Correia como princípio que deveria estender-se a todas as decisões judiciais, mesmo as que não admitam recurso: cf. «Parecer da Faculdade de Direito da Universidade de Coimbra sobre o artigo 653º do projecto, em 1ª revisão ministerial, de alteração do código de processo civil», *BFDUC*, Vol. XXXVII, 1961, pp. 182, 184 e 186.

[220] Cf. *O Caso Julgado Parcial*, cit. p. 571.

O princípio da indisponibilidade também não é compatível com a existência de soluções normativas processuais que admitam a deslocalização da possibilidade da fundamentação para os destinatários directos da decisão, deixando à sua inteira disponibilidade a existência de fundamentação. Questão diferente será, no entanto, a possibilidade de serem admitidas soluções normativas que permitam aos sujeitos processuais o impulso na concretização e modelação de formas de fundamentação diferenciada consoante o tipo de procedimento.

O princípio constitucional decorrente do artigo 205º, ao admitir restrições legais à sua modelação, não parece colidir totalmente com a admissibilidade legal de circunstâncias devidamente justificadas permitirem a existência de restrições a essa obrigação de fundamentação, à semelhança das razões que levaram o legislador constituinte a excepcionar a fundamentação das decisões de mero expediente.

O âmbito da modelação normativa não pode passar pela eliminação de toda a fundamentação. Poderá, no entanto, permitir encontrar mecanismos diferenciados de fundamentar, de acordo e articulados com diferentes interesses, nomeadamente formas processuais cujos pressupostos assentam em requisitos ou elementos também eles diferenciados em relação às formas comuns de processo.

Nesse sentido a existência de uma fundamentação mínima, mesmo que sustentada em forma oral e publicamente concretizada pode, em determinadas circunstâncias, ser compatível com a dimensão constitucional que se vem referindo. Nestas situações, à semelhança do que decorre do sistema germânico da sentença abreviada[221], há uma fundamentação da decisão efectuada pelo tribunal, a qual garante a sua compreensibilidade aos destinatários salvaguardando, no entanto, a sua completa e total fundamentação em função de uma eventual reavaliação da decisão.

Uma última consequência da indisponibilidade da fundamentação da decisão reflecte-se no domínio das «patologias» da decisão.

Do princípio da indisponibilidade da fundamentação das decisões deve extrair-se a conclusão de que qualquer decisão que não seja fundamentada não é compatível com o quadro jurídico-constitucional que sustenta o princípio da fundamentação das decisões e é, por isso, nula[222].

---

[221] Matéria que será desenvolvida infra no Capítulo V.
[222] Essa, aliás, a decorrência legalmente estabelecida no CPP87, no artigo 379º nº 1, no que

CONSTRUÇÃO E AUTONOMIA CONSTITUCIONAL DE UM CONCEITO

Questão diversa e que se prende com outros interesses subjacentes à fundamentação, é a de saber se dessa indisponibilidade decorre o facto da referida nulidade ser absolutamente fulminante e por isso dever ser sempre de conhecimento oficioso. Tratando-se de matéria com relevância prática e objecto de divergência doutrinais e jurisprudenciais muito acentuadas, sempre se dirá que a questão deve cingir-se, numa perspectiva prévia, a saber se os princípios constitucionais sendo «mais fortes» que as normas legais que os concretizam não têm que se impor perante as soluções legais estabelecidas. É o caso das normas constitucionais sobre direitos liberdades e garantias que sendo directamente aplicáveis e vinculando entidades públicas e privadas estão para além de normas legislativas que devem ser com aquelas compatíveis. Questão, que, no entanto será abordada *infra*.

3. Conteúdo completo da fundamentação (completude)

A terceira consequência do princípio constitucional da fundamentação das decisões decorre da necessidade do conteúdo da fundamentação ser completo.

A fundamentação só existe com um conteúdo que exprima a justificação do que é decidido, não faltando nenhum elemento que o deva constituir.

A doutrina italiana e alguma doutrina espanhola identificam este conteúdo com o princípio da *completezza* (ou *completitud*) numa dupla dimensão: por um lado, todas as questões da decisão têm de ter, sem excepção, uma correspondente justificação na motivação. Por outro lado, não são toleráveis excepções à obrigação de motivação em razão dos diferentes tipos de julgamento previstos pelo legislador ordinário[223].

O princípio da completude justifica-se na medida em que a decisão é um documento auto-suficiente, isto é tem que se bastar por si mesmo para ser compreendido pelo cidadão[224].

---

respeita à sentença, no artigo 194º nº 4, relativamente à decisão que aplica medidas de coacção e no artigo 190º, no que respeita à decisão que autoriza intercepção ou gravação de conversações.

[223] Assim E. Amodio, «Motivazione della sentenza penale», cit., p. 194 e Mariano Menna, *La Motivazione del Giudizio Penale*, cit., p. 38.

[224] A questão da auto-suficiência da decisão e da sua motivação suscita várias questões que serão abordadas infra de modo mais concretizado. Sublinhe-se desde já, no entanto, dentre elas a questão da motivação *per relationem* que é usada com alguma frequência pondo muitas em vezes em causa a compreensibilidade devida daquela decisão perante o cidadão. Sobre

A FUNDAMENTAÇÃO DA SENTENÇA NO SISTEMA PENAL PORTUGUÊS

Todas as questões suscitadas perante o tribunal no âmbito do procedimento e que são objecto de tratamento jurisdicional têm que ser reflectidas na decisão. Não se trata, no entanto, de afirmar a necessidade de uma detalhada, minuciosa e analítica argumentação, mas sim de garantir o tratamento completo («esgotado») dos aspectos fundamentais tratados na decisão, relativos à matéria de facto e relativos às questões jurídicas que, nesse sentido, têm que ser todos justificados[225].

O conteúdo completo da fundamentação das decisões, conjuntamente com a publicidade, concretiza a garantia de legitimação democrática do órgão judicial que a profere, como núcleo essencial da fundamentação ou o que alguns autores identificam como a «projecção democrática da motivação»[226]. O que está em causa é ainda a concretização da função extraprocessual da fundamentação na medida em que os cidadãos «são sujeitos que por definição nada sabem da controvérsia para além do que se diz na sentença: para eles a motivação não é uma das fontes de interpretação e valoração mas antes a única fonte de conhecimento e de controlo da decisão»[227].

O princípio da completude assume uma enorme relevância prática nomeadamente no condicionamento que impõe à «tipologia das decisões que o legislador processual penal disciplina de modo menos rigoroso quanto ao dever de motivar»[228]. O modo diferente de fundamentar nas várias tipo-

---

esta questão, Juan Igartua Salaverria, *La Motivación de las Sentencias*, cit. p. 28. Sobre a necessidade de uma sentença ter que ser um documento auto suficiente Perfecto Andrès Ibañez, «La argumentación probatória y su expressión en la sentencia», in Perfecto Andrès Ibañez, Robert Alexy, *Jueces y Ponderación Argumentativa*, Universidad Nacional Autónoma de México, 2006, p. 43.

[225] Neste sentido cf. Michele Taruffo, «Legalità e giustificazione della creazione giudiziaria del diritto», cit. p. 29 que articula a exigência da motivação completa com a questão da congruência da decisão. Sobre estes tópicos, mais detalhadamente, infra, Capítulo IV.

[226] Cf. Juan Igartua Salaverria, *La Motivación de las Sentencias*, cit. p. 27.

[227] Assim Michele Taruffo, «La fisionomia della sentenza in Itália», *Rivista Trimestrale di Diritto e procedura Civile*, Anno XL, 1986, p. 444.

[228] Assim E. Amodio, «Motivazione della sentenza penale», cit., p. 194, referindo-se à questão da discricionariedade no domínio da determinação da medida da pena, defendendo no entanto a não «tolerância», sob o ponto de vista constitucional de uma norma que excluísse o dever de motivar a aplicação da pena. Sobre a questão da fundamentação da pena e a necessidade de a motivação ser articulada «detalhadamente» de modo a cumprir os critérios estabelecidos no artigo 133 do Código Penal Italiano veja-se Mariano Menna, *La Motivazione del Giudizio Penale*, cit., p. 40.

CONSTRUÇÃO E AUTONOMIA CONSTITUCIONAL DE UM CONCEITO

logias decisórias no procedimento não pode obstar à existência de uma fundamentação devida, seja qual for o tipo de procedimento.

Na estrutura constitucional portuguesa não é possível sustentar a existência de uma decisão judicial sem fundamentação, para além dos despachos de mero expediente, sendo que esta tem que ter um conteúdo a que não falte nenhum elemento que a deva constituir, de modo a permitir concretizar as finalidades endoprocessuais e extraprocessuais que sustentam a exigência da fundamentação das decisões.

O modelo constitucional português, na medida em que deixa ao legislador o ónus de densificar o conteúdo da fundamentação admite a sua modelação formal permitindo, por isso concretizar um conteúdo variável da fundamentação sem que esta perca o seu carácter de essencialidade.

Nesse sentido, à imperatividade constitucional de um conteúdo máximo da fundamentação pode contrapor-se um conteúdo suficiente, sendo apenas neste que se ancora o princípio constitucional estabelecida na Constituição portuguesa. Neste sentido não se sobrepõe ao mesmo nível do princípio da *completezza* entendido como tal para o sistema italiano.

O modelo constitucional português é desta forma compatível com o princípio da suficiência da fundamentação tanto através da existência de uma fundamentação concisa e escorreita, como através da admissibilidade de uma fundamentação por remissão[229]. De igual modo não parece incompatível com a fundamentação sumária de alguns tipos de decisões, tanto de natureza interlocutória, como no domínio de alguns tipos de sentenças[230].

O princípio da completude não é, também, constitucionalmente incompatível com uma fundamentação diferenciada em função das várias jurisdi-

---

[229] É essa, também a posição que o Tribunal Constitucional vem sufragando. Assim, no Ac. de 30.7.2003, *DR* II Série, nº 24 de 4 de Fevereiro, admite-se como forma possível de fundamentação, não inconstitucional, a decisão [de uma ordem de prisão preventiva] ocorrer «por remissão para a promoção [do Ministério Público], a cujos fundamentos o juiz aderiu». Aí se refere que «a fundamentação pode bastar-se (...) com a remissão para a promoção do Ministério Público dados os termos em que esta se encontra formulada, podendo até, em certos casos a descrição dos fundamentos no requerimento do Ministério Público ser mais detalhada e facilmente controlável». No mesmo sentido cf. os Acórdãos do TC nº 189/99, processo nº 116/99 e nº 147/00 de 21.3.2000, processo nº 56/00. A questão da concisão e da fundamentação por remissão, no âmbito da sentença penal, será aprofundamente apreciada *infra* no Capítulo IV, ponto 4.

[230] Sobre a fundamentação sumária, cf. *infra* Capítulo V. ponto 3.3.

ções e sobretudo no âmbito de cada jurisdição entre os vários tipos de processo, tendo em conta os interesses e os requisitos que sustentam a sua admissibilidade.

A obrigação de fundamentação pode ser diferenciada no estilo e sobretudo pelo objecto entre os diversos tipos de jurisdição nomeadamente, a jurisdição constitucional, administrativa e comum[231].

No âmbito da mesma jurisdição, assumida a existência de procedimentos sustentados em princípios e objectivos diferenciados, o âmbito e o estilo da fundamentação podem variar de acordo com as particularidades do próprio procedimento.

Com o princípio da completude não está em causa a quantidade da fundamentação mas sim se a fundamentação existe e se é efectuada de forma suficiente para que os seus objectivos possam ser alcançados[232].

Relativamente às questões decorrentes das patologias da decisão que podem decorrer do não cumprimento dessa obrigatoriedade constitucional, a questão coloca-se de um ponto de vista processual desde logo no problema de saber se o âmbito dessa patologia gera uma nulidade absoluta ou apenas uma irregularidade[233]. Matéria que será abordada infra.

---

[231] Neste sentido, cf. Wanda Mastor, «Essai sur la motivation des décisions de justice», cit., p. 39.

[232] Pese embora o princípio da *completitud* ser, no caso de Espanha, defendido por alguma doutrina, – Juan Igartua Salaverria, *La Motivación de las Sentencias*, cit. p. 28 – o TCE tem adoptado uma posição mais restritiva no sentido de admitir quer a fundamentação por remissão quer a fundamentação «desembaraçada e concisa»: cf. Faustino Cordon Moreno, *Las Garantias Constitucionales del Processo Penal*, cit., 1999, p. 181e Ernesto Pedraz Penalva, *Derecho Procesal Penal*, cit., p. 391.

[233] A questão foi abordada, embora numa outra perspectiva, pelo TC no já citado Ac. nº 147/00 de 21.3.2000, nomeadamente no que respeita ao despacho de aplicação da medida de prisão preventiva que remete a sua fundamentação para outras peças processuais. O Tribunal defendeu a aplicação estrita do princípio da legalidade decorrente do artigo 118º do CPP, entendendo que Constituição não obsta à fundamentação por remissão e que o artigo 205º não impõe solução de nulidade insanável perante actos decisórios fundamentados por remissão. A alteração legislativa decorrente da reforma do CPP de 2007 parece contrariar essa interpretação, na medida em que veio estabelecer expressamente, no artigo 194º nº 4, a nulidade do despacho que não seja fundamentado, nos termos aí previstos.

4. Publicidade

A fundamentação da decisão constitui um mecanismo social de controlo da actividade jurisdicional.

Nessa medida impõe-se que o «conhecimento da *ratio decidendi* deve ser assegurado a qualquer cidadão independentemente da sua posição como parte processual»[234]. Só a disponibilidade pública das razões da decisão permitem configurar a racionalidade da decisão judicial como núcleo fundamental da legitimação democrática da actividade jurisdicional[235].

A aquisição democrática do princípio da publicidade do processo penal, pese embora as suas variantes e a sua maior ou menor extensibilidade nas várias jurisdições é a confirmação de que a justiça tem que ser efectuada em nome do povo, possibilitando ao povo o controlo da administração da justiça. Princípio absolutamente inquestionável no âmbito da interpretação efectuada ao nível do TEDH do direito à publicidade das decisões estabelecido no artigo 6º da CEDH e que se funda, por um lado, na protecção dos cidadão contra uma justiça secreta e, por outro lado, na aceitação de que só uma justiça pública, constitui um dos meios que contribuem para preservar a confiança dos cidadãos nos tribunais[236].

Conhecendo-se um conjunto de limitações à publicidade parece correcta a afirmação de que um alargamento do princípio da publicidade, nomeadamente na fase de julgamento com reflexos directos na transparência da actuação dos juízes é uma forma de aprofundamento democrático, reforçando, por via disso a própria legitimação judicial[237].

---

[234] Neste sentido, veja-se E. Amodio, «Motivazione della sentenza penale», cit. p. 192. A questão da publicidade da motivação é afirmada de modo inequívoco por Taruffo in «Notte sulla garanzia costituzionale della motivazione» in *BFDUC*, volume LV, 1979, pp. 29 e 32.

[235] Afirmando a inaceitabilidade da manutenção dos fundamentos das decisões proferidas no processo penal – mesmo de decisões não finais – secretos, pois isso «põe em causa a função descompressora do conflito realizada pelo Processo Penal», Maria Fernanda Palma in *Jornadas de Direito Processual Penal e Direitos Fundamentais*, cit., p. 43. A autora alude à exigência de prevenção geral positiva porquanto «é necessário que todos possam compreender quais os critérios da decisão».

[236] Veja-se neste sentido, Louis-Edmond Petittiti, Emanuel Decaux e Pierre-Henri Imbert (direction), *La Convention Européenne Des Droits de L'Homme*, Económica, Paris, 1995, p. 266.

[237] Cf. neste sentido, Sandrine Roure, «L'elargissement du príncipe de publicité des débats judiciaires: une judiciarisation du débat public», *Revue Française de Droit Constitutionnel*, nº 68, 2006, pp. 738 e 740.

A disponibilidade, de uma forma compreensível, da decisão judicial perante um auditório é a sua fonte de legitimidade[238]. Daí que a mesma tenha que ser sempre pública.[239] Segundo Perelman, «um discurso não pode ser eficaz se não se adaptar ao auditório que tem de persuadir ou de convencer»[240], devendo a argumentação ser desenvolvida em função do auditório a que se dirige.

A amplitude da publicidade da fundamentação pode, no entanto, sofrer modelações e mesmo limitações[241]. Desde logo as mesmas limitações que a própria publicidade da audiência que precede a decisão suporta, em função de outros interesses igualmente constitucionalmente protegidos assim o exijam.

Poderá, por outro lado, ser variável o âmbito do *modus* de publicitação, podendo porventura ser mais restringido o âmbito da publicidade da fundamentação da decisão do que a publicidade da própria decisão.

O conjunto de interesses corporizados no conteúdo da fundamentação, nomeadamente interesses que colidam com direitos fundamentais, na medida em que possam ser postos em causa no processo de construção da motivação podem exigir juízos de ponderabilidade ou de concordância prática que suscitem a necessidade de restrições à publicidade na própria fundamentação[242].

---

[238] Segundo Perelman, a «eficácia do discurso depende mais do êxito da adesão de um auditório do que da verdade»: cf. Chaïm Perelman, *Logique Juridique, Nouvelle Rhétorique*, Dalloz, Paris 1979, p. 105.

[239] Repare-se que o CPP, no artigo 372º nº 3, estabelece, nesta matéria, uma inequívoca imposição da leitura da fundamentação ou, se esta for muito extensa, de uma sua súmula, sob pena de nulidade. Salientando este ponto, Damião da Cunha sublinha igualmente que a fundamentação tem que integrar a «publicidade do acto decisório»: cf. *O Caso Julgado Parcial*, cit., p. 572.

[240] Cf. Chaïm Perelman, *Logique Juridique, Nouvelle Rhétorique*, cit., p. 107 e também cf. Chaïm Perelman, *Tratado de Argumentação*, Instituto Piaget, Lisboa 2006, p. 53.

[241] O princípio da modulação da publicidade em função das várias fases processuais é também admitido pela jurisprudência do TEDH: cf. Louis – Edmond Pettiti, Emanuel Decaux e Pierre-Henri Imbert (direction), *La Convention Européenne Des Droits de L'Homme*, cit., p. 267 e Acórdão *Pretto contra Itália*, de 8.12.1983.

[242] Sobre o princípio da concordância prática como «método e processo de legitimação das soluções que impõem a ponderação de todos os valores constitucionais aplicáveis, para que se não ignore alguns deles, para que a Constituição (essa, sim) seja preservada na maior medida possível» veja-se José Carlos Vieira de Andrade, *Os Direitos Fundamentais na Constituição Portuguesa de 1976*, cit., p. 222.

É essa concordância prática que legitima, por exemplo, a não identificação das «testemunhas protegidas», no processo de valoração da prova, tendo em conta os valores da vida ou integridade física que, por virtude de uma total identificação, podem ser postos em causa e por isso se devem proteger[243].

De igual forma será também um juízo de concordância prática o que justifica a exclusão parcial da publicidade da motivação de uma decisão, nomeadamente nas fases preliminares do processo, em função dos interesses que a investigação criminal impõe ou ainda, no caso de aplicação de uma medida de coacção, se estiverem em causa outros direitos fundamentais[244].

5. O duplo grau de jurisdição

O princípio constitucional da fundamentação das decisões transporta ainda, agora como reflexo da dimensão endoprocessual da fundamentação, uma outra derradeira consequência: a garantia do duplo grau de jurisdição[245].

---

[243] Mesmo nas situações em que está em causa a utilização, no processo, de agentes infiltrados ou testemunhas sujeitas a um regime especial de protecção, a lei impõe que «nenhuma decisão condenatória poderá fundar-se, exclusivamente, ou de modo decisivo, no depoimento ou nas declarações produzidas por uma ou mais testemunhas» [protegidas ou sem identificação]: cf. artigo 19º nº 2 da Lei nº 91/99 de 14 de Julho.

[244] É o caso do novo regime estabelecido nos artigos 141º nº 1 alínea d) e 194º nº 4 alínea b) do CPP. O primeiro estabelece a obrigatoriedade de o juiz informar o arguido «dos elementos do processo que indiciam os factos imputados, sempre que a sua comunicação *não puser em causa a investigação, não dificultar a descoberta da verdade nem criar perigo para a vida, a integridade física ou psíquica ou a liberdade dos participantes processuais ou das vítimas do crime*» (itálico nosso). No caso da fundamentação do despacho que aplicar qualquer medida de coacção ou de garantia patrimonial, à excepção do termo de identidade e residência, previsto no artigo 194º nº 4 alínea b), aquela deve conter, sob pena de nulidade «a enunciação dos elementos do processo que indiciam os factos imputados, sempre que a sua comunicação *não puser gravemente em causa a investigação, impossibilitar a descoberta da verdade ou criar perigo para a vida, a integridade física ou psíquica ou a liberdade dos participantes processuais ou das vítimas do crime*». Sublinhe-se que neste último caso o legislador foi mais exigente ao estabelecer como elemento constitutivo do critério de concordância o requisito «gravemente» só assim se justificando a prevalência dos interesses da investigação, face aos interesses subjacentes à publicidade da fundamentação. A esta questão voltaremos infra, mais desenvolvidamente.

[245] Veja-se, neste sentido, Mariano Menna, in *La Motivazione del Giudizio Penale*, cit., p. 29, sustentando para tanto que só a motivação da decisão «pode ser relançada como termo de referência de uma impugnação de mérito mais do que de legitimidade».

A afirmação da garantia do duplo grau de jurisdição, como corolário do princípio da fundamentação assume-se numa dimensão reconstrutiva do que tem sido entendido o duplo grau de jurisdição como valor constitucional.

O que está em causa é, menos que a própria identificação daquela garantia, o apelo ao *como* reapreciar o mérito da decisão de primeira instância conferindo uma dimensão efectiva e real ao recurso, no sentido de se ultrapassar o entendimento restrito da reapreciação da decisão circunscrito à questão da mera reapreciação dos fundamentos jurídicos em que se sustenta.

A questão do âmbito do direito ao recurso, em termos constitucionais, tem dimensões próprias e autónomas em relação à questão da fundamentação.

Quer no âmbito da tutela judicial quer, sobretudo, no domínio penal, a garantia do direito ao recurso como dimensão do direito de defesa está constitucionalmente estabelecida («o processo criminal assegura todas as garantias de defesa incluindo o recurso», refere o artigo 32º nº 1 da CRP).

De igual modo, encontra-se estabelecido pelo Protocolo nº 7, artigo 2º da CEDH, o direito de fazer examinar num segundo tribunal a declaração de culpabilidade ou condenação como uma garantia específica da jurisdição penal[246].

O direito ao duplo grau de jurisdição, enquanto direito subjectivo, não está directamente consagrado no texto Constitucional discutindo-se se o mesmo se fundamenta no direito de acesso aos tribunais ou como decorrência do princípio da tutela judicial efectiva[247].

A reforma constitucional de 1997 veio, no entanto, consagrar directamente no que respeita ao sistema penal a existência do duplo grau de jurisdição[248]. A reafirmação do princípio, por via da obrigação constitucional de fundamentação de todas as decisões, introduz um conteúdo efectivo à apreciação do recurso que não pode deixar de configurar uma apreciação global,

---

[246] Sublinhe-se a recente decisão do TEDH, de 13.01.2009, no Acórdão *Taxquet contra Bélgica* onde o próprio Tribunal admite uma evolução na sua jurisprudência referente à exigência de motivação das decisões, no sentido de «preservar o direito de defesa» que decorre directamente de um duplo grau de jurisdição.

[247] Inequivocamente, neste sentido, Gomes Canotilho, Vital Moreira, *Constituição da República Portuguesa, Anotada*, volume I, cit., p. 418.

[248] Assim, sem qualquer dúvida, Gomes Canotilho, Vital Moreira, *ibidem*, p. 516.

de facto e de direito, sobre o duplo grau de jurisdição, a todas as decisões judiciais que não sejam de mero expediente.

A afirmação de que «a eficácia do recurso depende substancialmente da fundamentação e da possibilidade de comprovação pelo tribunal *ad quem* dos pressupostos da decisão»[249], tem hoje uma dimensão constitucional sendo resultado directo do princípio da fundamentação das decisões. Como refere Damião da Cunha, «o que o tribunal de recurso pode conhecer é, exactamente, aquilo que juridicamente é imposto que o tribunal *a quo* dê a conhecer, por via da fundamentação da sentença»[250].

A dimensão constitucional do princípio da fundamentação das decisões consubstancia por si só consequências na adequação constitucional do princípio do direito ao recurso permitindo, nomeadamente, que este mecanismo de garantia consubstancie uma efectiva reapreciação dos factos e do direito por uma instância superior, sindicando-se real e efectivamente os motivos que sustentam a decisão expressos na fundamentação.

O que se pretende assegurar é a necessidade que o tribunal de recurso, no exercício dos seus poderes, possa efectuar uma verificação sobre se «as conclusões a que chegou o tribunal de 1ª instância são ou não racionalmente suportáveis nos meios de prova em que se sustentou»[251]. E isso só pode ser conseguido com uma fundamentação minimamente exigente da decisão.

---

[249] A afirmação é de Germano Marques da Silva in «Registo da prova em processo penal. Tribunal colectivo e recurso», in AA.VV., *Estudos em Homenagem a Cunha Rodrigues*, Volume I, Coimbra Editora, Coimbra, 2001, p. 806, sendo no entanto sufragada por outros entendimentos.

[250] Cf. *O Caso Julgado Parcial*, cit., p. 578.

[251] Parece ser esta a via que o Tribunal Constitucional vem seguindo, expressa, num primeiro momento no Ac. 680/98, que julgou «inconstitucional a norma do nº 2 do artigo 374º do Código de Processo Penal de 1987, na interpretação segundo a qual a fundamentação das decisões em matéria de facto se basta com a simples enumeração dos meios de prova utilizados em primeira instância, não exigindo a explicitação do processo de formação da convicção do tribunal, por violação do dever de fundamentação das decisões dos tribunais previsto no nº 1 do artigo 205º da Constituição, bem como, quando conjugada com norma do artigo 410º do mesmo Código, por violação do direito ao recurso consagrado no nº 1 do artigo 32º, também da Constituição». Mais recentemente, e de uma forma impressiva, o Ac. 116/2007, Processo nº 522/06, de 16.02.2007, in *DR II Série*, n. 79, de 23.04.2007 parece seguir no mesmo sentido ao declarar a inconstitucionalidade da norma do nº 1 do artigo 428º do CPP, «quando interpretada no sentido de que tendo o tribunal de 1ª instância apreciado livremente a prova perante ele produzida, basta para julgar o recurso interposto da decisão de facto que o tribunal de 2ª instância se limite a afirmar que os dados objectivos indicados na fundamentação da sentença objecto de recurso foram colhidos na prova produzida, transcrita nos autos».

V. Um novo constitucionalismo: um outro fôlego para a exigência de fundamentação?

1. Sintomas e decorrências de um novo constitucionalismo

A existência de ordenamentos complexos em que se articulam múltiplos níveis normativos suscita um conjunto amplo de preocupações dogmáticas com reflexos em várias disciplinas cuja resposta não parece, ainda, muito sedimentada.

Uma das consequências será a constatação de lacunas e antinomias nomeadamente, no âmbito da protecção dos direitos fundamentais numa sociedade globalizada por ausência de garantias secundárias fortes estabelecidas no âmbito do Direito Internacional. Ferrajoli refere que, «com excepção das instituições do Tribunal Penal Internacional para os crimes contra a humanidade, o ordenamento internacional é quase carente de instituições de garantia: tanto que se pode identificar a globalização, no plano jurídico, como um vazio quase total de uma esfera pública. Isto é, de garantias à altura dos múltiplos direitos fundamentais solenemente proclamados nas numerosas declarações e convenções internacionais sobre direitos humanos»[252].

Nesta perspectiva de mudança, é impressivo o debate em torno do direito constitucional ou, mais assertivamente, em torno do processo de mudança do papel do direito constitucional numa sociedade globalizada[253].

---

[252] Cf. Luigi Ferrajoli, «Las garantias constitucionales de los derechos fundamentales», *Doxa*, nº 29, 2006, p. 31.

[253] O exemplo desse processo de mudança é visível nas relações entre ordens constitucionais diversas e sobretudo paradigmaticamente diferenciadas, como é o caso do sistema constitucional norte-americano e europeu. Reconhecendo que influências dogmáticas e jurisprudenciais entre as duas «ordens» constitucionais sempre existiram – como é referido, exemplificativamente no texto de Carlos Ruiz Miguel, «Hacia el fin del derecho constitucional europeu?» in *BFDUC* nº 79, 2003, p. 496 – a amplitude das questões em torno destas migrações dogmáticas e jurisprudenciais são cada vez mais objecto de estudo – cf. neste sentido, incidindo sobre as decisões judiciais, Julie Allard, Antoine Garapon, *Os Juízes na Mundialização*, Instituto Piaget, 2006 esp. p. 79. Criticamente, sobre as migrações jurisprudenciais, nomeadamente no âmbito das jurisdições constitucionais, cf. Richard Posner, *How judges Think*, Harvard University Press, Cambridge, Massachusetts, London, England, 2008, pp. 347-368. O autor sendo, crítico a um cosmopolitismo judicial sustenta que o «pensamento legal não atravessa as fronteiras nacionais facilmente»: cit. p. 368. Sobre o cosmopolitismo e a eventual mudança de paradigma de juiz, cf. Michael Stolleis, «O perfil do juiz na tradição europeia», in António Pedro Barbas Homem, Eduardo Vera-Cruz Pinto, Paula Costa e Silva,

CONSTRUÇÃO E AUTONOMIA CONSTITUCIONAL DE UM CONCEITO

Nesse sentido é sintomática, mas não exclusiva, a construção do espaço jurídico europeu que se confronta com o fenómeno da «concorrência, convergência, justaposição e conflito de várias constituições de diferentes níveis territoriais no mesmo espaço político»[254] suscitando-se por isso a questão dos «constitucionalismos», do constitucionalismo multinível[255] ou da interconstitucionalidade[256].

Deve-se a Pernice a elaboração em 1999 do conceito de constituição multinível que, partindo da tese que vinha sendo elaborada pelo Tribunal de Justiça considerando os Tratados constitutivos da União como a fonte de legitimidade própria e independente das constituições dos Estados, defendeu

Susana Videira, Pedro Freitas (coordenação), *O Perfil do Juiz na Tradição Ocidental*, cit. p. 34. O que nos importa tão só, neste domínio, é evidenciar algumas perplexidades sobre que «estilhaços» podem provocar os problemas suscitados por uma dimensão nova do constitucionalismo no âmbito da questão da fundamentação, nomeadamente no domínio do processo penal. E sobretudo, circunscrevendo o objecto da perplexidade, levando em conta o que tem sido a evolução recente da construção de um espaço europeu de justiça, nomeadamente de justiça criminal. Sobre as várias discussões relativas ao constitucionalismo global, sa}lientando a «construção de uma rede de constitucionalidade global, muitas vezes privada, reclamada por alguns como um paradigma substitutivo do paradigma clássico do constitucionalismo ocidental», cf. J.J. Gomes Canotilho, *"Brancosos" e Interconstitucionalidades*, Almedina, 2006, p. 262 e ss.

[254] Afirmação de que parte J.J. Gomes Canotilho in *"Brancosos" e Interconstitucionalidade*, cit. p. 266. e também Paulo Rangel, «Uma teoria da interconstitucionalidade. Pluralismo e Constituição no pensamento de Francisco Lucas Pires, *Themis*, nº 2, 2000, esp. pp. 137 e ss.

[255] Reivindicando para a Constituição Portuguesa uma «dimensão fundacional no contexto do constitucionalismo multinível» veja-se Gomes Canotilho, Vital Moreira, *Constituição da República Portuguesa, Anotada, Volume I*, cit., p. 48. Sobre a tutela «multinível de direitos» num quadro constitucional da União Europeia, veja-se Eugénio de Marco, «La tutela "Multilivello" dei diritti nel quadro costituzionale dell'unione europea» in Francisco Fernández Segado (editor), *The Spanish Constitution in the European Context/La Constitución Española en el Contexto Constitucional Europeo*, Dyckinson, Madrid, 2003, p. 259. A questão da compatibilização e harmonização entre os vários componentes «constitucionais» do espaço europeu, nomeadamente as constituições dos Estados membros, os tratados da União, a Convenção Europeia dos Direitos do Homem suscita outras abordagens teóricas sendo de realçar a perspectiva da constituição compósita – *the composite European constitution* – defendida por Besselink, em oposição clara ao constitucionalismo multinível. Besselink defende que a «organização "EU" tem já uma constituição (...) [que] é mais do que a constituição da organização intitulada EU; inclui as constituições dos Estados membros»: cf. L.F.M. Besselink, *A Composite European Constitution*, Europa Law Publishing, Groningen, 2007, p. 4.

[256] Salientando e desenvolvendo os elementos básicos de uma teoria da interconstitucionalidade, cf. J.J. Canotilho, *"Brancosos" e Interconstitucionalidade*, cit., p. 268.

A FUNDAMENTAÇÃO DA SENTENÇA NO SISTEMA PENAL PORTUGUÊS

que o fenómeno constitucional europeu se sustenta na integração dos Tratados Constitutivos da União e nas constituições dos Estados membros[257]. A articulação de normas europeias e normas estatais configura-se a partir de «ordenamentos jurídicos reciprocamente autónomos mas que estão mutuamente coordenados e em comunicação»[258].

A complexidade da questão, que ultrapassa a mera abordagem tópica no âmbito de um trabalho sobre a fundamentação das decisões em matéria penal, tem consequências directas no âmbito da teoria do Estado nomeadamente sobre o modo como se explica hoje a realidade Estado no «figurino» do cruzamento de várias organizações políticas que detêm elas próprias poderes normativos com eficácia directa nos vários Estados[259].

Fenómeno que ultrapassa o próprio espaço europeu, nomeadamente no âmbito do sistema de justiça, tendo em conta a proliferação de ordens jurídicas transnacionais e mesmo mundiais que actuam e convergem na tentativa de resolução de muitos problemas judiciais concretos, como é o caso, por exemplo da jurisdição do Tribunal Penal Internacional. Como refere Pérez Calvo, «hoje o Direito organizador da nossa poliédrica vida social não procede de um único poder, o do Estado, mas antes de múltiplos centros de produção jurídica, do Estado e de fora do Estado»[260].

É evidente que este novo paradoxo tem na estrutura jurídica da União Europeia o seu «laboratório» que, como se sabe, desde o início tem sido confrontado com inúmeras questões complexas que são, muitas delas viventes,

---

[257] Cf. Ingolf Pernice, «Multilevel constitucionalism and the Treaty of Amsterdam», *Common Law Market Review*, 1999, p. 703-750. Uma análise aprofundada sobre o constitucionalismo multinível pode ser visto em Jose A. Estévez Araújo, «Crisis de la soberania estatal y constitución multinível», *Anales de la Cátedra Francisco Suarez*, nº 40, 2006 p. 49 e ss.

[258] Assim Giancarlo Rolla in «El desarrollo del regionalismo asimétrico y el princípio de autonomia en los nuevos sistemas constitucionales: un acercamento comparativo», *Revista de Derecho Constitucional Europeo*, nº 8, Júlio-Diciembre 2007, p. 246.

[259] A problemática da construção constitucional da Europa, sobretudo após Nice teve e tem uma vastíssima abordagem dogmática. Sobre o debate, genérico e amplo referente à construção constitucional de uma União Europeia pode ver-se a obra colectiva editada sobre direcção de Eduardo Garcia Enterria, *La Encrucijada Constitucional de la Union Europea*, Civitas, Madrid, 2002. Salientado o protagonismo do enfoque constitucional da integração europeia, cf. L.M. Diez Picazo, *Constitucionalismo de la Union Europea*, Madrid, 2002, pp. 17 e ss.

[260] Cf. Alberto Pérez Calvo, «El derecho constitucional y los nuevos modos de organizacion política», in www.uned.es/dpto.derecho.politico/Ponencia%20A%Perez%20Calvo%.pdf (consulta em 28.07.2008), p. 4.

CONSTRUÇÃO E AUTONOMIA CONSTITUCIONAL DE UM CONCEITO

tendo em conta os últimos passos dados quer com a tentativa frustrada de elaboração de uma Constituição Europeia, quer mais recentemente com a elaboração e concretização do Tratado de Lisboa.

A estrutura europeia, mostra-nos um "estado" permeável[261], cujos perfis jurídicos se vão tornando difusos e onde os elementos tradicionais povo e território bem como algumas das decisões que nascem do seu poder sobe-rano, são partilhadas entre os outros Estados e as estruturas decisórias da União Europeia.

Na perspectiva do constitucionalismo multinível, as relações entre a União Europeia e os Estados membros assentam no reconhecimento de dois princípios institucionais.

Por um lado a unidade do sistema e a autonomia da comunidade local devem considerar-se complementares e não valores anti-téticos. Segundo Rolla, «cada sistema territorial, ainda que soberano, pertence a um todo: Estado e comunidades locais dão juntos origem a ordenamentos distintos – isto é, ordenamentos independentes constitucionalmente – que não obs-tante constituem uma componente integral do mesmo sistema de valores e regras estabelecido pela Constituição»[262].

Em segundo lugar, «dentro de um constitucionalismo multinível, a todos os níveis institucionais é garantido um igual grau de dignidade institucional, dado que cada nível constitui uma componente essencial desse sistema mas também porque todos eles obtiveram validação constitucional»[263]. Não fun-ciona assim a ideia da pirâmide de Kelsen no sentido de um sistema jurídico

---

[261] A expressão é de Pérez Calvo, «El derecho constitucional...», cit., p. 8.

[262] Cf. Giancarlo Rolla in «El desarrollo del regionalismo asimétrico y el princípio de autono-mia en los nuevos sistemas constitucionales: un acercamento comparativo», cit., p. 247. A crí-tica efectuada por Besselink ao constitucionalismo multínivel como forma de compreensão da articulação constitucional da UE assenta, por um lado, na negação da existência de níveis que supõem necessariamente graus de superioridade e inferioridade – o que não é uma visão adequada à realidade europeia – e, por outro lado, no facto das relações entre os Estados e instituições não serem autónomas – como se defende no constitucionalismo multínivel – mas antes relativamente heterónomas. Segundo o autor, «uma parte não pode funcionar sem a outra e os vários componentes mantêm-se em equilíbrio no todo que os inclui como compo-nentes»: cf. *A Composite European Constitution*, cit., p. 6. Besselink insiste na crítica a Pernice e ao seu teorema referindo, aliás, que na edição francesa o autor admite implicitamente a crítica que é efectuada quando usa o termo *constituition composée* que para todos os efeitos é equiva-lente à «*composite constitution*»: *ibidem*, p. 20.

[263] Cf. Giancarlo Rolla, «El desarrollo...», cit., p. 248.

A FUNDAMENTAÇÃO DA SENTENÇA NO SISTEMA PENAL PORTUGUÊS

integrado por normas hierarquicamente escalonadas e com uma cúpula claramente identificada[264].

A articulação de todos aqueles graus institucionalizados de poder exige, como resposta para um funcionamento eficaz, a existência de «pilares» ou princípios estruturais que permitam uma articulação minimamente sustentada[265].

Os vários quadros constitucionais, dotados de igual dignidade institucional em relação às normas europeias integradas nos Tratados, num quadro de múltiplos níveis de articulação político-constitucional, comportam diferentes níveis de protecção nomeadamente no âmbito da tutela dos direitos fun-

---

[264] Esta «impossibilidade de reconstrução da pirâmide kelseniana» é, aliás, para alguns autores um segundo sentido que identifica o constitucionalismo multinível, logo a seguir à integração de normas de ordens jurídicas diferentes: assim Estévez Araújo, «Crisis de la soberania...» cit., p. 50. No mesmo sentido cf. Vittorio Manes, «La incidência de las Decisiones Marco" en la interpretación em matéria penal», *Revista Electrónica de Ciência Penal y Criminologia*, n⁰ 9, 2007, p. 19, salientando a distância que os problemas decorrentes das relações entre o direito nacional e o direito comunitário e mesmo no âmbito de um sistema de direito policêntrico e reticular demonstram, em relação à «estilização piramidal» kelseniana.

[265] O constitucionalismo multinível permitiu o desenvolvimento de um conceito operativo fundamental para a sua própria gestão, a governança multinível, com repercussões pragmáticas na área da governação e na transparência. Na governança multinível, como conceito analítico e não como conceito normativo, está em causa a percepção de um modelo de tomada de decisão num contexto de complexidade – cf. Ian Bache, Mattew Flinders (edi.), *Multi-Level Governance*, Oxford, 2005, p. 195. Ou seja, um sistema de negociação contínua entre governos situados em vários níveis territoriais – supranacional, nacional, regional e local – como resultado de um amplo processo de criação institucional e de realinhamento da tomada de decisões que impulsionou para o nível supranacional algumas funções previamente centralizadas no Estado e por sua vez fez baixar outras para o nível local ou regional. Como articular este processo de «trocas negociadas» e já não hierarquizadas: assim Guy B. Peters e Jon Pierre in «Developments in intergovernmental relations: towards multi-level governance», in *Policy & Politics*, V. 29 n⁰ 2, 2001, p. 135. Por sua vez os palcos políticos onde se desenvolve estão inter conectados e não isolados de modo a que os actores sub nacionais não estejam encerrados mas antes actuem nos palcos nacionais e supranacionais criando vínculos transnacionais, cf. Gary Marks, Liesbet Hooghe e Kermit Blank, «European integration from 1980s: state-centric v. multi-level governance», *Journal of Commom Market Studies*, Vol. 34, Sept. 1996 p. 346. Uma perspectiva ampla sobre a governança multinível e a governança neoinstitucional e o debate que em torno destes conceitos se trava na Europa pode ver-se em Nicolás Mariscal, «La Gobernanza de la Unión», *Cuadernos Europeos de Deusto*, Número 27, 2002 p. 108. Mais recentemente, cf. Chris Shore, «"Government without statehood?" Anthropological perspectives on governance and sovereignty in the European Union», *European Law Journal*, Volume 12, Issue 6, November, 2006.

damentais e, concretamente, diversos níveis de suporte constitucional no que respeita às estruturas constitucionais da jurisdição.

No que respeita à consagração de um «direito ao juiz» na União Europeia como questão fundamental na abordagem da fundamentação das decisões assume-se actualmente como pacífica a sua admissibilidade genérica, reconhecendo-se ainda neste domínio variantes e diferenciações significativas consoante os países[266].

De igual modo são diversos os graus de «constitucionalização» respeitantes à tutela da fundamentação das decisões judiciais, nomeadamente entre as Constituições dos vários Estados membros.

Daí que faça sentido a pergunta sobre qual o grau «mínimo», «suficiente» ou «máximo» de fundamentação exigido no âmbito de uma necessária articulação entre os vários níveis constitucionais[267].

A resposta depende de vários factores nomeadamente, da própria variação entre um espaço territorial europeu ou um espaço mundializante e o diferenciado grau de problematização que as questões da fundamentação das decisões aí assumam.

Um processo judicial numa comunidade democrática fundada no direito assenta actualmente num conjunto de princípios já sedimentados na ordem jurídica europeia estruturados na afirmação de um processo racionalizado onde a independência da jurisdição, vinculada à lei são factores fundamentais. Trata-se da concretização de um processo decisório «óptimo» no Estado de Direito.

Alguns autores identificam, nessa construção, duas linhas de actuação: um incremento da racionalidade e melhores oportunidades para a justiça[268].

---

[266] Sobre a questão pode ver-se Joel Rideau in «Le droit au juge: conquête et instrument de l'Etat de Droit» e Fabrici Picod in «Le droit au juge en droit communautaire», in *Le Droit au Juge dans l'Union Européenne*, cit. pp. 3 e 141.

[267] A pertinência da pergunta, em função do objecto do trabalho que se propõe não é meramente retórica. Não só a questão do emergente direito penal europeu suscita perplexidades desta natureza como sobretudo a questão concreta da articulação de decisões penais tomadas nos vários estados ao abrigo de normas legislativas internas adoptadas em função de Decisões Quadro, como é o caso da Decisão Quadro sobre o Mandato de Detenção Europeu (MDE), colocam problemas concretos sobre a matéria.

[268] Assim Erhard Denninger, «Derecho y procedimento jurídico como engranage en una sociedad multicultural», in Erhard Denninger e Dieter Grimm, *Derecho Constitucional para la Sociedade Multicultural*, Editorial Trotta, Madrid, 2007, p. 47.

A exigência de uma maior racionalidade deve reflectir-se na «percepção de um observador exterior e ser, por isso mesmo objectiva, susceptível de ser quantificada, medida, verificada estatisticamente, comprovada»[269]. Trata-se, segundo o autor, de uma racionalidade com dois sentidos. Por um lado, no sentido do processo decisório ser adequado ao fim que se propões através do estabelecimento de critérios de eficiência e objectividade. Por outro lado trata-se de conseguir a justiça «no sentido de equilíbrio de interesses conseguida com limpidez, atenção às minorias e orientação em função do bem de todos»[270].

Esta dupla vertente da racionalidade configura, segundo Denninger, «dois pontos de vista, certamente complexos que orientam a conformação e a aplicação de um procedimento que queira procurar um máximo de aceitação por parte de todos os participantes e nesse sentido com uma máxima *legitimidade*»[271].

No âmbito daquela racionalidade assume um especial relevo, no que respeita às decisões, a fundamentação suficiente. A questão está em saber o que será e como será concebido o conceito de «suficiência» da fundamentação de modo a que o conhecimento das razões que fundam a decisão seja efectivo.

Importa no entanto reduzir o âmbito de problema às questões suscitadas ou seja saber se, no âmbito deste processo de articulação de «constitucionalismos», é possível identificar «um esquema europeu» de fundamentação das decisões de natureza penal e se esse nível, a existir, consagrará um «mais alto nível de protecção» dos direitos.

2. A fundamentação das sentenças no sistema europeu de protecção de direitos fundamentais de acordo com o TEDH

Na procura de um conceito europeu de fundamentação das decisões penais é incontornável analisar qual tem sido o papel do TEDH e concretamente da sua jurisprudência na conformação e modelação do papel da fundamentação da sentença penal como elemento fundamental do direito a um julgamento justo e equitativo[272].

[269] *Ibidem*, p. 48.
[270] *Ibidem*, p. 48.
[271] *Ibidem*, p. 48.
[272] Sublinhe-se que também no domínio do direito internacional, nomeadamente no âmbito do direito penal internacional a motivação das decisões é não só um princípio necessário

CONSTRUÇÃO E AUTONOMIA CONSTITUCIONAL DE UM CONCEITO

Comece por referir-se que a própria CEDH estabelecendo no seu artigo 45º uma obrigação explícita de motivação das decisões proferidas pelo Tribunal quer provenham de uma das suas Câmaras ou do Plenário[273], não consagra, qualquer referência concreta à motivação no título I referente aos direitos e liberdades[274].

As finalidades que se podem constatar como obrigação de motivação das decisões no âmbito do TEDH não são diferenciadas das finalidades que, presidem à fundamentação das decisões. A doutrina tem entendido que também aqui, a fundamentação das sentenças sendo uma garantia fundamental ao exercício da justiça sustenta-se essencialmente em duas vertentes: «a legitimação do juiz europeu e a legitimação da decisão do Tribunal»[275].

Os princípios que estruturam o quadro garantistico da CEDH reflectem-se na jurisprudência do TEDH. Neste quadro, o princípio da fundamentação das decisões assume-se como essencial no modo de legitimar o exercício da própria actividade do TEDH na medida em que a modelação das decisões do TEDH se reflecte na construção de um espaço jurídico europeu.

Sustentada no conteúdo do artigo 6º § 1 da CEDH, a jurisprudência do TEDH, sobretudo a partir de 1994[276], tem sido constante no sentido de afir-

---

como obrigatório e estabelecido nos vários diplomas que regulam as várias ordens jurídicas penais internacionais. Vejam-se o artigo 26º do Estatuto do Tribunal Militar Internacional de Nuremberga, o artigo 17º do Estatuto do Tribunal Militar Internacional de Tokyo, o artigo 75º do Estatuto do Tribunal Penal Internacional, o artigo 23º do Estatuto do Tribunal Penal Internacional para a ex-Yoguslávia e o artigo 22º do Estatuto do Tribunal Penal Internacional para o Ruanda. Sobre o assunto, aprofundadamente, veja-se Anne-Marie La Rosa, *Jurisdictions Pénales Internationales*, puf, Paris, 2003, pp. 423 e 424 e Hélene Ruiz Fabri, Jean Marc Sorel (dir.), *La Motivation des Décisions des Jurisdictions Internationales*, Éditions A. Pedone, Paris, 2008, p. 207 e ss.

[273] Igualmente o Regulamento Interno do Tribunal, no seu artigo 74º, enumera a lista de elementos que os acórdãos devem comporta distinguindo os factos da causa, os motivos de direito e o dispositivo.

[274] O estudo sobre o princípio e modo de fundamentação das próprias decisões do TEDH começa a interessar alguma doutrina: cf. sobre esta perspectiva Fréderic Sudre, «La motivation des décisions de la Cour Européenne des Droits de l'Homme» in Hélene Ruiz Fabri, Jean Marc Sorel (dir.), *La Motivation des Décisions des Jurisdictions Internationales*, cit., p. 171 e ss.

[275] Assim, Fréderic Sudre, «La motivation des décisions de la Cour Européenne des droits de l'homme», cit., p. 172.

[276] As três decisões estruturais sobre a exigência da «motivação» como decorrência do artigo 6º §1 da CEDH são as decisões *Van der Hurk contra Holanda*, de 19 de Abril de 1994, *Ruiz Torija contra Espanha*, de 9 de Dezembro de 2004 e *Hiro Balani contra Espanha*, de 9 de Dezembro de

A FUNDAMENTAÇÃO DA SENTENÇA NO SISTEMA PENAL PORTUGUÊS

mar que o quadro europeu de protecção de direitos fundamentais, no âmbito da consagração do direito a um processo equitativo numa sociedade democrática, assenta na afirmação de que todas as sentenças têm que ser fundamentadas[277]. Deste modo, é actualmente pacífica a ideia de que está consagrado no quadro europeu de uma forma inequívoca o princípio da fundamentação das decisões como garantia do direito a ser ouvido por um tribunal imparcial[278].

O Tribunal tem entendido que a motivação[279], para além de constituir uma garantia implícita do direito a um processo equitativo[280], é indispensável para garantir o impedimento de decisões arbitrárias e nessa medida constitui um elemento indispensável à qualidade da justiça num sistema democrático.

O princípio não sofre hoje qualquer dúvida na sua dimensão quantitativa na medida em que o tribunal suportando a compatibilização das várias ordens jurídicas com o quadro da Convenção, tem bem presente que a necessidade de «explicar as razões num quadro jurídico que envolve 47 Estados assentes em culturas, mentalidades e tradições jurídicas diferentes»[281], exige cuidados especiais, sendo importante assegurar um patamar mínimo que possibilite alguma consenso que a jurisprudência do tribunal tem vido a afirmar.

O que está em causa, neste proceder cuidadoso do TEDH é, afinal, a garantia da efectividade das próprias decisões do Tribunal, condicionada

---

2004. Sobre a questão, em geral cf. Pierre Lambert, «Motivation des décisions de la Cour Européenne et frustration des justiciables», *Revue Trimestrelle des Droits de L'homme*, nº 69, 18eme Année, Janvier, 2007, p. 211.

[277] Sobre as razões fundantes do § 1 do artigo 6º da CEDH, cf. Louis-Edmond Pettiti et aut., *La Convention Européenne des Droits de L'Homme*, cit., pp. 240-241 e Irineu Cabral Barreto, *A Convenção Europeia dos Direitos do Homem, Anotada*, Coimbra Editora, Coimbra, 1999, pp. 115--176 e «Notas para um processo equitativo. Análise do artigo 6º da Convenção Europeia dos Direitos do Homem à luz da Jurisprudência da Comissão e do Tribunal Europeu dos Direitos do Homem», *Documentação e Direito Comparado*, 1992, nº 49/50, 1992, pp. 69-138. Sobre a jurisprudência do TEDH relativa à motivação das sentenças no âmbito do artigo 6º da CEDH (até 1998) veja-se Manuel Lopes Rocha, «A motivação da sentença», *Documentação e Direito Comparado*, nº 75/76, 1998, pp. 102-105.

[278] Neste sentido, veja-se Louis Boré, «La motivation des decisions de justice et la Convention Européene des Droits de l'Homme» in *La Semaine Juridique*, nº 3, Janvier 2002, p. 121.

[279] O tribunal utiliza o termo «motivação» e não fundamentação. Sobre os conceitos cf. infra Capítulo III, II, 1.

[280] Cf. Acórdão *Ruiz Torija* e *Hiro Balani contra Espanha*, de 9 de Dezembro de 1994.

[281] Assim Fréderic Sudre, «La motivation des décisions de la Cour Européenne des droits de l'homme», cit., p. 173.

114

CONSTRUÇÃO E AUTONOMIA CONSTITUCIONAL DE UM CONCEITO

pela dupla via do princípio da subsidiariedade e pela coerência das próprias decisões[282].

Sobre o modo como deve concretizar-se o dever de fundamentação das decisões, na sequência da preocupação em tentar compatibilizar alguns princípios em ordens jurídicas diferenciadas, o TEDH rejeitou claramente o modelo francês assente numa «não fundamentação», tendo construído o seu discurso argumentativo num modelo narrativo que, não se apresentando por regra extenso, e «sem ser estranho ao direito continental, parece traduzir uma influência do estilo judiciário do *common law*»[283]. A relevância da demonstração das razões em que assenta a decisão e que resultam de um processo contraditório onde essas mesmas razões assumem perspectivas diversas configura uma preocupação do tribunal. Nesse sentido, as diferentes concepções vigentes em vários sistemas e o modo como se forma o processo de decisão e se efectua a redacção da sentença nos vários países, é sublinhado pelo TEDH nos acórdãos *Hiro Balani contra Espanha, de 9 de Dezembro de 1994*, § 27, *Ruiz Torija contra Espanha*, de 9 de Dezembro de 1994, § 29 e *Boldea contra Roménia*, de 15 de Fevereiro de 2007, § 29.

No que respeita às exigências referentes ao conteúdo do modelo de fundamentação adequado ao cumprimento das suas finalidades, o TEDH tem

---

[282] Sublinhando a relevante questão da efectividade das decisões do TEDH, cf. Fréderic Sudre, «L'effectivité des arrêts de la Cour Européene des Droits de L'Homme», *Revue Trimestrelle des Droits de L'Homme*, 19º eme Année, nº 76, Octobre 2008, p. 917. Na doutrina nacional, Luís Lemos Triunfante, sublinha a efectividade, a pedagogia persuasiva e a subsidiariedade como as três lógicas que inspiram a jurisprudência do TEDH: cf. «O Tribunal Europeu dos Direitos do Homem e o tribunal/juiz nacional», *Julgar*, Número Especial, 2009, pp. 236-238. Sublinhando a importância do princípio da subsidiariedade como «inspirador» do sistema de protecção europeu decorrente da CEDH, Jörg Gerkrath in «L'effet contraignant des arrêts de la Cour Européenne des droits de l'Homme vu à travers le prisme de la Cour Constitutionnelle allemande», *Revue Trimestrelle des Droits de L'Homme*, 17º eme Année, nº 67, Juillet 2006, p. 732.
[283] Neste sentido, Fréderic Sudre, «La motivation des décisions de la Cour Européenne des droits de l'homme», cit., p. 181. Suscita assim perplexidade a comparação que é efectuada por Louis Boré sobre o modo próximo de controlo da fundamentação que é utilizado pelo TEDH e o sistema francês da *Cour de Cassation* e do *Conseil d'Etat*: cf. «La motivation des decisions de justice et la Convention Européene des Droits de l'Homme», cit., p. 123. A recente decisão do TEDH de 2009, relativa ao acórdão *Taxquet contra Bélgica* parece contradizer esta similitude referida pelo autor, na medida em que aquela decisão, embora referente ao sistema belga, permite questionar igualmente o sistema francês de fundamentação nomeadamente no que respeita às decisões do tribunal de júri, tendo em atenção a similitude de procedimentos vigentes no sistema francês e belga.

A FUNDAMENTAÇÃO DA SENTENÇA NO SISTEMA PENAL PORTUGUÊS

insistido na necessidade de se explicitarem de forma suficiente os motivos onde se funda a decisão (cf. acórdãos *Hadjianastassiou contra Grécia*, de 16 de Dezembro de 1992, §32, *Ruiz Torija* e *Hiro Balani contra Espanha*, de 9 de Dezembro de 1994, § 29 e 27, respectivamente e decisão *Higgins e outros contra França*, de 19 de Fevereiro de 1998, § 42.)

Na óptica do TEDH, só a fundamentação suficiente da decisão pode permitir ao acusado a possibilidade real, não meramente formal, de impugnar a decisão que o afecta e nessa medida permitir o controlo do princípio da imparcialidade do juiz (acórdão *Hadjianastassiou contra Grécia*, de 16 de Dezembro de 1992, § 33)[284].

Não foi ainda avançada pelo Tribunal qualquer formulação positiva que concretize o que entende por fundamentação suficiente.

A obrigação de fundamentação das sentenças que deve competir aos tribunais, segundo o TEDH, não exige, no entanto, uma resposta detalhada a cada um dos argumentos expendidos pelas partes (acórdão *Van de Hurk contra Holanda* de 19 de Abril de 1994, §61 e acórdão *Garcia Ruiz contra Espanha* de 21 de Janeiro de 1994 e acórdão *Helle contra Finlândia*, de 19 de Dezembro de 1997)[285], admitindo por outro lado, no domínio dos tribunais superiores, a existência de uma fundamentação sucinta e mesmo, nestes casos, uma fundamentação por remissão para a decisão do juiz de primeira instância, nos casos de rejeição de um recurso (acórdão *Helle contra Finlândia*, de 19 de Dezembro de 1997 e acórdão *Taxquet contra Belgica*, de 13 de Janeiro de 2009).

O tribunal tem igualmente afirmado que uma fundamentação inexacta corresponde a uma não fundamentação.

Esta exigência deve levar em consideração as particularidades do processo quando estão em causa tribunais colectivos compostos por juízes ou apenas por jurados tendo em conta que os jurados, em regra não devem motivar a sua íntima convicção.

---

[284] Sublinhando a dimensão da tutela da imparcialidade através da fundamentação veja-se Giulio Ubertis, *Principi di Procedura Penale Europea*, Rafaello Cortina Editore, 2000, p. 33. Sobre o caminho que vem sendo percorrido pelo TEDH a propósito do artigo 6º no sentido do reconhecimento do direito a uma «garantia de impugnação» das decisões em matéria penal, cf. Andrea Saccucci, in «L'Art.6 della Convenzione di Roma e l'applicazione delle garanzie del giusto processo ai giudizio d'impugnazioni», *Rivista Italiana di procedura penale*, Anno XLII Fasc. 2 Aprile-Giugno 1999, p. 598.

[285] Sobre este ponto cf. Vicent Berger, *Jurisprudence de la Cour Européenne des Droits de L'Homme*, Sirey Éditions, Paris, 2000, p. 223.

CONSTRUÇÃO E AUTONOMIA CONSTITUCIONAL DE UM CONCEITO

Em duas decisões (decisão *Zarouali contra Bélgica* e acórdão *Papon contra França*, respectivamente de 29 de Junho de 1994 e 15 de Novembro de 2001) a Comissão e o Tribunal ao apreciar a questão da exigência de fundamentação no âmbito dos processos de decisão envolvendo o tribunal de júri e o seu veredicto admitiu que o veredicto do júri fosse apenas motivado sob a forma de respostas a questões colocadas de forma precisa[286]. O tribunal afirmou que se o júri só pode responder através de «sim» ou «não» a cada uma das questões que lhe são colocadas», essas questões formam uma rede onde se funda a decisão do júri e, nessa medida, a precisão das questões formuladas permite compensar adequadamente a abstenção das respostas lacónicas do júri. O tribunal sustentou o seu entendimento da compatibilização do sistema com o princípio da motivação das sentenças invocando o facto de, no caso concreto, essa apreciação ser «reforçada pelo facto da *cour d'assises* ter que motivar a recusa de deferir uma questão da acusação ou da defesa perante o júri».

2.1. O Acórdão *Taxquet contra Bélgica* e a dimensão legitimadora da fundamentação.

A reafirmação do princípio geral da fundamentação das decisões e a preocupação pela necessidade de afirmar um conteúdo concreto e mais preciso à sua relevância, levou recentemente o tribunal a uma modificação da jurisprudência no que respeita à exigência de motivação das sentenças, nomeadamente nas decisões envolvendo o veredicto do júri.

Uma decisão recente, o acórdão *Taxquet contra Bélgica*, de 13 de Janeiro de 2009, veio concretizar esta mudança no rumo da sua jurisprudência. O tribunal afirmou que a simples resposta do júri no seu veredicto através de um «sim» ou de um «não» às questões colocadas ao tribunal, que consubstanciam o processo decisório e, em definitivo, a sentença, sendo efectuadas de maneira vaga e genérica, pode dar a impressão de uma justiça arbitrária e pouco transparente.

Sustentado numa profunda percepção das funções que presidem à fundamentação das sentenças, o TEDH referiu expressamente que «sem ser dado sequer um resumo das principais razões pelas quais o tribunal (*cour*

---

[286] Sobre a decisão pode ver-se Emmanuel Jeuland in «Motivation», Loïc Cadiet (direction), *Dicitionnaire de la Justice*, cit., p. 914.

d'asisses) se declarou convencido da culpabilidade do requerido, este não está em condições de compreender – e aceitar – a decisão da jurisdição. Isto é fundamental pelo facto de o júri não julgar com base no dossier mas com base no que se passou na audiência».

Trata-se da primeira decisão do TEDH onde, de uma forma explícita, o tribunal afirma que é importante que se demonstrem os factos que convenceram o júri da culpabilidade ou inocência do acusado e que se indiquem as razões concretas pelas quais o tribunal respondeu positivamente ou negativamente a cada uma das questões colocadas à consideração do júri. Tudo isto, segundo o Tribunal, «para explicar o veredicto ao acusado mas também à opinião pública, ao «povo», em nome do qual a decisão é proferida».

A dimensão legitimadora subjacente à fundamentação das decisões é, neste acórdão, concretamente evidenciada e constitui o argumento novo e essencial da *ratio decidendi* do Tribunal.

Sublinhe-se que o TEDH não deixa de sublinhar a dimensão «endoprocessual» que preside à fundamentação das decisões na medida em que refere que a ausência de respostas não permite o exercício eficaz do controlo da decisão, nomeadamente impossibilitando a revelação de qualquer insuficiência ou contradição nos motivos que a fundam. O que surge de alguma forma como inovador na argumentação do TEDH é aquela referência explícita à dimensão extraprocessual da fundamentação das sentenças, seja qual for o tipo de decisão que está na sua origem, nomeadamente nos casos em que as decisões decorrem de um tribunal de júri.

A argumentação expendida pelo tribunal, reafirmando que o princípio geral da motivação das decisões subjacente ao §1 do artigo 6º da CEDH também se aplica ao veredicto do júri, atribui-lhe agora um novo conteúdo.

Teria sido importante, pela relevância da questão, que o TEDH sustentasse a sua posição numa construção argumentativa que não suscitasse dúvidas nomeadamente, que colmatasse a ausência de conceptualização do que é «argumentação suficiente» para o Tribunal e que levasse em consideração a questão do modo de fundamentação do tribunal de júri, quando integrado apenas por jurados, onde tradicionalmente não existe qualquer tipo de motivação da decisão[287].

---

[287] Recorde-se que alguma doutrina considera que a consagração do controlo da fundamentação pelo TEDH, em geral, não arrastou um «entusiasmo delirante», sendo vários os seus críticos: cf. neste sentido Louis Boré, «La motivation des decisions de justice et la Convention Européenne

CONSTRUÇÃO E AUTONOMIA CONSTITUCIONAL DE UM CONCEITO

A relevância do âmbito da decisão, pela sua novidade, é ainda pouco conhecida nomeadamente, nos países que assentam a sua estrutura judicial penal no tribunal de júri onde o veredicto não é motivado[288].

É, no entanto, de prever que a sedimentar-se esta jurisprudência sejam provocados estilhaços em várias ordens jurídicas europeias tradicionalmente sustentadas num sistema puro de decisão do júri baseado tão só na afirmação do *guilty* ou *not guilty*, sem qualquer tipo de motivação que reflicta as razões para a decisão tomada.

O Tribunal reafirmou, de forma muito enfática, a necessidade da fundamentação das decisões concretizar a finalidade endoprocessual subjacente à tutela das garantias do destinatário directo da decisão mas, sobretudo, atribuiu um novo «fôlego» à tutela da finalidade extraprocessual sustentada na afirmação das razões que devem ser dadas à opinião pública, ao povo em nome de quem a decisão é proferida, referentes às razões concretas que convenceram o júri ao seu veredicto e que levaram às respostas positivas ou negativas efectuadas que sustentavam a decisão.

A repercussão daquele entendimento na concretização de um modo «europeu» de fundamentação assenta numa perspectiva ampla e sustentada

---

des Droits de l'Homme», cit., p. 127. Sublinhando essa falta de entusiasmo no sistema francês nomeadamente pelas magistraturas, veja-se Pierre Lambert, «Motivation...», cit., p. 212. Também alguma doutrina germânica levanta dúvidas sobre o papel das decisões do TEDH tendo em conta por um lado, a argumentação utilizada e, por outro lado a efectividade das decisões no sistema constitucional germânico, conforme é referido por Jög Gerkrath in «L'effet contraignant des arrêts de la Court Européenne des droits de l'Homme vu à travers le prisme de la Court Constitutionnel Allemande», cit., pp.729 e ss. Sobre as dúvidas suscitadas, em geral, à debilidade argumentativa utilizada pelo TEDH que, por isso pode condicionar o próprio efeito legitimador das decisões, veja-se José de Faria Costa in «A informação, a honra, a crítica e a pós-modernidade (ou os equilíbrios instáveis do nosso desassossego)», Anotação ao Acórdão de 28 de Setembro de 2000 do TEDH, *RPCC*, ano 11, Fasc. 1º, Janeiro-Março de 2001, pp. 144-153.

[288] Como é o caso dos sistemas francês e belga, no direito continental, e no sistema anglo-saxónico. Num artigo recentemente publicado é no entanto visível o «mal-estar» provocado pela decisão, nomeadamente na Bélgica criticando-se não só a opção do TEDH como, sobretudo, o facto da própria motivação do acórdão não ser muito clara: cf. Jean Paul Goffinon, «A propôs de l'arrêt Taxquet/Belgique» in *Justine, Bulletin de L'Association Syndicale des Magistrats*, nº 22, Mai, 2009, p. 10. Em sentido contrário, a doutrina do acórdão Taxquet é salientada como manifestação de exigência de um controlo das decisões a nível europeu com reflexos no sistema processual germânico: cf. neste sentido, Juliette Lelieur, Clair Saas e Thomas Weigend, «Chronique de droit pénal constitutionnel allemand», *Revue de science criminelle et de droit penal comparé*, nº 3, Juillet/Sepetembre 2009, p. 649.

A FUNDAMENTAÇÃO DA SENTENÇA NO SISTEMA PENAL PORTUGUÊS

na relevância das concretas exigências extraprocessuais. Nesta óptica a dimensão da legitimação da decisão subjacente à fundamentação das decisões assume um papel fundamental, agora à escala do quadro europeu, que de um modo tão significativo emerge da jurisprudência do TEDH.

3. Um «esquema europeu» de fundamentação das decisões penais

O grau de efectivação de direitos existente no espaço da União e a consequente necessidade de articulação entre as instituições judiciárias de modo a conseguir dar resposta a essa efectivação assume, hoje, uma premência inequívoca. Poderá mesmo afirmar-se que o nível legislativo se sobrepôs «pragmaticamente» aos patamares constitucional e também dogmático[289] no sentido de dar respostas a exigências decorrentes das solicitações judiciárias perante o concreto enfrentar de problemas detectados[290].

---

[289] Sobre a dimensão prática e o seu relevo para permitir «à dogmática europeia a função de encontrar predicados dogmáticos compreensíveis para todos», cf. Joachin Vogel, «Politica criminal y dogmática penal europeas», *Revista Penal*, nº 11, 2003, p. 143 e Anabela Rodrigues, *O Direito Penal Europeu Emergente*, Coimbra Editora, Coimbra, 2008, p. 23.

[290] Sendo vários os exemplos onde é visível essa sobreposição, a implementação da Directiva 2002/584/JAI do Conselho de 13 de Junho que estabeleceu o Mandado de Detenção Europeu (MDE) é um exemplo clariíssimo dessa «pragmática» legislativa que trouxe consigo um conjunto de problemas ainda não totalmente resolvidos sobre a articulação entre os órgãos judiciais dos vários Estados membros. Fazendo apelo tão só ao objecto do trabalho, a questão da fundamentação das decisões em processo penal, matéria onde se enquadra o tratamento judiciário do MDE, importa sublinhar que a Directiva citada no artigo 17º nº 6 estabelece que «qualquer recusa de execução de um mandado de captura europeu deve ser fundamentada». Daí que a pergunta efectuada no texto tenha aqui uma tradução prática central. Sublinhe-se que o MDE teve (e tem, ainda) uma consequência fundamental no entendimento e sobretudo no caminho que vem sendo trilhado na construção de um espaço europeu de justiça penal. A partir da implementação da Directiva 2002/584/JAI constata-se, tanto como a primeira concretização do princípio do reconhecimento mútuo das decisões judiciais – assim Anabela Miranda Rodrigues in «O mandado de detenção europeu – na via da construção de um sistema penal europeu: um passo ou um salto?», *RPCC*, 13º 2003, p. 32 e, também, da autora, *O Direito Penal Europeu Emergente*, cit., pp. 73 e 74 – uma tendência de abrandamento das políticas de harmonização «em favor do princípio do reconhecimento mútuo das decisões judiciais» – assim, neste sentido, Pedro Caeiro, «Cooperação judiciária na União Europeia», in AA.VV. *O Direito e a Cooperação Ibérica*, Campo das Letras, Porto, 2004, p. 81. Reconhecido pela Conselho Europeu de Tampere de Outubro de 1999 como «a pedra angular da cooperação judiciária da União», a importância da matéria levou a Comissão a apresentar, em Julho de 2000, um «Programa de Medidas destinadas a aplicar o princípio do reconhecimento mútuo das decisões penais» (2001/C12/02) – *in* JOL de 15.01.2001 – onde é calendarizada a concretiza-

CONSTRUÇÃO E AUTONOMIA CONSTITUCIONAL DE UM CONCEITO

A institucionalização de um espaço europeu de justiça e, especialmente de justiça penal, configura um processo em evolução permanente e, nesse sentido, trata-se de matéria oscilante, de «idas e vindas», com deslocações de competências e do modo de serem exercidas pelas várias instituições em função de diversas condicionantes. No entanto, mesmo que essas oscilações retardem um caminho de construção do espaço penal europeu, as mudanças que têm ocorrido consubstanciam uma «via sem retorno», segundo Anabela Rodrigues[291]. Alguma contingência política pode, no entanto, alterar rumos e perspectivas que vêm sendo identificadas[292].

Não omitindo essa «permanente movimentação» estão adquiridos, no domínio penal, um conjunto de princípios fundamentais decorrentes dos Tratados que constituem a União, sobretudo assentes na afirmação assumida e repetida pelo TJCE, de que nos termos do artigo 6º do Tratado da União Europeia, a União «assenta no princípio do Estado de Direito e respeita os direitos fundamentais tal como os garante a Convenção Europeia para a Protecção dos Direitos do Homem e das Liberdades Fundamentais e tal como resultam das tradições constitucionais comuns aos Estados-membros, enquanto princípios gerais do direito comunitário».

Por outro lado, na concretização do que é o papel relevante da jurisprudência do TJCE no desenvolvimento substancial de um espaço jurídico-penal europeu, importa salientar as consequências de algumas decisões fundamentais proferidas por aquele Tribunal.

ção de um conjunto de acções a realizar que implementem no Espaço da União o princípio. Não é pacífico, no entanto, na Europa e sobretudo na Alemanha, o entendimento do princípio do reconhecimento mútuo como caminho unívoco para a construção de um «direito penal europeu». Neste sentido, veja-se o manifesto assinado por 94 professores de direito penal que pôs em causa aquele princípio e o Mandado de Detenção Europeu (http://www.jura.uni-munchen.de/einrichtungen/ls/schuenemann/Eur2.htm). O reconhecimento mútuo das decisões penais traz consigo a questão do âmbito da fundamentação das sentenças, na medida em que esta é hoje, no âmbito da generalidade dos países da União uma exigência constitucional.
[291] Cf. *O Direito Penal Europeu Emergente*, cit. p. 68.
[292] A questão assume nesta altura um significado essencial nomeadamente face ao desenvolvimento normativo dos princípios estabelecidos no Tratado de Lisboa nomeadamente a propósito da Carta Europeia dos Direitos Fundamentais. Sobre as modificações fundamentais que o Tratado de Lisboa trará no domínio da «Europa da justiça», ver infra, no texto. Anteriormente ao Tratado de Lisboa sublinhando a deslocalização da evolução do sistema europeu de protecção dos direitos fundamentais do TEDH, eventualmente para uma «competência partilhada», cf. José Narciso da Cunha Rodrigues, «O espaço de liberdade, segurança e justiça na União Europeia – aproximação geral» *in O Direito e a Cooperação Ibérica*, cit., p. 26.

A FUNDAMENTAÇÃO DA SENTENÇA NO SISTEMA PENAL PORTUGUÊS

Neste sentido a decisão proferida no acórdão *Pupino*, impondo a interpretação obrigatória das decisões proferidas ao abrigo do III Pilar aos tribunais nacionais, consubstancia uma viragem significativa na implementação de um direito penal europeu. Recorde-se que a *ratio decidendi* subjacente ao acórdão consiste no facto de «o órgão jurisdicional nacional estar obrigado a tomar em consideração todas as normas de direito nacional e a interpretá-las em tudo o que for possível à luz da letra e das finalidades das decisões quadro»[293].

Será por último de salientar a previsível mudança de rumo das questões relacionadas com um futuro «sistema» penal europeu decorrente das normas incluídas no Tratado de Lisboa[294] que, para além de imporem o desaparecimento da estrutura de «pilares», tendo como consequência a integração das politicas de segurança e justiça no mesmo nível institucional das restantes políticas da União, estabelece um quadro substantivo e procedimental referente a uma política penal europeia[295], impõe a adesão da União à Conven-

---

[293] Autores como Vittorio Mane sublinhando a influência do direito comunitário no direito penal interno, falam, após a decisão *Pupino*, numa «autêntica *upgraduation* das decisões quadro no contexto da comunitarização do terceiro pilar»: cf. «La incidência de "las decisiones marco" en la interpretation en matéria penal: perfiles de derecho substantivo», *Revista Electrónica de Ciencia Penal y Criminologia*, nº 9, 2007, p. 4. A relevância da decisão, no âmbito de afirmação da interpretação obrigatória das questões relacionadas com o III Pilar é sublinhada por Valsamis Mitsilegas in «The transformation of criminal law in the "Area of freedom, security and justice», *in* P. Eeckhout, T.Tridimas (eds.), *Yearbook of European Law*, 26, 2007, Oxford University Press, 2007, p. 25.

[294] Sobre o Tratado de Lisboa, em geral cf. Carla Amado Gomes, «O Tratado de Lisboa. Ser ou não ser...reformador (eis a questão)», *Revista do Ministério Público*, nº 114, Abril-Maio 2008, pp. 7 e ss. Mais especificamente sobre as suas repercussões no domínio da harmonização das sanções penais cf. Eliette Rubi-Cavagna, «Réflexions sur l'harmonisation des incriminations et des sanctions pénales prévue par le traité de Lisbonne», *Révue de Science Criminelle et Droit Pénal Comparé*, nº 3, juillet-septembre, 2009, pp. 501-521.

[295] Saliente-se neste domínio entre as alterações mais significativas que o Tratado de Lisboa suscita neste domínio o facto do Parlamento Europeu e do Conselho poderem, à face do artigo 82º do Tratado, aprovar medidas de harmonização legislativa tendentes à fixação de regras mínimas sobre, entre outras matérias, os direitos individuais em processo penal, admissibilidade mútua dos meios de prova entre os Estados membros, os direitos das vítimas da criminalidade e outros *elementos específicos do processo penal*, identificados previamente pelo Conselho deliberando por unanimidade após aprovação pelo Parlamento Europeu (itálico nosso).

CONSTRUÇÃO E AUTONOMIA CONSTITUCIONAL DE UM CONCEITO

ção Europeia dos Direitos do Homem e afirma o carácter vinculativo da Carta dos Direitos Fundamentais da União Europeia[296].

Como se referiu identificam-se, no âmbito do conjunto de princípios já sedimentados e que vêm sendo desenvolvidos pelo TJCE, entre outros, o princípio da legalidade dos crimes e das penas, o princípio da igualdade e da não discriminação e o princípio do direito a um tribunal independente e imparcial[297].

Muitos destes princípios têm consagração normativa em vários instrumentos jurídicos ou outros documentos relevantes produzidos nas instituições que têm vindo a ser adoptados no âmbito da política de segurança e justiça[298].

---

[296] Alertando para uma indução de complexidade, «no procedimento decisório e no processo jurisdicional [podendo] mesmo revelar-se excessivo», Carla Gomes, «O Tratado de Lisboa», cit., p. 49.

[297] Adán Nieto Martin, identifica um conjunto de princípios decorrentes dos tratados vigentes na União que assumem o carácter «claramente constitucional» e sobre os quais se tem vindo a edificar o sistema europeu de direito penal, *in* «Fundamentos constitucionales del sistema europeo de derecho penal», *Direito e Cidadania*, Ano VII, nº 22, 2005, pp. 29 e 70. O autor efectua uma distinção entre princípios de carácter geral (*primazia do direito comunitário, princípio da boa fé, interpretação conforme ao direito comunitário e harmonização* – desenvolvidamente pp. 34 e ss.)) e de carácter específico no que respeita à matéria do sistema penal (*princípio do reconhecimento mútuo, princípio da disponibilização da informação, princípio da comunicação directa entre autoridades policiais e judiciais, princípio da execução indirecta, princípio da cooperação horizontal sui generis* – desenvolvidamente pp. 42 e ss.). A este conjunto de princípios, que o autor encaixa no domínio das normas de organização das instituições e a forma como adoptam as suas decisões, faz acrescer «o conjunto de normas que protegem o individuo face ao Estado» ou seja, os «direitos fundamentais europeus reconhecidos e aplicados desde os primeiros anos setenta» – cf. p. 32 – cujo reconhecimento foi efectuado pela jurisprudência do TJCE, ao referir que os direitos fundamentais são parte do ordenamento comunitário presença e que tem sido evidente no direito sancionador de natureza administrativa. Nesse sentido aquele Tribunal tem desenvolvido e aplicado «com assiduidade os princípios da legalidade, da culpabilidade, da presunção de inocência e do *fair trial*», *ibidem*, p. 70. Sobre a construção jurisprudencial do TJCE e relevância dos direitos fundamentais no espaço comunitário, cf. Anabela Rodrigues, *O Direito Penal Europeu Emergente*, cit., p. 35.

[298] Veja-se, por exemplo, e apenas no âmbito com repercussões processuais penais, o Livro Verde da Comissão sobre garantias processuais para suspeitos e acusados em processo penal na União, de 19 de Fevereiro de 2003; o Livro Verde da Comissão relativo à presunção de inocência, de 26 de Abril de 2006; as Decisões-Quadro do Conselho relativas à luta contra o terrorismo (de 13 de Junho de 2002) e MDE (de 13 de Junho de 2002); a Decisão-Quadro relativa à aplicação do princípio *ne bis in idem*, de 28 de Março de 2003; a Decisão-Quadro relativa à

Pode afirmar-se a existência de *standarts* mínimos que possibilitam falar numa «obrigação básica» de um processo penal justo e equitativo no espaço jurídico da União[299].

Nessas referências não pode omitir-se, por um lado o artigo 31º do TUE[300] e a exigência que daí decorre para uma aproximação das regras processuais mínimas dos Estados-Membros, quer mesmo uma reflexão sobre *a ratio* do artigo 280º do TUE que estabelece o objectivo de uma tutela penal equivalente no âmbito de todos os Estados da União, ainda que aí circunscrita (por enquanto) aos interesses financeiros da União.

aplicação do princípio do reconhecimento mútuo às sentenças em matéria penal que imponham penas ou outras medidas privativas de liberdade para efeitos da execução dessas sentenças na EU, de 27 de Novembro de 2008; a Decisão-Quadro relativa a um mandado europeu de obtenção de provas destinado à obtenção de objectos, documentos e dados para utilização no âmbito de processos penais, de 18 de Dezembro de 2008 e a Decisão-Quadro 2009/948/ /JAI do Conselho, de 30 de Novembro, relativa à prevenção e resolução de conflitos no exercício da competência em processo penal.

[299] O instrumento normativo racionalizador mais relevante até agora adoptado no âmbito dos direitos liberdade e garantias é sem dúvida a Carta Europeia dos Direitos Fundamentais que no seu artigo 47º estabelece o direito à acção e a um tribunal imparcial constituindo desde logo um «pilar» significativo que deve ser levado em consideração. Recorde-se que o referido artigo 47º estatui que «*Toda a pessoa cujos direitos e liberdades garantidos pelo direito da União tenham sido violados tem direito a uma acção perante um tribunal. Toda a pessoa tem direito a que a sua causa seja julgada de forma equitativa, publicamente e num prazo razoável, por um tribunal independente e imparcial, previamente estabelecido por lei. Toda a pessoa tem a possibilidade de se fazer aconselhar, defender e representar em juízo. É concedida assistência judiciária a quem não disponha de recursos suficientes, na medida em que essa assistência seja necessária para garantir a efectividade do acesso à justiça*». Vale a pena sublinhar que o Tratado de Lisboa, através da nova redacção do artigo 6º consagra um referência directa à Carta concedendo aos direitos, princípios e liberdades nela constantes o mesmo valor jurídico dos Tratados – cf. sobre a natureza vinculante das normas da Carta, após o Tratado de Lisboa, Sérgio Carrera y Florian Geyer, «El Tratado de Lisboa y un espacio de libertad, seguridad y justicia: excepcionalismo y fragmentación en la Unión Europea», *in Revista de Derecho Comunitário Europeu*, nº 29, 2008, p. 143 e no mesmo sentido Carla Amado Gomes, «O Tratado de Lisboa», cit., p. 13, salientando que o Tratado «coloca os valores da protecção dos direitos fundamentais e do Estado de Direito no centro das preocupações da União», *ibidem*, p. 14.

[300] O artigo prevê o seguinte: "assegurar a compatibilidade das normas aplicáveis nos Estados-Membros, na medida do necessário para melhorar a [cooperação judiciária em matéria penal]". Trata-se aliás da norma fundamental que legitima a intervenção normativa de algumas Decisões Quadro fundamentais a este respeito, como por exemplo a proposta de Decisão relativa a certos direitos processuais no âmbito dos processos penais na União Europeia, COM (2004) 328, de 28 de Abril de 2004.

Nesse sentido será de questionar o apelo ao mesmo princípio da equivalência no que respeita à eventual identificação de um esquema europeu de fundamentação, nomeadamente de decisões penais, sendo contudo prematuro falar-se da concretização de um grau de harmonização legislativa que leve à afirmação de um direito processual penal europeu.

Não está em causa a afirmação de qualquer pretensão a uma codificação processual penal autónoma e comum a todos o espaço comunitário que, como se sabe, estará ainda longe de ser possível de atingir na fase de evolução em que a construção do espaço penal europeu se encontra. Trata-se, apenas, de identificar regras básicas que possam neste domínio perspectivar essa futura construção de um direito processual penal comum[301] e, neste sentido, corroborar a afirmação de Erhard Denninger, quando apela à ideia de concretizar um «direito processual geral ideal utilizável em toda a Europa, de aplicação flexível que possa estruturar de modo tão eficiente como favorável aos cidadãos os procedimentos judiciais»[302].

Sublinhe-se que, no que respeita a um dever genérico de fundamentação dos actos comunitários, a sua consagração normativa genérica nos Tratados[303], vem sendo sedimentada pelo Tribunal de Justiça das Comunidades através de uma jurisprudência pacífica.

---

[301] Neste sentido, salientando aliás as diferenças profundas entre os sistemas processuais penais inglês, francês e italiano e os obstáculos que isso importa para consolidar esse «direito processual europeu», mas prevendo a possibilidade de se tentar uma harmonização por via de uma *law of evidence*, veja-se Ennio Amodio, «Giusto processo, procés équitable e fair trial: la riscoperta del giusnaturalismo processuale in Europa», *Rivista Italiana di Diritto e Procedura Penale*, Fasc. 1-2, Gennaio-Giugno, 2003, esp. pp. 10-107. Posição semelhante mas com referência a um direito penal comum envolvendo a matéria substantiva veja-se Lorenzo Picotti, in «Las relaciones entre derecho penal y derecho comunitário: estado actual e perspectivas» in *Revista de Derecho Penal y Criminologia*, 2ª Época, nº 13, 190. As preocupações para a construção de um quadro de normas processuais comuns é aliás evidente no âmbito das políticas de segurança e justiça recentes como se pode ver dos vários textos legais e documentos que têm sido publicados. Vejam-se, neste sentido os documentos referidos na nota 298.

[302] Cf. «Derecho y procedimiento jurídico como engranage en una sociedad multicultural», cit., p. 50.

[303] Sobre este dever de fundamentação veja-se Paulo Lopes Lourenço in a *Fundamentação dos Actos Comunitários*, Coimbra Editora, 2002. O autor refere que «a fundamentação dos actos comunitários (...)[está] estabelecida como princípio geral e obrigação genérica e independente. Daqui resulta um verdadeiro ónus objectivo de fundamentação para as entidades e instâncias responsáveis pelos actos considerados abrangidos», cit. p. 13.

O Tribunal vem entendendo que a fundamentação exigida pelo actual artigo 253º UE, deve ser adaptada à natureza do acto em causa e evidenciar, de forma clara e inequívoca, o raciocínio da instituição autora do acto, por forma a permitir aos interessados conhecer as razões da medida adoptada e ao juiz comunitário exercer a sua fiscalização[304].

As linhas essenciais da estrutura que deve assumir a fundamentação dos actos comunitários estabelecem-se de acordo com alguns parâmetros típicos que importa reter. Desde logo a exigência de fundamentação deve ser apreciada em função das circunstâncias do caso em apreço, designadamente do conteúdo do acto, da natureza dos fundamentos invocados e do interesse que os destinatários ou outras pessoas directa e individualmente afectadas pelo acto podem ter em obter explicações.

Por outro lado não é exigido que a fundamentação especifique todos os elementos de facto e de direito pertinentes porquanto as exigências do artigo 253º do Tratado da UE, levam em consideração não só o teor do acto mas também do contexto onde é proferido e do conjunto das normas jurídicas que regem a matéria em causa.

Como se referiu trata-se aqui de um princípio geral, de natureza imperativa a que alguns autores atribuem uma natureza «constitucional»,[305] mas um princípio aplicável aos actos comunitários e não a decisões judiciais. Como referem alguns autores, «o sistema judicial comunitário está mais orientado para a salvaguarda das competências e funções da CE do que para a protecção dos indivíduos»[306] e nesse sentido será sempre de problematizar a sobre-

---

[304] Vejam-se designadamente os acórdãos Comissão/Sytraval de 2 de Abril de 1998, Espanha/Comissão, C-501/00, de 15 de Julho de 2004 e Chronopost SA/UFEX, de 1 de Julho de 2008.

[305] Assim Paulo Lourenço, referindo que «se a fundamentação está estabelecida como dever genérico para todos os actos comunitários – o que resulta do artigo 253º e da sua disposição sistémica e institucional –, é defensável que seja qualificada como disposição constitucional de Direito Comunitário. Isso significa que a eventual limitação do conteúdo do dever de fundamentação deva ser justificada na base da defesa de valores constituintes que o direito comunitário disponha originariamente ou que tenha recebido das ordens jurídicas nacionais e da sua tradição constitucional», *Fundamentação dos Actos Comunitários*, cit. p. 34.

[306] Assim Adan Nieto Martins, «Fundamentos Constitucionales», cit., p. 76, salientado no entanto que este princípio tem vindo a ser temperado, nomeadamente após o Tratado de Amesterdão que veio impor um controlo judicial mais desenvolvido, mas «hoje claramente insuficiente, tendo em conta o desenvolvimento do sistema penal europeu e a mais que certa potencialidade de afectar direitos fundamentais», *ibidem*, p. 77.

posição das razões subjacentes ao princípio da fundamentação das decisões nos domínios do processo penal e dos actos comunitários. Daí que qualquer extrapolação que se faça será sempre condicionada pela questão primária de, na matéria de processo penal, estarmos localizados em domínios jurídicos diferenciados.

Será no entanto de retirar, daquele dever de fundamentação, três linhas estruturais que devem presidir à exigência de uma fundamentação razoável que possibilite a concretização das suas finalidades: a fundamentação deve ser *essencial*, *diferenciada* e *suficiente*.

A fundamentação deve *ser essencial* para que se conheçam as razões onde assenta a decisão. Sublinhe-se que nesta essencialidade deve enquadrar-se a questão amplamente debatida da concisão e da clareza como requisitos fundamentais da decisão[307]. Deve ser *suficiente* para permitir o seu controlo pelo Tribunal superior. Por último deve ser *diferenciada* de acordo com o tipo de decisão e contexto onde é proferida.

No que respeita à diferenciação vale a pena reter a dupla dimensão da diferenciação decorrente do tipo de acto e do contexto em que é proferido. Ou seja parece afastada a exigência de uma fundamentação unívoca e massificada obedecendo sempre aos mesmos requisitos seja qual for o tipo de procedimento ou o tipo de actos que estejam em causa.

A estrutura identificada não está, no entanto, específica e normativamente orientada para aplicação directa a um «sistema penal europeu». Daí que tenha sentido a problematização sobre se haverá razões suficientemente significativas para que não possa ser utilizada e seguida quando estejam em causa decisões atinentes ao espaço de «justiça penal», em que os interesses sob tutela e protecção sendo diferenciados não deixam no entanto de consubstanciar uma concretização e realização de direitos no espaço europeu.

Por outro lado, importa questionar se essa estrutura, a ser globalmente exigível não deverá consagrar um «alto nível de protecção» dos direitos fundamentais[308] face, por um lado a estruturas constitucionais nacionais mais

---

[307] Importa sublinhar que os requisitos «clareza» e «concisão» são tratados por alguns autores, como Paulo Lourenço, de uma forma autónoma em relação à «essencialidade»: cf. *Fundamentação dos Actos Comunitários*, cit., pp. 55 e 69. Não parece, no entanto que o seu significado seja diverso do que é referido no texto.

[308] A questão da protecção dos direitos fundamentais no âmbito da União consubstancia uma problemática complexa sobretudo depois da aprovação da Carta de Direitos Fundamentais da União Europeia, que não será objecto de aprofundamento. Refira-se que conforme é

A FUNDAMENTAÇÃO DA SENTENÇA NO SISTEMA PENAL PORTUGUÊS

exigentes e, também, dotadas, por isso, de mais garantias e, por outro, à própria evolução da construção do espaço penal europeu assente em níveis de protecção processual por vezes menos exigente, tendo em conta a sua necessária compatibilidade com as estruturas processuais de todos os Estados da União[309].

VI. Síntese

A relevância constitucional da questão da fundamentação das decisões, que se pretendeu evidenciar através do percurso histórico da sua normativização trouxe à dogmática uma outra visão do princípio da fundamentação das decisões no sistema penal.

Para além da sua autonomia conceptual, inequivocamente estabelecida no artigo 205º nº 1 da CRP, sublinhou-se a tríptica dimensão onde ancora o princípio da fundamentação como direito fundamental, dever constitucional e princípio da jurisdição, evidenciando-se as consequências que esse repentino crescimento da questão assume no ordenamento jurídico.

A relevância da exigência da fundamentação das decisões no entendimento e no desenho dogmático da jurisdição demonstram que se trata de uma questão central com reflexos directos no que é, hoje, o entendimento de uma jurisdição legitimada num sistema democrático.

patente em muita doutrina sempre existiu durante muito tempo um clima de desconfiança sobre o nível de protecção dos direitos humanos no âmbito comunitário. Sublinhando este aspecto veja-se Jurgen Schwarze in «Perspectivas constitucionales de La Union Europea ante la próxima CIG de 2004» in *La Encrucijada Constitucional de la Union Europea*, Eduardo Garcia Enterria (dir.), Civitas, Madrid, 2002 p. 302. O próprio debate que levou à aprovação do Tratado de Lisboa e a forma como foi introduzida a questão da inserção da Carta – e a exclusão da sua aplicação a alguns países – é sintomática dessa desconfiança. A Carta contém no entanto um conjunto de princípios assentes na perspectiva genérica de que segundo Schwarze, «todo o poder público tem de estar limitado por direitos fundamentais (...) significando isso que a nova forma de poder público, ou seja o poder da Comunidade no que respeita aos direitos humanos, tem que estar submetida à jurisdição dos tribunais»: *ibidem*, p. 303.

[309] Alguns autores, como Anabela Rodrigues falam na relação de causa – efeito entre «o vazio em matéria de harmonização de processos penais e de garantias processuais» e «risco de que se instale no espaço penal europeu uma orientação repressiva e securitária». Citando Anne Weymberg, a autora refere que «o reconhecimento mútuo contém o gérmen de um "nivelamento por baixo" das garantias processuais: em termos de protecção de direitos fundamentais, incita a contentar-se com o "menor denominador comum"»: cf. *O Direito Penal Europeu Emergente*, cit., pp. 75 e 120 e ss.

Ao nível das consequências directas do princípio constitucional evidenciaram-se os cinco segmentos estruturais sobre os quais deve assentar tanto o edifício legislativo subsequente, como a interpretação que sobre ele é efectuada pelos tribunais nomeadamente, a generalidade, a indisponibilidade, o conteúdo próprio e completo, a publicidade e o duplo grau de jurisdição. Os reflexos destes corolários na interpretação judiciária das normas, permitindo já alguma orientação sobre a relevância da fundamentação, exigem, no entanto, um trabalho de densificação que vai além da perspectiva constitucional.

A afirmação do princípio constitucional da fundamentação das decisões, se bem que nos permita perspectivar os contornos de algo que começa a ser definido, não nos permite, ainda, sair do "nevoeiro" de modo a que se percepcione com clareza o âmbito da fundamentação das decisões no sistema penal, os limites, as suas repercussões e patologias e, sobretudo, os rumos ou caminhos que se poderão traçar sobre o modo de entender de uma forma adequada a fundamentação das várias e diferentes decisões judiciais no sistema penal.

Finalmente suscita-se o debate sobre a importância da fundamentação das decisões numa ordem jurídica em mudança, complexa e em adaptação a processos de normativização ainda não totalmente percepcionados, mas que modelam a aplicação pragmática do direito. Desde logo salienta-se o papel da jurisprudência evolutiva do TEDH sobre a fundamentação das sentenças no âmbito do direito a um processo equitativo, público e efectuado por um tribunal independente e imparcial, dando específica relevância a uma decisão recente que tanto pelas razões que a fundamentam como pela implicação que pode ter em algumas ordens jurídicas, faz emergir de uma forma notável a dimensão extraprocessual da fundamentação das sentenças.

Por outro lado evidenciam-se os sintomas de um novo constitucionalismo, essencialmente centrado no processo de construção da União Europeia e suscita-se o debate tópico sobre a pretensão a um esquema europeu de fundamentação das decisões que, dentro das finalidades subjacentes às garantias que decorrem desse princípio possa, num amplo espaço judiciário, consagrar um nível de protecção alargado dos cidadãos.

Capítulo III
Estrutura e racionalidade da construção e fundamentação da sentença penal

I. Génese e finalidades da obrigação de fundamentação

Uma das questões que importa analisar é a necessidade de saber as razões que justificam e quais as finalidades que sustentam a obrigação de fundamentar as decisões nomeadamente, no âmbito do processo penal.

Estabelecida a origem histórico-constitucional do dever de fundamentação, importa aprofundar a sua dimensão dogmática e as suas repercussões no tratamento processual da matéria.

Como já foi referido, o princípio da fundamentação das decisões no Estado moderno decorre primariamente da constituição jacobina de 1789 a qual, pela sua influência directa nos vários ordenamentos processuais, moldou ao longo dos séculos XIX e XX toda a construção dogmática sobre a matéria[310].

---

[310] A afirmação sustenta-se em vários autores sendo paradigmática a obra de Tony Sauvel, «Histoire du jugement motivé», cit., pp. 43 e ss. No que respeita à situação em Itália veja-se Mariano Menna, *La motivazione del Giudizio Penale*, cit., p. 6, Amodio, «Motivazione della sentenza penale», cit. p. 187, Franco Cordero, *Procedura Penale*, (sesta edizione), Giuffrè, Milano, 2001, pp. 982 e 985, Ferrajoli, *Derecho y Razón*, cit., p. 623 e Mário Pisani, «Appunti per la storia della motivazione nel processo penale», *L'Indice Penale*, cit., p. 317. Em Espanha pode ver-se todo o processo histórico que levou à constitucionalização do actual artigo 120.3, de uma forma aprofundada em Ernesto Pedraz Penalva, *Derecho Procesal Penal*, cit., pp. 342-358 e em Sónia Boente, *La Justificacion de las Decisiones*, cit. pp. 200 e ss. Sobre a situação na Europa,

A FUNDAMENTAÇÃO DA SENTENÇA NO SISTEMA PENAL PORTUGUÊS

Vários autores identificam a primeira imposição normativa europeia sobre a motivação das decisões judiciais na *Pragmática* de Fernando IV, de 27 de Setembro de 1774 do Reino de Nápoles[311], sendo que a partir do século das luzes e, sobretudo, com a mudança paradigmática que envolveu o estabelecimento das grandes codificações subsequentes à revolução francesa, a perspectiva da fundamentação das decisões dos tribunais foi significativamente alterada.

A questão da fundamentação das decisões no sistema continental encontrou eco na necessidade de tornar controlável e menos arbitrário um poder até então sustentado essencialmente numa legitimidade autoritária, assim como na necessidade legal e racional de sustentar a legitimidade do exercício de todos os poderes, incluindo o judicial que, com o fim do Antigo Regime, deixou de fazer sentido[312].

A obrigação de fundamentar as decisões judiciais respondeu, assim, não tanto a uma elaboração doutrinal e filosófico-política desenvolvida, mas antes a uma situação político concreta decorrente da Revolução Francesa.

---

antes da *Pragmática* de Fernando IV, cf. Ferrajoli, *Derecho y Razón*, cit., p. 691 e Franco Cordero, *Procedura Penale*, cit., p. 983. Sobre a evolução histórica do processo na Alemanha, cf. Fernando Díaz Cantón, *La Motivación de la Sentencia Penal y otros Estúdios*, Editores del Puerto, Buenos Aires, 2005, pp. 101 a 106.

[311] A relevância histórica da *Pragmática* impõe que se exponha, do seu texto a parte referente à fundamentação: «...Per togliere alla malignità e alla frode qualunque pretesto, ed assicurare nell'opinione del pubblico la essatezza e la religiosità dei magistrati. Vuole la Maestà Sua, anche sull'esempio e sull'uso dei tribunali piu rinomati, che in qualunque decisione che riguardi o la causa principale, o gli incidenti, fatta da qualunque tribunali di Napoli, o collegio, o giunta, o altro giudice della stessa capitale, che abbia la facoltà di decidere, si spieghi la ragione di decidire o siano i motivi sui quali la decisione é appogiata» – *Nuova Collezione delle Prammatiche del Regno di Napoli*, t. XII (a cura di L. Giustiniani), 1805, p. 135, apud Mário Pisani, «Appunti per la storia della motivazione nel processo penale», cit., p. 317.

[312] Segundo Taruffo a «exigência da fundamentação não decorre "tout court" de um pensamento ilustrado mas supõe antes um modo de reacção contra a *praxis* judicial do Antigo Regime na medida que se refere que a falta de motivação permite um exercício arbitrário do poder pelo juiz»: cf. *«La motivazionne...»*, p. 326. Uma síntese sobre a questão pode ver-se em Sónia Boente, *La Justificacion de las Decisiones*, cit., pp. 201 a 203. Mais desenvolvidamente, em relação ao sistema espanhol mas efectuando uma análise mais abrangente, veja-se Ernesto Pedraz Penalva, *Derecho Procesal Penal*, cit., pp. 355-357.

ESTRUTURA E RACIONALIDADE DA CONSTRUÇÃO E FUNDAMENTAÇÃO DA SENTENÇA PENAL

No âmbito dos sistemas de *common law*, a questão da fundamentação das decisões não constituiu uma obrigação normativa mas apenas uma prática generalizadamente usada desde o século XII com a Magna Carta[313].

Toda a construção dogmática, normativa e jurisprudencial vem densificando uma dupla dimensão finalística referente à fundamentação das decisões, ultrapassando uma dimensão restritiva da fundamentação como instrumento de controlo interno das decisões, com vista à sua impugnação pelos destinatários directos.

Se esta dimensão endoprocessual sustentada nessa finalidade continua a assumir um particular relevo, a projecção democrática do princípio da fundamentação das decisões, revelada em muitos países pela constitucionalização do dever de fundamentar as decisões, veio tornar explícita a universalização do dever de fundamentar, fazendo emergir a dimensão extraprocessual da fundamentação como valor tão ou mais relevante de que a dimensão endoprocessual[314].

---

[313] Cf. H.L. HO, «The judicial duty to give reasons», cit., p. 42, Iniesta Delgado, *Enunciados Jurídicos en la Sentencia Judicial*, cit., p. 192 e também John R. Spencer, «Quelques observations préliminaires», *Revue Internacional de Droit Comparé*, nº 3, 1999, p. 823. Um interessante ponto de vista sobre o modo de proferir as decisões em Inglaterra é dado por Stephen Sedley, «La prise de décision par le juge anglais», *Revue Internacional de Droit Comparé*, nº 3, 1999, pp. 817 e ss. O autor, juiz na *Hight Court* de Londres, após explicitar o modo oral de construção da decisão e sobretudo o conteúdo tipicamente narrativo da decisão inglesa, afirma que «o aumento de intensidade e de profissionalismo dos litígios e a diminuição dos recursos públicos, onde se compreendem os recursos do sistema judiciário, impuseram uma mudança das políticas jurídicas (...). O resultado deverá ser uma transformação, porventura ao estilo francês, da maneira de tomar decisões». Sublinhando a mesma mudança de paradigma, mas criticamente, Mary Arden, refere que «recentemente as sentenças dos tribunais superiores [de Inglaterra e Gales] são mais extensas e evidentemente a sua valia não é proporcional à sua extensão»: cf. «Una question de estilo? La forma de las sentencias en los sistemas jurídicos anglo-americanos», *Jueces para la Democracia, Información y debate*, nº 65, julio, 2009, p. 112.

[314] São vários os autores que fazem referência a esta «migração» da função endoprocessual para uma função extraprocessual nomeadamente face à constitucionalização do princípio que ao longo do século XX foi percorrido em vários países da Europa. É de salientar, com referência a Itália mas com influência em Espanha e Portugal, a obra de Taruffo que vem sendo desenvolvida ao longo do tempo. Desde logo em 1976, na obra *La motivazionne della sentenza civile*, o autor traça um quadro amplo sobre a questão, (pp. 405 e ss), radicando a sua atenção, no entanto, na dimensão processual civil. Mas em obras posteriores, essa dupla dimensão, é sublinhada de forma essencial pelo autor estendendo-a também ao processo penal. Veja-se especialmente, «Note sulla garanzia costituzionale della motivazione», cit. p. 31; «La Fisionomia della sentenza *in* Itália», in AAVV, *La Sentencia in Europa, Método Técnica e Stile*, Padova,

Nos sistemas de *common law*, onde a dimensão constitucional e normativa está ausente, a concretização do *duty to give reasons* vem assumindo uma crescente relevância[315]. Na concretização do que é o conteúdo deste «dever de dar razões» é visível a dupla dimensão endo e extraprocessual salientada. Por um lado, reafirma-se que este dever de dar razões é uma função do *due process*[316] e, nesse sentido, as funções de reapreciação em sede de recurso da

---

1988, p. 189, «Consideraciones sobre prueba y motivación», *Jueces para la Democracia, Información y Debate*, julio 2007, p. 77 e mais recentemente a obra colectiva, *Consideraciones sobre la prueba judicial*, Fundación Coloquio Jurídico Europeu, Madrid, 2009. Em Espanha, fazendo salientar esta dupla dimensão e o que foi o seu trajecto, cf. Ignacio Colomer Hernandez, *La Motivación de las Sentencias: sus Exigências Constitucionales e Legales*, cit., pp. 123 e 124 e Juan Igartua Salaverria, *La Motivación de las Sentencias*, cit., pp. 23 e 24. Em Portugal a questão da dupla dimensão subjacente à fundamentação das decisões tem sido objecto de referências meramente tópicas. Assim Germano Marques da Silva, *Curso de Processo Penal, III*, Verbo, 1994, p. 290 e «A fundamentação das decisões judiciais. A questão da legitimidade democrática dos juízes», cit., p. 28; um pouco mais desenvolvidamente Damião da Cunha, *O Caso Julgado Parcial*, cit., pp. 565 e 571, embora sem se referir concretamente aos termos endo e extra processual; Maria João Antunes, de uma forma brevíssima, «Anotação ao Acórdão do Supremo Tribunal de Justiça de 6 de Maio de 1992», *RPCC*, 1994, *Tomo* 4 p. 122; Gonçalves da Costa, «O Sistema Judiciário Português», *BFDUC*, LXXIV, 1998, p. 235; Manuel Marques Ferreira, «Da fundamentação da sentença penal em matéria de facto», *Revista Jurídica de Macau*, Janeiro, Abril 1997, p. 66, Carlos Pinto de Abreu, «Do Dever de Fundamentação das decisões penais em matéria de facto», *Revista Jurídica*, nº 23, Novembro 1999, p. 23, Paulo Saragoça da Matta, «A Livre apreciação da prova e o dever de fundamentação da sentença», *Jornadas de Direito Processual Penal e Direitos Fundamentais*, coord. Maria Fernanda Palma, Almedina, 2004, p. 262, Sérgio Gonçalves Poças, «Da sentença penal – fundamentação de facto», *Julgar*, nº 3, 2007, p. 23 e Joaquim Gomes, «A motivação judicial em processo penal e as suas garantias constitucionais», *Julgar*, nº 6, 2008, pp. 77 e ss.

[315] No caso dos Estados Unidos, não obstante a constituição Federal dos Estados Unidos não formular qualquer requisito sobre a fundamentação das decisões, vários Estados como é o caso da Califórnia, reconhecem na sua Constituição o requisito de que as decisões devem ser fundamentadas e escritas. Por outro lado a *Rule 52 (a) da Federal Rules for Civil Procedure* estipula que os tribunais de distrito federais devem especificar os fundamentos de facto e as conclusões de direito, o que não acontece, no entanto para os tribunais federais superiores. Esta prática varia no caso dos tribunais estaduais de Estado para Estado: cf. Gunnar Bergholtz, «Ratio et Autorictas: algunas reflexiones sobre la signification de las decisiones razonadas», *Doxa*, nº 8, 1990, p. 76.

[316] Cf. H.L. Ho, «The judicial duty to give reasons», cit., pp. 45, 47 e 48, especialmente p. 51. Essa visão «extraprocessual» é reconhecida também por Stephen Sedley, «La prise de décision par le juge anglais», cit., p. 819, sadentando no caso das decisões com interesse público a conveniência em o juiz «se explicar numa linguagem acessível mesmo aos jornalistas». Sobre o «duty to give reasons» no âmbito das decisões administrativas nomeadamente a identificação

decisão, através da fundamentação têm um lugar próprio. Por outro lado, evidencia-se uma dimensão de *accountability* na exposição dos motivos das decisões proferidas pelos juízes, dando-se ênfase a um amplo e genérico dever de prestar contas dos órgãos judiciários perante as instituições e os cidadãos através das decisões que proferem.

É visível, assim, uma autonomia dogmática das dimensões endo e extra-processual sendo necessário entender o seu cruzamento permanente numa visão global da fundamentação das decisões. Ou seja, actualmente não faz sentido analisar a questão da fundamentação das sentenças sem assumir uma visão integrada das duas funções evidenciadas, tendo em conta os motivos relevantes não excludentes que ambas tutelam[317]. O conjunto de interesses, necessidades e expectativas partilhados pelos destinatários directos das decisões e pelos cidadãos em geral, na medida em que deles deriva a legitimação do exercício da jurisdição, não prescindem de uma exigência de compreensibilidade da decisão e das razões que a fundaram.

Importa, no entanto, atentar mais especificamente nas funções desempenhadas no processo de fundamentação por cada uma das dimensões assinaladas, tendo em conta a relevância concreta e específica que cada uma pode desempenhar no âmbito de um mais vasto entendimento do papel da fundamentação das decisões no sistema penal. Só um aprofundado entendimento dessas funções permite percepcionar o relevo total dos problemas concretos suscitados na aplicação prática da fundamentação das decisões.

de um «caminho» que começa a ser efectuado no sentido de ser «reconhecido» esse direito no âmbito do sistema anglo-saxónico veja-se N.R. Campbell, «The duty to give reasons *in* administrative law», *Public Law*, Summer, 1994, p. 184.

[317] Neste sentido, Mariano Menna refere que «o controlo da sujeição à lei do órgão judicial, igualmente em função da sua independência e autonomia expressa através da motivação, diz respeito não só ao povo mas também ao juiz da impugnação – seja através da correcção processual e de mérito da decisão recorrida seja sobre o perfil do abuso de poder censurável em matéria penal no sentido do artigo 606 comma 1 lett.a) cpp – evidenciam, de maneira politicamente circular, as duas finalidades endoprocessual e extraprocessual»: cf. *La Motivazione del Giudizio Penale*, cit., p. 13. Essa dupla visão evidencia-se também, embora não enquadrada neste ponto de vista dogmático, no âmbito do sistema anglo-saxónico, nos casos e procedimentos onde se constata esse dever de fundamentação. Nesse sentido é expressiva a afirmação de John R. Spencer, ao referir que «cremos que é este dever de motivação das suas decisões que incita os juízes a fazerem o seu trabalho de uma forma escrupulosa que torna possível um controlo em caso de arbítrio, que demonstre ao público que os juízes respeitam efectivamente as regras do direito e que forneça às partes uma explicação da decisão»: cf. «Quelques observations préliminaires», cit., p. 825.

A FUNDAMENTAÇÃO DA SENTENÇA NO SISTEMA PENAL PORTUGUÊS

1. A dimensão endoprocessual da fundamentação das decisões

Historicamente identificada como razão primária que presidia à necessidade de fundamentar as decisões[318], a dimensão endoprocessual desenvolve-se no interior da estrutura e funcionamento do processo tendo como finalidade principal o controlo da decisão por parte dos intervenientes no processo concreto, tanto para o seu próprio controlo como para uma ulterior verificação através dos órgãos superiores de controlo institucional do mérito da decisão.

A afirmação genericamente aceite relativa à relevância da finalidade endoprocessual da fundamentação carece, no entanto, de algumas explicitações, tendo em conta o relevo pragmático que assume.

Dum ponto de vista subjectivo são, desde logo, evidenciadas duas dimensões. Por um lado, tendo em conta os destinatários directos da decisão está em causa o auditório técnico ou seja, o conjunto de entidades que são atingidas pela decisão e podem, no procedimento, questioná-la[319]. Por outro lado, tendo em atenção a dimensão de quem profere a decisão relevam-se as repercussões que o próprio acto de elaboração e fundamentação assume no modo e método de decidir.

---

[318] Salientada, sobretudo, na tradição francesa onde a enunciação dos motivos evidenciava exclusivamente a necessidade de controlo pela Cassação das decisões judiciais. O que não acontecia na tradição italiana decorrente da «Pragmática» de Fernando IV onde claramente se intui a necessidade de motivação das decisões numa dimensão de "prestação de contas" pelos juízes perante o publico e não tanto sobre as partes ou os tribunais superiores. Veja-se, neste sentido, Ennio Amodio, «Motivazione della sentenza penale», cit. p. 187.

[319] A questão do «auditório» assume, no domínio da fundamentação das decisões uma relevância fundamental. Desde logo, conforme refere Perelman, a argumentação é elaborada em função do auditório a que se dirige, mudando de sentido em função da sua composição, visando obter a adesão daqueles a quem se dirige: cf. Chaïm Perelman et P. Foriers, *La Motivation des Décisions de Justice*, cit., p. 421 e Chaïm Perelman, Lucie Olbrechhts-Tyteca, *Tratado de Argumentação*, cit. pp. 27 e 53. A construção dogmática identificando os auditórios técnico e universal permite percepcionar o âmbito e o modo de construção das várias dimensões subjacentes às finalidades da fundamentação. O auditório universal, segundo Perelman, surge como o limite para qualquer argumentação no sentido de que quando lhe é dirigida «deve convencer o leitor do carácter compulsivo das razões fornecidas, da evidência deles, da sua validade intemporal e absoluta, independente de contingências locais ou históricas»: *ibidem*, p. 40. Assimila-se a dimensão endoprocessual a um auditório restrito (técnico) e a dimensão extraprocessual a um auditório «universal». «O juiz, na hora de justificar a sua decisão deve tentar satisfazer as necessidades e expectativas tanto do auditório técnico como da audiência geral»: cf. Ignacio Colomer, *La Motivación de las Sentencias*, cit. p. 127.

No que respeita ao auditório técnico, a fundamentação assume duas dimensões: garantia de impugnação, concretizando o controlo de mérito da decisão e garantia de defesa. Na perspectiva de quem elabora a decisão salienta-se a dimensão de autocontrolo.

1.1. Garantia de impugnação e mecanismo de heterocontrolo

Só através da fundamentação se possibilita um controlo *a posteriori* por parte dos tribunais superiores sobre toda a concepção da decisão bem como, sobre o seu conteúdo, assim se concretizando a impugnação e a efectivação do direito ao recurso.

Esta é uma função essencial na medida em que sem fundamentação não seria possível efectuar por parte das instâncias de recurso o conhecimento e a reapreciação do mérito da decisão em toda a sua dimensão[320]. Trata-se de uma função de garantia assegurada aos intervenientes processuais que, ao longo dos tempos, foi vista como a principal, senão única, função subjacente à fundamentação das decisões.

Importa referir que a garantia de impugnação possibilita num primeiro momento, um controlo «individual» da decisão através da disponibilidade dada aos seus destinatários directos do conhecimento das razões justificativas nela expostas, impedindo-se assim que se profiram decisões arbitrárias[321]. Mas, para além da possibilidade de controlo atribuída aos sujeitos processuais directamente envolvidos, possibilita-se também um controlo «burocrático» por parte dos tribunais superiores quando efectuam essa avaliação e controlo.

A obrigatoriedade de fundamentação traduzida na exposição dos motivos que sustentam a opção efectuada pelo juiz assume uma especial relevância

---

[320] Salientando esta dimensão como uma das três razões fundamentais da exigência de fundamentação, Gomes Canotilho, *Direito Constitucional e Teoria da Constituição*, cit., p. 621. A relevância do dever de fundamentação como elemento fundamental na estrutura e âmbito do conhecimento dos recursos é aprofundada por Damião da Cunha, *O Caso Julgado Parcial*, cit., pp. 568 e ss, especialmente p. 576.

[321] Vários autores salientam a garantia a um controlo relativo à ausência de arbitrariedade como uma das funções essenciais da fundamentação: cf., neste sentido, M. Tropper, «La Motivacion des décisions constitutionnelles» e Wrobleski, «Motivation de la decision judiciel», in Chaïm Perelman e P. Foriers, *La Motivation des Décisions de Justice*, cit., pp. 296 e 132, respectivamente. No mesmo sentido, Iniesta Delgado *Enunciados Jurídicos en la Sentencia Judicial*, cit. p. 194.

no que respeita à matéria da prova que sustenta a decisão. Nesta dimensão encontra-se «o procedimento essencial para o controlo relativo à racionalidade da convicção do juiz»,[322] no que são as bases da sua decisão.

A valoração da prova consubstancia hoje uma dupla actividade jurisdicional: legal e racional. Legal porque toda a valoração se exerce sobre a prova que só pode ser legitimamente adquirida. Racional porque implica a obrigação de justificar a decisão segundo critérios de razoabilidade respeitando três ordens de razões: lógica, científica e experimental. A sindicabilidade da actividade legal e racional efectuada pelo juiz na apreciação e valoração da prova em que sustenta a sua decisão desenvolve-se através do modo como esta última é fundamentada.

1.2. Garantia de defesa

O papel da fundamentação da sentença penal do ponto de vista interno determina e concretiza os limites da decisão revestindo, por isso, uma dimensão de garantia de defesa[323].

Ou seja, ao expor justificadamente a fundamentação das escolhas efectuadas no processo de decisão, o juiz está a limitar concretamente o que foi a sua decisão e por isso a concretizar o objecto do processo permitindo assegurar uma dimensão relevante do direito de defesa do destinatário directo da decisão, atribuindo um conteúdo concreto à possibilidade de impugnação da decisão através da interposição de recurso. Segundo Iacovello é a motivação que traça os limites das escolhas decisórias do juiz: «o juiz não decide o que não é motivável»[324].

Essa «limitação» que decorre do acto de fundamentar a sentença concretiza «um limite imanente da actuação jurisdicional de modo a que o juiz não vai adoptar decisões infundadas juridicamente sob pena de serem revogadas»[325].

---

[322] Neste sentido, Michele Taruffo, referindo-se à motivação no processo civil italiano, alerta para uma prática jurisdicional de não motivação das sentenças, assente num discurso de afirmação de «impossibilidade» de controlos racionais sobre a convicção do juiz. Discurso que o autor critica, por não ter fundamento racional e por assentar num «mau uso» do princípio da livre convicção dos juízes e do que é a argumentação utilizada nesse sentido: cf. *La Prueba de los Hechos*, cit., pp. 437 e 438. Sobre as questões suscitadas pelo princípio da livre apreciação da prova e a fundamentação das sentenças *infra*, Capítulo IV.

[323] Salientando a dimensão de garantia de defesa, cf. Ferrajoli, *Derecho y Razón*, cit., p. 623.

[324] Assim Iacoviello, «La motivazione della sentenza penale e il suo controllo in cassazione», cit., p. 8.

[325] Cf. Ignacio Colomer, *La Motivación de las Sentencias*, cit., p. 130.

Esta função concretizadora do limite de actividade jurisdicional, evidenciada pelo conteúdo que configura a fundamentação completa, está sempre garantida, independentemente da existência ou não de recurso da decisão sendo, por isso, para alguns autores a principal função da fundamentação[326].

1.3. Mecanismo de autocontrolo

No que respeita aos órgãos jurisdicionais que proferem a decisão sublinha-se o objectivo de autocontrolo que decorre da exigência e do modo de concretizar e elaborar a fundamentação.

Fundamentar uma decisão é expor as razões justificativas de uma escolha efectuada, através de um processo de argumentação. Neste sentido exige-se ao juiz a capacidade de reflectir, ponderar e também de transmitir essa reflexão para o exterior através da própria decisão[327].

Trata-se de um processo de racionalização exigente que se concretiza em dois níveis.

Por um lado, afirmando e justificando o que ocorreu no processo de concretização e elaboração da decisão nomeadamente, explicitando os processos de escolha efectuados, num quadro onde as possibilidades de escolha eram limitadas e condicionadas pelos meios de prova utilizados[328]. Aquele processo de escolha, não sendo arbitrário sustenta-se num conjunto de justificações que têm que ser elaboradas para serem transmitidas. Na medida em que explicita as suas razões o juiz está a objectivá-las e, nessa medida, auto-controla-se. Perfecto Ibañez refere que se trata de conseguir que o juiz «mediante a interiorização eficaz do correspondente dever jurídico [de motivar], adopte uma atitude que é de método (...). Deixando reflexiva e efectivamente de fora do discurso probatório aquelas pulsões valorativas que por não serem verbalizadas não poderiam ser acolhidas de forma expressa»[329]. As razões funcionam nesta medida como uma espécie

---

[326] *Ibidem*, p. 130.

[327] Aarnio sublinha a relevância da argumentação como «instrumento dos juízes para uma melhor auto-compreensão»: cf. Manuel Atienza, «Entrevista a A. Aarnio», *Doxa*, nº 21, 1998, I Volume, p. 435.

[328] Salientando esta dimensão de autocontrolo, no sistema português, Germano Marques da Silva, *Curso de Processo Penal, Volume III*, cit., p. 290. Em relação ao sistema espanhol, no mesmo sentido, cf. Ernesto Pedraz Penalva, *Derecho Procesal Penal*, cit., p. 372.

[329] Cf. «Sobre Prueba y motivación», *Jueces para la Democracia, Información y Debate*, nº 59, Júlio, 2007, p. 91.

de guias para o trabalho do juiz e, simultaneamente como resultado do que é efectuado[330].

Por outro lado, e já num momento posterior, trata-se de concretizar a exigência «que a justificação desenhada na mente do julgador seja escrita e expressa com a devida suficiência e clareza para ser entendida pelos destinatários da mesma»[331]. Esta segunda dimensão sobrepõe-se, ou pelo menos cruza-se de alguma forma com a dimensão extraprocessual na medida em que se constata a necessidade de justificação clara das opções tomadas num contexto anterior. O que comprova que a conexão das duas dimensões, que se manifestam de forma autónoma, é uma realidade[332].

Finalmente deve sublinhar-se uma outra perspectiva que parece evidenciar-se como exigência de autocontrolo dos órgãos jurisdicionais, nomeadamente dos juízes, e que se concretiza – embora não pareça dela decorrer directamente – pela fundamentação das sentenças nomeadamente, a que decorre da consolidação da jurisprudência.

Como se sabe, a consolidação da jurisprudência é uma forma de assegurar a certeza e a segurança jurídicas, elementos fundamentais da compreensão do papel dos tribunais numa sociedade democrática. Toda a consolidação jurisprudencial parte num primeiro momento, da análise crítica de quem a produz, por quem é por ela afectado directamente e por quem, por *dever de ofício* (o caso da doutrina) ou por outro motivo desenvolve essa crítica.

A consolidação da evolução da jurisprudência concretiza-se pelo reexame das decisões anteriores nomeadamente, pela reapreciação não só da decisão *tout court*, como sobretudo da própria fundamentação, seja por quem é o seu

---

[330] Sobre o papel da elaboração da fundamentação como «guia» para o juiz, Gunnar Bergholtz contrapõe essa dimensão juntamente com a função de justificação da decisão, à perspectiva desenvolvida por alguns sectores do realismo crítico que, não relevando a importância da fundamentação das decisões, a entendem como «*hunches* racionalizadas por parte do juiz que não explicam nada e que são uma mera simulação porquanto não dão as razões reais da decisão»: cf. «Ratio et Autorictas: algunas reflexiones sobre la significacion de las decisiones razonadas», *Doxa*, nº 8, 1990, p. 83.

[331] Cf. Ignacio Colomer, *La Motivación de las Sentencias*, cit., p. 135. Também Gomes Canotilho, salienta «a exclusão do carácter voluntarista e subjectivo do exercício da actividade jurisdicional e a abertura do conhecimento da racionalidade e coerência argumentativa dos juízes», como uma das razões fundamentais da fundamentação: cf., *Direito Constitucional e Teoria da Constituição*, cit., p. 621.

[332] Sobre a diferenciação do dever de decidir e o dever de fundamentar, cf. *infra* ponto 3.1.

autor seja pela doutrina[333]. É evidente que a análise e a reapreciação da jurisprudência efectuada por «terceiros» se integra numa dimensão heterónoma e também ela como reflexo de uma função «extraprocessual» da fundamentação. No entanto, a exigência de análise crítica (ou autocrítica) do percurso jurisprudencial é um acto fundamental do juiz[334]. Daí que a estrutura de concepção do dever de fundamentação se assuma nesta perspectiva como uma força relevante de autocontrolo dos juízes individualmente e, simultaneamente, da própria jurisdição vista como um «todo».

2. A dimensão extraprocessual da fundamentação das sentenças

A dimensão extraprocessual desenvolveu-se a partir do momento em que se aceita que a fundamentação da sentença representa a garantia do controlo do exercício do poder judicial fora do âmbito processual por parte de quem é titular legítimo de um órgão de soberania em nome da qual a jurisdição exerce o poder. Nesse sentido, a obrigatoriedade de dar as razões justificativas das decisões «é uma manifestação do princípio da participação popular na administração da justiça»[335], permitindo um controlo difuso sobre o exercício da jurisdição[336].

A constitucionalização do dever de fundamentação de todas as decisões, inclusive as que não são susceptíveis de recurso, demonstra o carácter da projecção democrática da fundamentação das decisões[337].

---

[333] Neste sentido, cf. Cunha Rodrigues, «Justiça Comunitária e qualidade da justiça: um discurso do método», *Julgar*, n.º especial, Novembro 2008, p. 39. O autor defende aliás como uma das virtudes do sistema de precedente anglo-saxónico, exactamente porque nos sistemas continentais não é efectuado pelos tribunais, «o regresso às decisões anteriores para indagar se a solução jurídica então encontrada se adequa a um outro tempo histórico (...) o que favorece a omissão do reexame crítico das decisões anteriores e conduz à cristalização da jurisprudência», *ibidem*, p. 39.

[334] A dimensão autocrítica como consequência da exposição e análise do processo lógico que envolve a fundamentação é salientada por Luis Benéytez Merino, «Deontologia de la decision judicial», in AA.VV. *Ética del Juiz y Garantias Procesales*, Consejo General del Poder Judicial, Madrid, 2005, p. 339.

[335] Cf. Michele Taruffo, «La fisionomia della sentenza in Itália», cit., p. 189.

[336] Gomes Canotilho, sublinha, neste sentido, a finalidade do «controlo da administração da justiça»: cf. *Direito Constitucional e Teoria da Constituição*, cit., p. 621.

[337] Neste sentido também Salaverria, *La Motivación de las Sentencias*, cit., p. 26 salientando que «isso não se explicaria se a motivação fosse só um instrumento para possibilitar as impugnações».

Aqui está em causa, já não o alvo de um auditório restrito, mas sim, o «auditório universal»[338] na medida em que se pretende atingir não só os destinatários directos da decisão como também o auditório geral constituído pela opinião pública, pelo povo como entidade ou razão fundamental e legitimadora do exercício da função judicial.

Impõe-se, no entanto, sublinhar que a dimensão extraprocessual assume perspectivas diferenciadas consoante o tipo de decisões. A importância da dimensão extraprocessual atinge cambiantes diversas consoante estão em causa decisões proferidas em casos com grande relevância pública ou em casos cuja relevância pública não tem dimensão significativa ou não tem mesmo qualquer tipo de relevância. De igual modo, há que sublinhar a relevância da dimensão extraprocessual na fundamentação nos chamados «casos difíceis»[339].

A relevância da dimensão extraprocessual pode concretizar-se numa tripla dimensão: legitimação, transparência e prestação de contas (*accountability*) e responsabilização.

2.1. O problema da legitimação (revisitação)

Como se referiu anteriormente[340], é através da fundamentação das decisões que se concretiza a função legitimadora, no sentido político, da função judiciária na medida em que as decisões penais sustentando-se na verdade determinável num certo contexto, através de um modo racional de procedimento e exigem a demonstração ou explicação do modo como foi determinada essa verdade.

---

[338] O conceito de auditório universal e a sua analogia com o conceito de «comunidade ideal de diálogo» de Habermas evidencia a relevância do conceito, segundo Alexy: cf. *Teoria de la Argumentación Jurídica*, cit., p. 163. Alguns autores, como Atienza, criticam, esta construção do conceito de auditório universal por ser «mais que um conceito cuidadosamente elaborado, apenas uma intuição feliz»: cf. *As Razões do Direito*, cit., pp. 109 e ss, em especial p. 114, aludindo também às críticas efectuadas por Alexy. A questão do auditório e a sua importância no âmbito da retórica do advogado na capacidade de persuasão do tribunal é tratada na obra de François Martineau, *Tratado de Argumentação Judiciária*, Tribuna, Lisboa, 2006 pp. 33, 56, 100, 137 e 200.

[339] A questão da dimensão diferenciada da relevância pública das decisões, incluindo a análise dos casos difíceis, sendo matéria fundamental no objecto do trabalho será abordada *infra* no Capítulo V.

[340] Sobre a legitimação, cf. Capítulo I, ponto III.

ESTRUTURA E RACIONALIDADE DA CONSTRUÇÃO E FUNDAMENTAÇÃO DA SENTENÇA PENAL

A exigência da fundamentação das sentenças traduz assim a dimensão legitimadora da decisão e, num Estado democrático, do órgão que a profere ou seja, dos juízes[341].

Iacovello refere que se trata, neste sentido, de concretizar, através da fundamentação, uma «condição de legitimação do poder dos juízes»[342] como contraponto à constatação da diminuição do poder da lei face ao aumento dos poderes do juiz, ainda que circunscrito ao poder-dever de decidir racionalmente. Igualmente Owen Fiss sublinha que «a judicatura suscita o nosso respeito porque está afastada da política e envolvida num diálogo especial com o público (...). Os juízes estão obrigados (...) a assumir responsabilidades pessoais pelas suas decisões e a justificá-las com base em razões publicamente aceitáveis. Esta é a fonte do seu atractivo»[343].

No mesmo sentido, Aarnio refere que «nos Estados modernos (de bem estar) os juízes ou os tribunais em geral exercem a sua responsabilidade justificando as decisões (...). Esta e só esta garante a autoridade necessária à sua função»[344].

Dessa forma, como fonte de legitimação, a fundamentação das decisões contribui para a congruência entre o exercício do poder judicial e a base sobre o qual repousa: o dever de dizer o direito no caso concreto e esse direito aplicado ter que ser compreendido pelos seus destinatários e pelos cidadãos[345].

---

[341] Sobre a dupla dimensão da fundamentação das decisões como legitimação da própria decisão e do juiz, mas com referência ao «juiz europeu», veja-se Frederic Sudre, «La motivacion des decision de la Cour Européenne des Droits de l'Homme», cit., pp. 171 a 177. Damião da Cunha sublinha a «ideia de que o dever de fundamentação é parte integrante do acto jurisdicional e, além disso, [permite] garantir a efectiva legitimidade democrática da função jurisdicional»: cf. *O Caso Julgado Parcial*, cit., p. 571, assumindo o autor o dever de motivação como «princípio da legitimidade democrática da função jurisdicional»: *ibidem* p. 567.

[342] Cf. Iacoviello, «Motivazione della sentenza penale (controlo della)», cit. p. 754.

[343] Cf. Owen Fiss, *El Derecho como Razón Pública*, cit., p. 17.

[344] Cf. Aulis Aarnio, «La tesis de la única respuesta correcta y el princípio regulativo del razionaminento jurídico», *Doxa*, nº 8, 1990, p. 26 e *Le Rationnel Comme Raisonable*, cit., p. 7.

[345] Alguns autores identificam e relevam nesta dimensão a questão da segurança jurídica para os cidadãos como factor resultante da própria motivação. Assim, Iniesta Delgado sublinha que tal função não se cumpre apenas pela argumentação, concluindo que «a função de garantia da motivação cumpre-se somente se se prova que a decisão judicial é uma correcta aplicação do Direito»: cf. *Enunciados Jurídicos en la Sentencia Judicial*, cit., pp. 194 e 195. Salientando a dimensão extraprocessual da fundamentação e a relevância da motivação como legitimadora

Sublinha-se, neste âmbito, a dimensão que a própria fundamentação assume como reforço das garantias da independência e da imparcialidade[346] do juiz, na medida em que o processo de fundamentação traduz um «mecanismo» que permite medir o grau de imparcialidade e independência no exercício concreto da função jurisdicional.

Do «direito à compreensão» da decisão releva também o direito à crítica das decisões judiciais como factor legitimador. Pretendendo as decisões, através da fundamentação, assumir-se como factor de legitimação da autoridade de quem as produz, o papel da crítica que sobre elas possa ser efectuado é irrenunciável à consolidação dessa legitimação, pois só uma confrontação racionalizada sobre o que é referido nas razões da decisão pode contribuir para um aperfeiçoamento do modo de fundamentar[347].

A objectividade da crítica pode suscitar ao decisor a capacidade de perceber os seus próprios limites subjectivos que, não sendo atempadamente percepcionados, podem transformar a razão discricionária do decidir numa inadmissível arbitrariedade. Por outro lado, quando a crítica é sustentada num conjunto argumentativo racionalizado e capaz, pelas suas razões, de questionar o modo como foi efectuada a decisão ou a sua fundamentação, pode contribuir para modelar o futuro modo de decidir.

Trata-se, por isso, de uma função relevantíssima do âmbito da dimensão extraprocessual da fundamentação das decisões.

2.2. A emergência do princípio da transparência

A dimensão externa da fundamentação das decisões assume um relevo específico no que respeita à questão da transparência das decisões, tanto no que respeita à sua estrutura como no que respeita à forma e ao modo como são proferidas e, por reflexo, no modo como é exercida a função jurisdicional[348].

---

da jurisdição, «no seu exercício em concreto», nomeadamente à face do artigo 111º da Const. Italiana, Luigi Grilli, *Il Dibattimento Penale*, cit., p. 423.

[346] Cf. Damião da Cunha, *O Caso Julgado Parcial*, cit., p. 422: «o dever de imparcialidade tem que traduzir-se num dever de carácter ético (...) que tem de ter tradução num momento processual significativo que não pode ser outro que o dever de motivação pelo qual o tribunal fundamenta a suas decisão».

[347] Sobre a crítica como factor de legitimação da decisão, cf. Jesus Martinez Garcia, «Decisión jurídica y argumento de autoridade», cit., p. 155.

[348] Salientando essa «garantia» de publicidade decorrente da fundamentação que se concretiza também num acto de transparência, cf. Ferrajoli, *Derecho y Razón*, cit., p. 623. Sobre a transparência cf. Taruffo, *in* «Notte sulla garanzia...», cit., p. 29.

ESTRUTURA E RACIONALIDADE DA CONSTRUÇÃO E FUNDAMENTAÇÃO DA SENTENÇA PENAL

Para além das consequências que a publicitação da fundamentação implica para os destinatários directos das decisões, através dela permite-se tornar público o exercício da função judiciária no que é a sua essência, possibilitando-se a sindicância pública dos cidadãos em geral de todas as decisões proferidas. Nesse sentido, não só se ficam a conhecer as consequências jurídicas de determinados comportamentos tipificados pela lei como crimes, como também se permite a fiscalização pública do modo como os tribunais interpretam e aplicam as leis penais nas decisões concretas que julgam[349].

Alguns autores falam na noção de justiça aberta (*open justice*) assentando neste conceito a razão de ser da justificação das decisões fundando-se aliás no princípio de que *justice must not only be done but it must be seen to be done*[350]. Para um julgamento ser justo é necessário não apenas que uma decisão correcta seja proferida mas também que seja baseada em razões que, além disso, possam ser conhecidas. Importa saber se o juiz declarou as suas razões e que razões foram[351].

Apelar à transparência como finalidade da fundamentação das decisões dos tribunais é de igual modo compreender o papel exigível ao sistema judicial nomeadamente, num Estado de direito democrático.

A transparência das instituições e dos procedimentos é um elemento estrutural que identifica o sistema democrático. O seu reflexo no subsistema justiça impõe que o controlo externo das decisões dos tribunais deva estar sujeito a um controlo social exercido pelos cidadãos. Esse controlo, se bem que possa ser exercido através de mecanismos próprios relacionados com a organização interna ou a gestão dos juízes e dos tribunais, nomeadamente através dos controlos efectuados pelos Conselhos Superiores de Justiça (ou

---

[349] Alguns autores falam a propósito, de uma «função pedagógica» decorrente desta dimensão extraprocessual – assim Ignacio Colomer, *La motivación*, cit., p. 140.

[350] O adágio de matriz anglo-saxónica assume uma relevância fundamental na concretização de determinados princípios estruturais do processo penal nomeadamente o princípio da imparcialidade. Cf. sobre a questão, José António Mouraz Lopes, *A Tutela da Imparcialidade Endoprocessual no Processo Penal Português*, cit., p. 87.

[351] Neste sentido, A Denning, *The Road to Justice*, Stevens, London, 1955, p. 29, *apud*, H.L.HO, «The judicial duty», cit., p. 50. Em Portugal, salientando a dimensão da fundamentação como «mecanismo» que concretiza a garantia jurídica efectiva para que «de modo objectivo a comunidade reconheça estarem criadas as condições para um julgamento justo», António Pedro Barbas Homem, *O Justo e o Injusto*, AAFDL, Lisboa, 2001, p. 97.

da Magistratura) torna-se concretamente possível através da exigência de que os tribunais fundamentem as suas decisões[352].

Entender a questão da transparência neste domínio pressupõe uma dimensão funcionalista ou seja, as decisões são públicas para que os cidadãos percepcionem os quadros valorativos onde se inserem, nomeadamente quando, como no caso das sentenças criminais, estão em causa comportamentos inaceitáveis aos próprios valores constitucionais, que violam bens jurídicos fundamentais. Neste caso a «obrigação» dos tribunais de fundamentar o modo de decidir traduz-se em «repor» esse equilíbrio posto em causa no caso concreto.

A racionalidade da actividade jurisdicional ao fundamentar uma decisão penal apelando à reposição dos valores postos em causa, permite aos cidadãos percepcionar que tipo de racionalidade é exigível para a manutenção das estruturas valorativas que consolidam e mantém coesa a própria sociedade. Como refere Aarnio, «os tribunais têm que comportar-se de maneira tal que os cidadãos possam planificar a sua própria actividade sobre bases racionais. Em muitos casos as decisões jurídicas são a única razão propriamente dita de uma planificação de futuro. Por sua vez, a planificação racional é uma condição necessária para a preservação da sociedade. É um requisito da coesão social»[353].

Por outro lado, a amplitude de um processo de fundamentação exigente permite mesmo que a determinação do direito aplicável (e aqui estará apenas em causa a fundamentação jurídica) assente numa estrutura de argumentação que seja clara e transparente, em vez de se esconder por detrás dos fundamentos incompreensíveis da decisão, como acontece com alguma frequência em determinadas sentenças[354].

2.3. Prestação de contas e responsabilização

O exercício da função jurisdicional é hoje entendido como um poder público constitucional sujeito a regras de prestação de contas que se pretendem equivalentes, na medida das suas especificidades, às de qualquer outra forma de exercício do poder público.

---

[352] Cf. neste sentido A. Aarnio, «La tesis de la única respuesta correcta», cit. p. 27.
[353] Desenvolvidamente veja-se A. Aarnio, *Le Rationel Comme Raisonable*, cit., pp. 26 e ss.
[354] Salientando esta dimensão Arthur Kaufmann, *Filosofia do Direito*, cit., p. 96.

Os tribunais e os juízes devem (têm) que «prestar contas» pelo exercício das suas funções nomeadamente pelas decisões que proferem. Este é um princípio fundamental que hoje não parece questionável nas várias ordens jurídicas nomeadamente nos sistemas de *commom law* onde, por tradição, não se fundamentavam as decisões[355]. Na claríssima afirmação de Ricouer, «ser responsável é ser capaz de prestar contas a quem no-las exige»[356].

Para além dos mecanismos internos de fiscalização das decisões dos juízes consagrados nos vários sistemas de justiça, por regra atribuídos a tribunais superiores que reapreciam o mérito das decisões, a fiscalização do desempenho profissional dos juízes assume uma relevância fundamental num tempo de exigência e de prestação de contas de todos os órgãos que desempenham funções públicas. Conforme refere Gomes Canotilho, «o dever de prestar contas por parte dos juízes (e de todos os operadores da justiça) não apenas perante Deus ou perante os seus pares mas perante os cidadãos, corresponde, nos nossos tempos, a uma incontornável exigência de avaliação democrática»[357].

Os diversos sistemas constitucionais, pese embora a sua diversidade matricial, condicionam esse dever de prestar contas à existência de órgãos constitucionais próprios dotados de legitimidade directa que, respeitando

---

[355] Neste sentido, sublinhando essa dimensão de *accountability*, H.L. Ho, *The judicial duty to give reasons*, cit. p. 50. Salientando que no sistema anglo-saxónico os juízes prestam contas da sua actividade decisória por meio das suas sentenças, cf. Mary Arden, in «Una question de estilo? La forma de las sentencias en los sistemas jurídicos anglo-americanos», cit. p. 114. Mais desenvolvidamente sobre a prática da fundamentação das decisões no sistema do *common law* como «método de «accountability», veja-se Andrew Le Sueur, «Developing mechanisms for judicial accountability *in* the UK», *Legal Studies*, 2004, pp. 73 e 90. Sobre este dever de prestar contas, inerente à função extraprocessual da fundamentação das decisões em Espanha, tendo em conta o artigo 120. 3 da Constituição, Juan Igartua Salaverria sublinha que «a obrigação de motivar é um meio pelo qual os sujeitos ou órgãos investidos do poder judicial dão conta das suas decisões perante a fonte de onde deriva a sua investidura»: cf. *La Motivacion de las Sentencias*, cit. p. 25. No mesmo sentido, Ernesto Pedraz Penalva, *Derecho Procesal Penal*, cit., p. 370. No sistema italiano, exactamente no mesmo sentido, Ennio Amodio, «La motivazione della sentenza penale», cit., p. 188.

[356] Cf. Paul Ricouer, *A Crítica e a Convicção*, Edições 70, Lisboa, 2009, p. 195, esclarecendo o autor que «ser responsável é responder não a uma questão mas à exigência de prestar contas», *ibidem*.

[357] Cf. «Entre a justiça e a prudência. Uma carta para o Centro de Estudos Judiciários», *Revista do CEJ*, Número 4, 1º Semestre, 2006, p. 8.

A FUNDAMENTAÇÃO DA SENTENÇA NO SISTEMA PENAL PORTUGUÊS

a independência do acto de julgar, detêm, por regra, poderes de avaliação sobre o trabalho dos juízes.

Paralelamente a esse modelo directo de fiscalização da actividade jurisdicional, as decisões judiciais e sobretudo a sua fundamentação constituem um mecanismo de controlo difuso, permitindo-se por essa via a concretização de uma genérica mas efectiva «prestação de contas» do modo como julgam e decidem. Por um lado, possibilita-se a todo e qualquer cidadão que através das decisões e dos seus fundamentos se questione o modo como os «seus» juízes aplicam a lei, nomeadamente a lei criminal quando esta é posta em causa através da prática de crimes. Por outro, possibilita-se que o cidadão através dos meios formais ou informais (institucionais ou não institucionais) possa exercer esse controlo de uma forma efectiva, exprimindo a sua opinião e despoletando (eventualmente) as instâncias formais de controlo específicas quando estas não actuaram.

Através da fundamentação das decisões permite-se assim uma permanente «sindicância» da actividade jurisdicional passível de ser efectuada por todos os cidadãos com acesso às decisões judiciais nomeadamente às sentenças. Deste modo, concretiza-se um controlo sobre a razoabilidade das decisões em termos de conteúdo valorativo, em termos de consistência da sua estrutura mas também em termos da eficiência e eficácia de quem as produz[358].

Finalmente, o dever de prestar contas reflecte-se directamente na tutela do ressarcimento de danos causados ao cidadão por virtude do exercício da função jurisdicional nomeadamente, quando estão em causa actos que directamente são susceptíveis de levar a uma responsabilização directa. A efectivação da responsabilidade decorre directamente da apreciação das decisões judiciais. A apreciação dos pressupostos de facto que estão concretamente na base de uma decisão e a sua relevância em termos de revelarem qualquer tipo de «erro grosseiro» cometido pelo juiz, decorrem directamente da fundamentação[359].

---

[358] Ignacio Colomer, salientando esta perspectiva, refere que o «controlo externo ou difuso de natureza democrática desenvolvido pela sociedade será sempre um controlo axiológico ou valorativo e, no tempo, de eficiência», *La Motivacion de das sentencias*, cit., p. 140. Em relação à verificação da consistência das decisões como indicador relevante no âmbito da avaliação dos sistemas de justiça cf. Santos Pastor *in* «Modelos para avaliar a legislação em matéria de justiça: impacto nos custos e eficiência», *Sub judice*, nº 34, Janeiro-Março, 2006, p. 161.

[359] O regime geral da responsabilidade civil por actos jurisdicionais encontra-se regulado no artigo 12º e ss. da Lei nº 67/2007 de 31 de Dezembro, referindo expressamente o artigo 13º

Importa por último sublinhar que para a concretização deste dever de prestar contas é exigido, num primeiro momento, a disponibilização pública das decisões judiciais. Mas também, para que este dever não seja apenas um dever de meras palavras sem um conteúdo, é exigido ao juiz que quando elabora a decisão esta seja perceptível, legível e compreensível, quer pelos destinatários directos, quer por todos aqueles que, no exercício do seu direito de fiscalização e controlo, o possam fazer.

II. A emergência de uma clarificação conceptual

1. Fundamentação, justificação e motivação

Uma abordagem à estrutura e aos requisitos da fundamentação, como acto processual autónomo, suscita num primeiro momento, a questão da clarificação e sedimentação conceptual do que é entendido como «fundamentação» perante conceitos conexos nomeadamente, os conceitos de «motivação» e «justificação»[360].

Não obstante o legislador nacional ter utilizado de forma coerente e sistemática a expressão «fundamentação» em todas as normas onde está em causa a questão da decisão e do modo como deve ser justificada, alguma dou-

---

que «Sem prejuízo do regime especial aplicável aos casos de sentença penal condenatória injusta e de privação injustificada de liberdade, o Estado é civilmente responsável pelos danos decorrentes de decisões jurisdicionais manifestamente inconstitucionais ou ilegais ou injustificadas por erro grosseiro na apreciação dos respectivos pressupostos de facto». Numa primeira análise a esta norma pode ver-se Guilherme da Fonseca, «A responsabilidade civil por danos decorrentes do exercício da função jurisdicional (em especial o erro judiciário)», *Julgar*, nº 5, 2008, p. 51. O caso típico da indemnização por privação da liberdade ilegal ou injustificada encontra-se estabelecido no artigo 225º e ss. do CPP o qual consubstancia apenas uma das consequências mais visíveis de tal situação. Cf. Sobre esta matéria, José António Mouraz Lopes, «A Responsabilidade civil do Estado pela privação da liberdade decorrente da prisão preventiva», *Revista do Ministério Público*, nº 88, Outubro-Dezembro, 2001, pp. 88 e ss. (bem como bibliografia citada) e Catarina Veiga, «Prisão preventiva, Absolvição e responsabilidade do Estado», *Revista do Ministério Público*, nº 97, Janeiro-Março, 2004, p. 71 e ss.

[360] Alguns autores, como Milagros Otero Parga, entendem que para além daquele conceito deve incluir-se de algum modo numa sinonímia, também o conceito de «explicação»: cf. «Sobre Motivación, Fundamentación, Justificación y explicación de las sentencias judiciales» in *Ars Judicandi, Estudos em Homenagem ao Prof. Doutor António Castanheira Neves, Volume I*, Coimbra Editora, Coimbra, 2008, p. 804.

A FUNDAMENTAÇÃO DA SENTENÇA NO SISTEMA PENAL PORTUGUÊS

trina e, sobretudo, a jurisprudência vêm identificando problemas decorrentes de estarem em causa conceitos diferentes frequentemente utilizados de forma imprecisa que, por esse motivo, suscitam questões concretas de resolução complexa.

Assim, Damião da Cunha parecendo ir, num primeiro momento, no sentido de que na fundamentação se trata do dever estar suficientemente demonstrado que a decisão final tomou em devida consideração todos os argumentos (de facto e de direito) aduzidos pelas partes na audiência de julgamento, ao reconhecer que essa enunciação não será por si só suficiente, parece querer evidenciar o dever de motivação, quando refere que «o próprio tribunal tem que dar conta das razões (motivos) por que quanto às concretas questões, tomou a decisão que tomou, fornecendo os critérios básicos que presidiram à sua decisão final»[361]. Ou seja, o autor acaba por utilizar os dois conceitos de forma indiferenciada[362].

O conceito de justificação refere-se aos motivos ou razões que podem expor-se com a intenção de demonstrar que uma conduta ou uma norma é aceitável ou plausível[363]. A própria etimologia da palavra[364] relaciona o acto

---

[361] Cf. Damião da Cunha, *O Caso Julgado Parcial*, cit., pp. 562 e 566.

[362] A questão de diferenciação conceptual não é apenas uma questão «nacional» como se pode ver em Igartua Salaverria, *La Motivación de las Sentencias*, cit., p. 80, a propósito das noções de «motivação» e «justificação», em Espanha. Uma abordagem extensa sobre as diferenciações entre o conceito de justificação e «outros conceitos afins» nomeadamente os conceitos de motivação, fundamentação, explicação, tendo em conta a norma Constitucional espanhola referente à exigência de «motivação» das sentenças, é desenvolvida por Sónia Boente, *La Justificación de las Decisiones Judiciales*, cit., pp. 31 e ss. Num ponto de vista comparado, sobretudo entre a conceptualização no sistema português e espanhol, veja-se Milagros Otero Parga, «Sobre motivación, fundamentación, justificación y explicación de las sentencias judiciales», cit., pp. 803-816.

[363] Trata-se de uma noção dir-se-ia consensual desenvolvida por M. Segura Ortega, *La Racionalidad Jurídica*, Tecnos, Madrid, 1998, p. 116. Alguns autores, como Garcia Figueroa, identificam três sentidos para o termo «justificação». Assim, «num primeiro sentido, o termo justificação refere-se a juízos normativos e descritivos. Nesta concepção um juízo descritivo ou normativo está justificado quando existem razões concludentes que vão em seu favor. Por exemplo, se dizemos "a teoria T está bem justificada" ou "a decisão D está justificada". Num segundo sentido fala-se de justificação só em relação a juízos normativos. Por exemplo, o juízo "a viúva do falecido deve morrer com o seu marido na pira funerária" está justificado de acordo com certos costumes hindus. Finalmente, num terceiro sentido reserva-se o termo "justificação" para indicar a adequação de uma decisão à moral crítica de modo que só são justificados os juízos normativos correctos». O autor, referindo-se à questão da justificação no âmbito

150

de justificar com o acto de tornar ou demonstrar o que é justo através da exposição de razões válidas para um comportamento. Trata-se de «apresentar razões (apresentar boas razões ou razões persuasivas) em favor de uma de duas conclusões seguintes: uma asserção ou uma previsão é verdadeira, provável, verosímil ou atendível; ou uma prescrição ou uma valoração é justa, boa, correcta ou válida»[365]. Ou seja, a justificação de uma decisão é a razão em que se funda essa decisão.

No que respeita ao acto de fundamentar[366] trata-se de demonstrar as razões, os motivos, o «fundo» onde assenta uma determinada escolha. Para alguns autores, como Alexy, «o conceito de justificação é, por um lado, mais amplo que o de fundamentação. Assim, pode falar-se tanto de justificação de uma afirmação se o «falante» refere que mesmo que não esteja fundamentada esta é necessária para evitar outros «males», como também se a mesma afirmação está fundamentada. Por outro lado o conceito de justificação é mais estreito. Fala-se de justificação quando se oferecem razões perante uma objecção ou a uma dúvida»[367]. Pode, por isso, entender-se que entre justificação e fundamentação se verifica um fenómeno de sinonímia.

No que respeita ao conceito de motivação existe alguma ambiguidade na sua compreensibilidade conceptual na medida em que, tanto se assume como referência ao facto de que o que está em causa no acto de motivar é a afirmação de razões justificativas de actos[368] – e daí uma similitude ine-

---

da fundamentação das decisões, utiliza o segundo sentido, ou seja, o conceito amplo e formal segundo o qual o juízo está justificado quando está conforme com algum juízo normativo sem se levar em consideração a sua correcção moral: cf. Alfonso Garcia Figueroa, «Palabras, palabras, palabras...De lo que el derecho les dice a los jueces», *Jueces para la Democracia, Informacion y debate*, nº 36, Noviembre, 1999, p. 60

[364] Do latim *justificare*, «tornar justo, reabilitar»: cf. *Novo Aurélio Século XXI: o Dicionário da Língua Portuguesa*, Editora Nova Fronteira, Rio de Janeiro, 1999 e *Dicionário Houaiss da Língua Portuguesa*, Círculo de Leitores, Lisboa, 2001.

[365] Assim Paolo Comanducci, «La motivazione *in* fatto», *La Conoscenza del Fatto nel Processo Penale*, cit., p. 216.

[366] Etimologicamente advém da expressão latina fundamentum, ou seja, «base, alicerce». Cf. *Novo Aurélio: o Dicionário da Língua Portuguesa*, 3ª edição, cit. e *Dicionário Houaiss da Língua Portuguesa*, cit.

[367] O autor refere no entanto que em muitos contextos os termos são utilizados de forma sinónima: cf. Alexy, *Teoria de la Argumentación Jurídica*, cit., p. 52

[368] Veja-se por exemplo a definição de "motivazione" expressa no Novíssimo Digesto Italiano como «a enunciação explícita ou implícita contextual ou não dos motivos que precedem ou determinaram a emanação de um acto jurídico», *Novíssimo Digesto Italiano*, volume X, UTET,

A FUNDAMENTAÇÃO DA SENTENÇA NO SISTEMA PENAL PORTUGUÊS

quívoca com a «fundamentação» – como se afirma que o que está em causa é a conexão directa a estímulos psicológicos que estão na origem dessas razões[369].

Motivar é expressar os motivos, dar as razões psicológicas numa relação de causa e efeito de determinado facto ou acção. Um motivo não é uma razão justificativa mas uma razão psicológica para que se produza um acto. Repare-se que se toda a produção de um acto tem que ter um motivo, não tem que ser sempre justificada[370]. Daí que o conceito de motivação é estruturalmente um conceito que assenta a sua construção dogmática no âmbito da explicitação do processo psicológico da produção de um qualquer acto.

Qualquer conceito deve, no entanto, interpretar-se no contexto linguístico em que se insere.[371]

Nas ordens jurídicas europeias que nos são próximas, a questão da «fundamentação» das decisões judiciais e especialmente das sentenças é tratada, em termos semânticos, como uma questão de «motivação». A Constituição Espanhola no seu artigo 120.3 refere-se à «motivação». Em Itália, tanto a Constituição (artigo 111º) como o CPPit (artigos 111º, 125º.3, 192º e 606º) falam em «motivação». Na Alemanha, o artigo 104º, § 3 da Constituição e o artigo 267º do StPO falam igualmente em «motivação». Em França, pese embora a Constituição actual não fazer alusão à questão da fundamentação, o Código de Processo Penal refere-se à «motivação» no seu artigo 485º.

No que respeita ao direito internacional a questão, na doutrina e nos quadros normativos supranacionais nomeadamente no estatuto dos vários tribunais fala em «motivação». De igual forma, o TEDH faz decorrer do direito a um tribunal independente e imparcial consagrado no artigo 6º, a obrigação de «motivação» das sentenças[372].

Importa atentar, por isso, no quadro normativo objecto de análise, nomeadamente na concepção normativa estabelecida tanto na disposição

---

Turin, 1982, p. 954. Etimologicamente, como acto ou efeito de dar os *motivum* ou seja, dar as razões: cf. *Dicionário Houaiss da Língua Portuguesa*, Lisboa, 2001.

[369] Neste sentido, veja-se Alfonso Figueroa, «Palabras, palabras, palabras (...)», cit. p. 59 e Sónia Boente, *La Justificacion de las Decisiones Judiciales*, cit., p. 33.

[370] No mesmo sentido, veja-se Manuel Atienza, *Tras la Justicia*, Ariel, Barcelona, 2008, p. 31.

[371] O sentido da afirmação de Wittegentstein é também reafirmado por Castanheira Neves, «A distinção entre questão-de-facto questão-de-direito», cit., p. 497.

[372] Sobre o papel da jurisprudência do TEDH veja-se *infra* Capítulo IV.

ESTRUTURA E RACIONALIDADE DA CONSTRUÇÃO E FUNDAMENTAÇÃO DA SENTENÇA PENAL

constitucional do artigo 205º nº 1 da CRP, como nos artigos 97º nº 5 e 374º nº 2 do CPP. Recorde-se, aliás, que o CPP «utiliza» o conceito de motivação essencialmente na matéria respeitante aos recursos, consubstanciando o conteúdo do próprio recurso na medida em que engloba os fundamentos do recurso e as conclusões (vide artigos 411º nº 3 e 412º).

O que está em causa no âmbito da decisão e especificamente na sentença é o conceito de «fundamentação» e, num primeiro momento, toda a construção relacionada com a exposição justificativa das razões pelas quais se decidiu de uma determinada forma. No entanto, mesmo no quadro normativo referido, a alusão expressa no artigo 374º nº 2 à imposição ao juiz, no acto de fundamentação, da exposição «dos motivos, de facto e de direito que fundamentam a decisão», sugere a abordagem ao conceito de "motivar" de uma forma diferenciada.

A opção legislativa separa, semanticamente, o acto de expor os «motivos de facto e de direito» da questão, mais ampla, da fundamentação global da sentença. No entanto, parece fazê-lo no sentido de integrar aquele acto de exposição de motivos, de facto e de direito, como uma componente do acto de fundamentação da decisão a que acrescem a enumeração dos factos provados e não provados e o exame crítico das provas que serviram para formar a convicção do tribunal. A exposição «dos motivos de facto e de direito» surge assim como a concretização do conteúdo da própria fundamentação no sentido de demonstração do sentido da «justificação racional da escolha do juiz» no processo de decisão[373].

Se é certo que o conceito de motivação se enquadra primordialmente no âmbito da explicitação do processo psicológico da produção de um acto, não é, no entanto, neste sentido que deve entender-se quando no domínio da fundamentação da sentença se alude à exposição dos «motivos de facto e de direito» como componentes daquela fundamentação. O que se pretende no processo de fundamentação é a concretização de uma análise racional sobre como se justifica essa decisão e não sobre o modo como psicologicamente se chegou à decisão[374]. Tal processo psicológico terá relevância no âmbito

---

[373] A expressão é de Taruffo, referindo-se ao modelo estrutural da motivação no sistema italiano: cf. *La Motivazionne della Sentenza Civile*, cit. p. 421.

[374] Assim, neste sentido se pronuncia Alfonso Garcia Figueroa, *ibidem* p. 60, criticando uma maneira de pensar «que confunde razões e causa [e] que parece muito interiorizada entre certos juristas que replicam a análise racional da justificação da argumentação jurídica com a

A FUNDAMENTAÇÃO DA SENTENÇA NO SISTEMA PENAL PORTUGUÊS

do «contexto de descobrimento» e não no contexto de justificação, no qual se desenrola todo o processo de fundamentação.

Daí que a alusão sistemática, na ordem jurídica nacional, ao conceito «fundamentação» evidencie apenas uma relativa sobreposição dos conceitos de justificação e motivação nos termos referidos[375].

2. Fundamentação externa e fundamentação interna

O caminho para a identificação precisa da estrutura que deve sustentar um processo de fundamentação racional da sentença impõe a alusão ao conceito de justificação interna e justificação externa da decisão[376]. Trata-se de analisar de uma forma global todo o processo de fundamentação que envolve a actividade jurisdicional ou o que autores como Taruffo chamam «princípio da plenitude da motivação» no sentido em que a justificação que envolve o processo de motivação «tem que cobrir todas as opções do juiz»[377].

Na justificação interna pretende-se afirmar que uma decisão está justificada quando se demonstre a validade da inferência entre a conclusão alcançada e as premissas existentes. Trata-se de conseguir uma relação de coerên-

---

constatação do processo psicológico do operador jurídico». Saliente-se que o autor e também Sónia Boente, *La Justificacione de las Decisones Judiciales*, cit., p. 33, criticam a «desafortunada» menção que a Constituição espanhola, no seu artigo 120.3 faz à expressão «motivacion». Sónia Boente refere ainda que «o termo motivação [traduziu] uma simples imprecisão terminológica e que o legislador constituinte quando empregou o termo motivação na realidade estava a referir-se à justificação ou fundamentação das decisões judiciais», ob. cit. p. 34. No sentido que vem sendo referido, Hermenegildo Borges refere que «é necessariamente de justificação que falamos quando atendemos sobretudo às racionalizações que fundamentam as escolhas feitas, quer na interpretação das normas e na apreciação das provas quer ainda e sobretudo na decisão final»: cf. *Vida, Razão e Justiça. Racionalidade Argumentativa na Motivação Judiciária*, Minerva, Coimbra, 2005, p. 38.

[375] No sistema italiano, o artigo 546 e) do CPPit, quando concretiza o dever de motivação expresso no artigo 111 da Constituição e no artigo 125º do CPPit utiliza a seguinte configuração – «a concisa exposição dos motivos de facto e de direito sobre os quais se funda a decisão(...)». Ou seja, o legislador para concretizar o dever de «motivação» da sentença penal utiliza exactamente o mesmo conteúdo normativo que consta no artigo 374º do CPP para concretizar o dever de «fundamentação» da sentença.

[376] Sobre a distinção, Alexy, *ibidem*, pp. 214 e 222, A. Aarnio, «La tesis de la única resposta correcta y el princípio regulativo del razonamento jurídico», cit. pp. 28 e 29 e *Le Rationnel Comme Raisonnable*, pp. 148 e 149 e Manuel Atienza, *As Razões do Direito*, cit., pp. 45-46.

[377] Assim Taruffo, «Consideraciones sobre prueba y motivación», cit., p. 77 e, mais recentemente, *Consideraciones sobre la Prueba Judicial*, cit., p. 39.

cia entre as premissas que constituem a «coluna vertebral» da sentença ou seja, os factos e as normas jurídicas que se lhe aplicam e a conclusão que daí é retirada[378]. Estamos no âmbito da questão lógico dedutiva e apenas neste domínio[379].

O processo silogístico levado a termo no âmbito da justificação interna não é sempre linear nem obedece em todas as situações a parâmetros iguais, antes se desenvolvendo de acordo com o diverso grau de dificuldade das várias questões jurídicas suscitadas[380]. Daí que a justificação interna assegure só por si, uma certa medida de racionalidade. No entanto, na justificação interna deve ficar claro quais são as premissas que deverão ser justificadas externamente.

Quando as premissas são aceites pelos participantes no procedimento (pelos sujeitos processuais envolvidos) a questão da justificação externa não se coloca do mesmo modo, sendo porventura suficiente, no processo de legitimação da decisão, a justificação interna da decisão. A relevância desta aceitação consensual terá repercussões inevitáveis no processo formal de abordagem da fundamentação das sentenças, tanto no âmbito do procedimento como na definição do que deve consubstanciar a diferenciação processual no âmbito de um leque de opções normativas no domínio da decisão penal. O facto de se constatar uma aceitação consensual das premissas internas da decisão pode levar a uma atenuação do efeito justificador externo da decisão ou mesmo a uma sua eliminação, desde que salvaguardadas as finalidades subjacentes à razão de ser da fundamentação[381].

Com a justificação externa pretende-se aludir ao facto de uma decisão estar justificada quando o juiz demonstra a validade das regras de inferência e as premissas internas, ou, nas palavras de Alexy, «a fundamentação das premissas usadas na justificação interna»[382].

---

[378] Cf. Wroblesky, *Legal Decision and its Justification*, p. 412, apud Alexy, *Teoria de la Argumentación Juridica*, cit., p. 214: «Internal justification deals with the validity of inferences from given premisses to legal decision taken as their conclusion».

[379] Cf. Manuel Atienza, *As Razões do Direito*, cit., p. 51.

[380] Sobre esta diferenciação cf. Alexy, *Teoria de la Argumentación Juridical*, cit., pp. 214 a 220, decorrendo aliás da explanação do autor a diferença significativa que pode evidenciar-se no âmbito do tratamento silogístico dos casos «mais complicados».

[381] Sobre esta matéria ver *infra* Capítulo V.

[382] Cf. Alexy, *ibidem*, p. 222.

Já não se trata, como na justificação interna, de assegurar qualquer silogismo mas antes de conseguir «a persuasão da outra parte, do destinatário da interpretação»[383]. O intérprete acrescenta novos silogismos em apoio da sua interpretação ou dos seus argumentos, mas cada etapa é dirigida globalmente por modelos de racionalidade», segundo Aarnio[384]. Com a justificação externa o que se pretende é assegurar a racionalidade probatória na fixação das premissas fácticas[385]. Verdadeiramente trata-se de afirmar e desenvolver o conteúdo da argumentação necessária à justificação da decisão[386] na medida em que, o que está em causa é o facto do juiz «ter que proporcionar argumentos racionais sobre como valorou as provas e como efectuou as inferências lógicas, através das quais chegou a determinadas conclusões sobre os factos em causa»[387].

A relevância pragmática do conceito decorre, assim, do facto de ser no campo da justificação externa que se vai encontrar «o juízo sobre a racionalidade da decisão»[388].

---

[383] Cf. Aarnio, *Le Rationnel Comme Raisonnable*, cit. p. 152.

[384] Cf. *Le Rationel Comme Raisonable*, cit. p. 152.

[385] Sobre a distinção, Alexy, *ibidem*, pp. 214 e 222, A. Aarnio, «La tesis de la única resposta correcta y el princípio regulativo del razionamiento jurídico», cit. p. 28 e 29, *Le Rationnel Comme Raisonnable*, pp. 148 e 149 e Manuel Atienza, *As Razões do Direito*, cit., pp. 45-46.

[386] Segundo Alexy, aos três tipos de premissas correspondem distintos métodos de fundamentação, consoante estejam em causa normas jurídicas positivas, enunciados empíricos ou premissas que não são nem enunciados empíricos nem normas de jurídicas positivas. «Na fundamentação das normas pretende-se mostrar a sua conformidade com os critérios de validade do ordenamento jurídico. Na fundamentação de premissas empíricas pode recorrer-se a uma escala completa de formas de proceder que vão desde os métodos das ciências empíricas, passando pelas máximas da presunção racional até às regras de aquisição de prova no processo. Finalmente, para os enunciados empíricos ou premissas que não são nem enunciados empíricos nem normas de jurídicas positivas, utiliza-se o que pode designar-se como "argumentação jurídica"»: cf. *Teoria de la Argumentación Jurídica*, cit., p. 222. Estes procedimentos que se relacionam entre si de acordo com variáveis decorrentes da situação em apreciação, não são no entanto estanques. Assim, ainda segundo o autor, por exemplo «da interpretação de uma regra de aquisição de prova pode depender o que se considere como um facto na fundamentação»: cf. *ibidem*, p. 223. Para uma visão desenvolvida sobre as várias teorias da argumentação, de uma forma sintética, cf. Manuel Atienza, *As Razões do Direito*, cit., pp. 133 e ss.

[387] Assim Taruffo, «Consideraciones sobre prueba y motivación», p. 78.

[388] Veja-se Alexy, *ibidem*, p. 222.

III. O modelo racional de construção e fundamentação da sentença penal

Na aproximação à identificação de um modelo racional de fundamentação da sentença penal importa precisar que a racionalidade jurídica é vista pela dogmática numa dupla dimensão: racionalidade teórica e racionalidade prática. A racionalidade teórica exige que as teorias e os conceitos tenham uma estrutura precisa, sejam claros e estejam livres de toda a contradição[389]. Por outro lado, na racionalidade prática o que está em questão é a determinação das condições em que um acto humano deve sustentar-se para ser racional.

A racionalidade prática expressa um sentido avaliativo da racionalidade que é especialmente relevante em direito quando se analisa a tomada de decisões judiciais.

O papel das teorias de argumentação tem sido enunciar em que medida ou quais as condições exigidas para que uma decisão seja racional. Segundo Atienza uma decisão jurídica racional é aquela que «é susceptível de ser justificada racionalmente, justificação que ocorre se e só se: 1) respeita as regras da lógica dedutiva; 2) respeita os princípios da racionalidade prática que para além da racionalidade lógica do ponto anterior exige a presença dos princípios da consistência, eficiência, coerência, generalização e sinceridade; 3) não ilude premissas jurídicas vinculantes; 4) não utiliza critérios de tipo ético, político ou semelhantes que não estejam previstos especificamente no ordenamento»[390].

Por sua vez, Manuel Segura Ortega, salientando a inexistência de uma ideia precisa e clara de racionalidade identifica quatro requisitos que podem permitir a qualificação de uma acção, decisão ou norma como racionais: 1) intersubjectividade; 2) método; 3), possibilidade de obter resultados mais ou menos previsíveis; 4) existência de regras que permitam controlar eficazmente a racionalidade do discurso[391].

Na decorrência da afirmação do dever de dar razões, como elemento legitimador da própria função judicial, a justificação da decisão, segundo

---

[389] Sobre a racionalidade teórica e prática pode ver-se Carlos Bernal Pulido, «La racionalidade de la ponderacion», *Revista Española de Derecho Constitucional*, número 77, Mayo-Agosto, 2006, p. 58.

[390] Manuel Atienza, «Sobre lo razonable en el Derecho», *Revista Española de Derecho Constitucional*, nº 27, Septiembre/Diciembre 1989, pp. 93-110.

[391] Requisitos que o autor desenvolve *in* «La racionalidad del derecho: sistema y decision», *in* BFDUC, Volume LXXI, 1995, p. 149.

AArnio, «é sempre um meio para assegurar, sobre uma base racional, a existência da certeza jurídica na sociedade (...)»[392]. O autor concretiza a sua afirmação referindo que «é especificamente através da justificação que o decisor – não importando que se trate de um juiz ou de uma autoridade administrativa – cria a credibilidade onde se apoia a confiança que os cidadãos têm em si (...). Parece pois correcto afirmar que a decisão só pode ser totalmente compreensível desde que assente em razões justificativas e – o que é mais importante – também a parte perdedora aceitará o resultado se a decisão se fundar em razões adequadas»[393].

Na concretização do que é o modelo racional de fundamentação da sentença penal, definidas que foram as finalidades que se pretendem atingir, importa analisar a estrutura que condiciona o processo de racionalização subjacente à tomada de decisão no sistema penal bem como a sua inter conexão com o processo de fundamentação da sentença.

1. Autonomia vinculante entre o dever de fundamentação e o dever de decisão

A elaboração de um modelo de fundamentação processual penal constitucionalmente vinculado pressupõe saber que tipo e qual o «grau» de autonomia conceptual e dogmática entre o dever de decidir e o dever de fundamentar[394].

Conforme já foi referido anteriormente, o dever de fundamentação «joga-se» num contexto diferenciado do contexto onde se profere a decisão[395]. Importa retomar a discussão tendo em conta que se torna necessário sedimentar por um lado as eventuais conexões entre os contextos e, por outro, desenvolver os requisitos que se evidenciam no contexto de justificação onde se desenvolve todo o processo de fundamentação da decisão.

---

[392] Cf. Aarnio, Aulis, *Le Rationnel Comme Raisonable*, cit., p. 7.

[393] *Ibidem*, p. 8.

[394] No mesmo sentido, Amodio, «Motivazzionne della sentenza penale», cit., p. 197 referindo que «a exigência de individualizar a estrutura normativa da motivação significa, antes de mais, assinalar a autonomia do dever de motivar em relação ao dever de decidir». De igual modo, Mariano Menna, *La Motivazione del Giudizio Penale*, cit., p. 41, salientando «a redacção da motivação como acto inserido numa sequência procedimental distinta, embora contínua, ao processo deliberativo».

[395] Cf. Capítulo I, ponto 3.

A distinção entre o acto de decidir e o acto de fundamentar tem no CPP uma tradução normativa que evidencia estar-se em presença de comportamentos judiciais autónomos. Essa é a conclusão inequívoca que, de um ponto de vista normativo e também lógico, decorre dos artigos 365º e 372º nº 1 do CPP[396].

A evidência histórica da existência de decisões judiciais sem fundamentação é um facto. Não só essa situação se verificou em variadíssimos momentos históricos como, também, ocorre actualmente nos sistemas de matriz anglo-saxónica onde a decisão do júri, por regra, não é fundamentada, não deixando por isso de ser uma decisão judicial. Recorde-se que no modelo de jurado puro, o júri não motiva as suas decisões nem de facto, nem de direito. De igual modo, existem nos sistemas processuais de matriz continental e especificamente no processo português decisões judiciais que não são fundamentadas e não deixam, por isso, de ser decisões, como é o caso da decisão que designa o dia de julgamento (artigo 312º do CPP). Esta constatação leva

---

[396] A idêntica estrutura lógica, se bem com algumas especificidades normativas, obedece o sistema italiano. Aludindo a essa estruturação Iacovello refere que «o juiz primeiro julga, depois decide e no fim explica-se. Julga-se para decidir após o que se justifica o que se decidiu»: cf. «Motivazione della sentenza penale» cit., p. 750. Saliente-se no entanto que, no sistema processual penal italiano a estrutura normativa dos actos deliberação e fundamentação são inter-cortadas pela inserção do dispositivo em momento anterior à «motivazione», o que, para alguns autores, permite um aparente paradoxo. Assim, no tempo lógico o julgamento precede a decisão; no tempo jurídico, ao contrário, o julgamento-motivação segue-se à decisão-dispositivo (ou seja, primeiro pronuncia-se o dispositivo e depois motiva-se). O paradoxo recompõe-se no entanto, no texto jurídico da sentença onde o dispositivo aparece após a «motivazione». A propósito desta estrutura normativa alguns autores referem que esta situação dá razão a quem defende que o juiz primeiro decide e depois é que racionaliza ou seja, a decisão é uma coisa e a fundamentação é outra: cf. sobre este debate Iacovello, *ibidem* p. 751. É diferente como se sabe o sistema normativo português onde o dispositivo surge na estrutura da sentença após a fundamentação, efectuando o legislador esse «corte» epistemológico que permita identificar aquele mesmo paradoxo. Para uma descrição normativa do sistema italiano: cf. Paolo Tonini, *Manuale di Procedura Penale*, cit., pp. 509 e 510. A diferença normativa tem naturalmente consequências na abordagem diferenciada dos dois sistemas. Nomeadamente na questão das consequências da falta de fundamentação na sentença ou na falta do dispositivo. Se no regime português ambas as omissões trazem consigo uma clara nulidade da sentença já no sistema italiano uma sentença a que falte a «motivazione» produz efeitos provisórios (a nulidade da sentença é um motivo de impugnação) pode transitar em julgado e mesmo produzir efeitos definitivos. Uma sentença a que falte o dispositivo é uma sentença que não produz qualquer efeito e que não transita em julgado: cf. Iacovello, *ibidem*, p. 752.

alguns autores a defender o carácter «contingente» da exigência de fundamentação das decisões, partindo do princípio que conceptualmente os conceitos de fundamentação e decisão são independentes e que por isso não constitui uma condição necessária para a própria decisão judicial[397].

Todo o percurso dogmático suportado numa visão constitucional onde a fundamentação das decisões assume a natureza de um princípio fundamental da jurisdição vem sustentando uma outra perspectiva sobre o grau de autonomia da fundamentação em função das suas finalidades sobretudo de natureza extraprocessual. Começa a tornar-se difícil encontrar uma justificação dogmática com suporte constitucional para uma sentença, nomeadamente uma sentença penal, não fundamentada.

Perante uma diferenciação normativa estabelecida na estrutura do processo penal no que respeita à concretização da exigência da fundamentação, importa analisar se pode assumir-se uma completa autonomia entre o dever de decidir e o dever de fundamentar de forma que se evidenciem como «compartimentos estanques» ou se, pelo contrário, são identificáveis entre os contextos algumas conexões relevantes.

Deve referir-se, num primeiro momento, que proferir uma decisão e expressar as razões pelas quais a mesma foi tomada consubstanciam actos normativos diferenciados, apresentando-se funcionalmente como actos sujeitos a finalidades diversas e evidenciando uma estrutura também ela diferenciada. Nesse sentido, deve sublinhar-se a autonomia conceptual dos deveres de fundamentação e decisão, num apelo ao modelo de conhecimento defendido por Reichenbach a propósito do contexto de decisão e o contexto de justificação e o seu reflexo no sistema judicial[398].

---

[397] Neste sentido, Iniesta Delgado, *Enunciados Jurídicos en la Sentencia Judicial*, cit., pp. 188 e 190. Refira-se que o autor desenvolve a sua tese de um ponto de vista dogmático partindo da constatação real de um modelo decisório anglo-saxónico onde em regra as decisões do júri não são fundamentadas. Refere ainda que em Espanha «a norma que impõe a obrigação de motivar é uma norma processual cujo incumprimento determina a incorrecção formal das decisões judiciais», ob. cit. p. 193. Trata-se, no entanto de opinião não partilhada por outros autores, nomeadamente Igartua Salaverria que é muito claro quando refere que a «motivação não serve de instrumento de controlo sobre a aplicação do direito mas é um elemento constitutivo (nada menos) da aplicação do direito»: cf. *La Motivación de las Sentencias*, cit., p. 29. No mesmo sentido também, Perfecto Ibañez, «"Carpinteria" de las sentencias», cit., p. 402. O modelo constitucional que sustenta o CPP e alguns dos Códigos que nos são próximos parece contrariar, também, aquele primeiro entendimento.

[398] Sobre este modelo *vide* Capítulo I, ponto 1.

ESTRUTURA E RACIONALIDADE DA CONSTRUÇÃO E FUNDAMENTAÇÃO DA SENTENÇA PENAL

No âmbito do contexto de justificação não estão em causa critérios metodológicos de busca ou de descobrimento de premissas já desenvolvidos no contexto de decisão, mas antes e só, critérios de natureza argumentativa, «orientados ao convencimento da existência das melhores razões para aceitação da conclusão que se propõe»[399]. Nesse sentido, a fundamentação da sentença pretende justificar a decisão através de argumentos destinados a defendê-la aos olhos de quem é por ela atingido ou pretende controlá-la para verificar a sua legitimidade ou a sua justiça. Como refere Amodio, «o juiz não escreve a motivação para representar o *iter* mental ou para mascarar o que pensou efectivamente ao deliberar; o juiz motiva para fundamentar para o exterior a sua decisão e para mostrar o consenso sobre as suas opções»[400]. Opções que foram tomadas em momento anterior. Verifica-se assim uma autonomia entre o acto de decisão e o acto de fundamentação.

A afirmação da autonomia da fundamentação, como acto normativo não impede, no entanto, que se identifiquem relações entre os momentos de decisão e de fundamentação. Alguns autores falam de relações de acessoriedade[401], sendo que outros parecem ir mais além do que uma simples acessoriedade na medida em que a obrigação de fundamentação se faz sentir já no momento de decisão: «o juiz elege e decide no âmbito do motivável, decide o que está em condições de motivar»[402]. Nesse sentido a previsão da capacidade de fundamentar de alguma maneira circunscreve a própria decisão[403].

---

[399] Cf. Perfecto Ibañez, «"Carpinteria" de la sentencia penal», cit. p. 8. No mesmo sentido, Alexy, *Teoria de la Argumentación Jurídica*, cit., p. 221, refere que «as formas da justificação interna não pretendem reproduzir o curso das deliberações de facto tomadas pelos órgãos judiciais».

[400] Cf. Amodio, «Motivazione della sentenza penale», cit., p. 216.

[401] Amodio refere que a «autonomia das situações subjectivas do decidir e do motivar não impede que se identifique um relacionamento de acessoriedade entre elas»: cf. «Motivazione della sentenza penale», cit., p. 197. No mesmo sentido também Mariano Menna, *La Motivazione del Giudizio Penale*, cit. p. 43, salientando que «não existe uma motivação desligada de um decisão» até porque a concretização do princípio da *completezza* assim o exige na medida em que todos os motivos ou razões decisórias se relacionam singularmente no dispositivo justificatório».

[402] Cf. Iacovello, «La motivazione della sentenza penale (controlo della)», cit., p. 760.

[403] Neste sentido, numa perspectiva de análise sociológica, Jochen Schneider refere que «numa sentença entram uma maior pluralidade e variedade de aspectos do que aqueles que a fundamentação da sentença revela. Também podem surgir aspectos na fundamentação que não eram relevantes na fase de preparação. A obrigação de fundamentação impõe, em todo o caso, que as necessidades de exposição do resultado que ainda estão para se manifestar

A FUNDAMENTAÇÃO DA SENTENÇA NO SISTEMA PENAL PORTUGUÊS

Ou seja, os elementos da decisão e da argumentação cruzam-se constantemente num processo não necessariamente linear.

Formalmente constata-se na estrutura processual penal portuguesa uma separação entre os contextos onde se «constroem» a decisão e a fundamentação.

Todo o processo que leva à construção da decisão, tanto no procedimento exaustivo de valoração, apreciação e validação da prova dos factos constantes na acusação, efectuados num processo contraditório e público como, mais concretamente, no próprio «acto» de deliberação subsequente ao encerramento da discussão em audiência de julgamento, obedecem a princípios e regras pré-definidas, diversas da racionalidade que sustenta a estrutura que deve obedecer o modo de fundamentação da sentença.

Não pode, no entanto, omitir-se uma interligação entre os dois momentos na medida em que ambos se complementam. Quando no âmbito da concretização da fundamentação da sentença, se exige ao seu relator (juiz) que, para além da enumeração dos factos provados e não provados fixados como tal no «momento» física ou psicologicamente anterior à justificação, identifique a «exposição tanto quanto possível completa, ainda que concisa, dos motivos de facto e de direito que fundamentam a decisão, com indicação e exame crítico das provas que serviram para formar a convicção do tribunal», estabelece-se necessariamente um *link* entre os momentos de decisão e justificação.

O juiz fundamenta o que decidiu. E fá-lo em momentos juridicamente diferenciados. A distinção entre os momentos «física ou psicologicamente» referidos prende-se com o facto de tais momentos serem identificáveis tanto no âmbito da decisão proferida pelo juiz individualmente, como quando este participa numa decisão colectiva, em tribunal colectivo ou num tribunal de júri.

Naquele primeiro caso, em que se constata uma sobreposição entre o juiz deliberante e o juiz justificante é difícil efectuar uma distinção «física» nos dois momentos. Todo o acto de decisão judicial, embora vinculado a um procedimento rigoroso, é efectuado por um juiz que num momento seguinte irá (ele próprio) fundamentar as suas opções electivas.

---

influenciem já, canalizem e motivem a preparação à decisão»: cf. «Perspectivas de aplicação da norma jurídica: determinação argumentação e decisão», in A. Kaufmann e W. Hassemer, *Introdução à Filosofia do Direito e à Teoria do Direito Contemporâneas*, cit., p. 522.

ESTRUTURA E RACIONALIDADE DA CONSTRUÇÃO E FUNDAMENTAÇÃO DA SENTENÇA PENAL

Distinção que, pelo contrário, é perfeitamente clara no âmbito do processo de construção da decisão no âmbito do tribunal colegial. Aqui, para além do acto decisional ser colectivo e, por isso, existir um relator de uma decisão colectiva, pode verificar-se uma não sobreposição de identidade entre o juiz que delibera minoritariamente e o juiz que escreve e elabora a sentença, nomeadamente a fundamentação. Neste caso o juiz que elabora a sentença não pode utilizar argumentos diversos dos que prevaleceram no momento da decisão[404].

Parece certo, conforme refere Amodio, que «o discurso justificativo judicial não pertence à esfera psíquica do juiz (...) mas ao domínio dos factos observáveis»[405]. No entanto, quer no processo que leva à decisão quer, sobretudo, no momento da concretização da decisão, o juiz interiorizou, desde logo (imediatamente), as razões da sua opinião e, por outro lado, a certeza da necessidade de que tem que identificar de uma maneira crítica todo o suporte probatório (ou a sua ausência) que serviu para formar a convicção no acto/momento de decisão.

Daí ser «ilusório» pretender encontrar neste complexo processo uma separação estanque de dois momentos onde não se verifiquem quaisquer conexões. Pelo contrário, na abordagem dos problemas que suscita a concretização do dever de fundamentação, através da identificação dos seus requisitos não pode efectuar-se uma cisão face ao contexto de decisão como se um e outro momento fossem assim percepcionados por quem julga[406].

Na concretização do modelo de fundamentação da decisão constitucionalmente exigido deve, por isso, ter-se presente esse grau de autonomia entre os momentos de decisão e de justificação mas sempre envolvido num

---

[404] Em relação ao sistema italiano, Mariano Menna refere, nestes casos, deve ser transcrito pelo redactor «só a argumentação que prevaleceu na discussão colegial»: cf. *La Motivazione del Giudizio Penale*, cit., p. 48. Sobre as questões relacionadas com as decisões colegiais e o voto de vencido, cf. Capítulo IV, ponto 5.

[405] Amodio, *ibidem*, p. 197.

[406] Também neste sentido é a perspectiva de Perfecto Ibañez referindo-se a um modelo ideal de relacionamentos entre contextos de decisão e justificação, ao afirmar que «no modelo ideal encontram-se estreita e dialecticamente relacionados, de forma que se é certo que o juiz ao motivar parte da decisão, também quando decide leva em conta a necessidade de motivar de forma razoável a sua decisão»: cf. «"Carpinteria" de la sentencia penal», cit., p. 401. No mesmo sentido, exaustivamente, Ignacio Colomer Hernandez, *La Motivación de las Sentencias*, cit., p. 168.

«quadro ambiental» mais amplo, decorrente do acto da decisão e do modo como foi sendo construído com repercussões directas no acto de justificação[407].

2. O processo de decisão como acto de conhecimento intersubjectivo

O ponto de partida para uma compreensibilidade do modelo racional de construção e fundamentação da sentença penal deve assentar, em primeiro lugar, no entendimento do processo de construção da sentença penal, numa abordagem lógica e processual ao modo de configuração do julgamento como elemento essencial do percurso que leva à sentença.

O julgamento é, de um ponto de vista lógico, uma actividade de conhecimento levada a efeito no termo de um procedimento, entendido como concatenação de actos da competência de vários sujeitos que interagem entre si, cujo momento processual paradigmático é a audiência, terminando necessariamente numa deliberação. Trata-se, segundo Iacovello, de um processo dinâmico que serve para «passar do desconhecido (a acusação como facto hipotético) ao conhecido (verificação da existência ou não existência do facto que é imputado)»[408].

Todo o processo de decisão no âmbito do processo penal parte da necessidade de verificação e validação de uma hipótese (hipótese formulada por uma entidade independente de quem julga e que se sustenta, em regra, numa acusação que consiste na imputação a um sujeito de determinados factos tidos como passíveis de integrarem a prática de um crime), através do êxito cognoscitivo que configura toda a prova que é produzida e sobre a qual se validará ou não essa hipótese.

A validação da hipótese de acusação impõe desde logo, a constatação de que a hipótese pode não vir a concretizar-se ou pode vir a sofrer «modificações» de conteúdo tanto através da contribuição de outras «hipóteses» sus-

---

[407] Gunnar Bergholtz referindo-se ao modo como se estrutura a «prática de dar razões» sustenta que «a legislação, os precedentes e outras fontes condicionam não só as razões que levam a uma decisão nomeadamente para a sua justificação, como também, o próprio acto de descobrimento do juiz»: cf. «Ratio et Autorictas: algunas reflexiones sobre la significacion de las decisiones razonadas», *Doxa*, nº 8, 1990, p. 84, Ou seja, como se referiu, na argumentação jurídica os processos de descobrimento e justificação interagem e convergem.

[408] Cf. Iacovello «Motivazione della sentenza penale (controlo della)», cit., p. 752. No mesmo sentido, Paolo Tonini, *Manuale di Procedura Penale*, cit., p. 158.

tentadas pela defesa, como pelo próprio «poder-dever» que é dado ao juiz de intervir autonomamente na procura do conhecimento, em função da sua própria vinculação ao princípio de verdade como primeiro guia na concretização do direito. É preciso partir do princípio de que «o objectivo da investigação dos factos verdadeiros não pode ser sempre antecipado como viável», refere Jochen Schneider[409]. Quer os factos, quer a qualificação jurídica que sobre eles é efectuada não são incontroversos ou seja, a abertura à possibilidade de modificações permanentes à hipótese de acusação sustentada *ab initio* é, mais do que uma questão procedimental, um problema epistemológico[410].

No processo de conhecimento que constitui o processo judicial evidencia-se um certo tipo de desconstrutivismo da hipótese acusatória, no sentido de que a sua verificabilidade é total no âmbito do julgamento, concretizando-se através da sindicância completa de toda a factualidade e normatividade onde se sustenta aquela hipótese. Toda a construção factual que identifica a hipótese tem que ser objecto de validação probatória[411], podendo também a construção jurídica em que se sustenta ser objecto de sindicância e modificação.

---

[409] A afirmação do autor decorre de uma perspectiva sociológica da compreensibilidade do procedimento: cf. «Perspectivas de aplicação da norma jurídica: determinação argumentação e decisão», cit., p. 520.

[410] A identificação e explanação do carácter epistemológico das garantias processuais que configuram todo o processo de conhecimento e decisão judicial nomeadamente, a necessidade de prova ou verificação das hipóteses «acusatórias», a possibilidade de contraprova ou refutação dessas hipótese e a decisão imparcial e fundamentada que deve ser proferida é efectuada por Ferrajoli, de uma forma aprofundada, in *Derecho y Razón*, cit., pp. 147 e ss. O autor refere que estas condições «reflectem na investigação judicial a lógica da indução científica (...) e valem para qualquer tipo de processo – seja acusatório, misto ou inquisitório – que aspire a caracterizar-se como jurisdicional», *ibidem*, p. 153. No que respeita ao processo penal, nomeadamente no sistema italiano, este esquema epistemológico tem actualmente valor normativo tendo em conta a recepção efectuada pelo CPPit no artigo 192 que estabelece que «o juiz valora a prova dando conta na motivação dos resultados adquiridos e dos critérios adoptado», *ibidem* p. 154, Iacovello, «Motivazione della sentenza penale (controlo della», cit., p. 752 e Mariano Menna, *La Motivazione del Giudizio Penale*, cit., p. 193. No mesmo sentido, com referência ao sistema espanhol, cf. Igartua Salaverria, *La Motivación de las Sentencias, Imperativo Constitucional*, cit. p. 86.

[411] Perfecto refere, a propósito que «a hipótese é uma proposta de explicação que deve aparecer dotada de aparência de verdade no que afirma. Por ela mesma não prova, precisa de ser provada»: cf. *Jueces y ponderación Argumentativa*, cit., p. 28.

A FUNDAMENTAÇÃO DA SENTENÇA NO SISTEMA PENAL PORTUGUÊS

A participação do Ministério Público, como titular da acção penal, a participação do assistente, como colaborador do Ministério Público e a cuja actividade a sua intervenção está subordinada, a participação do arguido, no exercício do seu amplo direito de defesa e mesmo a intervenção autónoma e independente do juiz no âmbito dos seu poderes de investigação vinculados à descoberta de verdade e à boa decisão da causa, são contributos fundamentais ao processo de validação da hipótese acusatória que funcionam num constante movimento de conectividade e são essenciais ao próprio desenvolvimento do processo de conhecimento, vinculando o juiz no acto de decidir.

O que está em causa, como aliás no sistema processual penal italiano, é a afirmação de uma racionalidade comunicativa na base da qual «vários sujeitos através da comunicação intersubjectiva coordenam as suas participações para alcançar um consenso baseado na razão»[412].

Consenso que se pretende que seja sustentado numa dimensão finalística de procura e concretização de verdade e justiça[413]. Daí que a racionalidade comunicativa que identifica todo o processo de conhecimento tenha que reflectir-se no modo como essa decisão será fundamentada.

É este o cerne da questão da racionalidade no processo de construção das decisões judiciais: um processo de conhecimento assente na validação de

---

[412] Assim, referindo-se ao sistema italiano, Giuseppe de Luca, «Il sistema delle prove penali e il princípio del libero convencimento del nuovo rito», *Rivista Italiana di Procedura Penale*, nº 4, 1992 p. 1275. O autor sublinha a mudança de paradigma que o CPPit trouxe ao sistema italiano, nesta matéria, utlizando um novo esquema retórico, que releva «os aspectos intersubjectivos da comunicação humana»: *ibidem* p. 1275. No mesmo sentido, embora relativizando a questão do consenso, Arthur Kaufmann refere que «nas ciências normativas a verificação surge no discurso, que, por certo, nem sempre conduz ao consenso como muitos teóricos do discurso pensam, mas pode, pelo menos conduzir a *uma validade intersubjectiva, uma susceptibilidade de consenso*» (itálico do autor): cf. *Filosofia do Direito*, cit., p. 100. Luhman, salienta exactamente a dimensão da intersubjectividade do processo jurídico como «uma das funções de procura cooperante da verdade a partir de pontos de vista divergentes»: cf. *Legitimação pelo Procedimento*, cit. p. 45.

[413] Sobre o «cruzamento da verdade e do consenso» numa perspectiva *jus* filosófica veja-se Faria Costa, «Consenso, verdade e direito» in *Linhas de Direito Penal e Filosofia*, cit., pp. 93 e ss (especialmente 104). Sobre o relacionamento intersubjectivo sublinhe-se a afirmação de Montanari no sentido de que «a sentença é justa (...) porque nasce de um processo que se desenvolve respeitando as regras de comunicação intersubjectiva»: cf. Bruno Montanari, «"La faute et l'accusation": réflexions sur la véritè dans le procès», cit., p. 54.

ESTRUTURA E RACIONALIDADE DA CONSTRUÇÃO E FUNDAMENTAÇÃO DA SENTENÇA PENAL

hipóteses, devidamente justificada. Todo o processo de construção da decisão e, especificamente, da sentença penal, assenta na verificação de hipóteses sustentadas em meios de prova através de um processo intersubjectivo de natureza contraditória[414]. No julgamento, o juiz assume o papel de centro decisional de um complexo sistema de deveres legais que o une a outros sujeitos processuais[415] numa rede de obrigações recíprocas que se apresentam sob vários aspectos: i) exercita um verdadeiro poder vinculante face ao comportamento de determinados sujeitos; ii) os outros sujeitos podem (e devem) em torno da sua actuação influenciar a decisão que vier a ser tomada[416].

O escrupuloso respeito pelas normas de procedimento e a obrigação, sem desvios, de cumprir as regras que possibilitam a articulação do interrelacionamento subjectivo é uma condição de validade do procedimento. No julgamento e sobretudo na audiência, o relacionamento entre o juiz e os restantes intervenientes é não só muito forte, como os condicionamentos da actividade de cada interveniente são recíprocos e muito ponderados. Em todo o procedimento o juiz impõe a sua decisão sabendo que mesmo que tenha na sua origem a intervenção participativa de outros sujeitos, esta pode vir a ser por eles impugnada.

Neste percurso importa reter a dimensão subjectiva que perpassa em todo o processo de conhecimento sobre esse «pedaço de vida» e que tem que estar permanentemente presente na «consciência de quem julga». O con-

---

[414] No que respeita ao CPP, Laborinho Lúcio sustenta que a «ideia de subjectividade é recebida pelo código «como elemento natural» na medida que integra em vários conceitos nomeadamente, na motivação «como instrumento vocacionado para conter a subjectividade nos limites da sua indispensável participação na compreensão e aplicação do direito»: cf. «Subjectividade e motivação no novo processo penal português», *RPCC*, Ano I, fascículo 2, Abril/Junho, 1991 pp. 212 e 213.

[415] Salientando o papel do juiz como centro «decisional» de um sistema complexo em todos os sistemas europeus, incluindo o sistema anglo-saxónico, veja-se Mário Chiavario, (a cura), *Procedura Penale d'Europa*, cit., p. 480. Sobre o processo de tomada de decisão judicial no sistema anglo-saxónico, cf. Peter M. Roth, «Les éléments de fait reunis par le juge: le système anglais», *in Révue Internationale de Droit Comparé*, 50éme année, nº 3, Juillet-Septembre, 1998, p. 773 e Anna de Vita, «Aperçu Comparatif», *Révue Internationale de Droit Comparé*, 50éme année, nº 3, Juillet-Septembre, 1998, pp. 809 e 810.

[416] Iacovello refere de uma forma peremptória que «a racionalidade da sentença é a manifestação de um princípio de conhecimento que impõe a quem julga que proceda por argumentos e decida sustentado na melhor forma», *ibidem*, p. 753.

A FUNDAMENTAÇÃO DA SENTENÇA NO SISTEMA PENAL PORTUGUÊS

teúdo dos poderes atribuídos aos juiz no âmbito do seu poder de descoberta da verdade material, normativamente incluídos no artigo 340º do CPP, embora vinculados ao «objecto do processo», são amplos e permitem-lhe uma intervenção autónoma e independente no âmbito da conformação do processo cognitivo que envolve o processo de decisão. Daí que o papel do juiz seja presidido «por uma forte tensão entre a objectividade, o respeito pelas regras processuais do jogo contraditório, uma consciência crítica e sobretudo autocrítica» da sua própria função[417].

O modelo de construção da decisão decorrente desse realinhamento permanente da hipótese de acusação que decorre do «diálogo» intersubjectivo entre os vários intervenientes permite assim, a afirmação de que o julgamento como acto de conhecimento se sustenta num conjunto de actos necessariamente racionalizados.

3. A dinâmica do modelo de contraditório no processo de fundamentação da sentença

A questão do contraditório, assumindo-se constitucionalmente como «pilar» estrutural de um princípio de justiça, será neste âmbito analisada apenas na dimensão dinâmica do relacionamento entre o processo de construção e a fundamentação da sentença.

Trata-se de analisar a paridade cognoscitiva e dialéctica[418] entre a acusação e a defesa para além da tripla dimensão de acesso às fontes de prova, da circulação da informação probatória e da discussão da hipótese perante um juiz independente e imparcial. Partindo da dimensão epistemológica que o contraditório assume no âmbito do processo de construção da decisão[419]

---

[417] A afirmação é de Perfecto Ibañez que relaciona a consciência crítica do juiz com a sua «condição de leitor de outras leituras através das quais lhe é permitido chegar a um melhor conhecimento possível da verdade empírica relativa à forma de produção de alguns factos no passado»: cf. «Carpinteria de la sentencia penal (em materia de hechos)», cit., p. 5.

[418] No domínio constitucional italiano o princípio do contraditório teve um expressivo reconhecimento através do artigo 111º comma 4 e 5 da Constituição («proceso giusto»), «como «método dialéctico entendido como a melhor forma de conhecimento»: cf. Paolo Tonini, *Manuale di Procedura Penale*, cit., p. 180.

[419] Ferrajoli assume o contraditório, juntamente com a prova e a motivação como garantias processuais primárias, «intrinsecamente epistemológicas» que como tal deve ser entendida no âmbito do processo (de todo o processo) e sobretudo do processo penal: cf. *Derecho y Razón*, pp. 152, 153, e 613.

ESTRUTURA E RACIONALIDADE DA CONSTRUÇÃO E FUNDAMENTAÇÃO DA SENTENÇA PENAL

pretende-se determinar se na fundamentação o modelo seguirá a mesma cadência que é visível no processo que o precede e em que condições.

Já foi afirmado que o processo racional de construção da sentença penal assenta na verificação de hipóteses sustentadas em meios de prova através de um processo intersubjectivo, cuja natureza contraditória se afirma com um carácter epistemológico e não especificamente normativo. «É lógico, antes que jurídico, o valor normativo dos princípios metodológicos de necessidade de várias provas, da possibilidade das contraprovas ou das contra-hipóteses não desmentidas», refere Ferrajoli[420].

A confirmação da hipótese acusatória através de um procedimento desenvolvido perante um juiz independente e imparcial que sustenta o processo penal democrático exige, no seu processo de verificação, o cumprimento de uma garantia de «possibilidade da refutação ou contraprova» da hipótese onde se sustenta[421]. Essa possibilidade permanente de refutação, a que acresce o dever de participação na construção da decisão que identifica o modelo de audiência de julgamento[422] transmite-se ao modelo de funda-

---

[420] *Ibidem*, p. 153.

[421] Sobre o princípio do contraditório no sistema processual penal português, cf. Figueiredo Dias, *Direito Processual Penal*, cit., p. 158 que, não obstante a sua «datação», identifica e marca o núcleo essencial do princípio do contraditório no processo penal, ao afirmar então (1974) que «o direito de audiência é a expressão necessária do direito do cidadão à concessão de justiça, das exigências comunitárias inscritas no Estado-de-direito, da essência do Direito como tarefa do homem e, finalmente, do espírito do processo como «com-participação» de todos os interessados na criação do direito». Desenvolvidamente sobre o modelo do contraditório do CPP de 1987 no que respeita ao contraditório para a prova na audiência de julgamento e a sua visão «dentro» do quadro constitucional, cf. Damião da Cunha, *O Caso Julgado Parcial*, cit., pp. 363 e ss. Sobre o princípio da contraditoriedade na produção e valoração da prova, Germano Marques da Silva, *Curso de Processo Penal, II Volume*, 4ª edição, cit., p. 154, salientado o autor como corolário do princípio do contraditório o facto de o juiz dever «dar conta da relevância para a decisão das provas que estão em contradição».

[422] No que respeita ao modelo italiano Mariano Menna fala de «um modelo duplo de actividade deliberante e justificativa em função da incidência do contraditório na decisão», contrapondo-o ao modelo monológico do Código Rocco de 1930: cf. *La Motivazionne del Giudice Penale*, cit. pp. 72 e 73. No mesmo sentido Ferrajoli refere-se ao actual sistema normativo como tendo legalizado «a necessidade epistemológica de uma pluralidade de confirmações» e ainda «a previsão no mesmo artigo 192º da obrigação do juiz dar conta na motivação dos resultados adquiridos e dos critérios adoptados "equivale" à prescrição de que a motivação explicite todas as inferências indutivas levadas a cabo pelo juiz, além dos critérios pragmáticos e sintácticos por ele adoptados, incluindo os das contraprovas e das refutações por *modus tollens*»:

A FUNDAMENTAÇÃO DA SENTENÇA NO SISTEMA PENAL PORTUGUÊS

mentação da sentença. «Um contraditório que se expande da prova para as entranhas da motivação» refere, certeiramente, Iacovello[423].

Não parece ser outra a constatação que decorre do modelo normativo estabelecido no artigo 374º nº 2 do CPP nomeadamente, após a reforma de 1998, quando estabelece que na fundamentação tem que se incluir «a indicação e o exame crítico das provas que serviram para formar a convicção do tribunal».

O sistema português não tem uma norma idêntica ao artigo 192 do CPPit que estabelece que «o juiz valora a prova dando conta na motivação dos resultados adquiridos e dos critérios adoptados». Na norma «gémea falsa» sobre a valoração da prova que constitui o artigo 127º do CPP diz-se que «salvo quando a lei dispuser diferentemente, a prova é apreciada segundo as regras da experiência e a livre convicção da entidade competente», não se vislumbrando aí qualquer inciso directamente vinculativo ao juiz no sentido estabelecido na norma italiana. No entanto, a concatenação dos dois artigos estruturantes referentes à fundamentação das decisões (374º nº 2 e 127º do CPP) bem como o seu «negativo» consubstanciado na tipificação da nulidade estabelecida no artigo 379º nº 1 alínea a) do CPP para o não cumprimento do dever de fundamentar nos modos estabelecidos no código, são impressivos no sentido de normativizar o que epistemologicamente (e mesmo constitucionalmente) já decorria de uma compreensibilidade da conexão entre o modelo de decisão e o modelo de fundamentação da sentença penal.

Trata-se, assim, de uma fundamentação que não pode deixar de ser vinculada aos conteúdos argumentativos que são expostos durante o processo de construção e aos resultados probatórios emergentes do contraditório que daí decorrem.

Nesse sentido é pertinente a questão, concretamente discutida por alguma jurisprudência, referente à desnecessidade de dar um conteúdo justificativo na fundamentação à não relevância de provas produzidas na audiência, que não vieram a consubstanciar o suporte probatório que fundou a decisão.

---

cf. *Derecho y Razón*, cit., p. 154. No mesmo sentido, Paolo Tonini, *Manuale di Procedura Penale*, cit., pp. 158 e 459.

[423] Referindo-se ao sistema italiano, Iacovello é muito assertivo ao afirmar que «a radical novidade do código está aqui [referindo-se ao artigo 546, comma 1 lett. e), do CPPit. que impõe a confrontação não só da prova e das razões que sustentam a decisão mas também a prova e as razões contrárias]»: cf. «Motivazione della sentenza penale (controlo della)», cit., p. 788.

ESTRUTURA E RACIONALIDADE DA CONSTRUÇÃO E FUNDAMENTAÇÃO DA SENTENÇA PENAL

A vinculação do processo de fundamentação ao contraditório impõe que o problema só possa ser resolvido pela afirmação da exigência da sua fundamentação[424]. Ou seja, e apenas incidindo a questão no âmbito do contraditório, é evidente que na fundamentação da sentença o relevo do contraditório, na medida em que condicionou o acto decisório que lhe está subjacente deve igualmente reflectir-se na estrutura da fundamentação[425]. Também

---

[424] Coisa diferente será a desnecessidade de, na fundamentação da sentença, o tribunal relatar, descrevendo, transcrevendo e especificando todos os depoimentos das testemunhas ouvidas, declarações de arguidos ou outros intervenientes no julgamento. Trata-se, neste último caso, de uma posição sustentada numa errónea interpretação da norma do artigo 374º nº 2 do CPP à luz da dimensão constitucional do artigo 215º do CRP. O que importa, e o que decorre do âmbito constitucional, tendo em conta as finalidades subjacentes à fundamentação, é que sejam indicados os elementos fundamentais e decisivos para a formação da convicção, o que aliás tem sido referido pelo Tribunal Constitucional, conforme decorre quer do Ac. nº 690/98, de 2 de Dezembro de 1998, cit., quer numa das mais recentes decisões do TC, o Ac. nº 27/2007, de 17 de Janeiro. A afirmação efectuada neste último acórdão no sentido de que «o que está em causa em sede de fundamentação das sentenças não é um princípio de paridade de consideração e explicitação da prova produzida por todos os sujeitos processuais, mas antes da explicitação do juízo decisório e das provas em que este se baseou» deve, no entanto, ser lida com algum cuidado. A questão da paridade e, naturalmente do contraditório, está em causa na medida em que seja necessária para que o juízo decisório seja percepcionado sem dúvidas pelos destinatários da decisão. Ou seja, se um determinado meio de prova, alegado e eventualmente elemento de sustentação de uma «hipótese» em discussão na fase de julgamento não é relevado no domínio decisório, para que não fiquem dúvidas da actividade jurisdicional, deverá ser objecto de um tópico justificativo no sentido do porquê da sua não admissibilidade no processo de justificação. Só assim se compreende o integral respeito pelo princípio constitucional da completude da fundamentação das decisões. Daí que se parece certa a afirmação do TC de que «não é um princípio de paridade de consideração e explicitação da prova produzida por todos os sujeitos processuais» que está em causa na fundamentação – e não é – a questão do contraditório e naturalmente das suas repercussões no âmbito da prova não podem deixar de condicionar a fundamentação.

[425] A afirmação recorrente nas decisões mais recentes do Supremo Tribunal de Justiça sobre a exigência de um «processo racional na apreciação da prova» como objectivo fundamental na concretização do dever de fundamentação da sentença no processo penal – vejam-se os ac. do STJ sobre a matéria, nomeadamente de 10.07.2008 (recurso nº 3054/06), de 3/9/2008 (recurso 2502/08-3), de 3.9.2008 (recurso nº 2031/04, 3º secção) – não pode deixar de ser interpretada no sentido dessa dimensão do contraditório ter que ser reflectida o processo racional de fundamentação. Neste sentido o que é referido na decisão do STJ de 13.10.2007 (recurso nº 07P1779) é inequívoca: «A exigência de exame crítico das provas, como momento essencial da fundamentação da decisão em matéria de facto (exigência específica introduzida, como se salientou, pela Reforma de 1998) tem como finalidade processual permitir, no

A FUNDAMENTAÇÃO DA SENTENÇA NO SISTEMA PENAL PORTUGUÊS

aqui, «o contraditório não pode parar na ombreira da motivação»[426], devendo o juiz indicar os motivos e as provas que sustentaram a prova que confirmou a hipótese acusatória mas também, os motivos que o levaram a excluir as hipóteses antagónicas e a julgar não atendíveis as provas contrárias invocadas na sustentação da hipótese não admitida.

Em determinadas situações, aliás, a exposição das razões justificativas que levaram à não atendibilidade de determinada versão probatória assume uma dimensão absolutamente relevante em função da própria legitimação da decisão. A não compreensibilidade de uma valoração de prova alegada mas não aceite diminui, ou torna mais frágil, o carácter persuasivo da decisão sendo por isso fundamental que o juiz nessas circunstâncias, afim de evitar alguma «erosão» da sentença, justifique essa situação[427].

Questão que, no entanto, se não confunde com a «amplitude» do modo como se deve fundamentar essa «dimensão negativa» ou *ex adverso* da fundamentação. Esta última dimensão não pode suscitar uma adesão analítica tão profunda como a fundamentação referente à demonstração da «dimensão positiva» expressa na escolha racional onde se sustentou para decidir. Trata-se, nesta matéria, de uma questão diferente que atinge não a dimensão epistemológica do acto de fundamentação mas antes a dimensão da «extensão» da fundamentação, matéria que será abordada *infra* de forma autónoma.

A questão terá, aliás, consequências relevantes numa perspectiva de diferenciação da fundamentação nomeadamente, na circunstância em que tendo sido exercitado todo o contraditório, ou mesmo quando tal não tenha sido feito, a possibilidade do seu exercício foi inteiramente assegurada mas a sua relevância no processo decisional é nula. Ou seja, quando todos os participantes processuais estão «de acordo» com a hipótese inicialmente formulada e a perspectiva do consenso decisional assente na verdade é assumida sem qualquer dúvida por parte de todos os sujeitos processuais[428].

âmbito do recurso em matéria de facto, a reponderação pelo tribunal de recurso dos critérios usados na decisão recorrida para formar a convicção sobre os factos». Ora o contraditório é um dos critérios essenciais usados no processo de conhecimento dos factos.

[426] A expressão é de Iacovello, in «Motivazione della sentenza penale (controlo della)», cit. p. 780. No mesmo sentido, cf. Igartua Salaverria, *La Motivación de las Sentencias...*, cit., p. 158.

[427] Neste sentido, Amodio, «Motivazione della sentenza», cit., p. 210 e também, no mesmo sentido, Igartua Salaverria, *ibidem*, p. 159.

[428] A questão assume uma dimensão prática muito relevante e tem alguma repercussão normativa no domínio do CPP. Nesse sentido veja-se o caso do artigo 344º nº 1 do CPP relativo

ESTRUTURA E RACIONALIDADE DA CONSTRUÇÃO E FUNDAMENTAÇÃO DA SENTENÇA PENAL

Trata-se do modo de proceder nas situações onde todo o processo racionalizado de construção da decisão assenta num consenso sobre a factualidade objecto da hipótese de acusação, devidamente manifestado por todos os intervenientes processuais, dando-se ao juiz apenas a liberdade de decidir sobre as consequências jurídicas do conteúdo fáctico previamente consensualizado. Nesse sentido, também a fundamentação deve reflectir esse consenso e poderá mesmo consubstanciar, neste domínio, uma situação onde a questão da indisponibilidade do dever de fundamentação pode ser questionada[429]. Ou seja, saber até que ponto não será mesmo imperativo que a fundamentação da sentença projecte essa dimensão consensual que ocorreu no processo de construção da decisão. Projecção que poderá reflectir-se num processo diferenciado de fundamentação, evidenciado num leque que pode ir de uma ausência de fundamentação, sustentado num processo devidamente consensualizado, até uma fundamentação mínima, atentos outros interesses que simultaneamente devem ser prosseguidos, nomeadamente a celeridade processual, sem que com isso se questione a dimensão de legitimação e finalidades extraprocessuais subjacentes à fundamentação[430].

4. Um modelo de racionalidade pública

Um processo penal democrático é um processo penal público. A democracia é por regra um sistema político assente na transparência e na publicidade dos actos e actividades dos seus «actores» institucionais. A configuração das questões do segredo num sistema democrático tem que ser vista à luz do paradigma da excepcionalidade. «O segredo não é o que não se pode conhe-

---

à confissão integral e sem reservas efectuada pelo arguido e o regime específico lhe pode suceder, em relação à dispensa de produção de outra prova. De igual modo no âmbito das soluções de justiça consensual permitidas no CPP veja-se o processo sumaríssimo (artigos 394º e 397º do CPP) onde o arguido afirma o seu consentimento à matéria de facto que consubstancia a hipótese de acusação bem como, numa fase anterior ao julgamento, onde esse mesmo consenso (não só do arguido, mas também do assistente) permite a suspensão provisória do processo (cf. artigo 281º do CPP).

[429] A questão e sobretudo as perplexidades que suscita na concretização de um processo de fundamentação que não tem que ser igual para todo o tipo de situações é referida por Iacovello, questionando o autor o facto de não se ver porque é que o juiz «deva ter que explicitar critérios de inferência pacíficos sobre os quais nenhuma parte processual suscitou controvérsia»: cf. «Motivazzione...», cit., p. 767.

[430] Questão analisada *infra* no Capítulo V.

A FUNDAMENTAÇÃO DA SENTENÇA NO SISTEMA PENAL PORTUGUÊS

cer mas o que não se conhece porque se pretende que não se deva conhecer», refere Lucas Martin [431].

Entendidos os requisitos de excepcionalidade e restrição como inerentes à definição de segredo só isso pode salvar a sua compatibilidade com as regras de jogo da democracia. Ainda segundo Martin, «o que resulta incompatível com a democracia não é que haja segredos, mas sim que estes escapem à lei, que não estejam regulados juridicamente (...). O que é característico da democracia é que se sabe quem, quando, como e porquê deve restringir o acesso ao conhecimento e que a decisão sobre tudo isto, quer dizer a decisão sobre o estatuto jurídico do segredo está nas mãos do povo através dos seus representantes»[432].

Uma sentença (e o processo da sua concretização) proferida num processo penal tem que ser sempre, sem excepção, um acto público[433].

A afirmação do carácter público do julgamento e da sentença, como «momentos» singularmente identificados e estruturalmente relevantes no âmbito da «construção» da fundamentação da sentença, assume-se finalisticamente como modo de tornar possível o controlo da decisão e do processo. A este propósito, refere Iacovello, «a publicidade do julgamento e a publicidade da motivação são sequência de uma mesma lógica. Seja a primeira, seja a segunda servem para possibilitar o controlo social do processo: a primeira permite controlar a prova, a segunda controlar a decisão. Permitem à sociedade julgar o juiz que julga»[434]. A esta finalidade de controlo está directamente ligado um factor de legitimação do próprio juiz e da sua função[435].

---

[431] Cf. Javier de Lucas Martin, «Democracia y transparência. Sobre poder secreto y publicidad», *Annuario de Filosofia del Derecho*, VII, 1990, p. 138.

[432] *Ibidem*, p. 140.

[433] Ao contrário de determinados actos processuais que podem concretizar-se de uma forma «não pública» ou sujeita a restrições de publicidade. Não se cura neste trabalho da questão das fases preliminares do processo penal e do debate que co-envolve essa matéria referente ao carácter público ou sujeito a restrições de segredo. Sobre este debate cf. Ferrajoli, *Derecho y Razón*, pp. 616-618. O que se releva é a questão do carácter público ínsito à racionalidade da própria construção e fundamentação das decisões judiciais tomadas no processo penal *maxime* da sentença penal. Sobre o princípio da publicidade como princípio estrutural da fase de julgamento, com toda a actualidade, cf. Figueiredo Dias, *Direito Processual Penal*, cit., pp. 221-227.

[434] Neste sentido, Iacovello, *in* «Motivazione della sentenza penale», cit., p. 760.

[435] Sublinhando a publicidade da motivação como factor de legitimação, cf. Francesco Rigano, «Notte sullo statuto constituzionale del giudice comune», cit., p. 114.

174

ESTRUTURA E RACIONALIDADE DA CONSTRUÇÃO E FUNDAMENTAÇÃO DA SENTENÇA PENAL

Importa porém analisar se num modelo de racionalidade subjacente à sentença penal nomeadamente, um modelo onde existam regras que permitam controlar eficazmente a racionalidade do discurso[436] o carácter público que está subjacente à sentença não se evidenciará por um lado, na sua estrutura «genética» e, por outro lado, quais as consequências dessa «carga genética» no âmbito da fundamentação. De igual modo será importante atentar na dimensão do espaço público numa sociedade democrática, pluralista e globalizada e o modo como essa dimensão plural da sociedade condicionará a própria fundamentação da decisão.

4.1. O carácter público da decisão e as suas consequências na fundamentação

Nos vários modelos e sistemas penais conhecidos a dimensão pública do âmbito do procedimento nomeadamente, nas fases preliminares ou de investigação variaram de acordo com o próprio processo histórico e, sobretudo, como as várias formas do modelo acusatório e inquisitório foram evoluindo. Em todos eles, no entanto, a sentença, como acto processual autónomo, sempre foi pública.

A relevância da publicidade, tanto da audiência como da sentença, como elemento estrutural do processo tem sido reconhecida pelo TEDH. Está consolidada uma vasta jurisprudência sustentada na afirmação inequívoca de que a publicidade da audiência constitui um princípio fundamental consagrado no nº 1 do artigo 6º da CEDH, na medida em que protege os arguidos contra uma justiça secreta que escapa ao controlo do público e constitui igualmente um dos meios de preservar a confiança nos tribunais, para além de concretizar o direito a um processo equitativo[437].

O TEDH tem, no entanto, manifestado a posição de que assente esse inequívoco princípio da publicidade das audiências, a diferente forma de o concretizar nos vários Estados e a sua compatibilização com o artigo 6º da CEDH, é possível desde que se respeitem os princípios que se pretendem proteger com aquele artigo – nomeadamente assegurar o escrutino das decisões judiciais pelo público, de modo a salvaguardar um processo equitativo.

---

[436] No seguimento da posição defendida por Segura Ortega in «La racionalidad del derecho: sistema y decision», cit., p. 149.

[437] Cf., entre outras, as decisões *Pretto e outros contra Itália*, de 8.12.1983, *Axen contra Alemanha*, de 8.12.1983 e *Helmers contra Suécia*, de 29.10.1991.

A FUNDAMENTAÇÃO DA SENTENÇA NO SISTEMA PENAL PORTUGUÊS

Nesse sentido tem admitido que os Estados gozam de alguma liberdade no modo como escolhem, nas várias leis, o meio de se publicitarem as decisões[438]. O TEDH admite mesmo a renúncia à garantia de publicidade quer da audiência quer da sentença[439].

Num processo penal de um Estado de direito, assume-se que a ideia democrática de participação dos cidadãos no debate público está no âmago da própria ideia de publicidade do processo[440], independentemente da dimensão do segredo em cada tipo processual. Suscita-se, como questão prévia, a pergunta essencial: porquê uma dimensão não pública do processo ou, de outro modo, como assumir numa estrutura democrática de justiça a existência de domínios secretos no processo?

O segredo é uma limitação do conhecimento. «O segredo é antes de tudo um conhecimento intencionalmente separado: isto quer dizer que se trata de um conhecimento que discrimina a favor de um ou de poucos, que se reserva a eles e exclui os demais. Decisivo é, pois, a derrogação do princípio geral do conhecimento, uma derrogação que se toma a si mesma como excepcional»[441].

---

[438] Cf., para além das decisões *supra* identificadas, as decisões *B. e P. contra Reino Unido* nº 36337/97 e 35974/97 e a decisão *Sutter contra Suiça*, de 22.2.1984, não necessariamente pela obrigatoriedade da «leitura» da decisão de viva voz perante o público, mas levando em consideração as características especiais do processo em causa.

[439] Cf. decisão *Albert et Le Compte contra Bélgica*, de 10.2.1983. Admitindo a diferenciação e também a possibilidade de renúncia, cf. Louis-Edmond Pettiti, Emmanuel Decaux, Pierre-Henri Imbert, *La Convention Européenne des Droits de L'homme, Commentaire article para article*, cit., p. 267. Em Portugal já no CPP 1929 se estabelecia que a «audiência secreta se torna pública para a leitura da decisão e para os actos que se lhe sigam»: cf. Figueiredo Dias, *Direito Processual Penal*, cit. p. 226. A imperatividade do artigo 86º nº 5 do CPP é inequívoca, hoje, no sentido de afirmar o princípio da publicidade da sentença. Uma visão global sobre o princípio da publicidade enquanto «princípio-regra quanto à forma sob a qual há-de decorrer o processo penal, em conformidade com a estruturação do processo segundo a forma acusatória», é dada por Maria João Antunes, «O segredo de justiça e o direito de defesa do arguido sujeito a medida de coacção», in AAVV, *Liber Discipulorum para Jorge de Figueiredo Dias*, Coimbra Editora, 2003, pp. 1241 e ss.

[440] Assim Gomes Canotilho e Vital Moreira, *Constituição da República Portuguesa, Anotada*, cit. p. 801 e Sandrine Roure, «L'élargissement du principe de publicite des débats judiciaires», cit., p. 741.

[441] Javier de Lucas Martin, «Democracia y transparência. Sobre poder secreto y publicidad», cit., p. 138.

176

ESTRUTURA E RACIONALIDADE DA CONSTRUÇÃO E FUNDAMENTAÇÃO DA SENTENÇA PENAL

A admissibilidade de modelos de investigação criminal assentes numa dimensão «não pública» sustenta-se na justificação da protecção de interesses subjacentes à protecção do modelo de investigação, admitindo-se assim restrições a esse conhecimento – que no caso português têm, aliás alguma dimensão constitucional[442] – estabelecidas na lei.

No que respeita à restrição da publicidade em actos processuais que decorrem sempre sobre uma dimensão pública, a sua justificação só é compreensível tendo em conta a necessidade de «não dar a conhecer» determinado tipo de factos ou identidade de pessoas que, tendo em conta os interesses contrapostos que estão em causa, só podem ser protegidos através dessa dimensão da «omissão de conhecimento». Daí as restrições assumidas genericamente nas várias ordens jurídicas no âmbito da publicidade das audiências de julgamento[443]. Trata-se de restrições que consubstanciam excepções ao princípio geral de que o conhecimento, no domínio do processo judicial não deve ser limitado. Sublinhe-se que no processo penal, sobretudo na fase de julgamento, não pode pretender-se limitar o conhecimento, face ao princípio vinculante da procura da verdade, não obstante a limitação decorrente do conhecimento de um determinado objecto processual pré-determinado.

As possíveis restrições constitucionalmente sustentáveis têm, neste domínio, uma *ratio* de protecção nomeadamente, dos direitos pessoais de alguns intervenientes. Apenas nessa medida são sustentadas «limitações de conhecimento» a terceiros, mas não a quem intervém na audiência como «actor» no processo de construção da decisão. E se essa plenitude do conhecimento é assim reconhecida na fase do julgamento, como momento «radical» no processo de construção da decisão, a sentença, como «resultado» desse processo de conhecimento, é por isso sempre e necessariamente pública, não admitindo limitações[444].

---

[442] Assim estabelece o artigo 20º nº 3 a CRP, que desde 1997 refere que «a lei define e assegura a adequada protecção do segredo de justiça». Sobre a relevância constitucional do segredo de justiça veja-se o ac. do Tribunal Constitucional nº 428/08, a propósito das alterações introduzidas pela reforma de 2007 no âmbito do artigo 89º nº 6 do CPP.

[443] A restrição à publicidade das audiências, como princípio constitucional, obedece exactamente por isso «aos requisitos constitucionais (despacho fundamentado, objectivo conforme à Constituição», referem Gomes Canotilho e Vital Moreira, *Constituição da República Portuguesa, Anotada*, citada p. 801. Sobre as restrições e o modo de as fundamentar, Figueiredo Dias, *ibidem*, p. 225 e Maria João Antunes, *ibidem*, p. 1243.

[444] Também o TEDH não admite, nesta matéria, quaisquer tipo de limitações explícitas ou

A FUNDAMENTAÇÃO DA SENTENÇA NO SISTEMA PENAL PORTUGUÊS

Duas questões suscitam, ainda, nesta matéria alguma problemática. Por um lado, a questão da restrição ao carácter público da audiência e às suas repercussões no âmbito da sentença. Por outro lado, a questão da própria forma de publicitação da sentença.

4.1.1. *A fundamentação das restrições ao carácter público da audiência*

A vinculação constitucional à publicidade da audiência e a excepcionalidade e a restrição como características epistemológicas do carácter do segredo, impõem que o tribunal efectue uma fundamentação precisa dos motivos que sustentam o segredo[445].

A «fundamentação» que legitima uma restrição ao conhecimento do que se passa na audiência terá que se sustentar num conteúdo efectivo concretizado em factos transportados ou já decorrentes do processo de decisão, passíveis de serem contraditados[446]. A alegação fáctica está, no entanto, no caso do CPP, restringida à densificação do facto da publicidade poder causar grave dano à dignidade das pessoas, à moral pública ou ao normal decurso do acto.

O CPP estabeleceu, para além disso, uma presunção «factual» que impõe a exclusão da publicidade dos actos processuais (e não só a audiência de julgamento) nos casos em que estão em causa «crimes de tráfico de pessoas ou contra a liberdade e autodeterminação sexual», conforme decorre do artigo 87º nº 3. Neste último caso, tratando-se de uma «presunção» decorrente do entendimento de que a matéria de facto envolvendo tais crimes, só por si causa grave dano à dignidade das pessoas, à moral pública ou ao normal

---

implícitas: cf., neste sentido Irineu Barreto, A *Convenção Europeia dos Direitos do Homem, Anotada*, cit. p. 143. No que respeita ao processo penal, nomeadamente ao processo penal português a imperatividade do artigo 87º nº 5 é explícita: «a exclusão da publicidade não abrange, em caso algum, a leitura da sentença», concretizando aliás a norma constitucional do artigo 206 que se refere à publicidade das audiência. «Não estando a publicidade destas [decisões] explicitamente garantida pela Constituição, ela decorre porém, directamente do mencionado princípio do Estado de direito democrático», referem Gomes Canotilho e Vital Moreira, *ibidem*, p. 801. Já no CPP 1929 a «audiência secreta se torna [va] pública para a leitura da decisão e para os actos que se lhe sigam», Figueiredo Dias, *ibidem* p. 226. De igual modo Maria João Antunes, *ibidem*, p. 1244.

[445] É hoje, no CPP, muito clara essa obrigatoriedade, conforme decorre dos artigos 321º, 1, 2 e 3 e 87º nº 1 e 2.

[446] Embora o artigo 321º nº 3 refira uma audição dos sujeitos processuais interessados, prévia à tomada de decisão «sempre que possível», não parece que o exercício do contraditório deva, nessa parte, ser suprimido, sem existir uma razão também ela fundamentada.

ESTRUTURA E RACIONALIDADE DA CONSTRUÇÃO E FUNDAMENTAÇÃO DA SENTENÇA PENAL

decurso do acto, pode e deve ser sempre afastada, em função de uma avaliação e decisão oficiosa do juiz ou suscitada por qualquer dos intervenientes[447].

A dimensão factual que concretiza os motivos de restrição da publicidade é aliás a única passível de, ela própria, legitimar uma dupla dimensão da fundamentação do acto. Por um lado, no âmbito da dimensão externa, dar a conhecer as razões concretas dessa restrição ao público («ao auditório universal»); por outro lado, no âmbito da dimensão interna, possibilitar a impugnação pelos destinatários afectados pela decisão de forma inequívoca («ao auditório técnico») quando não vejam nessa dimensão factual suficiente «força legitimadora» para admitir a restrição.

Há, ainda, que sublinhar o carácter temporalmente limitado da «área de segredo» que em cada caso concreto se justificará, na medida em que é imperativamente imposta a revogação desse período de segredo ou de «não conhecimento», logo que cessem os motivos que lhe deram causa.

Por outro lado, recorde-se o carácter de nulidade insanável que consubstancia a violação deste conjunto normativo que estabelece o quadro verdadeiramente excepcional da legitimação do «não conhecimento». Parece assim inquestionável que o legislador reconhece nesta matéria a relevância «epistemológica», mais do que processual ou mesmo constitucional, das razões da impossibilidade de segredo no domínio da audiência de julgamento.

4.1.2. *A forma de publicitação da fundamentação da sentença*

A publicitação da sentença é, sem restrições, uma exigência do processo penal democrático e, no que respeita ao sistema português, uma exigência constitucionalmente vinculada. Trata-se de um princípio cuja tradução na própria lei está exaustivamente estabelecida, desde logo quando se exige sempre que a leitura pública da decisão (artigo 86º nº 7 e 372º nº 3 do CPP) seja efectuada na sala de audiência por um juiz (não necessariamente o juiz presidente). O CPP estabelece que no acto da leitura da sentença o tribunal

---

[447] Podem identificar-se variadíssimas situações em que estão em causa crimes de tráfico de pessoas ou contra a liberdade e autodeterminação sexual onde não são visíveis situações que ponham em causa de forma grave a dignidade das pessoas, a moral pública ou o normal decurso do acto e nessa medida será mesmo inadmissível a restrição da publicidade. O «em regra», que sustenta o artigo 87º nº 3 do CPP, configurando na prática uma restrição de um princípio fundamental da jurisdição, deve ser interpretado num sentido restritivo.

A FUNDAMENTAÇÃO DA SENTENÇA NO SISTEMA PENAL PORTUGUÊS

lê, obrigatoriamente, o dispositivo bem como, a fundamentação ou, se esta for muito extensa, uma súmula, podendo no entanto prescindir-se da leitura do relatório, equivalendo a leitura da sentença à notificação dos sujeitos processuais[448].

A publicitação obrigatória e integral do dispositivo da sentença permite dar a conhecer a «informação» concisa referente ao *ratio* da decisão do tribunal. Foi ou não foi condenado o arguido; se foi, qual a pena que foi aplicada pelo tribunal e quais as consequências. Ao exigir-se a publicitação obrigatória da fundamentação (ou pelo menos de uma súmula desta) está a sublinhar-se a necessidade da importância do dever do tribunal referir desde logo o «porquê» dessa decisão, as razões em que assentou a sua decisão para que o destinatário, «técnico» ou «universal», o apreenda imediatamente.

O carácter público da sentença penal e da sua fundamentação assume-se por isso como um elemento da sua própria racionalidade, como acto processual. Os mecanismos de restrição subjacentes a outras fases públicas do processo seja nas fases preliminares seja na fase de audiência, no caso da publicitação da sentença e da sua fundamentação não são admissíveis. A imperatividade da sua leitura pelo juiz perante os seus destinatários assim o demonstra[449].

---

[448] No sistema italiano a publicitação do dispositivo, seguida de uma «concisa exposição dos motivos de facto e de direito onde se funda a sentença» é efectuada através da leitura pelo presidente ou por um juiz do colectivo. No caso em que o dispositivo é simultaneamente lido com a motivação pode esta ser substituída por uma exposição recapitulativa (artigos 544 e 545 do CPPi): cf. Paolo Tonini, *Manuale di Procedura Penale*, cit., p. 509. Note-se que a leitura do dispositivo e da motivação equivale à notificação da sentença: cf. neste sentido, D. Siracusano, A. Galati, G.Tranchina e E. Zappalà, *Diritto Processuale Penale, Volume II*, Giuffré Editore, Milano, 2001, p. 352. No sistema germânico, segundo o § 268 StPO, o presidente procede também à leitura do dispositivo e expõe oralmente os motivos essenciais que estão na base da sentença. Se a formulação escrita da motivação da sentença é determinante na configuração do sistema, não se prescindiu logo no momento público da pronúncia da sentença, da explicitação dos motivos que fundaram o dispositivo: cf., neste sentido, Konstanze Jarvers, «Profili generali del diritto processuale penale tedesco», *Rivista Italiana di Diritto e Procedura Penale*, Ano XLVI, fasc. 3, Luglio-Settembre, 2003 p. 948. De igual modo Roxin salienta que a comunicação do dispositivo, «estabelecida por escrito anteriormente, deve realizar-se antes da comunicação dos fundamentos da sentença, devido à sua importância e por consideração ao acusado»: cf. *Derecho Procesal Penal*, cit., p. 419. O autor salienta no entanto, a importância da comunicação dos fundamentos da sentença que o StPO estabelece, contrariamente ao regime do processo civil, de uma forma obrigatória, sendo sempre efectuada de «forma oral, sintética e rápida», *ibidem*, p. 420.

Actualmente não é possível, no âmbito do CPP, tornar pública uma decisão sem esta ser imediatamente explicitada, mesmo que o seja através de uma forma racionalizada («por súmula»)[450].

4.2. Os condicionamentos da racionalidade pública na fundamentação da sentença

A imperatividade da publicitação da sentença penal, englobando a sua fundamentação, tendo em conta a dimensão do espaço público numa sociedade democrática, condicionará o próprio modo como se fundamenta a decisão?

Como se referiu, o modelo histórico de sentença penal sustentou-se sempre na sua forma pública. As sentenças sempre foram públicas. O que se constata hoje é uma alteração do «espaço público» para onde são dirigidas as sentenças.

A exposição pública a que os tribunais estão sujeitos[451], a apetência do público pelas questões judiciais e em particular pelas matérias penais,

---

[449] No sentido de que o dever de fundamentação é não apenas parte integrante da sentença, mas também parte integrante da pronúncia jurisdicional, cf. Damião da Cunha, *O Caso Julgado Parcial*, cit., p. 568.

[450] Daí que seja susceptível de alguma perplexidade, por não respeitar essa dimensão racional da decisão, o que é referido no ac. do TC, no processo 698/2004, ao declarar que «não implica qualquer violação da Constituição, nomeadamente do seu artigo 206º, uma interpretação normativa extraída da conjugação dos artigos 321º nº 2 e 87º nº 5 do Código de Processo Penal, no sentido de que, em caso de reformulação do acórdão condenatório declarado nulo por insuficiência de fundamentação e em que o acórdão a proferir em nada se afastou da matéria de facto dada como provada, é dispensada a leitura da decisão reformulada, sendo a mesma notificada às partes e estando acessível a qualquer um que esteja legitimado por um interesse no seu conhecimento».

[451] Importa referir que não se trata, no âmbito deste tópico de investigação de percepcionar o vastíssimo problema do relacionamento entre os tribunais e a sua dimensão pública. De igual modo – uma questão exaustivamente debatida – não se pretende abordar de forma aprofundada a questão dos relacionamentos entre os tribunais e a comunicação social e os problemas que se suscitam nesse domínio. É no entanto inevitável abordar, ainda que de uma forma tópica, algumas das questões que se entrecruzam nas várias dimensões da abordagem do que se pretende que seja uma racionalidade pública da sentença. Sobre uma abordagem crítica dos problemas actuais entre os tribunais e a comunicação social, cf. François Ost, «Justice aveugle, medias voyeurs. Pour une critique de la raison médiatique», in *Dire le Droit, Faire Justice*, Bruylant, Bruxelles, 2007, p. 155. Em Portugal, Cunha Rodrigues, *Comunicar e Julgar*, cit., pp. 73-94, «Engrenagens de poder: justiça e comunicação social», *Sub judice*, nº 15/16 Novembro, 2000 (onde vários autores desenvolvem um conjunto de temas concretos sobre a questão).

A FUNDAMENTAÇÃO DA SENTENÇA NO SISTEMA PENAL PORTUGUÊS

a divulgação das decisões através de meios tecnológicos de largo espectro, a pulverização de «sítios» públicos onde se expõem as sentenças e a disponibilidade das sentenças em meios de comunicação social para servirem de comentário, são instrumentos privilegiados que induziram essa mudança.

No mesmo sentido os sistemas de informação da justiça sendo desenhados de modo a permitir a transparência, sustentados no princípio de livre possibilidade de acesso à informação, alteraram significativamente o modo de comunicar as decisões judiciais[452] com enormes consequências na apreensão por parte dos cidadãos do modo como se decide judicialmente[453].

Actualmente muitas sentenças perdem rapidamente o «cordão umbilical» ao seu primitivo auditório técnico para, no momento seguinte, assumirem uma destinação «universal», sendo examinadas e criticadas nos meios de comunicação social por um público alargado[454].

Mas também factores como a permeabilidade a que estão sujeitas as jurisdições através da circulação e cruzamento das suas decisões nomeadamente no domínio penal, contribuem de forma irreversível para a modelação de um auditório que vai para além do espaço e do âmbito subjectivo para o qual foram inicialmente pensadas[455]. Todas estas circunstâncias são actualmente condicionadoras do próprio conteúdo das sentenças e naturalmente do seu *cuore* ou seja, da sua fundamentação e sobretudo do modo como esta é concretizada[456]. O âmbito de controlo da sentença é inquestionavelmente maior do que era no passado recente.

---

[452] Veja-se, neste sentido José Félix Munõz Soro, sublinhando, poderem «os cidadãos em muitos casos seguir o percurso de formação das decisões que o afectam, acedendo directamente aos actos deliberativos que levaram a essa decisão»: cf. *Decisión Jurídica y Sistemas de Información*, Servicio de Estúdios del Colegio de Registradores, Madrid, 2003, p. 39. O sistema de informação electrónica CITIUS, em aplicação no sistema judicial português, através da Portaria nº 1538/2008 de 30 de Dezembro, permite de alguma forma já hoje um acesso por parte do cidadão ao processo de decisão, embora sem aplicação, ainda, no processo penal.

[453] Recorde-se que os sistemas de informação deixaram de ser «fenómenos circunscritos ao âmbito das organizações e dentro destas à sua burocracia para passar a ser um recurso de interesse global» cf. José Soro, *ibidem*, p. 59.

[454] Salientando o espaço crítico que a comunicação social assume perante as sentenças, veja-se Luis Benéytez Merino, «Deontologia de la decision judicial» cit., p. 325.

[455] Mais uma vez se recorre ao exemplo das decisões judiciais proferidas no âmbito do Mandado de Detenção Europeu que possibilitam, num espaço judiciário amplo e diferenciado um cruzamento real das fundamentações das decisões de natureza penal entre as várias ordens jurídicas.

[456] O paradoxo que pode resultar da questão da transmissão das sentenças numa «sociedade pública» é referido por Faria Costa quando afirma que «um conteúdo injusto, incorrecto,

ESTRUTURA E RACIONALIDADE DA CONSTRUÇÃO E FUNDAMENTAÇÃO DA SENTENÇA PENAL

Por outro lado, a constatação de que a argumentação jurídica efectuada nas decisões judiciais vem assumindo de forma irreversível uma vertente transnacional, assume-se, também, como um outro (e novo factor) condicionante e condicionador da publicidade das decisões e, sobretudo, da sua fundamentação. Trata-se, neste último caso, da situação que alguns autores como François Ost referem como «inferências nómadas» que «vão fazendo deslizar, de caso para caso, por aproximações sucessivas, a mesma razão de decidir»[457].

Num período temporal relativamente delimitado a uma trintena de anos desenvolveu-se um «auditório universal», relativamente mutante e com uma configuração «plástica», apto a desempenhar funções de destinatário do con-

---

desde que lançado por um bom mensageiro passa, por golpe mágico, a conteúdo aceitável e correcto. E decisões correctas, justas e ponderadas são tidas como injustas, incorrectas e mesmo imponderadas porque a sua transmissão foi levada a cabo de maneira leviana e sem sequer o mínimo esforço de compreensão do seu conteúdo»: cf. «O direito, a justiça e a terceira pessoa», in *O Direito e o Futuro*, António José Avelãs Nunes, Jacinto Nelson de Miranda Coutinho (coord.), Almedina, Coimbra, 2008 p. 509.

[457] Cf. François Ost, *Dire le Droit, Faire Justice*, cit., p. XXIII. O autor dá como exemplo, entre outros, dois casos paradigmáticos onde se constataram essas inferências. O primeiro caso decorre da sentença do Supremo Tribunal dos EUA, *Lawrence V. Texas*, de 26 de Junho de 2003 onde o tribunal para se opor a uma lei texana que proibia relações sexuais entre pessoas do mesmo sexo citou a jurisprudência do Tribunal Europeu dos Direitos do Homem. No segundo caso, trata-se da decisão do TEDH (caso *Pretty contra Reino Unido* de 29 de Abril de 2002) onde este tribunal discutiu a jurisprudência do Supremo Tribunal do Canadá a propósito de uma autorização de suicídio assistido. O autor concluiu que se constata nessas situações «uma tentativa de reforçar a racionalidade da argumentação, pela prova, tipicamente kantiana, da universalização das sentenças, face àquilo que Ch. Perelman apelida de auditório universal, aqui singularmente concretizado». Sobre as influências cruzadas entre jurisdições, nomeadamente no âmbito internacional, cf. Guy Canivet, «Les influences croisées entre jurisdictions nationales et internationales. Éloge de la bénévolence des juges», *Révue de Science Criminelle et de Droit Penal Comparé*, Octobre/Décembre 2005, pp. 799-816, fazendo o autor uma referência expressa e exaustiva ao papel da jurisprudência neste cruzamento. Igualmente sobre a questão cf. Julie Allard, Antoine Garapon, *Os Juízes na Mundialização*, cit., especialmente pp. 78-85. Criticamente, Richar Posner, sublinhando que os juízes não devem ser provincianos e ignorarem o que outros pensam noutros países, refere que «o problema não é aprender com o estrangeiro; o problema é tratar as decisões judiciais como autoridades nos casos dos Estados Unidos, como se o mundo fosse uma única comunidade legal»: *How Judges Think*, cit. p. 353. A decisão *Lawrence V. Texas* pode ver-se *in* «Vícios Privados», *Sub judice* nº 26, Outubro, 2003, p. 91. Em Portugal, salientando esse cruzamento da jurisprudência, como uma forma de «cosmopolitismo judicial» veja-se Henriques Gaspar, «A influência da CEDH no diálogo interjurisdicional», *Julgar*, nº 7, Janeiro-Abril, 2009, pp. 33 e ss.

trolo público das decisões penais. A dimensão constitucional do controlo popular das decisões judiciais, nomeadamente das sentenças penais, tem actualmente um rosto bem mais concretizado do que tinha à data da aprovação e publicação da Constituição.

No processo de construção da sentença, sempre vinculado a um objecto processual predeterminado, a um «pedaço de vida» tematicamente vinculante do tribunal, há um espaço de intervenção do contraditório fundamental ao processo de decisão. A apreciação e justificação das opções tomadas pelo juiz a propósito desse domínio contraditório são escrutinadas de uma forma cada vez mais ampla e, por isso mais transparente. Pode dizer-se que a «janela» da sentença assume hoje uma dimensão bem mais aberta permitindo a um maior e vasto auditório que exerça um efectivo controlo sobre o modo como se julga.

5. Uma racionalidade ponderada ou uma crítica à «hiperracionalidade»

A análise de todo o complexo processo de construção da sentença através de uma perspectiva epistemológica, lógica ou mesmo através da análise sociológica permite «atenuar» a percepção tendencialmente absoluta do que é a racionalidade decisória fundada num normativismo extremo.

O entendimento da fundamentação das decisões associado a um tratamento real nos seus aspectos sociais concretos, os quais vão para além de um «reducionismo metodológico positivista, logicista, formalista ou normativista, reduzindo a questão da motivação sob o ponto de vista da sua significação semântica ou norma-lógica»,[458] atenua as críticas à limitação que este tipo de análise assume, para uma abordagem compreensiva da questão da fundamentação, nomeadamente tendo em conta os seus efeitos pragmáticos na aplicação concreta do direito[459].

Como se tem vido a analisar, os elementos racionais no processo de construção e fundamentação da sentença decorrem de uma actividade discursiva que procede de inferências e impõem, como discurso racional, que se devam

---

[458] Assim Emmanuelle Jouannet «La Motivation ou le mystere de la boite noire», in Hélène Ruiz Fabri et Jean-Marc Sorel (direc.), *La Motivation des Décisions des Juridictions Internationales*, cit., p. 254.

[459] Sobre esta crítica veja-se Neil MacCormick e O. Weinberg, *Pour une Théorie Institutionelle du Droit*, LGDJ, Paris, 1992, pp. 19 e ss.

ESTRUTURA E RACIONALIDADE DA CONSTRUÇÃO E FUNDAMENTAÇÃO DA SENTENÇA PENAL

justificar todos os passos percorridos. Todo o processo de recolha, apreciação, contraditoriedade e valoração da prova assenta primordialmente nesta racionalidade.

No entanto, existem elementos intuitivos que resultam de uma apreensão imediata e individual que não se podem (ou dificilmente se podem) justificar. Trata-se de algo que se encontra no acto de julgar em si mesmo e que por si só dificilmente pode ser justificado. O acto de conhecimento efectuado no âmbito do julgamento tem a ele ligado actos especificamente intuitivos que escapam a qualquer possibilidade de controlo[460].

A tentativa de «isolar», dogmaticamente, a função precisa que a intuição ou os «hunchs» assumem no processo de decisão foi desenvolvida de uma forma aprofundada por alguns dos realistas norte-americanos. Num texto essencial, Hutchenson Jr. refere que, nas suas funções de juiz, «depois de examinar minuciosamente todo o material disponível e reflectir cabalmente em torno de todas as provas apreciadas deixo voar a [minha] imaginação e enquanto medito e penso sobre as questões espero um pressentimento – o meu "hunch" – esse intuitivo clarão de luz e entendimento que permite, de forma repentina, esclarecer a conexão entre dúvidas e decisão e que no ponto onde o encaminhamento da lei é perfeitamente obscuro, ilumina o caminho»[461]. Assumindo uma posição sustentada na sua experiência pessoal, o autor refere, no entanto, que «o juiz, ao utilizar os seus pressentimentos ou «hunchs» faz exactamente o mesmo que fazem os advogados ao analisar os seus assuntos, mas com uma excepção: o advogado tem o objectivo pré-determinado que consiste em ganhar a questão e estar bem com o cliente, procurando e conservando tão só aqueles pressentimentos que o mantenham no caminho que escolheu desde o início; o juiz, pelo contrário, querendo apenas encontrar a solução justa, seguirá os seus pressentimentos, os seus "hunchs" e quando, seguindo-os, se encontra com a solução correcta «cara a cara» pode então encerrar o seu trabalho e decidir pausadamente»[462].

A intuição, recorde-se, é a apreensão imediata de qualquer objecto. No processo reconstrutivo da hipótese de acusação, efectuado através da vali-

---

[460] Manuel Segura Ortega refere que «em todo o direito se encontram elementos racionais e irracionais»: cf. «La racionalidad del derecho: sistema y decision», cit., p. 159.

[461] Cf. Joseph C. Hutchenson, Jr., «The judgment intuitive: the function of the "hunch" in judicial decision», in *American Legal Realism*, William W. Fischer III, Morton J. Horwitz, Thomas A. Reed, Oxford University Press, New York 1993, p. 202.

[462] *Ibidem*, p. 202.

A FUNDAMENTAÇÃO DA SENTENÇA NO SISTEMA PENAL PORTUGUÊS

dação da prova é constatável uma «certa dose» de não racionalidade ou intuição nomeadamente através da emergência de factores não justificáveis que condicionam esse processo. Perfecto refere, a este propósito, «o "sexto sentido" judicial e policial de que se faz eco em algumas sentenças»[463].

Para além da dogmática, vários estudos e perspectivas são conhecidos permitindo constatar e identificar alguns destes factores. Quer a epistemologia quer a sociologia, a psicologia e, mais recentemente, os trabalhos desenvolvidos no âmbito do estudo da narrativa judicial são unânimes em evidenciar um conjunto de factores passíveis de se enquadrarem nessa dimensão de «não racionalidade» que condiciona todo o processo de conhecimento judicial[464].

Para as teorias narrativistas quem julga os factos é o narrador final sendo, por isso, o mais importante de todos os que intervêm no processo. Aquele «narrador», no termo do processo, confronta-se com um grupo de histórias que foram relatadas pelos advogados e pelas testemunhas. Trata-se de histórias que ou estão normalmente em conflito ou apenas são diferentes e podem apresentar várias narrativas dos factos que estão em causa[465]. Nessa perspectiva, o papel do juiz, como construtor de uma narração é sempre "cultural", não só porque envolve categorias, linguagem e construções sociais que são partes da cultura de cada *story teller* mas, sobretudo, porque qualquer narrativa é criada por meio de uma cultura compreendida como um conhecimento do mundo que tem como conteúdo um «*stock* de conhecimentos»[466]. Segundo Twining esse *stock* consiste numa «aglomeração de crenças mal

---

[463] Cf. *Jueces y Ponderación Argumentativa*, cit., p. 44. Especificamente no domínio da doutrina processual penal portuguesa, Figueiredo Dias refere-se ao papel que na convicção pessoal do juiz desempenham os «elementos racionalmente não explicáveis (v.g. a credibilidade que se concede a um certo meio de prova) e mesmo puramente emocionais»: cf. *Direito Processual Penal*, cit., p. 205. Uma distinção entre intuição e motivação, no aspecto processual penal, pode ver-se em Iacovello, «La motivazione della sentenza penale», cit., p. 762.

[464] Sobre a explicação psicológica e sociológica da fundamentação cf. J. Wróblewsky, «Motivation de la décision judiciaire», in Ch. Perelman *et* P. Foriers, *La Motivation des Décisions de Justice*, cit., pp. 130 a 132.

[465] «A função principal de quem julga os factos é determinar qual de todas as narrativas aquela que melhor narra os factos, em termos relativos, seja escolhendo uma história de entre aquelas que foram contadas seja construindo a sua própria história, se assim o pode fazer, e não está satisfeito com nenhuma das histórias contadas pelas partes»: cf. Michele Taruffo, «Narrativas judiciales», *Revista de Derecho*, Volume XX, nº 1, julio, 2007, p. 249.

[466] Cf. Michele Taruffo, «Narrativas judiciales» cit., p. 255.

definidas que tipicamente consistem num complexo «pote» de informação, modelos sofisticados, memórias anedóticas, relatos, mitos, provérbios, desejos, estereótipos, especulações e preconceitos mais ou menos fundados»[467].

O *stock* de conhecimento contém, no entanto, pelo menos três aspectos que devem ser objecto de um cuidado extremo e preciso quando se analisa a construção e mesmo a avaliação das narrativas. Num primeiro aspecto «grande parte do conhecimento incluído no *stock* não é conhecimento em absoluto, a menos que se convencione que os mitos, os preconceitos e generalizações infundadas merecem ser considerados conhecimento (...); o segundo aspecto relevante é que esse *stock* está longe de ser um conjunto de conhecimentos claros, bem ordenados e coerentes (...); o terceiro e significativo aspecto, decorre do facto de pensar-se, mesmo que seja por um momento, num *stock* de conhecimento como uma abstracção absoluta. Desde sempre existiram muitas culturas diferentes e cada uma tinha e tem o seu próprio *stock* de conhecimentos»[468].

É, assim, no *stock* de conhecimento que se encontram os factores condicionantes do processo de formação do procedimento, englobando factores jurídicos e extra jurídicos, de natureza pessoal, cultural ou social.

Na identificação concreta de tais factores, sublinham-se as concepções globais (éticas, políticas e sociais) dos juízes (narradores) sobre o mundo, as suas perspectivas ideológicas, os preconceito (de género, de raça, religiosos, étnicos, profissionais), as pré-compreensões[469], os estereótipos e, já no domínio do próprio processo psicológico de decisão, os factores emotivos que resultam dos próprios casos em que intervém ou mesmo alguns factores decorrentes da «impressão» causada pelas provas apresentadas como ele-

---

[467] Cf. Twining, *Rethinking Evidence, Exploratory Essay*, 2.ed. Cambrigde, 2006, p. 338, *apud*, Michele Taruffo, «Narrativas judiciales», cit. p. 260.

[468] *Ibidem*, p. 260.

[469] Importa sublinhar que esta constatação decorre do princípio de que todo o compreender começa por uma pré-compreensão, sendo de salientar que, sobretudo no que respeita ao conceito de pré-juízo, isso não pode ver-se necessariamente como algo de negativo – cf., neste sentido, Gadamer, *Verdad y Método*, Ediciones Sígueme, Salamanca, 1997, p. 337. No mesmo sentido Arthur Kaufman refere que «as pré-compreensões são o humano na determinação do direito, nenhuma técnica, por mais evoluída que seja as pode proporcionar»: cf. *Filosofia do Direito*, cit., p. 96.

A FUNDAMENTAÇÃO DA SENTENÇA NO SISTEMA PENAL PORTUGUÊS

mentos condicionantes, por vezes «inconscientemente» determinativos do acto de julgar[470].

Alguns autores, como Kaufmann, identificam inclusivamente «argumentos ilusórios» utilizados para «simular» a inexistência dessas pré-compreensões ou juízos de valor dos juízes ou «pelo menos que estes não intervieram na decisão»[471].

Todos estes factores são «ontológicos» ao próprio processo de decisão na medida em que não é racionalmente admissível um processo decisional sem se verificar a confluência de qualquer daqueles «componentes»[472].

Trata-se, no entanto, de factores que são replicados no processo de fundamentação, tanto da matéria de facto como nas questões jurídicas, embora «matizados» por uma outra funcionalidade nomeadamente a de se justificar uma decisão tomada.

O processo de fundamentação da sentença é, também ele, condicionado por um conjunto de circunstâncias que «matizam» toda a racionalidade subjacente ao discurso do contraditório, da publicidade e da argumentação.

Os factores de «não racionalidade» identificados no processo de decisão evidenciam-se igualmente no processo de fundamentação. As concepções pessoais dos juízes sobre o mundo, as suas perspectivas ideológicas, os preconceitos (de género, de raça, religiosos, étnicos, profissionais), as pré-compreensões, os estereótipos, os factores emotivos, as intuições são igualmente determinativas no processo de fundamentação.

---

[470] Arthur Kaufman salienta que «a credibilidade das decisões judiciais (pelo menos em matéria penal) não é posta em causa pelo facto de na decisão serem expostas, para além das razões legais, também os juízos pessoais do julgador, para além dos fundamentos legais, também os seus fundamentos pessoais»: cf. *Filosofia do Direito*, cit., p. 87. Questão diferente (e mais difícil de percepcionar e por isso de identificar) será o problema dos «fundamentos decisórios ocultos» que constituem um obstáculo à investigação. Segundo Segura Ortega, o processo psicológico que envolve a decisão «permanece sempre oculto»: cf. «La racionalidad del derecho: sistema y decision», cit. p. 162.

[471] *Ibidem*, p. 85. O autor põe o acento tónico não na constatação desses pré-juízos ou pré-compreensões mas antes na necessidade de elas serem «expressas, reflectidas e incluídas na argumentação», devendo os juízes estar dispostos, se for caso disso a corrigi-las, *ibidem*, p. 87.

[472] Sobre a percepção e funcionamento destes mesmos factores no processo de decisão levado a cabo pelo júri, no sistema anglo-saxónico veja-se Ho Hock Lai, *A Philosophy of Evidence Law, Justice in the Search of Truth*, Oxford University Press, 2008, p. 34.

ESTRUTURA E RACIONALIDADE DA CONSTRUÇÃO E FUNDAMENTAÇÃO DA SENTENÇA PENAL

Só a compreensibilidade do funcionamento de uma dimensão não racional permite aceitar o sentido e a correcção da afirmação de Fritz Brecher de que «é precisamente nas argumentações pedantemente exactas, pensadas com um grau extremo de rigor e exactidão que temos frequentemente a impressão de que algo, de alguma forma não faz sentido»[473].

Um modelo racional de construção e fundamentação da sentença, constitucionalmente vinculado, não pode admitir um modelo de construção e validação da hipótese acusatória sustentada apenas em momentos intuitivos, «não racionalizados», entendidos na forma referida.

Pelo contrário, o modelo de um «veredicto motivável» como é o modelo constitucional e processual penal português, torna necessária a criação de filtros que impeçam falhas de racionalização exigindo-se, por isso, na sentença uma verbalização da prova e uma verbalização da fundamentação[474].

Os elementos fundamentais probatórios «utilizados» na construção da hipótese final são objecto necessário de validação, através de um processo de contraditoriedade de várias «hipóteses» provindas de outros sujeitos intervenientes, submetidos a um processo de validação pública que têm que ser justificadas por parte do juiz no momento da fundamentação da sentença.

A estrutura que vem sendo apreciada recusa assim um outro modelo que admitiria a prolação de decisões, nomeadamente sentenças condenatórias, fundadas em provas admitidas mas validadas «sem mais justificação que o acto de fé ou a simples relação empática de um juiz com a testemunha»[475].

---

[473] *Apud* Arthur Kaufmann, *Filosofia do Direito*, cit., p. 89.

[474] Neste sentido, Igartua Salaverria salienta que relativamente à verbalização da prova «tudo quanto não se traduz num texto linguístico, perde-se (...); quer dizer o conteúdo informativo da prova deve reassumir-se em proposições linguísticas depurando-se da prova todas as suas conotações emotivas»: cf. *La Motivación de las Sentencias*, cit., p. 180. Na sequência dessa posição o autor critica a valorização da imediação, sendo que no que respeita à verbalização da fundamentação parece ser mais rigoroso, não admitindo qualquer tipo de «irracionalidade». O objectivo, segundo o autor, será «extrair do juiz só a sua racionalidade, impedir que sobre a decisão se exponham sugestões, intuições e paixões. Porquanto uma intuição não é racionalizada, uma emoção não é argumento nem uma percepção é uma boa razão. Em síntese: tudo o que não é decidível (ou seja tudo o que não está no texto) não é prova, nem julgamento nem motivação», *ibidem* p. 181.

[475] Neste sentido, Perfecto Ibañez que não aceita, por exemplo, o caso de uma sentença condenatória fundada num único testemunho validado intuitivamente ou fazendo uso do «olfacto». Refere o autor que «uma situação probatória desse género teria que desembocar

A FUNDAMENTAÇÃO DA SENTENÇA NO SISTEMA PENAL PORTUGUÊS

Mas se a afirmação da racionalidade é um princípio inelutável, diferente é a percepção e admissibilidade de que no processo reconstrutivo da hipótese de acusação através da validação da prova e da sua posterior justificação na fundamentação é admissível uma «certa dose» de intuição cujos factores podem ser identificados, mas não necessariamente concretizados, num determinado caso. Se esses elementos são irracionais, como parece que são, transportando um «défice» de racionalidade para todo o processo, pode concluir-se como Segura Ortega que por isso «a racionalidade da decisão é sempre relativa»[476].

A afirmação e identificação de limites à própria racionalidade que estruturam a decisão e a sua fundamentação confirmam assim o reconhecimento de que a racionalidade tem limites e por isso não se pode aceitar um hiperracionalismo subjacente ao processo decisório que afaste todas as apreciações subjectivas do juiz, produzindo apenas decisões «pedantemente» exactas[477].

IV. Síntese

A questão da fundamentação das decisões decorre da necessidade de tornar controlável e menos arbitrário um poder inicialmente sustentado numa legitimidade autoritária. Ultrapassado esse momento, a fundamentação impôs-se pela necessidade legal e racional de sustentar a legitimidade democrática do exercício de todos os poderes, incluindo o judicial.

Toda a construção dogmática, normativa e jurisprudencial vem densificando uma dupla dimensão finalística referente à fundamentação das decisões assente nas dimensões endo e extraprocessual.

A dimensão endoprocessual desenvolve-se no interior da estrutura e funcionamento do processo tendo como finalidade principal o controlo da deci-

---

numa absolvição por insuficiência de prova, dada a impossibilidade de justificar discursivamente a decisão», *ibidem*, p. 40.

[476] *Ibidem* p. 162. A questão tem naturalmente uma relevância prática nomeadamente no «peso» atribuído ao funcionamento do princípio da imediação e às suas consequências no âmbito da fundamentação. Cf. *infra* Capítulo IV.

[477] A questão do hiperracionalismo é referenciada por autores como Carlos Bernal Pulido, referindo o autor que «todo aquele que pretenda excluir da ponderação as apreciações subjectivas do juiz incorre em hiperracionalidade»: cf. «La racionalidade de la ponderacion», *cit.*, p. 55 e 57.

são por parte dos intervenientes no processo concreto, tanto para o seu próprio controlo como para uma ulterior verificação através dos órgãos superiores de controlo institucional do mérito da decisão. Tendo em conta os destinatários directos da decisão estão em causa funções de garantia de impugnação e de defesa. Tendo em conta a dimensão de quem profere a decisão nomeadamente, o modo e método de decidir, evidencia-se uma função de autocontrolo

A dimensão extraprocessual da fundamentação resulta da projecção democrática do princípio da fundamentação das decisões, revelada em muitos países pela constitucionalização daquele dever, como manifestação do princípio da participação popular na administração da justiça, assim se permitindo um controlo difuso sobre o exercício da jurisdição, não só pelos destinatários directos da decisão como também pelo auditório geral constituído pela opinião pública, pelo povo como entidade ou razão fundamental e legitimadora do exercício da função judicial. A importância da dimensão extraprocessual atinge cambiantes diversos consoante estão em causa decisões proferidas em casos com grande relevância pública ou em casos cuja relevância pública não tem dimensão significativa ou não tem mesmo qualquer tipo de relevância. A exigência da finalidade extraprocessual pode concretizar-se numa tripla dimensão: legitimação, transparência e prestação de contas e responsabilização.

Num segundo ponto, partiu-se do princípio que uma abordagem à estrutura e aos requisitos da fundamentação, como acto processual autónomo, suscita a necessidade de clarificar e sedimentar os conceitos nomeadamente, o que é entendido como «fundamentação», «motivação» e «justificação. A alusão sistemática na ordem jurídica nacional ao conceito «fundamentação» evidencia uma relativa sobreposição dos conceitos de justificação e motivação que se pretenderam esclarecer.

Ainda no âmbito da clarificação conceptual, na utilização dos conceitos de justificação interna e justificação externa da decisão trata-se de percepcionar de uma forma global todo o processo de fundamentação que envolve a actividade jurisdicional. Na justificação interna pretende-se afirmar que uma decisão está justificada quando se demonstre a validade da inferência entre a conclusão alcançada e as premissas existentes. Trata-se de conseguir uma relação de coerência entre as premissas que constituem a «coluna vertebral» da sentença ou seja, os factos e as normas jurídicas que se lhe aplicam e a conclusão que daí é retirada.

Na justificação externa alude-se ao facto de uma decisão estar justificada quando o juiz demonstra a validade das regras de inferência e as premissas internas. O que se discute é a pretensão de assegurar a racionalidade probatória na fixação das premissas fácticas, tratando-se de afirmar e desenvolver o conteúdo da argumentação necessária à justificação da decisão.

No terceiro ponto estrutura-se e analisa-se o que se considera ser o modelo racional de construção e fundamentação da decisão.

Neste âmbito e num primeiro momento partindo de uma análise entre o dever de decidir e o dever de fundamentar, cuja tradução normativa é explícita no ordenamento processual português, analisam-se as suas correlações e conclui-se que na abordagem dos problemas que suscita, a concretização do dever de fundamentação, não pode efectuar uma cisão face ao contexto de decisão como se um e outro momento fossem assim percepcionados por quem julga. Na concretização do modelo de fundamentação da decisão constitucionalmente exigido deve, por isso, ter-se presente esse grau de autonomia entre os momentos de decisão e de justificação, mas sempre envolvido num «quadro ambiental» mais amplo, decorrente do acto da decisão e do modo como foi sendo construído com as repercussões directas no acto de justificação.

Num segundo momento, analisa-se o processo de decisão como acto de conhecimento intersubjectivo e as suas repercussões no processo de fundamentação da sentença. O processo de decisão no âmbito do processo penal parte da necessidade de verificação e validação de uma hipótese formulada por uma entidade independente de quem julga e que se sustenta, em regra, numa acusação que consiste na imputação da autoria de determinados factos, tidos como passíveis de integrarem a prática de um crime a determinado sujeito, através do êxito cognoscitivo que configura toda a prova que é produzida e sobre a qual se validará ou não essa hipótese. Trata-se de uma racionalidade comunicativa na base da qual vários sujeitos através da comunicação intersubjectiva coordenam as suas participações para alcançarem um consenso baseado na razão da verdade e da justiça. Daí que a racionalidade comunicativa é o horizonte de todo o processo de conhecimento tendo que reflectir-se no modo como essa decisão será fundamentada.

Num terceiro momento analisa-se a essencialidade do contraditório no processo decisório. O processo penal democrático exige o cumprimento de uma garantia de possibilidade da refutação ou contraprova da hipótese onde se sustenta. Essa possibilidade permanente de refutação, a que acresce o dever de participação na construção da decisão que identifica o modelo de audiência de julgamento transmite-se ao modelo de fundamentação da sentença que não pode deixar de ser vinculada aos conteúdos argumentativos que são expostos durante o processo de construção e aos resultados probatórios emergentes do contraditório que daí decorrem.

Num quarto momento, analisa-se o modelo público que configura o processo penal e as suas repercussões no processo de fundamentação da sentença. Num modelo onde existam regras que permitam controlar eficazmente a racionalidade do discurso, o carácter público que está subjacente à sentença evidencia-se desde logo na sua estrutura «genética». As consequências dessa «carga genética» no âmbito da fundamentação, nomeadamente o âmbito e as restrições a que pode ser sujeita foram objecto de análise.

A dimensão do espaço público numa sociedade democrática, pluralista e globalizada e o modo como essa dimensão plural da sociedade é actualmente entendida, pode condicionar a própria fundamentação. A exposição pública a que os tribunais estão sujeitos, a apetência do público pelas questões judiciais e os sistemas de informação do sistema de justiça alteraram significativamente o modo de comunicar as decisões judiciais com consequências para o sistema de justiça, nomeadamente na apreensão por parte dos cidadãos do modo como se decide judicialmente

Factores como a permeabilidade a que estão sujeitas as jurisdições, através da circulação e cruzamento das suas decisões nomeadamente no domínio penal, contribuem igualmente, de forma irreversível, para a modelação de um auditório que vai para além do espaço e do âmbito subjectivo inicialmente pensado. Desenvolveu-se um «auditório universal» com uma configuração «plástica», apto a desempenhar funções de «destinatário» do controlo público das decisões penais.

Finalmente, num último ponto, analisa-se e questiona-se a própria racionalidade do processo decisório e do processo de fundamentação. Todo o processo de recolha, apreciação, produção do contraditório e valoração da prova assentam primordialmente na afirmação de um discurso da racionalidade, nomeadamente na justificação de todos os passos do procedimento. No entanto existem elementos intuitivos que resultam de uma apreensão imediata e individual que não se podem justificar. Trata-se de algo que se encontra no acto de julgar em si mesmo e que por si só não pode ser justificado. O acto de conhecimento efectuado no âmbito do julgamento tem a ele ligado actos especificamente intuitivos que escapam a qualquer possibilidade de controlo.

A FUNDAMENTAÇÃO DA SENTENÇA NO SISTEMA PENAL PORTUGUÊS

Um modelo racional de construção e fundamentação da sentença, constitucionalmente vinculado, não pode admitir um modelo de construção e validação da hipótese acusatória sustentada apenas em momentos intuitivos, «não racionalizados», entendidos na forma referida. O modelo do processual penal português, torna necessária a criação de filtros que impeçam falhas de racionalização exigindo-se, por isso, na sentença uma verbalização da prova e uma verbalização da fundamentação. A afirmação desta racionalidade admite, no entanto, uma «certa dose» de intuição cujos factores podem ser identificados, mas não necessariamente concretizados, num determinado caso. Sendo elementos irracionais que transportam um «défice» de racionalidade para todo o processo nomeadamente, para a estrutura da decisão e da sua utilização no processo de fundamentação, pode afirmar-se a negação de um hiperracionalismo subjacente ao processo decisório.

Assumindo a dupla finalidade subjacente ao processo de fundamentação, é possível encontrar um modelo racional de fundamentação da sentença sustentado num acto de conhecimento intersubjectivo, contraditório e público mas limitado por uma dimensão que atente nas críticas válidas a um hiper-racionalismo.

Capítulo IV
A reconfiguração normativa de um modelo constitucionalmente vinculado de fundamentação da sentença penal

I. Enquadramento histórico da questão da fundamentação da sentença no processo penal português

1. Antecedentes

A incompreensibilidade de uma decisão judicial não fundamentada no domínio do processo penal que actualmente parece inaceitável, quer de um ponto de vista dogmático, quer de um ponto de vista jurídico-político, estando aparentemente solidificada, tem, no entanto, no seu percurso histórico uma trajectória diversificada.

Em Portugal, a autonomia da codificação processual penal iniciou-se formalmente, dum ponto de vista sistemático e unitário, com o Código de Processo Penal de 1929 (CPP29).

Foi este diploma que veio harmonizar o conjunto de leis e decretos existentes à data, sustentados fundamentalmente na Novíssima Reforma Judiciária aprovada em 1841 que, segundo Beleza dos Santos, consubstanciavam «mais de cento e cincoenta [os] diplomas que, completando e modificando algumas das suas disposições, formulavam princípios que colidiam entre si»[478].

---

[478] «À medida que iam aparecendo, surgiam novas dúvidas, abriam-se mais lacunas» referia o autor, in *Apontamentos do Curso de processo Penal, De harmonia com as prelecções feitas pelo Exmo. Sr.*

A FUNDAMENTAÇÃO DA SENTENÇA NO SISTEMA PENAL PORTUGUÊS

Fizeram-se sentir críticas fortíssimas durante toda a segunda parte do século XIX e também no primeiro quarto do século XX, a essa pulverização de normas sobre processo penal que se sobrepunham e que condicionavam qualquer perspectiva de entender o processo penal de uma forma homogénea e sobretudo clarificadora de um novo entendimento dos direitos individuais decorrentes do fim do *Ancien Regime*[479].

Após a instauração do regime constitucional português, em 1822, sucederam-se atribuladas reformas e contra reformas do sistema judicial que pretenderam de alguma forma introduzir no ordenamento jurídico português as ideias reformadoras sustentadas no *Code d'instruction criminelle* de 1808[480].

A questão da fundamentação das decisões, estando presente em várias discussões, não foi suficientemente mobilizadora para que a sua imposição fosse concretizada no quadro normativo penal que vigorou até 1929[481].

Doutor José Beleza dos Santos ao curso do 5º ano jurídico de 1930-31 na Universidade de Coimbra, por Belmiro Pereira, Coimbra, 1931, p. 18. No mesmo sentido veja-se Eduardo Correia, *Lições de Processo Penal, Conforme as prelecções do Prof. Dr. Eduardo Correia ao 4º ano jurídico de 1946-1947*, por J. Rodrigues Pereira, Coimbra, policopiado, 1947, p. 25.

[479] Assim em 1882, um magistrado, M.A., em «Algumas Observações sobre a 2ª edição do projecto do Código do processo criminal, feitas depois de uma rápida leitura do mesmo Projecto», na *RLJ* 14º ano, 1882, p. 465, escrevia: «é muito para lastimar que ainda em 1882 tenhâmos por lei do processo criminal a Novíssima Reforma Judiciária de 1841 e *novíssima* ainda por uma pungente ironia, depois de passados quarenta e um annos (!), achando-se ela repleta de contradições, omissões e obscuridades». De igual modo, Luis Osório salientava que o «ramo de direito de mais difícil conhecimento», pela sua dispersão esteve precisamente na origem da obra que compilou toda a legislação penal vigente nos princípios do século XX: cf. *Legislação sobre o Processo Penal com Notas*, Porto, 1920.

[480] Sobre a influência do *Code* no sistema português, cf. Figueiredo Dias, *Direito Processual Penal*, cit., p. 66.

[481] A obrigação de motivar as decisões encontrava-se já nas Ordenações Manuelinas que obrigavam os julgadores a «declararem em suas sentenças a causa, ou causas, per que se fundam a condenar, ou absolver, ou a confirmar, ou revogar, dizendo específicamente o que he, que se prova, e por que causas do feito se fundam a darem suas sentenças» (O M.3. 50.6). As Ordenações Filipinas mantiveram essa obrigação estabelecendo que «para as partes saberem se lhes convém apelar, ou agravar das sentenças definitivas, ou vir com embargos a elas, e os Juízes da mór alçada entenderem melhor os fundamentos, por que os juízes inferiores se movem a condenar, ou absolver, mandamos que todos nossos Desembargadores, e quaisquer outros Julgadores, oram sejam Letrados, ora o não sejam, declarem específicadamente em suas sentenças definitivas, assim na primeira instância, como no caso da apelação, ou agravo, ou revista, as causas, em que se fundaram a condenar, ou absolver, ou a confirmar, ou revogar» (O F. 3.66.7). De igual modo sancionavam os magistrados que omitissem a fundamentação

A RECONFIGURAÇÃO NORMATIVA DE UM MODELO CONSTITUCIONALMENTE

A institucionalização formal do sistema de júri, como garantia fundamental de uma justiça em nome do povo, nela participando os seus legítimos representantes que são os jurados, não omitiu a necessidade de, mesmo nessa situação, se dever exigir a razão da sua decisão até para evitar «veredictos incoerentes e injustos»[482].

Em Portugal, a perplexidade que decorria do facto de se manter uma «justiça que recusava dizer porque julgava»[483] encontrava algum eco na dogmática nacional, através da afirmação da necessidade de se fundamentarem as decisões dos tribunais sem, no entanto, ter qualquer reflexo aprofundado na produção legislativa[484].

O Decreto 4.7.1821, ainda antes da Constituição de 1822, constituiu o primeiro diploma onde se organizou de forma sistemática os termos de um processo criminal, sem no entanto consubstanciar um código autónomo. Este diploma estabelecia sobre a matéria da decisão que os jurados decidiam atendendo «à voz da sua íntima convicção», fundados na prova produzida no julgamento e que constava no processo preparatório.

Em 1832, com a implementação da Reforma Judiciária[485], estabeleceu-se que a decisão proferida pelos jurados seria de acordo e «em tudo conforme à sua consciência», não se suscitando qualquer dúvida sobre um qualquer sintoma de exigência de motivação das decisões[486].

---

das sentenças, pois a motivação destinava-se a evidenciar os vícios da decisão – cf. António Barbas Homem, *Judex Perfectus, Função Jurisdicional e Estatuto Judicial em Portugal, 1640-1820*, Almedina, Coimbra, 2003, p. 654.

[482] Essa sempre foi uma das questões essenciais na doutrina sobre as limitações do sistema de júri e das suas decisões sustentadas, por regra, na íntima convicção e nos ditames da sua consciência. Sobre a questão veja-se, de uma forma exaustiva, Paulo Pinto de Albuquerque, *A Reforma da Justiça Criminal em Portugal e na Europa*, cit. p. 251.

[483] A expressão é de Tony Sauvel, «Histoire du Jugement motivé», cit., p. 36, referindo-se ao panorama da questão da fundamentação no fim do Antigo Regime.

[484] Assim o «Extracto de Projecto de Código de Delictos e Penas, e da Ordem do Processo Criminal», de José Maria Forjaz de Sampaio que, em 1823, sobre a questão defendia que «o Jury deve relacionar os fundamentos de seu julgado, mostrando as provas do facto». Desenvolvidamente sobre todo o documento veja-se Paulo Pinto de Albuquerque, *A Reforma da Justiça Criminal em Portugal e na Europa*, cit. p. 112.

[485] Cf. Decreto nº 24, de 16 de Maio de 1832.

[486] Paulo Pinto de Albuquerque sublinha essa não previsão da existência de «qualquer mecanismo de controlo judicial sobre a justiça das respostas aos quesitos dos jurados: cf. *A Reforma da Justiça Criminal em Portugal e na Europa*, cit., p. 136.

A Nova Reforma Judiciária, de 1837[487], no que respeita à decisão sustentava-se primordialmente na elaboração dos quesitos pelo juiz que seriam propostos aos jurados que a eles respondiam, por maioria de dois terços ou superior, sendo em momento posterior, elaborada a sentença com base em tal factualidade. Quanto à qualificação jurídica e à pena aplicável só o juiz tinha competência para tal[488].

Em 1841 a alteração legislativa sustentada na Novíssima Reforma Judiciária, que vigorou, no que respeita à matéria de processo penal, até à entrada em vigor do CPP29, mantinha a sustentação da decisão do júri nos «ditames da sua consciência»[489]. Já no que respeitava à sentença do juiz, estabelecia-se a obrigatoriedade de aquele elaborar a sua sentença, com base nas respostas aos quesitos sobre a matéria de facto, subsumindo-os de direito e fundamentando, nessa medida, a decisão.

As preocupações doutrinárias sobre a questão da fundamentação não eram desconhecidas do legislador durante todo este período. Nesse sentido, a própria Novíssima Reforma estabelecia, como tentativa para um controlo da decisão de facto, que os juízes poderiam anular as decisões do júri quando lhes parecessem manifestamente iníquas[490].

---

[487] A Nova Reforma Judiciária, no que respeita ao processo penal assenta no Decreto de 13.1.1837, devendo no entanto ser concatenada com o Decreto de 29.11.1836 que teve por objecto a organização judiciária que iria aplicar o procedimento. Uma exaustiva análise da Reforma pode ver-se em Paulo Pinto de Albuquerque, *A Reforma da Justiça Criminal em Portugal e na Europa*, cit., p. 195.

[488] Como refere Pinto de Albuquerque, tratou-se da importação do direito francês decorrente do *Code d'instruction Criminelle*: cf. *A Reforma da Justiça Criminal em Portugal e na Europa*, *l*, cit., p. 211.

[489] A decisão do júri era no entanto mais do que uma simples decisão de facto: «Se a todos os Jurados ou a dous terços parecer, que o facto não existiu; ou que existiu, mas d'elle não foi auctor o réo accusado; ou finalmente, que existindo o facto, e sendo d'elle auctor o réo accusado, não obrou com intenção criminosa» – assim F.J. Duarte Nazareth, *Elementos do Processo Criminal*, 3ª edição, Coimbra, Imprensa da Universidade, 1853, p. 209. Uma extensa análise sobre a decisão e respostas do júri, nomeadamente a questão essencial da diferenciação entre questão de facto, da competência dos jurados e questão de direito, da competência dos juízes é efectuada por José da Cunha Navarro de Paiva in «Da Prova em matéria criminal», *Revista dos Tribunais*, 12º Anno, pp. 131 e 263 e ss.

[490] Assim o dispunha o artigo 1162º da Novíssima Reforma. Esta possibilidade consubstanciava um controlo objectivo da decisão do Júri, que no caso do Brasil, através da Lei da Reforma do Processo permitia, segundo Duarte Nazareth, que «o Juiz de Direito appele *ex officio*, se entender que o Júri proferiu decisão contraria à evidencia dos debates, depoimen-

A RECONFIGURAÇÃO NORMATIVA DE UM MODELO CONSTITUCIONALMENTE

Também na própria elaboração dos quesitos[491] e sobretudo na fundamentação das respostas sobre os quais o júri teria que responder, a preocupação com o âmbito da resposta[492] dada pelo júri é sintomática, sendo claro em alguns casos[493] o caminho que a própria jurisprudência traçou no sentido de exigir uma especificação de factos que constituíam os quesitos, de modo a que os juízes de direito «poderem com acerto aplicar aos factos julgados provados a lei penal correspondente».

A publicação da reforma penal de 14 de Julho de 1884, que criou o processo de polícia correccional restringindo a intervenção do júri e introduzindo o julgamento por um só juiz, trouxe uma outra visão sobre a exigência da fundamentação das decisões que, necessariamente, ultrapassam o até

tos e provas perante elle apresentadas; devendo em tal caso escrever no processo os fundamentos da sua convicção contrária para que a Relação, à vista d'elles, decida se a causa deve ser ou não submetida a novo Jury»: cf., *Elementos do Processo Criminal*, 3ª edição, cit., p. 212. Salientando essa possibilidade, José da Cunha Navarro de Paiva, *Projecto Definitivo de Código de Processo Criminal*, Lisboa, Imprensa Nacional, 1882 p. 51. O sistema da anulação da decisão júri foi mais tarde transposto para o CPP29, na sua versão originária, mantendo-se aí, como se verá, como uma forma de levar o júri «a fazer um exame mais cuidadoso da prova»: cf. Luis Osório, *Comentário ao Código do Processo Penal Português*, 5º Volume, Coimbra Editora, 1934, p. 453.

[491] Alguma doutrina apontava a necessidade de elaboração prévias dos quesitos antes da audiência «para os jurados conhecerem a verdade do facto controverso, porque sem ellas é impossível que as provas ou motivos de convicção apresentados aos jurados no acto da investigação lhes façam a devida impressão e que os mesmos jurados façam das dictas provas a conveniente aplicação»: cf. J.J. de Sant'Anna, in *Apontamentos para o Código de Processo Civil e Criminal* §26 apud Francisco J. Duarte Nazareth, *Elementos do Processo Criminal*, 4ª edição, Coimbra, Imprensa da Universidade, 1861 p. 280. Sobre o cuidado na elaboração dos quesitos e a sua consequência: cf. Francisco J. Duarte Nazarteh, *Elementos do Processo Criminal*, 4ª edição, cit. p. 281 e Ac STJ de 20 de Março de 1903 in *RLJ* 43º Anno, 1910 a 1991, nº 1826 a 1859 p. 109 que decidiu que «É nullo o processo-crime em que os quesitos formulados ao jury são deficientes e contradictorios».

[492] Se a falta de resposta «conveniente» aos quesitos não constituía nulidade, segundo o Supremo Tribunal de Justiça – cf. Ac. de 22 de Março de 1881 in *RLJ* 20º Anno, 1887 a 1888, nº 1024 p. 575 – já a falta de resposta aos quesitos constituía nulidade insanável: cf. Ac. STJ de 17 de Dezembro de 1869 in *RLJ*, 5º anno, 1870 a 1871 nº 105-156, p. 228.

[493] Assim nos casos em que estava em causa apreciar a cumplicidade, onde o Supremo Tribunal de Justiça exigia que os jurados nas resposta aos quesitos sobre a cumplicidade especificassem «os factos demonstrativos della»: cf. Ac. do STJ de 24 de Fevereiro de 1871 in *RLJ* 5º Anno, 1872 a 1875, nº 209-260, p. 303 e Ac do STJ de 5 de Abril de 1878 in *RLJ* 17º anno, pp. 1884 a 1885, nº 868, p. 572.

então indiscutível mecanismo judicial utilizado pelo júri de «apreciação das provas segundo a sua consciência e intima convicção»[494].

A nova estrutura processual impunha por isso, à semelhança do que se passava no processo civil que os juízes, «resolvendo os casos de polícia correccional, teem sempre de apreciar as provas conforme as regras de direito estabelecidas a esse respeito, dando por isso nas suas sentenças miudamente conta dos motivos que os decidiram a absolver ou condemnar. Só então é possível, ou proveitosa nos tribunais superiores a discussão dos fundamentos dos recursos»[495].

Não obstante o direito legislado vigente transpor apenas uma ténue imagem de alguma preocupação sobre a questão da fundamentação, no decurso do conturbado período de reformas, algumas nunca concretizadas[496], foi visí-

---

[494] A afirmação pode sustentar-se nas apreensões suscitadas por alguma doutrina e jurisprudência de então, nomeadamente Alexandre de Seabra in *O Direito*, nº 20, 16º ano, 1884, p. 305. O Autor refere que com a criação do processo de polícia correccional foi «atacada uma das principais garantias que a carta creou». No entanto parece percepcionar e justificar a razão de ser da alteração «porque a intervenção do jury nos pequenos crimes torna necessária a sua frequente reunião, e importa por isso grande incommodo para os cidadãos, que d'elle tem de tomar parte».

[495] Cf. Alexandre Seabra, cit., p. 306. A *ratio* da fundamentação parece sustentar-se na necessidade de, através dela, se poder apreciar o seu bom fundamento em sede de recurso, ou seja uma dimensão endoprocessual. É aliás essa a razão de ser que a jurisprudência e a doutrina entendem como suficiente para justificar a fundamentação no processo civil. Neste sentido o Acórdão do Supremo Tribunal de Justiça proferido em 22 de Junho de 1884, de uma forma lapidar refere «considerando que as decisões judiciaes não devem ser concebidas nos termos ambíguos, de modo que as partes entrem em dúvida sobre qual foi a decisão que se proferiu, mas devem ser certas, explicitas e fundamentadas, para que as partes possam em recurso pedir a sua reforma»: cf. Ac dos STJ de 22 de Junho de 1884 in *RLJ* 27º anno, 1894-1895, nº 1251--1284 p. 413. No Acórdão do Supremo Tribunal de Justiça de 25 de Maio de 1888, por seu turno decidiu-se anular um acórdão porque «no alludido acórdão se não apreciou miudamente, nem se indicaram especificadamente os fundamentos da decisão revogatória da sentença appellada, como cumpria, visto que revogara a sentença recorrida, aliás devidamente fundamentada»: cf. Ac. do STJ de 25 de Maio de 1888 in *RLJ*, 29º anno, 1896 a 1897, nº 1319--1352 p. 508.

[496] Foram várias as tentativas de elaboração de um Código de Processo Penal ao longo do período do constitucionalismo monárquico e mesmo nos primeiros anos da República. Navarro de Paiva apresentou quatro projectos, nomeadamente em 1874, 1882, 1886 e 1905. Alexandre Seabra apresentou um projecto em 1886. O Conselheiro José de Alpoim, enquanto Ministro da Justiça, apresentou um projecto em 1899 da autoria de Trindade Coelho e Correia de Paiva. Em 1916, Marques Guedes, então deputado elaborou um outro projecto. Sobre a

vel o grau de preocupação da doutrina sobre a questão da fundamentação das sentenças. Os projectos legislativos para a introdução de um novo Código de Processo Criminal, sucessivamente elaborados ao longo daquele período mostram uma profunda preocupação pela necessidade de as sentenças serem fundamentadas. Navarro de Paiva era claríssimo na defesa de uma fundamentação de todas as sentenças, absolutórias e condenatórias: «não basta, escrevemos na «*Breve resposta aos estudos jurídicos acerca do projecto de código do processo criminal*» que as decisões dos tribunaes sejam executadas: é mister que sejam apoiadas em considerações, que possam convencer o público da sua procedência e justiça. D'este modo elevar-se-há o credito dos magistrados, e subirá de ponto o prestigio da magistratura»[497].

Fundamentação que, no entanto, não pode deixar de ser entendida de acordo com o sistema de júri existente – e não questionado então, pelo menos como forma de julgamento de crimes mais graves – em que a matéria de facto é fixada após a audiência sempre de acordo com a consciência dos jurados[498].

Se a limitação da fundamentação da decisão, no que respeita aos factos provados, nos casos de julgamento por júri era, assim, aceite e compreendida,

---

questão, mais desenvolvidamente, cf. Beleza dos Santos, *Apontamentos do Curso de Processo Penal, Código de Processo Penal (Decreto nº 16489)* – De harmonia com as prelecções feitas pelo Ex.mo Sr. Doutor José Beleza dos Santos ao 5º ano jurídico de 1930-31, cit., p. 19, Figueiredo Dias, *Direito Processual Penal*, cit., p. 84, Eduardo Correia, *Lições de Processo Penal*, cit., pp. 26 e 34 e, sobretudo, Paulo Pinto de Albuquerque, *A Reforma da Justiça Criminal em Portugal e na Europa*, cit., pp. 363, 383, 397 e 436.

[497] Cf. *Projecto Definitivo de Código do Processo Criminal*, cit., p. 53. Repetindo o mesmo argumento, cf. do mesmo autor o *Projecto de Código de Processo Penal*, Lisboa, Imprensa Nacional, 1886, p. 66. Em França o *Code de Procedure Criminelle* de 1808 estabelecia que a motivação das decisões apenas se exigia para as decisões condenatórias, sendo que a doutrina admitia que esta obrigação de fundamentar era geral e deveria estender-se «a todas as decisões proferidas em matéria criminal, correccional ou de simples polícia, sem que se fizesse uma distinção entre as decisões de condenação e as de absolvição»: cf. J. Constant, «Propôs sur la motivation des jugements et arrêts en matière repressive», cit., p. 287.

[498] Curiosa a proposta de José Navarro de Paiva que não questionando a «decisão conscienciosa» do júri, propunha que na sala de deliberação estivesse afixado um cartão impresso com os seguintes dizeres «A lei não estabelece regras fixas acerca das provas dos factos criminosos imputados aos réus; mas impõe unicamente aos jurados o dever de se interrogarem a si mesmos no silêncio e recolhimento da sua consciência para avaliarem a impressão que fizeram no seu espírito as provas, quer sejam a favor quer sejam contra o réu, sem atenderem ás disposições da lei penal»: cf. José Navarro de Paiva, *Projecto de Código do Processo Penal*, cit., p. 66.

A FUNDAMENTAÇÃO DA SENTENÇA NO SISTEMA PENAL PORTUGUÊS

a exigência de fundamentação nos casos em que o tribunal fosse constituído apenas por juiz singular era inequívoca[499]. Como inequívoca era a exigência de fundamentação da sentença, em fórmula de «attendendo» ou «considerando»[500].

A exigência de fundamentação que decorria de uma imposição normativa imposta ao juiz pelo disposto no artigo 1174º da Novíssima Reforma tinha um reforço claro na possibilidade de sancionamento da conduta do juiz, através de uma condenação em multa, quando «não fundamentasse» a sentença.

2. O Código de Processo Penal de 1929

O Código de Processo Penal de 1929, aprovado pelo Decreto-lei nº 16489, de 15 de Fevereiro de 1929 começou a vigorar, no continente e ilhas adjacentes no dia 1 de Março do mesmo ano, sendo efectuada a sua aplicação às Colónias pelo Decreto nº 19971, de 24 de Janeiro de 1931.

Assumindo-se como a primeira codificação específica e harmonizada referente ao processo penal em Portugal, cento e vinte anos depois da sua matriz europeia sustentada no *Code d'instruction Criminelle* de 1808, a estrutura do CPP29, reflectiu já um debate que vinha sendo efectuado ao longo de todo o século XIX e princípios do século XX, sobre o modelo de processo penal nomeadamente no debate estruturante entre um processo acusatório/inquisitório/misto.

A estrutura adoptada pelo legislador para configuração do código assumiu-se desde logo como integrando o sistema misto[501].

---

[499] «Em matéria penal, qualquer que seja a forma do processo de julgamento correspondente à infracção, não há actualmente outra espécie de prova senão a prova de consciência ou de convicção, e os mais insignes tratadistas do processo penal são accordes em affirmar que, posto que o artigo 342 do Código de Instrucção Criminal Francez se refira ao jury, comtudo este princípio é igualmente applicavel aos tribunais de simples policia e de policia correccional, com a só differença de que, emquanto o jury deve proferir um veredictum puro e simples, os juízes de direito devem expor as razões fundamentaes da sua convicção, motivando as suas decisões e baseando-as nas provas admittidas por lei», referia José da Cunha Navarro de Paiva, in «Da prova em matéria criminal» cit., p. 277.

[500] Fórmula que se manteve em algumas legislações, nomeadamente em França e que é criticada pelo seu vazio de conteúdo, ou seja apenas uma ideia «pseudo científica» da fundamentação: cf. Adolphe Touffait et Louis Mallet, *La Mort des Attendus?, apud* J. Constant, «Propôs sur la motivation des jugements et arrêts en matière repressive», cit., p. 289.

[501] «Quanto a nós, é fora de dúvida, como facilmente se verifica da análise do Código de Processo Penal, que o nosso legislador preferiu o sistema misto se bem que, em certos casos,

Pulverizando o tipo de processo a utilizar, consoante a gravidade dos crimes e algumas subjectivas especialidades, em várias modalidades, tanto no âmbito do processo comum como no âmbito dos processos especiais[502], a questão da fundamentação das decisões assumia então uma perspectiva diferenciada consoante se estivesse em presença de um tribunal colectivo ou perante um tribunal singular.

Se é certo que os procedimentos referentes à audiência de julgamento, onde os princípios que presidem à construção da decisão, nomeadamente, a livre apreciação da prova, a publicidade e o contraditório pouco mudam em relação a cada um dos tipos de processo, em todos se exigia na elaboração da sentença uma apreciação especificada dos factos[503].

As diferenças significativas, no que respeita ao modo de chegar à decisão, assentavam na formulação de «quesitos» sobre a matéria de facto e consequente resposta, não fundamentada, pelo júri[504] e pelos membros do tribu-

---

tenha dado relevância ao sistema inquisitório. Assim é que, na fase do *corpo do delito*, a *instrução* é secreta, escrita e não *contraditória* mas, logo que o réu seja submetido a perguntas, nos termos dos artigos 278º e seguintes, a instrução torna-se contraditória (...) Nas duas fases posteriores isto é na fase de *acusação* e no *julgamento*, o processo penal portuguez tem certa identidade com o *sistema acusatório*, visto ser *público*, salvo nos casos em que o juiz entenda dever ser secreta a respectiva audiência (artigo 407º e §§), pode ser oral, e é sempre *contraditório*», o que traduz uma «tradição do nosso direito, visto que a Novíssima Reforma Judiciária de 1841 também seguiu a orientação do sistema misto»: cf. Beleza dos Santos, *Apontamentos do Curso de Processo Penal*, cit., p. 15.

[502] O código estabelecia as formas de processo de querela, correccional, polícia correccional, transgressões e sumário. Foram igualmente criados processos especiais, designados no Título VII do Livro II nomeadamente, o processo de ausentes, o processo por difamação, calunia e injuria (artigos 587º a 594º), processo por infracções cometidas pelos juízes de direito de primeira instância e magistrados do Ministério Público junto deles, no exercício das suas funções ou por causa delas (artigos 595º a 608º), processo por infracções cometidas pelos juízes de direito de primeira instância e magistrados do Ministério Público junto deles, estranhas ao exercício das suas funções ou por causa delas (artigos 609º a 612º), processo por infracções cometidas pelos juízes das Relações ou do Supremo Tribunal de Justiça, pelos Magistrados do Ministério Público junto deles ou outros de igual categoria (artigos 613º a 616º) e o processo da reforma de autos perdidos extraviados ou destruídos (artigos 617º a 624º).

[503] «O tribunal apreciará específicadamente na sentença final os factos alegados pela acusação e pela defesa, relativos à infracção ou a quaisquer circunstâncias dirimentes, atenuantes ou agravantes», estabelecia o artigo 446º aplicável a todos os tipos de processos.

[504] O sistema de júri, não obstante estar previsto no CPP29, não foi, na prática, aplicado tendo em conta que a lei de recrutamento de jurados, necessária à sua implementação não chegou a ser decretada. Por sua vez, a entrada em vigor do Estatuto Judiciário, de 23 de Fevereiro de

A FUNDAMENTAÇÃO DA SENTENÇA NO SISTEMA PENAL PORTUGUÊS

nal colectivo. No caso do tribunal de juiz singular não eram formulados quesitos, sendo a decisão proferida após a produção da prova, as alegações e a última declaração do réu com base na factualidade que constava na acusação e eventualmente na defesa.

Independentemente da questão da possibilidade dos depoimentos serem reduzidos a escrito no caso do julgamento em processo com intervenção do juiz singular, se «os representantes da acusação e da defesa»[505] o requeressem, possibilitando, dessa forma um conhecimento do recurso de um modo mais aprofundado[506], a doutrina era unânime no sentido de considerar sujeita a fundamentação a convicção do juiz do tribunal singular[507].

Já assim não era entendida a questão da fundamentação das respostas aos quesitos efectuada pelo tribunal colectivo que, de uma forma absolutamente fracturante, mostrou a divisão entre a doutrina e a jurisprudência nacional durante quase cinquenta e oito anos.

À negação peremptória, pela jurisprudência (e alguma doutrina) da necessidade de fundamentação das respostas aos quesitos contrapunha-se, pelo menos desde 1961, a posição maioritária da doutrina defendendo a necessária fundamentação das respostas tendo por base, essencialmente depois daquele ano e por virtude da reforma do Código de Processo Civil, a constatação de uma lacuna no Código de Processo Penal a superar pela aplicação do regime do CPC.

A questão, decisiva, da fundamentação deve no entanto ser analisada conjuntamente com a estrutura estabelecida no código para a elaboração sentença, nomeadamente no âmbito dos julgamentos com tribunal colectivo.

1944 não previa o Tribunal do júri pelo que só após a Revolução de 1974, com a entrada em vigor do Decreto Lei nº 605/75 de 3 de Novembro passou a vigorar o sistema de júri, embora com algumas diferenças em relação ao normativo estabelecido inicialmente no CPP29.

[505] Assim o artigo 531º do CPP29.

[506] Pese embora as diversas interpretações do artigo, ficou claro, após a Constituição de 1976, que caso as partes não fizessem a declaração prevista no artigo 531º haveria sempre possibilidade de recurso, quanto à matéria de direito. Se efectuassem essa declaração então mantinha-se a possibilidade de recurso à matéria de facto e à matéria de direito: cf. João Castro e Sousa, *A Tramitação do Processo Penal*, Coimbra Editora, Coimbra, 1983, p. 290.

[507] Assim, Luís Osório, *Comentário ao Código de Processo Penal*, 5º volume, cit., p. 200 e José Mourisca, *Código de Processo Penal (Anotado), Volume IV*, Tipografia Vouga, Albergaria-a-Velha, 1934, pp. 30 e 170.

A divisão objectiva, mesmo que não clara, entre matéria de facto e matéria de direito com a sua correspondência processual nos «quesitos», tendo como implicação directa a «divisão de funções» no acto de julgar, tornou-se uma das questões «chave» de todo o procedimento.

O julgamento em tribunal colectivo, efectuado por três juízes, culminava na organização e elaboração dos quesitos, na discussão, na votação e na assinatura do documento sem que fosse permitido a emissão de qualquer declaração e opinião.

O julgamento de direito, efectuado em momento posterior e em conformidade com a decisão de facto, consubstanciava o acórdão (por ser decisão colectiva) assinado pelos três juízes, permitindo-se o voto de vencido, quanto à matéria de direito, onde se precisavam os motivos da discordância[508].

No que respeitava ao julgamento pelo tribunal de júri e até 1975[509], o CPP29 na sua versão inicial, estabelecia um procedimento pormenorizado – mas nunca testado –no que respeita à organização, redacção, conteúdo processo de deliberação, escrita e leitura dos «quesitos» não deixando qualquer dúvida quanto à existência de uma responsabilidade pela matéria de facto atribuída aos jurados[510], não tomando o juiz parte na votação e por isso dela não sendo responsável. Até então, formalmente, o sistema de júri em Portugal era concebido como um sistema pleno, embora com algumas limitações. A responsabilidade do juiz surgiria, eventualmente, e de um modo fundamental, no caso das «respostas iníquas e injustas» do júri em que se permitia uma intervenção do juiz anulando as respostas efectuadas pclo júri.

As alterações introduzidas em 1975, por virtude do Decreto-Lei nº 605//75, de 3 de Novembro modificaram o modelo vigente em vários pontos estruturais, consagrando um modelo misto que se reflectia fundamentalmente na composição do tribunal de júri, que passou a incluir os membros do tribunal colectivo (juízes) e os jurados, participando todos na deliberação,

---

[508] Assim referia o artigo 472º do CPP29.

[509] Uma análise aprofundada sobre o Estatuto Judiciário e as suas repercussões no processo penal pode ver-se em Paulo Pinto de Albuquerque, *A Reforma da Justiça Criminal em Portugal e na Europa*, cit., pp. 541 e ss.

[510] Jurados que juravam «(...) examinar com a mais escrupulosa atenção a causa (...) não escutando senão os ditames da vossa consciência e íntima convicção com aquela imparcialidade e firmeza de carácter que é própria do homem livre e honrado» – artigo 489º do CPP29.

restringida, no entanto, à matéria de facto. Com tais alterações[511] a «estrutura» da decisão do tribunal de júri foi equiparada à decisão do tribunal colectivo, agora com intervenção de mais oito jurados.

A deliberação do júri constituindo uma decisão que configurava um «documento» formalmente autónomo relativamente à sentença, inclusivamente com a admissibilidade de recurso, incorporava-se no acórdão em momento posterior, constituindo uma responsabilidade de todo o tribunal e não apenas dos jurados[512]. A decisão de facto, sendo partilhada pelos representantes legítimos do «povo» e pelos juízes assumia publicamente um grau maior de legitimação[513], fragilizando, por isso, algumas críticas sustentadas na não fundamentação das decisões do júri.

Por sua vez, o acórdão, elaborado de harmonia com a decisão do júri e a lei aplicável, seguia formalmente a estrutura estabelecida para os restantes tipos de processos[514].

---

[511] Sobre as alterações, pormenorizadamente: cf. João Castro e Sousa, *A Tramitação do Processo Penal*, cit., pp. 283 e 284. Sobre o júri, após as alterações de 1975 mas ainda antes das alterações da Lei nº 82/77, com uma perspectiva crítica veja-se Dário Martins de Almeida, *O Livro do Jurado*, Almedina, Coimbra, 1978. Vale a pena salientar que nas críticas efectuadas ao sistema criado este autor salienta a necessidade de «alguma coisa se poderia construir no sentido de tornar a missão dos jurados mais eficiente e responsável». Daí que defendesse que «cada um dos jurados, chamado depois a dar a sua resposta, explicaria logo sumariamente a motivação da sua convicção, à medida que os diferentes quesitos fossem postos à votação»: *ibidem*, p. 148. O autor crítica também, quer a possibilidade de o júri – antes da Lei nº 82/77 – poder deliberar sobre a medida da pena, quer o segredo da deliberação poder ser aproveitado para ser exercido «à sua sombra, sentimentos cobardes de vingança ou de despeito». Daí que admita a existência de votos de vencido «que possa revelar a coragem de expor um ponto de vista e de o fundamentar»: *ibidem*, p. 176. A Lei nº 82/77 veio restringir a intervenção do júri ao julgamento da matéria de facto.

[512] Cf. Artigos 509º e 511º e 518º do CPP29.

[513] A exposição de motivos que sustentava o Decreto-Lei nº 605/75 pretendia exactamente que a instituição do júri se impusesse como «postulado da ordem democrática instaurada pelo Movimento da Forças Armadas». Ou seja a representação do povo no julgamento dos arguido, mesmo limitada ao requerimento das partes e em casos em que estivessem apenas em causa crimes puníveis com pena superior a três anos de prisão – a que correspondia o tipo de processo de querela – assumia um carácter simbólico evidente, em termos de legitimação da decisão.

[514] Sublinhe-se que a Lei nº 82/77 revogou o artigo 520º do CPP29 na parte em que este referia ser da competência do júri a fixação da pena: cf. João Castro e Sousa, *A Tramitação do Processo Penal*, cit. p. 284.

O acórdão do tribunal de júri, na sua versão inicial – antes da reforma de 1977 – era assinado pelos juízes e pelo jurado mais velho e não por todos os jurados transmitindo, assim, uma co-responsabilização entre os membros laicos do júri e os juízes sobre a decisão final.

O princípio da composição mista do júri com juízes togados e juízes laicos iniciada com a reforma de 1975 seria continuado com o CPP87 integrado, no entanto, no âmbito de alterações muito significativas no regime do júri.

3. O Código de Processo Penal de 1987

3.1. O modelo de fundamentação da sentença
O primeiro diploma codificado no domínio do processo penal que decorre de um quadro constitucional democrático, reconhece que, também na questão da sentença, o problema da decisão só pode sustentar-se numa *ratio* que respeite os valores de um Estado de Direito.

Nesse sentido, o regime normativo que estrutura a decisão penal só poderia assumir os princípios de que quem a profere «se orientou pela opinião de todos os membros da comunidade jurídica (problema da «validade», que não de mera «legitimidade») e também, portanto, no caso do processo, mesmo do penal, pela opinião dos sujeitos que como tal intervêm no processo: só assim se pode dizer válida a decisão por corresponder à consciência ético-jurídica da comunidade»[515].

A emergência da dimensão extraprocessual subjacente às finalidades do princípio da fundamentação das decisões decorrente, em primeira linha, da alteração constitucional de 1982 está inelutavelmente ligada às origens do CPP.

A sistemática recusa da jurisprudência em enfrentar a questão suscitada da fundamentação da matéria de facto[516] através da recusa da motivação das

---

[515] Isto mesmo referia Figueiredo Dias in *Direito Processual Penal*, cit., p. 73.

[516] O Supremo Tribunal de Justiça sempre efectuou uma interpretação uniforme e praticamente persistente relativa à não imposição da fundamentação das respostas aos quesitos, quer antes quer após a entrada em vigor da CRP de 1976, e inclusivamente após a revisão constitucional de 1982: cf. o Ac de 24.6.1963 in *BJM*, nº 129, p. 334, no que terá sido um dos primeiros acórdãos do Supremo sobre a questão. O Tribunal Constitucional, quando chamado a pronunciar-se sobre a compatibilidade constitucional do artigo, já depois, obviamente, da CRP, não encontrou motivos para declarar a inconstitucionalidade da norma: cf. o que é referido no Ac. nº. 207/88 do TC de 12.10.1988 in *BMJ*, nº 390, p. 161, seguindo a posi-

A FUNDAMENTAÇÃO DA SENTENÇA NO SISTEMA PENAL PORTUGUÊS

respostas aos quesitos apenas se compreende pela prevalência da dimensão endoprocessual da *ratio* da fundamentação.

Aos tribunais interessava apenas, ou fundamentalmente, na questão da fundamentação da sentença penal, evidenciar o seu carácter legitimador interno, ou seja a garantia dos efeitos de controlo da sentença por instância superior. Ainda que esse controlo fosse, como era, apenas um controlo referente a uma «parte da decisão»[517]. A projecção da dimensão extraprocessual da fundamentação não assumia para a jurisprudência qualquer valor significativo[518].

Um outro paradigma sustenta a questão da decisão no CPP do ponto de vista da formação da decisão e de um ponto de vista da estrutura da própria decisão.

ção já tomada anteriormente nos Ac. n.º 55/85 e n.º 61/88, publicados nos *DR, II Série* de 28 de Maio de 1985 e 20 de Agosto de 1988. Curiosa é a referência efectuada nos acórdãos citados n.º 207/88 e n.º 61/88 ao facto de «a exigência legal dessa fundamentação constituiria decerto melhor direito (...)» e referirem ainda que deste modo [não declarando a inconstitucionalidade do artigo 469º do CPP29] « (...) se deixa persistir um certo ilogicismo no ordenamento jurídico, na medida em que a respostas aos quesitos em matéria cível já haviam passado a ter de ser motivadas a partir da reforma de que foi objecto o CPC em 1961.Na doutrina, sobre este ponto, defendendo a não fundamentação das respostas aos quesitos, Joaquim Roseira de Figueiredo, «Organização judiciária», *ROA*, Ano 32, 1972, pp. 209 e 210. Em sentido idêntico Maia Gonçalves, sustentando essencialmente que a regulamentação específica do artigo 469º, «atento o preceito do § único [do CPP29] não são aplicáveis os comandos dos n.º 2 e 3 do artigo 653º do Cod. de Proc. Civil»: cf. *Código de Processo Penal, Anotado e Comentado*, Almedina, Coimbra, 1972, p. 625. Em sentido contrário veja-se Castanheira Neves, *Sumários de Processo Criminal*, cit., p. 51, Figueiredo Dias, *Direito Processual Penal*, cit., p. 206, Rodrigo Santiago, «Sobre o dever de motivação das respostas aos quesitos em processo penal», *ROA*, Ano 43, 1983, pp. 488 e 499. Sobre o que foi o debate e as posições da jurisprudência no âmbito do CPP29, A. Laborinho Lúcio, «Subjectividade e motivação no novo processo penal», cit. p. 219 e Simas Santos, «Anotação ao acórdão de 29 de Fevereiro de 1996», *RPCC*, Ano 6, fascículo 4, p. 612.

[517] Repare-se que, pelo menos desde 1934 e até à revogação do CPP29, por virtude do assento do STJ de 11.7.34 «as Relações só podem alterar as decisões dos tribunais colectivos de 1ª instância em face de elementos do processo que não pudessem ser contrariados pela prova apreciada no julgamento e que haja determinada as respostas aos quesitos».

[518] Dimensão extraprocessual que, embora indirectamente, já decorria da afirmação efectuada por Eduardo Correia, em 1961, alertando para a necessidade de que na motivação a questão se colocava noutro plano, «aquele em que o põe Carl Schmitt (*Geset und Urteil*, p. 71 e ss.) ou seja, o dos destinatários da própria sentença, que, aliás não são só as partes mas a própria sociedade»: cf. «Parecer da Faculdade de Direito da Universidade de Coimbra sobre o artigo 653º do projecto, em 1ª Revisão Ministerial de alteração ao Código de Processo Civil», cit., p. 184.

A RECONFIGURAÇÃO NORMATIVA DE UM MODELO CONSTITUCIONALMENTE

A estrutura normativa da decisão, inequivocamente sujeita a fundamentação[519], estabeleceu-se pela primeira vez no CPP cumprindo-se a imposição constitucional decorrente da revisão constitucional de 1982[520].

Todo o procedimento de conformação e elaboração da decisão foi modificado, sendo particularmente de sublinhar a eliminação do sistema dos «quesitos» e a sua substituição pela exigência de uma sentença (ou acórdão) unitária e fundamentada, de facto e de direito[521].

A relevância da modificação efectuada não pode ser vista, apenas, como uma medida de cosmética legislativa.

Importa sublinhar que a divisão formal que, no CPP29, sustentava a resposta aos quesitos e a elaboração da sentença permitia a construção da divisão dogmática – e sobretudo jurisprudencial – que sustentava a não imposição da fundamentação da matéria de facto, nomeadamente na motivação das respostas aos quesitos. Tal posição, sustentava-se na ideia de que na decisão de resposta aos quesitos se está ainda perante um pressuposto da decisão

---

[519] Para além dos artigos 374º e 375º onde a estrutura da sentença está desenhada saliente-se o artigo 97º nº 4, referindo expressamente que «os actos decisórios são sempre fundamentados». Recorde-se que a Lei nº 43/86 de 26 de Setembro, que autorizou a aprovação do Código de Processo Penal, no seu ponto 65) afirma expressamente não só a necessidade de fundamentação da sentença como também que esta seja lida, publicamente na mesma ocasião.
[520] Fundamentação que «consta da enumeração dos factos provados e não provados, bem como de uma exposição, tanto quanto possível completa, ainda que concisa, dos motivos, de facto e de direito, que fundamentam a decisão, com indicação das provas que serviram para formar a convicção do tribunal», conforme estabelecia a versão original do artigo 374º nº 2. Repare-se que se consagrou, finalmente, o princípio que, desde 1961, Eduardo Correia entendia como um princípio que deveria «estender-se a todas as decisões judiciais»: cf. «Parecer da Faculdade de Direito da Universidade de Coimbra sobre o artigo 653º do projecto, em 1ª Revisão Ministerial de alteração ao Código de Processo Civil», cit., p. 186. Sublinhando a ruptura que o novo modelo consubstanciou na legislação portuguesa, veja-se Maia Costa, «Motivação da matéria de facto, anotação ao acórdão nº 680/98 do Tribunal Constitucional de 2 de Dezembro de 1998», *Revista do Ministério Público*, nº 78, 1999, p. 150. Salientando «a autêntica inovação» que a obrigação de fundamentação constituiu, veja-se Jorge Figueiredo Dias/Anabela Miranda Rodrigues, «Segredo de deliberação e votação em processo penal. Proibição de declaração de voto», *RPCC*, Ano 5º, Fasc. 3 e 4, 1995, p. 515.
[521] Afirmando uma eventual semelhança do regime de «quesitos» do CPP29 com o modo de elaboração da sentença, veja-se Robalo Cordeiro, «Audiência de julgamento», in *Jornadas de Direito Processual*, Almedina, Coimbra, 1998, p. 312. As preocupações suscitadas pelo autor sobre a necessidade de se recorrer eventualmente a um sistema de quesitos não se revelaram fundadas com o tempo decorrido.

A FUNDAMENTAÇÃO DA SENTENÇA NO SISTEMA PENAL PORTUGUÊS

final do processo – que surge apenas com o acórdão a que se referia o artigo 471º do CPP29 – o que, a exigir-se uma fundamentação, levaria a sustentar-se uma pretensão a uma fundamentação do segundo grau – «fundamentação da fundamentação»[522]. Tal argumentação levou a que na prática não existisse qualquer fundamentação da decisão, nomeadamente nas sentenças proferidas pelo tribunal colectivo até à entrada em vigor do CPP.

As rápidas e sucessivas alterações constitucionais subsequentes à revisão constitucional de 1982 transformaram uma inexistente afirmação constitucional de um princípio processual, como é o princípio da fundamentação das decisões, numa norma impositiva. O artigo 205º da CRP é desde então claro: «As decisões dos tribunais que não sejam de mero expediente são fundamentadas na forma prevista na lei».

É certo que a lei – e aqui, saliente-se, é da lei processual penal que primariamente se pretende tratar – estabelece hoje no que respeita às decisões proferidas no domínio do Código de Processo Penal (mas também do Código do Processo Civil, conforme decorre do artigo 653º nº 2 e 659º nº 3) a imposição normativa da fundamentação dos actos num quadro bastante alargado.

Após a reforma do CPP de 1988, o artigo 97º nº 5 estabeleceu, de forma genérica que «os actos decisórios são sempre fundamentados, devendo ser especificados os motivos de facto e de direito da decisão». De igual forma, no que se refere à sentença, o artigo 374º, estabelece inequívoca e explicitamente a exigência de fundamentação e o modo como deve ser efectuada.

Trata-se de uma estrutura assumidamente unitária e horizontalmente aplicável a todas as decisões e em todas as formas de processo admissíveis no Código[523].

A fundamentação tornou-se parte integrante da sentença (de todas as sentenças) e da própria pronúncia jurisdicional[524] passando, com o CPP a

---

[522] O que ultrapassaria o inciso constitucional estabelecido pelo artigo 210º nº 1 da CRP. Posição essa assumida, generalizadamente, pelo TC: cf. Ac. nº 61/88, *DR II Série*, de 20 de Agosto de 1988. Uma crítica ao acórdão é efectuada por Maia Costa, «Motivação...», cit. p. 147 e ss.

[523] A aplicação da estrutura da sentença estabelecida no artigo 374º para o processo comum (colectivo e singular) é também aplicável aos processos sumário e abreviado, nos termos dos artigos 386º e 389º e 391-E, com a excepção única da sentença ser nestes processos especiais proferida verbalmente e ditada para a acta. No que respeita ao processo sumaríssimo, tendo em conta a tipologia do procedimento é outro paradigma sentencial que está em causa. Sobre esta matéria ver *infra* Capítulo V.

[524] Neste sentido, José Manuel Damião da Cunha, *O Caso Julgado Parcial*, cit. p. 568.

sancionar-se com nulidade toda a sentença que não seja fundamentada[525]. Pode, por isso, nesta matéria, falar-se de uma alteração do paradigma decisional no processo penal assumindo-se definitivamente que a sentença, como elemento tradutor da decisão penal, só se visualiza como acto processual na medida em que a sua dimensão decisória abranja a fundamentação[526].

Para além da sentença foram estabelecidas exigências de fundamentação específicas para determinados actos processuais como é o caso do despacho da autoridade judiciária que ordene, permita ou dê conhecimento do conteúdo de actos ou documentos em segredo de justiça (artigo 86º nº 9), do despacho judicial referente à decisão que autoriza escutas telefónicas (artigo 187º), do despacho judicial de aplicação de medidas de coacção e garantia patrimonial (artigo 194º nº 3), do despacho judicial que declara a excepcional complexidade do processo (artigo 215º nº 4) e da decisão instrutória (artigo 307º nº 1)[527].

À exigência legal de fundamentação o legislador processual penal assegurou ainda um conjunto de imposições normativas que fulminam a não fundamentação dos actos judiciais como nulidade.

Uma ampla cobertura legal de todo o tecido das decisões proferidas no decurso do processo penal evidencia um conjunto de problemas na sua articulação que exige, para o entendimento do modo como o processo se conjuga com a imposição constitucional, o conhecimento do sentido das normas constitucionais.

II. Critérios estruturais para uma compreensão vinculadamente constitucional da fundamentação da sentença

Conforme se referiu anteriormente o estabelecimento do princípio constitucional do dever de fundamentação das decisões judiciais suscita um con-

---

[525] Sobre o âmbito do dever de fundamentação ver *infra*, Capítulo V.

[526] O que suscita várias questões e de entre elas saber se a fundamentação da decisão faz ou não parte do caso julgado. Defendendo que a fundamentação faz parte do caso julgado, Damião da Cunha, *O Caso Julgado Parcial*, cit. p. 569. Em sentido contrário, no que respeita ao direito germânico, Roxin entende que só a parte dispositiva configura uma situação de caso julgado: cf. *Derecho Procesal Penal*, cit. p. 437.

[527] Nas sucessivas reformas e alterações ao CPP que ao longo dos últimos 20 anos foram efectuadas merece destaque, no que respeita à questão da fundamentação, a reforma de 1998 e a reforma de 2007.

A FUNDAMENTAÇÃO DA SENTENÇA NO SISTEMA PENAL PORTUGUÊS

junto de problemas não totalmente resolvidos na dogmática sobre o dever de fundamentação, nomeadamente qual o alcance e a dimensão normativa que aquele dever consubstancia no âmbito do processo penal.

Interessa-nos por isso, agora centrados numa perspectiva meramente processual, na medida em que a própria fundamentação da sentença se assume ela própria como um acto ou «fragmento de um acto» processual[528], analisar a estrutura normativa exigível à face da concretização da vinculação constitucional desenvolvida no Capítulo II.

Desde logo porque aquela norma constitucional tem um conteúdo horizontalmente vinculado e disseminado pelas várias dimensões da jurisdição. Por outro lado e especificamente no que respeita ao processo penal é exigida uma modelação da interpretação das normas processuais penais em função dos princípios constitucionais na medida em que está em causa a aplicação directa de matéria constitucional.

No âmbito do princípio constitucional da fundamentação das decisões identificaram-se como seus corolários a *generalidade*, a *indisponibilidade*, a *completude*, a *publicidade* e o *duplo grau de jurisdição*. A concretização destes princípios no domínio do processo penal permite identificar o âmbito da opção legislativa onde se insere o modelo de fundamentação das decisões penais do CPP de 1987 e as suas eventuais especificidades.

Enquadrada a dupla finalidade (endo e extra processual) subjacente à fundamentação das decisões no sistema penal, o «jogo» de interpretação e aplicação das normas referentes à fundamentação exige a articulação do conjunto estrutural que constituem aqueles princípios e estas finalidades. A sua compreensibilidade articulada permite estabelecer o que é devido num modelo de fundamentação que corresponda integralmente a essas exigências.

Importa analisar «o modelo de fundamentação» que cumpre as exigências constitucionais referidas, no sentido em que seja permitido considerar a sentença não como algo de arbitrário mas antes como um acto através do qual

---

[528] A questão da autonomia processual do acto de fundamentação em relação ao acto de decisão será discutida *infra*. Entendendo a fundamentação (motivazione) como «fragmento de um acto processual que constitui a sentença, veja-se Iacoviello, «Motivazione della sentenza penal (controllo della)», cit., p. 750. Assumindo a fundamentação (motivazione) como acto processual autónomo em relação ao acto decisório, cf. Mariano Menna, *La Motivazione del Giudizio Penale*, cit., p. 41 e Amodio, «Motivazione della sentenza penal», p. 196.

se convençam os seus destinatários do que foi decidido e como foi decidido. Assim a actividade jurisdicional tornar-se-á mais objectiva, no sentido de ser verificável e comprovada, concretizando um «incremento de racionalidade» exigido num procedimento constitucionalmente vinculado.

A concepção aceite de que o dever de fundamentação é dotado de uma autonomia conceptual, ainda que vinculante a um contexto decisional específico, impõe que se parta para a tentativa de identificação dos seus elementos estruturais ou requisitos fundamentais, agora numa perspectiva normativa.

Começa por se referir que o vínculo entre decisão/fundamentação apresenta-se como elemento fundamental na compreensão dos requisitos exigidos à fundamentação. No momento de percepcionar aqueles requisitos torna-se imprescindível conectá-los com o contexto de decisão. Só assim se poderá verificar se o acto de justificação não está além ou aquém do objecto processual que configura o procedimento e sobre a qual se proferiu a decisão.

Pretende-se concretizar o carácter racional da fundamentação das decisões, no sentido da sua estrutura se conformar por um lado com as finalidades pretendidas com a fundamentação e, por outro, afirmar concretamente uma racionalidade justificativa[529]. Assim, naquela primeira dimensão, como aliás já foi desenvolvido, o que está em causa é garantir tanto o controlo externo, como interno da decisão. No que respeita à racionalidade justificativa o que está em causa é a compreensão da validade dos argumentos usados pelo juiz através de uma tripla dimensão: a sua suficiência, a sua coerência e a sua razoabilidade concretizados em função dos objectivos ou finalidades que condicionam o princípio da fundamentação das decisões.

1. Fundamentação suficiente

A exigência constitucional do carácter completo do dever de fundamentação, já analisado a propósito do imperativo constitucional, impõe que o conteúdo da fundamentação tenha que exprimir a justificação do que é decidido, não faltando nenhum elemento que, para esse efeito, o deva constituir. Nesse sentido exige-se que na fundamentação da sentença se justifiquem todas as questões que na decisão foram objecto de apreciação, tanto sobre a matéria de facto como sobre a matéria de direito, devendo ser vista como um todo,

---

[529] Neste sentido, afirmando no entanto a autonomia de um conceito de racionalidade da motivação veja-se Ignacio Colomer, *La Motivación de las Sentencias*, cit., p. 174.

A FUNDAMENTAÇÃO DA SENTENÇA NO SISTEMA PENAL PORTUGUÊS

de modo a que as suas finalidades que se prendem com o controlo interno da decisão e as que dizem respeito ao controlo externo da decisão sejam concretizadas.

A fundamentação exigível da sentença penal não pode ficar aquém da dimensão do princípio constitucional da completude. Ou seja, o conteúdo normativo estabelecido no artigo 374º nº 2 do CPP só será compatível com a norma constitucional se respeitar o conteúdo mínimo desse princípio.

Estando em causa garantir a explicitação completa, perceptível e clara dos aspectos essenciais tratados na decisão, os quais têm que ser justificados na totalidade de modo a que as finalidades da fundamentação sejam concretizadas, importa saber qual a medida dessa fundamentação nomeadamente, se é de afirmar a necessidade de uma detalhada, minuciosa e analítica argumentação ou se um outro critério menos exaustivo será admissível dentro do âmbito constitucional explicitado.

Neste sentido a fundamentação suficiente, ainda que assumindo uma dimensão de «conceito indeterminado», funciona como conceito funcionalmente operativo[530].

O que está em causa, na fundamentação suficiente, é a exigência imposta ao juiz para concretizar as opções efectuadas no contexto da decisão de modo a que essa justificação seja compreendida por quem é destinatário directo ou indirecto da sentença. A justificação, se bem que deva adequar-se à dimensão constitucional estabelecida pelo princípio da completude, na medida em que não deixe de tratar todas as questões suscitadas na decisão, pode concretizar-se por um lado de uma forma não exaustiva e, por outro, também de forma diferenciada levando em consideração quer os vários tipos de procedimento quer sobretudo a dimensão do conflito subjacente à decisão[531].

---

[530] No sentido da suficiência da motivação como conceito indeterminado veja-se Rivero Ortega, «Quien custodia a los custódios?: casación y motivación como garantias del control de las decisiones judiciales», *Jueces para la Democracia Información y Debate*, nº 39, júlio, 1997, p. 39. Por sua vez Iniesta Delgado sublinha a exigência de que as normas processuais «não só exigem que as decisões judiciais sejam motivadas mas também exigem um modelo de motivação que cumpra as exigências da "motivação suficiente": cf. *Enunciados Jurídicos en la Sentencia Judicial* cit., p. 194. José Miguel Zugalda Espinar refere a fundamentação suficiente como uma razão essencial e sobretudo a «medida» ou o grau que deve ser exigido à fundamentação face ao quadro constitucional espanhol: cf. «El derecho a obtener una sentencia motivada y la individualización de la pena», *Poder Judicial*, 2ª época, número 18, 1990, p. 134.
[531] Autores como Salaverria, autonomizam, de um ponto de vista analítico, o requisito suficiência do requisito da completude, na medida em que nesta ultima se pretende aludir a um

214

A RECONFIGURAÇÃO NORMATIVA DE UM MODELO CONSTITUCIONALMENTE

A opção do legislador português concretiza a dimensão constitucional da completude referida, através de uma posição pragmática do âmbito da fundamentação, na medida em que elege o requisito da suficiência como a medida mínima da completude. Ao exigir que a exposição «tanto quanto possível completa, ainda que concisa» dos motivos de facto e de direito constitua o conteúdo da fundamentação, consagra a suficiência como requisito fundamental a que esta deve sujeitar-se.

Neste sentido todas as questões objecto de discussão no contexto de decisão, desde que directamente relacionadas com o objecto do processo, ainda que possam modificar ou alterar o conhecimento do mesmo, devem ser ponderadas e tratadas em sede de justificação. É certo que poderão suscitar-se questões não coincidentes cuja relevância será diferentemente valorada pelos diversos intervenientes ou sujeitos processuais em função dos seus próprios interesses no processo. A apreciação da relevância desse tipo de questões deve ser objecto de ponderação pelo juiz tendo em conta os interesses e finalidades do processo penal, nomeadamente a estabilização da paz jurídica assim como a concretização das finalidades da própria fundamentação.

Desde que estejam totalmente garantidas as finalidades extra e endo processuais pretendidas pela garantia constitucional do princípio da fundamentação, nomeadamente pela completa garantia da possibilidade de controlo, explicitação e compreensibilidade da decisão, então não será relevante qualquer outro tipo de fundamentação.

Nessa medida, o «excesso» de argumentação que poderá decorrer de uma reprodução de elementos de facto ou de dircito que não scjam rclcvantes para o conhecimento do objecto do processo, configura uma fundamentação para além da suficiência, que não a torna viciada mas, tão só, mal elaborada, sem quaisquer consequências jurídicas[532].

---

critério «quantitativo» da fundamentação e naquela a um critério «qualitativo». O autor refere-se à «suficiência contextual», para apelar ao conceito de «cultura jurídica e social da época» como elemento de medida do âmbito da justificação suficiente que deve condicionar a concretização da fundamentação: cf. *La Motivación...*, cit., pp. 98 e 99. Uma diferenciação analítica é também efectuada por Ignacio Colomer que entende o conceito de suficiência como: «1. Um critério para apreciação do conteúdo da motivação em termos de recurso ou controlo; 2. como um critério que está situado a caminho entre a motivação completa e a inexistência de justificação; 3. como um critério variável segundo as circunstâncias do caso»: cf. *La Motivación de las Sentencias*, cit., p. 351.

[532] Neste sentido, cf. Iniesta Delgado, *Enunciados Jurídicos en la Sentencia Judicial*, cit., p. 204.

2. Coerência

Um segundo critério estrutural prende-se com a exigência da coerência da fundamentação[533].

Todo o processo argumentativo utilizado pelo juiz na construção do processo de justificação que consubstancia a fundamentação deve ser coerente entre si, não permitindo qualquer elemento contraditório.

Partindo da definição de MacCormick de que a argumentação é a actividade que consiste em apresentar argumentos a favor ou contra algo, como seus requisitos encontram-se, de um lado as exigências de consistência da fundamentação e, de outro lado, os requisitos de coerência[534].

A consistência traduz-se na concatenação dos vários argumentos utilizados e na ausência de contradições lógicas entre eles de modo a que cada argumento em concreto não contradiga o outro e o modo como ambos são utilizados. Quanto à coerência, trata-se de conseguir que a utilização concatenada de um complexo de proposições resulte harmónica, constituindo assim um requisito fundamental para tornar racionalmente aceitável a fundamentação das decisões na medida em que é exigível tanto quando se decide sobre os factos (coerência narrativa), como na argumentação da escolha da norma que se aplica a um caso (coerência normativa).

Conforme se referiu, a estreita conexão entre o contexto de decisão e o contexto de justificação leva a que se estabeleça um *link* entre os contextos, de modo a que as questões objecto de decisão estabelecidas sejam, simultaneamente, objecto de fundamentação. Nesse sentido, exige-se que seja estabelecida uma conexão lógica entre todas as premissas em que se sustenta o contexto de decisão e o processo de justificação de tais premissas, de modo

---

[533] O tratamento do requisito «coerência», como um dos elementos estruturais para a compreensibilidade do modelo constitucional de fundamentação insere-se na abordagem da coerência no âmbito da teoria da interpretação e da argumentação. Não está em causa, nesta aproximação, o tratamento também efectuado pela teoria jurídica, sobre o mesmo conceito cujos contornos se apresentam muito mais amplos. Sobre esta diferenciação cf. Giorgio Pino, «Coerenza e verità nell'argomentazione giuridica. Alcune riflessione», *Rivista Internazionale di Filosofia del Diritto*, IV Série, LXXV, Gennaio/Marzo, 1998, pp. 102 e ss.

[534] Assim Neil Maccormick, «La argumentación y la interpretación en el derecho», cit., p. 202, «On legal decisions and their consequences: from Dewey to Dworkin» in Aulis Aarnio, Neil Maccormick, *Legal Reasonig, Vol. II*, Dartmonth, Alddershot, 1992, p. 94 e desenvolvidamente, *Legal Reasoning and Legal Ttheory*, Clarendom Press, Oxford, 1978, pp. 152-228. Sobre a relevância da coerência no processo argumentativo, cf. Aarnio, *Le Rationnel Comme Raisonable*, pp. 243-245.

a que não se verifiquem contradições entre os argumentos e as premissas do discurso onde assenta a justificação[535].

A exigência de coerência comporta também uma dimensão de compatibilidade entre os vários e diferenciados argumentos que vão sendo expostos[536]. A rede de argumentação e os seus fundamentos tem que ser harmónica e totalmente coerente. Não fará sentido existir um nexo de coerência entre uma dimensão factual da decisão e a sua justificação que não seja compatível com uma outra dimensão factual e a sua própria justificação. A sentença funciona como um todo e nesse sentido as várias dimensões factuais e justificativas devem articular-se de modo senão harmonioso, pelo menos coerente.

A coerência da fundamentação manifesta-se ainda no facto da sua estrutura, como parte da sentença, ter que compatibilizar as dimensões fácticas e jurídicas que a compõem e, simultaneamente, ser coerente e compatível em função do que vai ser objecto de decisão[537].

A relevância do requisito "coerência" é visível, ainda, pelas consequências que no domínio das "patologias" da decisão a fundamentação incoerente implica nomeadamente, quando essa incoerência é contraditória e insanável. Iacovello, embora referindo-se à incoerência da imputação, sublinha que «a coerência não é um critério suficiente para fazer prevalecer a acusação, mas a incoerência é um critério suficiente para a fazer perder»[538].

Trata-se, como se estabelece nos artigos 379º nº 1 c) e 410º nº 2 alínea b) e nº 3 do CPP, simultaneamente de um fundamento específico de recurso e, também, de um caso em que é possível ao Tribunal superior conhecer oficiosamente da questão, embora dentro de certos limites, nomeada-

---

[535] Amodio fala na «correlação quantitativa entre a motivação, a acusação e o dispositivo», sendo que segundo o autor, «as questões do dispositivo e da acusação definem os temas sobre os quais se deve deter o discurso justificativo»: cf. «Motivazione della sentenza penale», cit., p. 219. No mesmo sentido Vicente Cavallo, *La Sentenza Penale*, Napoli, 1936, p. 336.

[536] Igartua Salaverria identifica este requisito como «congruência», referindo-se «à imprescindível congruência [entre] as premissas que têm de se justificar»: *ibidem*, p. 100. O autor alude, no entanto, a um outro «requisito» a que chama de compatibilidade («entre todos os argumentos que compõem a motivação») que reconhece como podendo enquadrar-se no âmbito da congruência.

[537] Daí que alguns autores como Ignacio Colomer, se refiram nesta perspectiva à «coerência interna da motivação» para distingui-la da «coerência externa», em que estão em causa «as relações que se estabelecem entre fundamentação («motivación») e decisão («fallo») e entre a fundamentação e outras resoluções à própria sentença»: *ibidem*, pp. 290, 291 e 300.

[538] Cf. «Motivazione della sentenza penale (controlo della)», cit., p. 778.

mente quando se trata de uma contradição insanável e o vício resulte do texto da decisão[539].

3. Razoabilidade

O conceito de razoabilidade constitui o ponto central de algumas doutrinas modernas da argumentação jurídica[540], nomeadamente na tentativa de dar resposta à questão fundamental do modo de «racionalizar» a decisão. Trata--se de um termo que tem intrínseco uma carga de imprecisão relativamente elevada, sendo mesmo para alguns autores o factor que os leva a questionar a sua operatividade para além de «uma mera exigência de carácter formal»[541]. Julgamos, no entanto, que a razoabilidade, juntamente com a suficiência e a coerência, se assumem como um dos critérios «chave» na compreensibilidade da estrutura de fundamentação da sentença penal.

A ideia fundamental é assumir a autonomia do conceito no âmbito de um processo racional de construção de decisão, no sentido explicitado por Atienza em que «o que é razoável também é racional (entendida esta expressão em sentido amplo) ainda que, o que é racional possa não ser razoável: todo o razoável é racional, mas nem todo o racional é razoável»[542].

Segundo este autor, pode falar-se em decisões jurídicas "razoáveis" em dois sentidos distintos. «Num sentido amplo pode dizer-se (e di-lo, por exemplo Perelman) que todas as decisões jurídicas devem ser razoáveis; isto é, a razoabilidade opera como um critério ou limite geral do raciocínio jurídico (do raciocínio prático). Num sentido estrito, pode falar-se de razoabilidade apenas em certos tipos de decisões jurídicas: as que não poderiam (ou não deveriam) adoptar-se seguindo critérios de estrita racionalidade»[543]. Sublinhe-se que a expressão «estrita racionalidade» é empregue pelo autor intencionalmente, por contraposição à expressão «racional» «para evitar contrapor o razoável ao racional, o que obrigaria, por sua vez, a considerar o

---

[539] A esta matéria voltaremos *infra* no ponto 6.

[540] Cf. Segura Ortega, «La racionalidade del derecho: sistema y decision», cit., p. 163.

[541] *Ibidem* p. 164, criticando as teorias de argumentação sustentadas na argumentação jurídica como modo procedimental, «ao estilo de Alexy».

[542] Assim, Manuel Atienza in «Para una razonable definición de "razonable"», *Doxa* n⁰ 4, 1987, p. 193.

[543] Assim, Manuel Atienza in «Sobre lo razonable en el derecho», p. 94 e «Para una razonable definición de "razonable"», cit., p. 192.

A RECONFIGURAÇÃO NORMATIVA DE UM MODELO CONSTITUCIONALMENTE

razoável como não racional ou como irracional»[544], o que não é de todo a situação defendida. O que se quer afirmar é que na apropriação de um conceito de razoabilidade não pode, nem deve, falar-se numa antinomia entre o que é racional e o que é razoável.

Uma decisão razoável, em sentido estrito será aquela que «é tomada: i) em situações em que não se poderia, ou não seria aceitável, adoptar uma decisão estritamente racional; ii) consegue um equilíbrio óptimo entre as distintas exigências que se evidenciam na decisão; iii) obtém um máximo de consenso»[545]. A proposta de definição é assumida com um carácter operativo, tendo «como finalidade a sua utilização como um critério que permita justificar que uma determinada interpretação ou decisão é preferível (ou está mais justificada) que outra»[546]. Trata-se, aliás, de um critério que terá a sua razão prática no modo de justificação diferenciado cuja operacionalidade é fundamental no âmbito da justificação dos casos considerados «difíceis»[547].

Na opção legislativa traduzida no CPP87, a propósito da fundamentação da sentença, não é manifestamente evidente uma afirmação inequívoca sobre a razoabilidade no processo racional de fundamentação. No entanto, a afirmação normativa estabelecida no artigo 374º nº 2 do CPP de que as razões de facto e de direito que constituem a fundamentação deve ser «tanto quanto possível completa, ainda que concisa», impõe a exigência de um modo de «economia argumentativa» que possibilite o cumprimento das finalidades da fundamentação sem questionar a natural complexidade estrutural que um sistema de fundamentação racional exige.

O modelo de concisão da fundamentação, como se verá infra[548], tem pressuposto o imperativo de razoabilidade na medida em que pretende equilibrar a eventual complexidade de uma fundamentação decorrente da vinculação constitucional ao princípio da completude com as exigências de clareza, compreensibilidade e racionalidade que consubstanciam as finalidades da fundamentação e especificamente à sua dimensão extraprocessual.

---

[544] Cf. «Para una razonable definición de "razonable"», cit., p. 192.
[545] Cf. Manuel Atienza, «Sobre lo razonable en el derecho», p. 109.
[546] Cf. Manuel Atienza, *ibidem*, p. 109.
[547] A questão assume uma importância decisiva na justificação dos chamados casos difíceis ou trágicos. Assunto ao qual voltaremos *infra* no Capítulo V.
[548] Cf. ponto IV.1.

A complexidade da estrutura argumentativa decorrente da afirmação do princípio da completude não deve confundir-se com a extensão expositiva do modo de argumentar.

O que se afirma é que este modelo lógico-normativo mais não é do que a concretização de um critério de razoabilidade da fundamentação[549] o qual deverá reflectir-se, de modo vinculado, na amplitude do conteúdo do que consubstanciará esse modo conciso de argumentar.

III. Fundamentação de facto e fundamentação jurídica da sentença.

1. A autonomia vinculada entre a fundamentação «de facto» e a fundamentação «jurídica»

Na definição sintética de Cavallo a sentença penal é uma decisão que «declara de forma imperativa o direito no caso concreto»[550]. Comporta na sua dimensão de juízo fáctico e juízo jurídico uma dupla categoria classificativa de facto e direito[551]. Nesse sentido, a fundamentação da sentença deve apreciar-se na dupla dimensão dos factos e do direito[552], assumindo-se os

---

[549] No mesmo sentido, embora não se referindo a um critério autónomo da razoabilidade, veja-se a posição de Iacovello a propósito do modelo italiano: cf. «Motivazione della sentenza (controlo della)», cit., p. 771.

[550] O autor tem uma definição mais ampla de sentença como «decisão de um órgão jurisdicional que declara, de forma imperativa e de uma forma estabelecida na lei o direito substancial ou processual para resolver um conflito de direitos subjectivos que se desenrola numa pretensão jurídica deduzida no processo e resolve definitivamente o fim da jurisdição na fase processual onde é pronunciada»: cf. Vicente Cavallo, *La Sentenza Penale*, cit., p. 144.

[551] A expressão é de Carlo Zaza que se refere ao «facto» como à «reconstrução do acontecimento acompanhado da valoração de carácter probatório» e ao «direito» como «as conclusões com relevância jurídica do acontecimento, que, na sentença penal se traduzem numa recondução a uma norma incriminadora»: cf. *La Sentenza Penale*, Giuffrè Editore, 2004 p. 60.

[552] Sobre a discutida e relevantíssima distinção entre a questão de facto e a questão de direito, como conceitos dogmáticos e não como critérios delimitativos do objectivo de recurso, cf. Castanheira Neves in "A Distinção entre a questão-de-facto e a questão-de-direito e a competência do Supremo Tribunal de Justiça como Tribunal de «Revista»", *Digesta*, Volume 1º, cit., p. 483, sobretudo pp. 497-509. Sobre a dimensão metodológica da diferenciação ou seja, «o sentido daquela distinção que metodologicamente sempre se terá de fazer ao pôr e resolver um concreto problema jurídico, entre as duas questões que integram e explicitam esse concreto problema», *ibidem*, p. 510. No direito italiano, e as suas repercussões no direito processual penal, cf. Iacovello, «Motivazione della sentenza penale (controlo della)», cit., p. 783.

factos como uma dimensão de reconstrução de acontecimentos valorados e o direito como conclusão da relevância jurídica desses acontecimentos.

O modelo constitucionalmente vinculado de fundamentação da sentença penal que se analisa, normativamente fixado no artigo 374º nº 2 do CPP, embora efectue uma distinção entre a fundamentação de facto – «motivos de facto» – e a fundamentação jurídica da sentença – «motivos de direito» –, os quais estiveram na origem da fixação dos factos provados e não provados deixa ao intérprete todo o trabalho de racionalização que consubstancia aquela diferença[553].

Trata-se aliás, do núcleo essencial da actividade jurisdicional na medida em que todo o processo de decisão que o pressupõe tem, num segundo momento, que ser reflectido no texto da sentença[554].

A concepção da dicotomia facto/direito não pode ser vista, no entanto, numa perspectiva clássica e tradicional em que a separação entre o facto e o direito se assumia de uma forma positiva e objectivável, entendendo-se a fundamentação jurídica tão só como a explicitação da norma aplicada aos factos provados: *"le juge est la bouche inanimée de la loi"*. O entendimento constitucional da função jurisdicional assente num outro papel do juiz está, hoje, muito para além da visão sustentada na doutrina de Montesquieu[555].

---

[553] A regulação normativa da questão é, curiosamente, efectuada de uma forma mais explícita no domínio do processo civil do que âmbito do processo penal. Quer o artigo 653º nº 2 do CPC quer o artigo 659º do CPC não só expressam a necessidade de explanação dos factos provados (e aqui o legislador impõe que o juiz explicite aqueles factos provados que o foram por acordo, por documento ou por confissão reduzida a escrito) mas também que o tribunal efectue o exame crítico das provas. Crítica semelhante é efectuada por Amodio ao sistema italiano: cf. «Motivazione della sentenza penale», cit., p. 205.

[554] Daí que alguns autores, como Amodio, apelem ao conceito de motivação como documento do discurso justificativo do juiz: cf. «Motivazine della sentenza penale», cit., p. 198. Sobre a distinção efectuada entre a estrutura externa da motivação, como o acto processual e a estrutura interna, como processo de argumentação, que segundo o autor se configura no sistema italiano, *ibidem* p. 198. Note-se que ao contrário do CPP, no Código Italiano a motivação é efectuada em momento sucessivo à deliberação e à leitura do dispositivo. Mais desenvolvidamente, veja-se o Capítulo III ponto 3.

[555] Manuel Segura Ortega salienta como uma das causas de debilitação no nexo de conexão entre as normas e a sentença este «acrescentamento do poder dos juízes à margem de toda a previsão normativa que determinou que tivessem adquirido um papel mais activo no processo de interpretação e aplicação do Direito»: cf. «La racionalidad del derecho: sistema y decision», cit., p. 161. Uma crítica a esta visão do poder neutro do juiz pode ver-se em Arthur Kaufmann, *Filosofia do Direito*, cit., pp. 82 e 83, salientando o facto de alguns continuarem a defender essa

A questão deve ser no entanto vista de um ponto de vista prévio ou seja numa perspectiva ancorada na própria dimensão da narrativa judicial que está em causa no procedimento quando se articulam factos e direito no processo de construção da decisão.

Uma grande parte das teorias actuais sobre as *story tellings*, assume criticamente a distinção entre o facto e o direito como modo adequado de compreender e elaborar a narrativa judicial. Nesse discurso, assume-se a junção «num todo inseparável dos aspectos fácticos com os jurídicos»[556]. As razões para essa não distinção assentam em vários motivos, segundo Taruffo. Assim, «uma primeira razão decorre do facto de os advogados tenderem a falar mais de direito que dos factos. Outra razão decorre da própria prática do *story telling* jurídico e judicial em que esta prática tende a apagar várias distinções, nomeadamente as que existem entre facto e direito e entre facto e valor. Uma terceira razão decorre da circunstância daquela distinção ser um problema antigo, nomeadamente nos sistemas de *common law*, onde se coloca a questão da separação das funções entre juiz e jurado»[557]. Mesmo nos sistemas continentais, onde não se coloca a questão do jurado civil e onde a distinção entre facto e direito assume uma especial relevância na definição dos limites da competência dos próprios Tribunais Superiores, aquela distinção é problemática e tem significados diversos consoante os contextos onde é apreciada. Finalmente, mas não menos relevante, suscita-se uma outra dúvida acerca das questões filosóficas que envolvem a própria definição de «facto».

Se a importância da compreensibilidade da narrativa judicial na análise das questões de facto e de direito levam a que se perspectivem dificuldades quando se pretende afirmar uma distinção entre ambas no modo como se desenvolve a própria narrativa judicial, isso deve levar-nos a compreender que há uma dimensão prática essencial na construção dessa narrativa que

---

vinculação «à estrita e nua letra da lei e com isso, liberta[r-se] de qualquer auto-responsabilidade. Nenhum risco!». Crítico em relação à neutralidade judicial, retomando uma ideia de Ronald Dwokin sobre o «mito da neutralidade judicial», cf. Paulo Rangel, *Repensar o Poder Judicial*, cit. p. 70.

[556] Assim Michele Taruffo, in «Narrativas judiciales», cit., p. 238, referindo o autor que isso não deve «assombrar-nos», tendo em conta a dificuldade dogmática de distinção entre o facto e o direito.

[557] Uma visão aprofundada das várias dimensões que o problema da questão de facto as suas repercussões com a questão «de direito» assume na dogmática anglo-saxónica pode ver-se em Ho Hock Lai, *A Philosophy of Evidence Law*, cit., pp. 1-12 (em especial p. 7).

impõe que se efectue essa distinção, «ainda que [as questões de facto e de direito] estejam intimamente conectadas»[558]. O facto e o direito devem ser, por isso, concebidos como distintos ou pelo menos como distinguíveis.

A compreensão da autonomia inter-conexionada entre o facto e o direito é fundamental na análise da questão da fundamentação jurídica e de facto da sentença e, sobretudo, na sua articulação na medida em que se trata de duas dimensões da mesma realidade[559] ou seja, a fundamentação da sentença.

2. «Factos» e prova na fundamentação

Trabalhar com factos é, no domínio do processo penal, assumir num primeiro momento uma definição de facto construída no âmbito da teoria da prova, tendo em conta a necessidade pragmática de utilização de uma definição operativa que possibilite a sua manipulação num discurso de verdade/ /falsidade[560].

Os factos são «acontecimentos, circunstâncias, relações, objectos e estados, todos eles situados no passado, espácio-temporalmente ou mesmo só temporalmente determinados, pertencentes ao domínio da percepção externa ou interna e ordenados de forma natural»[561].

Uma definição deste tipo não é suficiente, em termos operativos, para efeitos da decisão. Daí que o conceito utilizado no âmbito da teoria da prova, ou seja, aquele entendimento de que os factos consubstanciam os «eventos» em torno dos quais é possível articular um discurso de verdade ou falsidade

---

[558] Taruffo, *ibidem*, p. 240.

[559] No mesmo sentido se pronuncia Damião da Cunha, in *O Caso Julgado Parcial*, cit., p. 579, na perspectiva do âmbito das questões passíveis de critério para o conhecimento do recurso de revista. A estreita conexão entre a fundamentação de facto e de direito na sentença, como dois componentes que «se têm que determinar simultaneamente, cruzando-se as normas e o factos e dos actos às normas de modo a determinar o que em conjunto constitui a motivação», é salientada por Iniesta Delgado, *Enunciados Jurídicos en la Sentencia Judicial*, cit., p. 208.

[560] Não é outra a visão de Engish quando refere que «o jurista fala a este propósito [na *verificação de factos*] de «produção de prova» na qual o escopo é criar no juiz a convicção da existência de determinados factos»: cf. *Introdução ao Pensamento Jurídico*, cit., p. 71. Sobre a «ambiguidade» do termo «facto» e os vários entendimentos sobre o termo: cf. D. Gonzalez Lagier, «Hechos y argumentos (racionalidad epistemológica y prueba de los hechos en el proceso penal)» *Jueces para la Democracia, Informacíon y Debate*, nº 46, Marzo, 2003 p. 18.

[561] Cf. Engisch, *Introdução ao Pensamento Jurídico*, cit. p. 72.

A FUNDAMENTAÇÃO DA SENTENÇA NO SISTEMA PENAL PORTUGUÊS

sobre um determinado enunciado empírico[562] pode afirmar-se como pragmaticamente vantajoso, constituindo um dado comum nas diversas culturas jurídicas, no sentido de que «o facto é o "objecto" da prova ou a sua finalidade fundamental»[563].

Esta definição aparentemente simples não omite a complexidade da questão da prova dos factos e os múltiplos problemas que suscita ao tribunal, bem como a sua abordagem dogmática. Cingindo-nos ao objecto do trabalho, atente-se desde logo na constatação de que «no processo se demonstrarem factos não para satisfazer exigências de conhecimento em estado puro, mas antes para resolver controvérsias jurídicas»[564], devendo essa circunstância estar bem presente no processo de construção da decisão.

Como primeira consequência do que ficou referido é, desde logo, impossível falar do facto separando-o completamente do «direito», esquecendo as suas implicações jurídicas[565]. Trabalhar o facto de um ponto de vista jurisdicional comporta sempre um efeito jurídico vinculante. Os factos não existem por si e para si mesmos mas sim em função das suas consequências jurídicas. Na construção da narrativa judicial aqueles que aí intervêm devem assumir aquela vinculação.

Num segundo momento e já assumindo o conceito «probatório» de facto constata-se a dificuldade de definição de um modo não superficial do que se entende por «facto», enquanto objecto de prova, tendo em conta a «extrema variabilidade e indeterminação dos fenómenos do mundo real»[566].

Uma resposta à determinabilidade do facto para efeitos da prova no processo começa, desde logo, segundo Taruffo, pela compreensão do «facto que constitui o objecto da prova em função do contexto que determina a descrição (o tipo de descrição) apropriada a esse facto»[567]. Esse contexto de descrição é, no âmbito do processo, a decisão. Ou seja, segundo Taruffo, a

---

[562] Cf. neste sentido. D. Gonzalez Lagier, «Hechos y argumentos (racionalidad epistemológica y prueba de los hechos en el processo penal)», cit., p. 18 e Hernandez Marín, *Las Obligaciones Básicas de los Jueces*, cit., p. 197.

[563] Cf. Michele Taruffo, *La Prueba de los Hechos*, cit., p. 89.

[564] *Ibidem*, p. 90.

[565] «A aplicação do direito depende da existência ou verificação dos factos aos quais a ordem jurídica alia a produção de um dado efeito jurídico», refere Germano Marques da Silva, *Curso de Processo Penal, II volume*, cit., p. 109.

[566] Taruffo, *ibidem*, p. 93.

[567] *Ibidem*, p. 95.

«determinação do facto situa-se no interior da decisão judicial e a prova está dirigida à determinação do facto»[568]. O objecto da prova é o facto que deve ser determinado. Ora a individualização do contexto de decisão como esquema de referência em função do qual se define o facto como objecto de prova, permite determinar duas perspectivas distintas mas convergentes para a individualização do que constitui o objecto de prova.

A primeira perspectiva refere-se directamente ao contexto de decisão, «no sentido de que obtém dele as coordenadas que definem teoricamente o objecto da prova. A segunda perspectiva refere-se às modalidades através das quais o objecto de prova é concretamente individualizado e fixado no processo com referência ao concreto suposto de facto controvertido»[569].

Uma aproximação ao facto, como elemento operativo fundamental no domínio do processo (e do processo penal em particular), leva-nos num terceiro momento à constatação de que o facto objecto do conhecimento processual é «o que se disse acerca do facto». Ou seja, quando se fala de factos trata-se «da enunciação de um facto e não o objecto empírico que é enunciado»[570].

No processo de decisão, segundo Jackson, «quando os juízes e o júri têm que decidir questões de facto estão sujeitos (como notou Jerome Frank) a uma dupla refracção: estão sujeitos à percepção original, pelas testemunhas, dos acontecimentos que relatam; e à percepção, pelo tribunal, do comportamento das testemunhas»[571].

A identificação dos conceitos epistemológicos e empíricos é relevante na medida em que permite a enunciação operativa de tipologias de factos diversificados, nomeadamente a distinção entre factos simples e complexos, indi-

---

[568] *Ibidem*, p. 95.

[569] *Ibidem*, p. 96.

[570] *Ibidem*, p. 114. Alguns autores admitem a mesma distinção considerando «factos externos» aqueles factos objectivos no sentido ontológico cuja existência não depende do observador (facto como acontecimento empírico, realmente ocorrido, despido de subjectividade e interpretações) e «factos percebidos» os factos epistemologicamente subjectivos no sentido de que são relativos a uma determinada capacidade sensorial, reconhecendo que «em muitas ocasiões o processo de prova não consiste apenas na verificação dos factos externos mas antes na configuração de uma determinada interpretação dos mesmos»: cf. Gonzalez Lagier, «Hechos y argumentos (racionalidad epistemológica y prueba de los hechos en el processo penal)», cit., pp. 23 e 26.

[571] Cf. Bernard S. Jackson, «Bentham, verdade e semiótica jurídica», in *Liber Amicorum de José de Sousa Brito*, Almedina, Coimbra, 2009, p. 157.

viduais e colectivos, positivos ou negativos cuja repercussão, no domínio procedimental, surge como pragmaticamente útil. Sublinhe-se, no entanto, que todas estas distinções referem-se à forma como os factos são definidos e não à sua realidade empírica[572].

O conjunto de dicotomias identificado assume uma especial relevância no próprio modo de produção de prova e naturalmente, no modo como a sua fundamentação pode ou deve ser efectuada na decisão. A prova de factos simples pode ser diversa da prova de factos complexos e consequentemente pode ser diferente a fundamentação exigida relativamente à justificação da prova de factos complexos ou à justificação da prova de factos simples. De igual forma os factos principais e os factos secundários podem ter uma diversa exigência de prova e uma fundamentação também ela diferenciada.

Pode assim concluir-se que «todo o enunciado fáctico é um entre muitos enunciados possíveis acerca do mesmo facto, que é seleccionado e «preferido» em relação aos demais enunciados possíveis em função de elementos do contexto em que é empregue. Isto é, depende do sujeito que realiza a enunciação (definição, hipótese, descrição, etc.), dos critérios que emprega para individualizar o facto (grau de precisão, presença ou ausência de valoração ou de qualificação jurídica) e da linguagem que se usa (comum ou jurídica, vaga ou precisa, etc.)»[573].

Uma outra consequência relevante da constatação da contextualização dos factos entendidos como «enunciados» de facto e não apenas como realidades empíricas, tem a ver com a questão da verdade[574].

Quando se fala de «factos» verdadeiros ou falsos, no âmbito do processo, é aos «enunciados» de factos que se aplicam aquelas qualificações. «Os factos materiais existem ou não existem, mas não tem sentido dizer que são falsos ou verdadeiros; só os enunciados fácticos podem ser verdadeiros, se se referirem a factos materiais que ocorreram ou falsos, se afirmam factos materiais não ocorridos. Em consequência, a «verdade do facto» é unicamente uma fórmula elíptica para se referir à verdade do enunciado que tem por objecto um facto»[575].

---

[572] Sobre a relevância da diferenciação do tipo de factos: cf. Gonzalez Lagier, *ibidem*, p. 18. Sobre os factos principais e secundários: cf. Taruffo, *ibidem*, p. 119 e ss.

[573] Taruffo, *ibidem* p. 116. No mesmo sentido, Gonzalez Lagier, *ibidem*, p. 26.

[574] Sobre o conceito de verdade: cf. Capítulo I, ponto 3, salientando-se, no âmbito probatório a «relatividade» do conceito mas sobretudo a dimensão regulativa da busca da verdade como finalidade ultima do processo penal.

[575] *Ibidem*, p. 117.

A RECONFIGURAÇÃO NORMATIVA DE UM MODELO CONSTITUCIONALMENTE

São os factos, no sentido de enunciados fácticos, o objecto principal do processo de decisão, vinculadamente adstritos à hipótese acusatória, sobre os quais irá reconduzir-se o processo probatório. São os factos que constituem a acusação e a defesa que são objecto de prova num procedimento público e contraditório (e que por isso podem vir a ser alterados por virtude da própria hipótese defensiva ou pelo impulso «inquisitório» do juiz na busca da verdade material) que irão constituir a decisão final.

2.1. O processo de elaboração da fundamentação de facto: o modo de produção da prova

Na fundamentação de facto da sentença penal assume um papel essencial a demonstração dos factos provados e não provados efectuada pelo tribunal na audiência de julgamento obedecendo ao princípio da livre apreciação da prova e a todos os princípios ordenadores do processo penal nomeadamente, o princípio da presunção da inocência, o princípio da imediação e o princípio da oralidade.

Na fundamentação de facto corporiza-se todo o trabalho levado a termo no âmbito da construção da decisão, nomeadamente em termos de recolha, admissibilidade e valoração da prova.

A relevância da fundamentação no âmbito da teoria da prova leva autores como Taruffo a referir que é «difícil dizer se a teoria da prova deve depender das exigências de motivação ou se se deve construir uma teoria da motivação como consequência da teoria da prova»[576]. Por isso, não é de estranhar que o modelo normativo de fundamentação de facto da sentença penal estabelecido no CPP se articule necessariamente entre as normas do artigo 374º nº 2, especificamente referente à sentença, o artigo 127º do CP relativo à livre apreciação da prova, bem como todo o conjunto normativo referente à prova.

A concretização do conteúdo da fundamentação pressupõe a constatação de que um dos limites para esse dever nomeadamente, no âmbito da exposição dos motivos de facto e no exame crítico das provas, se encontra no princípio da livre apreciação da prova[577].

---

[576] Cf. Michele Taruffo, *La Prueba de los Hechos*, cit. p. 521, concluindo o autor que «provavelmente a solução está na síntese das duas dimensões». Sobre a implicação lógica entre o direito à prova e a fundamentação cf. A. Capone, «Diritto à la prova e obbligo di motivazione», *L'Indice Penale*, 2002, número 1 p. 37-40.

[577] Neste sentido, Damião da Cunha, *O Caso Julgado Parcial*, cit., p. 566, refere que «o dever de

A FUNDAMENTAÇÃO DA SENTENÇA NO SISTEMA PENAL PORTUGUÊS

Como se referiu, no CPP29 constatava-se uma identificação entre a exposição dos factos provados e os motivos de facto entendidos como actos equivalentes, situação radicalmente modificada com a estrutura da sentença assumida pelo CPP.

Pelo menos até à reforma de 1998, foi difícil fazer percepcionar a estrutura da fundamentação da sentença e o novo caminho que se pretendeu dar à fundamentação estabelecida no CPP[578]. Até então, a relevância da fixação dos factos provados e não provados, resultado de um processo de verificação probatória foi, dir-se-ia deliberadamente, confundida com a própria fundamentação da sentença bastando-se esta inicialmente com a «narração» factual resultado do processo de conhecimento seguida da indicação meramente enumerativa das provas utilizadas (valoradas) pelo tribunal[579].

O sistema envolvia, entre outras, algumas consequências no domínio da não diferenciação probatória ao admitir uma «confusão» entre a valoração da prova conjunta e a valoração da prova individual e ao não permitir, pelo contrário, que se identificasse o rasto identificativo das provas utilizadas, sendo apenas uma «fórmula ritual atrás da qual se ocultava o uso incondicionado do arbítrio valorativo»[580].

A distinção entre a factualidade provada e não provada e os motivos de facto que a sustentam, normativamente clara em função do estatuído no

motivação cessa necessariamente onde esteja em causa o princípio da livre convicção – ou talvez, melhor de livre apreciação das provas».

[578] Sobre o correcto entendimento do regime de fundamentação da sentença estabelecido na versão originária do CPP cf. Marques Ferreira, «Meios de prova», in *Jornadas de Direito Processual Penal. O Novo Código de Processo Penal*, Almedina, Coimbra, 1989, pp. 228-230, Germano Marques da Silva, «A Fundamentação das decisões judiciais. A questão da legitimidade democrática dos juízes», cit., p. 29 e Lopes Rocha, «A motivação da sentença», p. 101, salientando este autor a «inspiração» do legislador português no código de processo penal italiano, nesta matéria. Até à reforma de 1998 do CPP, que passou a exigir no artigo 372º nº 2 o *exame crítico das provas*, mantiveram-se posições doutrinais e sobretudo jurisprudenciais onde a exposição simples dos factos e a alusão genérica e vaga sobre a indicação dos meios de provas produzidas eram entendidas como suficientes para consubstanciar o princípio da fundamentação: cf. neste sentido e exemplificando com vários arestos dos Tribunais superiores Vinício Ribeiro, *Código de Processo Penal, Notas e Comentários*, Coimbra Editora, 2008, p. 787.

[579] Idêntica «confusão» verificou-se no sistema italiano, no âmbito do Código Rocco: cf. Amodio, «Motivazione della sentenza penale», cit., p. 208.

[580] Assim Perfecto Ibáñez, in «La argumentación probatória» cit., p. 21 e, no mesmo sentido, Igartua Salaverria, *La Motivación de las Sentencias*, cit., p. 149.

artigo 374º nº 2 do CPP, identifica e distingue a indicação narrativa dos factos provados e não provados como *thema decidendum* que, no entanto, é apenas uma das componentes da fundamentação à qual tem que seguir-se a exposição dos motivos que sustentam esses factos, como *thema justificandum*.

A mesma distinção como elemento narrativo fundamental e a exposição dos motivos de facto como elemento justificador, atribui à justificação um conteúdo autónomo em relação àquela exposição dos factos.

A identificação da narrativa processualmente verdadeira a que se chegou no processo de construção da decisão, que está reflectida nos factos dados como provados e não provados, estabelece o resultado do processo de conhecimento previamente delimitado à vinculação da hipótese acusatória bem como à sua eventual hipótese contraposta emergente do direito de defesa do arguido. Daí que, conforme refere Amodio, «aquilo que o juiz é chamado a resolver na motivação [da matéria de facto] não é um discurso de estrutura aberta mas um discurso com uma vinculação temática: o esboço da argumentação de facto só pode mover-se unicamente entre a alternativa da negação ou da afirmação dos factos enunciados na acusação»[581]. Acrescentamos, ainda, que esse discurso sustenta-se na eventual afirmação ou negação probatória dos factos enunciados na hipótese defensiva ou nos factos trazidos ao processo pela intervenção autónoma do juiz na busca da verdade.

Interessa por isso abordar, ainda que sinteticamente, o modelo analítico de produção e valoração da prova efectuada no julgamento.

2.1.1. *O modelo analítico de produção e valoração da prova*
O modelo processual plasmado no CPP estabelece a obrigatoriedade de produção pública e contraditória de toda a prova na audiência de julgamento.

Nesse sentido, o procedimento de regulação dos factos que devem ser provados é objecto de exposição inicial por parte dos sujeitos processuais, tendo em conta o objecto processual previamente definido pela acusação e pela defesa, conforme decorre do artigo 339º nº 2 e 3 do CPP. Estabelece-se assim, uma auto-responsabilização dos sujeitos processuais no processo de construção da decisão, se bem que não exclusiva nem limitadora da intervenção «oficiosa» do tribunal, tendo em conta o modelo estabelecido processualmente do princípio da verdade material num processo penal de

---

[581] Cf. «Motivazione della sentenza penale», cit., p. 206.

A FUNDAMENTAÇÃO DA SENTENÇA NO SISTEMA PENAL PORTUGUÊS

matriz acusatória cuja finalidade é a busca de uma decisão justa num caso concreto[582].

A demonstração das provas segue por isso um íter predeterminado que utiliza uma dinâmica própria de modo a que cada uma das provas possa ser analiticamente apreciada e valorada em função da procura da verdade material[583].

No modelo probatório estabelecido no sistema processual penal português o procedimento probatório assenta estruturalmente em quatro momentos distintos: procura, admissão, aquisição e valoração da prova. Em cada um destes momentos os vários sujeitos processuais assumem responsabilidades próprias.

Na procura e recolha probatória que leva à construção da hipótese acusatória o papel do Ministério Público, eventualmente com a colaboração do assistente e mesmo do arguido, é fundamental. O princípio da verdade material impõe ainda que o juiz, mesmo na fase do julgamento, tenha igualmente um papel decisivo no âmbito da recolha da prova.

Nos momentos de admissão e aquisição de prova é atribuído ao juiz um papel fundamental, na medida em que lhe está imposto o poder-dever de não permitir provas impertinentes, ilícitas, desnecessárias ou supérfluas.

No que respeita à admissibilidade da prova, a lei estabelece um conjunto de critérios estruturantes que condicionam todo o processo. Desde logo o critério da pertinência da prova como factor juridicamente relevante o qual funciona como elemento estrutural para identificar a razão de ser da prova (artigo 124º)[584].

---

[582] Cf. Sobre o princípio da investigação, a verdade material e o relacionamento entre a actividade judicial e o objecto do processo estabelecido na acusação, Figueiredo Dias, *Direito Processual Penal*, cit., esp. p. 144, Germano Marques da Silva, *Curso de Processo Penal, II volume*, cit., p. 128-129, Frederico Isasca, *A Alteração Substancial dos Factos e a sua Relevância no Processo Penal Português*, Almedina, Coimbra, 1992, em especial pp. 239-242. Reafirmando a manutenção do modelo processual acusatório, integrado por um princípio da investigação do CPP87, após a revisão do CPP de 1998, cf. Figueiredo Dias, «Os princípios estruturantes do processo e a revisão de 1998 do código de processo penal», *RPCC*, Ano 8, 1998, Fasc. 2, p. 204.

[583] Sublinhando a ideia da verdade material como projecção de um momento específico da teoria da prova cf. Anabela Miranda Rodrigues, «La preuve en procédure penale comparé. Le droit portugais», *Revue Internationale de Droit Penal*, 63e année, 1992, p. 291.

[584] Cf., neste sentido, para o sistema italiano, Paolo Tonini, *La Prova Penale*, 3ª edizione, Cedam, Padova, 1999, p. 26.

A RECONFIGURAÇÃO NORMATIVA DE UM MODELO CONSTITUCIONALMENTE

Em segundo lugar, é estabelecido um conjunto de limitações sobre provas proibidas que se impõem a todos os sujeitos processuais e, nessa medida, genericamente vinculantes (artigos 118º nº 3, 125º e 126º)[585].

Finalmente, é atribuído ao juiz um poder de restrição na admissibilidade das provas na medida em que não são permitidas provas não relevantes, desnecessárias ou supérfluas para a comprovação da existência ou não existência do crime (artigos124º e 340º do CPP).

É, no entanto, no âmbito do momento da valoração das provas que a actividade jurisdicional assume uma relevância significativa porquanto é através do processo de valoração das provas que o elemento de prova dá concretamente lugar ao resultado probatório[586].

O processo de valoração da prova, da competência exclusiva do juiz, é um processo complexo que exige alguma explicitação.

Toda a prova produzida é avaliada em relação a cada uma das questões de facto a que diz respeito, impondo-se uma apreciação analítica de modo a que o resultado de cada meio probatório tenha de ser «considerado o momento [da sua apresentação e valoração] na sua individualidade como se fosse único»[587]. O CPP, no artigo 365º nº 3, é explícito ao referir que «cada juiz e cada jurado enunciam as razões da sua opinião, indicando, sempre que possível, os meios de prova que serviram para formar a sua convicção, e votam sobre cada uma das questões, independentemente do sentido de voto que tenham expresso sobre as outras»[588].

O processo valorativo que incide sobre a prova relativa às questões de facto individualizadas, que consubstancia o processo de construção da decisão é um processo reflexivo que não se sustenta em pré-compreensões.

---

[585] Sobre as proibições de prova no direito português, numa visão comparatística com o sistema germânico e norte-americano, cf. Manuel da Costa Andrade, *Sobre as Proibições de Prova em Processo Penal*, Coimbra Editora, 1992, pp. 12-14 e sobretudo p. 133 e ss.

[586] Cf. Paolo Tonini, *La Prova Penale*, cit., p. 28.

[587] Assim Perfecto Ibáñez in *Jueces e Ponderación Argumentativa*, cit. p. 32. Salientando a análise individualizada de cada uma das questões, veja-se Paolo Tonini, *La Prova Penale*, cit., p. 28 e, no mesmo sentido, Gil Moreira dos Santos, *O Direito Processual Penal*, Edições Asa, Porto, 2003, p. 392.

[588] Trata-se de uma explicitação inequívoca nomeadamente pela referência aos meios de prova que serviram para formar a opinião do juiz, tendo nesta parte o CPP ido mais além do que o próprio CPPit o qual no seu artigo 527, pese embora exigir que os juízes expressem as «razões da sua opinião», não faz a exigência aos meios de prova referidos. Cf. Paolo Tonini, *Manual di Procedura Penale*, cit., p. 508, salientando também a apreciação individualizada de cada uma das questões pelos juízes.

A FUNDAMENTAÇÃO DA SENTENÇA NO SISTEMA PENAL PORTUGUÊS

Quando se trata de um processo individual assume uma dimensão auto reflexiva. Quando decorre num processo de construção colectivo, envolvendo vários juízes ou jurados é um processo dialéctico que se sustenta numa discussão argumentativa e contra argumentativa sobre o objecto do processo.

A própria lei configura um conjunto de mecanismos que possibilitam o funcionamento «democrático» desse processo inviabilizando a criação de impasses decisórios. Nomeadamente através da consagração da votação individualizada, justificada, a iniciar pelo juiz com menor antiguidade (ou mais novo, se for uma situação de júri) e através da deliberação por maioria simples[589].

O exame das provas produzidas deve sustentar-se num procedimento – não necessariamente normativizado – que permita à posteriori uma percepção racionalizada do modo como se chegou à decisão. Nesse sentido, segundo Perfecto, «este tipo de exame requer, primeiro, a identificação das correspondentes fonte de prova (a pessoa, o documento, o objecto da perícia) e a sua localização original no cenário dos factos ou o tipo de relação mantida com estes. Terá de valorar-se também a aptidão do meio probatório proposto para obter a informação útil da fonte de onde provém, levando em consideração as circunstâncias, o estado de conservação em função do decurso do tempo e de outros factores. Produzido o exame deverá concretizar-se a utilidade em elementos de prova susceptíveis de valoração»[590].

Na valoração individual da prova examina-se a fiabilidade de cada uma das provas em concreto reconhecendo-se que toda a prova, antes de provar deve ser provada. No decurso do processo analítico efectuado não pode prescindir-se da perspectiva conjunta do modo como cada uma das provas é integrada no quadro probatório global. Se, como se referiu, cada um dos elementos de prova tem de exigir uma disponibilidade para ser avaliado como se realmente «tivesse sido o único disponível», a articulação das provas entre si e a sua avaliação conjunta permitem o conhecimento global dos factos que, por sua vez se irá reflectir no resultado da totalidade da prova atendível, sendo por isso reciprocamente necessários os dois momentos de valoração.

---

[589] Sobre o processo de deliberação da sentença cf. Figueiredo Dias e Anabela Rodrigues, «Segredo de deliberação e votação em processo penal. Proibição de declaração de voto», cit., p. 515.
[590] Assim Perfecto Ibañez, *ibidem*, p. 32, concluindo o autor que «de forma natural o resultado de cada meio de prova irá produzindo o seu efeito na consciência do juiz, trazendo-lhe um grau de informação e gerando um grau de conhecimento aberto à integração de novos dados procedentes de novos meios de prova».

A RECONFIGURAÇÃO NORMATIVA DE UM MODELO CONSTITUCIONALMENTE

Segundo Tonini, «o juiz deve valorar o contexto probatório, isto é todo o complexo [probatório] que é resultado adquirido ou trazido ao conhecimento do juiz»[591].

A valoração individualizada de cada prova e a sua avaliação conjunta são momentos epistemologicamente distintos que devem ser, desta forma, analisados afim de evitar um «globalismo obscurantista»[592] centrado na afirmação da valoração conjunta a qual, a ser efectuada, tudo permite englobar, sem que nada permita identificar e controlar no processo de valoração[593].

2.1.2. *O exame crítico das provas: a livre apreciação da prova e a «dúvida razoável»*

A densificação do processo de fundamentação da sentença decorrente do entendimento da sua dupla dimensão endo e extraprocessual, impõe que a análise crítica das provas que servem de base à convicção do tribunal no âmbito do processo de conhecimento que leva à fixação dos factos provados e não provados, assuma um lugar de destaque. Se essa dimensão já se pressupunha no modelo de fundamentação da sentença estabelecido na versão original do CPP – não restam dúvidas desse entendimento, como já não restavam a alguns comentadores do Código em 1989[594] –, a revisão do CPP de

---

[591] Cf. neste sentido Paolo Tonini, *ibidem*, p. 28, nota 23 aludindo à unânime jurisprudência italiana neste sentido. Sublinhando a necessidade de o juiz valorar, de um lado, cada prova individualmente e simultaneamente efectuar uma valoração conjunta, cf. Michelle Taruffo, *La Prueba de los Hechos*, cit. p. 521. De igual forma, aprofundadamente: cf. Igartua Salaverria, *La Motivación de las Sentencias*, cit., pp. 151-163 e 181-187. A valoração conjunta de toda a prova é também um requisito exigido pelo TEDH no âmbito da protecção do direito a um julgamento justo: cf., entre outras a decisão *Natchova e outros contra Bulgária*, 43577/8 e 43579/98, de 26.2.2004 onde o tribunal é explicito em sublinhar que «um inquérito não será efectivo se o conjunto das provas não forem correctamente analisadas e se as conclusões não forem coerentes e motivadas».

[592] A expressão é de Igartua Salaverria, *ibidem*, p. 152.

[593] Perfecto Ibañez sublinha, nesta perspectiva, que a valoração conjunta assume um papel muito diferente do que ocorre tradicionalmente na prática jurisdicional e que se relacionava com a motivação como «uma clausula de estilo, uma forma ritual atrás da qual se ocultava um uso incondicionado de arbítrio valorativo. Às vezes como uma via de escape para iludir as dificuldades de tratamento de um quadro probatório complexo e assim decidir cómoda e, com toda a probabilidade, intuitivamente», *ibidem*, p. 33.

[594] Cf. Marques Ferreira, *ibidem*, p. 228, Germano Marques da Silva, «A fundamentação das decisões judiciais. A questão da legitimidade democrática dos juízes», cit., p. 29 e Lopes Rocha, «A motivação da sentença», cit., p. 101.

A FUNDAMENTAÇÃO DA SENTENÇA NO SISTEMA PENAL PORTUGUÊS

1998 veio tornar inequívoco que o exame crítico das provas consubstancia parte do núcleo essencial do acto de fundamentação decisória.

O princípio da livre apreciação da prova, como princípio estruturante do direito processual no continente europeu e, especificamente do direito processual penal português, assume, na dinâmica do processo de fundamentação da sentença penal simultaneamente, uma dupla função de ordenação e de limite[595].

Introduzido em França com o sistema de júri em 1791 e posteriormente inserido no artigo 342 do *Code d'Instruction Criminelle de 1808*, o princípio da livre apreciação justificou-se como um método de reacção contra as provas legais que provocavam no sistema de júri anglo-saxónico decisões injustas e mesmo aberrantes.

Vinculado ao princípio da descoberta da verdade material, contrariamente ao sistema probatório fundado nas provas tabelares ou tarifárias que estabelece um valor racionalizado a cada prova, possibilita-se ao juiz um âmbito de discricionariedade na apreciação de cada uma das provas atendíveis que suportam a decisão. Trata-se de uma discricionariedade assente num modelo racionalizado, na medida em que implica que o juiz efectue as suas valorações segundo uma discricionariedade guiada pelas regras da ciência, da lógica e da argumentação. Ou seja, «o princípio da livre convicção libertou o juiz das regras da prova legal mas não o desvinculou das regras da razão»[596].

---

[595] Sobre o princípio da livre apreciação da prova, cf. G. de Luca, «Il sistema delle prove penali e il princípio del libero convincimento del nuovo rito», *Rivista Italiana di Diritto e Procedura Penale*, Anno XXXV, Fasc. 4, Ottobre-Dicembre, 1992, esp. p. 1270. Para uma avaliação comparativa entre o princípio da livre apreciação da prova no sistema continental e o sistema da prova legal e sobretudo a mais recente evolução dos dois princípios em Itália e no sistema anglo-saxónico veja-se Ennio Amodio, «Libero convincimento e tassatività dei mezzi di prova: un approccio comparativo», *Rivista Italiana di Diritto e Procedura Penale*, 1999 Fasc. 1, p. 3. Sobre o princípio da livre apreciação da prova em Portugal cf. Eduardo Correia, «Les preuves en droit penal portugais», *Revista de Direito e Estudos Sociais*, nº 14, 1967, p. 31, Figueiredo Dias, *Direito Processual Penal*, cit., pp. 198-211, Anabela Rodrigues, «La preuve en procédure penale comparé. Le droit portugais», cit., p. 317, Germano Marques da Silva, *Curso de Processo Penal*, II volume, cit., pp. 147-152.

[596] Cf. Michelle Taruffo, «Conocimiento cientifico y estándares de prueba judicial», *Jueces para la Democracia, Información y Debate*, nº 52, Marzo, 2005, p. 67. Sublinhando a liberdade de apreciação da prova como expressão da razão do conhecimento judicial, veja-se Amodio, in «Libero Convincimento...», cit., p. 3.

A esta discricionariedade vinculada contrapõe-se a exigência de uma segunda garantia de racionalidade que se concretiza na justificação ou fundamentação da livre escolha e valoração efectuada pelo juiz. Tudo isto para que se evite ou impeça qualquer possibilidade de arbítrio no domínio da valoração da prova decorrente de uma actuação dominada apenas pelas impressões ou afastada do sentido determinado de um conjunto de regras que devem condicionar a valoração. A fundamentação da decisão de facto cumpre precisamente «a função de controlo daquela discricionariedade, obrigando o juiz a justificar as suas próprias escolhas»[597].

A identificação dos critérios utilizados para concretizar essa perspectiva racionalizada é por isso discutida no sentido de saber, por um lado, quais os critérios a que os juízes devem atender ao valorar discricionariamente as provas e, por outro lado, para estabelecer quando se atinge ou não se atinge a certeza da prova de um determinado facto.

O critério fundamental, no domínio do processo penal[598], que neste sentido é identificado traduz-se no princípio da assunção da prova para

---

[597] Assim Taruffo, *La Prueba de los Hechos*, cit., p. 436. No mesmo sentido Peter Hünerfeld, a propósito do funcionamento do princípio no direito germânico refere que «a liberdade de apreciação da prova deve ser uma liberdade controlada e controlável. Deve ser possível fazer compreender as decisões tomadas e toda a arbitrariedade deve ser eliminada»: cf. «Le droit allemand», *Revue International de Droit Penal*, 63éme, année, 1992, p. 81.

[598] Salientando a validade do critério para o sistema português (ainda no domínio do CPP29) Figueiredo Dias, *Direito Processual Penal*, cit., p. 205. Para o sistema italiano, cf. Paolo Tonini, *La Prova Penale*, citada, pp. 35 e 36. Diferente é o «critério» utilizado no domínio do processo civil onde o *balance of probabilities* (ou *reasonable preponderance of probablity*) assume um papel fundamental. Cf. Desenvolvidamente, Iacovello, «Motivazione della sentenza penale (controlo della)», cit. p. 778 e Taruffo, *ibidem*, pp. 67-68. A questão da diferenciação de critérios utilizados como *standards* de prova entre o sistema civil e penal é no entanto questionada por alguma doutrina recente. Assim, Ho sustenta a justificação para efectuar diferenças categoriais no facto de «every criminal case is more serious that any civil case»: *A Philosophy of Evidence Law*, cit., p. 214. Para o autor os *standards* de provas em ambos os contextos são determinados pelos mesmos princípios. «Tem de haver tantos *"standards* de prova" como há diferenças materiais nas circunstâncias dos casos – ou, mais exactamente, deve apenas haver somente um *standard*, que no entanto seja variável», *ibidem* p. 215. Na sua argumentação, distingue as atitudes diferentes que o juiz deve assumir no domínio civil e no domínio penal, no âmbito da procura dos factos, identificando aí a fonte da variabilidade. «No domínio civil as partes têm que ser tratadas de forma igual e por isso o juiz tem que estar disponível para aceitar as alegações efectuadas por qualquer delas. No julgamento criminal o juiz deve assumir uma atitude protectiva em favor do acusado: devem ter-se todos os cuidados na procura dos factos contra ele»,

além de toda a dúvida razoável ou, na sua versão original, *proof beyond any reasonable doubt.*

Originariamente decorrente da doutrina e jurisprudência inglesa (e mais tarde importado e amplamente desenvolvido nos Estados Unidos) trata-se de conseguir através deste princípio que o juiz penal possa condenar alguém apenas quando tenha alcançado a "certeza" da sua culpabilidade, devendo ser absolvido sempre que existam dúvidas razoáveis[599].

A relevância prática do conceito não omite o facto de ser vago e, sobretudo, a dificuldade em concretizar uma definição precisa do que é uma «dúvida razoável» ou mesmo, uma prova que vá para além de qualquer «dúvida razoável». Àquela indeterminabilidade conceptual responde-se com a exigência da responsabilidade da sua caracterização em todos os casos concretos sendo aliás essa, a circunstância que esteve na origem do próprio conceito: «os casos criminais diferem entre si na gravidade das acusações e no âmbito das penas e não há fundamento para aplicar a todos um *standard* uniforme»[600]. Refere Ho, que «como outros conceitos vagos e indeterminados também utilizados no sistema penal é na apreciação concreta da situação que o princípio deve ser densificado. O que é razoável dever aferir-se no contexto em que é utilizado, variando de caso para caso»[601].

O discurso da lógica probabilística e estatística utilizado em processos de decisão, mesmo em decisões judiciais de natureza civil, não permite, no âmbito penal «atingir uma determinação precisa do critério e não é com essa lógica que podemos decidir nos casos individuais e concretos se as provas permitem ou não permitem superar o limite mínimo exigido para proferir uma sentença de condenação»[602].

As dificuldades concretas na determinação do conceito podem ser superadas através de uma densificação negativa. Ou seja, «para além da dúvida razoável» não constituindo um critério assente na exclusão da «sombra de dúvidas», tem sido entendido antes como a hipótese probatoriamente

---

ibidem, p. 229. Acaba por concluir que «a diferença entre os *standards* civil e criminal reflecte uma diferença fundamental no tipo de atitude que o juiz do facto tem de assumir na deliberação», *ibidem,* p. 229.

[599] Desenvolvidamente sobre o princípio cf. Ho, *ibidem,* p. 216 e Taruffo, *ibidem,* p. 67.

[600] Ho, *ibidem,* p. 216.

[601] Assim Ho, *ibidem,* p. 229.

[602] Taruffo, *ibidem,* p. 72.

A RECONFIGURAÇÃO NORMATIVA DE UM MODELO CONSTITUCIONALMENTE

admissível frente à qual a hipótese antagónica (ou apresentada como contrária) tem apenas uma *remote probability* de ter acontecido. O que, segundo alguns autores, significa que a neutralização da acusação pela hipótese defensiva não deve ser só teoricamente possível: «deve ser razoavelmente possível com base nas evidências disponíveis» refere Iacovello [603], levando sempre em consideração o caso concreto. Recorde-se, no entanto, que é ao Ministério Público, como titular da acção penal que cabe a demonstração probatória dos factos no sentido de evitar que se forme no tribunal uma dúvida razoável.

No entanto, parece certo que «a adopção do critério da prova para além de toda a dúvida razoável corresponde a uma exigência política fundamental pela qual uma sentença de condenação deve ser proferida unicamente quando exista a certeza prática da culpabilidade do acusado, mesmo quando esta exigência não se possa traduzir em determinações analíticas do grau de prova que corresponda, em cada caso a este nível de certeza» [604].

A doutrina tem persistido na necessidade de identificar e concretizar as características que possibilitam a confirmação da hipótese probatória, para além de toda a dúvida razoável, no caso concreto. Assim, Iacovello identifica essas características nos seguintes termos: «i) deve ser sustentada em todos os elementos que a constituem; ii) a contraprova não pode estilhaçar o seu núcleo essencial; iii) a hipótese contrária deve revelar-se indemonstrável ou não plausível; iv) a hipótese acusatória deve assumir uma coerência lógica, isto é, não deve ser auto-contraditória; v) a hipótese deve ser a única congruente no que diz respeito aos factos; ou seja a hipótese – sem ter a pretensão de explicar todos os aspectos do caso – deve ser a única que está em condições de reflectir os factos fundamentais e de os explicar, segundo esquemas de racionalidade e de bom senso (isto é, segundo os esquemas cognoscitivos próprios de uma determinada colectividade numa determinada época)» [605].

A explicitação dos critérios utilizados no processo concreto que configurou o exame crítico das provas, em função dos princípios referidos, constitui

---

[603] Assim Iacovello, «Motivazione della sentenza penale (controlo della)», p. 778 e também Paolo Tonini, *La Prova Penale*, cit., p. 36, salientando que não obstante caber às autoridades encarregadas de efectuar o inquérito o dever de evitar que se forme uma dúvida razoável no tribunal, após, por exemplo a alusão pela defesa de um facto extintivo, «o acusado tem o dever de indicar com suficiente precisão os factos [extintivos] e de introduzir pelo menos um princípio de prova».

[604] Taruffo, *Ibidem*, p. 72.

[605] Assim Iacovello, *ibidem*, p. 778.

A FUNDAMENTAÇÃO DA SENTENÇA NO SISTEMA PENAL PORTUGUÊS

assim a forma racional de concretizar o processo de fundamentação da sentença impedindo, por isso, qualquer crítica sustentada no livre arbítrio discricionário jurisdicional no âmbito do processo probatório.

2.1.3. *As máximas de experiência*

Se o princípio da prova para além da dúvida razoável é o critério fundamental que deve guiar, no âmbito do princípio da livre apreciação da prova, o estabelecimento da «fronteira» entre a condenação e a absolvição, o processo de chegada a esse momento exige outros critérios que suportem a decisão judicial, nomeadamente no exame crítico das provas que permitem o funcionamento do princípio.

Neste domínio, identifica-se um conjunto de razões de ciência reveladas ou extraídas das provas produzidas, nomeadamente a razão de determinada opção relevante por um ou outro dos meios de prova, os motivos da credibilidade dos depoimentos prestados, o valor dos documentos, a credibilidade dos exames efectuados e juntos ao processo e a sua relevância no processo de formação da convicção do juiz. Tudo isto em função do entendimento do raciocínio seguido pelo tribunal e das razões da sua convicção no acto da deliberação.

O critério fundamental utilizado pelo juiz na validação desse processo crítico ou seja, nas premissas de argumentação utilizadas na livre valoração da prova, sustenta-se num conceito que funciona tanto como modelo operativo, como limite da própria actuação jurisdicional no processo de fundamentação. Trata-se das máximas de experiência que, não deixando de ser um conceito vago, estabeleceu-se na doutrina de uma forma sustentada modelando e limitando o princípio da livre apreciação da prova que, como critério, foi normativamente acolhido no CPP no artigo 127º[606].

Originariamente definida por Friederich Stein, em 1893, a ideia fundamental de que a experiência podia levar à formulação de máximas obtidas por indução a partir de um grande número de casos particulares e dotadas por isso de uma certa generalidade, sedimentou-se na doutrina processual

---

[606] Salientando a adopção sem discussão do conceito de «máximas de experiência» no processo de valoração da prova em Itália veja-se Mariano Menna, *La motivazione del giudizio penale*, cit. p. 77 esp. nota 60 (bem como a maioria da doutrina italiana, desde o século XIX, aí referenciado). No direito processual germânico veja-se Konstanze Jarvers, «Profili generali del diritto processuale penale tedesco», cit. p. 948.

da prova. Tais generalizações seriam "reais" e baseadas na experiência em vez de serem baseadas na ciência e na lógica. Segundo Tonini, «a máxima de experiência é uma regra e por isso não pertence ao mundo dos factos; dá lugar a um juízo de probabilidade e não de certeza. Todavia não existe outra possibilidade de verificação quando não está disponível uma válida prova representativa»[607].

A dogmática tem efectuado um duplo enquadramento da conceptualização das máximas de experiência. Por um lado, a sua inferência às generalizações de sentido comum e, por outro lado, o apelo às leis científicas como base de sustentação.

No que respeita às generalizações de sentido comum, as máximas de experiência «são regras de comportamento que exprimem aquilo que sucede na maior parte das vezes (*id quod plerumque accidit*); mais precisamente é uma regra que se extrai dos casos semelhantes (...)»[608]. Trata-se, nesta perspectiva, de generalizações empíricas «que se referem à conduta humana, tanto individual como social»[609].

As máximas de experiência podem consistir também, no conhecimento técnico que fazem parte da cultura do homem médio[610]. Em tal caso, o juiz pode aplicar directamente a um facto verificado uma lei científica comummente conhecida. Ou seja nesta segunda vertente apela-se ao uso de provas científicas como metodologia ou instrumento para fixar factos relevantes em função da decisão[611].

Não questionando a relevância prática do conceito de «máximas de experiência», a sua debilidade teórica tem sido criticada por alguns autores.

«Com as máximas de experiência passa-se, infelizmente, o mesmo que com os *topoi* de Aristóteles: argumenta-se com eles mas sobre eles não se argumenta», refere Igartua Salaverria[612]. Por sua vez Stella refere que «as máximas de experiência revelam-se muitas vezes máximas de inexperiência,

---

[607] Cf. Paolo Tonini, *Manuale di Procedura Penale*, cit., p. 163 e *La Prova Penale*, cit., p. 16.

[608] Paolo Tonini, *ibidem*, p. 163 e p. 16.

[609] Assim Igartua Salaverria, *La Motivación de las Sentencias*, cit. p. 167.

[610] Sublinhando este aspecto do «património cultural médio entendido também como experiência partilhada e normalmente axiomática», veja-se Alessandro Iacoboni, *Prova Legale e Libero Convincimento del Giudice*, Giuffrè Editore, Milano, 2005, p. 149.

[611] Cf. Michele Taruffo, «Senso comune, esperienza e scienza nel ragionamento del giudice», *Rivista Trimestrale do Diritto e Procedura civile*, 2001, número 3, p. 688.

[612] Igartua Salaverria, *ibidem*, p. 164.

A FUNDAMENTAÇÃO DA SENTENÇA NO SISTEMA PENAL PORTUGUÊS

[sendo] o repertório da jurisprudência rico em máximas de experiência erróneas»[613]. No mesmo sentido, Taruffo refere que a ideia de que as máximas obtidas a partir de uma certa generalidade de casos é «mais enganadora que útil: transmite a impressão de que uma inferência baseada numa "máxima" é dedutivamente válida porque derivadas de uma premissa geral, sendo que, na verdade a maior parte das máximas não são gerais»[614]. Constata-se aqui uma confusão entre generalidade e generalização. Na realidade, continua Taruffo, «ninguém sabe a experiência de quem, por quanto tempo, de quê, de quantos casos, recolhida por quem, segundo que parâmetros é necessário para poder firmar que surgiu uma máxima. De facto muitas máximas não estão fundadas em experiências reais mas antes em pré-juízos, argumentos e estereótipos e, por isso, os problemas que surgem a este respeito surgem também a propósito das máximas»[615].

As máximas de experiência funcionam como premissas da argumentação e têm um valor variável. Daí uma crítica formulada no sentido de que as máximas de experiência não podem conferir «ao argumento certeza absoluta (ou seja, não o convertem em dedutivo) porque não são leis de forma universal mas antes a simples constatação de certas regularidades», refere Manuel Atienza[616].

Uma outra crítica decorre do facto da constatação de que as máximas de experiência constituem uma autónoma elaboração do juiz e, nesse sentido, configuram uma argumentação monológica, no sentido em que «os contendores se limitam a introduzir dado»[617]. Trata-se de uma argumentação que não é por isso e muitas vezes suficientemente crítica ou mesmo autocrítica.

---

[613] Cf. Federico Stella in «Oltre il ragionevole dubbio: il libero convincimento del giudice e le indicazioni vincolanti della costituzione italiana», in Associazione tra gli Studiosi del Proceso penale, *Il Libero Convincimento del Giudice Penale, Vecchie e Nuove Esperienza*, Milano Giuffrè, 2004, p. 107.

[614] Assim Michele Taruffo, «Narrativas judiciales», cit., p. 258.

[615] *Ibidem*, p. 258.

[616] «Sobre la argumentación en matéria de hechos. Comentário crítico a las tesis de Perfecto Ibañez», *Jueces para la Democracia, Informacion y debate*, nº 22, 1994, p. 83.

[617] Neste sentido Mariano Menna, *La Motivacione del Giudizio Penale*, cit., p. 77. Mais crítico sobre esta questão Iacovello refere que «quando o juiz cria uma máxima de experiência fá-lo não da experiência do mundo, mas da sua experiência: a qual, correspondendo a um minúsculo fragmento de experiência do mundo é, no fundo, inexperiência. Daí que as máximas de experiência criadas pelo juiz são as máximas da sua inexperiência», «Motivazione della sentenza penale (controlo della)», cit. p. 775.

A RECONFIGURAÇÃO NORMATIVA DE UM MODELO CONSTITUCIONALMENTE

Isto é, não se discute a atribuição ao juiz das competências de individualização das regras de experiência utilizadas na valoração, nem ele próprio efectua essa sua capacidade de «construir» regras de experiência. Sendo certo que estas se configuram como elementos fundamentais que condicionam todo o processo valorativo.

As máximas de experiência introduzem assim, o uso de generalizações muitas vezes de sentido comum a que se deve resistir ou, pelo menos, que devem ser apreciadas com algum grau de criticismo[618]. Nesse sentido, para além de não deverem ser utilizadas quando contrariadas pela ciência, também não devem ser invocadas quando são contraditadas «por evidências empíricas específicas ou por provas disponíveis no caso concreto»[619] ou mesmo, quando são contrariadas por outras máximas de experiência.

A utilização de máximas de experiência deve, ainda, ser percepcionada no âmbito cultural onde vão ser utilizadas. O que se pretende é que a sua utilização seja «ancorada» em «terreno relativamente sólido, nomeadamente no melhor conhecimento disponível na cultura social a que se faça referência»[620]. A legitimidade da utilização das máximas de experiência é tanto maior quanto maior for o grau de legitimação sócio-cultural onde se insere o juiz que as aplica.

O catálogo de críticas enunciado deve ser visto como elemento concretizador da utilização das máximas de experiência que, como instrumento vinculativo no âmbito do princípio da livre apreciação da prova, tem que estar racionalmente sustentada. Nesse sentido, não desvirtuando a sua operacionalidade, a sua utilização suscitará sempre ao juiz um conjunto de «cautelas»

---

[618] Refira-se que mesmo os tribunais superiores, utilizando generalizadamente as «máximas de experiência» e reconhecendo o difícil grau de controlo que sobre as mesmas pode ser efectuado, acabam por não ter um sentido crítico sobre o conceito. Veja-se, a título de exemplo a decisão do STJ de 14.3.2007 onde se refere «a credibilidade em concreto de cada meio de prova tem subjacente a aplicação de máximas da experiência comum que enformam a opção do julgador. A sua aplicação está, sem dúvida, fora de qualquer controle, mas a legalidade daquela regra da experiência, como norma geral e abstracta, poderá eventualmente ser questionada caso careça de razoabilidade. Assim, a determinação da credibilidade está condicionada pela aplicação de regras da experiência que têm de ser válidas e legítimas dentro de um determinado contexto histórico e jurídico»: cf. Ac. STJ de 14.3.2007.
[619] Assim, Taruffo, «Narrativas judiciales», cit. p. 259, salientando também o cuidado a ter na compatibilidade das máximas de experiência com os factos concretos a que devem respeitar.
[620] Neste sentido Wagenaar-vanKoppen-Crombag, *Anchored Narratives, The Psycology of Criminal Evidence*, Harvester, 1993, pp. 61, 73, 273, apud Taruffo, «Narrativas judiciales», cit. p. 259.

A FUNDAMENTAÇÃO DA SENTENÇA NO SISTEMA PENAL PORTUGUÊS

bem como uma necessária apreensão do seu conteúdo, afim de se «evitar a infiltração sub-reptícia de elementos tão descontrolados [como são algumas «máximas»] nas decisões judiciais»[621]. Autores como Stella, vão mais longe, referindo que «as máximas de experiência só podem ser utilizadas no processo penal quando sejam a expressão, em forma familiar e abreviada, de um enunciado científico que tenha um elevado grau de confirmação e tenha superado repetidas tentativas de falsificação»[622].

A utilização de máximas de experiência na fundamentação da sentença deve ser objecto de ponderação e, nessa medida, as razões para a sua utilização exigem em determinados casos uma justificação expressa de modo a que a adaptabilidade da regra de experiência ao caso concreto possa ser entendida sem quaisquer dúvidas. Por outro lado a sua utilização deve ser justificada ou explicitada porque pode ser questionada posteriormente em sede de reapreciação da decisão de modo a concretizar o exercício do controlo da sentença.

Assim o exigem as finalidades extra e endoprocessual da fundamentação da decisão.

2.1.4. *A exigência de uma fundamentação reforçada na prova vinculada*

Conforme se referiu, o princípio da livre apreciação da prova assenta num modelo de discricionariedade racionalizada na medida em que está sujeito a determinadas vinculações onde, entre outras, as regras da ciência assumem um papel significativo.

A questão assume especial relevância na medida em que é estabelecido no CPP, no que respeita à prova pericial, que «o juízo técnico, científico ou artístico inerente à prova pericial, presume-se subtraído à livre apreciação do julgador» e que «sempre que a convicção do julgador divergir do juízo contido no parecer dos peritos, deve aquele fundamentar a divergência»[623].

---

[621] Assim Igartua Salaverria, *La Motivación de las Sentencias,* cit., p. 167.

[622] Cf. Frederico Stella in «Oltre il ragionevole dubbio: il libero convincimento del giudice e le indicazioni vincolanti della costituzione italiana», cit., p. 108.

[623] A norma inserida no CPP (artigo 163º nº 1 e nº 2) veio corroborar a tese que até então vinha sendo defendida por Figueiredo Dias de que «se os dados de facto que servem de base ao parecer estão sujeitos à livre apreciação do juiz – que contrariando-os, pode furtar validade ao parecer – já o juízo científico ou parecer propriamente dito só é susceptível de uma crítica igualmente material ou cientifica»: cf. *Direito Processual Penal,* cit. p. 209. Sobre a questão veja-se também Rodrigo Santiago, «Sobre a prova pericial no Código de Processo penal de 1987»,

A RECONFIGURAÇÃO NORMATIVA DE UM MODELO CONSTITUCIONALMENTE

Vale a pena começar por referir que o sistema de prova pericial estabelecido no CPP, não se sobrepondo totalmente ao sistema germânico ou italiano, encontra-se, conjuntamente com aqueles regimes processuais, inserido na grande «família» dos sistemas de «perícia oficial»[624], claramente contraposto ao sistema pericial vigente no *commom law*, de perícias contraditórias, onde os peritos desempenham as suas funções sob a orientação de cada uma das partes do processo perante o tribunal.

Não obstante a fonte do sistema processual português se sustentar no sistema germânico, evidenciam-se, no entanto, como noutras soluções adoptadas pelo legislador português, algumas aproximações em termos de princípios estruturantes, com o sistema de *commom law*, nomeadamente através do exercício do contraditório, que impõe uma maior credibilidade ao sistema de perícia oficial, tendo por base a finalidade principal do objecto da prova, ou seja a descoberta da verdade[625].

A escolha normativa que se estabeleceu no CPP não permite a interpretação que, a propósito da prova técnica e científica (mais do que a artística), se trate de um revivalismo do sistema de prova legal ou tarifada decorrente de uma certa «tecnocracia processual»[626], que estaria imune às exigências de

---

RPCC, Ano 11, Fasc. 3, pp. 407 e ss., Germano Marques da Silva, *Curso de Processo Penal, volume II,* cit., p. 217, Marques Ferreira, «Meios de prova», in *Jornadas de Direito Processual Penal. O Novo Código de Processo Penal,* cit. p. 258, Maia Gonçalves, «Meios de prova» in *Jornadas de Direito Processual Pena. O Novo Código de Processo Penal,* cit. p. 210 e Rui do Carmo «A prova documental e a prova pericial no código de processo penal», in Manuel Monteiro Guedes Valente, (coord.), *I Congresso de Processo Penal,* Almedina, Coimbra, 2005, p. 390.

[624] Sobre os dois sistemas, de uma forma comparativa veja-se Mireille Delmas Marty (sous la direction), *Procédures Pénales d'Europe,* Puf, Paris, 1995, p. 545 e, sobretudo, Lorena Bachmaier Winter, «Dos modelos de prueba pericial en el derecho comparado: Estado Unidos de América y Alemania», *Jueces para la Democracia, Información y debate,* nº 66, Noviembre, 2009, pp. 118 e ss.

[625] Salientando a questão da verdade como a «ponte» que deve encontrar-se entre os dois sistemas de prova, veja-se Mireille Delmas Marty, *ibidem,* p. 548. Sobre o problema da contraditoriedade da prova pericial, em matéria penal, no âmbito da jurisprudência do TEDH, cf. Ann Jacobs, «L'Arrêt *Cottin c. Belgique* ou l'irrésistible marche vers l'expertise contradictoire en matière penal», *Revue Trimestrelle des Droits de l'Homme,* 18éme Année, nº 69, Janvier, 2007, p. 215.

[626] Alertando para os riscos da sociedade contemporânea enveredar nesse sentido veja-se Alessandro Iacoboni, *Prova Legale e Libero Convincimento del Giudice,* Giuffrè Editore, Milano, 2005, p. 154. Crítico às doutrinas que preconizam o fim do processo *adversary* destinado a ser substituído por um procedimento assente na prova científica, veja-se Amodio, «Libero Convincimento...», cit. p. 8.

A FUNDAMENTAÇÃO DA SENTENÇA NO SISTEMA PENAL PORTUGUÊS

um processo democrático onde a livre apreciação da prova assente num efectivo contraditório assume um papel fundamental.

Do extenso debate sobre as relações entre a ciência a jurisdição e, sobretudo, a questão da validade da prova científica importa, no âmbito do trabalho, analisar tão só o modo de justificar e fundamentar a decisão jurisdicional sustentada em juízos técnicos, científicos ou artísticos ou, de outra maneira, na capacidade do juiz usar conhecimentos científicos trazidos ao processo no âmbito da prova.

A relevância da questão decorre da proporção que a importância do pensamento científico vem assumindo no trabalho da jurisdição, concretamente na questão da prova, no sentido se serem exigíveis cada vez mais respostas especialmente eficazes à necessidade de certeza que se manifesta em muitos sectores da experiência individual e social. Segundo Taruffo, o enorme progresso técnico e científico que se verifica nas sociedades contemporâneas permite a constatação «de uma notável expansão das possíveis ocasiões em que a ocorrência de um facto relevante no processo pode ser verificada por conhecimentos científicos ou mediante o recurso a métodos de indagação científica»[627]. O resultado desse progresso implica que não se possa perder, processualmente, uma tal oportunidade.

Os exemplos práticos da aplicação do progresso científico são, dir-se-ia inesgotáveis, ultrapassando os casos típicos dos exames de ADN e espelhando-se, por exemplo, na reconstrução simulada e computorizada de eventos ocorridos no passado ou nos métodos de reconhecimento vocal, só para citar alguns casos relativamente comuns. Esta realidade é incontornável[628] e assume consequências de âmbito mais vasto, nomeadamente no domínio da própria «cientificização do raciocínio probatório», matéria que não sendo nova, assumiu com a generalização da ciência na sociedade, uma ampla e enorme dimensão prática[629]. Trata-se de determinar o modo de dar suporte

---

[627] Neste sentido, Michelle Taruffo in «Senso comune, esperienza e scienza...», cit., p. 687.
[628] Uma visão aprofundada sobre a importância das provas científicas no direito norte-americano, britânico e canadiano bem como, os problemas que se suscitam é efectuada por Pierre Patenaude, *L'Expertise en Preuve Penal*, Éditions Yvon Blais, Québec, 2003.
[629] Neste sentido, para além de Taruffo, in «Senso comune, esperienza e scienza...», cit., p. 689 e ss., o papel cada vez mais importante da prova é salientado por autores como Roxin in *Derecho Procesal Penal*, cit. p. 240, o qual alerta para o papel dominante que o perito assume com frequência na prática. De igual modo, salientando a relevância da prova pericial no sistema processual germânico em áreas como os delitos da segurança rodoviária, delitos contra

244

A RECONFIGURAÇÃO NORMATIVA DE UM MODELO CONSTITUCIONALMENTE

jurídico a uma aclaração científica de questões não jurídicas que, no processo probatório que conduz à verdade, se apresenta como fundamental.

Estando identificado um vasto conjunto de problemas aportados aos tribunais[630], a questão que importa identificar prende-se com a necessidade de estabelecer e criar mecanismos de validade judicial que possam dar crédito a uma «verdade científica» que nem sempre é única, nem sempre certa[631].

a saúde pública ou as consequências do tráfico de drogas, para além da área tradicionalmente relevante referente à análise da personalidade do arguido para efeitos de verificação da sua imputabilidade, cf. Lorena Bachmaier Winter, «Dos modelos de prueba pericial penal en el derecho comparado: Estados Unidos de América y Alemania», cit. p. 129.

[630] Veja-se sobre o conjunto de problemas suscitados no âmbito das questões científicas e nas suas relações com a justiça, Taruffo, «Senso comune, ...», cit., p. 690, que salienta o que se passa dos EUA sobretudo após a decisão do caso Daubert c. Merrel Dow Pharmaceuticals Inc., pelo *Supreme Court*, em 1993, onde foram fixados os critérios que devem ser observados pelos juízes para assegurar que a ciência introduzida no processo como base para a verificação dos factos assuma cânones de validade científica, controlabilidade e verificabilidade empírica, conhecimento e aceitação difusa no seio da comunidade científica. Uma análise do caso pode ver-se em Javier Hernandez Garcia, «Conocimiento cientifico y decision judicial. Como accede la ciência al processo y como puede valorarse por los jueces?», *Jueces para la Democracia, Información y Debate*, nº 54, Noviembre 2005 p. 76, Lorena Bachmaier Winter, «Dos modelos de prueba pericial penal en el derecho comparado: Estados Unidos de América y Alemania», cit. p. 124 e em Pierre Patenaude, *L'Expertise en Preuve Penal*, p. 115. Sobre as repercussões do caso no sistema processual italiano, nomeadamente a aplicação daqueles critérios ao processo penal veja-se Frederico Stella in «Oltre il ragionevole dubbio: il libero convincimento del giudice e le indicazioni vincolanti della costituzione italiana», in Associazione tra gli Studiosi del Proceso penale, Il *Libero Convincimento del Giudice Penale, Vecchie e Nuove Esperienza*, cit., p. 106.

[631] De modo mais aprofundado, sobre o problema é impressivo o texto de George Steiner «A Ciência está perto dos limites?» in, *A Ciência terá limites?* AAVV, Fundação Calouste Gulbenkian/Gradiva, Lisboa, 2008, p. 13 e ss. O autor efectua um diagnóstico preciso sobre a ciência «como procura especulativa, desinteressada, não utilitarista do conhecimento objectivo, e construções teóricas, que poderão ou não ter aplicações subsequentes». Pretendendo lançar o debate sobre os limites da ciência, questiona o facto de o progresso da ciência como verdade verificável estar confrontada com desafios provenientes de vários lados, com a fluidez dos seus delineamentos, a dificuldade de comunicação interna e com a sociedade mas, sobretudo, com a confrontação do teorema de Godel nomeadamente com o facto de que «nenhum sistema matemático pode ser reduzido a auto consistência axiomática. Em todos haverá proposições que não podem ser provadas nem refutadas, nem poderá haver prova de consistência interna dos axiomas dos quais esse ou qualquer outro sistema derive»: cf. *ibidem*, p. 25. Steiner conclui que «a matemática e as ciências sabem hoje que há na lógica, nas leis do pensamento como estas parecem estar gravadas no cérebro humano, constrangimentos, limitações quer à totalidade quer à prova», *ibidem*, p. 26.

A FUNDAMENTAÇÃO DA SENTENÇA NO SISTEMA PENAL PORTUGUÊS

Stella, expondo exemplos concretos na história recente, refere «que a ciência é um cemitério de erros e procede – não obstante o seu inegável progresso – através da formulação de hipóteses onde a verdade e a falsidade são um problema destinado a manter-se sempre aberto»[632]. Ou seja, a questão do uso correcto dos conhecimentos científicos, num tempo em que está disponível uma enorme quantidade de métodos e técnicas científicas que permitem algumas desconfianças sobre a sua própria validade é hoje um problema incontornável que não pode deixar de preocupar quem decide[633].

A acrescer à pluralidade de métodos e técnicas cientificas acresce a questão que a doutrina norte americana chama de *junk science*, que se pode sintetizar pelo conjunto de pseudo ciências ou ciências cujo reconhecimento científico é muito discutível ou mesmo onde os critérios de validade científica dos métodos utilizados são eles próprios discutíveis.

O papel do juiz num meio simultaneamente exigente, fundamental e indispensável ao conhecimento probatório, mas ao mesmo tempo cada vez mais discutível e passível de ser posto em causa, assume-se assim como o de um *gatekeeper*, ou seja como o de uma entidade que admite só aquela prova cientifica cuja atendibilidade resulte metodologicamente segura[634].

Se esta é a situação actual no domínio dos relacionamentos entre a ciência e a jurisdição importa sublinhar que a questão da fundamentação da prova científica, que no caso português se assume de alguma maneira vinculada, não pode deixar de ser condicionada por essa realidade.

Na concretização deste princípio, impõe-se ao juiz que efectue uma avaliação concreta sobre o grau de validade das teorias científicas, técnicas ou artísticas em que se sustenta a afirmação científica proferida[635], não se devendo permitir que a ciência transite sem qualquer controlo cognitivo para o processo. É muito clara a afirmação de Roxin, ao referir que «o tribunal não pode adoptar na sentença os resultados do perito sem os controlar. Ao

---

[632] Cf. Frederico Stella in «Oltre il ragionevole dubbio: il libero convincimento del giudice e le indicazioni vincolanti della costituzione italiana», cit., p. 105.

[633] Como refere Costa Andrade, «o último saber científico é, sempre e só, penúltimo»: cf. «"Bruscamente no Verão Passado", a reforma do código de processo penal – Observações críticas sobre uma lei que podia e devia ter sido diferente», *RLJ*, Ano 137º, nº 3949, Março-Abril, 2008, p. 221.

[634] Assim, neste sentido, Taruffo, «Senso Comune...» cit., p. 692 e Javier Hernandez Garcia, «Conocimiento cientifico y decision judicial», cit., p. 75.

[635] Neste sentido, Germano Marques da Silva, *Curso de Processo Penal, volume II*, cit., p. 219.

A RECONFIGURAÇÃO NORMATIVA DE UM MODELO CONSTITUCIONALMENTE

contrário, os fundamentos da sentença devem deixar antever que o tribunal realizou uma apreciação da prova por sua própria conta de modo a que o tribunal superior possa efectuar uma revisão»[636].

A articulação da aceitação normativa de um princípio que vincula a livre apreciação da prova e que decorre da afirmação de que «o juízo técnico, cientifico ou artístico inerente à prova pericial, presume-se subtraído à livre apreciação do julgador», não pode deixar de impor ao juiz um especial cuidado na atendibilidade da prova científica[637].

Por outro lado, efectuada a triagem devidamente fundamentada que permita a conclusão de que há um suporte de credibilidade científica, técnica ou artística no modo de produção dos seus autores, então a sua derrogação exige por parte do juiz uma justificação argumentativa reforçada de forma a que este, ao efectuar essa argumentação, não se afaste dos critérios científicos postos em causa[638].

Trata-se, aliás, da concretização do critério que o *Supreme Court* defendeu no caso Daubert referindo que o poder discricionário dos juízes em examinar e valorar as provas científicas impõe uma dupla condição. Em primeiro lugar, a regra da *Peer Review*, ou seja a necessidade de que a conclusão científica a que chegaram os peritos seja genericamente aceite pela comunidade científica envolvida. Em segundo lugar, a necessidade de que a avaliação dos dados científicos pelos juízes seja efectuada segundo métodos aceitáveis pelos cientistas.

O tribunal podendo afastar-se do que dizem os peritos deve, no entanto, fazê lo através de um modo de fundamentação reforçado, sustentado em argumentos de, pelo menos, igual valor, recorrendo para tanto aos mesmos

---

[636] Cf. *Derecho Procesal Penal*, cit., p. 239. Sublinhando a necessidade de controlo cognitivo por parte do juiz das afirmações científicas veja-se Javier Hernandez Garcia, «Conocimiento cientifico y decision judicial...», cit. p. 80.

[637] Sublinhe-se a afirmação de Castanheira Neves, ainda no âmbito do CPP29 salientando que «as conclusões periciais, ainda as mais científicas, não vinculam incondicionalmente o juiz, que sempre os sujeitará a um seu juízo de livre convicção»: *Sumários de Processo Criminal*, cit., p. 50.

[638] Cf. neste sentido Roxin, *Derecho Procesal Penal*, cit., p. 239. A um especial ou acrescido dever de fundamentação se refere, também, Rodrigo Santiago: cf. «Sobre a prova pericial...», cit., p. 408. Rui do Carmo refere uma «argumentação técnica, científica ou artística», como modo de afastamento do juízo pericial posto em causa: cf. «A prova documental e a prova pericial no código de processo penal», cit., p. 391.

A FUNDAMENTAÇÃO DA SENTENÇA NO SISTEMA PENAL PORTUGUÊS

critérios que adoptou para pôr em causa o juízo científico questionado. Ou seja, a argumentação utilizada pelo juiz para sindicar o juízo científico deve sustentar-se, no mínimo, em propostas alternativas cuja validade científica seja controlável e verificável de uma forma empírica e, por outro lado, esteja assente num conhecimento com aceitação difusa no seio da comunidade científica.

2.1.5. *A imediação como «constrangimento» na elaboração da fundamentação*
O modelo constitucional de fundamentação da sentença que vimos analisando introduziu a necessidade de re-contextualizar a forma de concretizar o princípio da imediação. A questão teria uma relevância secundária, no âmbito do trabalho, não fosse a constatação de que, num entendimento maximalista do funcionamento daquele princípio, se pretende por vezes recolocar a fundamentação da sentença a um nível que não é compatível com a exigência vinculadamente constitucional de uma fundamentação efectiva.

O «refúgio» na afirmação de que não se justificam nem se fundamentam algumas provas porque o que se decidiu se acolhe no âmbito do princípio da imediação, surge como uma fuga à imperatividade da justificação das sentenças[639], nomeadamente, no que respeita à concretização do princípio da completude da fundamentação.

A mera alusão ao funcionamento da própria imediação no processo de valoração probatória concretizada na percepção judicial do que ocorreu na audiência de julgamento não é, por si só, razão justificativa da não fundamentação[640]. Torna-se, por isso, relevante atentar no que se pretende e qual a função do princípio da imediação.

---

[639] A questão tem assumido na jurisprudência alguma amplitude que é corroborada por Simas Santos in «Revisão do processo penal: os recursos», *Que Futuro para o Direito Processual Penal*, cit. p. 206. Também em relação ao sistema espanhol a questão tem assumido proporções relevantes. A. Jorge Barreiro refere que «é habitual que na sentença dos tribunais de apelação se evite entrar na análise pormenorizada da prova com o argumento de que a imediação e a oralidade da primeira instância impedem o reexame do juízo de facto»: cf. «Recurso de Apelación contra las sentencias en el proceso penal: procedimiento abreviado y procedimiento ante el tribunal de jurado» in A. Del Moral Garcia (dir.), *Recursos en el Orden Jurisdicional Penal*, CGPJ, Madrid, 1995, pp. 93-94. No mesmo sentido, criticando essa prática, Igartua Salaverria, *La Motivación de las Sentencias*, cit., pp. 174 e 181.
[640] A questão assume uma especial relevância no domínio do controlo da fundamentação pelos tribunais superiores, onde, a coberto da afirmação de que o que foi decidido com base na imediação não pode ser objecto de outro controlo que não o decorrente de uma análise

248

A RECONFIGURAÇÃO NORMATIVA DE UM MODELO CONSTITUCIONALMENTE

Num processo penal democrático, «a relação de proximidade comunicante entre o tribunal e os participantes no processo, de modo tal que aquele possa obter uma percepção própria do material que haverá de ter como base da sua decisão», na expressiva definição de Figueiredo Dias[641], assume-se como ponto de partida para o entendimento da imediação e da oralidade, como princípios que regem o processo penal na fase de julgamento[642].

O princípio da imediação implica dois sentidos distintos. Numa perspectiva formal, quer referir-se que o tribunal que pronuncia a sentença deve «observar por si mesmo»[643], não delegando poderes sobre os actos a realizar na audiência[644] nem podendo, em princípio deixar a recepção das provas a cargo de outrem. Numa perspectiva material, quer referir-se ao facto do tribunal dever «extrair os factos da fonte, por si mesmo, não podendo utilizar equivalente probatório algum»[645].

---

formal acaba por não se efectuar qualquer controlo sobre a fundamentação da matéria de facto. A jurisprudência começa finalmente a ser invertida, nomeadamente através dos Ac. do STJ de 3.10.2007 e 7.10.2007, sendo que no primeiro faz-se já uma adequada distinção dos planos onde se cruzam as questões. Aí se refere, que «o regime de impugnação das decisões em matéria de facto não consente a afirmação [que foi fundamento da decisão recorrida] de que o tribunal de recurso «só pode afastar-se do juízo feito pelo julgador de primeira instância, naquilo que não tiver origem [nos] dois princípios (oralidade e imediação). Ou seja, naqueles casos em que a formulação da convicção não se tiver operado em consonância com as regras da lógica e da experiência comum (...)». O juízo sobre a impugnação em matéria de facto situa-se em campo diverso dos pressupostos de apreciaçao dos vícios do art. 410º, nº 2, do CPP.

[641] Cf. *Direito Processual Penal*, cit., p. 232. Foschini sublinha a «directa e constante participação de todas as pessoas envolvidas na audiência de modo a que a decisão a que se chegue seja conseguida através da experiência e do completo empenho de todos, assim se atingindo a razão de ser da audiência»: cf. Gaetano Foschini, «Dibattimento», *Enciclopédia del Diritto*, XII, Giuffrè Editore, Milano, 1964, p. 347.

[642] Salientando a aplicação do princípio apenas para a fase do julgamento, Claus Roxin, *Derecho Procesal Penal*, cit., p. 102. Sublinhando o princípio da imediação como base do julgamento público e oral como método para conseguir a confrontação transparente própria das sociedades democráticas: cf. Júlio B. Maier, «Es la "imediación" una condición de la condena penal?: un aspecto parcial de la lucha entre inquisición vs. composición», *Jueces para la Democracia, Información y Debate*, nº 49, Marzo 2004, p. 15.

[643] Assim Claus Roxin, *ibidem*, p. 394.

[644] Sublinhando a «não delegação de actos» como uma das vertentes em que se desenvolve o princípio da imediação, sendo a outra a «imutabilidade do juiz», veja-se Foschini, «Dibattimento», cit. p. 347.

[645] Cf. Claus Roxin, *ibidem*, p. 394.

A FUNDAMENTAÇÃO DA SENTENÇA NO SISTEMA PENAL PORTUGUÊS

Trata-se, na imediação, de possibilitar ao juiz o conhecimento de qualquer meio de prova da forma mais próxima possível com a fonte de prova que sustenta determinado facto. Na expressão de Paolo Tonini, «quer-se que o juiz tome contacto directo com a fonte de prova»[646].

Embora dogmaticamente distinguível, a imediação como princípio fundamental do processo penal assume uma estreita conexão com o princípio da oralidade, também ele especialmente relevante na fase de audiência de julgamento.

Na oralidade o que está em causa é a afirmação de que todos os actos de julgamento, e especificamente dos actos de interrogatório, devem decorrer de forma oral mediante a voz, de maneira que resultem directamente da palavra pronunciada e ouvida[647].

A oralidade e a imediação, sendo princípios estruturais do processo penal, traduzem-se essencialmente numa «técnica para a formação das provas e não num método de convencimento do juiz», como refere Iacovello[648]. Contrariamente aos princípios do contraditório ou da publicidade, cuja vigência atravessa horizontalmente todo o processo, os princípios da imediação e da oralidade, para alguns autores, não têm valor em si mesmo, servindo antes como modo de chegar à verdade da melhor maneira possível. Nesse sentido, tanto a imediação como a oralidade, assumem um valor instrumental na medida em que asseguram a exactidão do resultado[649].

O princípio da imediação e a sua importância como técnica de «formação» de prova têm um especial campo de aplicação nas provas que se traduzem em declarações[650]. O contacto directo entre o juiz e as testemunhas (ou

---

[646] Cf. *La Prova Penale*, cit., p. 52.

[647] Sobre a oralidade, cf. Foschini, «Dibbattimento», cit., p. 347.

[648] Assim «La motivazione della sentenza penale e il suo controllo in cassazione», cit., p. 151. Sublinhando esta diferenciação para se percepcionar a relevância da imediação: cf. Igartua Salaverria, *ibidem*, p. 176. O que se pretende com a imediação é permitir «uma valoração em primeira-mão da fidedignidade das declarações», refere Tonini, *ibidem*, p. 52.

[649] Neste sentido veja-se Foschini, «Dibattimento», cit., p. 347, Paolo Tonini, *La Prova Penale*, cit., p. 53 e, também, Perfecto Ibáñez, «Sobre el valor de la imediación (una aproximación crítica), in *Jueces para la Democracia, Información y Debate*, nº 46, p. 59. Em sentido diverso, criticando sobretudo a visão da imediação como método de averiguação da verdade, Júlio B. Maier, «Es la "imediacion"una condición de la condena penal?: un aspecto parcial de la lucha entre inquisición vs. composición», cit., p. 18.

[650] Desenvolvidamente sobre as consequências da imediação nas várias questões do processo, cf. Claus Roxin, *ibidem*, pp. 394-405.

outros intervenientes processuais que prestem declarações na audiência) é extremamente importante na apreciação judicial do facto em juízo. Através da observação directa da pessoa que presta declarações, da percepção do modo como os depoimentos são prestados, das reacções perante perguntas efectuadas permite-se que a impressividade do depoimento possa consubstanciar uma forma mais directa de atingir a verdade, assumindo-se, por isso, como um antídoto contra os perigos de uma verificação unilateral e superficial das provas produzidas[651]. Como refere Salaverria, «a palavra oral reduz o perigo dos mal entendidos já que a ambiguidade ou a vaguidade das respostas podem ser ultrapassadas mediante um conjunto de perguntas sobre este ou aquele aspecto obscuro da declaração»[652].

A questão está no entanto em constatar que se a imediação como técnica para a formação das provas[653] é imprescindível no processo penal assente na regra da oralidade, uma vez obtido o conjunto de informação decorrente da produção da prova, nomeadamente o que decorre da prova produzida por declarações, termina nesse momento a tarefa da imediação e começa a elaboração racional do juiz.

No processo probatório de construção da decisão são atendíveis momentos não racionalizáveis e, portanto, insusceptíveis de serem objecto de fundamentação objectivamente explícita. Aí, a imediação como técnica de aquisição assume um papel fundamental e mesmo insubstituível no modo como se adquire a prova. Esses momentos constituem, no entanto, um núcleo tendencialmente reduzido não devendo constituir uma qualquer dimensão encapotada ou obscura para o que pode considerar-se uma não fundamentação da decisão.

Existem outros momentos aparentemente irracionais, mas que o não são efectivamente, tendo por isso e pela relevância que podem assumir, que ser necessariamente justificados. Um sorriso ou um esgar que insinuem uma hesitação no depoimento de uma testemunha, podendo constituir a pedra de toque para um momento de valoração de uma prova, caso se revelem fun-

---

[651] Sublinhando este aspecto cf. Assunta Mazzarra, *La Rinnovazione del Dibattimento in Apello*, Cedam, Padova, 1995, p. 4.

[652] Igartua Salaverria, *ibidem*, p. 176.

[653] Sublinhando a imediação como regra para a produção de prova, que admite «muitas excepções», veja-se Bernd Schünemann, *La Reforma del Proceso Penal*, Dyckinson, Madrid, 2005, p. 101.

A FUNDAMENTAÇÃO DA SENTENÇA NO SISTEMA PENAL PORTUGUÊS

damentais no caso concreto, podem, ainda assim, num segundo momento, ser objecto de justificação. O que não pode é, a coberto de uma qualquer alegação vaga de que se está no domínio do funcionamento do princípio da imediação do juiz, não ser justificada a valoração de determinada opção probatória que se mostrou essencial no processo de construção da decisão.

Por outro lado, o funcionamento do princípio da imediação como técnica para a formação das provas não deve igualmente ser motivo para obstar à reapreciação da matéria de facto por um tribunal superior, a coberto da alegação de que os «motivos» de facto subjacentes à opção valorativa probatória efectuada pelo tribunal se enquadram naquele âmbito e, por isso, são insusceptíveis de reapreciação.

A correcta e fiel documentação da audiência e uma fundamentação rigorosa são um mecanismo adequado para proceder à reapreciação da matéria de facto em segunda instância. A fundamentação rigorosa, conjugada com a referida documentação, permite aliás que a função endoprocessual de controlo da sentença seja efectivamente concretizada «com o distanciamento crítico necessário para detectar e sanar eventuais desvios intimistas ou irracionais da apreciação probatória»[654].

No entanto o princípio da imediação pode ser objecto de utilização na fase de recurso, não como forma de mandar repetir toda a prova produzida de novo, mas quando estão em causa provas resultantes de interrogatórios de pessoas que prestaram declarações na audiência, nos casos em que seja suscitada uma controvérsia plausível sobre as mesmas e que se deduza que a mesma resultou daquela prova utilizada e valorada pelo juiz[655].

3. Algumas particularidades na fundamentação jurídica da sentença

Na concretização estrutural da fundamentação da sentença importa estabelecer a distinção conceptual entre a fundamentação dos factos e a fundamentação jurídica ou fundamentação de direito. Trata-se de uma abordagem não apenas normativa ou resultante de uma configuração decorrente de uma opção legislativa mas antes, de uma divisão estruturalmente relevante da própria sentença, seja como acto jurisdicional seja como acto processual[656].

---

[654] Assim neste sentido Perfecto Ibañez, «Sobre el valor de la imediación», cit., p. 65.
[655] No mesmo sentido para o sistema italiano, cf. Assunta Mazzarra, *La Rinnovazione del Dibattimento in Apello*, cit., p. 7.
[656] A sentença como acto jurisdicional representa a «explicação da actividade do órgão que

A RECONFIGURAÇÃO NORMATIVA DE UM MODELO CONSTITUCIONALMENTE

Do ponto de vista normativo o legislador português efectua expressamente a distinção entre «motivos de facto» e «motivos de direito» como elementos constitutivos da fundamentação da sentença nomeadamente, no artigo 374º nº 2 CPP.

Como se referiu, na fundamentação da matéria de facto está em causa a justificação que permite o entendimento do processo de reconstrução de um acontecimento probatoriamente efectuado. A inter-conexão entre as razões que justificam o modo como se efectuou essa reconstrução e as conclusões da relevância jurídica desses acontecimentos exige, mais do que uma separação ontológica dos dois momentos, uma inter-conexão metodológica do seu entendimento[657]. Bastaria atentar no caso da valoração (ou não) de uma prova legalmente inquinada que suporta a aquisição de um facto no procedimento e que condiciona toda uma reconstrução probatoriamente demonstrada[658] para se relevar a importância da referida conexão.

No desenvolvimento da estrutura justificadora exigível ao cumprimento das finalidades da fundamentação terá sempre de ser justificada qualquer dimensão jurídica que tenha sido «utilizada» no processo de reconstrução dos acontecimentos e que levou à fixação dos factos. Esta questão não se confunde, no entanto, com a fundamentação de direito referida à subsunção das conclusões jurídicas retiradas da recondução dos factos às normas incriminadoras aplicáveis.

---

declara o direito (...). Exprime a vontade do órgão de jurisdição, a manifestação da concreta vontade da lei, a declaração do direito no caso concreto». cf. Vicente Cavallo, *La Sentenza Penal*, cit., p. 119. Como acto processual, sendo o acto mais importante de todo o processo na medida em que todos os restantes actos «nada mais fazem que preparar os elementos que permitam a pronuncia da sentença (...) refere-se à forma como se exprime a actividade do sujeito que a pronuncia, à garantia, aos requisitos que devem existir para que possa ter existência e eficácia jurídica»: cf. Vicente Cavallo, *ibidem*, p. 118.

[657] Esta inter-conexão metodológica, numa perspectiva mais ampla da discussão «questão de facto», «questão de direito», é sublinhada por Castanheira Neves, *ibidem*, p. 511.O autor refere que «mesmo que se adira à posição doutrinal que discrimina o momento factual do momento propriamente jurídico (...) a referência ao momento factual sempre estará condicionada pela decisão da questão de saber – questão que não é «de facto» – se os elementos que no caso concreto integram esse momento são índices ou factores determinativos de um certo direito – i.e., exige a qualificação jurídica ou a consideração do relevo para um conhecimento jurídico a imputar a esses elementos», *ibidem*, p. 507.

[658] Neste sentido Alexy, referindo que «da interpretação de uma regra de aquisição de prova pode depender o que se considere como um facto na fundamentação»: cf. Alexy, *Teoria de la Argumentación Juridica*, p. 222.

A FUNDAMENTAÇÃO DA SENTENÇA NO SISTEMA PENAL PORTUGUÊS

O que importa reter, como identificação metodológica do sentido do trabalho, é que a divisão «fundamentação de facto» e «fundamentação de direito» concebe-se, no que respeita a esta última, como a conclusão com relevância jurídica do acontecimento reconduzida a uma norma incriminadora. Isto permite que se identifique uma autonomia da estruturação das questões reconduzidas à fundamentação de facto e à fundamentação jurídica ou de direito.

A própria *ratio* de garantia subjacente à finalidade da fundamentação da sentença, tanto na perspectiva endoprocessual como na perspectiva extraprocessual, não se basta com uma justificação simples, rígida e estereotipada da fundamentação jurídica. Daí que «a motivação de direito deve conceber-se como exposição dos critérios interpretativos onde o juiz se escuda para aplicar a lei»[659]. Trata-se, ainda, de tornar pública e transparente uma decisão onde se assumiu uma escolha que, a não ser assim, «permanece mascarada através de um guarda-chuva da *voluntas legis*»[660]. Na fundamentação jurídica estar-se-á ainda e por isso, no âmbito de «um processo argumentativo que consiste em dar razões a favor de uma conclusão segundo a qual uma prescrição ou valoração é justa ou boa, ou correcta ou válida»[661].

Na concretização dessa perspectiva da fundamentação jurídica saliente-se que na sentença penal se empregam conceitos e definições que têm que ser aplicados pelos juízes em termos de raciocínio silogístico partindo das normas gerais para o caso concreto através de um processo subsuntivo[662]. Como refere Bacigalupo, a «validade da norma estabelecida na sentença depende da sua fundamentação na norma geral aplicada ao caso. A funda-

---

[659] Cf. Amodio, «Motivazione della sentenza penale», cit., p. 212.

[660] Amodio, *ibidem*, p. 212.

[661] Cf. Paolo Commanduci, «La motivazione in fatto», cit., p. 224. No mesmo sentido, Neil MacCormick, «La argumentación y la interpretación en el derecho», cit. p. 205.

[662] Karl Engish referindo-se à função jurisdicional de fundamentação jurídica da sentença refere que esta se estrutura «a partir de implicações gerais com conteúdo normativo que são obtidas, por via dedutiva, as concretas proposições normativas procuradas pela heurística jurídica»: cf. *Introdução ao Pensamento Jurídico*, cit., p. 69. «O julgamento é sempre uma concatenação de silogismos. Mais precisamente dois silogismos preliminares (respectivamente de facto e de qualificação normativa) e um silogismo conclusivo», refere Iacovello, «Motivazione della sentenza penale (controlo della)», p. 754. Sobre o raciocínio subsuntivo, de um ponto de vista crítico: cf. Arthur Kaufmann, *Filosofia do Direito*, cit., pp. 89 e 90.

mentação da sentença, por isso, deve consistir na demonstração da inferência entre a norma individual e a norma geral»[663].

São, no entanto, problemáticas as dificuldades concretas que no processo de subsunção se podem suscitar e que tradicionalmente pertencem ao domínio da interpretação na medida em que, «a interpretação do conceito jurídico é o pressuposto lógico da subsunção»[664]. Não sendo objecto do trabalho a problemática da interpretação[665], importa suscitar alguns tópicos que lhe são específicos apenas do ponto de vista da abordagem da fundamentação jurídica da sentença penal.

Em matéria de interpretação a função do juiz consiste em compreender o conteúdo lógico da lei tendo em atenção o caso concreto que tem que resolver, de forma a ser compreendida por qualquer outro juiz que tivesse de resolver o mesmo caso.

No âmbito do processo penal e especificamente no âmbito da fundamentação da sentença, a protecção dos direitos dos cidadãos, o restabelecimento da paz jurídica e a procura da verdade material na realização da justiça são

---

[663] Bacigalupo Zapater, «La motivación de la subsunción típica en la sentencia penal», *Cuadernos de Derecho Judicial*, nº 13, 1992, p. 163. Trata-se, antes de mais, da própria legitimidade constitucional do processo de interpretação jurídica na medida em que se exige aqui uma concreta correspondência ou correcção da norma aplicada na sentença com a norma geral.

[664] Segundo Engish, «[A interpretação]uma vez realizada representa um novo material de interpretação e pode posteriormente servir como material de interpretação ou termos de comparação», *ibidem*, p. 80.

[665] As regras gerais da interpretação, porque pertencentes ao património adquirido da hermenêutica jurídica, não podem, aquando da interpretação em direito penal, deixar de ser instrumento do intérprete. Winfried Hassemer refere, a propósito da vinculação da actuação decisória do juiz à lei, em métodos ou cânones de interpretação para identificar «a vinculação ao sentido literal da norma legal (gramatical), ao contexto de significado dos preceitos legais pertinentes (sistemática), às finalidades da regulamentação prosseguido pelo legislador histórico com a norma em questão (histórica), às finalidades da regulamentação, tal como ele se exprime, hoje, objectivamente, na norma em questão (teleológica) e às opções fundamentais quanto aos valores contidos na Constituição (interpretação conforme à Constituição)»: cf. «Sistema jurídico e codificação: a vinculação do juiz à lei» in Arthur Kaufman e Winfried Hassemer, *Introdução à Filosofia do Direito e à Teoria do Direito Contemporâneas*, cit., p. 295. Sublinhe-se que na doutrina não se identificam aspectos dogmáticos peculiares no domínio da interpretação em processo penal, em relação ao direito penal substantivo. Assim, neste sentido: cf. D. Siracusano, A Galati, G. Tranchina e E. Zappalá, *Diritto Processuale Penale, volume I*, Giuffrè Editore, Milano, 2001, p. 23 e Figueiredo Dias, *Direito Processual Penal*, cit., p. 95, que salienta a inexistência de autonomia no problema da interpretação em processo penal.

as finalidades do processo e as guias inelutáveis no processo de interpretação. Por outro lado, é necessário levar em consideração o princípio da interpretação conforme à Constituição[666]. Não pode omitir-se uma *ratio* de garantia[667] no domínio da interpretação subjacente à finalidade do processo penal, aliada a um sentido teleológico do próprio direito processual penal o qual impõe que este tenha que visar uma solução justa. Solução justa, no sentido dado por Faria Costa, de que cumprindo as leis e as regras que as aplicam, se afirme a interpretação «como acto de pacificação»[668].

Na concretização da fundamentação jurídica uma primeira questão decorre da «evidência» de que o direito é cada vez menos incontroverso.

Na sociedade contemporânea existe uma constatação genérica que o conceito de lei clara foi ultrapassado pelo conceito de lei dúbia[669].

Entre alguns autores que partilham dessa constatação, Iacovello sustenta quatro razões fundamentais para essa mudança. Segundo o autor, em primeiro lugar «o texto do legislador é, por necessidade ou por opção, ambíguo e aberto a múltiplas interpretações. Em segundo lugar o apoio na vontade do legislador é hoje «ilusório» porquanto por um lado aquela vontade é, no sistema democrático, uma metáfora antropomórfica dado que não há legislador mas legisladores, isto é grupos de pressão portadores de interesses muitas vezes antagónicos, sendo a lei uma espécie de húmus compromissório e, por outro lado, aquele apoio nos problemas jurídicos novos é inútil; igualmente será arbitrário dar relevo ao legislador que introduz a lei e não também ao legislador que a manteve «viva» decidindo não revogá-la. Em ter-

---

[666] Sobre a relevância do cânone interpretação conforme à Constituição, cf. Hassemer, «Sistema jurídico...», cit., p. 295.

[667] Neste sentido parece enveredar alguma doutrina italiana – cf. D. Siracusano, A Galati, G. Tranchina e E. Zappalá, *Diritto Processuale Penale, volume I*, cit., p. 25. Figueiredo Dias refere a propósito do limite ao recurso à analogia permitido no artigo 4º do CPP, em «enfraquecimento da posição ou numa diminuição dos direitos processuais do arguido»: cf. *Direito Processual Penal, Lições coligidas por Maria João Antunes*, policopiadas, Coimbra, 1988-9, p. 69.

[668] Cf. José de Faria Costa, «Construção e interpretação do tipo legal de crime à luz do princípio da legalidade: duas questões ou um só problema?», *RLJ*, ano 134, 2002, p. 354 e *Noções Fundamentais de Direito Penal*, 2ª edição, Coimbra Editora, Coimbra, 2009, p. 141.

[669] Neste sentido veja-se Iacovello, «Motivazione della sentenza penale (controlo della)», cit., p. 755 e Arthur Kaufmann que refere que «a aplicação do direito não é apenas, nem sequer em primeira linha, uma conclusão silogística, não constitui segredo algum. Aqueles que ainda hoje defendem o dogma da subsunção equiparam-se aos actuais fumadores: fazem-no, é verdade, mas não com o mesmo à vontade», *Filosofia do Direito*, cit., p. 82.

ceiro lugar o critério do ratio *legis* é evanescente porquanto podem ser múltiplas essas finalidades (directas, indirectas, simbólicas, reais, etc.). Por fim os critérios interpretativos são vários e mesmo entre eles conflituantes (é o caso do argumento *a simili* e *a contrario*)»[670].

Num segundo tópico há que atentar nas diversas tipologias de conceitos descritivos e normativos empregues no âmbito da subsunção jurídica a efectuar pelo juiz e na diversa forma da sua interpretação e, nessa medida, no modo como são fundamentados numa sentença.

A existência de conceitos mais ou menos fixos implica que a estrutura da fundamentação jurídica se adapte a essa expansibilidade dos conceitos. «A estrutura da fundamentação é mais completa quando se trata da subsunção de uma determinada situação de facto a um conceito aberto», como refere Zapater[671]. Aqui, no domínio dos conceitos abertos, estão em causa elementos descritivos e elementos reguladores[672]. Nessa medida todo o processo de «interpretação» diferenciada dos conceitos exige uma argumentação mais ou menos ampliada consoante seja necessário efectuar uma concreta justificação de que a decisão ou se orienta no sentido do elemento regulador do conceito ou dele se afasta. Ou seja, é preciso fundamentar porque razão se valora determinada circunstância de uma maneira e não de outra.

Problemas de «interpretação» e de justificação do modo como é efectuada essa interpretação são igualmente suscitados no âmbito da aplicação dos tipos penais, que na sua estrutura não são todos iguais. Há tipos de crime cujos elementos normativos exigem uma valoração jurídica mais intensa do que outros e, nessa medida, a argumentação a utilizar pelo juiz nestes casos será diferenciada e mais exigente. Será o caso, por exemplo, das normas penais em branco ou das situações em que os elementos normativos do tipo (como é o caso, no domínio dos crimes contra a liberdade e autodeterminação sexual do conceito de «actos de carácter exibicionista» ou «pornografia», a que se referem os artigos 170º e 176º do Código Penal) exigem valorações

---

[670] Iacovello, *ibidem*, p. 755.

[671] Bacigalupo Zapater, *ibidem*, p. 168. Rui Pinto Duarte salienta a questão das «convicções crença» dos juízes nos juízos efectuados em matéria de direito no processo de decisão, embora de uma forma não específicamente penal: cf. «Algumas notas acerca do papel da "convicção-crença" nas decisões judiciais», *Themis*, ano 6, 2003, p. 16, sublinhando o autor que «o julgador é determinado por múltiplos factores – que vão desde as suas capacidades linguísticas as orientações ideológicas passando pelas suas idiossincrasias».

[672] *Ibidem*, p. 168.

sobre normas ético-sociais não uniformes, tendo em conta a sua inserção em sociedades pluralistas[673].

O que está em causa nestes casos é dar uma resposta dogmática plausível, ainda que diferenciada, sendo que nos casos em que estão em causa valorações judiciais de conteúdo mais «plástico», em função das valorações éticosociais de quem efectua essa interpretação, «a argumentação deve justificar a escolha da norma e o critério que fundamenta essa valoração»[674].

Merece alguma particularidade analítica a utilização de fundamentos sustentados na cláusula da «opinião dominante» por parte dos tribunais.

Como salienta Kaufmann, a opinião dominante é para a maioria dos tribunais «simplesmente um facto que eles [juízes] constatam na literatura especializada»[675]. Trata-se de um argumento meramente quantitativo que decorre de verificação, naturalmente não exaustiva mas tomada em regra por meio de uma metodologia sustentada na amostragem do que é essa literatura. Naturalmente na pressuposição (efectiva) de que os juízes não conhecem (nem podem conhecer) toda a literatura disponível sobre o assunto. Uma argumentação que, pela sua fragilidade, não resiste a um simples contraditório epistemológico. As «opiniões dominantes», não sendo mais do que «opiniões» valem o que valem e não podem por si só ser o sustento da fundamentação de uma decisão.

Uma outra questão decorre da utilização dos *obter dicta* na fundamentação jurídica. Trata-se, nos *obicter dicta*, de asserções ou afirmações que não são fundamentais nem mesmo necessárias para a fundamentação de uma decisão num determinado caso em concreto, não constituindo por isso a sua razão fundamental ou *ratio decidendi*[676].

---

[673] Uma análise à vulnerabilidade dos conceitos indeterminados ou clausulas gerais, mesmo no processo penal, nomeadamente sobre o modo com o a clausula dos «bons costumes» foi interpretada pelos Tribunais germânicos, é efectuada por Arthur Kaufmann, *Filosofia do Direito*, cit., p. 90 e 91.

[674] Cf., neste sentido, Bacigalupo Zapater, *ibidem*, p. 179.

[675] *Ibidem*, p. 92.

[676] Salientando que não se tratando de matéria que faça parte da actividade hermenêutica, constituindo antes uma mera afirmação estranha à interpretação e aplicação da norma jurídica, cf. Francesco Cordopati in «La ratio decidendi», *Rivista di Diritto Processuale*, Anno XLV, seconda série, nº 1, Gennaio-Marzo 1990, p. 192. Outros autores entendem mesmo que os *obicter dicta* são digressões que os juízes se autorizam a fazer à margem das sentenças e por isso «não devem constituir para o juiz mais do que um interesse anedótico»: cf. O. De Schutter,

A RECONFIGURAÇÃO NORMATIVA DE UM MODELO CONSTITUCIONALMENTE

Os *obicter dicta* são argumentos utilizados pelos juízes que pretendem ilustrar, através de argumentos analógicos, o argumento principal que suporta a *ratio decidendi* na qual sustentam a decisão (que configura o resultado da actividade hermenêutica do juiz, seja através da fundamentação seja através do dispositivo) e que, claramente, vão para além desta. A sua função é em regra solidificar ou consolidar a argumentação jurídica utilizada na *ratio decidendi*, assumindo assim uma função puramente persuasiva[677]. Nesse sentido apenas são introduzidos ou «chamados» à fundamentação da decisão nas situações onde se justifica um esforço persuasivo ou um esclarecimento adicional para com o auditório da decisão. Trata-se de um *plus* argumentativo e justificador que vai além do que é uma motivação suficiente.

Não constituindo um tipo de fundamentação incorrecta[678] e por isso não entrando ainda no «rol» das patologias, a sua utilização será em regra dispensável não tendo a sua não utilização, qualquer consequência jurídica.

IV. A exigência da concisão como elemento modelador da fundamentação

1. O princípio legal da concisão

Na fundamentação da sentença exige-se a demonstração das razões probatórias que sustentaram a fixação dos factos provados e não provados. Como se referiu, os "motivos de facto" que fundamentam a decisão assumem um conteúdo autónomo relativamente à enumeração narrativa dos factos provados e não provados.

A exposição dos motivos de facto consubstancia o conjunto de argumentos que permite explicitar quais os meios de prova que sustentaram a afir-

---

«Le precedent et le juge européenne. Pour une structure des révolutions juridiques», apud Wanda Mastor, «Essai sur les décisions de justice», cit., p. 41.

[677] Sublinhando a importância secundária dos *obicter dicta* e a sua função persuasiva, veja-se Taruffo, «la fisionomia della sentenza in Itália», cit., p. 449. O autor é igualmente crítico à superabundância da motivação em direito sustentada em numerosos *obicter dicta* nas sentenças italianas, *ibidem*, p. 453.

[678] Cf., neste sentido, Iniesta Delgado, *Enunciados Jurídicos en la Sentencia Judicial*, cit. p. 208. Criticando as sentenças recheadas de *obicter inutilier dicta*, cf. Luis Correia de Mendonça, José Mouraz Lopes, «Julgar: contributo para uma análise estrutural da sentença civil e penal», *Revista do CEJ*, nº 1, 2º semestre de 2004, pp. 193, 213.

A FUNDAMENTAÇÃO DA SENTENÇA NO SISTEMA PENAL PORTUGUÊS

mação probatória dos factos e de que modo estes foram relevantes no processo de conhecimento[679], ou seja, a conclusão do modo como se chegou ao conhecimento e à identificação da narrativa processualmente provada.

A motivação de facto como processo argumentativo consiste na afirmação das razões que levam a que se justifique uma asserção «como verdadeira ou provável, ou verosímil ou aceitável»[680]. Nesse sentido, o conteúdo da «motivação de facto» expõe detalhadamente o processo probatório utilizado pelo juiz em todo o processo de escolha e valoração da prova[681] impedindo, assim, qualquer dimensão arbitrária no funcionamento e aplicação do princípio da livre apreciação da prova.

A um modelo assente na estrutura tríptica que engloba a suficiência, a coerência e a razoabilidade na fundamentação, o CPP estabeleceu uma restrição fundamental ao processo argumentativo da exposição dos motivos de facto e de direito. Trata-se da afirmação inequívoca de que tal exposição deve ser concisa[682] sendo, nessa medida, fixados os parâmetros a que deve obedecer o processo argumentativo em que se funda o conteúdo da fundamentação da sentença penal[683].

---

[679] «Dar conta das provas decisivas para a sua decisão», refere Damião da Cunha, *ibidem*, p. 566.

[680] Cf. Paolo Commanduci, «La motivazione in fatto», in Giulio Ubertis (ed.), *La Cognoscenza del Fatto nel Processo Penale*, Giuffrè Editore, Milão, p. 224. Marques Ferreira refere que os motivos de facto são «os elementos que em razão das regras da experiência ou de critérios lógicos constituem o substrato racional que conduziu a que a convicção do tribunal se formasse em determinado sentido ou valorasse de determinada forma os diversos meios de prova apresentados em audiência», *ibidem*, p. 230.

[681] Neste sentido, Paolo Tonini refere que «o juiz deve reportar na motivação o percurso lógico que seguiu na reconstrução do facto histórico»: cf., *Manuale di Procedura Penale*, cit., p. 159. Alguns autores como Salaverria, falam no «rasto identificativo das provas valoradas»: cf. *La Motivación de las Sentencias*, cit. p. 149.

[682] O princípio legal da concisão argumentativa é visto igualmente por alguma doutrina italiana como vinculante do CPPIT. Veja-se neste sentido Iacovello, «Motivazione...cit., pp. 771 e 794.

[683] Recorde-se que já em 1961 Eduardo Correia na concretização do que deveria consubstanciar a fundamentação de todas as decisões judiciais independentemente de admitirem ou não recurso, apelava à utilização da fórmula do direito italiano «concisa exposição dos motivos de facto em que a decisão se funda»: cf. «Parecer da Faculdade de Direito da Universidade de Coimbra sobre o artigo 653º do projecto, em 1ª Revisão Ministerial de alteração ao Código de Processo Civil», cit., p. 186.

O que está em causa é um modelo de economia argumentativa onde o que deve ser dito para explicitação do juízo decisório deve sê-lo de uma forma não exaustiva, mas antes sintética e breve, não utilizando mais argumentos do que os necessários para dizer o que é essencial. A explicitação de todo o processo argumentativo utilizado na fixação dos factos provados tem que ser de percepção inequívoca.

Trata-se de consolidar o sentido da necessidade da suficiência e razoabilidade da fundamentação e da sua compatibilização com os requisitos constitucionais que condicionam a fundamentação das sentenças.

A questão que se coloca é a de saber como compatibilizar a «aparente» contradição entre a exigência constitucional de fundamentação completa, vinculativa a todas as decisões, com o modelo normativo estabelecido no CPP para a sentença penal, onde a exigência da fundamentação dos motivos de facto e de direito deve ser simultaneamente «concisa»[684].

A resolução desta aparente contradição exige que se comece por referir em primeiro lugar que no discurso jurídico tudo o que pode ser dito, pode ser dito de uma forma compreensível e «tudo o que se deixa exprimir deixa-se exprimir claramente»[685].

A concisão é aliás uma exigência que decorre da própria finalidade extraprocessual da fundamentação a qual exige que a sua concretização se processe de modo a que as sentenças possam ser efectivamente compreensíveis, não apenas para os seus destinatários directos mas, também, pelos cidadãos[686].

---

[684] Idêntico problema é suscitado no âmbito do sistema italiano a propósito da «concisa esposizione» a que se refere o artigo 546 e): cf. Iacovello in «Motivazione della sentenza penale (controlo della», cit., p. 771. O autor, analisando essa situação defende no entanto que o modelo italiano favorece ainda assim a concisão. Sublinhando a «concisão» como elemento estrutural no sistema italiano também Luigi Maria Sanguineti, *Lezioni di Procedura Penale*, Giuffrè Editore, Milano, 1996, p. 226. Siracusano refere que conciso «não quer dizer nem incompleto, nem aproximativo, nem mesmo quer dizer breve. Quer dizer apenas não aumentado, não superabundante, sem exibição de doutrina, sem divagações, sem repetições inúteis»: cf. «I provvedimenti penale e le motivazioni implícita, *per relationem* e sommaria», *Rivista Italiana di Diritto e Procédura Penale*, Anno I, 1958, p. 278.

[685] É esta a «lição» que se retira da afirmação de Wittgenstein, in *Tratactus Lógico-Philosophicus*, 4.116.

[686] Daí que a questão da concisão não possa ser vista apenas como uma questão de «estilo» da sentença ou da fundamentação, como parece sugerir Carlo Zaza in *La Sentenza Penale*, cit., pp. 89-93, mas antes uma questão de «modo» de fundamentação. Sobre a diferença entre modo e estilo cf. Amodio, «Motivazione della sentenza penale», cit., p. 227.

Razão fundamental que ultrapassa mesmo a dimensão do modo de sentenciar no sistema continental, nomeadamente na relevância que assume no âmbito das sentenças no sistema anglo-saxónico onde a concisão deve consubstanciar um dos requisitos para tornar as sentenças acessíveis[687].

A relevância do conceito, na economia do sistema processual, reflecte-se na preocupação que tem sido demonstrada em tentar encontrar guias que permitam orientar a jurisprudência afirmando a necessidade de compatibilizar a expressão da motivação factual e a concisão como modo como é concretizada. No Ac. nº 258/2001, de 30 de Maio de 2001, o TC refere que «a fundamentação não tem que ser uma espécie de assentada, em que o Tribunal reproduza os depoimentos de todas as pessoas ouvidas, ainda que de forma sintética». Por outro lado, no Ac. nº 27/2007, de 17 de Janeiro de 2007, o tribunal admite a necessidade de uma fundamentação diferenciada consoante os casos, na medida em que afirma que «a fundamentação [não] tem de obedecer a qualquer modelo único e uniforme, podendo (e devendo) variar de acordo com as circunstâncias de cada caso e as razões que neste determinaram a convicção do tribunal».

Num segundo tópico, importa referir que aceitando que os motivos de facto (e também as questões jurídicas) que sustentaram a factualidade resultam de um conjunto de hipóteses e contra-hipóteses argumentativas, a reflexão dessa dialéctica no processo de fundamentação só deve ter-se como exigível na medida em que os argumentos utilizados não foram irrelevantes ou controversos. De outro modo, se os argumentos utilizados no processo argumentativo foram incontroversos ou irrelevantes então a sua expressão na fundamentação deve ser mínima[688].

No que respeita à relevância dos argumentos probatórios impõe-se a afirmação e a demonstração, de forma inequívoca, de quais as provas relevantes que levaram à fixação da verdade a que se chegou.

A relevância das provas, resultando de um juízo subjectivo, assenta na percepção do «relevo» que a prova A (ou a prova B) tiveram no processo de aquisição do facto provado. Se num caso concreto apenas a prova A foi relevante e em momento algum a prova B foi afirmada como relevante por qualquer

---

[687] Cf. neste sentido, Mary Arden, in «Una question de estilo? La forma de las sentencias en los sistemas jurídicos anglo-americanos», cit. p. 111.

[688] Iacovello refere mesmo que «é possível suprimir da motivação temas e argumentos que são irrelevantes ou incontroversos», *ibidem* p. 771.

A RECONFIGURAÇÃO NORMATIVA DE UM MODELO CONSTITUCIONALMENTE

dos intervenientes processuais então pouco sentido fará explicitar a «não relevância» desta última no processo justificativo.

Situação diferente ocorrerá quando a mesma prova (B) foi tida por fundamente relevante por algum dos intervenientes processuais e não foi levada em conta pelo tribunal. Aqui, não obstante se ter verificado essa não atendibilidade da prova no processo de valoração, as razões dessa opção devem ser objecto de indicação justificada na fundamentação. Trata-se, ainda, nesta situação, de uma «controvérsia» a propósito da atendibilidade da prova que, por isso, a tornou relevante no processo de construção da decisão, exigindo-se portanto uma explicitação para a sua não inclusão. Esta justificação tenderá a ser mais ou menos fundamentada consoante a relevância que a prova poderia ter tido na aquisição do facto dado (ou não) como provado[689].

No que respeita à situação onde estão em causa provas controversas importa atentar no seguinte.

A existência de provas controversas impõe que a fundamentação possa centrar-se no processo argumentativo fundado naquelas provas fazendo apelo ao conceito de prova decisiva[690]. No processo de escolha e valoração da prova, a relevância de uma determinada prova pode tornar-se essencial na compreensibilidade do processo de fundamentação. Sendo várias as provas controversas haverá que identificar se essas provas «chave» existem e, de entre elas, quais as provas decisivas no processo de decisão e porquê. A identificação e razão da escolha são assim suficientes para justificar a opção.

Reconduzindo-se a prova controversa a uma só, deverá a fundamentação da opção ser efectuada de modo a que não fiquem dúvidas sobre a boa justificação da opção nomeadamente da sua valoração ou não valoração.

---

[689] Ao contrário do sistema português, onde não há uma referência expressa à necessidade de se efectuar uma justificação sobre as provas «contrárias» não atendíveis, a norma do CPPit, no artigo 546 e) é muito clara ao dispor que «a concisa exposição dos motivos de facto e de direito sobre os quais a decisão é fundada, com indicação das provas sobre as quais se fundou a decisão e a enunciação das razões pelas quais o juiz estimou não atendíveis as provas contrárias». Sublinhando o facto de a «motivação» dever incluir as razões pelas quais o juiz não releva as provas contrárias, porquanto sem isso o «direito à contraprova perderia grande parte da sua importância» veja-se Siracusano, Galati, Tranchina e Zapallá, *Diritto Processuale Penale, Volume II*, cit., p. 351. A relevância da justificação da contraprova é sublinhada por Iacovello ao referir que não é possível efectuar sobre ela «uma motivação implícita», *ibidem* p. 795.

[690] Identificando a «estrutura mínima» da fundamentação na prova decisiva, cf. Iacovello, *ibidem*, p. 772.

Nas situações onde não estão em causa provas controversas importa desde logo atentar no âmbito do princípio constitucional da obrigatoriedade da fundamentação das decisões. A vinculação da fundamentação ao princípio da completude não permite afirmar, no modelo português, que se exija apenas a justificação das opções probatórias quando estão em causa apenas provas controversas[691].

Não sendo possível omitir a fundamentação nos casos onde a controvérsia da prova não existe, o modo de a justificar deve ser, nestes casos, atenuada. A concisão da explicitação dos motivos de facto assim o exige. Assim, aquela fundamentação pode ser meramente afirmativa através da concretização de uma estrutura mínima que identifique a situação e sobretudo que sublinhe que a mesma não suscitou ao juiz qualquer dúvida. O que o modelo não permite é uma não referência à prova atendível, mesmo quando essa prova não suscitou qualquer controvérsia.

Ainda no âmbito da não controvérsia do processo argumentativo que envolve a produção das provas importa aludir à situação da prova que resulta de um consenso entre todos os intervenientes processuais sobre a prova produzida.

Como se referiu, a apreciação jurisdicional da prova assenta no princípio da livre convicção apreciada segundo as regras da experiência e na avaliação global de todos os factos juridicamente relevantes para a existência (ou inexistência) do crime, a punibilidade ou não punibilidade do arguido e a determinação da pena e da medida de segurança, conforme decorre do artigo 127º do CPP.

A não controvérsia das provas resultante de um consenso de todos os intervenientes sobre a validade da mesma, não implica só por si a adesão ao princípio da disponibilidade da prova[692]. O processo penal português não é um processo de partes[693] nem se sustenta no princípio do dispositivo. O prin-

---

[691] Como parece pretender Iacovello, *ibidem*, p. 772 para o sistema italiano.

[692] Assumindo o «consenso justo» como forma de legitimação da justiça penal, desde que a determinadas condições sejam garantidas, veja-se Bernd Schünemann, *La Reforma del Proceso Penal*, cit., pp. 84, 106 e 107.

[693] Sobre esta afirmação, inequivocamente Figueiredo Dias, «Sobre os sujeitos processuais no novo código de processo penal», cit., p. 31, e, após a revisão de 1998, reafirmando o mesmo princípio Figueiredo Dias, «Os princípios estruturantes do processo e a revisão de 1998 do código de processo penal», cit., pp. 203 e 205.

cípio da livre apreciação da prova, porque vinculado a uma valoração racional e crítica, de acordo com as regras comuns da lógica, da razão, das máximas de experiência e dos conhecimentos científicos, podendo sustentar-se no consenso existente sobre a prova, da qual não resulte nenhuma controvérsia[694], não está a ele vinculado. A vinculação do tribunal a formas de consenso será sempre adstrita a uma «convicção objectivável e motivável» de acordo com o critério da necessidade da prova para a descoberta da verdade.

Se for constatado um consenso entre todos os intervenientes sobre os termos em que a prova foi produzida no processo e o tribunal assim o validar, de acordo com os pressupostos referidos, torna-se simples justificar essa fundamentação que, no entanto, é sempre exigível.

2. A fundamentação *per relationem*

A amplitude das questões decorrentes da exigência de uma fundamentação vinculada a princípios constitucionais, como a completude ou o duplo grau de jurisdição e a sua compatibilização com a expressão normativa da racionalidade assente na concisão, exige que se atente sobre o modo suficiente de fundamentar como elemento concretizador daquela fundamentação.

Partindo de uma explicitação entre o modo e o estilo da fundamentação, Amodio sugere que «a distinção entre "estilo" e "modo" deve fazer-se de acordo com a valência operativa dos dois conceitos, sendo que "estilo" é um conceito que se emprega para formular juízos de oportunidade ou valorações ideológicas e o «modo» é um conceito que se usa para exprimir um juízo de validade»[695]. A questão assume relevância na medida em que são identificáveis, na doutrina e na jurisprudência, usos e, por vezes abusos, de um modo (e não apenas de um "estilo") de fundamentação que, muitas vezes a coberto de razões válidas de economia processual supera e ultrapassa a racionalidade constitucional que lhe está subjacente.

Um dos modos de fundamentação mais frequentemente utilizado pela jurisprudência passa pela utilização da *relatio* de argumentação ou o

---

[694] De alguma forma o reconhecimento do consenso probatório como forma de modelação processual está presente num dos requisitos que legitimam a existência do processo abreviado. É isso que decorre da norma do artigo 391º A nº 3 alínea c), ao estabelecer que quando, «a prova assentar em testemunhas presenciais com *versão uniforme dos factos*» (itálico nosso) tal traduz uma das situações em que o legislador assenta o conceito de «provas simples e evidentes» que possibilita, conjuntamente com outros requisitos, a aplicação daquele processo.

[695] Cf. «Motivazione della sentenza penale», cit., p. 227.

A FUNDAMENTAÇÃO DA SENTENÇA NO SISTEMA PENAL PORTUGUÊS

que a doutrina chama de fundamentação *per relationem* ou fundamentação por remissão[696].

Trata-se, na fundamentação *per relationem*, da elaboração da justificação de uma determinada decisão através do reenvio para a justificação de um acto ou decisão distintos do que está ser examinado, através do qual se pretende inferir o conteúdo justificativo da decisão *sub judice*[697].

Não é pacífica a admissibilidade doutrinária do modo de fundamentação *per relationem* da decisão. Várias razões, que envolvem a colisão com princípios estruturais que presidem à fundamentação, como seja a função extraprocessual, a concretização do duplo grau de jurisdição e, sobretudo, a admissibilidade da sentença como documento auto-suficiente, constituem críticas pertinentes que não podem deixar de ser valorizadas[698].

---

[696] Alguma doutrina e sobretudo a jurisprudência utilizam como sinónimos os conceitos fundamentação *per relationem* e a fundamentação por remissão, atribuindo-lhe um mesmo conteúdo. Assim Ignacio Colomer, *La Motivación de las Sentencias*, cit. p. 395 e Sónia Boente, *La Justificacion de las Decisiones Judiciales*, cit. p. 259. Na jurisprudência do TC veja-se os Ac. 147/00, de 21.3.2000, Ac. 396/03 de 30.07.2003 e Ac. 281/05, de 25.5.2005. A fundamentação por remissão é expressamente admitida como forma de fundamentação pelo TEDH, como modo sucinto de concretizar a motivação: cf. decisões *Helle contra Finlandia*, de 19 de Setembro de 1997, *Garcia Ruiz contra Espanha*, de 21 de Janeiro de 1999 e muito recentemente decisão *Taxquet contra Belgica*, de 13.01.2009.

[697] O núcleo central do que consubstancia a justificação *per relationem* é partilhado por autores como Amodio, «Motivazione della sentenza penale», cit., pp. 228 e 229, Mariano Menna, in *La Motivazione del Giudizio Penale*, cit., p. 198, Iacovello in «Motivazione della sentenza penale (controllo della)», p. 788, Ignacio Colomer in *La Motivación de las Sentencias...*, cit. p. 395 e ss e Salaverria in *La Motivación de las Sentencias*, cit. p. 205. Note-se, no entanto, alguma divergência entre a perspectiva de Iacovello que assume o conceito como «técnica de integração do texto linguístico» e nesse sentido configura-a como um modo de integrar o texto: cf. *ibidem*, p. 790.

[698] Assim, sobre a primeira dúvida, cf. Menna, ob. cit. pp. 48 e 199. Pellingra, com referência ao Código Rocco sustentava que «o princípio do convencimento do juiz não é observado e a motivação *per relationem* reduz-se a uma motivação aparente»: cf. *La Motivazione della Sentenza Penale*, cit., p. 104. Com referência à doutrina espanhola também Ignacio Colomer, é claro ao referir que é preciso desincentivar o uso «desta técnica de motivação», na medida em que as sentenças devem esgotar o seu conteúdo em si mesmas»: cf. *La Motivación de las Sentencias*, cit., p. 410. Em sentido contrário, Rivero Ortega, admitindo-a desde que «seja explicita e que a sentença modelo motive adequadamente»: cf. «Quien custodia a los custódios: casacion y motivacion como garantias del controlo de las decisiones judiciales», *Jueces para la Democracia, Informacion y Debate*, nº 29, julio 1997, p. 39. Em Portugal, sobre a motivação por remissão na jurisprudência veja-se Simas Santos, in «Anotação ao Acórdão do STJ de 29 de Fevereiro de 1996», pp. 630-631 e José António Barreiros, «Eficácia e garantia do modelo de recursos

A RECONFIGURAÇÃO NORMATIVA DE UM MODELO CONSTITUCIONALMENTE

Na medida em que a utilização de um reenvio argumentativo para um acto externo, como elemento da fundamentação, é possível numa sentença, justifica-se que a sua admissibilidade seja condicionada, tanto pela vinculação constitucional ao princípio da completude, como pelas exigências decorrentes das finalidades da fundamentação.

A *relatio* que sustenta a admissibilidade de uma justificação *per relationem* pressupõe, por isso, a verificação da identidade das questões a fundamentar e no modo de as motivar, o que não suscita qualquer dúvida. Alguma doutrina é, no entanto, mais exigente e, nessa medida, autores como Amodio e Menna, acrescentam àqueles pressupostos a existência de três requisitos fundamentais: a mesma proveniência subjectiva, a mesma estrutura interna dos actos interligados e a antecedência cronológica do acto integrante[699].

A amplitude da exigência destes requisitos suscita alguns problemas na pragmática da utilização da *relatio* como modo de fundamentação.

No que respeita à antecedência cronológica do acto integrante parece óbvia a sua exigibilidade. Efectivamente só faz sentido apelar à remissão de um argumento que já é conhecido, porque anteriormente exposto.

Quanto à estruturação interna dos actos interligados pretende-se que um argumento utilizado como *relatio* esteja também ele estruturado em esquema argumentativo que assente na mesma sequência isto é, no «facto probatório – máxima de experiência – facto provado» subjacente à sentença que se pretende fundamentar[700]. Trata-se no entanto de um argumento de difícil compreensibilidade na medida em que se, por um lado, importa efectuar uma distinção entre os argumentos e as justificações utilizados nos vários procedimentos e, também, exigir requisitos diferenciados para a sua

---

penais» in Conceição Gomes, José Mouraz Lopes (coord.), *Reforma Penal de 2007*, Coimbra Editora, 2009, p. 79. A fundamentação por remissão é expressamente admitida na fundamentação da decisão instrutória no artigo 307 nº 1 do CPP.

[699] De uma forma aprofundada, veja-se Amodio, *ibidem*, p. 232 e Menna, *ibidem*, p. 198.

[700] Esta estrutura sequencial, defendida por Amodio in «Motivazione della sentenza penale», cit., p. 225, é fortemente criticada por Iacovello, no que respeita à motivação da sentença, apontando-lhe uma «simplificação irrealista do raciocínio judiciário», na medida em que omite os seus aspectos vitais ou seja «o confronto entre a prova e a contra prova e entre a hipótese e a contra-hipótese bem como a organização dos resultados probatórios num desenho coerente e global»: cf. «Motivazione della sentenza penale (controlo della)», cit. p. 768. Crítica que parece absolutamente justificável em função da estrutura similar do CPPit e do CPP.

A FUNDAMENTAÇÃO DA SENTENÇA NO SISTEMA PENAL PORTUGUÊS

aceitabilidade, por outro lado não parece que aquele requisito seja por si só exclusivo[701].

No que respeita à sobreposição da proveniência subjectiva é desde logo discutível a admissibilidade de concretizar uma relação de reenvio para as decisões proferidas pelo Ministério Público ou mesmo, para qualquer dos restantes sujeitos processuais na medida em que os seus «papeis» são completamente diferenciados, nomeadamente do papel do juiz como sujeito processual[702]. Efectivamente a utilização de «actos» reenviados que constituem o acervo de argumentos de um dos «contendores», sem uma ponderação autónoma e que assegure o exercício do contraditório de uma forma inequívoca evidenciando uma tomada de posição própria do órgão decisor, independente e imparcial, poderá colocar em causa a legitimação da decisão.

A adesão a qualquer peça processual, independentemente do sujeito processual que a emita, é sustentável a partir do momento em que esteja garantido o exercício do contraditório, de uma forma concreta e não apenas como uma referência simbólica que permita o seu funcionamento tão só como um «vago ídolo a adorar, a qualquer custo»[703]. É manifesto que o princípio do contraditório não pode ser «colocado de lado» quando se reenvia a argumentação de uma decisão para a argumentação justificante de um dos sujeitos processuais. O que importa, fundamentalmente, é que não se efectuem reen-

---

[701] No sentido de uma diferenciação entre a exigibilidade de requisitos, Ignacio Colomer efectua a distinção entre a «motivação por remissão a uma mesma causa ou procedimento» e a «motivação por remissão externa à causa ou procedimento»: cf. *La Motivacion de las Sentencias*, cit., p. 402-406.

[702] Referindo-se concretamente à ilegitimidade da fundamentação de uma sentença se sustentar directamente na ligação aos motivos de recurso do MP, por colidir com o requisito da «legitimação para motivar» decorrente da função extraprocessual da fundamentação, vejam-se Menna, *ibidem*, p. 198 e Amodio, *ibidem* p. 231. No sistema espanhol, salientando o problema da remissão para actos não jurisdicionais (como são considerados os actos do MP) na jurisprudência constitucional e a forma de decisão não uniforme veja-se Ignacio Colomer, cit., p. 399. Em Portugal admitindo o reenvio para as razões apresentadas pelo MP, em acto de inquérito, embora sem argumentação quanto à questão da legitimação, mas justificando no caso português que o MP é «mais propriamente um órgão de justiça do que uma parte», o TC tem admitido como constitucionalmente válida a fundamentação da decisão por remissão para a promoção do Ministério Público: cf. Ac. TC de 30.7.2003 in *DR II Série*, nº 24 de 4 de Fevereiro. No mesmo sentido cf. os Acórdãos do TC nº 189/99, nº 147/00, de 21.3.2000, nº 5/05, de 25.05.2005.

[703] A crítica é de Iacovello, *ibidem*, p. 790.

A RECONFIGURAÇÃO NORMATIVA DE UM MODELO CONSTITUCIONALMENTE

vios formais e gerais[704] que não evidenciem que no caso se trata de uma decisão autónoma e auto-suficiente, pese embora se encontre ancorada em argumentos anteriormente utilizados[705].

Para além dos requisitos suscitam-se outras questões sobre a amplitude da utilização do princípio onde em regra ele é mais utilizado, ou seja na fundamentação das decisões dos tribunais superiores. Sublinhe-se que se trata de uma prática utilizada em muitas jurisdições de uma forma recorrente e, por vezes, de forma acrítica[706].

Desde logo se alude ao facto da admissibilidade deste modo de justificação sobrelevar a função endoprocessual da fundamentação na medida em que «quem quiser controlar o discurso do juiz sem ter sido parte no processo, o reenvio para fontes externas à sentença torna problemática a reconstrução completa do raciocínio, exigindo-se o acesso ao conteúdo integral do processo»[707].

Por outro lado, questiona-se a ampla liberdade de integração dos argumentos utilizados nas decisões, por vezes com contornos esbatidos, que a coberto do funcionamento da economia processual provocam «um esvaziamento da função do juiz de recurso reduzindo-o a uma reprodução estereotipada do processo de primeira instância»[708]. Recorde-se que na concretização do duplo grau de jurisdição, que aliás é uma das consequências da vinculação constitucional da fundamentação, o que está em causa é efecti-

[704] Assim, neste sentido Ignacio Colomer, *ibidem*, p. 411.

[705] Só desta forma se compreende a admissibilidade no CPP, da remissão no âmbito da decisão instrutória «para as razões de facto e de direito enunciadas na acusação ou no requerimento de abertura de instrução, a que se refere o artigo 307º nº 1 do CPP».

[706] O uso quase generalizado como o TC espanhol utiliza a justificação *per relationem* é desenvolvido e criticado por Sónia Boente, ob. cit. p. 259 e Salaverria, ob. cit. p. 205 e 206. Este último sublinha de um ponto de vista crítico a ideia da «motivação matrioska (uma sentença remete a fundamentação para outra sentença a qual reenvia para uma terceira e assim sucessivamente)» e por outro a «trapaça retórica» que decorre dessa utilização nomeadamente «nos casos em que o objecto da *relatio* não é a verdadeira *ratio decidendi* da sentença invocada mas apenas uma afirmação que se deixa cair por qualquer acaso e não estritamente pertinente ao objecto da sentença», *ibidem*, p. 205. Crítico à orientação jurisprudencial da admissibilidade da justificação *per relationem* em Itália é, também, Menna: cf. *La Motivazione del Giudizio Penale*, cit., p. 198.

[707] Assim Amodio, *ibidem*, p. 232.

[708] *Ibidem*, p. 232. No mesmo sentido, sublinhando sobretudo a possibilidade de «trapaça retórica» que isso pode provocar veja-se Salaverria, ob. cit. p. 206.

vamente o facto de ser garantido, pelo direito ao recurso, um efectivo direito a um *nuovum iudicium*. Nesse sentido, a admissibilidade da *relatio* para a decisão da primeira instância, como forma ou modo de concretizar a fundamentação, não pode deixar de garantir que seja efectuado pelo tribunal de recurso um efectivo «exame crítico da censura desenvolvida pelo impugnante»[709] que consubstancie um autónomo juízo.

A evidência e clareza da fundamentação da sentença são um conteúdo que decorre directamente da função extraprocessual. A utilização de mecanismos de fundamentação que ponham em causa essa finalidade dificilmente será compatível com a vinculação constitucional que foi exposta. Daí que a utilização da fundamentação *per relationem*, mesmo para aqueles que a entendem «apenas» como uma técnica de integração do texto linguístico», não pode colidir com a ausência de um discurso argumentativo lógico, coerente e suficientemente explícito que impeçam a concretização das finalidades da fundamentação, nomeadamente a sua finalidade extraprocessual.

Por isso não podem ser admissíveis construções justificativas assentes na utilização de *relatios* sem qualquer conexão, ou sustentados em cadeias sucessivas de relações que se vão acumulando de decisão para decisão. Ou seja, não será sustentável como modo de fundamentação a existência de uma pluralidade de reenvios de tal forma que em determinado momento se perca o sentido da decisão que se pretende fundamentar e se ponha em causa a própria auto-suficiência da decisão. A decisão reenviante deve assim estar precisamente identificada e sobretudo adequadamente fundamentada de modo que o reenvio efectuado seja explícito[710].

Uma fundamentação sustentada em raciocínios de reenvio deve traduzir sempre o conteúdo claro da justificação da decisão que se está a fundamentar e não outra. Como se referiu, a sentença é um documento que tem que se bastar por si próprio perante os seus destinatários. A sua fundamentação,

---

[709] Esse é também o limite em que se sustenta a admissibilidade da justificação *per relationem* para Amodio: *ibidem*, p. 233. Autores como Siracusano não admitem no entanto a justificação *per relationem* entre a sentença de recurso e a sentença de primeira instância porquanto não constitui uma adequada resposta aos motivos que fundam o recurso, que devem ser especificados, de acordo com o artigo 581 leet. c): cf. Siracusano, Galati, Tranchina, Zapallà, *Diritto Processuale Penale, volume II*, cit., p. 499.

[710] É absolutamente clara a afirmação produzida no Ac. TC 147/00 aludindo ao que seria a eventual inconstitucionalidade de uma norma que permitisse «pelo facto da remissão, [que] a acessibilidade dos fundamentos se tornasse labiríntica, ou particularmente complexa».

A RECONFIGURAÇÃO NORMATIVA DE UM MODELO CONSTITUCIONALMENTE

mesmo que assente em argumentos *per relationem* tem que cumprir esse destino. Se o não fizer certamente estará inquinada de vícios ou patologias que a colocam em causa[711].

3. A fundamentação implícita

O princípio legal da concisão, como elemento racionalizador da fundamentação da sentença, inspira a concretização de modos de fundamentação simplificados. Daí que é ainda como reflexo desse modo conciso de fundamentar que surge a questão da fundamentação implícita.

Por fundamentação implícita entende-se aqui o modo de fundamentar «através do qual a argumentação expressa sobre um ponto concreto da decisão funciona como justificação não expressa para outro ponto da decisão, ligado àquele por um nexo de consequencialidade lógica ou jurídica»[712].

As questões que a admissibilidade teórica de um conceito «autónomo» de fundamentação implícita suscitam, como modo de fundamentação, não são doutrinalmente pacíficas.

Da afirmação inequívoca da sua admissibilidade, até pelo seu reconhecimento jurisprudencial, à negação pura e simples da existência de um modo implícito de fundamentar, por se tratar de uma «não fundamentação»[713], são várias as posições doutrinárias sobre a questão[714].

---

[711] Partilha-se, deste modo, de alguma maneira a afirmação de Iacovello ao referir que «uma vez integrado o texto "per relationem" as alternativas são duas: ou o silêncio sobre um ponto decisivo traduz uma lacuna lógica no discurso justificativo e então a motivação é respectivamente deficiente e ilógica; ou o discurso lógico não se apresenta vago e então não subsiste nenhuma nulidade, ainda que porventura o reenvio possa ser efectuado – não obstante o contraditório – para um acto precedente de qualquer das partes ou do juiz»: *ibidem* p. 790.

[712] Assume-se, como ponto de partida a definição de Iacovello in «Motivazione della sentenza penale (controlo della)», cit., p. 794.

[713] Neste sentido, Evangelista refere que a motivação implícita «não é uma forma particular de motivação mas uma não motivação»: cf. «La motivazione della sentenza civile», *Enciclopédia del Diritto*, T. XXVII, Giuffrè, Milano, 1977, p. 162. Também Taruffo não admite a motivação implícita como modo de motivação porque, segundo, o autor, «ou há motivação específica e expressa, ou não há motivação»: cf. *La Motivazione della Sentenza Civile*, cit., p. 434.

[714] Amodio entende que a motivação implícita, como a motivação *per relationem* pertence à fisiologia da sentença e por isso ao modo de fundamentação: «Motivazione della sentenza penale», cit., p. 228. Ignacio Colomer, efectua uma análise sobre a questão em Espanha, partindo da constatação e aceitação jurisprudencial do conceito, questionando, no entanto, a sua autonomia, entendendo que os «típicos casos de motivação implícita, teoricamente falando, limitam-se àqueles em que a decisão expressa do juiz contida na motivação ou no

A fundamentação implícita identifica-se como uma ligação de argumentos no interior da própria decisão e nessa medida consubstancia um modo de motivar. O que está em causa na fundamentação implícita é, segundo Iacovello, «um antídoto à repetição de argumentos relativos à questão de facto e à questão de direito ou de qualquer forma correlacionada através de uma implicação racional ou normativa»[715]. Sublinhe-se que aqui, tal como na justificação *per relationem*, está em causa a utilização de mecanismos de argumentação sustentados no princípio da concisão argumentativa. «Na motivação implícita falta o texto gráfico mas não falta o discurso argumentativo», refere Iacovello[716].

Não podem omitir-se, no entanto algumas dúvidas suscitadas pela utilização de um modo de fundamentar desta natureza nomeadamente, quando se pretendem compatibilizar as exigências de coerência e congruência da sentença, numa perspectiva endoprocessual, mas também a compreensibilidade e transparências decorrentes da finalidade extraprocessual da fundamentação. A motivação implícita apenas indica a própria decisão ou seja, o resultado da resolução da questão, omitindo explicitamente o desenvolvimento argumentativo que constitui afinal as razões e as justificações que estão na sua essência[717].

O mecanismo ou o modo implícito de fundamentar pode assumir em determinadas situações um papel relevante na concretização do princípio da concisão da argumentação nomeadamente, na fundamentação das sentenças objectivamente complexas, onde o modo de fundamentar pelo juiz exige o apelo a sucessivos retornos de argumentação, ou mesmo nas decisões

---

dispositivo carece de uma justificação expressa pelo que há que encontrar ou deduzir a sua razão de ser no conjunto da sentença». Acaba por entender que a questão não tem «virtualidade com referência às duas figuras que dão relevância ao silêncio do julgador [no acto de motivar], a omissão de pronúncia e a "desestimacion tácita"»: cf. *La Motivacion de las Sentencias,* cit., p. 390. Perfecto Ibañez «sublinhando a franca aceitação da jurisprudência espanhola por tal forma de motivação» sobretudo no âmbito da prova «directa» crítica a sua utilização que transforma o que seria uma «expressão da motivação» em «verdadeira ausência de motivação»: cf. «Acerca de la motivación de los hechos...» cit., p. 289. Sublinhando que a motivação implícita «baixa os rigores da coerência lógica e a congruência da decisão», veja-se Rivero Ortega, «Quien custodia a los custódios?...» cit., p. 39.

[715] *Ibidem,* p. 794.

[716] *Ibidem,* p. 794.

[717] Cf., neste sentido, Amodio, «Motivazione della sentenza penale», cit., p. 190.

mais simples onde a afirmação de um argumento poderá ser suficiente para tornar implícito um outro.

Trata-se de áreas onde é possível aplicar este modo de fundamentar, sem que isso possa colidir com a exigência da explicitação dos motivos de facto e de direito. Na sua utilização devem ter-se, no entanto, bem presentes os riscos e o limite de uma incompreensão da argumentação e, nessa medida, ter que assumir-se algum cuidado no seu campo de aplicação.

Na fundamentação implícita não se trata de falta de motivação mas tão só de falta de expressão explícita da motivação. Nessa medida não é possível concretizar o vício da omissão de pronúncia podendo, no entanto, cair-se num outro vício da motivação que, como patologia, afecte de forma irremediável a decisão[718].

O enquadramento doutrinal da questão permite concluir pela admissibilidade da motivação implícita apenas nos termos restritivos referidos na medida em que, de outra forma, a sua justificação dificilmente será compatível com as finalidades extraprocessuais atinentes à fundamentação.

Face à norma genérica estabelecida no artigo 97º nº 5 do CPP, que exige a especificação dos motivos de facto e direito na fundamentação dos actos decisórios, é actualmente incontornável qualquer admissibilidade de uma fundamentação implícita que vá para além das situações e dos casos referidos nomeadamente, no âmbito da fundamentação das sentenças complexas, com os contornos referidos, ou em decisões simples onde seja evidente que a afirmação de um argumento torne implícito um outro argumento que se pretendeu utilizar[719].

V. Particularidades do modelo constitucional de fundamentação no sistema penal

O modelo de fundamentação vinculadamente constitucional que se vem analisando assume no sistema processual penal algumas características espe-

---

[718] Alertando para esse tipo de vícios Iacovello dá o exemplo de que a «omissão de valoração de uma contraprova pode tornar a motivação "faltosa"; a omissão da valoração de um contra-argumento pode tornar a motivação "defeituosa": no primeiro caso trata-se de uma motivação parcialmente omissa, no segundo pode constituir um vício lógico da motivação»: *ibidem*, p. 795.

[719] Não admitindo a fundamentação implícita veja-se Vinício Ribeiro, *Código de Processo Penal. Notas e Comentários*, cit., p. 210.

A FUNDAMENTAÇÃO DA SENTENÇA NO SISTEMA PENAL PORTUGUÊS

cíficas cuja análise global pode permitir uma compreensão do sistema de fundamentação das decisões de modo integrado.

De um lado, a evolução legislativa no próprio processo penal tem evidenciado algumas soluções no âmbito das decisões colegiais decorrentes de opções legislativas absolutamente legítimas, mas sustentadas numa dogmática pouco sedimentada nomeadamente, o alargamento do voto dissidente a todas as decisões proferidas nos tribunais de primeira instância, tanto sobre a matéria de facto como sobre a questão jurídica.

Por outro lado, a imposição constitucional do princípio da generalidade da fundamentação das decisões impôs uma outra perspectiva ao tratamento da questão da fundamentação tanto no âmbito das decisões interlocutórias proferidas no âmbito do processo penal nomeadamente, quando estão em causa decisões que restrinjam direitos fundamentais, como nas decisões proferidas no âmbito dos sistema processual que rege a execução da pena privativa da liberdade.

Trata-se de situações cujo contexto de decisão onde estão estruturadas assume um modelo estrutural diferenciado em relação ao esquema típico da sentença. Impõe-se, por isso, uma análise destas particularidades do modelo de fundamentação.

1. A fundamentação nas decisões colegiais e a questão do voto de vencido

Uma das questões menos consensuais no domínio das especificidades do processo de fundamentação das sentenças penais, quando estão em causa decisões judiciais colectivas, prende-se com a admissibilidade da divulgação das opiniões dissidentes dos juízes que compõem o colectivo ou seja, a questão do voto de vencido. Interessa-nos, face ao objecto do trabalho, analisar qual o sentido do voto de vencido na fundamentação da sentença penal, tendo em conta as finalidades que lhe estão subjacentes num modelo de fundamentação constitucionalmente vinculado.

No processo de decisão judicial colegial tanto o contexto de decisão como o contexto de justificação estão condicionados pelo facto da natureza intersubjectiva do processo de decisão que, além do envolvimento de vários sujeitos processuais com papéis diferenciados, tem como elemento específico a colegialidade do órgão tribunal. A decisão colegial é proferida por uma entidade impessoal que, no entanto, é composta por pessoas, juízes ou jurados, que têm a sua própria individualidade manifestada também no seu modo de decidir.

A aplicação do direito efectuada por um órgão colegial traz ínsita a possibilidade de existência de discrepâncias e divergências no modo de entender todo o processo decisório na medida em que todo aquele processo está ancorado em valorações que não têm que ser coincidentes por todos os juízes que nela tomam parte.

Na tradição jurídica a colegialidade assume um papel fundamental na jurisdição nomeadamente, na solidificação de princípios tão fundamentais como a garantia da independência e imparcialidade dos tribunais. Uma decisão tomada sob a forma colegial coloca os juízes que o compõem em posição de maior liberdade de decisão travando pressões externas, descuidos, ou mesmo motivações pessoais dos juízes que possam influenciar o seu julgamento[720].

Dum ponto de vista epistemológico sublinhe-se que uma decisão colegial permite a reflexão colectiva através do confronto de pontos de vista divergentes e mesmo contrários, «que melhor conduzem a uma solução objectiva, razoável ou equitativa»[721]. Daí que o modo de decisão colegial seja, em regra, no que respeita ao procedimento, reservado para os casos mais graves ou mais relevantes, tanto em países da *civil law*, como em países do *commom law*, de modo a conferir uma maior confiança aos cidadãos.

Os sistemas de colegialidade no domínio da justiça estão estruturados em organismos (tribunais, secções, plenários, câmaras) cuja tomada de decisão envolve no mínimo três pessoas, sendo adaptáveis consoante as circunstâncias históricas e culturais de cada país ou sistema. No modo de decisão colegial funciona, no processo decisório, a regra da maioria, simples ou qualificada ou da unanimidade.

O que, em regra, é variável é o modo de exteriorização do processo de decisão, traduzido na possibilidade de expor a existência e o conteúdo de algumas posições decisórias ou argumentativas individualmente sustentadas por cada juiz ou elemento do tribunal que o compõe. Não está em causa a eficácia da decisão proferida através de um processo maioritário, que, independentemente dos termos em que assentou, «não perde em nenhum momento a força jurídica, por mais opiniões dissidentes que a acompa-

---

[720] Sublinhando a colegialidade das decisões como garantia da imparcialidade e independência dos tribunais, veja-se Marie-Anne Cohendet in «La collégialité des jurisdictions: un principe en voie de disparition?», *Revue française de Droit Constitutionnel*, nº 68, 2006, p. 719.

[721] Neste sentido, Marie-Anne Cohendet, *ibidem*, p. 721.

A FUNDAMENTAÇÃO DA SENTENÇA NO SISTEMA PENAL PORTUGUÊS

nhem»[722]. Trata-se, na questão do voto de vencido, de analisar as consequências da exteriorização do processo de decisão e da sua repercussão na legitimação da decisão.

As tradições judiciais assumem, neste domínio, perspectivas diversas que têm condicionado a aplicação normativa das soluções encontradas para cada sistema ou país. A CEDH, no seu artigo 45º § 2, consagra expressamente a possibilidade do voto de vencido de qualquer dos juízes quando a decisão não é unânime, contrariamente à inadmissibilidade do voto de vencido no âmbito do Tribunal de Justiça das Comunidades, cuja sustentação dogmática decorre da influência francesa que esteve na origem do tribunal[723].

Por um lado, a abertura descomplexada ao modelo de liberdade de exposição do processo de decisão que se constata nos sistemas de *common law*, onde a exteriorização da posição vencida no âmbito de uma decisão colegial, tanto através da *dissenting opinion* como de uma *concurring opinion*[724], não é, em regra, questionada. Aqui a admissibilidade do voto de vencido assente

---

[722] Assim, Francisco Javier Ezquiaga Ganuzas, *El Voto Particular*, Centro de Estúdios Constitucionales, Madrid, 1990, p. 66.

[723] Cf. sobre esta matéria, Fréderic Sudre, «La Motivation des décisions de La Cour Européenne des Droits de L'Homme», in *La Motivación des Décisions des Jurisdictions Internationalees*, cit., p. 171 referindo o autor que o voto de vencido, «não fazendo parte da decisão contribui, no entanto, para a sua motivação». A importância do voto de vencido no TEDH, como forma de afirmação e legitimação das decisões num espaço jurídico europeu diferenciado é tratada num interessante estudo sobre a análise quantitativa e qualitativa do voto dissidente no TEDH: cf. Fred J. Bruinsma, «The room at the top: separate opinions in the Grand Chambers of the ECHR (1998-2006)» in *Ancilla Iuris* (anci.ch), 2008, pp. 32-43. Sobre a questão no Tribunal de Justiça das Comunidades, veja-se Maria Angeles Ahumada Ruiz, «La regla de la mayoria y la formulación de doctrina constitucional», *Sub judice*, nº 42, Janeiro-Março, 2008, p. 16. Relativamente aos tribunais internacionais, sublinhe-se que o voto dissidente é também admitido do Tribunal Internacional de Justiça, sendo, no entanto, visto pela doutrina com alguma especificidade. Segundo Cahin, a «opinião dissidente não exprime um ponto de vista que possa ser visto como um documento inteiramente separado ou distinto da decisão; reflecte, ao contrário a participação activa e continuada do juiz dissidente na elaboração da decisão»: cf. Gérard Cahin, «La motivation des décisions de la Cour Internationale de Justice», in Hélène Ruiz Fabri et Jean-Marc Sorel, *La Motivation des Décisions des Jurisdictions Internationales*, cit., p. 21.

[724] As *dissentig opinion* são declarações de voto apresentadas por um dos juízes do tribunal colectivo discordando da solução que fez vencimento. As *concurring opinion* são declarações de voto apresentadas por um juiz que, concordando com a decisão, discorda da fundamentação apresentada na decisão maioritária.

276

na tradição jurídica, não tem qualquer fonte normativa específica[725]. Em regra é apenas utilizado nas questões de direito tendo em conta que naqueles sistemas, em regra, os juízes não funcionam em colectivo nos julgamentos de primeira instância. No entanto, mesmo quando nos tribunais superiores é reapreciada a questão da matéria de facto, os juízes estando em desacordo podem manifestá-lo através do voto de vencido[726].

Numa outra perspectiva, assente numa dimensão de fechamento institucional sustentada no modo de produção das deliberações judiciais de uma forma secreta, estruturam-se os modelos processuais de *civil law* surgindo como paradigmáticos os sistemas processuais germânico, italiano e francês.

O sistema constitucional germânico assenta no segredo da deliberação, conforme decorre dos §192-197 da Lei do Tribunal Constitucional (*Gerichtsverfassungsgesetz*), impedindo a divulgação de opiniões discordantes que tenham ocorrido no momento da discussão e deliberação. Admitindo a sua existência, as opiniões dissidentes podem ser concretizadas e expostas em documento próprio que, no entanto, fica junto aos autos, fechado[727].

---

[725] Neste sentido, em relação à situação nos Estados Unidos, Elizabeth Zoller salienta a expansão do voto de vencido naquele País aos juízes estaduais e federais, estabelecendo uma correlação entre esse direito e a responsabilização pública dos actos dos juízes: cf. «La pratique de l'opinion dissidente aux États Unis» in Pierre Avril, *La Republique*, Montchrestien, Paris, 2001 p. 620. Sobre a tradição como fonte legitimadora do voto de vencido no Canadá e nos Estados Unidos, veja-se Marie Claire Belleau, Rebecca Johnson, «Les opinions dissidentes au Canada», p. 2, in *Cycle de conférences annuellles sur les méthodes de jugement*, Grand Chambre, Cour de Cassation, Paris, Octobre 2005 (disponível in www.courdecassation.fr/colloques – consulta 2.02.2009) e Marie Claire Belleau, Rebecca Johnson, «La dissidence judiciaire: réflexions préliminaires sur les émotions, la raison et les passions du droit/Judicial Dissent: Early Reflections on Emotion, Reason, and passion in Law», in Marie-Claire Belleau et François Lacasse, dir. *Claire L'Heureux-Dubé à la Cour Suprême du Canada, 1887-2002/Claire L'Heureux-Dubé at the Supreme Court of Canada, 1987-2002*, Québec, Wilson & Lafleur, 2004, p. 704.

[726] No sistema processual inglês (Inglaterra e País de Gales), para além dos casos em que funciona o tribunal de júri composto por jurados, «as decisões de primeira instância (com excepção das decisões tomadas pelos tribunais em que intervêm *magistrates* não profissionais) são proferidas por um único juiz. Somente nas situações de recurso os juízes julgam numa formação colegial: um juiz e dois *magistrates* no caso de recurso de uma decisão de um tribunal de *magistrates*, proferida perante a *Crown Court*, três juízes na *Court of Appeal* e cinco juízes na Câmara dos Lordes (...). Nos tribunais de recurso os juízes podem emitir opiniões separadas e fazem-no com muita frequência»: cf. Ian Campbel, «Réflexions autour de la rédaction de la décision de justice», *Revue International de Droit Comparé*, 50º année, nº 3 Juillet – Setembre 1998, p. 836.

[727] Sobre o sistema parcialmente «fechado» germânico que admite a opinião dissidente no âmbito da justiça constitucional veja-se Jorg Luther, «L'Esperienza del voto dissidente nei

A FUNDAMENTAÇÃO DA SENTENÇA NO SISTEMA PENAL PORTUGUÊS

No sistema penal a regulamentação precisa do modo de deliberação nas decisões colegiais no processo penal não permite, no entanto, que as posições minoritárias que decorram do debate sejam objecto de exteriorização através da publicitação do voto de vencido.

No sistema italiano, quer no domínio constitucional, quer no âmbito das legislações processuais não é admissível a exteriorização do voto dissidente[728]. No que respeita ao processo penal todo o processo de decisão é secreto, sendo no entanto reconhecida e admitida a opinião dissidente, segundo o artigo 125, 5, do CPPit, que não podendo ser divulgada, serve apenas para efeitos de efectivação de eventual responsabilidade civil. A opinião dissidente é, nestes casos, escrita e selada num envelope, não podendo as partes ter acesso a tal opinião. O objectivo é apenas prevenir responsabilidades decorrentes de um eventual erro judiciário, funcionando o dispositivo legal apenas para esse efeito[729].

---

paesi di língua tedesca» *Política del Diritto*, Volume XXV n. 2, Giugno, 1994, p. 241 e Christian Walter, «La pratique des opinions dissidentes à l'étranger: en Allemagne», *Les cahiers du Conseil Constitutionnel*, nº 8, 2000, p. 81. Sobre o modo como funciona o sistema veja-se J.M. Garcia Moreno, «Los tribunales de Escabinos en Alemania», *Jueces para la Democracia, Información y Debate*, nº 43, Marzo, 2002, p. 94. A impossibilidade do voto de vencido neste domínio é no entanto hoje questionada por alguns sectores minoritários da doutrina. Veja-se, neste sentido, Christoph Strecker, «Das Rechtsbeugungsprivileg», *Betrifft JUSTIZ*, nr. 96, Dezember, 2008, p. 377.

[728] No sistema italiano o debate sobre a questão é fecundo no âmbito constitucional. Assim veja-se Sérgio Bartoli, «Opinioni dissidenti: problemi istituzionali e cauteli procedurali», in *Política del Diritto*, Volume XXV n. 2 Giugno 1994, p. 267, Alessandro Pizzorusso, «Osservazioni del dissenso nelle motivazioni delle decisioni della Corte Costituzionale», *Política del Diritto*, Volume XXV n. 2 Giugno 1994, p. 277 e «Le opinioni dissenzienti ed il ruolo attuale della corte costituzionale», *Questione Giustizia*, nº 1 1994, p. 33, Roberto Romboli, «Introduzione dell'opinione dissenziente nei giudizi costituzionali: strumento normativo, aspetti procedurale e ragioni d'opportunità», *Política del Diritto*, Volume XXV n. 2, Giugno, 1994, p. 281, António Ruggeri, «Per la introduzione nel dissent nei giudizi di costituzionalità: problemi di técnica della normatzione», *Política del Diritto*, Volume XXV n. 2, Giugno 1994, p. 299, Giuseppe Borre, «Sentenza n. 2/1994 della Corte Costituzionale. Un experienza di opinione dissenziente», *Questione Giustizia*, nº 2-3, 1994, p. 581. Sublinhe-se que a doutrina entende que o segredo das deliberações, nomeadamente do Tribunal Constitucional «não tem valor constitucional»: cf. neste sentido Gustavo Zagrebelsky, «Contribuitions au débat sur les opinions dissidentes dans les jurisdictions constitutionnelles: en Italie», *Les Cahiers du Conseil Constitutionnel*, nº. 8 2000, p. 107. Aludindo à doutrina germânica e italiana e aos sistemas processuais destes dois países, Figueiredo Dias fala de «privilégio que se confere ao segredo de deliberação e votação»: cf. «Segredo de deliberação e votação em processo penal», cit., p. 517.

[729] Cf., neste sentido, Paolo Tonini, *Manual di Procedura Penale*, cit., p. 509 e Gustavo Zagre-

O sistema francês não admite o voto de vencido, mesmo no âmbito constitucional, sendo neste domínio a sua admissibilidade profundamente discutida[730].

Não é certa a afirmação que a questão do voto de vencido seja um pilar identificativo do sistema de *civil law* não devendo, por isso, falar-se nesta questão numa sobreposição entre o modelo de *civil law* e o modelo de segredo de deliberação. Vários países que partilham da mesma cultura jurídica aceitam nas suas ordens jurídicas, tanto no âmbito constitucional como no âmbito do processo civil, penal e administrativo a publicitação do voto de vencido sendo perceptível, aliás, alguma «evolução» da doutrina nos países que não admitem o voto de vencido no sentido de alguma mudança[731].

---

belsky, *ibidem*, p. 107. No mesmo sentido, Franco Cordero, *Procedura Penale*, 8ª edizione, Giuffrè, Milano, 2006, p. 1014.

[730] Uma panorâmica geral sobre o debate pode ver-se em Dominique Rousseau, «Pour ou contre les opinions dissidentes», *Les cahiers du Conseil Constitutionnel*, nº 8, 2000, p. 80. Defendendo a pertinência da admissibilidade veja-se Dominique Rousseau, «Pour: une opinion dissidente en faveur des opinions dissidentes», in *Les cahiers du Conseil Constitutionnel*, nº 8, 2000, p. 113 e também em «Les opinions dissidentes, "preuve" de la rationalité des décisons de justice», in Francisco Fernandez Segado (editor), *The Spanish Constitution in the European Constitutional Context. La Constitución Española en el Contexto Constitucional Europeu*, cit., p. 1113. De igual modo defendendo a introdução das opiniões dissidentes em todo o ordenamento jurídico francês, sobretudo sustentado na defesa do princípio da transparência como reforço da legitimidade democrática das instituições judiciárias, cf. Yannnick Lécuyer in «Le secret du délibéré, les opinions séparés et la transparence», *Revue Trimestrelle de Droit de l'Homme*, nº 57, 2004, p. 198 e ss, esp. p. 222. Defendendo a lógica diferente do sistema constitucional francês face ao norte-americano e daí retirando a justificação para o actual sistema veja-se Elizabeth Zoller, «La pratique de l'opinion dissidente aux États Unis» in Pierre Avril, *La Republique*, cit., p. 609. Contra a admissibilidade do voto de vencido, François Luchaire, Georges Vedel, «Contre: le point de vue de deux anciennes membres du Conseil Constitutionnel», *Les cahiers du Conseil Constitutionnel*, nº 8, 2000, p. 111. Para além da questão doutrinal, a importância da matéria do voto dissidente é manifestada no valor que é atribuído às opiniões emitidas nos pareceres dos advogados gerais, no âmbito da *Cour de Cassation*, e dos comissários do governo nos tribunais administrativos que propõem soluções jurídicas relevantes e, sendo públicas, são vistas muitas vezes como opiniões ao mesmo nível das «dissenting opinion».

[731] Aos países já referidos que admitem o voto de vencido no âmbito constitucional (Alemanha, Portugal, Espanha) acrescem a Grécia e a Hungria que admitem o voto de vencido nas suas Constituições, neste último caso desde 1989 (artigo 26º da Lei nº XXXII de 1989): cf. László Trócasányi, «Les opinions individuelles en Hongrie: une instituition», *Les cahiers du Conseil Constitutionnel*, nº 8, 2000, p. 104. Países como a Espanha, Portugal, Roménia e Grécia admitem o voto de vencido nas suas ordens jurídicas e concretamente no sistema processual penal. Manuel Atienza salienta a França, a Itália e os Países Baixos, no domínio da mesma cul-

O fraccionamento entre os sistemas é profundo e historicamente sedimentado assumindo cada uma das razões justificativas para uma ou outra opção uma dimensão ampla que apenas pode ser topicamente abordada[732].

O modelo de segredo de deliberação, em que não é admissível a exteriorização das opiniões divergentes, sustenta-se, num primeiro argumento, na compreensão de que a entidade tribunal deve funcionar exactamente como um órgão que existe para além dos seus membros. A afirmação da impessoalidade da decisão como matriz fundamental impõe que o tribunal ao proferir uma sentença deve assegurar a força vinculativa da sua decisão impedindo a divulgação do modo de decisão interna.

Nesse sentido, entende-se que os membros do colectivo jurisdicional são obrigados a manter segredo sobre o que foi dito durante a deliberação. Sublinha-se que «o público e os intervenientes não podem saber em que sentido

---

tura judicial como exemplos onde não se admite «a exteriorização da discrepância judicial», contrapondo-o ao modelo espanhol: cf. *Tras la Justicia*, cit., p. 17. Posição contrária, salientando a questão das *dissentig opinions e concurring opininons* como «imagem» paradigmática da diferença dos sistemas de justiça de *common law* e continental pode ver-se Camille Jauffret-Spinosi, «Elaboration des décisions de justice», *Revue International de Droit Comparé*, nº 3 Juillet Septembre 1998, pp. 758 e 760. Para uma perspectiva comparada mais aprofundada veja-se Francisco Ganuzas, *El Voto Particular*, cit., p. 70. O debate a que se fez referência na nota anterior no sistema italiano é sintomático dessa mudança: veja-se, sobretudo Gustavo Zagrebelsky, *ibidem*, p. 107 e 109.

[732] Os casos dos sistemas portugueses e espanhol embora com matrizes diferenciadas, são paradigmáticos. No caso espanhol o sistema vigente, que admite o voto de vencido em matéria de facto e de direito, decorre de uma tradição assente nas *Ordenanzas de Medina* de 1489, sendo hoje generalizadamente aceite em toda a ordem jurídica. Veja-se, sobre o sistema espanhol, Francisco Ganuzas, *El Voto Particular*, cit., esp. pp. 91 e ss. Em Portugal, e apenas no domínio do processo penal, o CPP29 admitia o voto de vencido em matéria de direito no âmbito dos julgamentos em tribunal colectivo, sendo que a doutrina questionava a razão do impedimento do voto dissidente em matéria de facto. Veja-se sobre esta questão Luís Osório, *Comentário ao Código de Processo Penal Português, 5º volume*, cit., pp. 307 e 314. A alteração ao regime imposta pelo Código de 1987, como se verá *infra*, teve uma vigência relativamente curta, porquanto logo em 1998 regressou-se ao sistema do CPP de 29, admitindo-se o voto de vencido em primeira instância quanto à matéria de direito. Em 2007, com a reforma introduzida, retorna-se à admissibilidade do voto de vencido também em matéria de facto. Também o Código de Processo Penal da Roménia de 1969 (artigo 308) e o Código de Processo Penal Grego (artigo 371º pr.2), países cujo sistema jurídico se estrutura no âmbito da *civil law*, admitem o voto de vencido.

se pronunciou este ou aquele magistrado nem fazer qualquer afronta sobre as posições que pessoalmente adoptou»[733].

Num segundo argumento sublinha-se que a não admissibilidade de vozes dissidentes no processo de decisão para além de afectar o princípio da colegialidade, na medida em que este salvaguarda a independência dos juízes[734], sobretudo nas decisões mais difíceis, diminui a força e autoridade das sentenças, comprometendo também a certeza jurídica debilitando o grau de convencimento e aceitação[735].

Acrescente-se ao conjunto de razões invocadas, a afirmação de Figueiredo Dias de que «especialmente do ponto de vista comunitário, o restabelecimento da paz jurídica posta em causa pelo crime e a consequente reafirmação da validade das normas violadas são objectivos que se alcançam no processo penal com maior probabilidade e eficácia através da unidade de uma decisão conseguida pelos seus autores»[736].

No que respeita ao «modelo de divulgação», refira-se que não sendo o peso histórico e tradicional que nos sistemas de *common law* justificam a admissibilidade do voto de vencido só por si suficiente para a compreensão do princípio, existem, desde logo, razões macro políticas que assentam em concepções judiciais diferenciadas, as quais atribuem um pendor mais acentuado

---

[733] Neste sentido, Thierry Le Barr refere que «o rancor de uns ou de outros destinar-se-á à instituição que neste sentido serve de filtro entre os juízes e os *justiciables*»: cf. Thierry Le Barr, «Juge unique/collégialité», in *Dictionnaire de la Justice*, puf, Paris, 2004, p. 685.

[734] Salientando a garantia da liberdade moral da pessoa que decide como justificação para o segredo da deliberação no sistema italiano veja-se Paolo Tonini, *Manuale di Procedura Penale*, cit. p. 507. Trata-se, no entanto de um argumento reversível que por outros autores é utilizado exactamente como «fonte» de defesa do voto de vencido: veja-se, neste sentido Marie Claire Belleau, Rebecca Johnson, «La dissidence judiciaire: réflexions préliminaires sur les émotions, la raison et les passions du droit/Judicial Dissent: Early Reflections on Emotion, Reason and passion in Law», cit., p. 706.

[735] Argumentos aduzidos por Calamandrei, in «Processo e democrazia», *Opere Giuridiche*, Vol. I Morano, Nápoles, 1965, p. 658 *apud* Jose Luís Cascajo Castro, «La figura del voto particular en la jurisdiction constitucional española», *Revista Española de Derecho Constitucional*, nº 17 Maio/Agosto, 1986, p. 178. Sublinhando o argumento da manutenção da garantia de autoridade das decisões para impedir o voto de vencido em França, Itália e Países Baixos, veja-se Manuel Atienza, *ibidem* p. 17. Sobre a defesa da independência e da autoridade da decisão colegial também se refere Figueiredo Dias, sustentado na doutrina alemã citada: cf. «Segredo de deliberação...», cit., pp. 517, 518 e 519.

[736] *Ibidem*, p. 519.

A FUNDAMENTAÇÃO DA SENTENÇA NO SISTEMA PENAL PORTUGUÊS

à transparência dos processos de decisão e à própria responsabilização de quem as profere[737].

Precisando as razões justificativas da admissibilidade do voto de vencido alude-se desde logo à necessidade de assegurar o direito à livre expressão da opinião do juiz, o qual não obstante ser membro de um colectivo não perde (nunca) a sua liberdade de opinião e decisão que, aliás, se configura como a essência do seu estatuto[738].

Numa perspectiva funcionalista, mas não menos relevante, sublinha-se o papel que a fundamentação que consta dos votos dissidentes cumpre em algumas funções importantes que decorrem da fundamentação. Segundo Gunnar Bergholtz, as motivações dissidentes «funcionam como instrumentos para o controlo e equilíbrio no seio do tribunal, incrementando a sua capacidade e impedindo a letargia judicial. Também se diz que as motivações dissidentes são armas poderosas contra o erro que ajudam a delimitar o direito real num caso concreto. Os casos concretos beneficiam da possibilidade de dissenso porque os juízes podem trabalhar mais cuidadosamente e podem considerar melhor o peso dos diferentes argumentos jurídicos»[739].

Uma outra razão prende-se com o facto de que a partir do momento em que se constata uma discordância que põe em causa a unanimidade da decisão, os argumentos utilizados pela maioria têm que ser mais claros e cuidadosos o que, para além de melhorar a qualidade da decisão, possibilita o entendimento da decisão por parte dos seus destinatários[740]. O que só por

---

[737] Sublinhando a dimensão da responsabilização dos juízes no sistema norte-americano como um dos factores explicativos das *dissenting opinion*, veja-se Elizabeth Zoller, «La pratique de l'opinion dissidente aux États Unis», cit., p. 609.

[738] Referindo-se a esta dimensão veja-se Figueiredo Dias, «Segredo de deliberação...», cit., p. 527. No âmbito do CPP29, Dário Almeida admitia a existência do voto de vencido «de modo que possa revelar a coragem de expor um ponto de vista e de a fundamentar»: cf. *O Livro do Jurado*, cit., p. 176.

[739] Gunnar Bergholtz, «Ratio e auctoritas: algunas reflexiones sobre la signification de las decisiones razonadas», cit., p. 83.

[740] Assim, neste sentido Manuel Atienza, salienta a facilidade da «sua [da decisão] crítica racional»: cf. *Tras la Justicia*, cit., p. 18. No mesmo sentido Gunnar Bergholtz, sublinhando o facto de que se obtém «uma ideia mais precisa do problema em questão do que obteria se a mesma não tivesse qualquer dissidência»: *ibidem*, p. 83. Sublinhando essa perspectiva como um factor que pode consubstanciar uma melhor qualidade da decisão veja-se Wanda Mastor, «Pour les opinions séparés...», cit. p. 5. Em sentido idêntico, para as decisões do TEDH, veja-se Frederic Sudre, «La motivacion des decision de la cour europeenne des droits de l'homme», cit., p. 176.

A RECONFIGURAÇÃO NORMATIVA DE UM MODELO CONSTITUCIONALMENTE

si leva a que a divulgação das posições minoritárias das decisões torne mais fácil a concretização do seu controlo através do recurso a quem pretende dela recorrer.

Um outro argumento sustenta que o voto de vencido «constitui um instrumento de verdade e de justiça, podendo ser importante para evitar decisões formalistas»[741].

Finalmente, importa referir o argumento de que os votos minoritários são, em muitos casos, o anúncio de uma mudança jurídica em estado de gestação, ou por outras palavras, os votos de vencido de hoje são muitas vezes os votos vencedores de amanhã[742]. Neste âmbito, assume especial interesse a constatação que a opinião dissidente abre a novos caminhos do direito e à forma de o aplicar perante novos problemas sociais que suscitam a intervenção do direito[743]. Numa afirmação notável Benjamim Cardozo, referiu que

---

[741] Assim A. Barbas Homem, *O Justo e o Injusto*, cit., p. 98. Expondo o argumento de que «a opinião do juiz não deve ser sacrificada através de uma unidade formal, a uma unidade que na verdade é simulada», veja-se Figueiredo Dias, *ibidem*, p. 524.

[742] Sublinhando essa dimensão veja-se Manuel Atienza, *ibidem*, p. 18 e Wanda Mastor, «Pour les opinions séparés au Conseil Constitutionnel français», cit., p. 2. Em escrito anterior referimos que «que sobretudo nos Estados Unidos e mais concretamente no Supremo Tribunal Federal muitas das «dissenting opinions» vieram mais tarde servir de fundamento a alterações da jurisprudência anteriormente adoptada pelo Tribunal (...). Em diversos casos emblemáticos, que hoje ninguém questiona como «leading cases», alguns dos votos de vencido pela sua importância e relevância na sociedade americana transpuseram rapidamente fronteiras sendo hoje património jurídico universal. Veja-se por exemplo o célebre voto de vencido do juiz Louis Dembitz Brandeis que no caso Olmstead v. US, 1928, proferido a propósito da possibilidade da polícia exibir em tribunal gravações de conversas telefónicas ilegalmente obtidas, num caso de tráfico de bebidas alcoólicas que contrariou a opinião maioritária do tribunal que, na altura, permitiu tal exibição»: cf. José Mouraz Lopes, «O Sistema penal e a interpretação jurisdicional. Sentido, valor e extensão do "voto de vencido" – os casos da natureza da declaração de especial complexidade do processo, das armas proibidas e do ónus de transcrição», *Polícia e Justiça*, III Série, n.º 2, Julho-Dezembro, 2003, p. 60.

[743] Alguns autores sublinham como argumento fundamental para a aceitação do voto de vencido a necessidade de as decisões também efectuarem uma articulação entre os mundos real e imaginário, respeitando sempre os limites do realismo. «Restringida pelas regras da argumentação jurídica a opinião dissidente abre espaço ao imaginário precisamente porque ele apenas assume uma autoridade persuasiva por oposição à autoridade legal», referem Marie Claire Belleau e Rebecca Johnson, «Les opinions dissidentes au Canada», p. 19. O reflexo desta «liberdade» de decisão assume um papel fundamental em situações jurídicas «de fronteira» permitindo que no voto de vencido sejam explicitadas posições por vezes «proféticas», como salienta William J. Brenan, Jr. in «In defense of dissents» *apud* Marie Claire Belleau,

«a voz da maioria pode ser a voz do poder triunfante, que se satisfaz com o presente sem se preocupar com o futuro. O dissidente fala para o futuro»[744].

A relevância pragmática desta dimensão encontra-se exactamente na possibilidade de exploração de caminhos jurídicos inovadores que o voto dissidente permite e, neste sentido, «as opiniões dissidentes revestem uma expressão que se aventura pelos ideais da justiça e da procura da equidade»[745].

Na avaliação e ponderação do debate refira-se que algumas das razões que sustentam o «modelo de segredo» invocadas assumem uma importância indesmentível no processo de legitimação da própria decisão, nomeadamente o problema da fragilização que o voto de vencido imprime à força que se pretende atribuir à decisão[746]. É um facto que uma decisão onde não se conheçam opiniões dissidentes no seu processo deliberativo transmite uma maior força vinculativa aos seus destinatários do que uma decisão onde são conhecidas opiniões dissidentes.

A afirmação do princípio democrático na conformação do sistema de justiça[747] assente na transparência no modo de elaboração da decisão judicial

---

Rebecca Johnson, «La dissidence judiciaire: réflexions préliminaires sur les émotions, la raison et les passions du droit/Judicial Dissent: Early Reflections on Emotion, Reason and passion in Law», cit. p. 709.

[744] Cf. «Law and literature», *Yale Law Revue*, nº 14, 1925, p. 715. No mesmo sentido, sublinhando o facto do voto de vencido constituir a «semente» para o desenvolvimento futuro do direito, cf. Mary Arden, «Una question de estilo? La forma de las sentencias en los sistemas jurídicos anglo-americanos», cit. p. 113.

[745] Sublinhe-se que esta dimensão assume especial relevância no domínio do voto de vencido no âmbito das decisões de natureza constitucional.

[746] Mesmo em sistemas como o do TEDH onde, como se referiu, o voto dissidente é expressamente admitido, a questão da fragilidade da decisão onde se verificam votos dissidentes é colocada como um dos *handicaps* capazes de questionar a já longa tradição do voto de vencido: neste sentido cf. Frederic Sudre, «La motivacion des decision de la Cour Européenne des Droits de l'Homme», cit., p. 176.

[747] Daí que Thierry Le Barr refira que numa concepção democrática da sociedade «uma decisão tomada por maioria beneficia duma legitimidade acrescida no espírito dos cidadãos»: «Juge unique/collégialité», cit., p. 685. Igualmente Taruffo critica o dogma do segredo da deliberação como factor que elimina o que é uma salvaguarda da democracia e implica que a «motivação da sentença seja uma argumentação neutral, objectiva e despersonalizada, ou seja, um discurso técnico formalístico e linear que não exprime a alternativa e não justifica a escolha de que efectuou a decisão»: cf. «La fisionomie della sentenza in Itália», *Rivista Trimestrale di Diritto e Procedura Penale*, anno XL, 1986 p. 462.

A RECONFIGURAÇÃO NORMATIVA DE UM MODELO CONSTITUCIONALMENTE

é, no entanto, suficientemente poderosa para sustentar posições doutrinárias que contrariam a fragilidade que pode resultar da divulgação de opiniões minoritárias que, inclusive se mostra muitas vezes ela própria muito menos frágil do que as opiniões aparentemente unânimes, mas que se revelam vulneráveis ao primeiro argumento com que são confrontadas em sede de recurso.

É essencialmente essa percepção que tem levado quer à modificação de algumas soluções normativas, quer ao debate aprofundado sobre a necessidade de introduzir o voto de vencido em países e sistemas tradicionalmente ancorados no sistema de segredo[748].

Um sistema de justiça onde as decisões, nomeadamente as sentenças, assumem um papel fundamental no modo de legitimação da própria jurisdição, a racionalidade do processo de decisão e de fundamentação das sentenças, nomeadamente através da abertura ao modo como as decisões

---

[748] Como se referiu, em Espanha admite-se o voto de vencido na Ley Orgânica del Poder Judicial (artigo 206 e 266) e na Ley de Enjuiciamento Criminal (artigos 147º, 4, 156º, 157º) sendo reconhecido por alguns autores que isso não só não provoca qualquer erosão na autoridade dos tribunais como pode mesmo em determinadas ocasiões salvar o seu prestígio: assim Manuel Atienza, cit., p. 18 e Jose Luís Cascajo Castro, «La figura del voto particular (...), cit., p. 183 (restringindo o autor a sua avaliação ao voto de vencido no Tribunal Constitucional). Em Portugal as modificações que a este respeito se concretizaram com as reformas de 1998 e 2007 alteraram o sistema inicialmente previsto no CPP87. No domínio da doutrina italiana e germânica, de *lege ferende*, existem várias posições que propugnam alterações ao sistema vigente naqueles países onde não é admissível a publicitação do voto de vencido no âmbito do processo e especificamente no processo penal. Nesse sentido, para o processo em geral, veja-se Taruffo «La fisionomie della sentenza in Itália», cit. p. 462 e especificamente para o processo penal Franco Cordero in *Procedura penale*, 1993, p. 150, 151. Sobre a questão cf. Figueiredo Dias, *ibidem*, p. 525. Em alguns países que em períodos mais recentes aderiram ao quadro jurídico sustentado na CEDH, como é o caso da Roménia, o novo Código de Processo penal admite o voto de vencido em matéria de facto e de direito. Em França o debate sobre a introdução do voto de vencido tem levado alguma doutrina a entender como inevitável a sua introdução de modo a «conduzir a uma maior transparência nos métodos de decidir»: veja-se Jean Pierre Ancel, «Les opinions dissidentes», cit., p. 5 e 6, Yannick Lécuyer, «Le secret du délibéré...», cit., p. 222 e Wanda Mastor, «Pour les opinions séparés au Conseil constitutionnel français» esp. p. 5 e ss, *Cycle de conférences annuellles sur les méthodes de jugement*, Grand Chambre, Cour de Cassation, Paris, Octobre 2005 (disponível in www.courdecassation.fr/colloques – consulta 2.02.2009). Contra, entendendo que os inconvenientes que traria a revelação da opinião dissidente seriam maiores que as vantagens, cf. Pascal Deumier, «Création du droit et rédaction des arrêts para la Cour de cassation», *Archives de Philosophie du Droit*, tome 50, 2006, p. 69.

A FUNDAMENTAÇÃO DA SENTENÇA NO SISTEMA PENAL PORTUGUÊS

colegiais são elaboradas e fundamentadas, contribui para uma maior transparência do modo de decidir e, simultaneamente, uma maior responsabilização dos juízes. Transparência e responsabilização que dão um enfoque à credibilidade do sistema jurídico legitimando-o aos olhos daqueles em nome de quem o exercício do poder judicial é exercido.

A versão inicial do CPP, invertendo a tradição jurídica portuguesa que decorria do CPP29, assentou claramente no modelo continental de segredo da deliberação[749], embora matizado no domínio das decisões de segunda instância pela possibilidade concedida aos juízes de votarem vencidos na questão de direito[750].

No entanto, logo em 1998, o legislador consagrou uma mudança significativa ao possibilitar a admissibilidade do voto de vencido das decisões colegiais proferidas em primeira instância, apenas quanto à matéria de direito, alargando parcialmente idêntica possibilidade já consagrada quanto às decisões dos tribunais superiores[751] e regressando ao modelo vigente pelo menos desde 1929. Simultaneamente, o legislador de 1998 restringiu o âmbito do voto de vencido nos tribunais superiores à «questão de direito».

O conjunto de argumentos que sustentam a demonstração do processo decisório e, sobretudo, do processo argumentativo que a própria decisão transporta, nomeadamente a transparência do processo racional de fundamentação, consubstancia uma fonte de legitimação da própria decisão e, consequentemente, dos próprios tribunais – o que aliás o legislador de 1987 tinha consagrado para os tribunais superiores[752]. Como referimos anterior-

---

[749] Questionando no domínio do CPP29 a incongruência entre a admissibilidade do voto de vencido em matéria de direito e a impossibilidade de o não fazer no que respeitava ao facto e pondo em causa a razão da «protecção da independência» como finalidade para essa proibição, Luís Osório referia de uma forma certeira que «mal vai aos juízes que não podem assumir em público a responsabilidade dos seus votos»: cf. *Comentário ao Código de Processo Penal Português, 5 Volume,* cit. p. 314.

[750] Sobre o regime processual penal português, na sua fase inicial e muito crítico à então impossibilidade de o juiz no processo penal em primeira instância poder votar vencido, veja-se José da Costa Pimenta, «A declaração de voto nas decisões dos tribunais», *Revista do Ministério Público,* Ano 14º Outubro/Dezembro 1993, nº 56 pp. 27 e ss em especial pp. 46 a 59.

[751] Recorde-se que desde a versão inicial do CPP que era admissível declaração de voto de vencido nos Tribunais Superiores, quer quanto à matéria de facto quer quanto à matéria de direito: cf. neste sentido Maia Gonçalves, *Código de Processo Penal, Anotado,* Almedina, Coimbra, 1990, p. 557.

[752] Para além destas razões, na «mente do legislador» reformador de 1998 esteve patente a

A RECONFIGURAÇÃO NORMATIVA DE UM MODELO CONSTITUCIONALMENTE

mente, conhecer «a argumentação maioritariamente vencedora de uma decisão judicial e expor, por outro lado, quer as suas fraquezas quer as suas virtudes na demonstração da argumentação minoritária parece ser hoje a solução compatível com uma justiça democrática e também ela pluralista»[753].

O processo racional de fundamentação exigido a quem delibera maioritariamente e a quem emite o seu voto dissidente, na medida em que permite a exposição das razões argumentativas em confronto que estiveram na origem da dissensão, evidencia uma vontade de conseguir, de algum modo, a finalidade de pacificação subjacente à própria finalidade do processo penal.

Colocar a descoberto e submeter a todo o auditório a opinião judicial minoritária será assim o caminho para atingir a decisão correcta[754]. As exigências de transparência no exercício de um poder devem ser neste domínio totais, ainda que, no que respeita à decisão colegial, isso não consubstancie apenas a opinião maioritária.

As alterações introduzidas pela Lei nº 48/2007, de 29 de Agosto ao CPP consubstanciaram duas alterações pontuais mas significativas no regime até aí vigente. Assim, no artigo 372º nº 2 o legislador eliminou a restrição do voto de vencido apenas quanto à matéria de direito do juiz que numa decisão colectiva votasse vencido[755]. Por outro lado, excepciona no artigo 367º nº 1 o segredo da deliberação, quando efectuada por juízes, nos casos em que haja voto de vencido. Só os juízes membros de tribunais colegiais têm a pos-

---

vontade de evitar a cristalização da jurisprudência: cf. José Vera Jardim, «A revisão do Código de Processo Penal», in Assembleia da República, *Código de Processo Penal, volume II, tomo II*, p. 21. Sublinhando o «seu» acordo à possibilidade de voto de vencido em 1ª instância restrito às questões de direito, na reforma de 1998, cf. Figueiredo Dias, «Parecer», in Assembleia da República, *Código de Processo Penal, volume II, tomo I*, p. 432.

[753] Cf. José Mouraz Lopes, «O Sistema penal e a interpretação jurisdicional. Sentido, valor e extensão do voto de vencido – os casos da natureza da declaração de especial complexidade do processo, das armas proibidas e do ónus de transcrição», cit., p. 63.

[754] Neste sentido, a propósito das pré compreensões do juiz a da necessidade de as mesmas serem explicitadas e discutidas, cf. Fritjof Haft, «Direito e linguagem», in Arthur Kaufmann e Winfried Hassemer, *Introdução à Filosofia do Direito e à Teoria do Direito Contemporâneas*, cit., p. 323.

[755] Idêntica eliminação foi efectuada no âmbito das decisões proferidas em sede de recurso, repristinando no âmbito das decisões de recurso, o regime inicialmente vigente no CPP até à reforma de 1998: cf. artigo 425º nº 2 do CPP. Sistema idêntico ao que vigora em Espanha, onde tanto as questões de facto como as questões jurídicas são passíveis de fundamentar «votos particulares».

A FUNDAMENTAÇÃO DA SENTENÇA NO SISTEMA PENAL PORTUGUÊS

sibilidade de votar vencido e não os jurados, nos casos em que esteja constituído o tribunal de júri.

Se a questão não suscitava qualquer dúvida até à reforma de 2007, tendo em conta a restrição legal do voto de vencido à matéria de direito, a eliminação de tal restrição ocorrida com a Lei nº 48/2007, de 29 de Agosto apenas se aplica aos juízes e não aos jurados. Estes continuam, nos termos da lei, a estar completamente sujeitos ao segredo de deliberação estabelecido no artigo 367º nº 1 do CPP. Recorde-se que, no que respeita aos jurados, a garantia da sua independência no acto de julgar fica assim perfeitamente salvaguardada[756].

A justificação conhecida sobre as razões da alteração que estiveram na origem da afirmação generalizada do voto de vencido em matéria de facto e de direito assenta exclusivamente nas exigências de maior «transparência» da realização da justiça[757], acompanhando, nesse sentido a evolução constitucional que consagra uma amplificação do dever de fundamentação das decisões e enfatiza a dimensão extraprocessual que aquele dever pretende atingir. A admissibilidade do voto de vencido, nomeadamente no âmbito da matéria de facto, não pode deixar de correlacionar-se com a profunda modificação que o sistema de fundamentação da sentença penal assumiu com o CPP, na perspectiva vinculadamente constitucional que se vem afirmando,

---

[756] Neste sentido e já no domínio do CPP299 em relação aos jurados, veja-se Luís Osório, *Comentário ao Código de Processo Penal Português, 5º Volume*, cit., p. 314.

[757] A única fonte encontrada sobre a alteração decorre das «Actas da Unidade de Missão para Reforma Penal», que elaborou o Anteprojecto de revisão do Código de Processo Penal. Assim na sessão de 5 de Junho de 2006 (acta nº 21) o coordenador da referida Unidade de Missão refere que «passa a consagrar-se a admissibilidade da declaração de voto em todos os casos. Deste modo, mesmo em relação à matéria de facto, passam a ser admissíveis essas declarações, o que torna *mais transparente a realização da justiça*» (itálico nosso): cf. Rui Pereira in Ministério da Justiça, «Actas da Unidade de Missão para a Reforma Penal» disponíveis em www.mj.gov.pt (consulta em 26.01.2009). Saliente-se que no debate apenas se registam as opiniões discordantes de Paulo Pinto de Albuquerque (acta nº 21) e Rui Moreira (acta nº 25). O primeiro explicita a sua discordância referindo que «o voto de vencido em matéria de facto constitui um atentado grave ao princípio da presunção de inocência no caso de voto de vencido numa decisão absolutória». Em obra posterior, Paulo Pinto de Albuquerque vem afirmar que a discriminação efectuada pela Lei é inconstitucional «por violar a igualdade de armas entre os diferentes membros do Tribunal de júri»: cf. *Comentário do Código de Processo Penal*, 3ª edição, Universidade Católica Editora, Lisboa, 2009, p. 935.

A RECONFIGURAÇÃO NORMATIVA DE UM MODELO CONSTITUCIONALMENTE

nomeadamente pela emersão das vertentes extraprocessuais da fundamentação assentes na transparência e na responsabilização[758].

Não parece, no entanto, que esta «abertura» do sistema aos valores da transparência e da responsabilização possa ser vista na directa proporção do fim do segredo da deliberação judicial. O segredo da deliberação continua a ser o princípio geral normativamente fixado e que, por exemplo, no caso do tribunal de júri deve manter-se de forma a salvaguardar de uma forma efectiva a independência dos jurados e o modo totalmente livre da forma como é efectuada a discussão entre todos os elementos do colectivo sobre as várias questões, de facto e de direito, que se podem suscitar.

A elaboração do voto de vencido, possibilitando a exteriorização de uma posição minoritária devidamente fundamentada deve evitar, no entanto, a revelação do modo como se procedeu à deliberação. Daí que faça sentido afirmar que uma utilização pouco ponderada deste mecanismo não deixa de consubstanciar alguns riscos de fragilização da decisão. Mesmo em situações onde apenas a questão de direito é objecto de opinião dissidente, a utilização razoável da publicitação da dissidência é uma das condições que permite contrariar as opiniões críticas ao sistema do voto de vencido, nomeadamente o efeito desgastante que pode provocar a nível da legitimação da decisão perante o auditório a que se destina[759].

Nesse sentido, importa que na concretização do voto de vencido sejam sempre ponderados (muito bem ponderados, dir-se-á) todos os princípios que estão na sua origem e, sobretudo, se atente sempre nas suas consequências nomeadamente, a consciência plena dos riscos de fragilização e mesmo fragmentação que a mesma envolve.

A elaboração de um voto de vencido deve, por isso, ser uma declaração que se insere na sentença absolutamente clara, precisa e suficientemente justificada de modo a que a contraposição dos argumentos referentes à decisão maioritária, relativos à fundamentação de facto e à fundamentação jurídica, se apresente por si só justificada.

---

[758] Sobre estes dois temas cf. Capítulo III, pontos 1.2.2.e 1.2.3.
[759] Alertando para a necessidade desta utilização razoável veja-se Wanda Mastor, «Pour les opinions séparés...», cit., p. 4.

2. A fundamentação das decisões interlocutórias restritivas de direitos

A constatação de que em todo o procedimento existe um conjunto de decisões, finais ou não finais, sustentadas em esquemas estruturais distintos do esquema base em que assenta a construção da fundamentação da sentença, permite a sustentação doutrinal de soluções legislativas ao modo de concretizar a fundamentação desses actos de forma diferenciada. Soluções que podem constituir restrições à estrutura típica do discurso justificativo do juiz estabelecido para a sentença ou, pelo contrário, que podem constituir alargamento ou reforço dos limites impostos[760].

As razões processuais específicas encontram-se desde logo na modulação diferenciada dos actos decisórios interlocutórios ou finais que não sejam sentenças que, ao contrário do esquema estrutural típico em que assenta a fundamentação da sentença[761], assumem em regra, estruturas de construção específicas.

Nas decisões interlocutórias ou mesmo finais que não sejam sentenças, o juízo que funda aquela decisão não é, em regra, um juízo de certeza mas tão só de verosimilhança ou mesmo de indiciação (ou não indiciação). Trata-se, na construção destas decisões, de «trabalhar» com juízos e factos probatórios sustentados num discurso cuja estrutura se afasta do modelo estrutural que funda a elaboração de uma sentença. Não está em causa o processo cognitivo que sustenta a sentença assente na determinação da verdade material concretizada num procedimento inter subjectivo, público e contraditório. A racionalidade decisória a que obedece o processo decisório nos actos interlocutórios não se sobrepõe à racionalidade sentencial.

---

[760] Neste sentido, veja-se Amodio, «Motivazione della sentenza penale», cit., p. 225.

[761] Amodio assumindo como paradigmático, para a fundamentação da sentença a estrutura «acto probatório – máximas de experiência – facto provado» sublinha o afastamento desta estrutura, por exemplo, no mandato de detenção: cf. «Motivazione...», cit., p. 225. Como se referiu esta estrutura não é aceite por alguns autores, nomeadamente por Iacovello: cf. «Motivazione della sentenza penale», cit., p. 768. Pellegrini refere a diferenciação substancial entre a sentença e a «ordinanze», no facto de nesta última o juiz decidir sobre questões contingentes ou provisórias (embora possam existir casos de decisões definitivas) enquanto nas sentenças as decisões «assumem carácter definitivo»: *I Provvedimenti del Giudice Penali*, cit., p. 30. No que respeita aos «decreti», trata-se em regra de decisões meramente ordenatórias e não propriamente decisórias (embora se admitam casos onde existam no próprio «decreti» uma dupla natureza: *ibidem*, p. 4.

A RECONFIGURAÇÃO NORMATIVA DE UM MODELO CONSTITUCIONALMENTE

Para além da diferença estrutural, também no aspecto formal, todos os restantes actos processuais decisórios não obedecem a qualquer forma pré-estabelecida. São, em regra, actos de forma livre[762].

As decisões judiciais proferidas no âmbito de processo penal que não se esgotam no domínio da «gestão» interna do processo ou em questões relacionadas com a prova são, em regra decisões que restringem direitos fundamentais. O especial conteúdo destas decisões não as exime, no entanto, de um quadro de justificação comum às demais decisões judiciais.

No processo penal português, qualquer acto decisório que não configure um acto de mero expediente só pode estar legalmente sustentado numa dupla dimensão de fundamentação: nos motivos de facto e nos motivos de direito[763]. Esta dupla dimensão da fundamentação exige-se, também, para o conjunto de decisões que no âmbito do processo penal restringem direitos fundamentais, seja nas decisões proferidas nas fases preliminares do processo seja na fase de julgamento.

As decisões que restringem direitos fundamentais assentam para além disso num outro pressuposto habilitante. Trata-se da exigência constitucional de que todas as restrições de direitos assentam no princípio da proporcionalidade. O princípio impõe que seja efectuada, por parte do juiz, uma análise sobre se é ou não admissível, em concreto, essa restrição, em função dos restantes interesses que estão em causa, nomeadamente se a intervenção é necessária e não impõe qualquer consequência ou efeito desproporcionado[764].

---

[762] Actos de «forma livre» são também no sistema italiano a «ordinanza» e o «decreto»: cf. neste sentido Andrea Pellegrini, *ibidem*, p. 29. No sistema germânico, Roxin sublinha o facto de apenas a sentença e a decisão relativa à ordem de prisão terem um carácter formal próprio no StPo (§ 267 e §114): cf. *Derecho Procesal Penal*, cit. p. 182. No CPP, para além da sentença, apenas a decisão instrutória obedece a uma forma pré-estabelecida.

[763] O artigo 97º nº 5, após a revisão ocorrida em 1998 é muito claro nesse sentido. No mesmo sentido, para o sistema germânico, veja-se Claus Roxin, *Derecho Procesal Penal*, cit. p. 182, sublinhando a exigência de fundamentação para todas as decisões que são impugnáveis através de recurso e todas as decisões através das quais se indefere um requerimento porquanto assim o exigem as regras próprias de um Estado de Direito: «o solicitante tem que verificar que o seu requerimento foi analisado detalhadamente e que aqui não impera a arbitrariedade», *ibidem* p. 182. Sobre a fundamentação das decisões que não a sentença no sistema processual espanhol veja-se Sónia Boente, *La Justificación de las Decisiones Judiciales*, cit., p. 269.

[764] Sobre a exigência jurisprudencial ao funcionamento do princípio da proporcionalidade no âmbito das decisões restritivas de direitos, no sistema processual penal germânico, cf.

A FUNDAMENTAÇÃO DA SENTENÇA NO SISTEMA PENAL PORTUGUÊS

Conforme refere Colomer, «na hora de motivar uma decisão que restrinja direitos fundamentais o intérprete da decisão deve prestar atenção em primeiro lugar ao conteúdo específico que justifica a restrição, para, num segundo momento verificar se a decisão cumpre as exigências comuns a toda a motivação racional»[765]. Ou seja, é na natureza específica da razão de ser da decisão que deverá assentar a maior ou menor amplitude do conteúdo da fundamentação, sendo certo que qualquer que seja o âmbito do modo de decidir o que importa garantir e salvaguardar na fundamentação é a concretização da garantia do controlo da decisão por outra entidade. Os direitos que estão em causa são assim necessariamente «medida material das decisões judiciais»[766], condicionando necessariamente a pronúncia da decisão.

No entanto, o legislador estabelece várias diferenciações legais para o modo de fundamentação das variadíssimas decisões processuais bem como para as consequências da sua omissão.

Exemplos diferenciados de maior ou menor exigência legal de fundamentação encontram-se nos artigos 87º e 321º do CPP relativos às restrições à publicidade no inquérito e na audiência, no despacho de admissibilidade de intercepção de conversações ou comunicações telefónicas (artigos 187º nº 1 e 11º b)), no despacho que aplica medidas de coacção ou de garantia patrimonial (artigo 194º, nº 4), no despacho que declara a excepcional complexidade do processo (artigo 215º nº 4) ou no despacho de pronúncia ou não pronúncia (artigo 308º). Em todos estes actos o grau de fundamentação legalmente exigido é diversificado tendo em conta as particularidades que cada uma das decisões pretende atingir e, sobretudo, o âmbito de restrição de direitos que impõem[767].

Knut Amelung, «Constitution et procès penal en Allemagne», *Revue de Science Criminelle et Droit Comparé*, nº 2 Avril-Juin, 1994, p. 472.

[765] Assim Ignacio Colomer, *La Motivación de las sentencias*, cit., p. 280, criticando o TC de Espanha ao defender não serem as exigências de fundamentação da sentença transpostas para este tipo de decisões. Schünemann alerta para o facto do grande número de decisões a proferir pelo juiz de instrução, no âmbito das suas funções de garantia, puder ameaçar e «descaracterizar o juiz de instrução convertendo-o numa espécie de funcionário certificante do Ministério Público»: cf. *La Reforma del Proceso Penal*, cit., p. 36.

[766] Assim Gomes Canotilho, «Anotação ao Acórdão do TC nº 70/90», *RLJ*, ano 123º, nº 3792, 1990, p. 96.

[767] Diferenciadas são, também, as consequências da falta de fundamentação dos referidos actos: veja-se a cominação de nulidade que fulmina a não fundamentação da decisão relativa

A RECONFIGURAÇÃO NORMATIVA DE UM MODELO CONSTITUCIONALMENTE

Assim, no que se refere à restrição da publicidade no processo, a motivação de facto deve sustentar-se na demonstração factual que sustente o juízo presumido de que a publicidade causa grave dano à dignidade das pessoas, à moral pública ou ao normal decurso do acto. O tribunal tem de invocar factos concretos através dos quais se possa concluir pela verificação presumida de qualquer uma das circunstâncias e através deles efectuar e sustentar o juízo de ponderação que justifica a limitação do direito à publicidade no caso concreto.

No que respeita ao despacho relativo à admissibilidade de intercepção de conversações ou comunicações telefónicas é exigido um conjunto de requisitos legais que possibilitam a utilização daquele meio de prova, nomeadamente: i) estar em causa um conjunto de crimes específicos; ii) concretização do procedimento apenas na fase de inquérito; iii) identificação subjectiva precisa dos destinatários nomeadamente, contra suspeito ou arguido, pessoa que sirva de intermediário, relativamente à qual haja fundadas razões para crer que recebe ou transmite mensagens destinadas ou provenientes de suspeito ou arguido ou vítima de crime, mediante o respectivo consentimento, efectivo ou presumido; iv) fixação de um prazo.

A concretização da fundamentação exige, no entanto, para além da demonstração dos referidos requisitos a justificação concreta das razões que justificam a indispensabilidade da diligência, em termos de descoberta da verdade ou, alternativamente, que a prova seria, de outra forma, impossível ou muito difícil de obter. Trata-se, nesta concretização, de trazer ao processo um conjunto de factos indiciários que possam permitir ao juiz decisor realizar uma efectiva ponderação valorativa no sentido de admitir ou não um acto que impõe uma grave restrição de direitos fundamentais tutelados, concretizando-se assim o núcleo central do modo de motivar especificamente exigido pelo legislador[768].

à admissão da intercepção de comunicações (artigo 190º), o despacho que aplica medidas de coacção ou de garantia patrimonial (artigo 194º nº 4) e o despacho de pronúncia ou não pronúncia (artigos 308º nº 2 e 283º nº 3).

[768] Sublinhando o reforço do princípio da subsidiariedade subjacente à admissibilidade do regime de autorização de intercepções telefónicas introduzido com a reforma de 2007 pela imposição expressa da «fundamentação do despacho de autorização da escuta», no artigo 187º nº 1, veja-se Costa Andrade, «"Bruscamente no Verão passado, a reforma do código de processo penal...», cit., p. 142.

A FUNDAMENTAÇÃO DA SENTENÇA NO SISTEMA PENAL PORTUGUÊS

No despacho de aplicação de medidas de coacção ou garantia patrimonial está em causa a concretização de um acto com um conteúdo fortemente restritivo de direitos fundamentais, na medida em que tanto numa fase processual de «construção» da hipótese acusatória, como numa fase em que essa «hipótese» já está construída, mas não foi ainda sujeita ao escrutínio do julgamento, são judicialmente aplicadas medidas restritivas da liberdade que podem atingir o seu «grau máximo» através da aplicação da prisão preventiva. A gravidade do impacto da restrição impõe, inclusivamente, que alguns princípios estruturantes do processo sejam, no âmbito da aplicação desta medida, concretamente aplicáveis, como é o caso do princípio do contraditório[769].

É entendimento generalizado de que só uma decisão fundamentada explicitamente e sustentada em considerações jurídicas e de facto[770], pode justificar esta restrição de direitos[771] na medida em que o seu destinatário deve, desde logo, conhecer os motivos sobre os quais assenta a decisão e, por outro lado, deve conhecer de imediato essas razões para que delas possa efectivamente recorrer[772].

---

[769] A não audição do arguido é processualmente admitida desde que devidamente justificada, segundo o artigo 194º nº 3.

[770] Trata-se de «factos» concretos que têm que ser demonstrados e não apenas inferências jurídicas. Sobre o regime da fundamentação do despacho que aplica medidas de coacção após a reforma de 2007, cf. Nuno Brandão, «Medidas de coacção: o procedimento de aplicação na revisão do código de processo penal», *Revista do CEJ*, nº 9, 1º Semestre, 2008, p. 88. Salientando esta dimensão, na doutrina e jurisprudência do TC de Espanha, veja-se Pedro Tenório, «Proceso penal y doctrina del Tribunal Constitucional», cit., p. 397.

[771] Recorde-se que mesmo na história constitucional e processual penal portuguesa o despacho judicial de aplicação de uma medida como a prisão preventiva teve, em determinados períodos, uma exigência reforçada de fundamentação (cf. Capítulo II). No mesmo sentido veja-se o sistema germânico que exige constitucionalmente a fundamentação das decisões que apliquem mandados de detenção – cf. artigo 104 §3 da Constituição.

[772] Não obstante assumir-se como doutrinalmente pacífica a exigência do dever de fundamentação dos despachos que apliquem medidas de coacção certo é que, conforme sublinha Germano Marques da Silva, *Curso de Processo Penal, volume II, 4ª edição* p. 311 (e, também, «Sobre a liberdade no processo penal ou do culto da liberdade como componente essencial da prática democrática» in *Liber Discipulorum para Figueiredo Dias*, cit. pp. 1371 e 1372) a «praxe» de fundamentação «muito sintética» dos tribunais foi objecto de crítica na medida em que impossibilitaria de facto a efectivação do recurso da decisão. Crítica que veio a ser indirectamente corroborada pelo TC, nomeadamente no Ac 607/2003 de 5.12.2003, levando decisivamente o legislador a modificar o regime da fundamentação dos despachos de aplicação das medidas de coacção fixado no artigo 194º.

294

A salvaguarda destes dois fundamentos essenciais está hoje expressamente consagrada nas alíneas a), b), c) e d) do artigo 194º nº 4 do CPP, após a reforma de 2007.

Por um lado, é exigida a descrição dos factos concretamente imputados, aqui se incluindo as circunstâncias de tempo, lugar e modo em que os mesmos ocorreram, sempre que forem conhecidas, bem como a sua qualificação jurídica. Por outro lado, devem enunciar-se os elementos de prova do processo em que se sustentam os factos indiciados. Refira-se que o legislador excepciona nestes casos, a impossibilidade de a justificação ser devidamente efectuada por motivos de compatibilização do decurso da investigação[773] excepção que, no entanto, para ser válida tem que ser «devidamente fundamentada». Por último, devem ser referenciados factos concretos que consubstanciem os pressupostos de aplicação da medida de coacção, nomeadamente os factos que justificam tanto os requisitos a que se refere o artigo 204º como os requisitos que consubstanciam a concretização dos princípios da necessidade, proporcionalidade e adequação. Só esta última concretização possibilita que seja conhecido o modo argumentativo que consubstancia a fundamentação justificativa da aplicação da medida em concreto que pode ser sindicável[774].

Respeitadas estas formalidades essenciais que concretizam as finalidades pretendidas e que vão, neste caso, muito além de outras decisões que admitem restrições de direitos, não há, também aqui, quaisquer restrições à forma de fundamentação.

---

[773] Assim, de acordo com o artigo 194º nº 4 alínea b), não será efectuada a enunciação dos elementos do processo que indiciam os factos imputados, «sempre que a sua comunicação puser gravemente em causa a investigação, impossibilitar a descoberta da verdade ou criar perigo para a vida, a integridade física ou psíquica ou a liberdade dos participantes processuais ou das vítimas». Sobre esta matéria cf. Nuno Brandão, «Medidas de coacção: o procedimento de aplicação na revisão do código de processo penal», cit., p. 85 e esp. 86, salientando o autor a «tarefa árdua de conciliar esse dever de fundamentação».

[774] Sublinhe-se que no sistema processual italiano a «extensão» e o rigor da motivação das decisões que aplicam medidas de coacção, estabelecida no artigo 292º, semelhante ao regime previsto no CPP, é vista por alguma doutrina como uma contrapartida que o sistema processual configura perante o alargamento dos poderes de cognição e decisão do *giudice per l'indagine preliminare* (g.i.p): cf. Giovanni Canzio, «I Potteria di cognizione e di decisione del giudice "preliminare", in tema di liberta personale: una rilettura del quadro normativo», in *Legislazione Penale*, 1999, p. 574.

No que respeita ao despacho que declara a excepcional complexidade do processo, proferido ao abrigo do artigo 215º nº 4 do CPP, a relevância desta decisão decorre essencialmente das suas consequências. A declaração de especial complexidade do processo implica o alargamento dos prazos do inquérito mas, também, como consequência directa e individualizada mais relevante no âmbito da restrição de direitos fundamentais, impõe o alargamento dos prazos de prisão preventiva[775].

O carácter excepcional que a prisão preventiva assume no âmbito constitucional[776], impõe que ao conjunto de princípios constitucionais a que estão sujeitas as restrições de direitos fundamentais – proporcionalidade, adequação e exigibilidade – acresça, no que respeita à prisão preventiva, a sua excepcionalidade, exigindo-se para justificar o alargamento do prazo em que a mesma pode ocorrer uma avaliação casuística concreta e autónoma do juízo sustentado na sua admissibilidade[777].

A fundamentação, hoje claramente exigida para este despacho[778] não pode, por isso, deixar de sustentar-se nos requisitos objectivados nos tipos de crime do catálogo prefixado no nº 2 do artigo e nas razões objectivas que sustentam que o número de arguidos ou de ofendidos ou o carácter altamente organizado do crime. Se aquele número de arguidos ou de ofendidos traduz apenas uma constatação objectiva, o carácter altamente organizado do crime assume um conteúdo concreto que não é sobreponível ao conceito de normativo de «criminalidade altamente organizada» a que se refere o artigo 1º, alínea m) do CPP.

---

[775] Até à reforma de 2007 a jurisprudência dividia-se sobre a natureza *ope legis* ou *ope judici* deste despacho. Sobre a querela ver José Mouraz Lopes, «O sistema penal e a interpretação jurisdicional. Sentido, valor e extensão do «voto de vencido". Os casos da natureza da declaração de especial complexidade do processo, das armas proibidas e do ónus da transcrição», cit., p. 64 e Vínicio Ribeiro, *Código de Processo Penal. Notas e Comentários*, cit. p. 451.

[776] A Lei Constitucional nº 1/97 estabeleceu na nova versão do artigo 28º nº 2 a natureza excepcional da prisão preventiva. Sobre a dimensão constitucional desta excepcionalidade, cf. Gomes Canotilho, Vital Moreira, *Constituição da República Portuguesa, Anotada*, cit. p. 488.

[777] Razões que já em 2003 defendíamos como justificação para uma oposição à jurisprudência que vinha sendo seguida: cf. «O sistema penal...», cit., p. 65.

[778] A jurisprudência do STJ já o afirma, actualmente: cf. o que é referido no Ac. STJ nº 3997/07, onde se reafirma a expressa e fundamentada decisão que deve ainda ser precedida de audiência do arguido.

3. A fundamentação das decisões no domínio da execução das penas privativas de liberdade

3.1. Breve justificação para a análise de um problema

O regresso a uma obra fundamental no panorama jurídico português sobre a posição jurídica do recluso na execução da pena privativa de liberdade, conduz-nos à afirmação aí expressa de que «o recluso não se pode eximir a uma intervenção, mais ou menos profunda, na esfera dos seus direitos fundamentais, enquanto essa intervenção exprime a própria essencialidade da execução ou é indispensável para assegurar a sua própria existência. Entretanto, as restrições de direitos fundamentais a que o estatuto especial dê motivo mas que não encontrem o seu pressuposto na Constituição serão por isso inconstitucionais»[779].

Vinte e sete anos decorridos sobre esta afirmação, a compatibilização da estrutura normativa que regula a execução da pena e medidas privativas de liberdade com o sistema penal, se bem que integrado numa matriz constitucional única, continua a suscitar apreensões que impõem uma abordagem ao sistema de modo a que se afirme, também, nesta área concreta, que se «levem os direitos a sério»[780].

Quer o processo de construção, quer a estrutura da decisão jurisdicional proferida nos vários procedimentos que envolvem a execução da pena privativa de liberdade, apresentam-se como suficientemente problemáticos para que se justifique uma análise.

De acordo com o objecto do trabalho trata-se de analisar o problema essencial da fundamentação da decisão no âmbito do sistema processual no domínio da execução das penas privativas de liberdade, onde se identificam algumas especificidades tanto no processo de construção da decisão, como no modo de fundamentação que não devem, no entanto, servir de pretexto para um não cumprimento da vinculação constitucional do princípio da fundamentação das decisões judiciais[781].

---

[779] Cf. Anabela Miranda Rodrigues, «A posição jurídica do recluso na execução da pena privativa de liberdade – seu fundamento e âmbito», *BFDUC*, 1982 (separata) p. 172.

[780] Toma-se a afirmação do título da obra de Ronald Dworkin, *Los Derechos en Sério*, Editorial Ariel, Barcelona, 1984.

[781] Assumimos nesta perspectiva uma abordagem que cruza saberes com a consciência de que nesta, como noutras matérias do direito penal *lato sensu*, outros saberes são fundamentais para

3.2. A execução da pena privativa de liberdade

Uma incursão sobre a pena privativa de liberdade impõe que se questione desde logo o porquê da pena de prisão e sobretudo, tendo em conta as limitações do trabalho, se atente nas razões que justificam essa pena que, pese embora toda a argumentação crítica sobre a sua natureza e fins, não tem conseguido deixar de se impor como pena principal[782] nas ordens jurídicas mais variadas[783].

A pena de prisão continua a ser o «paradigma» sobre o qual assenta o discurso das penas na sua globalidade e, também, aquela cujos problemas são mais impressivos, porque colidem com os direitos fundamentais do cidadão de uma forma incisiva mas, também, porque é na pena de prisão que os problemas teóricos assumem uma clareza e uma crueza que ultrapassa a reflexão dogmática[784].

A questão penitenciária assume-se, actualmente, como uma das questões mais debatidas na ordem jurídica mundial, como evidencia o facto de ter

percepcionar um problema. Neste sentido, a propósito da pena e dos seus fins, cf. José de Faria Costa, *Linhas de Direito Penal e Filosofia*, cit., p. 212.

[782] Utiliza-se o conceito de pena principal não só no sentido de que «podem ser fixadas pelo juiz na sentença independentemente de quaisquer outras», que também a tem a pena de multa – cf. Jorge Figueiredo Dias, *Direito Penal Português, As Consequências Jurídicas do Crime*, Aequitas, Lisboa, 1993 p. 90 – mas antes como a pena cuja relevância dogmática, sociológica, antropológica e filosófica é vista como pena principal, *qua tale*.

[783] Assim e referindo-se aos sistemas penais em geral cf. Francisco Bueno Arus, «Panorama moderno de la pena de prison», in *BFDUC*, Volume LXX, 1994, p. 265, sublinhando o facto da pena de prisão ainda se apresentar como insubstituível, sobretudo para crimes de maior gravidade para os quais uma outra pena seria insatisfatória por desproporcionada e poderia constituir um estímulo à delinquência.

[784] Não parece ser outra a perspectiva de Faria Costa referindo-se concretamente à exigência de condições que o Estado deve assegurar na execução da pena privativa de liberdade, «dando ao condenado todas as condições para que ele, em seu juízo de homem livre e autónomo, possa reencontrar o mínimo de socialização», cf. *Linhas de Direito Penal e Filosofia*, cit., p. 233. É, também, de algum modo semelhante a perspectiva de Emílio Dolcini na análise que faz sobre a aplicação prática das penas no sistema italiano, onde sublinha, por um lado o mau funcionamento do sistema penitenciário italiano, decorrente das más condições de vida dos reclusos, a sobrelotação, «independentemente das boas intenções do legislador» e, por outro lado, apela à natureza de «mal» que encerra a pena e da necessidade de isso estar bem presente quer pelo legislador quer pelo aplicador: cf. «Pene detentive, pene pecuniarie, pena limitative della liberta personale: uno sguardo sulla prassi», in *Rivista Italiana di Diritto e Procedura Penale*, Fasc. 1, Gennaio-Marzo 2006, pp. 109 e 110.

A RECONFIGURAÇÃO NORMATIVA DE UM MODELO CONSTITUCIONALMENTE

constituído o segundo tema do debate temático da 18ª sessão da Comissão para a Prevenção do Crime e Justiça penal (CPCJP) da ONU, em Abril de 2009, onde se considerou o rápido crescimento da população prisional como um dos mais complexos desafios com que, actualmente, se confrontam os sistemas penais em todo o mundo[785].

Pese embora a passagem do tempo sobre os discursos da pena de prisão como *ultima ratio*, da escolha preferencial das penas não detentivas, da «substituição da prisão», da emergência das «penas alternativas», o facto é que a pena de prisão como «pena total» transporta consigo um conjunto de questões não resolvidas cuja repercussão directa no processo de execução atinge proporções que, no mínimo, questionam o próprio fundamento da pena de prisão e as suas finalidades no âmbito de um Estado de direito constitucional[786].

---

[785] Segundo o *World Prison Brief* do *Internacional Center for Prison Studies*, os dados apontam para a existência de cerca de 10 milhões de pessoas privadas de liberdade, estimando-se, contudo, que esse número atinja mais de 13 milhões. A população prisional aumentou em 73% dos países analisados (64% em África, 84% na América, 81% na Ásia, 66% na Europa e 75% na Oceânia): cf. *World Prison Brief* do *Internacional Center for Prison Studies*, do *King's College*, Londres, acessível em http://www.kcl.ac.uk/depsta/law/research/icps/worldbrief/ – (consulta em Maio de 2009).

[786] Em Portugal as questões sensíveis suscitadas no domínio da execução das penas de prisão têm sido objecto de apreciação sistemática por várias entidades. Pela sua profundidade e persistência destaca-se a Provedoria da Justiça. Os vários relatórios efectuados sobre as prisões ao longo dos anos não se limitam a uma descrição do sistema prisional institucional. Abrangendo todas as matérias relacionadas com a matéria das prisões têm apontado muitas das enormes falhas jurídicas, materiais e outras que o sistema apresenta: cf. Provedor de Justiça, *As Nossas Prisões III*, Lisboa, 2003. Mais recentemente, sobre o mesmo tema, também a Provedoria de Justiça publicou *Relatórios Sociais*, onde se destaca um capítulo apenas e só sobre o sistema penitenciário e os problemas que aí se evidenciam: cf. *Relatórios Sociais*, Lisboa, 2008 p.p. 345-459. Ao longo dos últimos anos pelos menos duas grandes «putativas» reformas do sistema prisional estiveram em vias de ser concretizadas, tendo na sua base dois relatórios aprofundados sobre a matéria. Assim, em 1996 foi criada a Comissão de Reforma do Sistema de Execução de Penas e Medidas – Despacho do Ministro da Justiça de 30 de Janeiro de 1996, publicado no *DR IIª série* nº 35 de 10.2.1996 – que elaborou um *Relatório sobre a Execução das Medidas Privativas de Liberdade*: cf. Anabela Miranda Rodrigues, *Novo Olhar sobre a Questão Penitenciária*, Coimbra Editora, 2002, p. 179. Posteriormente foi constituída uma Comissão de Estudo e Debate da Reforma do Sistema Prisional, criada pela Portaria nº 183/2003 de 21 de Fevereiro, tendo sido efectuada uma análise do sistema e efectuada uma proposta de Lei-quadro de Reforma do Sistema Prisional: cf. Ministério da Justiça, *Relatório da Comissão de Estudo e Debate da Reforma do Sistema Prisional*, Almedina, 2005. Finalmente foi aprovado e publicado o novo Código de Execução das Penas e Medidas Privativas da Liberdade (CEPMPL), pela

A FUNDAMENTAÇÃO DA SENTENÇA NO SISTEMA PENAL PORTUGUÊS

Estão neste patamar variadíssimas questões relacionadas com as condições concretas em que é executada a pena de prisão nomeadamente, a efectivação dos direitos individuais dos reclusos, merecendo especial destaque a questão das condições sanitárias e a saúde dos reclusos, a sobrelotação das cadeias e a diferenciação da população prisional[787]. Este discurso ultrapassou a fronteira da execução das penas de prisão aplicadas nos Estados assumindo-se hoje como fonte de análise no confronto dos vários sistemas prisionais[788] e

Lei nº 115/2009, de 12 de Outubro que, sustentado dogmaticamente em posições que decorrem das reformas citadas, constitui uma modificação normativa muito sensível no âmbito na execução das penas. Sobre o sistema penitenciário espanhol, que durante os anos 90 do século passado sofreu uma grande reestruturação, melhorando significativamente as condições de vida nas prisões e que obedecendo a uma única lei (Ley Orgânica General Penitenciária de 1979 e Reglamento Penitenciário de 1996) e é aplicada por duas administrações penitenciarias (Catalunha e administração geral do Estado para toda a Espanha): cf. José Cid Moline, «El sistema penitenciário en España», *Jueces para la Democracia, Informacion y Debate*, nº 45º Noviembre 2002 p. 15 e 26. Ainda sobre o sistema penitenciário espanhol, numa perspectiva dogmática, é interessante a obra de Mário Conde, *Derecho Penitenciário Vivido*, Editorial Comares, Granada, 2006. O autor, a partir da sua própria experiência como recluso e professor de direito, traça um retrato jurídico impressivo sobre o sistema de execução de penas em Espanha. A nível europeu tem sido crucial o papel desempenhado pelo Conselho de Europa, nomeadamente na produção de normas mínimas no âmbito do direito penitenciário e na monitorização que tem feito sobre o sistema penitenciário europeu. Numa perspectiva de tutela jurídica importa destacar o papel que a jurisprudência do TEDH tem tido sobre as condições de detenção nas prisões dos Estados que se encontram sob jurisdição daquele Tribunal.

[787] Sobre a questão específica da sobrelotação das cadeias tem o Conselho da Europa, ao longo dos anos efectuado um conjunto de recomendações que de uma forma muito «acutilante» pretende fazer sentir aos Estados o carácter nefasto dessa realidade, procurando simultaneamente dar instrumentos normativos para que se alterem as políticas criminais quanto a isso. Sobre a Recomendação de 30 de Setembro de 1999 do Conselho da Europa veja-se Pierre Darbéda, «Détenus en surnombre? À propôs de la Recommandation du 30 Septembre 1999 du Conseil de l'Europe», in *Revue de Science Criminelle et de Droit Penal Comparé*, nº 2 Avril-Juin 2000, p. 442.

[788] Uma análise interessante sobre o sistema penal norte-americano, por contraponto aos sistemas continentais no domínio da execução das penas de prisão é efectuada por James Q. Whitman, em «Comment expliquer la peine aux États-Unis?» in *Archives de Politique Criminelle*, nº 27, 2006, p. 227. Acentuando a diferenciação dos dois sistemas de execução de penas de prisão, o autor constata um «nivelamento por baixo» na consagração de direitos dos presos, contrariamente aos sistemas continentais, nomeadamente na Alemanha e em França. O autor atribui ao não respeito para com a dignidade humana aos presos no sistema norte-americano a razão de ser desse nivelamento trazendo esse não cumprimento de direitos mínimos consequências graves ao sistema penal e penitenciário norte-americano, tanto ao nível da vio-

A RECONFIGURAÇÃO NORMATIVA DE UM MODELO CONSTITUCIONALMENTE

mesmo nas condenações judiciais produzidas pelas jurisdições internacionais e no modo como aí são executadas as penas de prisão[789].

A pena de prisão como medida de último recurso continua a ser um princípio que atravessa o modelo penitenciário europeu nomeadamente, nas instâncias internacionais de referência que são o Conselho da Europa e o Tribunal Europeu dos Direitos do Homem (TEDH). A terceira e última versão das «regras penitenciárias europeias», estabelecidas pelo Conselho da Europa[790], assenta a sua estrutura nessa consideração da pena de prisão como «última ratio», instando os Estados a terem presente essa condicionante nas políticas a seguir[791] pretendendo-se, aliás, integrar todo o conjunto normativo das regras no âmbito das recomendações efectuadas pelo Conselho da Europa em matéria de sanções penais e de funcionamento da justiça, de modo a construir um sistema coerente[792].

lência das prisões como da reincidência. Uma perspectiva sociológica do sistema penitenciário norte-americano, pode ver-se em Bruce Western, *Punição e Desigualdade na América*, Almedina, Coimbra, 2009. Sobre o sistema italiano Emílio Dolcini, sublinha como questões fundamentais a sobrelotação e a percentagem de estrangeiros detidos nas cadeias italianas (em 31 de Dezembro de 2003 atingiam 31% da população detida): cf. «Pene detentive, pene pecuniarie, pena limitative della liberta personale: uno sguardo sulla prassi», cit., pp. 98 e 99.

[789] Assim, Elisabeth Lambert-Abcelgawad, «L'emprisonnement des personnes condamnées par les juridictions pénales internationales», in *Revue de Science Criminelle et de Droit Pénal Comparé*, nº 2 Janvier-Mars 2003, p. 162.

[790] Cf. *Règles Pénitenciaires Européennes*, Éditions du Conseil de l'Europe, Strasbourg, 2006. Sobre as anteriores Regras constantes das Recomendações R (73) (5) e a Recomendação R (87) 3, vigentes até 2006 e a sua compabilização com o direito português veja-se Figueiredo Dias, *Direito Penal Português. As Consequências Jurídicas do Crime*, cit., p. 109. Sobre as novas Regras cf. Jean-Manuel Larralde, «Les Règles Pénitentiaires Européennes, instrument d'humanisation et de modernisation des politiques carcérales», *Revue Trimestrelle des Droits de l'Homme*, 18 éme Année, nº 72, Octobre 2007 pp. 993 e ss. Sobre o valor das Regras no âmbito do direito internacional, cf. Francisco Bueno Arus, «El Consejo de Europa y el derecho penitenciário», in José Luiz Diez Ripollés, Carlos Maria Romeo Casabona, Luis Gracia Martin, Juan Felipe Huiguera Guimerá (Editores), *La Ciência del Derecho Penal ante el Nuevo Siglo*, Tecnos, Madrid, 2002, pp. 1050 e 1062.

[791] Sobre o que se consegue concretizar, neste momento, a nível de uma «potencial» política europeia de execução de penas, cf. Pierrete Poncela, in «L'harmonisation des normes pénitentiaires européennes» in *Revue de Science Criminelle et de Droit Penal Comparé*, nº 1 Janvier/Mars 2007 p. 126.

[792] Cf., neste sentido, Jean-Manuel Larralde, «Les Règles Pénitentiaires...», cit. p. 996.

A FUNDAMENTAÇÃO DA SENTENÇA NO SISTEMA PENAL PORTUGUÊS

O TEDH, por sua vez, assumindo aquele princípio fundamental, tem vindo a afirmar, recorrentemente, em várias decisões que a justiça «não tem que ficar à porta das prisões»[793].

Na concretização daquele princípio e especificamente de uma vasta jurisprudência que o tem concretizado, a execução da pena de prisão impõe o respeito pelo princípio de que as pessoas detidas conservam todos os direitos, salvo aqueles que decorrem da sentença condenatória e da colocação em detenção e, ainda, que toda a restrição dos direitos que decorre dessa situação deve ser efectuada na medida estritamente necessária e proporcional aos objectivos que são pretendidos pela concretização da pena de prisão.

No âmbito da garantia dos direitos individuais não incompatíveis com a situação de reclusão, são várias as dimensões onde se constatam alterações ao estatuto jurídico do recluso, nomeadamente no âmbito da tutela da reserva da sua vida privada. Assim, neste domínio, matérias como a protecção das relações familiares, a conformação do direito ao relacionamento sexual, a garantia e tutela da correspondência e a adequação do uso das comunicações telefónicas, são alguns dos problemas que hoje se suscitam e que impõem aos Estados respostas normativas adequadas e às administrações penitenciárias práticas coerentes com esses princípios[794].

No tratamento normativo dos problemas referidos suscita-se, ainda, a questão da jurisdicionalização da intervenção penitenciária ou seja, o papel que deve ser atribuído a uma entidade jurisdicional no âmbito da execução da pena, que funcione como garante da concretização, mesmo que limitada, desses direitos, tendo em conta o papel da administração penitenciária na execução da pena de prisão[795].

---

[793] Cf., neste sentido, a decisão *Golder contra Reino Unido* de 21 de Fevereiro de 1975. O regime e condições de detenção e a necessidade da sua compatibilização com a Convenção Europeia dos Direitos do Homem são objecto de uma vasta jurisprudência do TEDH que ao longo dos anos tem sedimentado essa necessidade por toda a Europa: veja-se Fréderic Sudre in, Louis-Edmond Petitti (direccion), *La Convention Européenne Des Droits de l'Homme, Commentaire article par article*, cit., p. 169.

[794] Sobre a situação em Itália, a propósito da tutela dos direitos individuais do recluso, cf. Michelle Bonetti, «Tutela della riservatezza ed âmbito penitenziario», in *Rivista Italiana di Diritto e Procedura Penale*, Fasc. 3 Luglio-Settembre 2004, p. 846.

[795] Sobre o sistema francês, cf. Pierre Couvrat, «Le dificille passage du gué. De la décision d'administration judiciaire à la décision juridictionelle», *Revue de Science Criminelle et de Droit Penal Comparé*, nº 2 Avril-Juin 2001, p. 425 e sobretudo uma análise histórica do sistema francês é

A RECONFIGURAÇÃO NORMATIVA DE UM MODELO CONSTITUCIONALMENTE

A matriz estabelecida no artigo 10º do Pacto Internacional de Direitos Civis e Políticos, de 16 de Dezembro de 1966[796] impõe o tratamento de todos os indivíduos privados de liberdade com humanidade e com respeito da dignidade inerente à pessoa humana, estabelecendo uma inequívoca linha de orientação quanto à finalidade da execução da pena de prisão: «o regime penitenciário comportará tratamento dos reclusos cujo fim essencial é a sua emenda e a sua recuperação social», refere o nº 3 do artigo citado.

Na concretização daqueles princípios o sistema penal português, no artigo 42º nº 1 do CP de 1982[797], estabelece que a execução das penas privativas de liberdade, serve a defesa da sociedade e previne a prática de crimes, devendo «orientar-se no sentido da reintegração social do recluso, preparando-o para conduzir a sua vida de modo socialmente responsável, sem cometer crimes». O Código Penal estabelece que uma lei própria regula a execução da pena de prisão aí se fixando os deveres e os direitos do recluso. Lei essa que com algumas alterações pontuais é, ainda, a lei vigente à data da entrada em vigor do CP[798].

Todo o processo de acompanhamento da execução da pena privativa de liberdade é actualmente da competência do Tribunal de Execução de Penas[799]

---

efectuada por Marie Elisabeth Cartier in «La judiciarisation de l'exécution des peines», *Revue de Science Criminelle et de Droit Penal Comparé*, nº 1 Janvier-Mars, 2001, p. 87.

[796] Aprovado, para ratificação, pela Lei nº 29/78, de 12 de Junho.

[797] Utiliza-se a sistematização dos artigos do Código Penal após a revisão levada a cabo pela Lei nº 59/2007 de 4 de Setembro que, para além das modificações substanciais, alterou a disposição de alguns artigos.

[798] O regime jurídico que rege o sistema de execução das penas de prisão está sustentado no Decreto-lei 265/79 de 1 de Agosto, alterado pelo Decreto-lei nº 49/80 de 22 de Março e pelo Decreto-lei nº 414/85 de 18 de Outubro. Sobre as finalidades, cf. Artigo 4º nº 1 do Decreto-lei nº 265/79 de 1 de Agosto. Como se referiu, a publicação da Lei nº 115/2009 de 12 de Outubro, com entrada em vigor em 12 de Abril de 2010, veio modificar substancialmente o sistema normativo que rege o sistema de execução das penas. Em 11 de Abril de 2011 foi publicado o novo Regulamento Geral dos Estabelecimentos Prisionais, através do Decreto-lei nº 51/2001.

[799] O tribunal de execução de penas, como tribunal especializado para acompanhar a execução das penas de prisão e a execução das medidas de segurança privativas de liberdade, na sua versão actual, foi criado pelo Decreto-lei nº 783/76 de 29 de Outubro tendo as suas competências actualmente fixadas na Lei de Organização e Funcionamento dos Tribunais Judiciais (LOFTJ), Lei nº 3/99 de 13 de Janeiro. A Lei nº 115/2009, de 12 de Outubro, veio alterar as competências do TEP, no seu artigo 5º. Actualmente existem quatro Tribunais de Execução de Penas, cuja competência territorial está dividida pelos Distritos Judiciais – Lisboa, Porto, Coimbra e Évora. Sobre a evolução das competências atribuídas aos Tribunais de Execução

A FUNDAMENTAÇÃO DA SENTENÇA NO SISTEMA PENAL PORTUGUÊS

(TEP) encontrando-se, por isso, completamente autonomizado do processo que levou à decisão condenatória[800].

Compete ao juiz de execução de penas acompanhar e fiscalizar todo o percurso de execução da pena privativa de liberdade ou da medida de segurança decidindo todas as questões que são colocadas durante a evolução da sua execução tendo em conta as finalidades estabelecidas no CP.

Concretamente, e apenas no âmbito da execução da pena privativa de liberdade, compete-lhe desde logo homologar os planos individuais de readaptação do recluso, apreciar e decidir a liberdade condicional[801] e a sua revogação bem como as licenças de saída jurisdicionais e a sua revogação. Outros poderes foram atribuídos ao juiz de execução de penas, numa perspectiva de tutela e garantia de direitos do recluso durante o seu percurso de execução, estendendo-se «o controle jurisdicional a qualquer questão relativa à modelação da execução que possa contender com os direitos do recluso»[802].

Até à entrada em vigor da Lei nº 115/2009 de 12 de Outubro, o juiz de execução de penas assumia um conjunto de poderes com um conteúdo amplo no exercício da tutela jurisdicional de direitos dos reclusos, nomeadamente, através da visita mensal aos estabelecimentos prisionais, «a fim de tomar conhecimento da forma como estão a ser executadas as condenações», bem como o dever de ouvir os reclusos. Igualmente no âmbito da tutela jurisdicional, mas já no âmbito da garantia administrativa, o juiz do TEP tinha ainda competência para proferir decisão sobre «os recursos interpostos pelos

de Penas em Portugal veja-se J. Beleza dos Santos, «Os Tribunais de execução das penas em Portugal (razões determinantes da sua criação – estrutura – resultados e sugestões)», Separata do *BFDUC*, Coimbra, 1953.

[800] Uma extensa análise crítica ao duplo sistema de condenação/execução por tribunais diferenciados, face a um processo penal «do facto» é efectuada por Anabela Rodrigues, salientando-se na sua apreciação crítica a questão da liberdade condicional que, assumindo a natureza de «incidente» de execução da pena privativa de liberdade e por isso sendo uma questão relacionada com o «facto» deveria ser o tribunal da condenação «a pronunciar-se sobre tudo o que se relacionasse com o facto»: cf. Anabela Miranda Rodrigues, *Novo Olhar sobre a Questão Penitenciária*, cit., p. 135.

[801] Após a entrada em vigor da Lei nº 59/2007, de 4 de Setembro cabe também ao juiz de execução de penas, não obstante essa competência não estar expressamente fixada na Lei que regulamenta aquele Tribunal, a apreciação e decisão sobre a «adaptação à liberdade condicional», figura inserida no Código Penal no actual artigo 62º.

[802] Neste sentido Anabela Miranda Rodrigues, in *Novo Olhar sobre a Questão Penitenciária*, cit., p. 137.

reclusos relativos a sanção disciplinar que imponha internamento em cela disciplinar por tempo superior a oito dias»[803].

Os princípios que presidiram à alteração da legislação de 2009, restringindo a intervenção do Juiz em todo o processo de execução a um âmbito estritamente jurisdicional, implicaram uma mudança de paradigma com reflexos fundamentais nas competências agora distribuídas pelo Juiz e pelo Ministério Público.

Ao Tribunal de Execução de Penas compete acompanhar e fiscalizar a execução da pena ou medida privativa de liberdade e decidir da sua modificação, substituição e extinção, assumindo, neste âmbito um vasto lote de competências estabelecidas na Lei que já decorriam do regime vigente[804].

O novo regime legal vem atribuir ao Tribunal de Execução das Penas, no âmbito da sua competência específica de garantia dos direitos dos reclusos, a competências para se pronunciar sobre a legalidade das decisões dos serviços prisionais[805].

As competências atribuídas ao juiz de execução de penas sustentam-se no princípio da jurisdicionalização da execução da pena privativa de liberdade[806], sendo que a nova legislação enveredou pela restrição da intervenção do juiz atribuindo à garantia judiciária a dimensão exclusiva de intervenção em situações de efectivo conflito[807].

---

[803] O Tribunal de Execução de Penas tem, ainda, algumas competências «residuais» nomeadamente no domínio do processo de indulto, no âmbito da modificação da execução da pena de prisão aplicada a cidadãos condenados em pena de prisão afectados por doenças grave e irreversível em fase terminal (Lei nº 36/96 de 29 de Agosto) e também no domínio dos chamados processos graciosos de reabilitação judicial (artigo 56º da Lei nº 57/98, de 18 de Agosto). Matéria que, na sua essência, mantém, segundo o artigo 138º nº 4 alíneas i), u), x) e z) do CEPMPL.

[804] Cf. Artigo 91º da Lei nº 3/99 de 13 de Janeiro e 138º nº 2 da Lei nº 115/2009, de 12 de Outubro.

[805] Trata-se de uma competência própria estabelecida no artigo 138º do CEPMPP e que envolve um conjunto amplo de poderes, nomeadamente decidir processos de impugnação de decisões dos serviços prisionais (alínea f), definir o destino a dar à correspondência retida (alínea g), declarar perdidos e dar destino aos objectos ou valores apreendidos aos reclusos (alínea h).

[806] Princípio expressamente salientado no debate parlamentar onde se discutiu a Lei: cf. intervenção do senhor Ministro da Justiça no debate na generalidade da Proposta de lei nº 252/X, in *DAR*, I Série, Número 63, de 28 de Março de 2009.

[807] Posição que vinha sendo defendida por vários autores nomeadamente Anabela Miranda Rodrigues quando referia, criticando o regime vigente até à Lei nº 115/2009 de 12 de Outubro,

A FUNDAMENTAÇÃO DA SENTENÇA NO SISTEMA PENAL PORTUGUÊS

Assim todo o conjunto de poderes de fiscalização que não envolva qualquer apreciação ou decisão sobre um conflito serão, com a nova lei, atribuídos ao Ministério Público[808].

O Ministério Público assume na nova Lei um papel acrescido como garante da legalidade democrática no domínio da execução das penas privativas de liberdade, acompanhando e verificando a legalidade da execução das penas e medidas privativas de liberdade, assumindo competências como fiscalizador da legalidade das decisões dos serviços prisionais que obrigatoriamente lhe devam ser comunicadas, além do dever de impugnar aquelas que considere ilegais[809].

São-lhe, igualmente, atribuídas novas competências para visitar regularmente os estabelecimentos prisionais e sempre que entenda necessário e conveniente para o exercício das suas competências estabelecidas no Código.

3.3. O processo de decisão na execução da pena privativa de liberdade

A estabilização de um processo onde se articulam vários intervenientes e que se afirma, simultaneamente, como forma de legitimação da própria decisão, não pode deixar de concretizar o modo de realizar a justiça penal, nomeadamente no domínio do procedimento relativo à execução das penas privativas de liberdade, «modo que terá também ele de ser democraticamente fundado»[810].

---

que «a intervenção directa de um magistrado no processo de execução das penas e medidas de segurança privativas de liberdade e na garantia dos direitos dos reclusos nem sempre se coaduna, em todas as suas formas, com a função jurisdicional dos tribunais»: cf. *Novo Olhar sobre a Questão Penitenciária*, cit. p. 139. O modelo teórico em que se sustenta a lei, sendo compreensível, não deixa no entanto de suscitar alguma perplexidade com a eliminação de alguns direitos do recluso sedimentados na lei actual e que com a nova lei pura e simplesmente são abolidos. Trata-se do direito «de exposição ao juiz do tribunal de execução de penas» do recluso, estabelecido no artigo 139º do Decreto-Lei nº 265/79 de 1 de Agosto e que se concretizava no facto de o recluso ser ouvido pelo juiz e no correspectivo dever deste último ouvir o recluso sempre que assim fosse requerido sobre qualquer assunto decorrente da execução da pena privativa de liberdade.

[808] Como se referiu até à entrada em vigor da Lei nº 115/2009 de 12 de Outubro, são ainda da competência do Juiz de execução de penas as visitas mensais aos Estabelecimentos prisionais e o dever de ouvir os reclusos.

[809] Trata-se apenas de três novos poderes que estão atribuídos ao Ministério Público, para além de outros que até agora já detinha: cf. artigo 141º da Lei nº 115/2009, de 12 de Outubro.

[810] Cf. José da Faria Costa in «O fenómeno da globalização e o direito penal económico», *Revista Brasileira de Ciências Criminais*, nº 34, Abril/Junho 2001, p. 34.

A RECONFIGURAÇÃO NORMATIVA DE UM MODELO CONSTITUCIONALMENTE

As decisões judiciais proferidas no âmbito das competências de natureza jurisdicional que envolvem e afectam todos os processo no âmbito da execução da pena privativa de liberdade pressupõem uma trajectória procedimental[811] específica decorrente da condição de cerceamento de liberdade do sujeito principal da decisão, não deixando, por isso, de ser sustentadas num modo constitucionalmente vinculado.

Trata-se, aliás, de decisões que podem traduzir e implicar consequências tão ou mais graves que a própria decisão de condenação que resultou na aplicação da pena de prisão efectiva e que, por isso devem exigir um conjunto de garantias pelo menos com um grau de efectividade idêntica à que sustenta o processo que leva à condenação[812]. Neste sentido, referindo-se às decisões tomadas no âmbito penitenciário, é impressiva a afirmação de Mário Conde quando refere que «nenhuma decisão que suponha a liberdade pode tomar-se à margem de um auto judicial»[813].

A análise dos processos de decisão no âmbito dos procedimentos do sistema de execução de penas privativas de liberdade confronta-se com tipos de procedimento diferenciados cuja análise é fundamental para o entendimento de algumas particularidades do sistema de justiça penitenciária, assim como, face ao próprio objecto do trabalho, para um entendimento do que poderá ser a especificidade de um dever de fundamentação[814] das decisões que afectam o recluso.

Sublinhe-se que com o novo CEPMPL a vinculação constitucional ao princípio da fundamentação das decisões em todo o tipo de processos estabelecidos no código, assumiu uma dimensão normativa explícita. Segundo

---

[811] Uma referência a um emergente «direito processual penitenciário» é feita por Anabela Rodrigues, in *Novo Olhar sobre a Questão Penitenciária*, cit., p. 129.

[812] Sublinhando esta dimensão, já em 1953 Beleza dos Santos defendia, para as decisões da competência do TEP, a existência de «uma sentença proferida por um Tribunal, mediante um processo de carácter judiciário»: cf. «Os tribunais de execução das penas em Portugal», cit. p. 38.

[813] Cf. *Derecho Penitenciário Vivido*, cit. p. 308.

[814] Sobre as formas de processo aplicáveis no Tribunal de Execução de Penas, no regime vigente até à entrada em vigor do CEPMPL, cf. Paulo Pinto de Albuquerque, *Direito Prisional Português e Europeu*, Coimbra Editora, Coimbra, 2006, p. 292 e ss. No novo código, segundo o artigo 155º, «para além dos previstos em lei avulsa, existem as seguintes formas de processo: internamento, homologação, liberdade condicional, licença de saída jurisdicional, verificação da legalidade, impugnação, modificação da execução da pena de prisão, indulto e cancelamento provisório do registo criminal».

A FUNDAMENTAÇÃO DA SENTENÇA NO SISTEMA PENAL PORTUGUÊS

o artigo 146º nº 1 do mesmo Código, «os actos decisórios do juiz de execução das penas são sempre fundamentados, devendo ser especificados os motivos de facto e de direito da decisão».

Se o princípio é, assim, actualmente inequívoco, o modelo racional de construção da decisão que vimos analisando confronta-se, neste âmbito, com um elemento particular que condiciona todo o procedimento.

A natureza específica do processo de decisão no âmbito da execução da pena privativa de liberdade sustenta-se, como se referiu num primeiro momento, no cerceamento da liberdade do sujeito da decisão, situação que condiciona fortemente a natureza intersubjectiva do processo, em manifesta divergência com as condições em que se desenrola o *fair trial* que condiciona a estrutura do modelo racional de construção da decisão que levou à condenação.

Os interesses subjacentes à execução da pena privativa de liberdade podem justificar algumas limitações ao contraditório e mesmo restrições à publicidade nos procedimentos relativos à tomada de decisões jurisdicionais naquele âmbito. Trata-se, no entanto, de procedimentos jurisdicionais onde o debate judiciário que precede a decisão, que não é uma «audiência» deve ser, em regra, dotado de um grau de publicidade que possibilite o confronto, a interacção e o debate dos sujeitos do processo[815], na medida dos interesses subjacentes a cada procedimento e salvaguardando os direitos individuais do recluso.

Também aqui a intervenção do juiz decorre de «uma exigência democrática expansionista visando reafirmar, junto dos cidadãos o papel do juiz como instituição que exerce um controlo da ordem social»[816].

As especificidades do sistema processual vigente no âmbito do regime da execução das penas privativas de liberdade impõem uma abordagem mais pormenorizada em três tipos de procedimentos específicos: no domínio da liberdade condicional e adaptação à liberdade condicional[817], no domínio

---

[815] É, por regra, a audiência de julgamento, o local onde os participantes no processo exercem os seus direitos perante um juiz imparcial. Sobre esta perspectiva, mais desenvolvidamente, cf. José António Mouraz Lopes, *A Tutela da Imparcialidade Endoprocessual no Processo Penal Português*, cit., pp. 31 e 32.

[816] Cf. Sandrine Roure, «L'élargissement du principe de publicité des débats judiciaires», cit., p. 739.

[817] O regime da adaptação à liberdade foi introduzido pela reforma do Código Penal decorrente da Lei nº 59/2007 de 4 de Setembro, que estabelece que «Para efeitos de adaptação à

das licenças de saída jurisdicionais[818] e no domínio da impugnação das sanções disciplinares mais gravosas que restringem, no interior do estabelecimento prisional, ainda mais, a liberdade do recluso.

3.3.1. *A liberdade condicional*

A liberdade condicional é um dos principais mecanismos previstos nos vários ordenamentos jurídicos para concretizar o cumprimento das finalidades subjacentes à execução da pena privativa de liberdade nomeadamente, a reinserção social do recluso na sociedade, constituindo um passo intermédio entre o cumprimento da pena e a vida em liberdade.

Consagrada como poder-dever do juiz, vinculado à verificação de pressupostos formais e substanciais, configura um incidente da execução da pena de prisão[819].

---

liberdade condicional, verificados os pressupostos previstos no artigo anterior, a colocação em liberdade condicional pode ser antecipada pelo tribunal, por um período máximo de um ano, ficando o condenado obrigado durante o período da antecipação, para além do cumprimento das demais condições impostas, ao regime de permanência na habitação, com fiscalização por meios técnicos de controlo à distância», segundo o artigo 62º. O regime processual está estabelecido nos artigos 484º e seguintes do CPP e 188º do CEPMPL.

[818] As licenças de saída jurisdicionais, regulamentadas nos artigos 189º e seguintes do novo CEPMPL, vêm substituir as «Licenças de saída prolongada» actualmente regulamentadas nos artigos 50º e seguintes do Decreto Lei n-º 265/79 de 1 de Agosto, na redacção do Decreto-lei nº 49/80, de 22 de Março.

[819] Sobre toda a evolução do instituto assim como o debate que noutros ordenamentos jurídicos se suscita, cf. Figueiredo Dias, *Direito Penal Português. As Consequências Jurídicas do Crime,* cit., p. 529 e ss. Também A. Almeida Costa, «Passado, presente e futuro da liberdade condicional», *BFDUC*, Volume LXV, 1989 p. 401 s ss. e Sandra Oliveira e Silva, A liberdade condicional no direito português: breves notas, *Revista da Faculdade de Direito da Universidade do Porto,* Ano I, 2004 p. 364. Sobre a natureza de poder-dever cf. Paulo Pinto de Albuquerque, *Comentário do Código Penal à luz da Constituição da República Portuguesa e da Convenção Europeia dos Direitos do Homem,* Universidade Católica Editora, Lisboa, 2008, comentário ao artigo 61º, ponto 10 e ss. Sobre o instituto, em Espanha veja-se António Gonzalez-Cuellar Garcia, «La Libertad condicional: su futuro» in *BFDUC*, Volume LXV, 1989, 341-360, Carlos Garcia Valdés, «Sobre la libertad condicional: dos o três propuestas de reforma», in *La Ciência del Derecho Penal ante el Nuevo Sieglo,* cit. pp. 1065-1074 e, mais recentemente, sobre o que tem sido a sua a aplicação, cf. Beatriz Tébar Vilches, «La aplicación de la libertad condicional en España», *Revista de Derecho Penal y Criminologia,* 2ª época, nº 18, 2006, p. 283-315. Em Itália, cf. Giovanni Flora, «La liberazione condizionale: quale futuro?», *BFDUC*, Volume LXV, 1989, 377-400, Sílvia Lariza, «Liberazione condizionale: verso l'abbandono della concezione premiale», *Rivista Italiana di Diritto e Procedura Penale,* Anno XXXIV, Fasc. 2 Aprile-Giugno, 1991 pp. 604-618 e Stefano

A FUNDAMENTAÇÃO DA SENTENÇA NO SISTEMA PENAL PORTUGUÊS

Questão diferente, sobretudo pela abordagem dogmática que proporciona com notórias consequências práticas, é a emergência de um discurso sobre «o direito» à liberdade condicional que certamente poderá evoluir trazendo uma outra dimensão do instituto[820].

Na liberdade condicional, uma vez cumprida uma parte da pena de prisão em que foram, de alguma forma, alcançados alguns objectivos subjacentes à execução da pena de prisão, o recluso vê «recair sobre ele um juízo de prognose favorável sobre o seu comportamento futuro em liberdade, eventualmente condicionado pelo cumprimento de determinadas condições»[821] cuja consequência é o seu retorno à liberdade.

A participação do próprio recluso na decisão, através da prestação do seu consentimento, é condição fundamental para a efectivação do incidente[822].

Tessa, «Evoluzione e involuzione della liberazione condizionale», *Giurisprudenza Costituzionale*, Anno XXXVIII, 1993, Maggio-Giugno, pp. 1925-1928.

[820] Neste sentido, Sandra Oliveira Silva refere que «a finalidade reeducativa da pena só é verdadeiramente concretizada pela previsão legal de instrumentos idóneos a realizá-la e garanti-la, no sentido forte de atribuição ao condenado de um «direito» à liberdade condicional como um autêntico direito subjectivo, que deve encontrar na lei uma válida e razoável garantia jurisdicional»: cf. «A Liberdade condicional...» cit., p. 382. Reconhecendo que não há entre nós um direito à liberdade condicional mas «há ainda assim um direito à apreciação da possibilidade da mesma, nas condições fixadas por lei» cf. Provedoria da Justiça, *As Nossas Prisões*, cit. p. 439. Reconhecendo uma nova caracterização da liberdade condicional «como direito do condenado a obtê-la, de acordo com os pressupostos fixados na lei», cf. Sílvia Lariza, «Liberazione condizionale: verso l'abbandono della concezione premiale», cit. p. 614. Sobre o que será um «direito» à liberdade condicional, a Recomendação nº R (2003) 22 do Conselho da Europa relativa à liberdade condicional (adoptada pelo Comité de Ministros em 24 de Setembro de 2003) parece já ir nesse sentido tendo em conta que aí é reconhecido que todos os reclusos deverão poder beneficiar de liberdade condicional, incluindo «os condenados em pena perpétua».

[821] Cf. Figueiredo Dias, *Direito Penal Português. As Consequências Jurídicas do Crime*, cit., p. 528. Sobre o juízo de probabilidade relativo a comportamentos futuros, no sistema espanhol cf. Carlos Garcia Valdés, «Sobre la libertad condicional...», cit. p. 1067 e Mário Conde, *Derecho Penitenciário Vivido*, cit. p. 300.

[822] O que comprova que não pode estar subjacente a este instituto qualquer ideologia de tratamento coactivo subjacente à execução da pena: cf. neste sentido Figueiredo Dias, *Direito Penal Português. As Consequências Jurídicas do Crime*, cit. p. 529, Sandra Silva, «A liberdade condicional...», cit. p. 368 e A. Almeida Costa, «Passado, presente e futuro...», cit., p. 450. Importa referir que o consentimento do recluso é, também, um dos requisitos essenciais para a decisão do regime de «adaptação à liberdade condicional» a que se refere o artigo 62º do Código que exige a verificação dos pressupostos estabelecidos no artigo 61º para a liberdade condicional.

A RECONFIGURAÇÃO NORMATIVA DE UM MODELO CONSTITUCIONALMENTE

Na concretização da prognose do que será a socialização e integração social do recluso em liberdade, para além da avaliação do percurso individual do recluso no período de execução da pena em função da concretização das finalidades subjacentes à aplicação da pena de prisão, estão presentes questões de defesa da colectividade.

Os requisitos formais e substanciais que levam à apreciação e decisão sobre a liberdade condicional têm como pano de fundo «a prognose de excarcelação» sendo que, ao formular esse juízo de prognose, «o tribunal aceita um risco prudencial que radica na expectativa de que o perigo de perturbação da paz jurídica resultante da libertação, possa ser comunitariamente suportado por a execução da pena ter concorrido, em alguma medida para a socialização do delinquente»[823].

A avaliação da prognose implica, assim, a apreciação de um conjunto de elementos fácticos cujo conhecimento é imprescindível ao TEP e em função dos quais irá radicar a decisão[824].

A compreensão do âmbito do risco prudencial susceptível de permitir a decisão do Tribunal exige que este disponha de um máximo de informação possível, tanto sobre a situação pessoal do recluso durante o tempo que cumpriu a pena de prisão, como também das referências que são exigidas no exterior para concretização da decisão. Neste último caso é necessário que o Tribunal disponha de informação precisa sobre a situação que o recluso irá enfrentar em liberdade, nomeadamente, que apoios terá a nível pessoal, familiar, profissional e que repercussões poderá ter a sua saída em liberdade na comunidade onde se irá inserir.

Neste último sentido o tribunal não pode deixar de ponderar as necessidades de protecção das vítimas do crime[825].

---

[823] Assim e neste sentido, cf. Sandra Silva, «A liberdade condicional...», cit., p. 377.

[824] A prognose, no sentido criminal tem como referente a possibilidade de se realizar um prognóstico de comportamento futuro de uma pessoa em relação à sua conduta delitiva – Wolf Middendorff, *Die Kriminologische Prognose in Theorie und Praxis*, 1967, traduzido para castelhano por José Maria Rodriguez Devesa, 1970, apud, Aguilera, Abel Téllez, *Dicionário de Ciências Penales*, Edisofer, Madrid, 2000 p. 406. Sobre os limites que um enfoque sobre o recurso às tábuas de prognose como "elemento auxiliar, numa base de probabilidade à decisão, não se substituindo nunca ao autêntico acto jurisdicional, nem prejudicando os seus critérios axiológicos fundamentais", Figueiredo Dias e Costa Andrade, *Criminologia*, Coimbra Editora, p. 149.

[825] A emergência de um discurso de protecção às vítimas é inequívoca no novo CEPMPL. Desde logo na afirmação da necessidade de garantir em todos os processo o «bom nome a

A FUNDAMENTAÇÃO DA SENTENÇA NO SISTEMA PENAL PORTUGUÊS

O processo de concessão de liberdade condicional foi substancialmente modificado pelo CEPMPL, que substituiu um diploma com mais de trinta anos, onde muitas das suas normas não prescindiam de uma interpretação conforme a Constituição da República, de modo a que o regime aí estabelecido fosse compatível com o quadro de princípios estabelecidos na «Constituição penal»[826].

O regime processual que leva à decisão da liberdade condicional comporta actualmente quatro fases: i) instrução; ii) discussão, com audição do recluso; iii) decisão; iv) recurso.

Na fase de instrução está em causa a recolha do conjunto de informação factual necessária ao juízo de prognose sobre o qual irá assentar a decisão. Nesse sentido estabelece-se que até noventa dias antes da data admissível para a concessão da liberdade condicional ou para efeitos de concessão do período de adaptação à liberdade condicional em regime de permanência na habitação[827], o juiz solicita relatório dos serviços prisionais contendo a avaliação da evolução da personalidade do recluso durante a execução da pena, das competências adquiridas nesse período, do seu comportamento

---

reputação das vítimas», segundo o artigo 146º ou a imposição de se informar da data da libertação dos reclusos, quando se considere que este pode criar perigo (artigo 23º alínea b)) ou quando o recluso se evada (artigo 138º, alínea t). Igualmente deve incluir-se na ponderação que o juiz deve fazer no âmbito do processo de liberdade condicional e adaptação à liberdade condicional, de acordo com o artigo 173º nº 1, alínea b) e artigo 188º nº 4, respectivamente.

[826] O processo de concessão de liberdade estava regulamentado nos artigos 30º, 90º e 100º do Decreto-lei nº 783/76, de 29 de Outubro, para além dos artigos 484º e 486º do C.P. O Tribunal Constitucional já se pronunciou algumas vezes sobre a compatibilização de algumas normas do referido Decreto-lei: cf. Acórdão nº 321/93 Diário da República IIª série de 222 de Outubro de 1993 e Acórdão 638/2006 de 21.11.2006 publicado no DR II Série nº 5 de 8 de Janeiro de 2007, sendo que neste último caso declarou a inconstitucionalidade no artigo 127º do referido Decreto Lei, na parte em que não admite o recurso das decisões que neguem a liberdade condicional. Questionando a validade de algumas normas do processo de concessão da liberdade condicional, Maria João Antunes, *Notas Complementares para a cadeira de Direito e Processo Penal da Faculdade de Direito da Universidade de Coimbra*, policopiado, Coimbra, 2006-2007, p. 30. Sobre as alterações ao processo de liberdade condicional após a reforma penal de 2007, nomeadamente pelas alterações ao CP e ao CPP nas Leis nº 59/2007, de 4 de Setembro e a Lei nº 48/2007, de 29 de Agosto, cf. Artur Vargues, «Alterações ao regime da liberdade condicional», *Revista do CEJ*, nº 8, 1º Semestre de 2008, p. 55 e ss.

[827] O CPP estabelece que os elementos referidos devem ser remetidos pelos serviços até dois meses antes da data admissível para a libertação do condenado: cf. artigo 484º nº 1.

A RECONFIGURAÇÃO NORMATIVA DE UM MODELO CONSTITUCIONALMENTE

prisional e da sua relação com o crime cometido[828]. Este relatório tem subjacente um conjunto de factos relativos ao comportamento do recluso durante a execução da pena, bem como outros elementos considerados relevantes detectados pelos serviços que irão constituir a base da decisão do juiz.

Igualmente é solicitado, no mesmo prazo, aos serviços da Direcção Geral da Reinserção Social o relatório que contenha avaliação das necessidades subsistentes de reinserção social, das perspectivas de enquadramento familiar, social e profissional do recluso e das condições a que deve estar sujeita a concessão de liberdade condicional e do período de adaptação à liberdade condicional, ponderando ainda, para este efeito, a necessidade de protecção da vítima[829].

Importa sublinhar que, tanto o relatório dos serviços prisionais como o relatório da DGRS são elaborados por quem tem um contacto directo com o recluso e, por isso, está em posição privilegiada para conhecer o seu percurso evolutivo.

Conforme determina o artigo 484º nº 3 do CPP, (e também o artigo 173º nº 1 alínea c) do CEPMPL), o Tribunal pode, oficiosamente ou através de solicitação do Ministério Público ou do condenado, socorrer-se dos relatórios, documentos ou outros elementos que entenda necessários, para além dos já referidos e mesmo solicitar e efectuar quaisquer diligências que entenda úteis para proferir a decisão[830]. Pode, ainda, solicitar perícias, ouvir testemunhas sobre as condições pessoais do recluso, solicitar informações sobre o meio para onde o arguido pretende ou poderá ir em liberdade condicional. Ou seja, pode utilizar todos os elementos probatórios necessários à fundamentação da decisão.

---

[828] A Lei vigente para além do relatório exige, ainda, o parecer fundamentado do director do estabelecimento prisional sobre a concessão da liberdade condicional, que é autónomo em relação aos parecer dos serviços técnicos.

[829] Até à modificação da norma do artigo 484º nº 2 pela Lei nº 59/07, de 4 de Setembro, o relatório dos serviços sociais deveria conter elementos sobre o enquadramento familiar e profissional do recluso e da sua capacidade e vontade de se readaptar à vida social. A Lei vigente refere-se, neste domínio à exigência de realização de um plano individual de readaptação, que consiste num relatório contendo uma análise dos efeitos da pena ou relatório social contendo outros elementos com interesse para a decisão sobre a liberdade condicional ou a concessão do período de adaptação à liberdade condicional.

[830] No mesmo sentido, no sistema espanhol, também o juiz de Vigilância «pode pedir as informações complementares que entenda necessários»: cf. Carlos Garcia Valdés, «Sobre la libertad condicional...», cit. p. 1067.

Encerrada a fase instrutória inicia-se a fase de discussão, que envolve a convocação do Conselho Técnico e a audição do recluso.

Com o novo CEPMPL, o Conselho Técnico assume-se como um órgão auxiliar do tribunal de execução das penas com funções consultivas, nomeadamente para emitir parecer sobre a liberdade condicional, sobre a liberdade para a prova e sobre as licenças de saída jurisdicionais ou sobre assuntos que lhe sejam submetidos pelo juiz de execução de penas[831].

O Conselho Técnico é presidido pelo juiz de execução de penas sendo seus membros o director do estabelecimento prisional, que tem voto de qualidade, o responsável para a área do tratamento penitenciário, o chefe de serviço de vigilância e segurança e o responsável da competente equipa dos serviços de segurança social. Trata-se de funcionários da administração prisional e da segurança social que têm um conhecimento profissional da realidade prisional e que, pelas suas funções, conhecem privilegiadamente os reclusos ao longo do período da execução da pena. No Conselho Técnico podem participar o Ministério Público e, nos casos de apreciação da liberdade condicional, o defensor.

No âmbito das suas competências os membros do Conselho Técnico prestam todos os esclarecimentos que lhes forem solicitados sobre a situação do recluso, após o que será emitido um parecer, apurado através da votação de cada um dos seus membros, quanto à concessão da liberdade condicional e às condições a que mesma deve ser sujeita. O parecer emitido, podendo ser objecto de divisão dos seus membros, deve ser aprovado maioritariamente não podendo ser divulgado o conteúdo dos vários votos[832].

No que respeita à fase de audição, o recluso é ouvido expressamente pelo juiz para que preste o seu consentimento[833] sendo, também, ouvido sobre

---

[831] De acordo com a lei vigente, o Conselho Técnico é um órgão do estabelecimento prisional que tem na sua composição o director e funcionários oriundos dos serviços representativos do estabelecimento que variam consoante o tipo de estabelecimento prisional. Na actual configuração legal nem o Ministério Público nem o defensor do recluso estão presentes no Conselho Técnico externo que aprecia a liberdade condicional. Tudo se passa, por isso, num debate entre a administração penitenciária e os seus representantes, a instituição de serviço social e o juiz de execução de penas.

[832] A divulgação do conteúdo dos votos dos membros do Conselho Técnico poderia pôr em causa o equilíbrio (e a segurança) necessário ao exercício de quem exerce funções no interior dos Estabelecimentos prisionais. O Conselho Técnico é um órgão colegial sendo o parecer um acto do Conselho e não dos seus membros.

[833] É absolutamente claro, neste sentido, o artigo 485º nº 2 do CPP.

qualquer todos os aspectos que o juiz considere pertinentes para a decisão em causa. Contrariamente ao regime vigente na actual Lei, o CEPMPL possibilita, inequivocamente, a presença do defensor e do Ministério Público no interrogatório podendo fazer as perguntas que entenderem relevantes ao juiz, decidindo este por despacho irrecorrível sobre a relevância das perguntas, bem como da admissão de provas que sejam requeridas[834].

Nos cinco dias seguintes o Ministério Público emite parecer sobre a concessão da liberdade condicional, de uma forma fundamentada.

Após a audição do recluso, a elaboração dos pareceres do Conselho Técnico e do Ministério Público, o juiz de execução de penas profere a decisão.

A decisão sobre a concessão ou negação da liberdade condicional e sobre a «adaptação à liberdade condicional» é sempre fundamentada de facto e de direito, conforme decorre, actualmente de forma expressa, do artigo 146º nº 1 do CEPMPL, na concretização do princípio constitucional estabelecido no artigo 205º da CRP e também resulta do artigo 485º nº 3 do CPP.

O Tribunal pode, ainda, suspender a prolação da decisão, por um prazo limite de três meses, nos termos do artigo 178º do CEPMPL, tendo «em vista a verificação de determinadas circunstâncias ou condições ou a elaboração e aprovação do plano de reinserção social». O que está em causa para a suspensão, são situações que decorrem do próprio interesse do recluso, nomeadamente a finalização de processos de aprendizagem ou de trabalho a decorrer no estabelecimento prisional ou a concretização efectiva de condições necessárias à sua integração, no exterior.

O princípio do direito ao recurso das decisões relativas à liberdade condicional está expresso no ponto 33 da Recomendação Rec (2003) 22 do Conselho da Europa, salientando-se que o mesmo deve abranger quer a decisão de fundo quer o desrespeito pelas garantias processuais.

O percurso legislativo iniciado pela reforma do CPP em 2007 e a que o novo CEPMPL veio dar seguimento, consagra no ordenamento nacional aquele princípio sendo, actualmente, inequívoca a recorribilidade das decisões referentes à liberdade condicional que, segundo o CEPMPL, é limitada

---

[834] A assistência jurídica ao recluso, no âmbito do processo de concessão ou revogação da liberdade condicional configura, também, uma das recomendações estabelecidas na Recomendação Rec (2003) do Conselho da Europa (cf. ponto 32. a)).

A FUNDAMENTAÇÃO DA SENTENÇA NO SISTEMA PENAL PORTUGUÊS

aos casos de concessão ou à recusa, restringindo-se, no entanto, a legitimidade do recluso apenas à decisão que recusa a concessão[835].

3.3.2. Licenças de saída jurisdicionais

As licenças de saída jurisdicional[836] são, conjuntamente com as saídas de curta duração da competência da administração prisional, saídas temporárias do recluso do estabelecimento prisional onde está detido, por decisão judicial, após a apreciação dos requisitos legalmente estabelecidos.

Da mesma forma que o actual regime jurídico das licenças de saída prolongada, também as licença de saída jurisdicionais não são «um direito» do recluso[837]. A questão da natureza jurídica da medida jurisdicional que consubstancia a «saída prolongada» tem sido suscitada por alguma doutrina que, independentemente do que é expressamente referido no artigo 50º do Decreto-Lei nº 265/79, de 1 de Agosto, vem entendendo que tais medidas assumem uma natureza jurisdicional, não sendo uma mera recompensa decorrente de um poder administrativo. Para alguma doutrina, trata-se antes de um verdadeiro direito embora «condicionado à existência ou verificação de requisitos legais com um grau de indefinição porventura acima do desejável»[838].

As saídas do estabelecimento prisional, tanto a que assume a natureza jurisdicional como as que assumem natureza administrativa, visam a manu-

---

[835] A Lei nº 48/2007, de 29 de Agosto, que alterou o CPP veio expressamente estabelecer a admissibilidade do recurso relativo ao despacho que negar a liberdade condicional, conforme decorre do artigo 485º nº 6, contrariando a anterior legislação e legislando de acordo com o que era defendido pela jurisprudência. O novo CEPMPL impõe uma limitação subjectiva do recurso ao recluso para os casos de negação da concessão – cf. artigo 179º nº 2, permitindo-se, no entanto, ao MP o recurso sobre a concessão, com algumas condicionantes. Sobre esta questão, cf. Artur Vargues, «Alterações ao regime da liberdade condicional», cit. p. 58 e 59.

[836] Trata-se de saídas temporárias que vêm substituir, o regime das saídas de longa duração a que se refere o actual regime previsto no artigo 50º nº 1 do Decreto-lei nº 265/79, de 1 de Agosto, na redacção decorrente do Decreto-lei nº 49/80, de 22 de Março.

[837] Cf. artigo 50º nº 1 do Decreto-lei nº 265/79, de 1 de Agosto, na redacção decorrente do Decreto-lei nº 49/80, de 22 de Março.

[838] Cf. João Luís Moraes Rocha, *Entre a Reclusão e a Liberdade. Estudos penitenciários*, cit., p. 34. A questão do direito do recluso às saídas do estabelecimento prisional tem sido objecto de tratamento jurisprudencial em Espanha, assumindo a maioria dos Tribunais superior o princípio de que não se trata de um direito, nem subjectivo nem fundamental; cf. sobre o debate, Mário Conde, *Derecho Penitenciario Vivido*, cit. p. 30.

A RECONFIGURAÇÃO NORMATIVA DE UM MODELO CONSTITUCIONALMENTE

tenção e promoção dos laços familiares e sociais do recluso e a sua preparação para a vida em liberdade. O que está em causa é o princípio fundamental e constitucionalmente consagrado de que a pena de prisão e a sua execução tem um limite temporal definido e tem como objectivo a reinserção social do agente na sociedade, preparando-o para conduzir a sua vida (em liberdade) de modo socialmente responsável, sem cometer crimes, para além da protecção de bens jurídicos e a defesa da sociedade.

Nas licenças de saída jurisdicionais (e também em determinadas saídas de natureza administrativa)[839] o que está em causa é, como na liberdade condicional, uma *alteração* do *conteúdo* da sentença condenatória, uma vez que o condenado é devolvido à *liberdade* durante uns dias. Trata-se, segundo o TC[840], de uma *alteração* do *quantum* de privação da liberdade determinado na sentença condenatória na medida em que o período de saída vale como tempo de execução da pena e é descontado no cumprimento da sanção em caso de revogação (artigos 53º, nº 4 e artigo 54º, nº 1, do Decreto-Lei nº 265/79 e artigos 77º e 85º nº 4 do CEPMPL).

A sua apreciação depende de requisitos, que terão que ser jurisdicionalmente apreciados, ponderados e valorados sendo em função dessa avaliação que será ou não concedida a licença.

A lei estabelece alguns requisitos e critérios que devem ser levados em consideração como fundamento e limite da decisão[841].

---

[839] O artigo 76º nº 3 estabelece diferenciações entre as várias saídas administrativas sendo que as que revistam o carácter de «preparação para a liberdade», como é o caso da saída a que se refere o artigo 83º assume exactamente a mesma finalidade que as jurisdicionais.

[840] Cf. Ac. do TC nº 427/2009, de 28 de Agosto, ponto 15.

[841] O artigo 52º do Decreto-lei nº 265/79, de 1 de Agosto, limita, negativamente a possibilidade de concessão de saídas prolongadas nos casos de: a) reclusos sujeitos a prisão preventiva; b) reclusos em cumprimento de penas de duração inferior a seis meses; c) reclusos em regime de semi-detenção; d) internados em centros de detenção com fins de preparação profissional acelerada; e) internados em estabelecimentos de segurança máxima. De igual modo e no caso de reclusos internados em estabelecimento ou secção de regime aberto, as saídas prolongadas, não são admitidas antes de cumpridos seis meses da medida privativa de liberdade, ou um quarto da pena, se este prazo lhe for mais favorável, salvo se forem delinquentes primários, caso em que podem ser concedidas, cumpridos dois meses de pena. Nos casos de estabelecimentos ou secções em regime fechado as licenças de saída precária só podem ser concedidas aos reclusos que cumpram penas superiores a seis meses, quando tenham cumprido um quarto da pena. No novo CEPMPL, os requisitos estão estabelecidos no artigo 79º: a) cumprimento de um sexto da pena e no mínimo seis meses, tratando-se de pena não superior a

A FUNDAMENTAÇÃO DA SENTENÇA NO SISTEMA PENAL PORTUGUÊS

Podem, por outro lado, ser impostas condições para a concessão da saída, a fixar em cada caso concreto por determinação do juiz de execução de penas, de acordo com o perfil individual de cada recluso e da sua situação social.

Na fundamentação da decisão devem ser levadas em consideração, conforme decorre do artigo 79º do CEPMPL, para além da verificação dos requisitos formais, a existência de razões que confirmem se a mesma saída é útil à manutenção e promoção dos laços familiares e para a sua preparação para a vida em liberdade concretizados em critérios específicos estabelecidos na lei, nomeadamente, i) a fundada expectativa de que o recluso se comportará de modo socialmente responsável, sem cometer crimes, ii) a compatibilidade da saída com a defesa da ordem e paz social, iii) a fundada expectativa de que o recluso não se subtrairá à execução da pena ou medida privativa da liberdade[842]. De igual modo deve o Tribunal ponderar na sua concessão: i) a evolução da execução da pena ou medida privativa da liberdade; ii) as necessidades de protecção da vítima; iii) o ambiente social ou familiar em que o recluso de vai integrar; iv) as circunstâncias do caso; v) os antecedentes conhecidos da vida do recluso – cf. artigo 78º nº 2 do CEPMPL:

Ainda no que respeita aos fundamentos da concessão, não pode o Tribunal entender como retaliação ou medida disciplinar a um comportamento ilícito do recluso a não concessão da medida (cf. artigo 77º nº 3 do CEPMPL).

A concessão das licenças de saída jurisdicional, no novo CEPMPL, envolve um procedimento específico de natureza simplificada, que, contrariamente ao processo de concessão da liberdade condicional, se concentra em três fases: discussão perante o Conselho Técnico, decisão judicial e recurso.

O processo inicia-se com o pedido do recluso, instruído com o registo disciplinar e informação sobre o regime de execução da pena ou medida pri-

---

cinco anos, ou o cumprimento de um quarto da pena, tratando-se de pena superior a cinco anos; b) execução da pena em regime comum ou aberto; inexistência de outro processo pendente em que esteja determinada prisão preventiva; d) inexistência de evasão, ausência ilegítima ou revogação da liberdade condicional nos 12 meses que antecederem o pedido.

[842] No actual regime, estabelecido no artigo 50º do Decreto-lei nº 265/79, de 1 de Agosto, os requisitos são: a) a natureza e a gravidade da infracção; b) a duração da pena; c) o eventual perigo para a sociedade do insucesso da aplicação da medida; d) a situação familiar do recluso e ambiente social em que este se vai integrar; e) a evolução da personalidade do recluso ao longo da execução da medida privativa de liberdade.

A RECONFIGURAÇÃO NORMATIVA DE UM MODELO CONSTITUCIONALMENTE

vativa da liberdade, a data do inicio da privação da liberdade, os processos pendentes, se os houver, as medidas de coacção impostas e a referência a eventual evasão.

A verificação destes elementos e o não indeferimento do requerido por falta dos requisitos legais leva, de imediato, à fase de discussão com a realização do Conselho Técnico, que emite parecer, através da votação dos seus membros, sobre o requerido.

Os serviços sociais que acompanham a execução da pena emitem os pareceres sobre a situação, podendo o juiz de execução, previamente à tomada de decisão consultar outras entidades[843]. Não há qualquer intervenção obrigatória do Ministério Público ou do defensor no Conselho Técnico, contrariamente ao processo de apreciação da liberdade condicional[844].

O juiz de execução de penas, se assim entender, procede à audição do recluso, na presença do Ministério Público. Finda esta audição, se o Ministério Público entender pode emitir parecer, após o que o juiz profere decisão para a acta.

A decisão de concessão ou denegação, sendo uma decisão jurisdicional, deve ser fundamentada, tendo em conta o artigo 146º nº 1 do CEPMPL na conformação do princípio constitucional decorrente do artigo 215º da CRP[845]. Na decisão, para além da exigência de verificação de condições no exterior que suportem a saída do recluso, o juízo de prognose a efectuar pelo tribunal relativo ao período de liberdade a conceder sustenta-se fundamentalmente na inexistência de risco de fuga e perturbação da ordem e paz social e consequente incumprimento do período de pena que o recluso tem que cumprir.

Mesmo para quem defende que a saída precária, jurisdicional ou administrativa «não é um direito», o conhecimento das razões ou fundamentos que sustentam uma decisão de saída jurisdicional é fundamental para o recluso, tanto quando é concedida, como, sobretudo, quando é negada.

---

[843] A lei estabelece no artigo 57º um «específico» dever de colaboração da sociedade nesta matéria ao referir que «na concessão de licenças de saída deve contar-se com a colaboração dos organismos sociais cujo contributo possa favorecer um melhor funcionamento do sistema». Parece querer-se inferir-se uma certa responsabilização da sociedade pelos «seus» presos.

[844] Uma extensa descrição do regime, no âmbito da lei vigente, pode ver-se em Paulo Pinto Albuquerque, *Direito Prisional Português e Europeu*, cit. 342 e ss.

[845] Fundamentação que já se entendia como inequívoca no actual regime legal.

No caso do deferimento trata-se de dar conhecimento ao recluso das razões pelas quais é concedida, mas também em que condições e termos deverá cumprir a referida saída nomeadamente, para que sejam percepcionadas as razões que sustentam eventuais medidas restritivas aplicadas durante a saída.

No caso de negação importa salientar que só o conhecimento das razões da decisão permitem que a mesma não assente num qualquer juízo de pura arbitrariedade e, pelo contrário, sejam conhecidas a razão e as causas porque não lhe é concedido aquele benefício. A especificidade da situação decorrente da negação da licença é levada em consideração na lei, estabelecendo-se tanto no artigo 55º nº 2 da Lei vigente que «na medida do possível, devem ser dadas explicações ao recluso sobre os motivos que justificam a não concessão da licença de saída», como no CEPMLP quando refere, no artigo 77º nº 2, para todos os tipos de licença de saída (administrativas e jurisdicionais) que «o recluso é informado sobre os motivos da não concessão da licença de saída, salvo se fundadas razões de ordem e segurança o impedirem». Esta última excepção não deve ser extensiva às decisões jurisdicionais, na medida em que a sua não concessão é susceptível de recurso por parte do Ministério Público (cf. artigo 196º nº 1 do CEPMPL).

A decisão judicial proferida é, com o novo CEPMPL, uma decisão fundamentada, de facto e de direito e passível de recurso, nomeadamente, pelo Ministério Público (cf. artigo 196º nº 1 do CEPMPL). Ao recluso apenas é atribuído a legitimidade de recorrer da decisão que revoga a decisão que concedeu a saída jurisdicional.

3.3.3. *A impugnação das sanções disciplinares*

A execução da pena de prisão impõe ao recluso, por virtude do seu encarceramento numa instituição durante um determinado período de tempo, um conjunto de deveres estabelecidos na Lei. «O recluso deve não apenas omitir quaisquer comportamentos que representem violação de dever de obediência à autoridade e de respeito pelos outros reclusos, mas ter uma atitude de cooperação e até de vigilância em favor da ordem do estabelecimento prisional», refere Pinto de Albuquerque[846] numa apreciação genérica sobre o enquadramento do conjunto de deveres.

---

[846] Paulo Pinto de Albuquerque, *ibidem*, p. 265.

A RECONFIGURAÇÃO NORMATIVA DE UM MODELO CONSTITUCIONALMENTE

Neste sentido, estão fixados um conjunto de deveres[847] a que corresponde um quadro sancionatório próprio quando os mesmos são postos em causa por factos praticados culposamente no decurso da execução da pena pelo recluso.

O exercício do regime disciplinar do recluso é uma competência da administração penitenciária, que decorre das finalidades de manutenção da ordem e da segurança que é exigida nas prisões e concretamente à sua administração, derivando concretamente dos deveres impostos ao recluso no sentido de não obstaculizar a tais finalidades. Trata-se, assim, quando é concretizado, da aplicação de uma sanção de natureza administrativa.

A especificidade da relação «administrativa» em causa[848], decorrente de uma encarceração forçada, impõe que o regime disciplinar seja específico em relação às demais relações administração – cidadão. Isso mesmo é reconhecido pelo Tribunal Europeu dos Direitos do Homem que justifica essa especialização em «razões práticas e políticas»[849] assumindo, no entanto, nesta matéria, o princípio de não deixar o direito «à porta das prisões»[850].

Na concretização deste princípio é exigível um controlo jurisdicional da aplicabilidade das sanções disciplinares[851], sobretudo se tiver em conta a natureza de algumas das sanções estabelecidas por via de regra nos «catálo-

---

[847] Tanto na lei vigente como no novo CEPMPL.

[848] A natureza administrativa da actividade penitenciária das administrações prisionais na execução da pena é claramente referida por Afonso Queiró ao sublinhar que «a administração prisional reserva-se uma esfera de actuaçao própria, livre em relação ao tribunal cuja acção culmina com a sentença condenatória»: cf. «A função administrativa», *Revista de Direito e de Estudos Sociais*, ano XXIV, nºs 1-2-3, p. 28. Trata-se, no entanto, de uma liberdade vinculada aos princípios que subjazem à execução da pena privativa de liberdade estabelecida na Constituição, no Código Penal e nas várias leis de execução de penas.

[849] Cf. Acórdão *Campbell et Fell contra Reino Unido*, de 28 de Junho de 1984. Igualmente nos acórdãos *Ezeh contra Reino Unido*, de 2002 e *Keenan contra Reino Unido*, de 4 de Março de 2003 é efectuada a afirmação da necessidade de um recurso adequado a sanções disciplinares impostas nas prisões.

[850] A expressão é utilizada em vários arestos do TEDH onde são apreciadas várias questões relacionadas com o regime da detenção e a sua compatibilização com o quadro normativo da Convenção Europeia dos Direitos do Homem.

[851] A última Recomendação do Conselho da Europa sobre as regras penitenciárias, não se referindo expressamente a uma intervenção judiciária neste domínio estabelece que «todo o detido reconhecido como culpado de uma infracção disciplinar deve puder interpor um recurso perante uma instância superior competente e independente»: cf. Regra 61, *Régles Pénitentiaires Européennes*, cit, pp. 28 e 87.

A FUNDAMENTAÇÃO DA SENTENÇA NO SISTEMA PENAL PORTUGUÊS

gos» disponíveis na lei e o efeito que as mesmas podem ter na situação jurídica do recluso nomeadamente no processo de execução da pena de prisão, especificamente no encarceramento, ainda que temporário, em celas de isolamento com a consequente restrição de direitos individuais que isso comporta[852].

Trata-se, nestes casos de uma dupla restrição da liberdade do recluso, na medida em que estando já cerceado na sua liberdade por virtude da execução de uma pena de prisão, vê agravado esse regime de cerceamento com a restrição do espaço e do modo de vida no interior do estabelecimento prisional, nomeadamente pelas consequências que um isolamento social pode comportar. Matéria que o TEDH tem analisado à luz da sua compatibilização com a dignidade humana[853].

Se o regime disciplinar, incluindo as sanções, está hoje sujeito ao princípio da legalidade e da tipicidade, importa sublinhar que algumas das sanções disciplinares estabelecidas consubstanciam fortíssimas restrições a direitos fundamentais[854].

---

[852] Sobre o sistema actual das sanções disciplinares nas prisões em França, cf. Pierrete Poncela, «La procédure disciplinaire carcérale dans la tormente» in *Revue de Science Criminelle et de Droit Penal Comparé*, nº 4 Octobre/Décembre 2001 p. 872 e mais recentemente sobre o que foi e está a ser a sua evolução recente face à compatibilização com os sistemas normativos resultantes essencialmente da Convenção Europeia do Direitos do Homem, Christophe Cardet, «Les procédures disciplinaires en prison: entre spécialisation des fonctions et spécificité des "juridictions"», *Revue de Science Criminelle et de Droit Penal Comparé*, nº 4 Octobre/Décembre 2006 p. 862.

[853] Segundo Pierrete Poncela, «em todas as decisões que o TEDH julgou o isolamento, como tal, quer dizer, a interdição de contactos com outros detidos não foi considerado como um tratamento inhumano. Ao contrário, o isolamento sensorial completo combinado com um isolamento social total é um tratamento inhumano, independentemente de outras condições»: cf. «L'isolement cárceral sous le controle des juridictions administratives et de la Cour européenne des droits de l'homme», *Revue de Science Criminelle et de Droit pénal Comparé*, nº 2 Avril-Juin, 2005, p. 395.

[854] Nomeadamente, no sistema português, o caso da sanção disciplinar consubstanciada na medida de internamento em cela disciplinar que, no regime do Decreto-lei nº 265/79 de 1 de Agosto, podia ir até 30 dias. No CEPMPL o internamento em cela disciplinar pode ir até 21 dias – 105º nº 1 alínea g). Há que salientar que as celas disciplinares, pese embora o seu regime legal estabelecer que «devem reunir as indispensáveis condições de habitabilidade» (artigo 134º do Decreto-lei nº 265/79 citado e 108º nº 5 do CEPMPL) têm, ainda, em muitos dos estabelecimentos prisionais condições muito pouco recomendáveis tendo sido sistematicamente objecto de alerta e atenção crítica por parte da Provedoria de Justiça: cf. *As Nossas Prisões*, cit., p. 390.

A RECONFIGURAÇÃO NORMATIVA DE UM MODELO CONSTITUCIONALMENTE

No direito português, no domínio dos recursos das sanções disciplinares aplicadas no decurso da execução da pena de prisão admitia-se, até à entrada em vigor do CEPMPL, a intervenção judicial nos casos em que é aplicada uma sanção disciplinar que configure um internamento em cela disciplinar por mais de oito dias[855].

Com o novo código o recluso pode impugnar perante o Tribunal de Execução de Penas as decisões de aplicação das medidas disciplinares de permanência obrigatória no alojamento e de internamento em cela disciplinar, nos termos do artigo 114º.

A impugnação das decisões disciplinares encontra-se inserida no âmbito mais vasto do direito de impugnação de todas as decisões dos serviços prisionais que admitam a sua impugnabilidade.

No entanto, porque se trata de impugnação de sanções administrativa (e não apenas de actos) que se prendem com a constrição directa de direitos fundamentais do recluso, de uma forma grave, (permanência obrigatória no alojamento até 30 dias e internamento em cela disciplinar até 21 dias), a lei atribui-lhe efeito suspensivo, para além do seu processamento revestir natureza urgente, sendo tramitadas imediatamente e com preferência sobre qualquer outra diligência[856].

No novo regime legal, contrariamente ao estabelecido no regime anterior, está assegurado o direito do recluso ser assistido por advogado, quando iniciado o processo disciplinar que, naturalmente, se mantém até à decisão final, transitada.

A impugnação da decisao disciplinar que aplica qualquer uma das duas sanções referidas deve ser efectuada para o juiz de execução de penas no prazo de cinco dias, contados da notificação da decisão. Apreciada a situação, o juiz de execução das penas decide pela manutenção, pela anulação ou pela modificação da decisão imposta, sendo que está hoje normativamente fixado

---

[855] Sobre o regime, cf. artigos 143º a 149º do Decreto-lei nº 265/79, de 1 de Agosto.

[856] Semelhante regime vigorava no âmbito do regime do Decreto-lei nº 265/79 que estabelecia que o juiz de execução de penas, no prazo máximo de 48 horas a contar da interposição do recurso, ouve o recluso, que expõe essencialmente os motivos porque pretende recorrer. O juiz, se assim o entender, ouve o Conselho Técnico ou outras entidades ou intervenientes no processo que entenda por conveniente. O regime anterior, no entanto, apenas consagrava o efeito suspensivo do recurso a partir do oitavo dia se, até lá, não fosse apreciado pelo juiz de execução de penas.

A FUNDAMENTAÇÃO DA SENTENÇA NO SISTEMA PENAL PORTUGUÊS

o princípio da proibição da *reformatio in pejus*, quando estão em causa decisões relativas a medidas disciplinares[857].

É actualmente claro que a decisão relativa à impugnação tem de ser obrigatoriamente fundamentada, tendo em conta o artigo 146º da CEPMPL.

Não é admissível recurso das decisões do juiz que confirmem, alterem ou anulem as sanções disciplinares[858].

O processo de impugnação que conduz à decisão jurisdicional que conhece do recurso das sanções disciplinares assenta por um lado, no conhecimento do processo disciplinar instaurado pela administração penitenciária, na situação clínica do recluso e, por outro lado, nas razões de facto e de direito invocadas pelo recluso.

Contrariamente ao regime vigente até à entrada em vigor do CEPMPL, não é imposta uma relação de imediação resultante da audição do recluso pelo juiz onde aquele expunha as suas razões de discordância sobre os factos e a sanção aplicada, directamente e na presença do juiz[859]. Na nova legislação o juiz decide da impugnação sem ter, obrigatoriamente, que ouvir o recluso.

O Tribunal pode, no entanto, oficiosamente ou a requerimento, quer do arguido quer do Ministério Público, efectuar todas as diligências de prova que entender necessárias. Neste âmbito o Tribunal pode, se assim entender ouvir, pessoalmente, o recluso, tanto mais que é um direito seu ser ouvido e apresentar provas para sua defesa no processo disciplinar.

A intervenção, hoje obrigatória, do Ministério Público no decurso do procedimento da impugnação e o direito que o recluso tem a ser assistido por advogado em todo o processo disciplinar, expressamente estabelecida no artigo 110º nº 2 do CEPMPL, garante a necessária intermediação entre a pretensão do recluso e a decisão do juiz[860].

---

[857] O processo de impugnação está actualmente estabelecido nos artigos 200º a 211º do CEPMPL.

[858] No âmbito do regime normativo vigente até à entrada em vigor do CEPMPL, face ao regime contraditório dos artigos 127º do Decreto-lei nº 783/76, de 29 de Outubro e 149º do Decreto-lei nº 265/79, de 1 de Agosto entende-se ser esta última norma, aquela que está em vigor, sendo por isso admitido recurso da decisão quando a mesma é anulada pelo Juiz de execução de penas. Em sentido contrário cf. Paulo Pinto de Albuquerque, *Direito Prisional Português e Europeu*, cit., p. 361.

[859] Sublinhe-se que o Comité contra a Tortura do Conselho da Europa recomenda a existência de uma fase oral no processo disciplinar no âmbito penitenciário: cf. *Régles Pénintentiaires Europénnes*, cit. p. 132.

[860] No âmbito da execução das penas e medidas privativas de liberdade o recluso tem consa-

3.4. A fundamentação das decisões na execução da pena de prisão como dever reforçado?

Todas as decisões judiciais proferidas no âmbito do sistema de execução de penas, que não sejam decisões de mero expediente, independentemente da sua natureza, têm que ser fundamentadas[861].

Como se referiu, existem no procedimento que leva às decisões proferidas nos processos referentes à execução das penas privativas de liberdade especificidades significativas resultantes de um modelo diferenciado de «chegada à decisão» em relação à decisão proferida no processo penal «tipo»[862]. Trata-se de um procedimento diferenciado que envolve um sujeito processual que se encontra colocado num quadro ambiental específico como é a privação de liberdade.

O processo de execução da pena privativa de liberdade envolve um protagonista que, posteriormente ao julgamento, «transita para uma situação

---

grado o direito «à informação, consulta e aconselhamento jurídico por parte de advogado», segundo o artigo 7º nº 1 alínea n) do CEPMPP. No entanto, iniciado o processo disciplinar é-lhe garantido o direito de ser ouvido por advogado, nos termos do artigo 110º nº 2 do mesmo código.

[861] Não existem dúvidas que mesmo as decisões de natureza administrativa que actualmente podem ser tomadas pelo Juiz de Execução de Penas, ao abrigo das suas competências legais devem ser fundamentadas. Cf. sobre o dever de fundamentação das decisões administrativas, que consubstanciam um imperativo geral, mas não global ou total, José Carlos Vieira de Andrade, *O Dever de Fundamentação Expressa dos Actos Administrativos*, cit., p. 173. Não parece decorrer da análise efectuada pelo autor que as decisões em matéria administrativa que podiam ser tomadas pelo Juiz de execução de penas se insiram no leque de decisões que ficaram «intencionalmente de fora» do dever geral referido e nessa medida têm que ser fundamentadas. O novo CEPMPL não deixa qualquer dúvida sobre esta questão no artigo 146º ao referir que «os actos decisórios do juiz de execução das penas são sempre fundamentados, devendo ser especificados os motivos de facto e de direito da decisão».

[862] Valerá a pena lembrar que em França, a lei sobre a presunção de inocência (*Loi sur la présomption d'innocence, 15.juin.2000*), que adaptou em grande parte o sistema processual francês às obrigações decorrentes de um quadro supra constitucional que obriga o país perante o Convenção Europeia dos Direitos do Homem, veio expressamente modificar o regime da liberdade condicional e de outras medidas de flexibilização de penas existentes, impondo a obrigatoriedade da fundamentação e motivação de tais decisões. De igual modo alterou o procedimento que leva a essa decisão tornando-o contraditório, com intervenção da administração penitenciária, do Ministério Público e permitindo em determinadas circunstâncias a intervenção de advogado do recluso: cf. sobre alguns destes aspectos da referida lei, Annie Kensey, «La libération conditionnelle et la prévention de la récidive» in *Politique Pénale en Europe*, cit., p. 200.

de maior vulnerabilidade que, em termos axiológicos é ainda mais merecedora de tutela»[863].

Desde logo a vulnerabilidade que decorre da própria situação de encarceramento. A privação de liberdade torna vulnerável qualquer homem. Se isso acontecer num espaço como uma prisão essa vulnerabilidade torna-se mais acentuada.

A execução da pena de prisão efectuada em condições «práticas» longe do ideal estabelecido nos vários textos legislativos que a sustentam e que colidem com os propósitos e determinações fixadas na lei para essa execução, redimensiona e amplifica o grau de vulnerabilidade de quem está encarcerado[864].

Para além da sobrelotação da população prisional, que continua a evidenciar-se como um problema estrutural condicionante de qualquer abordagem que se faça sobre a execução da pena de prisão, outras situações condicionam essa execução, nomeadamente a falta de condições em estabelecimentos prisionais que permitam cumprir um programa de ressocialização da pena de prisão legalmente estabelecido, o âmbito das respostas aos problemas de saúde dos reclusos, nomeadamente que têm a ver com situações de dependências[865] ou o défice de respostas da administração penitenciária a pretensões laborais dos reclusos que concretizem o propósito de ressocialização.

Um outro problema decorre do elevado número de população prisional estrangeira, relativamente aos cidadãos nacionais ou residentes[866].

---

[863] Cf. Anabela Rodrigues, *Novo Olhar sobre a Questão Penitenciária*, cit., p. 9.

[864] A afirmação, no que tange ao sistema português, decorre, conforme se referiu do que é ainda hoje o sistema penitenciário português realisticamente retratado no relatório da Provedoria de Justiça, *As Nossas prisões*, citado.

[865] Sobre a falta de respostas do sistema prisional português a estes problemas veja-se Boaventura Sousa Santos e Conceição Gomes, (coord.), in *Justiça Penal. Uma Reforma em Avaliação*, Centro de Estudos Sociais, Faculdade de Economia da Universidade de Coimbra, Coimbra, 2009, pp. 493 e 494.

[866] Em Portugal em 31 de Dezembro de 2006 havia 12 636 reclusos detidos nas cadeias portuguesas, sendo 2552 estrangeiros, ou seja 20,2% da população prisional (fonte: www.dgsp.mj.pt/estatística/pop/, consulta em 27.8.2007). No terceiro trimestre de 2009 os reclusos detidos em cadeias portuguesas tinham diminuído para 11082, sendo 2247 estrangeiros ou seja, 20,3% da população prisional (fonte: www.dgsp.mj.pt/estatística/pop/, consulta em 6.12.2009). Não obstante a diminuição de reclusos, mantem-se sensivelmente a mesma taxa de cidadãos estrangeiros detidos. A situação em Espanha é semelhante sendo que conforme refere Beatriz Tébar Vilches, in «La aplicación de la libertad condicional en

A RECONFIGURAÇÃO NORMATIVA DE UM MODELO CONSTITUCIONALMENTE

Trata-se de um problema que alguma doutrina vem referindo como consubstanciando uma «dupla reclusão» no sentido de ser uma população particularmente desfavorecida face à restante população prisional[867]. Recorde-se, por exemplo, a dificuldade na compreensão de língua diferente e os problemas que daí advêm na explicitação e compreensão das decisões proferidas, bem como a generalizada ausência de referências culturais e sociais que permitam um entendimento adequado do sistema e sobretudo a exequibilidade de um processo de reinserção social evolutivo, nomeadamente, pela dificuldade e mesmo impossibilidade de concretizar os mecanismos processuais de «aproximações à liberdade» que envolvem os processos de saídas precárias e mesmo da liberdade condicional[868].

A amplitude da taxa de encarceramento dos cidadãos estrangeiros e sobretudo a sua constância permitem a conclusão de que não se trata de um problema conjuntural mas ao contrário, de uma situação que deve ser entendida como estrutural a suscitar respostas no âmbito da política criminal que levem em consideração esse problema.

A questão dos cidadãos estrangeiros parece aliás ter sido como tal compreendida pelo legislador nacional, no novo CEPMPP, que assegura como um dos princípios orientadores especiais da execução da pena de prisão a

---

España», *Revista de Derecho Penal y Criminologia*, 2ª Época, nº 18 (2006), p. 301, no que respeita às consequências dessa qualidade, «a variável estrangeiro diminui consideravelmente as oportunidades de aceder à liberdade condicional». Em Itália em 31 de Dezembro de 2003 os estrangeiros consubstanciavam cerca de 31% da população prisional sendo, aliás, a questão dos estrangeiros considerada um dos sérios problemas não resolvidos no sistema penitenciário italiano – cf. Emílio Dolcini in «Pene detentivi, pene pecuniarie, pena limitative della liberta personale: uno sguardo sulla prassi» cit., p. 100. Sobre a situação dos reclusos estrangeiros em Portugal, de um ponto de vista sociológico (dados de 31 de Dezembro de 2003) veja-se Hugo Martinez de Seabra e Tiago Santos, *Reclusos Estrangeiros em Portugal*, Observatório da imigração, Presidência do Conselho de Ministros, Lisboa, 2006.

[867] Cf. João Luís Moraes Rocha, *Reclusos Estrangeiros: um estudo exploratório*, Almedina, Coimbra, 2001 p. 52.

[868] Muitos dos reclusos estrangeiros não têm qualquer referência, nem qualquer tipo de apoio nos países onde estão detidos o que inviabiliza grande parte das medidas de aproximação à liberdade, sejam as saídas de curta duração seja liberdade condicional. No estudo citado, de Hugo Martinez e Tiago Santos, os AA referem verificar «a existência de fortes discrepâncias, possivelmente denunciando tratamentos diferenciados, entre portugueses e estrangeiros no que toca aos regimes prisionais, nomeadamente na pouco frequente aplicação do regime aberto a estrangeiros e igualmente na pouco frequente aplicação da vigilância electrónica»: cf. *Reclusos Estrangeiros em Portugal*, cit. p. 92.

A FUNDAMENTAÇÃO DA SENTENÇA NO SISTEMA PENAL PORTUGUÊS

condição de estrangeiro ou pertencentes a minorias étnicas ou linguísticas de modo a assegurar «as eventuais dificuldades de integração social ou de domínio da língua portuguesa»[869].

Um outro problema decorre das restrições ao acompanhamento jurídico do recluso durante a execução da pena privativa de liberdade. Só com as últimas Regras Penitenciárias Europeias, aprovadas pelo Conselho da Europa em 2006, é consagrado um verdadeiro direito à assistência jurídica dos reclusos no espaço jurídico europeu[870].

A execução da pena de prisão impõe que o recluso seja processualmente acompanhado por um processo de natureza individual. O recluso condenado não tem, no período de reclusão, obrigatoriamente e por regra, direito a um defensor[871] que acompanhe a toda execução da sua pena de prisão. Embora se configure como um dos direitos do recluso o direito «à informação, consulta e aconselhamento jurídico por parte de advogado», conforme dispõe o artigo 7º nº 1 alínea n) do CEPMPL, o direito à assistência jurídica apenas existe nos casos especialmente previstos na lei ou quando, no âmbito do processo, estejam em causa questões de direito[872]. O seu direito de defesa processual está, por isso, de alguma forma diminuído.

---

[869] Cf. artigo 4º nº 4. Além disso existem várias normas que impõem um tratamento diferenciado dos estrangeiros de modo a funcionar como discriminação positiva. Nesse sentido o artigo 16º nº 3 garante o direito de contactar a respectiva entidade diplomática ou consular ou outra representativa dos seus interesses, quando ingressa no estabelecimento prisional e durante a pena o direito de visitas dessas entidades (artigo 62º); o artigo 38º nº 5 garante o acesso a programas de ensino da língua portuguesa, pelo menos quando o tempo de pena a cumprir exceda um ano; o artigo 117 nº 2 garante a disponibilização de informação, em língua que ele compreenda, sobre as possibilidades de execução no estrangeiro da sentença penal portuguesa e da sua transferência para o estrangeiro e sobre os termos da execução da pena acessória de expulsão; o artigo 182º estabelece que tendo sido aplicada pena acessória de expulsão, o tribunal de execução de penas ordena a sua execução logo que estejam cumpridos dois terços da pena. Sobre o problema, em Espanha e questionando a necessidade de uma mudança de atitude em relação ao encarceramento de estrangeiros, cf. Mário Conde, *Derecho Penitenciário Vivido*, cit. p. 309.

[870] Veja-se a regra 23.1. Sobre esta questão Jean-Manuel Larralde, «Les Règles Pénitentiaires Européennes, instrument d'humanisation et de modernisation des politiques carcérales», cit., p. 1001.

[871] Um acórdão do STJ, de 2.2.2006, relativamente recente refere que «havendo decisão condenatória, o arguido perde essa qualidade, passando à de condenado, enquanto sujeito passivo da execução penal».

[872] É esse o actual dispositivo legal decorrente do artigo 147º do CEPMPP.

A RECONFIGURAÇÃO NORMATIVA DE UM MODELO CONSTITUCIONALMENTE

No que respeita ao processo que leva à tomada da decisão judicial no domínio das decisões jurisdicionais referentes ao sistema de execução das penas nomeadamente, a liberdade condicional, as licenças de saída jurisdicionais e a decisão referente à impugnação judicial das sanções disciplinares importa constatar o modo diversificado de chegada à decisão em cada uma das referidas situações.

Trata-se de procedimentos onde é patente um desequilíbrio entre os sujeitos envolvidos, sendo evidente o predomínio do interesse da administração penitenciária[873] em relação ao interesse do recluso.

O papel residual do Ministério Público em todo o processo, que se constata no actual regime legal, enquanto defensor da legalidade por contraposição à «titularidade» da acção penal que lhe está constitucionalmente atribuída no âmbito do processo penal, é superado pela intervenção maximalista do juiz de execução de penas de modo a garantir a tutela dos direitos do recluso.

O novo regime estabelecido no CEPMPL atribui grande parte dessas competências ao Ministério Público, nomeadamente, no âmbito dos poderes de fiscalização da administração penitenciária concretizados na «visita mensal» aos estabelecimentos prisionais da sua área de competência geográfica[874]. Como se referiu, pretendeu-se atribuir ao juiz, mais do que um papel fiscalizador, o dever de assumir, cada vez mais, um papel de terceiro imparcial para decidir conflitos e garantir direitos.

No entanto o importante papel atribuído ao juiz de execução de penas, no regime ainda vigente, consubstanciado no dever de ouvir os reclusos,

---

[873] No sistema penitenciário espanhol é curioso constatar que este «desequilíbrio», porventura mais acentuado que no sistema português, levou à constatação por alguns autores de que o número de pessoas detidas que não beneficia de liberdade condicional terá como uma das causas mais relevantes o «filtro» que consubstancia a proposta inicial da Administração Penitenciária ao Juiz de Vigilância das Penas, cf. Beatriz Tébar Vilches, «La aplicación de la libertad condicional en España», cit., p. 314.

[874] Defendendo que deve ser efectuada uma nova repartição de competências ente o Ministério Público e o Juiz de Execução de Penas, sendo que «deve ser ao Ministério Público que compete, nomeadamente, visitar os estabelecimentos prisionais para audição dos reclusos, bem como decidir, por exemplo, da concessão de saídas precárias» veja-se Anabela Miranda Rodrigues, *Novo Olhar sobre a Questão Penitenciária*, cit. p. 138. Também do Relatório da Comissão de Estudo e Debate da Reforma Prisional, cit., se infere a necessidade de um aumento de intervenção do Ministério Público no domínio do processo de decisão das matérias relacionadas com a execução da pena: cf. Ministério da Justiça, *Relatório...*cit., p. 128.

independentemente das questões suscitadas nos vários processos, não foi objecto de transposição para o CEPMPL, não obstante a consagração do amplo direito concedido ao recluso de apresentar por escrito reclamações, petições, queixas e exposições relativas à execução das medidas privativas de liberdade, estabelecidas no artigo116º do CEPMPL.

A jurisdição, no sistema penal, assume-se actualmente, «como o conjunto de espaços de decisão identificados com a interpretação das leis, a indução probatória, a conotação equitativa e os juízos de valores discricionários, que se encontram reservados ao juiz e que garantem, no que respeita ao sistema penal a concretização dos direitos fundamentais postos em causa»[875].

É difícil compatibilizar a «acumulação» de funções de fiscalização do sistema penitenciário, que serão sempre funções de natureza não estritamente jurisdicional com a função jurisdicional própria de quem deve e tem de resolver litígios com independência e imparcialidade, podendo essa acumulação de funções criar alguma perplexidade, senão mesmo alguma deslegitimação do exercício da função jurisdicional.

A intervenção do tribunal e do juiz de execução de penas nos procedimentos da concessão da liberdade condicional, das licenças de saída jurisdicionais e na decisão de impugnação de recursos da sanção disciplinares, nos termos do novo CEPMPL, anula críticas suscitadas ao modelo até hoje estabelecido, nomeadamente se o mesmo estaria suficientemente dotado de garantias de imparcialidade do que não ponham em causa a força e a legitimação da decisão.

Retira, no entanto, ao recluso o direito genérico de ser ouvido perante o juiz de execução de penas, independentemente da situação concreta do processo, direito que funcionava, na prática, como «válvula de escape» do recluso perante um terceiro, independente, face a uma administração penitenciária dotada de vastos poderes na execução da pena de prisão.

Por último será de questionar se, na situação de grande vulnerabilidade subjectiva em que se encontra o recluso condenado, aliada a uma restrição objectiva de garantias processuais, não se estará, em termos de justificação e fundamentação da decisão numa situação de tal forma diferenciada que exija ao juiz um discurso argumentativo adicional que assegure a racionali-

---

[875] Cf. José Mouraz Lopes, *A Tutela da Imparcialidade Endoprocessual no Processo Penal Português*, cit., p. 36.

dade decisória de modo a conformar o dever constitucional de fundamentação das decisões.

O dever de dar razões e sobretudo o facto de o conteúdo de tais razões serem plenamente compreendidas pelos destinatários assume, na situação de vulnerabilidade referida, uma relevância que não existe num procedimento dotado de todas as garantias e onde tendencialmente funciona um princípio de igualdade de armas.

No caso das decisões relativas à execução das penas de prisão constata-se uma situação de vulnerabilidade do sujeito objecto da decisão bem como um constrangimento das garantias processuais, tornando-se necessário, por isso, no processo argumentativo que leva à fundamentação da decisão utilizar um conjunto de argumentos reforçados que colmatem essa vulnerabilidade e justifiquem de algum modo essa constrição garantistica, para efeitos de legitimação da decisão a proferir.

O imperativo de fundamentação da decisão nas situações relacionadas com a execução da pena privativa de liberdade poderá exigir assim um reforço do limite constitucionalmente imposto ao dever de fundamentação de modo a superar os condicionalismos da situação de vulnerabilidade referida.

VI. Patologias da obrigação de fundamentação

A estrutura racional que vem sendo desenvolvida sobre a fundamentação da sentença evidencia uma exigência de sintonia entre o processo de decisão e o processo de fundamentação de modo a garantir que as finalidades que se pretendem atingir com a fundamentação sejam concretizadas.

A divergência entre o âmbito da decisão e o modo como se fundamenta a sentença pode evidenciar um conjunto de patologias que envolvem várias figurações. Desde a inexistência ou omissão total de um discurso justificador, passando pela justificação de algo que nada tem que ver com a decisão na qual a fundamentação se pretendia fundar, até à concretização de uma fundamentação que vai muito para além do que é decidido, evidenciam exemplos do que consubstancia uma falta de racionalidade da fundamentação cujas consequências importa analisar.

Em todas estas situações o que está em causa é um conjunto de patologias do dever de fundamentação com consequências diversificadas na economia do sistema que tanto podem fulminar a decisão pela nulidade da sentença como podem apenas evidenciar uma deficiência na elaboração da fundamentação, que não atinja os fundamentos em que esta se sustenta, sem consequências jurídicas relevantes. Deficiências que nem pelo carácter menos fulminante que assumem, devem deixar de ser analisadas.

1. A falta de fundamentação da sentença

A vinculação constitucional a um modelo de fundamentação da sentença que garanta os princípios da completude e da indisponibilidade, com as constrições normativas que foram analisadas e que decorrem da exigência da suficiência, da coerência e da concisão, modela uma estrutura de fundamentação da sentença penal cuja normatividade está actualmente garantida nos artigos 374º nº 2 do CPP.

A linearidade do modelo não ilude, no entanto, a configuração de situações concretamente determinadas que se afastam daquela estrutura e que, pelo seu desvio, configuram patologias diversas que importa analisar.

Abrangendo um leque relativamente indeterminado, como aliás ocorre em muitos outros institutos do processo penal[876], tais patologias são, no que respeita à sentença, normativamente tratadas de uma forma aparentemente unívoca[877].

O legislador, estabelecendo uma inequívoca relevância à exigência de um modelo racional e completo de fundamentação da sentença, é absolutamente claro quando fulmina a sentença de nulidade, quando esta não contiver as menções referidas no nº 2 do artigo 374º. Ou seja, qualquer sentença que não seja fundamentada, nomeadamente através da enumeração dos factos provados e não provados, bem como através do processo argumentativo que exponha tanto quanto possível de uma forma completa, ainda que concisa, os motivos de facto e de direito que fundamentam a decisão, com indicação e exame crítico das provas que serviram para formar a convicção do tribunal, é nula.

---

[876] Sobre a extrema versatilidade dos actos processuais e os interesses contraditórios que a sua prática «defeituosa» pode afectar, nomeadamente no que respeita ao tipo de sanção que lhe deve corresponder, veja-se Conde Correia, *Contributo para a Análise da Inexistência e das Nulidades Processuais Penais*, Coimbra Editora, Coimbra, 1999, p. 178.
[877] Sublinhando igual crítica, cf. Saragoça da Mata, «A livre apreciação da prova e o dever de fundamentação da sentença», cit., p. 266.

A RECONFIGURAÇÃO NORMATIVA DE UM MODELO CONSTITUCIONALMENTE

À patologia da sentença não fundamentada corresponde a consequência radical ou fulminante da sua nulidade[878].

O que está em causa não é apenas uma consequência normativa decorrente de uma opção legislativa, que seria sempre legítima, não estivesse esta última opção condicionada por uma imposição constitucional com um conteúdo preciso e cujos corolários assumem uma dimensão que não podem, de todo, ser omitidos.

O carácter indisponível da fundamentação, a que se fez anteriormente referência, não é mais do que a consagração da fundamentação num patamar jurídico que vai além da própria norma para o colocar na essência da própria jurisdição[879].

De igual modo o princípio da completude, como corolário do princípio constitucional da fundamentação e as exigências finalísticas que subjazem à exigência de que todas as decisões têm que ser fundamentadas (e concretamente da sentença) impõem um quadro de garantias que torne suficientemente blindada a exigibilidade da fundamentação da sentença[880].

O estabelecimento de um quadro constitucional que condiciona a opção legislativa processual não pode deixar de ter um reflexo directo nas garantias normativas que sustentam essa opção.

A relevância da questão assume uma dimensão pragmática fundamental na medida em que a tradução normativa da nulidade da sentença a que falte a fundamentação confronta-se com um modelo normativo de nulidades pro-

---

[878] Neste sentido, defendendo o vício de nulidade da decisão a que falte «a fundamentação, em qualquer dos seus graus», Saragoça da Mata, *ibidem*, p. 266. De igual forma no sistema italiano o CPPit no seu artigo 125º, 3, fulmina a falta de «motivazione», tanto da sentença como das «ordinanza» com a nulidade. No sistema germânico a falta de fundamentação da sentença constitui um dos «motivos absolutos» que consubstanciam uma lesão especialmente grave que permite fundar o recurso de cassação, nos termos do § 338 do StPO. Segundo Claus Roxin, «o recurso de cassação é considerado fundado [nestes casos] sem levar em consideração em «absoluto» a influência concreta que o vício possa ter tido na sentença, tendo em conta que os próprios princípios básicos de um processo adequado ao Estado de Direito não foram garantidos»: cf. *Derecho Procesal Penal*, cit., p. 476.

[879] Concretamente, neste sentido, cf. Damião da Cunha, *O Caso Julgado Parcial*, cit., p. 571.

[880] Inequivocamente no mesmo sentido, para o sistema italiano, cf. Carlo Zaza, *La Sentenza Penale*, cit., p. 11.

A FUNDAMENTAÇÃO DA SENTENÇA NO SISTEMA PENAL PORTUGUÊS

cessuais diferenciado e, sobretudo, no que respeita à sentença, um modelo que não deve muito à clareza normativa[881].

A questão deverá ser analisada, por isso, numa perspectiva prévia, ou seja saber se os princípios constitucionais (onde se enquadra a questão da fundamentação das decisões) sendo «mais fortes» que as normas legais que os concretizam, não têm que se impôr perante as soluções legais estabelecidas, nomeadamente no caso das nulidades normativamente estabelecidas que não levam em consideração o comando constitucional.

Reiterando a afirmação de Gomes Canotilho, com especial relevância nesta matéria, «não é o sistema constitucional de direitos, liberdades e garantias que se deve adaptar ao sistema legal processual mas, inversamente o direito processual penal ordinário é que deve tornar-se suportável pela ordem constitucional dos direitos, liberdades e garantias»[882]. Adaptação que claramente tem que ser efectuada no que respeita à matéria referente a algumas consequências das patologias processuais.

Conforme refere Conde Correia, na sequência de alguma doutrina italiana[883], «a ordem jurídica não pode estabelecer a eliminação das disposições

---

[881] Se outras evidências não existissem, bastaria atentar na vasta jurisprudência nacional dos Tribunais superiores que tem sido proferida sobre a questão ao longo dos anos de vigência do CPP, tanto na versão inicial do código como nas versões decorrentes das várias revisões. Recorde-se que foram pelo Supremo Tribunal de Justiça tirados dois acórdãos de fixação de jurisprudência sobre a matéria em momentos relativamente próximos. O primeiro, o assento de 6 de Maio de 1992, publicado no *DR I Série*, de 6 de Agosto de 1992, referindo o seguinte: «Não é insanável a nulidade da alínea a) do artigo 379º do Código de Processo penal, consistente na falta de indicação na sentença penal, das provas que serviram para formar a convicção do tribunal, ordenada pelo artigo 374º nº 2, parte final, do mesmo código, por isso não lhe sendo aplicável a disciplina do corpo do artigo 119º daquele diploma lega». O segundo, o Assento nº 1/94 de 2 de Dezembro de 1993, publicado no *DR I Série*, de 11 de Janeiro de 1994 referindo o seguinte: «As nulidades da sentença enumeradas de forma taxativa nas alíneas a) e b) do artigo 379º do CPP não têm de ser arguidas, necessariamente, nos termos estabelecidos na alínea a) do nº 3 do artigo 120º do mesmo diploma processual, podendo sê-lo, ainda, em motivação de recurso para o tribunal superior». O que se retira destes acórdão é tão só que a nulidade da falta de fundamentação é uma nulidade sanável e arguível nos termos do artigo 410º nº 3 do CPP. Questionando esta solução veja-se Ulisses Cortês, «A fundamentação das sentenças no processo penal», cit., p. 329.

[882] Cf. J.J. Gomes Canotilho, «Anotação ao Acórdão do TC nº 70/90», *RLJ*, ano 123º, nº 3792, p. 89.

[883] Cf. Alessandro Malinverni, in *Principi del Processo Penale*, Torino, 1972, p. 208, *apud* Conde Correia, *Contributo para a Análise da Inexistência e das Nulidades Processuais Penais*, cit. p. 143.

334

A RECONFIGURAÇÃO NORMATIVA DE UM MODELO CONSTITUCIONALMENTE

legais contrárias às regras constitucionais e deixar incólumes os actos processuais violadores das disposições legais que acolhem ou concretizam preceitos constitucionais»[884]. Segundo o autor, nestes casos o fundamento da nulidade encontra-se «no princípio constitucional violado»[885]. Posição que afinal decorre da concretização do princípio fundamental de que o direito processual penal é direito constitucional aplicado.

Neste sentido é exemplificativa a situação das normas constitucionais sobre direitos liberdades e garantias que sendo directamente aplicáveis, vinculam entidades públicas e privadas e estão para além de normas legislativa que os desenvolvem e que não podem deixar de ser com aquelas normas compatíveis.

O modelo constitucional estabelecido no artigo 205º da CRP com a revisão de 1997 veio informar e densificar um princípio que na sua versão inicial de alguma forma se mostrava tímido, manifestando-se num novo conteúdo com consequências directas na ordem jurídica e, naturalmente, nas decisões tomadas no âmbito do processo penal. Consequências que foram já analisadas e que incluem como um dos corolários do princípio constitucional da fundamentação das decisões, a tutela da garantia do direito de defesa.

Como se referiu, o direito de defesa, conjuntamente com os demais direitos fundamentais estabelecidos no artigo 19º nº 6 da CRP foi dotado de um regime jurídico de protecção reforçada cujas consequências implicam que quaisquer normas violadoras desses «mesmos direitos consideram-se feridas de nulidade radical ou fundamental»[886].

Só a fundamentação das decisões e, concretamente a fundamentação das sentenças, possibilita a concretização do direito defesa, sendo no âmbito do processo criminal, matéria intangível e por isso sujeita a um regime reforçado

---

[884] Neste sentido, Conde Correia, *Contributo para a Análise da Inexistência e das Nulidades Processuais Penais,* cit., p. 144.

[885] Conde Correia conclui que a violação dos preceitos constitucionais não está incluída no artigo 118º nº 1 do CPP, que apenas refere as «disposições da lei do processo penal (...) ficando de fora os preceitos constitucionais que num sentido amplo – derivado do seu carácter fundamental – ainda podem ser incluídos no conceito «material» de lei processual penal»: *Contributo para a Análise da Inexistência e das Nulidades Processuais Penais,* cit., p. 144.

[886] Assim Jorge Miranda, *Manual de Direito Constitucional, tomo IV,* cit., p. 370 e Gomes Canotilho/Vital Moreira, in *Constituição da República Portuguesa, Anotada,* cit., p. 402 (com posições diferenciadas sobre o âmbito do direito de defesa em processo criminal – matéria já referida no Capítulo II, ponto X).

de tutela. Daí que a não fundamentação de uma decisão proferida em processo penal susceptível de recurso será sobre esta última perspectiva fulminada, sempre, com um regime de nulidade.

Nesse sentido a norma que desde o início da versão inicial do CPP estabeleceu a nulidade da sentença que não é motivada, a ter uma interpretação divergente só pode ser no sentido de densificar o âmbito da nulidade em causa como uma nulidade essencial e, como tal, incapaz de ser sanada por uma simples não alegação da sua patologia num tempo determinado[887].

O que se quer referir, de modo inequívoco, é que para além de ser como é, uma nulidade, a falta de fundamentação da sentença é por isso uma nulidade insanável[888].

Não se omite que o argumento sustentado na taxatividade da lei que impõe que as nulidades insanáveis são tão só aquelas que a lei tipifique é um argumento formalmente sustentado, mas que não resiste à afirmação de que o sistema português de nulidades é um sistema semi-taxativo que consagrou três técnicas de eliminação dos efeitos produzidos pelos actos processuais penais inválidos[889], exactamente para permitir salvaguardar a diversa gravi-

---

[887] Damião da Cunha assume idêntica posição sobre a natureza da nulidade insanável da sentença por falta de fundamentação, sustentado no argumento de que «só esta solução permite reforçar a ideia de que o dever de fundamentação é parte integrante do acto jurisdicional e, além disso, garantir a efectiva legitimidade democrática da função jurisdicional»: cf. *O Caso Julgado Parcial*, cit., p. 570. Apelando a uma justificação semelhante para a falta de fundamentação das decisões que ponham em «causa direitos fundamentais (como é o caso das decisões relativas a medidas de coacção e aos meios de prova previstos no artigo 126º-3)», veja-se Ulisses Cortês, «A fundamentação das sentenças no processo penal», cit., p. 329.

[888] Neste sentido discorda-se das posições doutrinais que admitem a tese da nulidade da sentença por falta de fundamentação não ser de conhecimento oficioso e ser sanável, se não forma arguida num tempo determinado: assim, neste sentido Germano Marques da Silva, *Curso de Processo Penal, III*, 2ª edição, p. 299, Vinício Ribeiro, *ibidem*, p. 803 e Paulo Pinto de Albuquerque, *Comentário ao Código de Processo Penal*, cit., p. 947. Assim a enorme divergência jurisprudencial que vem sendo trilhada pelos Tribunais superiores nacionais, nomeadamente pelos Tribunais da Relação (mas também, ao longo do tempo, pelo Supremo Tribunal) não tem outra solução que não a opção, de forma taxativa pela corrente jurisprudencial que vem defendendo a tese da nulidade insanável. Para uma análise exaustiva dos mais recentes acórdãos sobre a questão cf. Vinício Ribeiro, *Código de Processo Penal, Notas e Comentários*, cit., p. 800-802.

[889] Cf. Conde Correia, *Contributo para a Análise da Inexistência e das Nulidades Processuais Penais*, cit., p. 194.

A RECONFIGURAÇÃO NORMATIVA DE UM MODELO CONSTITUCIONALMENTE

dade dos casos patológicos que, em função dos interesses que se pretendem garantir devem ser normativamente graduados[890].

De igual forma o específico regime jurídico da arguição da nulidade da falta de fundamentação da sentença até ao recurso, é um argumento que aparenta dar alguma força a um regime diferenciado das nulidades da sentença em relação a outras nulidades tipificadas como tal no Código. O que não é suficiente, no entanto, para tutelar juridicamente a relevância que a questão da fundamentação da sentença assume no âmbito do sistema jurídico e que a própria Constituição sublinha, na medida que o que aqui está em causa são normas constitucionais directas que tutelam no seu conteúdo direitos fundamentais nomeadamente, o direito de defesa.

Recorde-se que na sua dimensão endoprocessual o que se pretende com a fundamentação é garantir ao arguido o exercício efectivo do seu direito de defesa cujo conteúdo só pode ser efectivado, quer no que respeita à sentença quer no que respeita a outras decisões que o afectem, se tiver acesso à fundamentação da sentença.

Razões que, com a reforma do CPP de 2007, no que respeita às decisões que aplicam medidas de coacção e de garantia patrimonial, ou seja quando estão em causa decisões que restringem de uma forma significativa a liberdade dos cidadãos, são hoje absolutamente claras na medida em que o legislador impôs um regime específico de fundamentação da decisão, no artigo 194º nº 4, cuja inobservância é expressamente cominada com a sanção de nulidade[891].

---

[890] Desenvolvidamente sobre o sistema de invalidades estabelecido no CPP, Conde Correia, *ibidem*, pp. 142 e ss, esp. p. 146 e, resumido, p. 194.

[891] Questão mais complexa é a natureza da nulidade agora estabelecida. A falta de motivação das «ordinanza *de liberatate*», tendo em conta que sustenta um bem de «absoluta relevância constitucional» como é a liberdade das pessoas, configura para a doutrina italiana uma nulidade que reveste carácter absoluto e não é sanável: cf. Giorgio Lattanzi, *Codice di Procedura Penale, Annotato com la Giurisprudenza*, Giuffrè Editore, Milano, 2002, p. 290. Também Siracusano sublinha a exigência de fundamentação do despacho que aplica medidas cautelares limitativas da liberdade pessoal, estabelecido «sob pena de nulidade *rilevabile anche d'ufficio*»: cf. *Diritto Processuale Penale, Volume I*, cit., p. 402. O regime normativo decorrente da reforma de 2007, ao reforçar a natureza da fundamentação das decisões relativas à aplicação de medidas de coação não parece compatibilizar-se com a posição que o vício da nulidade por falta de fundamentação deve ser arguido, autonomamente, e só então haverá a possibilidade de recurso, defendida por Manuel Joaquim Braz in «As medidas de coacção no código de processo penal revisto. Algumas notas», *Colectânea de Jurisprudência*, XXXII, 2007, Tomo IV, p. 6. A

2. A fundamentação insuficiente

A dimensão «negativa» do requisito vinculadamente constitucional da suficiência da fundamentação, ou seja, a sua «insuficiência» relativa às várias dimensões a que alude o artigo 374º nº 2, configura um leque de hipóteses abstractamente idealizáveis em deficiências múltiplas de fundamentação, algo que se coloca bem mais perto de uma realidade quotidianamente mais comum do que uma ausência total de fundamentação.

O que está em causa já não é, agora, uma não fundamentação mas antes um leque de situações em que a fundamentação não cobre todas as questões que na decisão foram objecto de apreciação, tanto sobre a matéria de facto como sobre a matéria de direito, abrangendo igualmente a amplitude do exame crítico das provas.

O que está em causa, na insuficiência é uma fundamentação inapropriada, manifestada em omissões na estrutura racional exigida para uma fundamentação adequada. É o caso, entre outras da ausência das premissas da argumentação em que o juiz deve fundar as suas razões, quando não são indicados critérios que sustentam a aplicação de máximas de experiência ou quando não são explicados, total ou parcialmente, os critérios de valoração utilizados para a admissibilidade da prova.

À tutela da insuficiência da fundamentação não corresponde qualquer vício autónomo em relação à ausência de fundamentação.

A fundamentação insuficiente, na medida em que não permite garantir o princípio da completude (e é este que está em causa) deve, porém, equiparar-se à total e absoluta ausência de fundamentação. A concreta e específica fundamentação das razões justificativas de todas as opções que o tribunal efectuou no âmbito do processo de decisão, mesmo que de uma forma con-

---

não arguição da nulidade por falta de fundamentação não pode, nestes casos, precludir o direito ao recurso relativo a uma questão essencial como é uma decisão judicial onde estão em causa direitos fundamentais. Aliás, o próprio CPP admite como fundamento de recurso «a contradição insanável da fundamentação ou entre a fundamentação e a decisão», conforme se estabelece no artigo 410º nº 2 alínea b), não fazendo por isso qualquer sentido que não se admitisse como fundamento do recurso a falta de fundamentação. Além disso o artigo 410º nº 3 é muito claro ao referir que «o recurso pode ainda ter como fundamento, mesmo que a lei restrinja a cognição do tribunal de recurso a matéria de direito, a inobservância de requisito cominado sob pena de nulidade que não deva considerar-se sanada». Sublinhando que a nulidade da falta de fundamentação constitui uma nulidade dependente de arguição, cf. Germano Marques da Silva, *Curso de Processo Penal, II*, (4ª edição), cit. p. 311.

A RECONFIGURAÇÃO NORMATIVA DE UM MODELO CONSTITUCIONALMENTE

cisa, tem que constar expressamente na fundamentação. Uma decisão parcialmente fundamentada tem de ser entendida como não fundamentada, na certeza de que não existe *meia fundamentação*[892].

Sublinhe-se, no entanto, como já antecipámos anteriormente, que a fundamentação suficiente sendo um conceito indeterminado encontra-se salvaguardada desde que se encontrem garantidas as finalidades extra e endoprocessuais exigidas pelo princípio constitucional estabelecido no artigo 205º da CRP. Essa garantia não passa necessariamente por uma fundamentação exaustiva mas antes por uma fundamentação completa e simultaneamente concisa que não refira nem mais nem menos do que aquilo que tem que abordar.

Curiosamente semelhante dimensão negativa não é garantida à protecção da «motivação» insuficiente no CPPit, que pelo artigo 547º dispõe expressamente que a motivação insuficiente não constitui causa de nulidade da sentença e deve ser completada pelo juiz que a emitiu, através da correcção estabelecida no artigo 130º do CPPit. Ao contrário da falta de «motivazione» ou da contraditoriedade ou da sua ilogicidade manifesta, que são motivo de recurso autónomo a insuficiência, por si só, não possibilita no sistema italiano, esse recurso[893].

No sistema português o dever de correcção da sentença estabelecido no artigo 380º do CPP, permite a intervenção oficiosa ou a requerimento do juiz na correcção da sentença, mas apenas «fora dos casos previstos no artigo anterior» [379º]. Semelhante «válvula» de segurança parece ocorrer no sistema italiano, no que respeita à fundamentação insuficiente, permitindo-se assegurar e manter os actos praticados, nomeadamente o julgamento e a própria decisão, quando constatada essa insuficiência, o juiz ultrapasse o vício sem a intervenção de um tribunal superior. Situação que não colide, no entanto, com a natureza absolutamente fulminante de nulidade que o legislador atribui à falta de «motivazione», seja da sentença, seja das «ordinanza», conforme decorre do artigo 125º. 3 do CPPit.

---

[892] Neste sentido pronunciaram-se tanto o TC como o STJ. Veja-se o Ac. do TC de 97.04.17, *Acórdãos do Tribunal Constitucional, volume 36* e o Ac. do STJ de 16.11.2005, proferido no Recurso nº 2155/04. Na doutrina cf. Paulo Saragoça da Mata, " A livre apreciação da prova e o dever de fundamentação da sentença", cit., p. 265.

[893] Cf. sobre esta matéria, Giovanni Canzio, «Le due riforme processuali del 2006 a confronto: vizio di motivazione, autosufficienza del ricorso e accesso agli atti nei giudizi civili e penali di legittimità», *Rivista Italiana di Diritto e Procedura Penale*, Fasc. 1 Gennaio-Marzo, 2007, p. 148

A FUNDAMENTAÇÃO DA SENTENÇA NO SISTEMA PENAL PORTUGUÊS

3. A fundamentação contraditória

Para além da ausência e da insuficiência da fundamentação há outras «áreas de risco» que permitem a verificação de patologias que atingem o modelo exigido de fundamentação das sentenças, cuja gravidade é, no entanto, normativamente diferenciada.

A algumas patologias já foi expressamente efectuada uma referência, como é o caso da ausência de publicidade da decisão e da sua fundamentação, vício que assume igualmente uma dimensão de nulidade, conforme estabelece imperativamente o artigo 372º nº 3 do CPP. O que está em causa, neste caso, é a tutela da dimensão extraprocessual da fundamentação das sentenças decorrente de um imperativo constitucional.

Identifica-se, no entanto, um outro vício, bem mais complexo que decorre da fundamentação contraditória.

A dimensão pragmática da questão da fundamentação contraditória assume no entanto um relevo autónomo que impõe uma análise mais cuidada.

Como se constatou, o modelo constitucionalmente vinculado da fundamentação exige que todo o processo construtivo e narrativo que envolve a fundamentação da sentença seja coerente. Na concretização do critério da coerência, a sentença funciona como um todo e, nesse sentido, as várias dimensões factuais e justificativas devem articular-se, tanto entre a decisão e a fundamentação como entre esta última e a sua estrutura interna.

O que está em causa, como patologia da fundamentação é, por isso a sua incoerência nas várias dimensões que assume. Incoerência entre o que é decidido e o que justifica a decisão e incoerência entre as várias dimensões da fundamentação.

A relevância da patologia é normativamente salientada pelo artigo 410º nº 2 alínea b) que se refere à «contradição insanável da fundamentação ou entre a fundamentação e a decisão»[894] como fundamento de recurso da decisão, desde que o vício resulte do texto da decisão recorrida «por si só ou conjugada com as regras de experiência comum».

Protecção algo semelhante é consagrada no artigo 606 do CPPit que estabelece como motivo de recurso com carácter autónomo «a falta, con-

---

[894] A segunda parte da norma foi introduzida pela reforma de 1998.

340

A RECONFIGURAÇÃO NORMATIVA DE UM MODELO CONSTITUCIONALMENTE

traditoriedade ou manifesta ilogicidade da motivação quando o vício resulta do texto da decisão impugnada (...)»[895].

O que se pretende salvaguardar é a imperatividade da compreensão da racionalidade da fundamentação no sentido global ou seja a configuração e manutenção do equilíbrio da estrutura racional da decisão. Segundo Iacovello, a «racionalidade da motivação não é auto-referencial (racionalidade como coerência intrínseca), mas relacional (racionalidade como confronto e escolha entre as explicações possíveis)»[896], devendo por isso articular-se com todo o processo decisório.

Não basta assim que uma fundamentação da sentença obedeça na sua estrutura interna a uma narrativa coerente. Se a essa estrutura interna e coerente da fundamentação não corresponder uma estrutura também ela coerente da decisão nomeadamente, pelo modo como está construída seja permitida uma outra leitura ou mesmo uma outra decisão e se não existir uma conexão entre si, então a decisão não respeita os requisitos exigidos a uma vinculação constitucionalmente fundada.

A contradição da fundamentação, tanto na correlação entre os factos provados e não provados como entre estes e os motivos que os sustentam, nomeadamente no exame crítico das provas que serviram de base para formar a convicção do tribunal, não integra taxativamente o âmbito da nulidade da sentença, de acordo com o artigo 379º, nº1, al. *a*), do CPP.

Trata-se, no entanto, de uma patologia que pondo em causa toda a estrutura constitucional que vincula a fundamentação da sentença, na medida em que não cumpre os requisitos da coerência, é suficientemente grave para, à face do sistema português, integrar o vício passível de fundamentar o recurso da sentença previsto no artigo 410º, nº 2, al. *b*) do CPP, desde que resulte do texto da decisão recorrida.

---

[895] Cf. Giovanni Canzio, «Le due riforme processuali...» cit., p. 143, o qual salienta o alargamento da tutela do sistema de recurso ao facto de, com a reforma de 2006 [com a legge n. 46] se ter introduzido a contraditoriedade como motivo autónomo de recurso. Sublinhando a alteração ao artigo 606 e) como decorrência do princípio da «completezza» e exigindo por isso uma completa formulação da motivação, veja-se Carlo Zazza, *La Sentenza Penale*, cit., p. 12.

[896] Cf. «Motivazione della sentenza penale (controlo della)», cit., p. 788. O autor explicita a afirmação referindo que «se a motivação do juiz é em si coerente mas existem outros motivos racionais ou plausíveis que podem justificar uma decisão diversa, o juiz de recurso deve anular a decisão»: *ibidem*, p. 788.

A FUNDAMENTAÇÃO DA SENTENÇA NO SISTEMA PENAL PORTUGUÊS

VII. Síntese

O objectivo do capítulo pretendeu reflectir as mudanças expressas e tácitas que o modelo constitucionalmente vinculado de fundamentação das sentenças trouxe para o sistema normativo e para a sua aplicabilidade.

Partindo e analisando o momento histórico em que surgiu uma autonomia sistémica e unitária da codificação processual penal, evidenciou-se o modelo normativo de fundamentação da sentença decorrente do CPP de 1987, sustentado num quadro constitucional democrático que, necessariamente, o tinha que moldar.

A vinculação constitucional decorrente do artigo 205º da Constituição, levou a que o CPP, no artigo 97º nº 5, estabelecesse que «os actos decisórios são sempre fundamentados, devendo ser especificados os motivos de facto e de direito da decisão» e, no que se refere à sentença, o artigo 374º estabelecesse de uma forma inequívoca e explícita a exigência de fundamentação e o modo como deve ser efectuada, numa estrutura unitária e horizontalmente aplicável a todas as decisões e em todas as formas de processo admissíveis no Código.

A fundamentação tornou-se parte integrante de todas as sentenças e da própria pronúncia jurisdicional, podendo por isso, nesta matéria, falar-se, com o CPP de 1987, de uma alteração do paradigma decisional no processo penal assumindo-se que a sentença só se visualiza como acto processual na medida em que a sua dimensão decisória abranja a fundamentação.

O âmbito do princípio constitucional da fundamentação das decisões tendo como seus corolários a *generalidade*, a *indisponibilidade*, a *completude*, a *publicidade* e o *duplo grau de jurisdição*, enquadrado na dupla finalidade endo e extra processual, permite compreender «o modelo normativo de fundamentação» que cumpre as exigências constitucionais referidas.

Nesse sentido entendemos que o legislador exige uma fundamentação suficiente no sentido de que seja permitido considerar a sentença não como algo de arbitrário mas antes como um acto através do qual se convençam os seus destinatários do que foi decidido e como foi decidido.

A convicção aceite de que o dever de fundamentação é dotado de uma autonomia conceptual, se bem que vinculante a uma decisão, permitiu identificar os seus elementos estruturais ou requisitos fundamentais.

Justificado o vínculo decisão/fundamentação, de modo a que se possa verificar se o acto de justificação não está além ou aquém do objecto processual que configura o procedimento e sobre a qual se proferiu a decisão, con-

A RECONFIGURAÇÃO NORMATIVA DE UM MODELO CONSTITUCIONALMENTE

cretizou-se o carácter racional da fundamentação das decisões, no sentido da sua estrutura se conformar, por um lado, com as finalidades pretendidas com a fundamentação e, por outro lado, afirmar concretamente uma racionalidade justificativa que permita garantir quer o controlo externo quer interno da decisão.

No modelo processual vigente identificou-se a racionalidade justificativa na compreensão da validade dos argumentos usados pelo juiz através de uma tripla dimensão: a sua suficiência, a sua coerência e a sua razoabilidade em função dos objectivos ou finalidades que a condicionam.

Na dicotomia matéria de facto matéria de direito a importância da narrativa judicial leva a que se perspectivem dificuldades quando se pretende afirmar uma distinção entre ambas nomeadamente, no modo como se desenvolve a própria construção da decisão judicial.

Há uma dimensão prática essencial na construção daquela narrativa que impõe que se efectue a distinção entre o facto e o direito, ainda que estejam intimamente conectados, devendo ser, por isso, concebidos como distintos ou pelo menos como distinguíveis.

A percepção desta autonomia inter conexionada é fundamental na percepção da questão da fundamentação tanto na sua dimensão jurídica como factual, na certeza de que ambas constituem a sentença e nessa medida exigem uma articulação.

Analisou-se a questão essencial dos factos e da sua prova e sobretudo o reflexo na fundamentação, sendo verificado todo o processo de elaboração da decisão nomcadamcntc, o modo de produção de prova com especial relevo para a dimensão do contraditório, o exame crítico das provas e a sua conexão com o princípio da livre apreciação da prova. Neste âmbito foi analisada a dimensão vinculativa do princípio da livre apreciação da prova que não desvincula o juiz de um procedimento racional sustentado num processo justificativo.

Problemas estruturais como a utilização das «máximas de experiência» ou a exigência de uma fundamentação reforçada no domínio da prova vinculada, concretamente na chamada prova pericial e científica, evidenciam a relevância do papel da fundamentação. De igual modo foi analisada a questão da imediação e sobretudo o modo como deve articular-se este princípio fundamental do processo penal com a exigência de uma fundamentação devida. Isto é, a mera alusão ao funcionamento do princípio da imediação não é razão justificativa de uma não fundamentação.

A FUNDAMENTAÇÃO DA SENTENÇA NO SISTEMA PENAL PORTUGUÊS

Os problemas específicos suscitados pela fundamentação jurídica não deixaram de ser analisados na certeza de que ainda aqui estamos perante um processo argumentativo que consiste em dar razões e explicitar o sentido justo, correcto e válido dessas razões.

Um modelo assente na estrutura racionalizada da suficiência, coerência e razoabilidade da fundamentação é normativamente restringido pela imposição de uma argumentação concisa. Pretendeu-se concretizar o que considerámos ser um modelo de economia argumentativa que concilia as finalidades da fundamentação e as suas guias constitucionais. A dimensão do princípio evidencia-se concretamente no modo argumentativo mas também em situações muito peculiares como a fundamentação *per relationem* e a fundamentação implícita.

O modelo de fundamentação vinculadamente constitucional que se vem analisando, assume no sistema processual penal algumas características peculiares que não podem deixar de ser compreendidas de modo integrado.

Assim, as decisões colegiais e o problema do voto de vencido, decorrentes de opções legislativas absolutamente legítimas mas sustentadas numa dogmática pouco sedimentada, suscitam algumas perplexidades que foram objecto de análise. Saliente-se, neste tópico, a exigência de uma fundamentação suficientemente justificada quando se elabora um voto de vencido, de modo a que a liberdade de decisão que está na sua origem não ponha em causa a própria força da decisão onde se integra e, por isso possa sair enfraquecida a legitimidade do órgão de onde emana.

Por outro lado, a imposição constitucional do princípio da generalidade da fundamentação das decisões impôs uma outra perspectiva ao tratamento da questão da fundamentação no âmbito das decisões interlocutórias proferidas no quadro do processo penal, nomeadamente quando estão em causa decisões que restrinjam direitos fundamentais ou decisões proferidas no âmbito dos sistema processual que rege a execução da pena privativa da liberdade. Sendo situações cujo contexto de decisão onde estão estruturadas assume um modelo diferenciado em relação ao esquema típico da sentença, impôs-se, por isso, uma análise destas particularidades do modelo de fundamentação.

Nesta última dimensão nomeadamente no regime de execução da pena privativa de liberdade, suscitou-se a questão da exigibilidade de uma fundamentação reforçada de algumas decisões que leve em consideração a vulnerabilidade subjectiva e mesmo processual do destinatário directo da decisão.

344

A RECONFIGURAÇÃO NORMATIVA DE UM MODELO CONSTITUCIONALMENTE

Finalmente, a estrutura desenvolvida sobre a fundamentação da sentença evidencia uma exigência de sintonia entre o processo de decisão e o processo de fundamentação de modo a garantir que as finalidades que se propõem atingir com a fundamentação sejam concretizadas, consubstanciando a divergência entre o âmbito da decisão e o modo como se fundamenta a sentença, um conjunto de patologias que envolvem várias figurações.

Assim, desde a inexistência ou omissão total de um discurso justificador, passando pela justificação de algo que nada tem que ver com a decisão que se pretendia fundar, até à concretização de uma fundamentação que vai muito para além do que é decidido evidenciam exemplos do que consubstancia uma falta de racionalidade da fundamentação cuja dimensão se analisou.

Trata-se de patologias com consequências diversificadas na economia do sistema que podem ir de uma deficiência na elaboração da fundamentação, que não atinja os fundamentos em que esta se sustenta e por isso não tenha consequências jurídicas relevantes, até ao fulminar da decisão pela nulidade da sentença.

Capítulo V
Diferenciação processual e fundamentação

I. O discurso da diferenciação e a sua repercussão no procedimento
O processo penal num Estado de Direito assenta actualmente num conjunto de princípios estruturados em torno da afirmação e consolidação do princípio do processo justo, sustentado, de alguma maneira, no que vem sendo a compreensibilidade dogmática do princípio do *fair trial*, normativamente fixado em vários diplomas supra-constitucionais.

A derivação europeia do conceito de processo justo, por virtude da amplificação do conteúdo do artigo 6º da CEDH, tem sido desenvolvida pela doutrina e pela jurisprudência em várias dimensões[897].

---

[897] Segundo Klaus Tiedemann, o Tribunal Constitucional alemão tem desenvolvido a ideia de processo justo, «até à sua conversão num direito fundamental, ainda que o conteúdo deste direito não esteja esclarecido em todos os seus aspectos»: cf. «Constitucion y derecho penal», *Revista Española de Derecho Constitucional*, ano 11, 1991, p. 169. Sobre o processo justo como um dos princípios fundamentais centrais do processo penal germânico, veja-se Claus Roxin, *Derecho Procesal Penal*, cit., pp. 79-80 e, mais recentemente, «Sobre o desenvolvimento do direito processual penal alemão» in AA.VV., *Que Futuro para o Direito Processual Penal?* Coimbra Editora, 2009, p. 386. Em Itália, a constitucionalização do conceito, no artigo 111º, fez emergir uma extensa doutrina a propósito do seu conteúdo, limites e consequências. Sobre o processo justo e o debate que aí se vem efectuando, veja-se desenvolvidamente o nosso *A Tutela da Imparcialidade Endoprocessual no Processo Penal Português*, cit., pp. 178 e ss. A conceptualização não é, no entanto pacífica, quer na doutrina germânica com alguns autores a referirem o facto de princípio puder levar a uma «sobrejusticialização», quer na doutrina italiana, onde alguns autores identificam o conceito como um «mero slogan»: cf. Roxin, *Derecho Procesal Penal*, cit., p. 178, D. Siracusano, A. Galati, G. Tranchina, E. Zappalà, *Diritto processuale penale, volume I,*

A afirmação conceptual do processo justo, para além de enquadrar os vários princípios que configuram o processo penal e a sua tutela normativa, pretende garantir de forma inequívoca, a exigência de que um procedimento tem que se estruturar em princípios e normas que garantam a comunicação à pessoa do facto jurídico que lhe diz respeito[898], um procedimento sem influências na formulação de juízos que permita a apresentação de provas e a sua contestação, o direito à assistência por um defensor, a existência de um juiz imparcial e uma decisão fundamentada[899].

A relevância pragmática do conceito de processo justo decorre essencialmente do facto de potenciar uma «maior optimização possível dos valores constitucionais», segundo Steiner[900] e, nessa medida, ser susceptível de funcionar como um denominador mínimo, seja qual for o tipo de procedimento que esteja em causa. Daí a impertinência de uma crítica sustentada na eventual sobrejusticialização decorrente da aplicação do conceito, a que se refere Kunkis[901] e que se sustenta numa interpretação do processo justo como um *plus* em relação a outros princípios que estruturam o processo penal, que nessa medida contribuiria tão só para uma dilatação temporal e para uma complexidade do processo.

Um processo só é justo se, no entanto, for concretizado num tempo razoável. A condicionante da resposta judicial através da decisão em tempo cóngruo[902] ao deferimento da pretensão de justiça surge como elemento cen-

---

cit., p. 40 e Garofoli, in «Giudizio, Regole e Giusto processo. I tormentati itineerari della cognizione penale», *Rivista Italiana di Diritto e Procedura penale*, Fasc. 2, Aprile-Giugno, 2000, p. 520.

[898] Neste sentido e de uma forma inequívoca, mas indo além do que é hoje defendido por alguma doutrina e mesmo pela jurisprudência do Tribunal Constitucional alemão, Bern Schünemann defende, como decorrência do justo processo, o direito de todo o suspeito ter de conhecer, em caso de detenção, «todo o expediente da investigação desde o momento da investigação»: cf. *La Reforma del Proceso Penal*, cit., p. 62.

[899] Veja-se, neste sentido, Andrea António Dália, Marzia Ferraioli, *Manuale di Diritto Processuale*, Cedam, Padova, 2000, p. 18.

[900] Citado por Roxin in *Derecho Procesal Penal*, p. 80.

[901] *Ibidem*, p. 80.

[902] A expressão, utilizada por Faria e Costa num contexto da apreciação do tempo e da prescrição do procedimento criminal não deixa no entanto de ter todo o sentido na questão da celeridade do processo, mesmo quando o autor limite a sua valoração positiva aos interesses do Estado «que os processos criminais sejam instruídos em tempo cóngruo»: cf. *Linhas de Direito Penal e Filosofia*, cit., p. 185.

tral para a concretização do que é um processo decisório óptimo num Estado de Direito.

A relevância do princípio do processo justo coloca-se, actualmente, em múltiplas situações que se suscitam na diversidade da resolução de casos concretos onde os princípios do processo penal podem exigir compressões ou distenções.

Sendo o conteúdo dos princípios, por si só, manifestamente insuficiente para possibilitar a resolução adequada de um dado problema, o apelo ao conceito de processo justo garantirá a necessária adequação da resolução do problema concreto assegurando que se cumprirão os valores do Estado de Direito. Neste sentido, Claus Roxin, exemplifica através de várias situações concretas a relevância do conceito, nomeadamente em todos os casos que possam contribuir para a realização da dignidade humana do arguido de forma que este não seja apenas um mero objecto do processo, seja para garantir uma melhor transparência do processo, assim contribuindo para a protecção da confiança do arguido, seja numa reafirmação do princípio da igualdade, de modo a permitir uma posição mais equilibrada de todos os intervenientes no processo[903].

Numa outra dimensão, podem manifestar-se interesses que de algum modo possam implicar compreensões ou restrições dos princípios do processo penal e, nesse momento, o apelo ao processo justo permitirá atingir o ponto de optimização possível entre os diversos princípios concretos.

O «processo justo», nas suas várias dimensões concretas, não tem que assumir um conteúdo idêntico em todas as situações suscitadas, não sendo necessária a utilização de mecanismos procedimentais idênticos em relação a todos os casos com que se debate o sistema judicial penal, obedecendo às mesmas regras e garantindo da mesma forma para todas as situações a tutela penal a que está constitucionalmente obrigado.

O que está em causa é o tratamento diferenciado e diversificado do procedimento em função dos interesses também eles diferenciados que percorrem as várias formas de criminalidade, não prescindindo no entanto, de atingir um ponto de equilibrio dos interesses conflituantes[904].

---

[903] Sublinhando, neste último caso, que «uma verdadeira igualdade de armas não é compatível com a nossa estrutura de procedimento»: cf. *Derecho Procesal Penal*, cit., p. 80.

[904] Assumindo a exigência e mesmo emergência de uma política criminal diferenciadora em que aquele ponto de equilíbrio «deve ser um para a criminalidade geral, mesmo quando deva

Sublinhe-se, no entanto, que esta apologia da diferença não se confunde com as dimensões dogmáticas legitimadoras de um *direito penal a duas velocidades,* assente da existência na proliferação de leis penais substantivas e adjectivas especiais e diferenciadas que subsistem paralelamente à legislação comum nos ordenamentos jurídicos. Modelo que pretende responder de forma também diversa è emergência de novos fenómenos criminais através da possibilidade de instrumentos que possibilitem um maior controlo e porventura uma maior segurança, mas à custa de uma maior restrição de direitos liberdades dos cidadãos e que constitui, actualmente, uma tendência dos últimos passos em que se sustentam as várias políticas criminais, sobretudo no espaço europeu[905].

Assumida, assim, a relevância estrutural do processo justo, através da imperativa configuração de um procedimento obedecendo aos requisitos mínimos que conformam o processo penal democrático onde a fundamen-

---

reputar-se grave ou muito grave e deve ser outro, e diferente, para a grande e nova criminalidade, concretamente para o terrorismo e a criminalidade organizada», Figueiredo Dias in «O processo penal português. Problemas e perspectivas», *Que Futuro para o Direito Processual Penal?,* cit., p. 812 e «Sobre a revisão de 2007 do código de processo penal português», *RPPC,* Ano 18, nº 2-3, Abril-Setembro 2008, p. 384.

[905] Sobre a questão do direito penal a duas velocidades como caracteristica do direito penal da segunda metade do século XX na Europa, numa perspectiva crítica veja-se Massimo Donini, «Escenarios del derecho penal en Europa a princípios del siglo XXI» in Santiago Mir Puig, Mirentxu Corcoy Bidasolo (dir.), *La Política Criminal en Europa,* Atelier, Barcelona, 2004, p. 43 e, também criticamente, Silvia Barona Vilar, *Seguridad, Celeridad y Justicia Penal,* tirant lo blanch, Valência, 2004, p. 23. A questão da tutela penal diferenciada, no sentido que se pretende concretizar, também não se confunde, com a análise que é efectuada por algumas correntes dogmáticas sustentadas na diferenciação «política» do sistema penal normativamente fixado no Código Penal, efectuando distinções entre um direito penal dos pobres e dos ricos, das mulheres e dos homens, dos poderosos e dos oprimidos bem como o seu reflexo no sistema processual e penitenciário. A constatação destas posições, evidenciadas de uma forma efectiva por algumas correntes sociológicas do direito são prementes e não podem ser menosprezadas. No entanto, a perspectiva eminentemente processualista que vimos trilhando, reconhecendo a validade de tais posições, nomeadamente perante a impressividade de muitos dos seus dados e as suas consequências no procedimento, assume uma outra direcção. Sobre a questão veja-se Lédio Rosa Andrade, «Brasil: derecho penal diferenciado», *Jueces para la Democracia, Información y Debate,* nº 42, Noviembre, 2001, pp. 88 e ss. Em Portugal, alertando para os riscos que envolvem algumas soluções processuais penais e os resultados que essas soluções trazem no sentido exposto, veja-se Boaventura Sousa Santos e Conceição Gomes, *A Justiça Penal, Uma Reforma em Avaliação,* cit. p. 503.

DIFERENCIAÇÃO PROCESSUAL E FUNDAMENTAÇÃO

tação das decisões se impõe como um dos pilares estruturais, importa compatibilizar essa estrutura com as circunstâncias que modelam os vários tipos de casos e a forma como processualmente podem ser tratados, a qual não tem que ser igual para todas as situações, tendo presentes as exigências de exequibilidade de uma resposta processual num tempo razoável.

1. A distinção entre casos fáceis e casos difíceis: um conceito operativo?

A diversidade do processo decisório, no âmbito do processo penal, suscita a questão sobre a possibilidade de introduzir modificações relativas ao modo de concretizar o princípio constitucional da fundamentação sustentada no grau de complexidade ou simplicidade da decisão que, por isso mesmo, pode (deve) exigir abordagens diversas e diferenciadas em função dos vários problemas que pretende resolver.

Nesse sentido, partindo da diferenciação teórica entre a dicotomia «casos difíceis»/«casos fáceis» abordar-se-á a possibilidade de sustentar um critério capaz de suportar a afirmação da fundamentação diferenciada das sentenças, como elemento contributivo para uma aproximação do cidadão ao sistema de justiça penal, através de uma justiça mais célere e simultaneamente qualitativamente mais eficaz.

A distinção entre casos fáceis e casos difíceis assume um papel relevante na teoria do direito contemporâneo nomeadamente, no âmbito da discussão sobre o papel do juiz como actor criativo de direito ou, de outro modo, sobre o activismo judiciário, os seus limites e a sua legitimação[906].

---

[906] Pese embora ser esta a questão central em torno da qual se discute o problema dos casos difíceis, fáceis e trágicos, não é este o rumo que pretendemos seguir no trabalho. A relevância de tal abordagem é discutida por variadíssimos autores, sobretudo em função da discussão dos modelos de juiz numa sociedade democrática. A maior ou menor capacidade e legitimidade de intervenção do juiz na resolução dos casos difíceis, será proporcional ao papel que o mesmo deve assumir num sistema de articulação de poderes nos sistemas constitucionais. Esta, no entanto, é uma discussão que vai para além do objecto do trabalho. Sobre a questão podem ver-se as obras de Dworkin, *Los Derechos en Sério*, cit., pp. 146-208 e *Uma Questão de Princípio*, Martins Fontes, São Paulo, 2000, pp. 3-41. De igual modo, veja-se Richard Posner, *Problemas de Filosofia do Direito*, Martins Fontes, São Paulo, 2007, pp. 166-211. Em Portugal, sobre a questão, veja-se António Manuel Hespanha, *O Caleidoscópio do Direito*, cit., pp. 116--118. A questão da fronteira entre a «função legislativa» e a «função judicial» e os poderes dos juízes no seu exercício é extensivamente tratada por Castanheira Neves a propósito da questão

A questão desempenha, no entanto, um papel especial no âmbito das teorias de argumentação nomeadamente, na distinção que deve assumir o âmbito da fundamentação nos casos «fáceis» e nos casos «difíceis», tendo em conta o facto da justificação da decisão a proferir num e noutro caso ter um carácter distinto. Neste sentido são poucos os casos difíceis em que para a sua resolução é adequada «a utilização deductiva do sistema tradicional ou o uso axiomático de princípios consolidados»[907].

A qualificação de um caso como difícil, fácil ou trágico é, por si só, problemática tanto pela ambiguidade conceptual como pela disparidade de critérios utilizados pela doutrina. A discussão em torno desta qualificação tem, no entanto, em Dworkin um momento paradigmático indiscutível.

Segundo Dworkin, estamos na presença de um caso difícil quando existe incerteza na forma de o resolver. «Quando um determinado litígio não se pode subsumir claramente numa norma jurídica, estabelecida previamente por alguma instituição, o juiz tem o dever discricionário de decidir o caso num ou noutro sentido»[908]. Nessa obrigação de decidir o juiz deve descobrir quais são os direitos das pessoas, sendo que não há, segundo o autor, qualquer procedimento mecânico para os identificar.

---

dos assentos, especificamente após a declaração de inconstitucionalidade, realçando-se a posição do autor ao referir que «no Estado de Direito será assim tão inaceitável conferir uma qualquer função legislativa ao poder judicial como atribuir uma qualquer função jurisdicional ao poder legislativo»: cf. «O problema da constitucionalidade dos assentos – comentário ao Acórdão nº 810/93 do Tribunal Constitucional», *RLJ*, ano 127, nº 3839 e 3840, 1994, p. 94.

[907] Neste sentido, Massimo Donini, sublinhando que a «velha dogmática dedutiva não serve, em muitas ocasiões para resolver casos difíceis, senão unicamente como armazém de «razonamiento» como *topos*, que se utiliza juntamente com outros argumentos de tipo mais estritamente exegético, prático, político ou teleológico»: cf. «Escenarios del derecho penal en Europa...», cit., p. 49. Sobre a justificação diferenciada em ambos os casos, Manuel Atienza, «Los limites de la interpretación constitucional. De nuevo sobre los casos trágicos», *Anuário de la Facultad de derecho de la Universidad Autónoma de Madrid 1* (1997), p. 247. Desenvolvidamente sobre a justificação nos casos difíceis cf. Manuel Atienza, *As Razões do direito*, cit., pp. 178 e ss. Sublinhando a importância da distinção conceptual entre os casos difíceis e fáceis no âmbito da argumentação e interpretação judicial, veja-se Paul Ricouer, *A Crítica e a Convicção*, Edições 70, Lisboa, 2009, p. 191. No sistema francês, sobre a distinção e graduação da motivação nas várias decisões da *Cour de cassation*, Pascale Deumier, refere que «a decisão na Cour de cassation não obedece a um modelo único e o Alto tribunal utiliza já uma palete de modelos»: cf. «Création du droit et rédaction des arrêts par la Cour de cassation», p. 58.

[908] Cf. Ronald Dworkin, *Los Derechos en Serio*, cit., p. 146.

DIFERENCIAÇÃO PROCESSUAL E FUNDAMENTAÇÃO

A constatação dessa ausência de procedimento implica que se afirme, segundo Casalmiglia, que nos casos difíceis «não é uma boa solução dar uma total liberdade ao juiz»[909]. Desde logo, porque o juiz não está legitimado para criar normas e muito menos para as criar de forma retroactiva. Segundo Dworkin, «os juízes têm de aplicar o direito promulgado por outras institui-ções, não podem fazer leis novas»[910]. Esta afirmação deve ser entendida, no entanto, como «posição ideal», segundo Dworkin, tendo em conta que na prática as coisas se passam de forma diferente, dado que «há situações, como nos casos novos, que não são possíveis de resolver nem mesmo forçando a interpretação das normas existentes»[911]. Aí os juízes têm que «legislar», seja implícita seja explicitamente devendo, no entanto, «actuar como repre-sentante do legislativo, actuar como actuaria o legislativo, promulgando o direito que no seu entender seria promulgado se tivesse que enfrentar o problema»[912].

Segundo Dworkin, o modo de concretização do procedimento jurisdi-cional sustenta-se na busca de critérios e «na construção de teorias que jus-tifiquem e tornem consistente a decisão»[913]. Daí que se proponha que os juí-zes, nas decisões a proferir nos casos difíceis, as sustentem nos *princípios* e não em *argumentos políticos*, uma vez que os únicos órgãos legitimados para estabelecer ou modificar direitos são os órgãos eleitos que representam as maiorias[914].

---

[909] Cf. «Ensayo sobre Dworkin», in *Los Derechos en Serio*, cit., p. 14.

[910] *Los derechos en serio*, cit., p. 147. Posner refere que o juiz, «num "caso difícil" é mais um for-mulador de políticas públicas do que um *lawyer* convencional e, dentro da esfera da sua liber-dade ou discricionariedade pode ser tão livre quanto o legislador»: cf. Richard Posner, *Proble-mas de Filosofia do Direito*, cit., p. 175. De igual forma Michael Troper critica Dworkin referindo que «esta metateoria tem como verdadeiro objectivo justificar o discurso pelo qual os juízes dissimulam o seu poder de criação de direito»: cf. «Les juges pris au sérieux ou la théorie du droit selon Dworkin», *Droit et Société*, nº 2, 1986, p. 41. O autor refere que «o que está exposto na motivação não é, realmente, o processo intelectual que conduziu à decisão. A questão de saber realmente o que levou à decisão obtida não decorre da teoria do direito mas das ciências do comportamento»: *ibidem*, p. 42.

[911] Cf. *Los Derechos en Serio*, cit., p.147.

[912] *Ibidem*, p. 147.

[913] *Ibidem*, p. 147.

[914] Sobre a teoria de Dworkin e a sua contraposição com Hart, veja-se, de um ponto de vista crítico, António Manuel Hespanha, *O Caleidoscópio do Direito*, cit., pp 112 e ss e Pablo López Ruf, «Dos modelos de adjudicación», *Doxa*, nº 21-II, 1998, pp. 229 e ss.

A FUNDAMENTAÇÃO DA SENTENÇA NO SISTEMA PENAL PORTUGUÊS

Precisamente porque assumem o carácter de órgãos não representativos de maiorias, aos tribunais é-lhes permitido afastarem-se das tendências maioritárias e afirmar perante elas os direitos dos cidadãos[915].

Existe uma hierarquia pré-estabelecida de princípios sendo possível que estes possam fundamentar decisões distintas. Dworkin sustenta que os princípios são dinâmicos e mudam com grande rapidez, fracassando qualquer intenção de os canonizar. Daí que a sua aplicação exija uma capacidade de argumentação jurídica que gira em torno de conceitos controvertidos[916]. O juiz perante um caso difícil deve balancear-se entre os princípios e decidir pelo que tem maior peso. Para a solução dos casos difíceis Dworkin «criou», num primeiro momento, a figura do juiz Hércules «dotado de habilidade, erudição, paciência e perspicácia sobre-humanas» que será capaz de encontrar respostas correctas para todos os problemas[917].

A concepção do «juiz Hércules» é, no entanto, criticada por muitos autores, sustentados essencialmente na afirmação de que, na realidade, «não há juízes Hércules» e, como tal, será muito duvidoso sustentar uma posição dogmática assente nesta construção de um modelo ideal de juiz. Segundo Lawrence Solum «os juizes, mesmo os juizes do Supremo Tribunal não são o

---

[915] Trata-se aliás de uma ideia chave desenvolvida igualmente por Ferrajoli como suporte de uma teoria legitimação da jurisdição onde a sujeição à lei como «única fonte de legitimação política do juiz», onde o juiz julga em nome do povo, mas não da maioria, nomeadamente «para a tutela das minorias»: cf. Ferrajoli, *Derecho y Razón*, cit., p. 580 e desenvolvidamente pp. 537-548. Mais recentemente reafirmando a sua posição, veja-se «Garantismo e Direito Penal», *Julgar*, nº especial «Qualidade da justiça nas democracias do século XXI», Setembro-Dezembro, 2008, p. 56 e Eduardo Maia Costa/José Mouraz Lopes, «Entrevista a Luigi Ferrajoli», *Julgar*, nº 6, Setembro-Dezembro de 2008, p. 13.

[916] Dworkin restringe inicialmente esta posição «às decisões judiciais nos casos civis»: cf. *Los Derechos en Série*, cit. p. 150.

[917] Sobre o juiz Hércules, veja-se *Los Derechos en Serio*, cit., p. 177 e ss. Outros autores, como Ost, contrapõem ao modelo do juiz Hércules, adaptado ao Estado social e à necessidade que o juiz, casuisticamente, tem de substituir-se a um centralismo dos códigos, o modelo de juiz Hermes, juiz «em rede» ou juiz «base de dados», que se caracteriza pela sua actuação num «Estado em rede», decorrente do declínio da soberania do Estado e o crescimento dos múltiplos poderes concorrentes que estão em interacção: cf. François Ost, *Dire le Droit, Faire Justice*, cit., p.s 33 e esp. p.s 47 e ss. Segundo António Manuel Hespanha, «não parece que estejamos muito longe de F.C.v. Savigny com o seu apelo ao "espírito do povo" (*Volksgeit*). Só que em Savigny os Hércules eram os professores de direito»: cf. *O Caleidoscópio do Direito*, cit., p. 117.

DIFERENCIAÇÃO PROCESSUAL E FUNDAMENTAÇÃO

Hércules de Ronal Dworkin. São homens e mulheres reais que executam um trabalho com um tempo e capacidade limitados»[918].

Como se referiu a operatividade da distinção do conceito de casos difíceis por contraposição aos casos fáceis ou simples tem sido utilizada pela dogmática como forma de entender o problema da argumentação jurídica e, sobretudo, a sua relevância na fundamentação das decisões[919].

Neste sentido, Pablo Navarro identifica, na doutrina, a existência de várias posições que justificam aquela aplicação conceptual. Assim, segundo o autor estar-se-á perante casos difíceis: «a) quando não há uma resposta correcta; b) as formulações negativas são ambíguas e /ou os conceitos que expressam são vagos ou têm uma estrutura aberta; c) o direito é incompleto ou inconsistente; d) não há consenso acerca da resolução do caso na comunidade de juristas; e) não é um caso de rotina ou de aplicação mecânica da lei; f) não é um caso fácil e é decidível apenas ponderando as disposições jurídicas em conflito, mediante argumentos não dedutivos; g) a sua solução requer uma argumentação baseada em princípios; h) a solução do caso envolve juízos morais»[920].

A distinção efectuada por Navarro, se bem que útil como ponto de partida para uma caracterização do que se quer identificar suscita, no entanto, algumas críticas.

Segundo Atienza, casos difíceis são aqueles que cumprem os requisitos indicados nas letras d) a h) [referidos por Navarro]. Não pode ser aceite como requisito distintivo a «ausência de resposta correcta» e por outro lado, constata-se alguma confusão nas distinções efectuadas pelo autor nos critérios referidos nas alíneas b) e c), onde são confundidos «causas» com tipos de casos[921].

A distinção entre casos fáceis e difíceis não é no entanto, no estado actual do problema da decisão judicial, uma discussão supérflua.

---

[918] Cf. Lawrence Solum, «Os vícios e os defeitos de um juiz: um guia aristotélico para o recrutamento de juízes», *Julgar*, nº 7, Janeiro-Abril 2009, p. 13. Igualmente, neste sentido, A. Aarnio in «La tesis de la única respuesta correcta y el principio regulativo del razoniamiento jurídico», cit., p. 32.

[919] Neste sentido, veja-se Manuel Atienza in «Los limites de la interpretación...», cit., p. 247 e Massimo Donini, «Escenarios del derecho penal en Europa...», cit., p. 49.

[920] Cf. Pablo E. Navarro, «Sistema jurídico, casos difíciles y conocimiento del derecho», *Doxa*, nº 14, 1993, pp. 252-253.

[921] Assim Manuel Atienza, «Los limites de la interpretación constitucional.... », cit., p. 248.

A FUNDAMENTAÇÃO DA SENTENÇA NO SISTEMA PENAL PORTUGUÊS

O consenso sobre a operatividade da diferenciação conceptual no âmbito dos casos constitucionais[922] e o modo como nestes casos deve ser construido o processo argumentativo que legitima as decisões tomadas, não omite, no entanto, a possibilidade da conceptualização da dicotomia casos difíceis//casos fáceis no âmbito da diferenciação no domínio do processo penal, sobretudo na perspectiva do tratamento diferenciado da fundamentação em função da diversidade de casos e procedimentos.

A emergência de conceptualizar e aplicar a diferenciação casos fáceis//casos difíceis suscita-se na medida em que garantido o princípio da fundamentação das sentenças em todos os casos, não há, no entanto, que configurar a estrutura da fundamentação de forma idêntica, tendo em conta a diversa tipologia de casos.

Evidencia-se desde logo um tratamento diferenciado na dicotomia questão de facto/questão de direito, na medida em que alguns dos critérios diferenciadores que sustentam tal conceptualização são concretizáveis fora do âmbito constitucional e, mais especificamente no âmbito do processo penal.

Desde logo a incerteza da decisão tanto pode ser constatável nos pressupostos de facto como na sua qualificação jurídica nomeadamente, nos problemas de prova e na interpretação da norma aplicável[923].

Mas, mais relevante é a constatação de que a existência de diversas hipóteses factuais que sustentam tanto a hipótese acusatória como a sua contraditoriedade, condicionam o modo de procura e a fixação da verdade no processo penal.

A dinâmica do processo penal sustenta-se na afirmação de que existe sempre a possibilidade de se verificarem «pelo menos duas hipóteses sobre cada facto que, no entanto, podem ser mais numerosas nomeadamente quando se trata de factos complexos»[924].

---

[922] Aprofundadamente sobre a justificação nos casos difíceis no âmbito constitucional, Wanda Mastor refere que nestas situações o juiz terá que «efectuar escolhas e simultaneamente, concretizando um objectivo de transparência, de as justificar, desenvolvendo uma motivação substancial, por oposição à brevidade da motivação nos casos fáceis»: cf. «Essai sur la motivation des decisions de justice», cit., p. 47.

[923] Neste sentido, Manuel Atienza, in, *As Razões do Direito*, cit., p. 182 e também Sónia Boente, *La Justificatión de las Decisiones Judiciales*, cit., p. 572.

[924] Assim, neste sentido, veja-se Michele Taruffo, «Idee per una teoria della decisione giusta», cit., p. 318.

DIFERENCIAÇÃO PROCESSUAL E FUNDAMENTAÇÃO

De igual modo, no que respeita à decisão sobre a questão jurídica, quer a determinação da norma aplicável, quer a individualização da sua interpretação mais correcta e a sua aplicação aos factos, implicam configurações de diversas hipóteses possíveis em relação a outras tantas soluções jurídicas.

Em muitos casos, no entanto, não se suscita qualquer grau de complexidade resultante da verificação de hipóteses contraditórias que evidenciem qualquer grau de incerteza na procura da verdade no caso concreto.

Assim, no domínio do processo penal, a utilização da diferenciação processual pelo critério da dificuldade do caso é um instrumento dogmático que pode ser utilizado.

Taruffo enuncia a distinção entre *easy cases* e *hard cases* em função do grau de dificuldade do problema consistente na escolha da hipótese que está destinada a representar o conteúdo da decisão final do caso. «Um caso é simples se os factos são simples e não é difícil estabelecer qual a norma que se aplica e é *hard* se os factos são complexos ou é problemática e incerta a individualização do critério para a decisão de direito»[925].

Iacovello, apoiando-se, ainda que não explicitamente na mesma concepção de casos fáceis e casos difíceis, utiliza a dicotomia no tratamento e na explicitação da hipótese factual e na prova que a sustenta. Assim, o autor refere que «nos casos simples, quando está em causa apenas a hipótese acusatória, basta verificar que as provas sustentam a acusação e que esta não é contraditória. Mas nos casos difíceis (nos chamados processos indiciários) isto não basta. Nestes casos confrontam-se várias versões dos factos, cada uma delas com a sua própria lógica. Uma versão pode ser não contraditória e todavia pode ser improvável. Nestes casos, portanto, o critério da não contraditoriedade não é selectivo. E aqui entra um critério ulterior: o critério da congruência dos factos»[926].

Se a restrição conceptual defendida por Iacovello tem algum sentido, como parece ter, na medida em que há uma diferenciação clara entre os casos onde a versão factual sustentada num determinado «acquis» probatório é uniforme, não se justifica, nessa medida, qualquer processo argumentativo justificador que vá para além do reconhecimento dessa constatação.

No entanto, esse não é o modelo típico que sustenta o processo penal.

---

[925] *Ibidem*, p. 319. Trata-se, no entanto, de uma visão parcelar de aplicação do conceito que se reduz nesta parte à interpretação jurídica.
[926] O autor desenvolve o argumento concluindo que uma «história congruente é aquela que oferece a explicação mais razoável dos factos de acordo com a experiência social e senso comum»: cf. «Motivazione della sentenza penale», cit., p. 779.

A natureza conflitual do processo suscita, por regra, a constatação de uma divergência essencial sobre os acontecimentos (fácticos e jurídicos) que sustentam o objecto de processo. Nessa medida quanto mais profunda for a divergência entre os intervenientes sobre a hipótese acusatória e os seus fundamentos, maior e mais ampla será a necessidade de justificar a escolha tomada no processo de decisão do juiz.

Na procura da verdade, e aqui suscitar-se-á o cerne da questão, a existência ou não de dúvidas na fixação probatória dos factos será tanto maior quanto mais difícil for o caso.

Neste sentido, autores como Boente, referem que «se em todos os casos a dúvida está presente (...) nalguns a dúvida será maior que noutros; a diferença entre os casos fáceis e os casos difíceis no que respeita à presença da dúvida é uma diferença de grau»[927].

Como se referiu, o critério distintivo assenta no facto de, nos casos fáceis, a decisão estar "determinada" pelo direito vigente, ainda que essa determinação seja efectuada pelo juiz, não se verificando qualquer incerteza sobre a hipótese factual e/ou a sua qualificação jurídica.

Pelo contrário, nos casos difíceis, o que está em causa é exactamente a incerteza sendo necessário que o juiz utilize o seu poder discricionário para resolver a dúvida suscitada perante a hipótese acusatória e a sua qualificação e, então, decidir as questões suscitadas. Ou seja, um caso será tanto mais simples quanto menor dúvida suscitar a fixação da verdade dos factos ocorridos no procedimento[928].

Se a questão da dicotomia entre a simplicidade a dificuldade, no que respeita aos factos se desenvolve na perspectiva da sustentação probatória da hipótese acusatória, deve salientar-se igualmente que, como refere Taruffo, muitos dos «casos difíceis são difíceis porque os factos são demasiados complexos para serem submetidos a uma norma legal clara»[929].

---

[927] Cf. Sónia Boente: *La Justificacion de las Decisiones*, cit., pp. 77 e 79.

[928] Este parece ser, também, o critério utilizado por Anabela Rodrigues, para efeitos de justificação de procedimentos acelerados, ao referir que «condição essencial da existência de um processo acelerado é, assim, a de que o caso seja *simples*, [itálico da autora] no sentido de que a prova está feita e o caso não apresenta, nem do ponto de vista dos factos nem do direito, qualquer dificuldade e pode, portanto ser esclarecido facilmente»: cf. «A celeridade no processo penal...», cit., p. 243.

[929] Cf. Michelle Tarufo, «Narrativas judiciales», cit., p. 239, sublinhando no entanto que os factos são o ponto de referência de todo o aparato da prova.

DIFERENCIAÇÃO PROCESSUAL E FUNDAMENTAÇÃO

2. A decisão de fixação de jurisprudência

A configuração de um conflito decorrente da prolação de decisões por Tribunais Superiores, relativos à mesma questão de direito, no domínio da mesma legislação e sustentado em soluções opostas no âmbito da mesma questão factual, traduz a inexistência de consenso acerca da resolução de um caso judicial na comunidade de juristas[930].

A comunidade jurídica em geral e os cidadãos afectados pelas decisões judiciais, em particular, num sistema onde não vigora o regime de precedentes vinculantes[931], exigem que se ultrapasse a incerteza decorrente do conflito de modo a que se concretize tanto a exigência da unidade de direito como a sedimentação da segurança da sua aplicação[932].

Entre a defesa de uma solução legislativa e a intervenção dos próprios Tribunais para resolver o problema da existência de uma jurisprudência variável, flutuante e incerta, na medida em que a incerteza da jurisprudência representava um mal grave, traduzido na incerteza do direito, assumiu-se como solução adequada, na ordem jurídica nacional, a intervenção jurisprudencial reforçada traduzida na criação dos assentos[933].

Com o CPP assumiu-se, nesta matéria, metodológica e dogmaticamente um corte epistemológico com o processo civil. Foi notória a preocupação do legislador processual em criar um mecanismo de recurso de fixação de jurisprudência autónomo da disciplina vigente no processo civil no que respeita aos assentos, sublinhando-se os interesses e finalidades diversos que estão em causa em ambas as situações[934].

---

[930] Utilizando a configuração dogmática proposta por Atienza: cf. «Los limites de la interpretación constitucional....», cit., p. 248.

[931] Sobre a importância do precedente nos sistemas continentais, nomeadamente na jurisdição constitucional que não conhecendo o *stare decisis* do modelo do *Common Law* como forma de decidir, não deixa, por isso de relevar a influência das decisões anteriores, quer do próprio Tribunal quer de outras jurisdições, nomeadamente quando está em causa a justificação de casos difíceis, veja-se Wanda Mastor, «Essai sur la motivation des décisions de justice», cit., p. 50.

[932] Sublinhando esta dimensão Castanheira Neves, «Assento» in *Digesta*, Volume 1º, cit., p. 346.

[933] Sobre os Assentos, de uma forma sintética cf. Castanheira Neves, «Assento», *ibidem*, p.s 345-348 (e bibliografia citada). Uma análise rigorosa e extensa sobre o instituto dos Assentos, a sua evolução histórica e dogmática até à declaração de inconstitucionalidade é efectuada no próprio texto do Acórdão do TC nº 810/93: cf. «Comentário...», cit., pp. 46-50.

[934] Cf. ponto 75) do artigo 2º nº 2 da Lei nº 43/86, de 26 de Setembro. Cunha Rodrigues salienta no regime do recurso de fixação de jurisprudência a expressão de autonomia dogmática e metodológica do processo penal, reflectida quer «na atribuição da competência para

A FUNDAMENTAÇÃO DA SENTENÇA NO SISTEMA PENAL PORTUGUÊS

Pese embora as vicissitudes decorrentes de alterações e contra-alterações sucessivas ao regime inicialmente vigente[935], nomeadamente sobre o âmbito da repercussão da eficácia da decisão do acórdão de fixação de jurisprudência no ordenamento bem como o leque de questões dogmáticas suscitadas, o recurso extraordinário de fixação de jurisprudência assume-se como um mecanismo que pretende afirmar e garantir a segurança e certeza do direito[936].

O que está em causa é a necessidade de resolução de um conflito decorrente da prolação de duas decisões de tribunais superiores, relativos à mesma questão de direito, no domínio da mesma legislação e sustentado em soluções opostas no âmbito da mesma questão factual. Esta é a finalidade imediata do recurso extraordinário.

A estabilização e uniformização da jurisprudência ou «unidade do direito», na expressão de Castanheira Neves[937], como finalidades atribuídas aos assentos continua a valer, na sua essência, para os acórdãos de fixação de jurisprudência em matéria penal. No entanto, neste último caso, está ainda em causa a afirmação e a garantia, através de uma pronúncia jurisdicional, do princípio da legalidade criminal e o seu reflexo na segurança jurídica[938].

---

fixar a jurisprudência ao plenário das secções criminais quer na desgraduação dos efeitos do assento»: cf. José Narciso da Cunha Rodrigues, «Recursos», *Jornadas de Direito Processual Penal. O Novo Código de Processo penal*, cit, p. 398. Sobre o regime normativo cf. José Gonçalves da Costa, «Recursos», *Jornadas de Direito Processual Penal. O Novo Código de Processo penal*, cit., pp. 454-462.

[935] As várias alterações no sistema de fixação de jurisprudência no CPP, antes da reforma de 2007, são analisadas de uma forma assertiva por Nuno Brandão, «Contrastes jurisprudenciais: problemas e respostas processuais penais», *Liber Discipulorum para Figueiredo Dias*, cit., pp. 1292--1295. Uma análise crítica sobre o sistema, incluindo as alterações introduzidas pela reforma de 2007, é efectuada por Simas Santos, «Revisão do processo penal: os recursos», *Que Futuro para o Direito Processual Penal?*, cit., pp. 198-199.

[936] Aprofundadamente, sobre a questão, mas em relação aos assentos, veja-se Castanheira Neves, «O instituto dos Assentos», p. 35. Sobre a questão, também, Nuno Brandão, «Contrastes jurisprudenciais: problemas e respostas processuais penais», *Liber Discipulorum para Figueiredo Dias*, cit., pp. 1296-1297.

[937] Sobre a questão e os diversos entendimentos na doutrina sobre as finalidades dos assentos, cf. Castanheira Neves, «O instituto dos Assentos», cit., p.s 22-272, e mais recentemente, no mesmo sentido mas explicitando a sua opinião, «Comentário ao Acórdão 810/93 do TC», cit., p. 80.

[938] Princípio da legalidade que, pese embora alguma erosão, e também o, então diferente, entendimento metodológico que lhe estava pressuposto, continua «universalmente» susten-

360

DIFERENCIAÇÃO PROCESSUAL E FUNDAMENTAÇÃO

A segurança jurídica envolve a previsibilidade e a confiança nas decisões dos tribunais[939] e, no domínio penal, decorre da necessidade do cidadão dever saber antecipadamente e de uma forma inequívoca quais as possíveis consequências jurídico-penais dos seus actos, em todas as suas dimensões. Desse modo, percepciona-se o quadro de valores e sobretudo quais os bens jurídicos cuja estrutura constitucional do Estado é tutelada de modo a permitir uma vivência comum e pacífica entre cidadãos numa sociedade multicultural com perspectivas ideológicas, culturais e religiosas diferenciadas. A segurança jurídica reflecte-se, nessa medida, também na exigência da interpretação jurisprudencial do direito, concretizando-se o princípio da legalidade criminal como «expressão da própria juridicidade criminal»[940].

Há, no entanto, limites à própria conceptualização da fixação de jurisprudência.

Não se trata da possível violação do princípio da separação de poderes, no sentido de que os efeitos da decisão de fixação configuravam um arrogado «direito de interpretação ou integração autêntica da lei, com força obrigatória geral, assumindo assim a natureza de actos não legislativos de interpretação ou integração das leis»[941], problema ultrapassado com a declaração de inconstitucionalidade dos assentos.

---

tado, nas palavras de Castanheira Neves, «na formulação latina de Feuerbach, *nullum crimen, nulla poena sine lege*»: cf. «O princípio da legalidade criminal», Estudos em Homenagem ao Prof. Doutor Eduardo Correia, *BFDUC*, número especial, I, 1984, p. 307. Sobre a «erosão» do princípio da legalidade cf. Costa Andrade, «Conferência Parlamentar. A revisão do código de processo penal», Assembleia da República, *Código de Processo Penal, Volume II, Tomo II*, Lisboa, 1999, p. 47 e Nuno Brandão, «Contrastes jurisprudenciais: problemas e respostas processuais penais», cit., pp. 1298-1299 (e bibliografia referenciada).

[939] Sublinhando esta dupla consequência da segurança jurídica, veja-se Castanheira Neves, «O princípio da legalidade criminal», cit., p. 312.

[940] Assim Castanheira Neves, sublinhando esta dimensão do princípio da legalidade, que não se confunde, no entanto, com a perspectiva de «uma normatividade extralegal, de origem jurisprudencial», que, com a declaração de inconstitucionalidade dos assentos ficou, de vez, eliminada no ordenamento jurídico: *ibidem*, p. 313. Sobre as posições dogmáticas na doutrina nacional em relação à compatibilização dos assentos em matéria criminal, no âmbito do CPP29, veja-se Castanheira Neves, *ibidem*, pp. 320-321, e Eduardo Correia, *Direito Criminal I*, Almedina, Coimbra, 1971, p. 132, negando este último uma função aos assentos, em matéria criminal, que fosse mais além da meramente interpretativa aos assentos, exactamente por «brigar[em] claramente com o princípio *nullum crimem sine lege*».

[941] Conforme se refere no Acórdão nº 810/93, do TC. Sobre esta questão, em concreto, aprofundadamente, Castanheira Neves, «Comentário ao Acórdão 810/93 do TC», cit., pp. 92-96.

O que se exige é que se assegure que não seja beliscada e posta em causa a liberdade de decisão dos juízes, pilar de uma efectiva e constitucional afirmação de separação de poderes, ela própria, uma garantia fundamental do Estado de Direito[942].

Uma decisão que resolva um conflito, através da fixação de uma determinada corrente jurisprudencial, em detrimento de uma outra decisão (ou outras decisões, sublinhe-se), mesmo que limitada aos rigorosos requisitos expressos na lei, exige ponderações reforçadas por parte de quem decide.

A decisão que fixa jurisprudência se, por um lado, coloca termo a um conflito na medida em que não se verificou o consenso acerca da resolução do caso na comunidade de juristas, põe em causa decisões judiciais anteriores proferidas por tribunais superiores que, em momento próprio, efectuaram um juízo de ponderação, argumentada e justificada, sobre a questão em causa. Daí que o recurso de fixação de jurisprudência se compreenda como um mecanismo extraordinário, apenas permitido após o trânsito em julgado das decisões em conflito e nos «apertados» limites em que é admitido, na medida em que está em causa um «julgamento» sobre actividade jurisdicional do próprio órgão de soberania.

O tribunal superior, nomeadamente nos casos em que estão em causa decisões proferidas pelo próprio Supremo Tribunal de Justiça, num exercício de auto-regulação crítica, repondera anteriores decisões proferidas, através de um processo argumentativo que, pelo facto de retomar argumentos já produzidos nas decisões em confronto, não deixa de configurar, por si só, uma decisão sustentada num argumento ou num conjunto de argumentos novos.

---

[942] E como tutela desta garantia fundamental da independência dos Tribunais (e dos juízes) é que se estabeleceu, actualmente de forma inequívoca, a possibilidade de qualquer juiz, no exercício da sua actividade, não se conformar com a decisão estabelecida no acórdão de fixação de jurisprudência e, fundamente, dele divergir. Sobre esta matéria ver infra, ponto 3. Salientando o princípio da separação de poderes como igualmente conformador do princípio do Estado de Direito que deve compatibilizar-se com o princípio da legalidade criminal e a sua dimensão de segurança e confiança jurídica, cf. Castanheira Neves, *ibidem*, p. 329. O autor refere explicitamente que «o sentido da função jurisdicional no quadro dos poderes do Estado impõe que a decisão jurídico-penal concreta seja aquela que o caso criminal decidendo em si mesmo (já normativo-materialmente, já teleológico-consequencialmente) justifique e sem que lhe possam fazer absoluto impedimento anteriores e porventura diferentes orientações jurisprudenciais», *ibidem*, p. 331.

DIFERENCIAÇÃO PROCESSUAL E FUNDAMENTAÇÃO

O próprio processo que leva à tomada de decisão reflecte essas exigências suplementares de ponderação.

Desde logo o cuidado extremo na admissibilidade que o próprio Supremo tem vindo sistematicamente a consolidar no sentido de afirmar os requisitos que permitem a intervenção[943]. Num segundo tópico sublinhe-se a exigência imposta ao sujeito processual requerente relativa à justificação da oposição que origina o conflito de jurisprudência. Num terceiro tópico, a complexidade do procedimento a funcionar por etapas excludentes[944], impõe que o escrutínio a ser efectuado a final seja objecto de vários filtros que funcionam progressivamente antes da decisão. Neste sentido sublinhem-se o requerimento inicial e a resposta, numa primeira fase do processo e a vista, o exame preliminar, o projecto de acórdão e os vistos do presidente da secção e dos adjuntos, numa segunda fase. De seguida é permitida uma nova intervenção dos sujeitos processuais para alegações por escrito a que se segue um novo projecto de acórdão e os vistos dos restantes juízes. Finalmente o julgamento, em Conferência, presidido pelo Presidente do Supremo Tribunal de Justiça.

Retira-se de tudo o que se disse que estamos perante um procedimento complexo no qual se sublinha a justificação devidamente ponderada de uma decisão que se pretende não só reguladora de um conflito como, sobretudo, pacificadora e que transmita segurança jurídica aos destinatários, sem no entanto ter a pretensão de imutabilidade e impedir a própria evolução da jurisprudência[945].

3. A fundamentação divergente da decisão que fixa jurisprudência

Exactamente para possibilitar a evolução da jurisprudência e, por outro lado, impedir a imutabilidade das decisões, mas assumindo a necessidade de garantir a segurança e a certeza jurídica, o legislador admite, no artigo 445º nº 3 do CPP, após a reforma de 1998, que «a decisão que resolver o conflito não constitui jurisprudência obrigatória para os tribunais judiciais», assumindo uma posição completamente oposta à versão inicialmente estabelecida no Código[946].

---

[943] A vasta jurisprudência que o STJ tem vindo a proferir sobre a forma de entender os requisitos estabelecidos no artigo 437º é sintomática desse cuidado.

[944] Cf. artigos 440º, 441º, 442º e 443º do CPP.

[945] Sobre a crítica à imutabilidade da jurisprudência, cf. o Ac TC 810/93, cit., p. 58.

[946] É, efectivamente, antagónica a afirmação legal estabelecida na versão originária do artigo 445º nº 1 e a versão actual, que resulta fundamentalmente da reforma processual de 1998. Na

A FUNDAMENTAÇÃO DA SENTENÇA NO SISTEMA PENAL PORTUGUÊS

O legislador de 1998 assumiu de forma inequívoca que o acórdão de fixação de jurisprudência, elaborado com os requisitos referidos, passaria a ter uma eficácia restrita, deixando de constituir jurisprudência obrigatória para os tribunais[947].

A pretensão à segurança e certeza jurídica como objectivo concretizável através da criação de uma uniformização de jurisprudência ou unidade do direito, subjacente ao princípio da fixação de jurisprudência, manteve-se inalterada. Tanto a comunidade jurídica como os cidadãos afectados em particular pelas decisões contraditórias vêem salvaguardada a segurança que o sistema de justiça lhes proporciona.

No entanto, a imutabilidade da jurisprudência sofreu um claro e directo «golpe», na medida em que se alargou a possibilidade dada a todos os juízes – e não apenas ao Procurador-Geral da República, como até então[948] – de questionar a jurisprudência fixada, desde que proferida em decisão sustentadamente fundamentada[949].

Exposição de Motivos da Proposta de Lei nº 157/VII que alterou o Código de Processo Penal, no número 16 alínea h), referia-se que «altera-se o regime de recurso para uniformização de jurisprudência, valorizando as ideias de independência dos tribunais e de igualdade dos cidadãos perante a lei e evitando os riscos de rigidez jurisprudencial»: cf. Assembleia da República, *Código de Processo Penal*, Volume II, Tomo I, Lisboa, 1999, p. 20.

[947] Nos trabalhos preparatórios da revisão de 1998, no parecer então efectuado na Comissão de Assuntos Constitucionais, Direitos, Liberdades e Garantias da Assembleia da República, sobre a Proposta de Lei nº 157/VII referiu-se expressamente a opção pela «eficácia restrita no processo onde o recurso foi interposto e no processo cuja tramitação tiver sido suspensa, de decisão que resolver o conflito de acórdãos deixando de constituir jurisprudência obrigatória para os tribunais, sem embargo de estes deverem fundamentar as divergências relativas à jurisprudência fixada naquela decisão»: cf. «Parecer da Comissão de Assuntos Constitucionais, Direitos, Liberdades e Garantias», Assembleia da República, *Código de Processo Penal, Volume II, Tomo I*, cit., p. 352.

[948] É muito claro, neste sentido, Germano Marques da Silva, um dos «autores» da reforma: cf. «Conferência Parlamentar. A revisão do código de processo penal», Assembleia da República, *Código de Processo Penal, Volume II, Tomo II*, Lisboa, 1999, p. 69.

[949] Defendendo a solução proposta como compatibilizadora das finalidades de atingir uma justiça concreta (ou pelo menos evitar injustiças) e, simultaneamente idónea a prosseguir o desiderato da uniformização de jurisprudência, Nuno Brandão, «Contrastes Jurisprudenciais», cit., p. 1314. Uma crítica fortíssima à opção tomada em 1998 é efectuada por Simas Santos, apelando a um regresso à solução original do código, fundando-se, em síntese, no facto de nenhum dos objectivos que norterarm a reforma de 1998 ter sido cumprido. Ao contrário, segundo o autor, «por variadas vezes, as decisões de tribunais de instâncias, nomeadamente da primeira instância, se afastaram da jurisprudência fixada e nunca adiantaram nenhum argu-

DIFERENCIAÇÃO PROCESSUAL E FUNDAMENTAÇÃO

Trata-se da configuração normativa do que alguns autores afirmam ser «um particular ónus de contra-argumentação nas decisões que se afastem da jurisprudência estabilizada»[950], que permite assegurar de forma equilibrada tanto a constância e a segurança jurídica subjacente às decisões que fixam jurisprudência, como a independência judicial traduzida na possibilidade dada aos juízes de interpretarem a lei em cada caso concreto. Deste modo não é questionada a concretização constitucional do princípio da independência dos tribunais e dos juízes.

O que está em causa e o que se impõe é um especial dever de fundamentação, agora normativamente fixado, que consubstancia uma dupla garantia.

Em primeiro lugar, concretiza a possibilidade de em todos os casos se efectuar uma justiça adequada ao caso, mesmo que se constate a existência de decisões semelhantes sustentadas em decisões que fixaram jurisprudência, afastando, por isso, o espectro ou a possibilidade de uma aplicação «cega» da justiça decorrente do seguimento obrigatório da fixação de jurisprudência.

Em segundo lugar, a exigência de um especial dever de fundamentação garante que, não existindo essa argumentação nova, a segurança jurídica, na sua dupla vertente de previsibilidade e confiança no sistema sustentada pela decisão que fixa a jurisprudência, deve prevalecer no futuro em situações concretas semelhantes.

A divergência do tribunal perante uma decisão de um tribunal superior que fixe jurisprudência, mais concretamente do Supremo Tribunal de Justiça, é possível, desde que o juiz efectue a sua ponderação e justifique a opção tomada sustentada em critérios ainda não aferidos pelas decisões que estiveram na origem da fixação de jurisprudência ou, no mínimo, não exaustivamente sustentados, que no caso concreto se apresentem como mais adequados à solução justa[951].

---

mento novo que não tivesse sido ponderado pelo STJ, limitando-se a nada dizer, apesar do especial dever de fundamentação imposto pela parte final do actual nº 3 do artigo 445º»: cf. «Revisão do Processo Penal: os recursos», *Que Futuro para o Direito Processual Penal?*, cit., p. 199.

[950] Assim Castanheira Neves, «O princípio da legalidade criminal. O seu problema jurídico e o seu critério dogmático», cit., p. 333, sustentado no princípio da inércia da razão prática a que alude Perelman e Alexy.

[951] É neste sentido que Castanheira Neves refere que «só invocando argumentativamente novos fundamentos normativos e suficientemente concludentes, numa concreta reconsideração problemática, para pôr em causa a orientação da jurisprudência estabilizada, a decisória alteração desta se poderá admitir»: cf. «O princípio da legalidade criminal...», cit., p. 333.

A argumentação utilizada pelo tribunal que divergir da fixação de jurisprudência não pode, por isso, «colar-se» simplesmente à argumentação subjacente a qualquer um dos casos que esteve na origem da fixação de jurisprudência ou mesmo na argumentação de um eventual voto de vencido que sobre as questões tenha sido produzido no decurso do processo e nas decisões proferidas[952].

A construção de uma argumentação alternativa sólida, consistente e suficientemente precisa é, assim, exigível nomeadamente de um ponto de vista legitimatório para quem exerce um poder constitucionalmente vinculado.

II. Razões e soluções para uma diferenciação

1. A emergência da capacidade funcional da administração da justiça penal: celeridade, eficácia e eficiência

O grau de implementação do processo penal em qualquer sociedade, para além da adequação do modelo normativo em que se sustenta à realidade que pretende regular, exige, actualmente, que as respostas resultantes da aplicação do modelo aos problemas suscitados configurem uma solução efectiva.

A permanente afirmação da celeridade como princípio conformador do processo justo é tanto mais relevante quanto os sistemas penais contemporâneos estão confrontados com uma realidade criminal próxima do que alguns autores chamam de «saturação da justiça»[953], perante o aumento qualitativo e quantitativo de formas criminais que chegam ininterruptamente ao sistema penal e que não têm respostas em tempo razoável[954].

---

[952] Razões também aduzidas por Simas Santos, embora justificadoras de uma não concordância com o regime vigente: *ibidem*, p. 199.

[953] A expressão, feliz, é utilizada por Sílvia Barona Vilar: cf. *Segurança, Celeridade y Justicia Penal*, cit., p. 61.

[954] As causas para esta situação são múltiplas e estão abundantemente identificadas, sendo aliás comuns a grande parte dos sistemas jurídico-penais que nos são próximos. O último relatório da Comissão Europeia para a Eficiência da Justiça (CEPEJ) intitulado *Sistemas judiciais europeus. Edição 2008 (dados 2006): Eficiência e qualidade da justiça* (dísponível em www.coe.int/t/dghl/cooperation/cepej – consulta em 12.12.2009) elenca o conjunto de reformas que têm vindo a ser feitas no conjunto dos países membros do Conselho da Europa, no âmbito do direito substancial e processual (direito civil, penal e administrativo), traduzindo a preocupação de aumentar a eficácia do funcionamento dos tribunais e reduzir a pendência processual. Uma das conclusões do relatório é exactamente o incentivo ao uso de processos sim-

DIFERENCIAÇÃO PROCESSUAL E FUNDAMENTAÇÃO

Os problemas de natureza criminal suscitados assentam em dois macro blocos de razões justificativas.

Por um lado, a expansão da criminalidade que acede às instituições formais de controlo de uma forma massiva, com especial incidência na área da criminalidade de baixa densidade.

Por outro lado, o problema da criminalidade mais grave nomeadamente, a criminalidade de natureza económica, cujas estruturas de delito são extremamente complexas, a criminalidade organizada, caracterizada por espaços herméticos de difícil esclarecimento[955] e as novas criminalidades, como é o caso da criminalidade informática, cujas fronteiras são ainda pouco conhecidas, que suscitam respostas processuais inovadoras e diferenciadas.

No conjunto de problemas causais que justificam o estado das coisas assume, ainda, um especial relevo a maior exigência probatória que atravessa todo o tratamento jurisdicional da criminalidade, com repercussões mais impressivas em áreas criminais de «alta densidade», como são as referidas criminalidade económicas e financeiras, o terrorismo ou a criminalidade violenta e organizada.

Tudo isto suscita, por isso, a questão de saber se, perante uma realidade criminal com esta diversificação e complexidade, o processo penal idealizado no século XIX concentrado num julgamento oral e público como base única do pronunciamento da sentença é adequado para todo o tipo de delitos que chegam ao tribunal[956].

A afirmação do princípio da celeridade como princípio conformador do processo penal, mesmo que dependendo de várias condicionantes, tem como matriz indispensável a rapidez e a diligência na tramitação dos assuntos bem como a efectividade real decorrente dos efeitos práticos da decisão.

A finalidade de uma política de justiça penal centrada da celeridade assenta na necessidade de dar resposta às exigências do respeito pelo direito a um processo sem dilações indevidas que permita a concretização da decisão num prazo razoável.

---

plificados em matéria penal como resposta às pequenas infracções penais. Sobre a situação em Espanha, cf. Sílvia Barona Vilar: cf. *Segurança, Celeridade y Justicia Penal*, cit., pp. 61 e ss.

[955] Assim, neste sentido Bernd Schünenmann, *La Reforma del Proceso Penal*, cit., p. 43.

[956] Trata-se de uma questão essencial, que é ponto de partida para uma abordagem a qualquer tentativa de reforma do sistema penal e que é assim colocada por Bernd Schünemann, referindo-se ao sistema germânico: cf. *La Reforma del Processo Penal*, cit., pp. 9 e 43.

A FUNDAMENTAÇÃO DA SENTENÇA NO SISTEMA PENAL PORTUGUÊS

Trata-se de uma política com duas faces. Por um lado, sustenta-se na necessidade de configurar mecanismos normativos que permitam a concretização do procedimento de uma forma mais rápida, incluindo uma maior eficácia na resolução dos conflitos. Por outro lado, estabelece a configuração de políticas que impeçam a existência de situações de retardamento da justiça.

No âmbito do procedimento, o tempo justo da resposta judicial será aquele no qual a sentença pode ser proferida e executada sem dilações indevidas, de acordo com a ideia de justiça no sentido em que esta é entendida pela sociedade onde é aplicada[957].

A sedimentação do princípio, no âmbito do quadro europeu de tutela de direitos nomeadamente, pela exigência de celeridade processual estabelecida nos artigos 5º e 6º da CEDH e sistematicamente confirmada pela jurisprudência do TEDH, assenta numa dupla dimensão: o processo deve terminar num prazo razoável e quando esse prazo seja excedido, não sendo afectado o resultado do procedimento, deve ser efectuada uma reparação pelos danos causados[958].

As razões justificativas que sustentam o princípio da celeridade impõem a sua tradução em institutos normativos que pretendam funcionar como elementos aceleradores e simultaneamente tenham um impacto mínimo no domínio das garantias dos direitos individuais e de quem é por ele afectado. Nesse sentido, todas as soluções processuais sustentadas no princípio da celeridade processual devem ser compatíveis ou terem sempre como limite o respeito por princípios fundamentais que regem o processo penal nomeadamente, o respeito pelas garantias de defesa[959]. Esse é o seu limite.

---

[957] O facto de uma legislação não puder funcionar se não se levar em consideração o contexto social onde é aplicável é uma constatação da teoria da legislação: cf. Alfred Büllesbach, «Principio de teoria dos sistemas», in A. Kaufmann e W. Hassemer, *Introdução à Filosofia do Direito e à Teoria do Direito Contemporâneas*, cit., p.s 409. No mesmo sentido Bernd Shünemann, *La Reforma del Proceso Penal*, cit., p. 27.

[958] Veja-se, neste sentido Wolfang Peukert, «La célérité de la procédure pénale. La jurisprudence des órganes de la Convention Européenne des Droit de l'Homme», in Association International de Droit Penal, «La celerité de la procedure pénale», *Revue Internationale de Droit Penal*, 66º Année, 1995, pp. 675, 681 e 685.

[959] Princípio que é sublinhado, genericamente, pela doutrina. Neste sentido veja-se Claus Roxin, alertando, no domínio dos processos especiais para o facto de «o privilégio indiscutível da rapidez se pagar com o desprezo pela legitimidade do procedimento»: cf. *Derecho Procesal Penal*, cit., p. 515. Igualmente Jean Pradel, «La celeridad del proceso penal en derecho com-

DIFERENCIAÇÃO PROCESSUAL E FUNDAMENTAÇÃO

Por outro lado o próprio sistema normativo admite, no seu interior, a existência de institutos próprios cuja finalidade exclusiva se prende com a possibilidade de criar condições para que o processo seja célere[960].

A relevância da celeridade na economia do processo, nomeadamente a reafirmação de que o direito a uma decisão num prazo razoável assume um conteúdo efectivo no quadro da estrutura de um processo justo leva, também, a que sejam impostos mecanismos de responsabilização e consequente reparação dos eventuais danos causados pelas demoras de um procedimento.

A dimensão normativa é, no entanto, insuficiente para compreender as exigências justificativas que impõem uma maior celeridade ao sistema de justiça.

É, ainda, a saturação do sistema, aliada a outras condicionantes mais específicas a que não são alheias as disfunções organizacionais das instâncias formais de controlo, quer no domínio da investigação quer no domínio do julgamento, quer mesmo na fase da execução das penas, nomeadamente da pena de prisão, que justificam o apelo a outras dimensões capazes de enquadrar as respostas necessárias ao bom funcionamento do sistema de justiça penal.

A noção de «capacidade funcional da administração da justiça penal» extraída e desenvolvida do conceito de Estado de Direito pela jurisprudência do Tribunal Constitucional alemão[961] radica na exigência de que o uso do Direito Penal, sempre como *ultima ratio* para protecção de direitos fun-

---

parado» in Association International de Droit Penal, «La célerité de la procedure pénale», *Revue Internationale de Droit Penal*, 66º Année, 1995, p. 365 e Anabela Rodrigues, «A celeridade no processo penal – uma visão de direito comparado», *RPCC*, Ano 8, Fac. 2º Abril-Junho 1998, p. 234.

[960] É paradigmático o incidente de aceleração processual regulado no CPP no artigo 109º. Também os mecanismos estabelecidos no artigo 276º nº 4 do CPP relativos à obrigatoriedade de comunicação por parte do magistrado do Ministério Público, de atrasos nos prazos do inquérito. Sobre o modo como se conforma a celeridade nas várias situações concretas no CPP, cf. Ana Luísa Pinto, *A Celeridade no Processo Penal: o Direito à Decisão em Prazo Razoável*, Coimbra Editora, Coimbra, 2008, pp. 91 e ss.

[961] Sobre o conceito, desenvolvidamente, Bern Schünemann, *La Reforma del Proceso Penal*, cit., p. 26. O autor não esconde as posições dos críticos à «fórmula», mas entende-as como não convincentes, na medida em que «não significando que a fórmula se possa utilizar como chave mestra para qualquer estratégia de luta», ao contrário ela «terá sempre que ser considerada no balanceamento dos fundamentos (estabelecidos também no princípio do Estado de Direito) de um justo processo no Estado de Direito»: *ibidem*, p. 26.

A FUNDAMENTAÇÃO DA SENTENÇA NO SISTEMA PENAL PORTUGUÊS

damentais, não é possível sem uma administração da justiça que não funcione bem.

O que se quer afirmar é que se para a concretização processual dos direitos, liberdades e garantias é necessário ver implementado no sistema penal uma pragmática assente na celeridade processual há que, simultaneamente, apelar aos conceitos de eficácia e de eficiência na sua aplicação e de os articular com todo o conjunto de princípios que sustentam o quadro fundamental dos princípios do processo penal.

A esta exigência não é alheia a discussão (e os resultados) de uma dimensão económica, assumida primordialmente pelos cultores da análise económica do direito na área da justiça civil, tanto nos sistemas do *common law*, como nos sistemas continentais.

Numa abordagem global sobre as respostas político criminais no âmbito da justiça penal, nomeadamente no processo penal, é actualmente incontornável um olhar sobre o que resulta dessa perspectiva tendo em conta o modo como se efectivam as várias soluções normativas. A introdução das «culturas anti-idealistas» formuladas à luz da *Law and Economics* através do processo, como refere Massimo Donini «transformaram o quadro milenar do ideal da justiça como *ars boni et aequi*»[962].

---

[962] Cf. «Escenarios del derecho penal en Europa...», cit., p. 48 (com bibliografia fundamental sobre a *Law and Economics*). Não sendo possível, face ao objecto do trabalho, elencar todas as questões estudadas no âmbito da análise económica do direito salientam-se os tópicos identificativos sobre o que se pretende com aquela dimensão. Neste sentido, numa abordagem tópica, Nuno Garoupa refere que de um ponto de vista positivo, interessa saber «qual o impacto das normas legais no comportamento dos agentes económicos em termos das suas decisões e bem estar; numa questão normativa, quais as vantagens relativas de determinadas normas legais em termos de bem estar social»; cf. «Introdução ao número Análise Económica do Direito – Parte I», *Sub judice*, nº 33, Maio de 2006, p. 7. Sobre a análise económica do direito e a sua evolução nos últimos trinta anos, vejam-se os dois números temáticos da revista *Sub judice*, o primeiro publicado em 1992, "Justiça e economia. A Análise Económica do Direito" e o segundo, publicado em 2006, «Análise Económica do Direito – Parte I». Uma extensa bibiliografia sobre a questão é aí referenciada, salientando-se no número de 2006 a extensa abordagem sobre a matéria efectuada em Portugal por Miguel Moura e Silva, «A Análise económica do direito em Portugal». Uma perspectiva ampla sobre a aplicação prática do conceito de celeridade e economia no sistema judicial inglês pode ver-se em Rosana Gambini, «Uno sguardo all'experiena inglese in tema di accelerazione dei procedimenti», *Questione Giustizia*, nº 6, 2002, pp. 1361-1370. Sobre o debate, actual, em França sobre a aplicação da lógica da racionalização económica e gestionário ao direito e sobretudo ao direito penal, cf. Benoit Bastar, Christian Mouhannna, *Une Justice dans l'Urgence*, puf, Paris, 2008, pp. 18-19. Sobre a

DIFERENCIAÇÃO PROCESSUAL E FUNDAMENTAÇÃO

A teoria económica desenvolvida ao longo dos últimos vinte e cinco anos do século XX trouxe ao debate jurídico um conjunto de dados e conceitos relevantes que confrontou o sistema jurídico com a sua própria inserção num subsistema global assente em princípios comuns e que, por isso, também lhe são exigíveis. Os resultados dessa «confrontação» não mais puderam deixar de ser levados em consideração no debate dogmático sobre o modo de proceder no sistema de justiça.

Partindo da constatação de que os recursos disponíveis no sistema de justiça não são ilimitados[963] é premente empregar de uma forma correcta todos aqueles recursos, do início do processo até à sua resolução, inclusivamente na concretização das finalidades subjacentes ao processo penal, nomeadamente na procura e fixação da verdade material como razão fundante e legitimadora da acção penal.

Da inevitabilidade do confronto judicial com o conceito de eficiência sustentado no teorema de Coase[964], às propostas metodológicas sustentadas na escolha das hipóteses que simplifiquem os problemas para que possam ser percebidas as suas características de modo a serem resolvidos, até ao repensar da própria legitimação sustentada na eficácia e na eficiência, estão definitivamente adquiridos conceitos que não podem actualmente ser ignorados em qualquer abordagem metodológica[965].

---

aplicação da ciência do *management* à justiça, na teoria do direito, cf. Alfred Büllesbach, «Princípios da teoria dos sistemas», cit., pp. 435 e ss.

[963] Albert Calsamiglia refere que «uma sociedade bem estruturada supõe o respeito pelo princípio da igualdade. Mas uma sociedade só é justa se respeita uma concepção determinada de igualdade e se distribuir correctamente os recursos»: cf. «Justicia, eficiência e direito», *Revista del Centro de Estúdios Constitucionales*, nº 1 Septiembre-Diciembre, 1988, p. 305.

[964] Segundo o teorema de Coase «qualquer definição inicial de direitos conduzirá a um resultado economicamente eficiente desde que os custos de transacção sejam nulos (isto é, desde que esses direitos possam ser livremente transaccionados pelos agentes económicos)»: cf. João Ramos de Sousa, in «Léxico», *Sub judice*, nº 33, Outubro-Dezembro 2005, p. 180. Sobre o mesmo teorema e a sua repercussão na explicação da razão pela qual algumas normas são ineficazes porque os cidadãos preferem violá-las a obedecer-lhe, na medida em que não há uma reacção proporcionada do aparelho repressivo a essa violação, veja-se Albert Casalmiglia, «Justicia e eficiência y derecho», cit., p. 306.

[965] Numa obra recente, Gomes Canotilho sublinha que «a viragem organizatória provocada pelas teorias da organização e da regulação justifica o aparecimento de princípios como o "princípio da eficiência", o "princípio da compensação", "o princípio da cooperação", o "princípio da economicidade"»: cf. «Princípios. Entre a sabedoria e a aprendizagem» in *Ars Iudicandi*, cit., p. 378.

A FUNDAMENTAÇÃO DA SENTENÇA NO SISTEMA PENAL PORTUGUÊS

Numa dimensão externa ao procedimento emerge daquele discurso a abordagem do custo-benefício da justiça, que traduz uma «nova» tensão entre o modo de «tratar» diferenciadamente o conjunto de litigância penal nomeadamente, através de uma necessária abordagem na administração da justiça que enfrente o dilema da massificação processual (considerando o volume de processos com que hoje se confrontam os tribunais) e a necessidade de que a justiça tem, em concreto, de ser personalizada[966].

Neste âmbito, o tratamento diferenciado da pequena e média criminalidade sustenta-se em duas opções dogmática que passam, por um lado, pela utilização de mecanismos e soluções de oportunidade que não passem necessariamente pelo sistema formal de controlo e por outro lado, pela utilização de procedimentos específicos, rápidos e capazes de responder à amplitude do quantitativo processual (criminalidade de massa) que atinge os tribunais.

A nível interno, no domínio da aplicação casuística do processo, emergem conceitos como o *case management* ou a padronização dos procedimentos e das decisões judiciais[967] a eles associados, pretendendo-se que os casos concretos sejam geridos de modo a que a chegada à decisão judicial seja efectuada de uma forma eficaz.

O apelo a estas tendências e conceptualizações assume, no âmbito do sistema penal uma perspectiva não inteiramente sobreponível com as razões justificativas estabelecidas no processo civil.

No âmbito do sistema processual penal a intervenção das várias instâncias formais, tanto nas fases preliminares ou investigatórias como nas fases pos-

---

[966] Constatação que se reflecte mesmo no «interior» do processo, nomeadamente no domínio da prova penal e da sua justificação. O que leva alguns autores, como Bassiouni, a questionarem a dimensão económica ou de «custo-benefício», referindo que «(...)a racionalização deste conceito [custo benefício da justiça] transporta necessariamente uma objectivização da prova e também um retorno à tarifação da prova, levando infelizmente a uma redução do nível de convencimento do juiz»: cf. M. Cherif Bassiouni, «Il libero convincimento del giudice nei grandi sistemi di giustizia penale» in *Il Libero Convincimento del Giudice Penale. Vecchie e Nuove Esperienze*, Associazione Tra Gli Studiosi Del Processo Penale, Giuffrè Editore, Milano, 2004, p. 20.

[967] Mesmo reconhecendo as críticas efectuadas sobre a necessidade da individualização da sanção, algumas doutrinas no domínio da sociologia do direito não deixam de apelar a esta dimensão como forma de resolução dos problemas com que se confronta o sistema de justiça penal: cf. neste sentido Benoit Bastard, Christian Mouhanna, *Une Justice dans l'Urgence*, cit., p. 19.

DIFERENCIAÇÃO PROCESSUAL E FUNDAMENTAÇÃO

teriores de controlo ou de julgamento desenvolve-se no âmbito de aplicação de normas que constituem instrumentos de política criminal assentes na restrição de direitos fundamentais de pessoas que se presumem inocentes.

A eficácia da política criminal é, por isso, neste domínio, conforme refere Binder «um problema fundamental porque se trata de uma política que usa instrumentos de grande risco, tal como são a violência e a restrição da liberdade»[968]. Daí que, ao contrário, a ineficácia da política de justiça penal traz, atrás de si, o espectro da sua própria ilegitimidade.

O reflexo no sistema penal de algumas consequências directas deste discurso nomeadamente, a emergência de soluções normativas sustentadas na procura de maior eficácia e eficiência não podem omitir que esta é uma componente de ideia de justiça mas está longe de ser o único critério da justiça[969].

2. A dimensão extraprocessual e as soluções de diversão

Autores como Mihman referem que «o sistema de evolução das regras relativas aos tempos de resposta penal tendem a mostrar que aquele não se adaptou às sociedades modernas, à evolução da criminalidade e à concepção de repressão que é hoje perspectivada pela opinião pública»[970].

A concepção processual do que é um tempo justo razoável para concretizar uma decisão penal exige uma resposta adequada e proporcional ao tipo e à quantidade de criminalidade que «entra» nas instâncias formais de controlo das várias sociedades, às exigências diferenciadas dos destinatários e ao exercício adequado da função de quem julga, vinculado a princípios constitucionalmente estabelecidos.

Ou seja, o «justo tempo adequado de hoje não é o de ontem»[971] nem é o mesmo em relação a cada tipo de procedimento.

A concretização positiva do tipo de respostas à lentidão da justiça penal que a doutrina, no domínio do processo penal, tem vindo a identificar sustenta-se em duas vertentes.

---

[968] O autor conclui que «o poder penal está submetido a uma dupla exigência de legitimidade. Uma provém do sistema de garantias; a outra provém da sua eficácia político-criminal»: cf. Alberto M. Binder, «Tensiones político criminales en el proceso penal», *Jueces para la Democracia, Información y Debate*, nº 60, noviembre, 2007, p. 35.

[969] Neste sentido a tutela dos direitos e os objectivos colectivos ocupam lugares fundamentais. Assim, Alberto Casalmiglia, «Justicia, eficiência y derecho», cit., p. 335.

[970] Assim Alexis Mihman, *Juger à Temps*, L'Hartmattan, Paris, 2008, p. 35.

[971] Assim Alexis Mihman, *ibidem*, p. 281.

A FUNDAMENTAÇÃO DA SENTENÇA NO SISTEMA PENAL PORTUGUÊS

Por um lado, procura-se a celeridade através da implementação de políticas criminais que assentam na exclusão do procedimento (extraprocessual) retirando do domínio jurídico criminal e das instâncias formais de controlo jurisdicionais o tratamento de matérias que até agora lhe estavam reservadas[972].

Por outro lado, pretende-se obter maior celeridade através da adequação do próprio procedimento em função de realidades criminológicas diferenciadas a que se destinam[973].

Nas políticas extraprocessuais, identificam-se, para além de soluções de despenalização de condutas que convergem para decisões não necessariamente penais[974], a concretização dos meios alternativos de resolução de litígios penais, a implementação de políticas de transacção ou justiça penal negociada[975] e ainda a utilização da mediação penal.

---

[972] Sublinhando o aspecto positivo da flexibilização dogmática que necessariamente envolve esta dimensão processual de diversão, cf. Massimo Donini, «Escenarios del derecho penal en Europa...», cit., p. 50.

[973] Neste sentido, efectuando uma análise comparatistica dos mecanismos de celerização processual penal em vários países, cf. Jean Pradel, «La celeridad del proceso penal en derecho comparado», cit., pp. 368 e ss. Sublinhando a resposta processual da justiça francesa à lentidão pelas duas vertentes da criação dos processos especiais, no âmbito do processo penal propriamente dito e as formas extraprocessuais como a reparação do dano, a mediação ou as medidas de transacção, veja-se Alexis Mihman, *Juger à Temps*, cit., pp. 205, 206 e 209. De uma forma mais precisa, no que respeita ao sistema germânico, salientando as duas vertentes identificadas, quer através da descriminalização quer através de instrumentos para «evitar» e simplificar os procedimentos, veja-se Kurt Madlener, in «Meios e métodos para alcançar-se no processo penal as metas do "prazo razoável" e de "celeridade". Observações a respeito da justiça alemã», *Que Futuro para o Direito Processual Penal?*, cit., pp. 656 e ss. No mesmo sentido, Anabela Rodrigues salienta a concretização da celeridade na dupla perspectiva, «horizontal, através de formas negociadas de justiça – em que o conflito é devolvido às pessoas, para estes o resolverem – ou na vertical, no processo, procurando encontrar formas de justiça expedita, em que se encurtam os tempos de resposta ao conflito, suprimindo fases, segundo os vários tipos de processos pensáveis»: cf. «A celeridade no processo penal», cit., p. 234.

[974] Sobre estas políticas no sistema alemão, suíço e holandês, cf. Jean Pradel, «La celeridad del proceso penal en derecho comparado», cit., p. 368.

[975] Sobre a justiça negociada a bibliografia é hoje vastíssima, tendo em conta a expansão que os mecanismos de negociação ou similares têm vindo a assumir nos sistemas de *common law* e sobretudo a importação que se tem verificado nos sistemas de *civil law* das soluções anglo saxónicas sobre o *plea bargaining* e *guilty plea* anglo-saxónico, muitas vezes de forma acrítica e sem atentar nas especificidades dos vários sistemas: cf. neste último sentido Alexis Mihman, *Juger à Temps*, cit., pp. 462-464. Em relação à recente evolução do sistema alemão, Roxin, cri-

DIFERENCIAÇÃO PROCESSUAL E FUNDAMENTAÇÃO

A repercussão das soluções que passam pela exclusão do procedimento, nas suas várias vertentes, assume um peso significativo no âmbito da concretização das actuais políticas públicas de justiça penal, sobretudo face à incapacidade do sistema tradicional processual, assente na resposta unívoca de um juiz à resolução de casos, resolver em tempo útil e de forma eficaz as solicitações decorrentes da amplitude dos casos penais que atravessam grande parte dos países europeus[976].

3. As soluções de aceleração no domínio intraprocessual
No âmbito do objecto do trabalho interessa-nos analisar a dimensão da celeridade do procedimento no âmbito da supressão, simplificação ou modificação de fases ou actos processuais e a sua adequação com princípios cons-

ticamente, refere-se à «desformalização que, parcialmente através de inovações legislativas, parcialmente através de desenvolvimentos extra-legais, substituiu as apertadas regras do processo penal alemão por um processo menos formal, orientado para um entendimento entre os sujeitos processuais»: cf. «Sobre o desenvolvimento do direito processual penal alemão», *Que Futuro para o Direito Processual Penal?*, cit., p. 387. No mesmo sentido, em relação ao sistema germânico, Bern Schünemann, *La Reforma del Proceso Penal*, cit., pp. 44-46. Sobre a justiça negociada, genericamente, cf. Ioannis Papadoulos, *Plaider Coupable*, puf, Paris, 2004, Jean Pradel, «Le plaider coupable. Confrontation des droits américain, italien et français», *Revue Internationale de Droit Comparé*, nº 2 Avril-Juin, 1995, p. 473; Jean Cédras, «La célérité du Procés Penal dans le droit de la Common Law», in Association International de Droit Penal, «La célérité de la procedure pénale», *Revue Internationale de Droit Penal*, 66º Année, 1995, pp. 695 e ss; Anabela Rodrigues, «A celeridade no processo penal...», cit., pp. 237 e ss; Pedro Soares de Albergaria, *Plea Bargaining*, Almedina, Coimbra, 2007, pp. 28 e ss. Manifestando reservas na aplicação da justiça negociada, na fase de julgamento, à grande criminalidade, veja-se Figueiredo Dias, «Sobre a revisão de 2007 do código de processo penal português», cit., p. 379.
[976] O relatório elaborado pela Comissão Europeia para a Eficiência da Justiça (CEPEJ), mostra um conjunto de dados estatísticos que, pese embora a necessária relativização que deve ser efectuada em relação aos métodos de recolha de dados, da responsabilidade dos países, permite concluir que o factor morosidade é, ainda, um dos factores negativamente impressivos em praticamente todos os países do CE: cf. *Sistemas Judiciais Europeus. Edição 2008 (dados 2006): Eficiência e Qualidade da Justiça*, cit.. É sintomática a apreciação que Jean Pradel faz sobre a questão referindo que «na maior parte dos países o procedimento dos casos penais é efectuado com uma lentidão evidente. As estatísticas são pesadas em grande número de países. A duração do tratamento dos casos penais não cessa de aumentar»: cf. Jean Pradel in «La célérité e les temps du procès penal. Comparaison entre quelques legislations européennes», *Le Champ pénal. Mélanges au l'honner du professeur Reynald Ottenhof*, Dalloz, Paris, 2006, p. 251. Claramente, neste sentido, em relação à evolução do sistema germânico, cf. Bernd Schünemann, *La Reforma del Proceso Penal*, cit., p. 104.

A FUNDAMENTAÇÃO DA SENTENÇA NO SISTEMA PENAL PORTUGUÊS

titucionalmente vinculantes nomeadamente, a exigência do princípio da fundamentação das decisões e o modo como este se pode articular com formas diferenciadas de processo.

Neste sentido, é possível intervir no interior dos mecanismos processuais tradicionais assentes tanto em respostas ao nível da supressão das fases jurisdicionalizadas como, no âmbito destas últimas, através da utilização de mecanismos procedimentais diferenciados nomeadamente, implementando estruturas e procedimentos particulares ou especiais cujas regras e procedimentos são flexíveis e adaptados às várias situações criminológicas que se evidenciam no leque dos sistemas penais[977].

Na primeira vertente surgem como sintomáticas as soluções de diversão sustentadas em opções como o arquivamento do processo em fases preliminares do procedimento, finalizando o conflito sem uma declaração formal de culpa, tal como o instituto da suspensão provisória do processo, soluções que cada vez mais assumem importância significativa na economia dos sistemas de processo penal[978].

---

[977] Em 1766, Cesare Beccaria escrevia "distingo duas classes de delitos: a primeira é a dos delitos atrozes e ela começa com o homicídio, e compreende todos os ulteriores actos de malvadez; a segunda é a dos delitos menores. Esta distinção tem o seu fundamento na natureza humana. A segurança da própria vida é um direito da natureza; a segurança dos bens é um direito da sociedade (...). A enorme diferença de probabilidade entre estas duas classes exige que elas se regulem por princípios diversos": cf. *Dos Delitos e das Penas*, Fundação Calouste Gulbenkian, Lisboa, 1998, p. 130. Não é outra a razão de ser da afirmação de Anabela Rodrigues ao referir que as necessidades de contrapor à *law in books* a *law in action* deve permitir recorrer a «estruturas processuais dotadas de maior flexibilidade e informalidade e/ao desenvolvimento de mecanismos de consenso»: cf. «Os processos sumário e sumaríssimo ou a celeridade e o consenso no CPP», *RPCC*, Ano 6, Fasc., 1996, p. 542.

[978] Sublinhando a importância destas soluções no sistema germânico, veja-se Peter Hünerfeld, «La Célérité dans la prócedure pénale en Allemagne», *Revue Internationale de Droit Penal*, 66º Année, 1995, pp. 398 e 406. Sobre o mesmo instituto e a sua relevância, mas salientando os seus perigos, veja-se Claus Roxin, «Sobre o desenvolvimento do direito processual penal alemão», cit., pp. 387-388. Uma apreciação crítica sobre a suspensão condicional do processo no sistema germânico é efectuada por Pablo Galain Palermo, «Suspensão do processo e terceira via: avanços e retrocessos do sistema penal», *Que Futuro para o Direito Processual Penal?*, cit., pp. 615 e ss. Em Portugal a solução da suspensão provisória do processo é o mecanismo «por excelência» conformador da solução, assumindo-se como uma limitação ao princípio da legalidade. Neste sentido cf. Figueiredo Dias, *Direito Processual Penal, Lições do prof. Doutor Jorge de Figueiredo Dias, coligidas por Maria João Antunes, (policop.)*, cit, p. 97. Uma análise profundamente crítica sobre o modo como está normativizada a suspensão provisória do processo em Portugal, não osbtante as várias alterações que foram efectuadas desde a sua implementação

DIFERENCIAÇÃO PROCESSUAL E FUNDAMENTAÇÃO

No âmbito da fase jurisdicionalizada do procedimento, tanto no processo comum como nos vários processos especiais, são admissíveis instrumentos normativos de modo a tornar toda a «marcha» processual mais rápida.

Trata-se, genericamente, de suprimir ou modificar, simplificando, fases ou actos processuais ou estabelecer prazos quantificados no âmbito das várias fases processuais que permitam balizar o decurso do procedimento num período temporal preciso.

No que respeita aos prazos, sublinhe-se a ambivalência dogmática entre a indiscutível necessidade de estatuir prazos inequívocos com consequências peremptórias para os casos que envolvem aplicação de medidas de coacção detentivas, em fases processuais preliminares ou na fase de julgamento, por contraposição à divergência normativa relativa à admissibilidade de prazos limite para o termo do procedimento os quais, logo que alcançados, devem só por isso suscitar o fim do procedimento[979].

A curiosa solução do sistema vigente nalguns países da *commom law*, através do instituto do *abuse of process* o qual, quando ocorra um abuso do tempo razoável para o procedimento permite que o procedimento seja declarado inadmissível[980], pese embora ser de alguma forma sobreponível, nos seus

---

no CPP, é efectuada por João Conde Correia, in «Concordância judicial à suspensão provisória do processo: equívocos que persistem», *Revista do MP* ano 30, nº 117, 2009, pp. 43-85.

[979] De um ponto de vista descritivo, veja-se a situação nalguns países da Europa, relatada por Jean Pradel, in «La celeridad del proceso penal en derecho comparado», cit., p. 379 bem como Jean-Yves Chevallier, «La célérité du procès penal dans les systèmes procéduraux de la famille romano-germanique», p. 709. Sobre o sistema germânico cf. Peter Hunerfeld, «La célérité dans la prócedure pénale en Allemagne», cit., pp. 403-406. A questão dos prazos e da sua maior ou menor amplitude é desvalorizada por alguma doutrina alemã, no sentido de que «os prazos curtos não conduzem necessariamente a processos rápidos»: cf. Kurt Madlener, «Meios e métodos para alcançar-se no processo penal as metas do "prazo razoável" e da "celeridade". Observações a respeito da justiça alemã», cit., p. 668. O autor sublinha o exemplo alemão, contrapondo-o ao exemplo de Espanha ou do Brasil, em que «com prazos processuais muito maiores, mas empregando várias vias para reduzir o número de casos e simplificando e abreviando os processos, evitando-se, assim, uma carga excessiva para o poder judiciário e acelerando a solução de casos pendentes, para poder melhor aliviar esta carga, os resultados na Alemanha são relativamente bons», *ibidem*, p. 668. Para o sistema italiano, cf. Mário Pisani, «La célérité dans la prócedure pénale italienne» in Association International de Droit Penal, «La célérité de la procedure pénale», *Revue Internationale de Droit Penal*, 66º Année, 1995, p. 587 e *L'Indice Penale*, Anno XXIX, nº 2 Maggio-Agosto, 1995, p. 283.

[980] Sobre o *abuse of process* no Reino Unido, cf. John Spencer, «La célérité de la procedure pénale en Angleterre», cit., p. 429.

A FUNDAMENTAÇÃO DA SENTENÇA NO SISTEMA PENAL PORTUGUÊS

efeitos, ao instituto da prescrição, não tem colhido simpatias nos sistemas jurídicos continentais mais próximos.

Assim, da mesma maneira que no sistema processual italiano e no germânico, o legislador português, embora tenha estatuído a existência de prazos processuais na fase de investigação (e, recentemente, restringido alguns desses prazos) não consagrou, para além da prescrição, mecanismos peremptórios de termo do processo por decurso do prazo.

Como soluções endoprocessuais com finalidades claramente aceleradoras do processo saliente-se a opção do legislador nacional, na versão originária do código, ao implementar algumas soluções normativas de natureza processual, independentemente das duas formas especiais de processo estabelecidas, que permitiam acelerar, de uma forma horizontal, o procedimento.

Desde logo o então inovador mecanismo previsto no artigo 16º nº 3, que permite a utilização do processo comum com intervenção de juiz singular a casos em que, em abstracto, apenas seria possível julgar em processo comum colectivo[981]. Trata-se de um instituto que estava na sua essência ligado a uma dimensão consensual que, na versão final veio a perder[982].

A aplicação prática do mecanismo transformou-se num instrumento processual de relevância fundamental no tratamento da média criminalidade, retirando-se do julgamento com intervenção do tribunal colectivo muitos casos que, por virtude do seu julgamento através do juiz singular, pese embora utilizando a mesma forma processual, agilizam e consequentemente tornam mais rápido o procedimento.

De igual modo o novo regime do artigo 344º, dando relevância processual à confissão livre, integral e sem reservas do arguido, sustenta-se numa «cumplicidade» pragmática entre consenso e celeridade, não fundada, no entanto, em qualquer lógica produtivista[983], através do qual se pretende evitar a produção de prova eventualmente supérflua em audiência de julgamento.

---

[981] Tratou-se, como refere José Narciso da Cunha Rodrigues, da definição de competência dos tribunais, ser pela primeira vez temperada «com critérios que têm que ver com a maior ou menor complexidade de captação e valoração da prova»: cf. «Recursos», *Jornadas de Direito Processual Penal. O Novo Código de Processo Penal*, cit., p. 394.

[982] Sublinhando inequivocamente esta dimensão, na primeira versão do Anteprojecto, Figueiredo Dias, «Sobre os sujeitos processuais no novo código de processo penal», cit., p. 20.

[983] Neste sentido, Figueiredo Dias, justificando a opção, de ainda aqui (se bem que mais longe do que o autor pretendia) «levar o discurso do consenso tão longe quanto possível»: *ibidem*,

DIFERENCIAÇÃO PROCESSUAL E FUNDAMENTAÇÃO

Relevando a confissão, livre, integral e sem reservas efectuada perante o juiz e apreciada por este de forma a que não suscite dúvida nenhuma sobre o modo livre e genuíno como é efectuada, ao permitir-se desde logo passar à fase da determinação da sanção[984] elimina-se uma parte substancial da produção de prova, fixando imediatamente a factualidade provada que consubstancia a hipótese acusatória.

Uma pretensão de imprimir celeridade à fase de audiência de julgamento decorre igualmente da relevância dada pelo legislador ao seu desenvolvimento célere.

Na economia do processo, a audiência de julgamento é o momento chave e fundamental onde se desenrola a actividade nuclear do procedimento, através da apresentação, produção e verificação contraditória da prova relativa aos factos imputados, num acto e momento público, findo o qual são expostos os argumentos justificativos das várias opções relativas aos factos e à prova produzida, os quais justificam a decisão que irá scr proferida pelo tribunal.

No âmbito da especificidade dos princípios que condicionam a audiência de julgamento o legislador nacional explicitou normativa e concretamente a proibição da prática de todos os actos manifestamente impertinentes e dilatórios[985]. De igual forma e numa aproximação ao estabelecido no regime germânico, é atribuída uma relevância específica ao princípio da concentração da audiência na medida em que se impõe a continuidade da audiência num regime que limita os adiamentos e as interrupções superiores a 30 dias[986]. O que se pretende concretamente é que a celeridade tenha, na

p. 29. Sublinhando a solução como fazendo (em 1987) parte do movimento que no código relevou as soluções de consenso como forma de abordar os problemas diferenciados que se colocavam ao legislador, cf. Figueiredo Dias, «Sobre a revisão de 2007 do código de processo penal português», cit., p. 379.

[984] Explicitamente a Lei de Autorização Legislativa, no ponto 69 referia como razão para relevar, em determinadas circunstâncias precisamente regulamentadas, a confissão livre, integral e sem reservas, «evitar a produção de prova, permitindo que se passe imediatamente à determinação da sanção»: cf. Lei nº 43/86, de 26 de Setembro, artigo 2º nº 2.

[985] Que o legislador nacional atribui de «especial», de acordo com o artigo 323º alínea g) do CPP.

[986] Cf. o artigo 328º do CPP. Saliente-se a cominação estabelecida para o caso de interrupções posteriores a 30 dias implicar a perda da eficácia da prova. Sobre o sistema semelhante no *StPO* e as razões que estão na sua origem, cf. Peter Hünerfeld, «La célérité dans la procédure pénale en Allemagne», cit, p. 408.

A FUNDAMENTAÇÃO DA SENTENÇA NO SISTEMA PENAL PORTUGUÊS

audiência de julgamento, uma tradução normativa efectiva com um conteúdo autónomo e preciso em relação a outras fases processuais.

3.1. Modelos de diferenciação nos processos especiais

A aceitação doutrinal de que as formas processuais especiais constituem um caminho fundamental na resposta ao tratamento diferenciado da criminalidade, como concretização do princípio da celeridade processual, levou à generalização da implementação de tipos de processos especiais no espaço jurídico processual europeu[987].

Os ordenamentos jurídicos ofereciam tradicionalmente soluções processuais diferenciadas assentes, em regra, numa dupla via. Para as situações criminais mais graves, identificadas em regra através de mecanismos formais aplicáveis a um leque de crimes puníveis com penas determinadas numa moldura penal abstracta que pode variar no seu limite mínimo, entre os seis meses e os três anos de prisão e no seu limte máximo a pena mais elevada permitida no ordenamento penal em causa, um procedimento comum. Para as situações menos graves ou de «pequena e média criminalidade», enquadradas em crimes cuja moldura penal máxima pode ir desde os seis meses de prisão até aos três anos, de acordo com os vários Códigos Penais, os processos especiais[988].

---

[987] Uma análise sobre a questão da celeridade processual e a necessidade de adaptar os processos especiais do CPP como resposta aos propósitos de implementação de celeridade é efectuada por Anabela Miranda Rodrigues, «A celeridade no processo penal – Uma visão de direito comparado», cit., pp. 246-248.

[988] Vale a pena salientar que no passado, certamente com outra geografia estatística, a necessidade de tratar o que é desigual de uma forma processualmente desigual foi sempre levada em consideração pelo legislador português, quer antes quer depois da Novíssima Reforma Judiciária de 1840. Até 1929, com algumas divergências nos vários tipos de especialização processual, foi sempre preocupação do legislador tratar diferentemente os tipos de crimes que se apresentavam também eles diversos, imprimindo sempre a determinadas situações decorrentes da impressividade da prova ou da necessária celeridade processual, tipos de processos diversos. O Código de Processo Penal de 1929, estabelecia tipos especiais de processos, não só em função da necessidade de tratar diferentemente a criminalidade em função da sua natureza objectiva, mas também em função quer da especificidade de alguns crimes (processos por difamação calúnia e injúrias), quer da especificidade das pessoas (infracções cometidas por juizes, magistrados do Ministério Público e arguidos ausentes). Permitia-se, ainda, a existência de processos especiais não incluídos no Código de Processo Penal, referentes quer a pessoas determinadas (processos criminais de segurança, processo criminal militar), quer a determinadas infracções (processo por crimes de imprensa e processos por infracções contra

DIFERENCIAÇÃO PROCESSUAL E FUNDAMENTAÇÃO

O leque de opções tem vindo, no entanto, a ser paulatinamente modificado sendo actualmente visível em vários sistemas um espectro mais amplo de formas processuais especiais, diferenciadas em razão dos diversos tipos de criminalidade que se adaptam a um outro espectro, que inclui tanto a pequena e a média criminalidade como a criminalidade grave, complexa ou organizada[989].

A pulverização de procedimentos específicos, aplicáveis a varíadissimos tipos de casos, tendo em regra como alvo a pequena e média criminalidade, permite que se questione a validade da dicotomia processo especial/processo

---

a saúde pública e contra a economia nacional). No âmbito do processo comum, encontramos no Código de Processo Penal de 1929 o processo de querela (para crimes puníveis com pena superior a três anos de prisão), o processo correccional para crimes puníveis com pena superior até três anos de prisão, o processo de polícia correccional, o processo sumário (para crimes com pena inferior a três anos de prisão cometidos em flagrante delito) e o processo de transgressão. A reforma decorrente do Decreto-lei nº 605/75, de 3 de Novembro do Código de 1929 implicou apenas a supressão do processo de polícia correccional, mantendo-se os restantes. Um breve resumo sobre a história processual portuguesa, neste domínio, é efectuado por Castro e Sousa, *A Tramitação do Processo Penal*, cit., pp. 13 a 17 e 24 a 52.

[989] Tratando-se de categorias criminológicas variáveis e imprecisamente delimitadas, são, no entanto tais conceitos funcionalmente adequados ao entendimento da razão de ser do alargamento da formalização processual diferenciada. Nesse sentido, o amplo leque de processos que é disponibilizado no CPPit (cinco tipos de processo: *giudizio abbreviatto, giudizio directissimo, giudizio immediato, applicazione della pena su richiesta delle parti e procedimento per decreto*) e no Código de Enjuiciamento criminal espanhol (três tipos de processo: *procedimiento abreviado, juicio de faltas e procedimiento para el enjuiciamento rápido*) são exemplos dessa modificação. Sobre a pluralidade de modelos diferenciados de processos especiais no processo penal italiano e as razões que estiveram na sua origem, veja-se D.Siracusano, A.Galati, G.Tranchina e E. Zapallalà, *Diritto processuale penale, Volume II*, cit., pp. 229-233 e Mario Pisani, «La célérité dans la procedure penale italiennne», cit., p. 575. A reforma que em Espanha teve como objectivo instaurar o processo abreviado foi no sentido de considerar o processo abreviado como «um verdadeiro processo tipo no processamento de delitos» com objectivo de simplificar o sistema e proteger melhor as garantias dos arguidos e e não um procedimento especial: assim Júlio Muerza Esparza, *El Proceso Penal Abreviado*, Arandzi Editorial, Madrid, 2002, p. 19. Sobre o processo abreviado em Espanha cf. Nicolàs Rodriguez Garcia, «Análisis de la nueva regulación del "principio del consenso" en el procedimiento abreviado español», in *Liber Discipulorum para Jorge Figueiredo Dias*, cit., p. 1455, Teresa Armenta Deu, in «El nuevo proceso penal español: processo abreviado; juicio rápido y prisión provisional», *Themis*, nº 11, 2005, p. 219, Adán Carrizo González-Castell, «Proceso penal en España. Mutaciones incontrolables?», Manuel Monteiro Guedes Valente, coord., *II Congresso de Processo Penal*, Almedina, Coimbra, 2006, p. 270.

A FUNDAMENTAÇÃO DA SENTENÇA NO SISTEMA PENAL PORTUGUÊS

comum, como resposta adequada a uma diversificação processual constatada e genericamente «empacotada» em rigorosos conceitos criminológicos.

Não é difícil – começando, aliás, a ser usual – encontrar a aplicação de formas específicas de procedimento (e mesmo soluções de diversão que não passam pelo procedimento) a tipos criminais abstractamente puníveis com penas de prisão elevadas (superiores a três e mesmo a cinco anos de prisão), justificadas em razões que andam muito longe da categorização da pequena criminalidade que estiveram na sua origem[990].

As razões justificativas que têm levado a tal pulverização de procedimentos sustentam-se na premência da implementação de formas aceleradas ou mesmo urgentes de procedimentos[991], de forma a concretizar a resposta, em tempo adequado, do sistema penal à emergência de uma amplificação e diversificação da criminalidade, tanto em quantidade como em complexidade.

A dinâmica processual comum, estruturada no âmbito de um quadro dogmático onde se pretende atingir um equilíbrio entre a resposta processual em tempo razoável e o respeito absoluto por um procedimento formalmente complexo aplicável à grande maioria da criminalidade, torna-se actualmente incapaz de responder às exigências de resposta do sistema processual à concretização do direito em tempo útil para todos os tipos de casos.

Tanto a diversidade dos crimes objecto de prossecução penal como, sobretudo, a variação no tipo e grau de investigação necessária, bem como a

---

[990] No caso português a versão inicial do processo sumaríssimo, tendo em conta a moldura máxima da pena admitida – prisão até seis meses, ainda que com multa, mas só podendo ser aplicada a pena de multa, ou medida de segurança não detentiva – «foi pensada para responder a certos sectores da pequena criminalidade»: cf António Henriques Gaspar, «Processos especiais», cit., p. 373. Hoje, no entanto, após a reforma de 2007 a moldura penal que identifica os crimes passíveis de serem tramitados em processo sumaríssimo é de cinco anos, se bem que continue a não poder aplicar-se, em concreto, uma pena de prisão.

[991] Um exemplo das razões de urgência que têm sustentado a modificação em catadupa do sistema processual pode ver-se nas varíadissimas alterações que nos últimos anos têm sido efectuadas no sistema processual penal francês. Aprofundadamente, neste sentido veja-se Alexis Mihman referindo a «tirania da urgência» manifestada no facto de se encarar a rapidez como um fim em si mesmo que condiciona todas as políticas sociais: cf. *Juger à Temps*, cit. p. 23. Numa interessante perspectiva sociológica, Benoit Bastard, Christian Mouhanna, *Une Justice dans l'Urgence*, cit., pp. 13-17, 25 e 192 e ss. Sobre as respostas processuais recentes no sistema francês veja-se também Camille Viennot «Celerité et justice penales: l'exemple de la comparation immediate», *Archives de Politique Criminelle*, nº 29, 2007, pp. 117 e 118.

DIFERENCIAÇÃO PROCESSUAL E FUNDAMENTAÇÃO

complexidade nas fases de julgamento dos casos, não podem deixar de questionar a pertinência da resposta dicotómica entre a forma de processo comum e uma única forma de processo especial, como solução processualmente adequada de abordar o problema.

Trata-se de uma tendência que não deixou imune o sistema processual penal português, nomeadamente no percurso de vigência do CPP.

Na versão originária do código, para além de algumas soluções de diversão que então emergiram, tais como o arquivamento em caso de dispensa de pena e a suspensão provisória do processo[992], desenharam-se duas formas especiais de processo[993] por contraposição ao processo comum, que permitiam encarar processualmente a dicotomia pequena criminalidade e média criminalidade, embora neste último caso restringida a razões de imediatismo na prova decorrente do flagrante delito.

Na segunda revisão do CPP, em 1998[994] a distinção do tratamento processual da pequena e média criminalidade, por um lado e da criminalidade grave, por outro lado, constituiu um dos «eixos fundamentais» da reforma tendo-se traduzido na criação de um novo processo especial (processo abreviado), na reestruturação do processo sumaríssimo e em alterações ao processo sumário[995], sempre com o objectivo de alargar a aplicação diferenciada de procedimentos a uma criminalidade também ela diferenciada sustentada em fenómenos criminológicos completamente distintos, com índices também eles distintos e com percepções sociais muito diversas.

---

[992] Sobre estas soluções, aprofundadamente, na versão inicial do CPP, cf. Manuel da Costa Andrade, «Consenso e Oportunidade (reflexões a propósito da suspensão provisória do processo e do processo sumaríssimo)», *Jornadas de Direito Processual Penal. O Novo Código de Processo Penal*, cit., pp. 336 e 337, 351 e ss.

[993] A nota de inovação em relação ao regime do CPP29, nesta matéria, decorreu do então novo processo sumaríssimo que num primeiro momento apenas se aplicava aos casos em que estivessem em causa crimes punidos com pena de multa ou medida de segurança não detentiva, exigindo-se sempre a anuência do arguido, que valia como renúncia ao recurso. Sobre o processo sumaríssimo, na versão original, Manuel da Costa Andrade, *ibidem*, p. 356, António Henriques Gaspar, «Processos Especiais», *Jornadas de Direito Processual Penal. O Novo Código de Processo Penal*, cit., pp. 373 e ss.

[994] Concretizada pela Lei nº 59/98, de 25 de Agosto.

[995] No mesmo sentido veja-se José Luis Lopes da Mota, «A revisão do código de processo penal» *RPCC*, Ano 8º Fasc. 2 Abril-Junho 1998, pp. 172-175.

A FUNDAMENTAÇÃO DA SENTENÇA NO SISTEMA PENAL PORTUGUÊS

O mesmo princípio evolutivo manteve-se com as reformas de 2000[996] e 2007[997], que modificaram o quadro normativo no sentido de potenciar normativamente a aplicação dos procedimentos especiais.

No ponto de vista dogmático podem identificar-se dois conjuntos de razões que actualmente justificam uma tradução legislativa diferenciada de procedimentos especiais.

De um lado, a relevância processual da dimensão do consenso sobre a factualidade imputada e as consequências jurídicas que daí advêm para o arguido/suspeito, nomeadamente a eliminação da fase de julgamento como elemento fundamental de fixação da verdade dos factos.

De outro lado, a relevância atribuída à questão da prova, nomeadamente atribuindo um significado especial à imediação no modo como foi recolhida ou à evidência da prova que suporta os factos ocorridos e que necessariamente irão fundamentar a sentença[998], não implicando no entanto a eliminação da fase pública e contraditória do julgamento.

A divergência dogmática e as suas consequências muito diferenciadas não esconde, no entanto, uma mesma identificação epistemológica. Em ambas as situações está em causa a constatação de uma redução da incerteza do problema da verdade como elemento fundamental no procedimento, tanto pela via do consenso como pela via da valoração gradativa da prova.

3.1.1. *O modelo de consenso*
Na identificação de um modelo de consenso, independentemente das várias situações diferenciadas que regulam o maior ou menor campo de aplicação

---

[996] Trata-se de um conjunto de alterações introduzidas pelo Decreto-Lei nº 320-C/2000, de 15 de Dezembro. Uma das alterações mais significativas, nesta reforma, prendeu-se com a questão da decisão judicial, nomeadamente nos processos sumário e abreviado, tendo sido estabelecido que a sentença será proferida no final da audiência e deve ser de imediato ditada para a acta.

[997] Trata-se da reforma decorrente da Lei nº 48/2007, de 28 de Agosto. Com esta Lei foram alargados o âmbito de aplicação dos processos sumário e processo sumaríssimo (agora passível de aplicação a crimes puníveis com penas de prisão não superior a 5 anos) e foi concretizada a conceptualização da «prova evidente» para efeitos de aplicação do processo abreviado.

[998] No caso português as formas de processo especial admissíveis (sumário, abreviado e sumaríssimo) têm na sua base a aquisição da prova que sustenta os factos que permitem a utilização daquelas formas de processo quer na imediação quer no consenso, embora com limitações decorrentes da amplitude dos crimes em causa.

de cada sistema processual, o que está em causa é a aceitação da questão factual e das suas consequências, eventualmente atenuadas[999], por parte de quem cometeu crimes e na igual disponibilidade ao consenso manifestada pelas instâncias ou autoridades constitucionalmente legitimadas para exercerem tanto a acção penal como a jurisdição[1000].

Assume-se, nesta dimensão, a perspectiva de uma consensualidade alargada «numa tónica de assunção de finalidades compartilhadas por uma maioria e não por uma só pessoa»[1001], que assim legitima o que é, afinal, um elemento essencial da procedimentalidade numa perspectiva jurídico constitucionalmente sustentada[1002].

O que se pretende, com uma ampla legitimação decorrente de um alargado modelo de consenso sobre o reconhecimento da verdade, é que a amputação de uma intervenção jurisdicional sustentada na discussão pública, contraditória e perante um juiz terceiro e imparcial, como é a realização de um julgamento, seja legitimamente reconhecida como capaz de sustentar, de igual forma, as finalidades que se pretendem atingir com o processo penal.

Tanto a verdade material como a «paz jurídica» podem ser atingidas por uma dimensão consensual, não obstante essa afirmação não implicar simul-

---

[999] Como é o caso do modelo italiano reflectido na *apllicazione della pena su richiesta delle parti* (artigo 444º do CPPit).

[1000] Sobre os referentes jurídico-filosóficos do consenso como suporte a soluções normativas processuais penais, cf. Figueiredo Dias, «Para uma reforma global do processo penal português – da sua necessidade e de algumas orientações fundamentais», in AA.VV., *Para uma Nova Justiça Penal*, Almedina, Coimbra, 1983, pp. 232 e ss; Costa Andrade, «Consenso, e oportunidade (reflexões a propósito da suspensão provisória do processo e do processo sumaríssimo», cit., p. 325 e ss; José de Faria Costa, «Diversão (Desjudiciarização) e mediação: que rumos?», *BFDUC*, LXI, 1985, pp. 1 e ss; Fernando Fernandes, *O Processo Penal como Instrumento de Política Criminal*, Coimbra, Almedina, 2001, pp. 139-164. e ss; Fernando Torrão, *A Relevância Político-criminal da Suspensão Provisória do Processo*, Almedina, Coimbra, 2000, pp. 102 e ss.

[1001] Conforme refere Faria Costa in «Consenso, verdade e direito», cit., p. 94.

[1002] É este o sentido dado por Faria Costa, que se partilha e, simultaneamente se entende como adequado à justificação constitucionalmente vinculada do consenso: *ibidem*, p. 95. Aprofundadamente sobre a ideia de consenso que sustenta reflexões normativas em procedimentos ou soluções normativas específicas, cf. Manuel da Costa Andrade, «Consenso e oportunidade (reflexões a propósito da suspensão provisória do processo e do processo sumaríssimo», cit., pp. 325-336.

A FUNDAMENTAÇÃO DA SENTENÇA NO SISTEMA PENAL PORTUGUÊS

taneamente, o reconhecimento de que é no consenso que se encontra o fundamento do jurídico[1003].

A admissibilidade do consenso como forma legítima de justificar a aplicação de uma pena consubstancia uma derrogação ao princípio de que não há aplicação de uma pena sem julgamento, devendo por isso assumir um carácter excepcional no âmbito de um processo penal de matriz democrática[1004].

A autonomia do consenso atribuindo um estatuto próprio ao *roubo do conflito*, agora manifestado num procedimento próprio que lhe reconhece estatuto processual, não desvaloriza a dimensão essencial do conflito e a forma processualmente adequada de o resolver manifestada no processo público e contraditório de reconhecimento da verdade.

Atribui-se, no entanto, uma dimensão procedimental diferenciada para as situações em que o conflito se assume como menos insuperável. A fragmentariedade do conflito não se evidencia sempre da mesma forma. Daí que possibilitando essa modelação, através de formas processuais simplificadas, nomeadamente através da eliminação da fase de julgamento, também se potencia a concretização do equilíbrio pretendido com a estabilização da paz jurídica[1005].

O modelo de processo assente na ausência de audiência de julgamento afirma-se como antinómico relativamente ao processo comum, onde a audiência de julgamento assume um papel estruturante e identificativo do próprio modelo[1006]. A audiência como modelo de procura e fixação da verdade é um mecanismo sofisticado e amplamente garantista[1007]. O exercício

---

[1003] Sublinhe-se, neste sentido, a afirmação de Faria Costa, «o fundamento do jurídico será sempre o conflito»: cf. «Consenso, verdade e direito», cit., p. 97.

[1004] Cf. neste sentido, referindo-se ao caso germânico do «processo por ordem penal», Claus Roxin, *Derecho Procesal Penal*, cit., p. 550.

[1005] Parece ser este o sentido dado por Schünemann ao admitir o consenso como forma de legitimação da decisão nomeadamente quando refere que «vinculo a finalidade da busca da verdade com outros critérios adicionais de legitimação, o consenso e o justo processo, levando em conta o aspecto realista de que a verdade material apenas poder ser determinada no âmbito do processo»: cf. *La Reforma del Proceso Penal*, cit., p. 107.

[1006] Sublinhando essa antinomia veja-se Filippo Viggiano «Patologie nel giudizio abbreviato e nell'aplicação della pena su richiesta: il controlo della corte di cassazione», *Rivista Italiana di Diritto e Procedura Penale*, Anno XL, Fasc. 2, Aprile-Giugno, 1997, p. 509.

[1007] D.Siracusano, A.Galati, G.Tranchina e E. Zapallalà sublinham a necessidade dos processos especiais concretizarem uma função «deflacionária» da audiência, tendo em conta esta evidência: cf. *Diritto Processuale penale, Volume II*, cit., p. 231.

DIFERENCIAÇÃO PROCESSUAL E FUNDAMENTAÇÃO

pleno do contraditório, as rigorosas regras de validação e produção de prova, a publicidade na sua produção, a argumentação utilizada pelos sujeitos processuais, a deliberação, a sentença e a fundamentação públicas assumem-se como fases estruturais da audiência que acarretam no entanto, para quem nele é sujeito processual e sobretudo arguido, alguma natureza estigmatizante que se desvanece no modelo consensual[1008].

O reflexo pragmático do consenso assume uma expressividade relevante no âmbito das respostas processuais especiais de tradição contratualista ou negocial emergente das soluções de *plea bargaining* dos países de *common law*.

A tradição, a experiência e os resultados práticos em termos de ganhos de celeridade evidenciados naqueles sistemas assumiram um papel primordial na expansão de soluções diversificadas que têm surgido nos vários países de matriz continental e que de alguma forma se apoiam naquela tradição[1009].

No sistema processual italiano os tipos processuais especiais como o *giudizio abbreviato*, a *applicazione della pena su richiesta delle parti* ou *pattegiamento* e o *procedimento per decreto*[1010], se bem que assentes em formas de «consenso» estruturalmente diferenciadas, constituem respostas normativas que o legislador utilizou no sentido de responder à exigência de diferenciação e sobretudo ao elevado número de processos pendentes nos tribunais que dificilmente seriam objecto de resolução através do processo comum[1011].

[1008] Neste sentido, em relação ao modelo germânico do *Strafbefehsverfahren*, veja-se Peter Hünerfeld, «A pequena criminalidade e o processo penal», *Revista de Direito e Economia*, Ano IV, nº 1, Janeiro-Junho 1978, p. 41.

[1009] O sistema apresenta uma vantagem inequívoca em termos de eficiência, se se pensar, por exemplo que nos EUA através de 90% dos casos são solucionados através da *guilty plea* «reservando apenas os poucos casos restantes para o *trial by juri*». Neste sentido, veja-se Ferrajoli, *Derecho y Razón*, cit., p. 569. Sublinhando a importância prática no tratamento da pequena e média criminalidade na Alemanha através do «processo por ordem penal», Claus Roxin, *Derecho Procesal Penal*, cit., p. 550.

[1010] Desenvolvidamente sobre estes processos cf. D.Siracusano, A.Galati, G.Tranchina e E. Zapallalà, *Diritto Processuale Penale, Volume II*, cit., pp. 235-256 e Mario Pisani, «La célérité dans la procedure penale italiennne», cit., pp.578 e 581. Sobre um ponto de vista crítico, cf. Ferrajoli, *Derecho y Razón*, cit., pp. 744 e ss. Uma análise aprofundada sobre o modelo italiano é efectuada por Fernando Fernandes in *O Processo Penal como Instrumento de Política Criminal*, cit., pp. 167-286.

[1011] Sublinhando esta razão veja-se Ferrajoli, *Derecho y Razón*, cit., pp. 569 e 744 e Richard Vogler, «Justiça penal e processo penal», in *Processo Penal e Estado de Direito*, Coord. Fauzi Hassan Choukr e Kai Ambos, Edicam, São Paulo, 2002, p. 298.

A FUNDAMENTAÇÃO DA SENTENÇA NO SISTEMA PENAL PORTUGUÊS

Assente numa dimensão consensual circunscrita ao procedimento (*rito processuale*) e não ao *quantum* da pena, o *giudizio abbreviato* inicia-se por impulso exclusivo do acusado, antes ou durante a audiência preliminar, aceitando aquele o processo no «estado em que se encontra» (*allo stati delle ati*). Constatada a existência do consenso, efectuado sem qualquer prévio condicionamento de vontade, a intervenção do juiz circunscreve-se à audiência preliminar onde, após efectuada a discussão (prevista no artigo 421), é proferida decisão de mérito, absolvendo ou condenando e, neste último caso, fazendo funcionar a redução da pena de um terço (artigo 442.2).

A especificidade do *giudizio abbreviato* decorre do «encontro de vontades» entre o acusado e o Ministério Público e incide tão só na eliminação da fase de julgamento[1012]. Na medida em que o consenso se restringe ao «ritual», não está em causa, ainda, uma dimensão do consenso que incide nos factos e na sua prova, que tenha como objecto a própria verdade material, mas tão só o modo de atingir de uma forma mais rápida o fim do procedimento e, nessa medida concretizar as finalidades do processo penal.

No *procedimento per decreto* (artigo 459-464 do CPPit) está em causa a proposta formulada pelo Ministério Público ao juiz (ao *giudici per l'indagini preliminari*), de aplicar ao acusado uma pena concreta de natureza não detentiva, fundamentada na factualidade evidenciada nas provas e razões justificativas para o *quantum* da sanção. O juiz, após uma verificação prévia onde averigua a possibilidade de o acusado puder ser absolvido, se entender não ser de recusar a sanção proposta, comunica-a ao acusado podendo este aceitá-la ou não.

O consenso evidencia-se, neste caso, de uma forma implícita decorrente da não oposição do arguido a uma decisão e à sua força executiva numa fase anterior à fase de julgamento, evitando-se nessa medida o julgamento.

A *applicazione della pena su richiesta delle parti* ou *pattegiamento* é um processo que assenta no acordo do MP e do arguido, explícito e obrigatório, incidindo não sobre o procedimento, mas sobre a existência dos factos ocorridos e da pena aplicável que, por via disso, comporta vários benefícios para o arguido.

A iniciativa da proposta de aplicação da pena é neste procedimento efectuada por qualquer das partes perante o juiz que, aceitando-a a homologará, constituindo a decisão uma sentença (artigos 444 e 445 do CPPit).

[1012] Cf. D. Siracusano, A.Galati, G.Tranchina e E. Zapallalà, *Diritto Processuale Penale, Volume II*, cit., p. 235.

388

Uma primeira diferenciação fundamental em relação aos dois procedimentos anteriores, que identifica o *pattegiamento,* decorre do facto de este puder ser despoletado ainda na fase investigatória, ou seja durante o *indagini preliminari,* numa fase não jurisdicionalizada[1013]. A diferença fundamental com o *giudizio abbreviato* decorre do objecto e estrutura do consenso. Se no *pattegiamento* incide sobre a factualidade, o tipo, a espécie e o *quantum* da pena, no *abbreviato* incide tão só sobre a simplificação do procedimento (*rito processuale*)[1014].

Todos os processos estão limitados pela exigência de um controlo jurisdicional nomeadamente, para permitir uma maior liberdade de acção e consciencialização na manifestação da vontade de todos os intervenientes no processo que leva à fixação do consenso[1015], relevando a diferenciação estrutural em que se encontra o acusado face ao Ministério Público.

No sistema germânico o consenso como modelo justificativo de procedimentos especiais assume relevância normativa através do *Strafbefehlsverfahren* (processo por ordem penal, segundo o § 407-412 do StPO)[1016].

O modelo germânico pretende compensar de algum modo o défice que decorre da maximização da procura da verdade utilizado no processo comum, através de um mecanismo que releve a concordância do arguido. Daí que se possibilite ao arguido o uso de uma forma de processo menos pesada que, para além de razões de celeridade processual, também se justifica por razões de respeito pelos interesses próprios do arguido[1017].

[1013] Sublinhando este apecto veja-se Franco Cordero, *Procedura Penale,* cit., pp. 837-838.

[1014] Diferença que é sublinhada por D. Siracusano, A.Galati, G.Tranchina e E. Zapallalà, *Diritto Processuale Penale, Volume II,* cit., p. 245.

[1015] Sublinhando esta dimensão e a ênfase que a reforma processual de 2000 (legge 479 1999, *giudice único*) trouxe, neste sentido, ao processo italiano, veja-se Richard Vogler, «Justiça penal e processo penal», cit., p. 297.

[1016] Sobre este processo cf. Claus Roxin, *Derecho Procesal Penal,* cit., p. 549-554, Ellen Schluchter, *Derecho Procesal Penal,* Tirant lo blanc, Valência, 1999, p. 186, Peter Hunerfeld, «La célérité dans la procedure penale en Allemagne», cit., p. 394, Richard Vogler, «Justiça penal e processo penal», cit., pp. 292-293 e Kurt Madlener, «Meios e métodos para alcançar-se no processo penal as metas de "prazo razoável" e de "celeridade". Observações a respeito da justiça alemã», in *Que Futuro para o Direito Processual Penal?,* cit., p. 660. Descritivamente sobre o procedimento veja-se Fernando Fernandes, *O Processo Penal como Instrumento de Política Criminal,* cit., pp. 297-309.

[1017] Peter Hünerfeld é muito claro ao referir «as vantagens dum processo escrito, subtraído aos holofotes da publicidade, como até no que se prende com o valor ético da sua disposição

A FUNDAMENTAÇÃO DA SENTENÇA NO SISTEMA PENAL PORTUGUÊS

Trata-se de um processo de natureza sumária que não contempla audiência de julgamento a não ser que se verifique uma oposição do suspeito. O impulso do processo pertence ao MP que requer ao juiz, por escrito, a aplicação de uma pena (de multa ou de prisão até um ano, suspensa) em função da existência de indícios contra o suspeito. Caso o juiz aceite a proposta o suspeito será dela notificado, podendo ou não aceitá-la. Se a aceitar não haverá audiência. Caso a não aceite será então marcada audiência podendo o suspeito requer a realização de um processo ordinário. Se o juiz não aceitar a proposta do Ministério Público, seja pelo facto de a entender inconveniente para o arguido, seja por outra qualquer razão, será ordenada a realização de um julgamento. Sublinhe-se que a «ordem penal», desde que aceite pelo juiz, é materialmente «uma sentença que impõe uma pena e quando transita em julgado constitui o único fundamento da execução da pena»[1018].

As razões de natureza pragmática que noutros sistemas suscitaram a grande adesão aos modelos consensuais levaram de igual modo o legislador francês, mesmo no âmbito de um sistema processual de tradição sustentado, ainda, no modelo de juiz de instrução como titular da fase investigatória, a enveredar por reformas recentes de natureza processual sustentadas no princípio do consenso[1019].

Assim, em 2004, através da *Loi 9 Mars 2004*, modificada posteriormente pela *Loi 26 juillet 2005*, o legislador francês introduziu o *CRPC* (*Comparution sur reconaissance préalabe de culpabilité*), com a finalidade específica de acelerar o tratamento dos processos penais, em que o Ministério Público propõe a aplicação de uma pena ao arguido que, aceitando-a, é sujeita a homologação judicial, valendo neste caso como uma sentença[1020].

---

para uma reconciliação tão rápida quanto possível com o Direito»: cf. «A pequena criminalidade e o processo penal», cit., p. 41.

[1018] Cf. Claus Roxin, *Derecho Procesal Penal*, p. 552 e Kurt Madlener, *ibidem*, p. 661.

[1019] Sublinhando a adesão do sistema francês à justiça consensual, pese embora a sua matriz napoleónica sustentada ainda no paradigma do juiz como titular da instrução, veja-se Richard Vogler, «Justiça penal e processo penal», cit., p. 290. Uma análise sobre as recentes reformas processuais penais no sistema francês pode ver-se em Michel Danti-Juan, «Les reformes recentes de la justice française après l'affaire Outreau», *Revue de Droit Pénal et de Criminologie*, Septembre-Octobre 2008, p. 856.

[1020] Uma apreciação crítica muito desenvolvida é efectuada por Alexis Mihman, *Juger à Temps*, cit., pp. 219-227 e 375. Sobre o processo veja-se também Richard Vogler, *ibidem*, p. 291.

DIFERENCIAÇÃO PROCESSUAL E FUNDAMENTAÇÃO

No recentíssimo Código de Processo Penal Suíço foram estabelecidos dois tipos de processos especiais que assentam igualmente numa dimensão consensualizada de justiça: *prócedure de ordonnance pénale e procédure simplifiée*[1021].

O processo de *ordonnance pénale*, estabelecido nos artigos 352º e seguintes, que o legislador pretendeu orientar expressamente para acelerar os procedimentos das infracções ligeiras[1022], consiste na possibilidade de ser aplicada uma pena ao suspeito, sob proposta do MP, depois de aquele ter reconhecido e aceite os factos que lhe são imputados. A proposta, desde que homologada pelo juiz, vale como uma sentença.

No caso da *procédure simplifiée*, (artigos 358º a 362º) trata-se de um processo que apenas pode ser requerido pelo arguido, após reconhecer e aceitar os factos que lhe são imputados pelo MP bem como a sua qualificação jurídica. Em caso algum o processo é admíssivel para aplicação de uma pena superior a 5 anos de prisão. Saliente-se que o Ministério Público não pode efectuar qualquer tipo de pressões sobre o arguido com vista a aceitar o procedimento, rejeitando-se assim qualquer semelhança com o sistema de *plea bargaining*. A remessa dos autos ao juiz assume o valor de uma acusação e leva, no caso de este não a rejeitar, à realização de um debate onde o juiz ouve obrigatoriamente o suspeito sobre o seu reconhecimento dos factos que fundam a acusação, se esses factos estão de acordo com os elementos recolhidos no inquérito e se as sanções propostas são apropriadas. Se necessário o juiz pode ouvir e interrogar as restantes partes processuais. Não há, no entanto produção de prova. A decisão do juiz é uma decisão sumariamente motivada[1023]. O recurso só é admís-

---

[1021] O novo Código de processo penal suíço foi aprovado em 5 de Outubro de 2007 e entrou em vigor para toda a Confederação Helvética em 1 de Janeiro de 2011. Trata-se de um diploma que unificou todo o procedimento penal aplicável aos vários Cantões suíços. Sobre o procedimento cf. André Kuhn, Camille Perrier, «Le Project de code de procédure pénale unifiée et son incidence sur les organisations cantonales», *Revue Pénale Suisse*, Tome 125, n. 3, 2007, p. 254. Desenvolvidamente, infra, ponto IV.2.

[1022] Só pode ser aplicada uma pena de multa, uma pena pecuniária até 180 dias, um trabalho de interesse geral até 720 horas ou uma pena privativa de liberdade não superior a seis meses, nos termos do artigo 35º 1 do CPPS. Sobre os requisitos e a finalidade pretendida com o processo, veja-se *Message Relativ à l'Unification du Droit de la Procédure Pénale*, Office Federal de Justice, Berne, 2005, p. 1272. Também disponível em www. admin.ch/ch/f/ff/2006/1057.pdf, consulta em 5.05.2009.

[1023] Uma critica às influências do sistema de *plea bargaining* nos trabalhos preparatórios do Código é efectuada por André Kuhn in «Le "plea bargaining" américain es-il propre à inspire le législateur suisse?», *Révue Penale Suisse*, tome 116/1 1998, pp. 73-74.

A FUNDAMENTAÇÃO DA SENTENÇA NO SISTEMA PENAL PORTUGUÊS

sivel se for alegado a não-aceitação dos termos da acusação ou quando a sentença não tem correspondência com os termos em que foi proferida a acusação.

Em Portugal o processo sumaríssimo surgiu no CPP, como a primeira forma processual especial sustentada na relevância do princípio do consenso como modelo de legitimação procedimental[1024].

Sustentado primordialmente na compreensibilidade do acordo do arguido em relação à factualidade imputada (culpa) mas também às suas repercussões jurídicas concretamente determinadas e judicialmente validadas (pena), o processo sumaríssimo concretizou, juntamente com a suspensão provisória do processo, uma sintética mas já sustentada, política criminal diversificada[1025], pretendendo responder aos desafios que quer a

---

[1024] Claramente, neste sentido Manuel da Costa Andrade, «Consenso e oportunidade (reflexões a propósito da suspensão provisória do processo e do processo sumaríssimo», cit., p. 325 e ss e António Henriques Gaspar, «Processos especiais», *Jornadas de Direito Processual Penal. O Novo Código de Processo Penal*, cit., p. 373.

[1025] A anuência do arguido como elemento fundamental para atingir o consenso foi expressamente sublinhada pelo legislador nacional na Lei nº 43/86, de 26 de Setembro. Sobre o processo sumaríssimo como forma de uma política criminal de *diversão*, na sua versão original, veja-se Costa Andrade, «Consenso e oportunidade (reflexões a propósito da suspensão provisória do processo e do processo sumaríssimo», cit., p. 321. Sobre o consenso e a sua compreensibilidade no processo sumaríssimo, cf. Damião da Cunha, *O Caso Julgado Parcial*, cit. p. 461. Em geral, sobre o processo sumaríssimo, cf. António Henriques Gaspar, «Processos especiais», cit., p. 373, Paulo Dá Mesquita, «Os processos especiais no código de processo penal português – respostas processuais à pequena e média criminalidade», *Revista do Ministério Público*, nº 68, 1996, p. 111. Após as reformas de 1998 e 2000, veja-se, Leonor Assunção «Sobre o processo sumaríssimo», *Scientia Juridica*, nº 291, 2001, p. 195, Pedro Soares de Albergaria, «Considerações sobre o processo sumaríssimo em processo penal», *MaiaJuridica*, Ano II, Número 1, Janeiro-Junho, 2004, p. 67 e ss e André Teixeira dos Santos, «Do processo sumaríssimo: uma idílica solução de consenso ou uma verdade produzida?», O Direito, Ano 137º, 2005, I, pp. 137-189. Relativamente às alterações decorrentes da reforma de 2007, veja-se Sónia Fidalgo, «O consenso no processo penal: reflexões sobre a suspensão provisória do processo e o processo sumaríssimo», *RPCC*, Ano 18º, nº 2 e 3, Abril-Setembro de 2008, pp. 295-315 e «O Processo sumaríssimo e a revisão do Código de processo penal», *Revista do CEJ*, 1º semestre de 2008, nº 9, pp. 337 e ss e Pedro Soares de Albergaria, «Os processos especiais na revisão de 2007 do código de processo penal», *RPCC*, Ano 18, nº 4, Outubro-Dezembro, 2008, pp. 487 e ss. Para uma perspectiva comparatística entre as formas processuais sustentadas no consenso, como forma de legitimação dos processos especiais, nos processos alemão, francês e italiano e português, veja-se Anabela Rodrigues, «Os processos sumário e sumarissimo ou a celeridade e o consenso no CPP», cit., p. 535-536 e «A celeridade no processo penal...», pp. 243-245.

DIFERENCIAÇÃO PROCESSUAL E FUNDAMENTAÇÃO

dogmática quer a criminologia, também elas assentes na compreensão diversificada do crime e do modo de processualmente se proceder, vinham apelando[1026].

Numa visão global as críticas ao modelo consensual[1027] que sustenta o leque de processos especiais referidos, independentemente das críticas a cada sistema concreto, decorrem, em regra, de duas grandes vertentes.

Por um lado, numa perspectiva sistémica, a objecção mais relevante decorre do facto da sua admissibilidade permitir de alguma forma a colisão com a presunção de inocência, enquanto princípio estrutural do processo penal e garantia do cidadão a um julgamento justo e imparcial, subvertendo-se de alguma forma e nessa medida os fundamentos e objectivos do processo penal assente num modelo que reconhece o conflito como núcleo irradiante do procedimento[1028].

Por outro lado, na perspectiva individual dos participantes, questiona-se a potencial ou possível violação do princípio da igualdade dos cidadãos que o procedimento prático para atingir o consenso exigido envolve[1029], na medida em que nem todos os cidadãos estão em plena igualdade perante as autoridades que tutelam a acção penal, tanto por via das suas condições pessoais como, sobretudo, por via das diferenças sócio-económicas que permitem (ou não) sustentar, por exemplo, uma «boa defesa», transformando por

---

[1026] Desenvolvidamente Costa Andrade, «Consenso e oportunidade (reflexões a propósito da suspensão provisória do processo e do processo sumaríssimo», cit., pp. 331-335.

[1027] De uma forma sistemática Richard Vogler referencia exaustivamente as críticas identificadas quer no sistema continental, quer no âmbito do *common law*, em dois subgrupos: críticas destruidoras da integridade do sistema e críticas que comprometem a posição individual dos participantes – veja-se «Justiça penal e processo penal», cit., pp. 298-304. Uma crítica fortíssima ao sistema processual italiano sustentado nos cinco tipos de processo especiais é efectuada por Ferrajoli in *Derecho y Razón*, cit., pp. 744-751. O autor sublinha que a «ampliação desmesurada do índice de discricionariedade da administração da justiça penal (...), a marginalização do momento jurisdicional em sentido próprio (...) e a desigualdade, a incerteza e a substancial extralegalidade do direito penal (...) minam a função garantista da função penal»: cf. *Derecho y Razón*, cit., p. 751.

[1028] Em relação ao sistema germânico vão neste sentido as críticas da doutrina, nomeadamente de Shünemann, Kühne e Roxin. Neste sentido, cf. Claus Roxin, «Sobre o desenvolvimento do direito processual penal alemão», cit., p. 390.

[1029] Neste sentido veja-se Richard Vogler, *ibidem*, p. 301, Anabela Rodrigues, in «Os processos sumário e sumaríssimo...», cit., p. 541 e «Celeridade e consenso...», cit., pp. 239 e 240, e Leonor Assunção, «Sobre o processo sumaríssimo», cit., p. 199.

A FUNDAMENTAÇÃO DA SENTENÇA NO SISTEMA PENAL PORTUGUÊS

isso o julgamento «num luxo reservado apenas àqueles que estão dispostos a enfrentar os seus custos e riscos»[1030].

A intervenção do juiz, como elemento independente e imparcial capaz de proporcionar uma melhor composição dos interesses conflituantes, surge como uma das respostas a estas críticas[1031] sendo, por isso, a sua intervenção, quer no procedimento que leva à decisão homologatória, quer na decisão de rejeição e eventual reconfiguração do procedimento, defendida pela doutrina como essencial à legitimação desta forma de procedimento.

Nesta perspectiva a decisão judicial assume claramente uma funcionalidade garantística e fiscalizadora envolvendo um conteúdo de validação jurisdicional e não, apenas, uma dimensão meramente notarial ou tabular[1032].

No caso português, foi expressa a preocupação do legislador no acautelar desta situação, ao estabelecer a intervenção do juiz no processo sumaríssimo no sentido de, por um lado, «reenviar o processo para a forma comum ou sumária, consoante o caso, nomeadamente nas hipóteses em que entenda poder haver lugar à aplicação de sanções detentivas e, por outro, *quando o uso do processo possa conduzir a um encurtamento inadmíssivel das garantias de defesa*»: cf. artigo 2º, nº 2 ponto 68) da Lei nº 43/86, de 26 de Setembro (itálico nosso).

[1030] Assim Ferrajoli, *ibidem*, p.748. Sublinhando a mesma situação, Richard Vogler, *ibidem*, p. 302.

[1031] A intervenção jurisdicional, no sentido de verificação da voluntariedade do arguido na prestação do consentimento, nomeadamente no artigo 446 n. 5 do CPPit, foi a resposta dada pelo legislador italiano, na reforma de 2000 sobre o *giudice único*, às críticas formuladas pela doutrina que assentavam exactamente na fragilidade da situação do arguido no momento e nas condições em que presta o consentimento – cf, neste sentido Richard Vogler, «Justiça penal e processo penal», cit., p. 297. Em relação ao processo por ordem penal germânico e o papel do juiz, veja-se Claus Roxin, *Derecho Procesal Penal*, cit., pp. 552-553. De uma forma global, sobre o papel do juiz nos processos sumaríssimo português, no *procedimento per decreto* e na *applicazione della pena su richiesta delle parti*, no sistema italiano e no *Strafbefehlsverfahren* germânico, com algumas referências ao papel do juiz no sistema norte americando do *guilty plea*, veja-se André Teixeira dos Santos, *ibidem*, pp. 158-159.

[1032] Assumindo esta perspectiva para o caso da intervenção judicial no âmbito dos processos especiais no sistema processual italiano, cf. D. Siracusano, A. Galati, G. Tranchina, E. Zappalà, *Diritto processuale penale*, cit., p. 249. Criticando o papel do juiz de instrução como actor «funcionário certificante» do Ministério Público, nomeadmaente no desenvolvimento do papel garantístico que lhe é exigido, quer no sistema germânico, quer também no modelo adoptado no *Corpus Iuris* e que tem sido seguido noutros países, cf. Bernd Schünemann, *La Reforma del Proceso Penal*, cit., pp. 59 e 76.

DIFERENCIAÇÃO PROCESSUAL E FUNDAMENTAÇÃO

Recorde-se a norma do artigo 395º alínea c), decorrente da reforma de 1998 (e também da reforma de 2007) que modificou de uma forma significativa o regime da intervenção jurisdicional, permitindo a rejeição do requerimento efectuado pelo Ministério Público e o reenvio do processo para outra forma quando houver dicordância pelo juiz da sanção proposta nomeadamente, se entender que «é manifestamente insusceptível de realizar de forma adequada e suficiente as finalidade das punição». Se por um lado se desformalizou a intervenção do juiz no processo – acabando com a audiência formal no decurso da qual era assinada pelo arguido uma declaração de aceitação da sanção proposta – alargou-se, por outro lado a intervenção jurisdicional fiscalizadora, através da qual vai implicado, nas palavras de Leonor Assunção, «o dever de efectuar uma ponderada avaliação material e não meramente formal»[1033].

3.1.2. *O modelo de «validação gradativa» da prova*

Uma outra razão justificativa sustenta o âmbito das respostas processuais especiais assentes num modelo cuja especificidade decorre, já não no consenso entre os vários intervenientes processuais, mas antes num procedimento de reconhecimento e validação diferenciado da prova que sustenta os factos.

O modelo traduz-se na escolha de um critério que emerge do modo como é valorada a prova, nomeadamente no facto da imediação na recolha da prova em relação ao momento em que ocorreram os factos ou a constatação de que o grau de evidência emergente da sua prova atenua, de forma manifesta, a incerteza sobre a veracidade dos mesmos e, nessa medida, a procura da verdade material se encontrar especialmente facilitada.

O que fundamenta a derrogação ao modelo da produção, valoração e justificação da prova exigível para o processo comum encontra-se, essencialmente, na evidência, no grau de «certeza» ou na distância temporal entre a ocorrência dos factos e a sua validação («frescura» da prova) que sustenta a imputação factual efectuada na hipótese acusatória. Nestas condições, o processo de reconstrução da verdade subjacente à finalidade do processo penal encontra-se facilitado, já não pela admissibilidade consensual da factualidade por parte dos vários intervenientes, mas antes pelo grau de validação

---

[1033] Cf. «Sobre o processo sumaríssimo», cit., p. 202.

A FUNDAMENTAÇÃO DA SENTENÇA NO SISTEMA PENAL PORTUGUÊS

da prova, decorrente tanto do flagrante delito como pela força probatória das provas recolhidas.

O juízo de incerteza sobre a verdade fáctica que consubstancia o «pedaço de vida» objecto do processo, de acordo com essa especificidade probatória, é nestas situações muito menor face à sustentação probatória que, em regra, é exigida num processo comum. Ali o exercício do contraditório, como método fundamental no processo de procura da verdade que identifica e caracteriza a audiência de julgamento, dir-se-ia atenuado, na medida em que a certificação dos factos ocorridos está sustentada em provas cuja previsível fiabilidade se encontra muito perto do «grau máximo». Nestes casos pode dizer-se, como Henriques Gaspar referindo-se ao processo sumário, que «o problema da prova se encontra, em princípio, suficientemente resolvido»[1034]. A imediação e a clareza das provas permitem que os factos possam ser averiguados esquematicamente sem que a produção e valoração da prova exijam um procedimento extensivo.

No entanto devem ser impostos alguns limites à admissibilidade deste modo de valorar processualmente a imediação da prova e ao seu reflexo numa forma de procedimento rápido.

Desde logo limitações em termos de moldura penal dos crimes admissíveis ao procedimento e em termos de aplicação da pena concreta. A aplicação de penas concretas elevadas nomeadamente, penas de prisão exige a efectivação de um grau de garantias processuais suficientemente forte de modo a que a pena aplicada seja objecto de todas as ponderações e cautelas.

Mas também limitações à dilação temporal do procedimento em relação ao momento em que ocorreram os factos tendo em conta o papel que é dado à imediação probatória.

Trata-se de limitações que são absolutamente exigíveis como fonte de legitimação do próprio procedimento[1035] na medida em que este, se não pode prescindir de uma razão de celeridade, muito menos pode prescindir de ter como finalidade a concretização da justiça e a valoração de todas as consequências que a aplicação de uma pena importa.

[1034] Assim António Henriques Gaspar, «Processos Especiais, *Jornadas de Direito Processual Penal. O Novo Código de Processo Penal*, cit., p. 364.

[1035] Referindo-se ao processo acelerado no sistema germânico, Roxin refere que «seria inconveniente [a aplicação do processo acelerado] se se tratasse de manifestações turbulentas e actuais, porquanto na aplicação da pena concreta existiria o perigo de que se dessem preferência, exclusivamente a razões de prevenção geral»: cf. *Derecho Procesal Penal*, cit., p. 515.

DIFERENCIAÇÃO PROCESSUAL E FUNDAMENTAÇÃO

Estas são as razões «de fundo» que justificam uma simplificação do procedimento assente na eliminação de fases processuais, permitindo antecipar a audiência de julgamento em relação a um momento que no domínio do processo comum seria o ideal e que têm tradução em vários quadros normativos.

No caso italiano são exemplos os processos especiais *giudizio directissimo* (cujo requisito fundamental decorre da detenção em flagrante delito e da confissão do *imputato*) e *giudizio immediato* (cujo requisito fundamental assenta na existência de prova evidente).

O *giudizio directissimo* (artigos 449 a 452 do CPPit) pressupõe a verificação de factos ocorridos em flagrante delito ou confessados em interrogatório. O *giudizio immediato* (artigos 453 a 459 do CPPit), que se encontra a meio do caminho entre o *giudizio directissimo* e o processo ordinário, assenta a sua especialidade na avaliação da natureza impressiva da prova (prova evidente) que sustenta a imputação, após o interrogatório, levando a que o Ministério Público prescinda de outras diligências probatórias para rapidamente chegar à audiência[1036], num prazo não superior a noventa dias contados desde o registo da infracção.

Em ambos os procedimentos o reconhecimento da especificidade da prova, gradativamente validada, tem como consequência a eliminação de algumas fases processuais do processo comum, nomeadamente a dispensa da audiência preliminar, revelando-se, nesse sentido, evidente o objectivo de antecipação da audiência de julgamento[1037] como forma de aceleração processual.

No sistema germânico o legislador criou *o processo especial acelerado* (§ 417-420 do StPO), cujo requisito fundamental, segundo o § 417 do StPO, assenta na existência de factos evidentes e na clareza das provas que os sustentam.

O processo acelerado é essencialmente um procedimento simplificado tanto na fase preliminar como na fase de preparação do julgamento. Tem como pressuposto o reconhecimento da existência de factos evidentes (situações fácticas simples) ou uma situação de prova clara. Deve ser reque-

---

[1036] Desenvolvidamente, sobre os processos especiais, cf. Mario Pisani, «La célérité dans la procedure penale italiennne», cit., p. 579 e 580 e Ferrajoli, *Derecho y Razón*, pp. 744-745. Sobre o *giudizio diretissimo* e o *giudizio immediato*, cf. Fernando Fernandes, *O Processo Penal como Instrumento de Política Criminal,* cit., pp. 177-182.

[1037] Sublinhando esta dimensão veja-se D. Siracusano, A. Galati, G. Tranchina e E. Zappalà, *Diritto Processuale Penale, Volume II*, cit., p. 232.

A FUNDAMENTAÇÃO DA SENTENÇA NO SISTEMA PENAL PORTUGUÊS

rido pelo Ministério Público que, de acordo com as finalidades de simplificação e aceleração pode, inclusive, formular oralmente uma acusação. Na decisão final não pode ser imposta pelo Tribunal uma pena superior a um ano de prisão[1038].

No sistema processual espanhol, não obstante o questionamento dogmático sobre o modelo processual penal vigente, o legislador entendeu criar um *procedimiento para el enjuiciamiento rápido de determinados delitos* que resolvesse vários problemas de sobrecarga do sistema processual comum, mesmo sem alterar o paradigma em que se sustenta, ainda, o regime processual vigente. Trata-se de um processo especial que assenta a sua base na existência de flagrante delito reduzindo-se, em consequência, os prazos para o julgamento. Permite no entanto algumas especialidades em termos de negociação de pena que o torna, de alguma maneira, *sui generis*[1039] no panorama dos restantes procedimentos.

Razões relacionadas com a simplificação do procedimento decorrente da validação diferenciada da prova que sustenta a factualidade estão também, na origem dos processos sumário e abreviado português.

No primeiro caso, mantendo um procedimento historicamente sedimentado na ordem jurídica portuguesa, trata-se de legitimar, de um ponto de vista processual, a realização de julgamentos num prazo muito curto em relação à ocorrência dos factos nas situações que decorrem da verificação da situação de flagrante delito[1040].

[1038] Sobre este processo cf. Claus Roxin, *Derecho Procesal Penal*, cit., pp. 515-517, Ellen Schluchter, *Derecho Procesal Penal*, Tirant lo blanc, Valência, 1999, p. 188, Peter Hünerfeld, «La célérité dans la procedure penale en Allemagne», cit., p. 390 e Kurt Madlener, «Meios e métodos para alcançar-se no processo penal as metas de "prazo razoável" e de "celeridade". Observações a respeito da justiça alemã», in *Que Futuro para o Direito Processual Penal?*, cit., p. 661, salientando este autor a pouca expressividade do processo («menos de 30 000 casos anuais»).

[1039] Sobre o processo, cf. Teresa Armenta Deu, «El nuevo proceso penal español: processo abreviado; juicio rápido y prisión provisional», cit., p. 223. Uma análise muito critica a este procedimento é efectuada por Ramón Saez salientando que o procedimento criado «trata de uma espécie de negociação secreta» que se desenvolve em duas fases entre o MP e o advogado e entre este e o arguido, tratando-se de «diálogos verticais, escalonados entre sujeitos processuais que se encontram em posições desiguais»: cf. «Juicios rápidos, condenas negociadas, ordenes de alejamiento y deterioro del proceso penal», *Jueces para la Democracia, Información y Debate*, nº 49, Marzo, 2004, pp. 3 e 7.

[1040] Sublinhando a dimensão de verificação imediata, cf. Anabela Rodrigues, «Os processos sumário e sumaríssimo...», cit., p. 527. Sobre o processo sumário cf. António Henriques Gas-

DIFERENCIAÇÃO PROCESSUAL E FUNDAMENTAÇÃO

O processo abreviado foi introduzido no sistema processual penal português pela Lei nº 59/98, de 25 de Agosto, sublinhando-se na exposição de motivos da Proposta de Lei nº 157/VII, que esteve na sua origem, o facto de se pretender *"um procedimento caracterizado por uma substancial aceleração nas fases preliminares, mas em que se garante o formalismo próprio do julgamento em processo comum, com ligeiras alterações de natureza formal justificadas pela pequena gravidade do crime e pelos pressupostos que o fundamentam"*. Ou seja pretendeu-se uma eliminação das fases processsuais mas, simultaneamente, manter o paradigma de audiência fixado para o processo comum.

Com o processo abreviado[1041] o legislador de 1998 enveredou pela valorização processual de um novo conceito de provas «simples ou evidentes»[1042] como razão fundante da especificação processual, sustentada na constatação de que o esclarecimento do conflito e a incerteza sobre o que ocorreu, em função da força probatória existente, não suscitará grandes dúvidas na fase de julgamento[1043].

par, «Processos Especiais», *Jornadas de Direito Processual Penal. O Novo Código de Processo Penal* cit., pp. 365-372; Germano Marques da Silva, *Curso de Processo Penal*, volume III, cit., pp. 17-21; Alexandre de Sousa Pinheiro e Paulo Saragoça da Matta, «Algumas notas sobre o processo penal na forma sumária», *Revista do Ministério Público*, nº 63, Julho-Setembro, 1995, p. 159; Luis Silva Pereira, «Os processos especiais do código de processo penal após a revisão de 1998» *Revista do Ministério Público*, n. 77, Janeiro-Março de 1999, pp. 139-146, Pedro Verdelho, «Tempus fugit, ou a reforma penal e a celeridade», *Revista do Cej*, 2º semestre 2006, número 5, pp. 237-240, Helena Leitão, «Processos especiais: os processos sumário e abreviado no Código de processo Penal após a revisão operada pela Lei nº 48/2007 de 29 de Agosto», *Revista do CEJ*, nº 9, 1º Semestre de 2008, p. 337 e Pedro Soares de Albergaria, «Os Processos especiais na revisão de 2007 do código de processo penal», cit., pp. 467-479.

[1041] Sobre o processo abreviado cf. Anabela Rodrigues, «A celeridade no processo penal», cit., pp. 247-250, Luis Silva Pereira, «Os processos especiais do código de processo Penal após a revisão de 1998» cit., pp. 147-152, Pedro Verdelho, «Tempus fugit, ou a reforma penal e a celeridade», cit., p. 241 e, após a reforma de 2007, Pedro Soares de Albergaria, «Os Processos especiais na revisão de 2007 do código de processo penal», cit., pp. 479-487.

[1042] Conceito cuja dificuldade de apreensão tem sido sublinhado por vários autores e levou mesmo à clarificação legislativa decorrente da Lei nº 48/2007 que acrescentou um novo número (3) ao artigo 391º-A do CPP, identificando três situações em que se considera estar perante uma prova simples e evidente: «a) O agente tenha sido detido em flagrante delito e o julgamento não puder efectuar-se sob a forma de processo sumário; b) a prova for essencialmente documental e possa ser recolhida no prazo previsto para a dedução de acusação; c) a prova assentar em testemunhas presenciais». Sublinhando aquele primeiro sentido, cf. Anabela Rodrigues, *ibidem*, p. 248 e Pedro Soares Albergaria, «Considerações sobre o processo sumaríssimo em processo penal», cit., p. 73.

[1043] Numa notória manifestação de impulso do procedimento, tendo em conta que se preten-

A FUNDAMENTAÇÃO DA SENTENÇA NO SISTEMA PENAL PORTUGUÊS

Em todos os tipos de procedimento referidos e, nomedamente no âmbito do CPP com o processo sumário e com o processo abreviado, importa sublinhar que a estrutura processual é genericamente idêntica à matriz estrutural do processo comum. A sua especificidade reside na amputação ou agilização de fases ou actos processuais intermédios de forma a que, através dessa simplificação se consiga uma maior celeridade do procedimento nomeadamente, uma antecipação do momento da audiência de julgamento contrariamente ao que resultaria se aos mesmos factos fosse aplicado um processo comum.

Se essa antecipação do julgamento constitui o momento chave que preside ao procedimento não se constata, no entanto, alteração significativa ao modelo de audiência de julgamento e, muito especificamente, ao modelo sentencial em ambos os procedimentos, por contraposição ao processo comum.

III. A fundamentação das sentenças nos processos especiais

As diversas razões justificativas que sustentam o elenco de processos especiais que foram explicitados, identificando racionalidades diferenciadas em relação ao modo de decidir na forma comum do procedimento, permitem a identificação de alternativas decisórias que podem conduzir a formas de sentença e da sua fundamentação diferenciadas.

As razões que identificam a estrutura e a lógica do modelo consensual e, simultaneamente, permitem a diferenciação do modelo de valorização gradativa da prova expandem-se para além da estrutura processual da construção da decisão. São, também, essas mesmas razões que condicionam a configuração lógica e a estrutura às quais obedece a decisão judicial em cada um dos processos especiais dos referidos modelos, independentemente das suas próprias diferenças.

---

dia conseguir uma ampla aplicação do processo foi permitido o «cruzamento» dos requisitos do processo especial abreviado com o mecanismo do artigo 16º nº 3 do CPP. Impulso que a alteração legislativa de 2007 veio tornar ainda mais claro, tendo em conta o actual nº 2 do artigo 391º-A que estabelece que «são ainda julgados em processo abreviado, nos termos do número anterior, os crimes puníveis com pena de prisão de limite máximo superior a 5 anos, mesmo em caso de concurso de infracções, quando o Ministério Público, na acusação, entender que não deve ser aplicada, em concreto, pena de prisão superior a 5 anos».

1. A fundamentação da decisão no modelo consensual: o processo sumaríssimo

No que respeita ao tipo de procedimentos especiais decorrentes da tradição contratualista, sustentados numa perspectiva consensual sobre a questão factual e as suas consequências para quem cometeu crimes, a intervenção jurisdicional é concretizada, em regra, através de uma decisão sindicante, que assume uma natureza homologatória ou não homologatória do consenso, que se traduz na aplicação ou não de uma sanção.

A decisão judicial não tem na sua retaguarda qualquer processo de apreciação e validação probatória de natureza jurisdicional sobre um conflito nomeadamente, sobre a questão factual em causa. A verdade factual foi, previamente, objecto de consenso e é esse consenso que constitui a *ratio* do procedimento. A racionalidade decisória é, assim, uma racionalidade atípica em relação ao modelo intersubjectivo e contraditório assente na valorização do conflito que, como modelo, sustenta a decisão no processo comum.

A questão da fundamentação de uma decisão desta natureza assume por isso e nesta perspectiva, uma natureza essencialmente legitimadora na medida em que a intervenção de um juiz, independente e imparcial, valida o processo de chegada ao consenso factual efectuado pelos sujeitos processuais e as suas consequências para aquele que cometeu crimes.

A validação judicial, naquele processo de verificação, exige da parte do juiz uma actividade fiscalizadora, essencialmente de natureza garantistica com uma dupla natureza.

Em primeiro lugar, uma deliberação positiva que decorre da validação dos pressupostos em que assenta a possibilidade da decisão no próprio processo. O tribunal tem que constatar se todos os requisitos estabelecidos no enquadramento normativo se verificam, em concreto.

Em segundo lugar, uma deliberação negativa configurada nas situações que poderão *ipso jure*, suscitar a absolvição do arguido por funcionamento de causas que impliquem a não punibilidade, não procedimentabilidade ou extinção da responsabilidade criminal[1044].

[1044] Saliente-se, para o caso italiano, a necessidade de obrigatoriamente existir uma exigência de fundamentação, quando se verifica qualquer causa que leve à absolvição do acusado, seja em que fase processual ocorrer, de acordo com o artigo 129 do CPPit. Cf., neste sentido, Giorgio Lattanzi, *Codice di Procedura Penale, Annotato com la Giurisprudenza*, Giuffrè, Milano, 2002, p. 292. De igual modo, desenvolvidamente, veja-se Marianno Mena, *La Motivazione del Giudizio*

A FUNDAMENTAÇÃO DA SENTENÇA NO SISTEMA PENAL PORTUGUÊS

Esta é a questão fundamental a propósito da exigência de fundamentação da decisão nos processos especiais assentes num modelo consensual. Ou seja, o que está em causa é a exigência do cumprimento das finalidades endo-processuais subjacentes à fundamentação das decisões de modo a que a sentença possa, porventura, ser objecto de revisão.

Importa, no entanto, atentar mais detalhadamente nas situações concretas que envolvem a decisão judicial no processo sumaríssimo. Estão em causa três opções decisórias: a) a não aceitação do conteúdo da sanção proposta pelo Ministério Público; b) a não aplicação da sanção; c) a decisão que aplica a sanção.

As causas de rejeição do requerimento efectuado pelo Ministério Público estão taxativamente fixadas no artigo 395º.

A não-aceitação jurisdicional da proposta conformadora da decisão implica, nestas situações e em regra, apenas o termo da própria forma processual especial, sendo o processo remetido, para uma nova fase numa outra forma processual[1045].

Não está em causa, nesta não homologação, qualquer juízo valorativo sobre o conteúdo essencial (o mérito) do procedimento, nomeadamente sobre a verdade ou não verdade dos factos imputados ou sobre a suficiência ou insuficiência dos indícios e da validade das provas que sustentam a factualidade em causa[1046].

A estrutura acusatória do processo a que obedece o modelo processual português, não contempla outra solução que não a impossibilidade de o juiz efectuar a verificação dos requisitos a que se alude no artigo 395º alienas a) e b), especialmente esta última alínea, que remete para os fundamentos do artigo 311º nº 3, no sentido de que lhe não é permitida qualquer imersão ava-

---

Penale, p. 147. Sobre a mesma questão, no que respeita ao *pattegiamento*, veja-se Fernando Fernandes, *O Processo Penal como Instrumento de Política Criminal*, cit., p. 262.

[1045] A decisão não homologatória do juiz tem diferentes consequências, nos casos germânico e italiano. No modelo germânico, em regra, a consequência da decisão não homologatória, quando não extingue o procedimento, impõe a remessa do processo para outra forma processual (caso do § 410 e 411 do StPO). No caso italiano, do *pattegiamento*, se o juiz rejeita a *richiesta* o processo é devolvido ao MP para que promova a acção penal: cf. desenvolvidamente Fernando Fernandes, *O Processo Penal como Instrumento de Política Criminal*, cit., p. 246.

[1046] Impossibilidade de não apreciação do mérito que foram claramente reafirmadas com a revisão do CPP de 1998. Veja-se José Luís Lopes da Mota, «A revisão do Código de processo penal»: cit, p. 181.

DIFERENCIAÇÃO PROCESSUAL E FUNDAMENTAÇÃO

liativa sobre a validação da suficiência ou não dos indícios que sustentam a proposta do Ministério Público[1047].

O conteúdo da actuação jurisdicional não se manifesta sobre qualquer outra dimensão justificativa, não imergindo numa análise sobre a validade do «mérito» subjacente ao consenso nomeadamente, questionando e sindicando a proposta factual que, eventualmente num outro modelo, poderia constituir a hipótese acusatória[1048].

Aquela imersão do juiz relativa à suficiência dos indícios que levaram o Ministério Público à proposição de uma sanção, a ser admitida, levaria a um questionamento sobre o próprio funcionamento do princípio do acusatório nomeadamente sobre o papel não só diferenciado como também completamente autónomo e independente, entre si e perante terceiros, desempenhado pelos órgãos investigatórios e judicantes[1049].

Nesse sentido, quer a inadmissibilidade legal, decorrente da não verificação dos pressupostos fixados nos artigos 392º e 394º do CPP, quer a falta dos fundamentos referidos no artigo 311º nº 3, não podem ir além do que é um entendimento compatível com os poderes do juiz na estrutura acusatória estabelecida no processo penal português.

A proposta elaborada pelo Ministério Público pode, no entanto, ser recusada pelo juiz, antes mesmo da sua remessa ao arguido para prestar o seu consentimento, no caso deste entender que a sanção proposta é manifestamente insusceptível de realizar de forma adequada e suficiente as finalidades da punição, sendo que nesta situação o juiz pode, alternativamente à não homologação pura e simples com o consequente reenvio do processo para

---

[1047] Questão diferente é a de saber se a validação do silêncio do arguido, mesmo com um defensor previamente nomeado, como manifestação de vontade é suficiente e adequada à concretização do consenso exigido. Problema que, aliás, é suscitada por Pedro Albergaria, após as alterações ao regime inicial do processo decorrente da reforma de 1998: cf. «Considerações sobre o processo sumaríssimo», cit., p. 72.

[1048] Aqui se constata uma diferença fundamental em relação ao processo por ordem penal germânico, onde o juiz pode indeferir o procedimento não só quando o considera inadmíssivel, mas também «quando a suspeita sobre a prática do facto punível é insuficiente»: cf. neste sentido Roxin, *Derecho Procesal Penal*, cit., p. 553.

[1049] Questão actualmente aparentemente pacificada após a reforma do CPP de 1998 mas que até então suscitou inúmeras divergências doutrinais e jurisprudenciais: para uma visão global sobre a doutrina e a jurisprudência cf. Vinício Ribeiro, *Código de Processo Penal, Notas e Comentários*, cit., pp. 641-642. Sobre a questão Figueiredo Dias, «Os princípios estruturantes do processo e a revisão de 1998 do código de processo penal», cit., p. 210.

A FUNDAMENTAÇÃO DA SENTENÇA NO SISTEMA PENAL PORTUGUÊS

outra forma, fixar sanção diferente, na sua espécie ou medida, naturalmente de acordo com a indiciação efectuada pelo Ministério Público e sujeita também ao seu assentimento.

A intervenção jurisdicional com tal âmbito e nesta fase prévia, inexistente na versão inicial do quadro normativo do processo sumaríssimo, veio densificar a exigência de controlo jurisdicional do processo[1050]. Fê-lo, no entanto, num momento em que o mesmo legislador facilitou a formalização do consenso exigido até então, bastando-se a partir da reforma de 1998, com a não oposição silenciosa do arguido ao requerimento efectuado (mas, entretanto, já objecto de verificação jurisdicional) contrariamente à versão inicial que exigia uma participação activa do arguido, numa audiência a decorrer perante o juiz[1051].

A versão inicial do procedimento, ao exigir a presença do arguido perante o juiz, salvaguardava de uma forma clara o modo de manifestação da vontade livre e esclarecida do arguido, respondendo assim com algum equilíbrio, às críticas da doutrina ao modelo consensual nomeadamente, quando se atenta no enquadramento «real e efectivo» dos cidadãos perante as instituições de controlo.

Nos casos em que ocorra uma divergência sobre a pena, o juiz terá que fundamentar a natureza e a sanção diferente que entende adequada ser de aplicar e sujeitá-la à apreciação dos sujeitos processuais para que, posteriormente, se se verificar o consenso sobre ela, então ocorrer uma segunda decisão judicial que concretamente aplica a sanção.

A não-aceitação da alteração proposta por parte de qualquer dos sujeitos processuais não necessita de ser fundamentada, implicando o reenvio do processo para outra forma processual.

No caso de decisão «homologatória» ou seja quando a decisão não suscita questões, no âmbito da intervenção jurisdicional está em causa, apenas, a função de legitimação do próprio consenso, face aos interesses subjacentes ao processo penal.

Nessa medida, não se suscitando qualquer exigência de fundamentação que vá além da salvaguarda das finalidades extraprocessuais que lhe estão

---

[1050] Reforçando, claramente, segundo Leonor Assunção «o dever de efectuar uma ponderada avaliação material e não meramente formal»: cf. «Sobre o processo sumaríssimo», cit., p. 202.
[1051] Sobre as razões e as posições suscitadas sobre esta questão cf. Sónia Fidalgo, «O consenso no processo penal...», cit., p. 303.

DIFERENCIAÇÃO PROCESSUAL E FUNDAMENTAÇÃO

subjacentes, a vinculação constitucional ao princípio da fundamentação das decisões basta-se com a chancela jurisdicional decorrente da intervenção do juiz no processo.

A decisão final de aplicação da pena é efectuada por despacho – e não por sentença, embora produzindo os mesmos efeitos, de acordo com a lei – não exigindo por isso uma outra fundamentação que não seja a consolidação da verificação dos pressupostos que tornaram possível a decisão[1052].

A «homologação» do consenso traduz-se, nesta situação, numa decisão condenatória que aplica uma sanção, faz caso julgado, tendo na sua base a verificação por parte do juiz de que o processo de consensualização a que se chegou assentou em bases juridicamente sustentadas e permite a produção de efeitos jurídicos concretos de acordo com a ordem jurídica nacional. Além disso justifica a afirmação do princípio da aplicação de uma pena de acordo com os princípios estabelecidos na lei penal (*nulla pena sine lege, nulla pena sine judicio*).

Para além de obedecer aos requisitos formais e normativos estabelecidos na lei que permitem a sua admissibilidade, a decisão não consubstancia, no entanto, uma verificação tipo «notarial», na medida em que o tribunal teve a possibilidade de rejeitar a proposta da sanção inicialmente efectuada pelo Ministério Público, dentro dos limites estabelecidos, nomeadamente, se entender que a pena concreta proposta «é manifestamente insusceptível de realizar de forma adequada e suficiente as finalidades da punição».

A intervenção do juiz não deixa de ser um juízo jurisdicional[1053] na medida em que foi efectuada uma avaliação concreta da medida da pena proposta e que foi aceite, ocorrendo por isso um concreto juízo de um juiz sobre um conflito, reduzido à sua dimensão jurídica no momento em que fixa uma pena[1054].

[1052] Neste sentido para os casos de fundamentação «positiva» do *pattegiamento*, ou seja quando não se verifica nenhuma situação que leve à extinção do procedimento, inclina-se alguma doutrina italiana, apelando, nestes casos à «concisão» a que se refere o artigo 546.e) do CPPit: cf. Giorgio Lattanzi, *Codice di Procedura Penale*, cit., p. 292.

[1053] Contrariamente à opinião de Damião da Cunha que entende que «a decisão jurisdicional [no processo sumaríssimo] não parece ser um verdadeiro «juízo» jurisdicional, na medida em que se baseia na não oposição do arguido»: cf. *O Caso Julgado Parcial*, cit., p. 462. A opinião do autor só é compreensível se for referida no sentido do entendimento do juízo jurisdicional à decisão sobre todo o conflito, envolvendo a questão da factualidade (culpa) e as suas consequências (sanção).

[1054] Nesse sentido concretizando a própria essência da função jurisdicional que é dada por Castanheira Neves: cf. «Da jurisdição...», cit., p. 180.

Trata-se aliás de um juízo que até ao momento final da aplicação da sanção está sempre na disponibilidade do juiz. Basta pensar, por exemplo, na hipótese de se constatar em momento posterior à primeira intervenção jurisdicional e subsequente notificação do arguido, a ocorrência de uma qualquer causa que possa provocar a extinção da responsabilidade criminal. Nessa situação, a decisão jurisdicional só pode ser de rejeição e não aplicação da sanção, mesmo que se constate o objecto de consenso por parte do Ministério Público e do arguido. Situação que obviamente, terá que ser devidamente fundamentada.

A decisão que aplica a sanção não exige, por isso, uma fundamentação da decisão que ultrapasse a constatação de que o juiz validou o consenso a que se chegou e as consequências que daí advieram para o arguido. No âmbito das finalidades da fundamentação das decisões a exigência da dimensão extraprocessual garante, nesta medida a legitimação da própria decisão.

2. A fundamentação da sentença no modelo gradativo de validação de prova: os processos sumário e abreviado

Como se referiu, no modelo processual gradativo de validação de prova está em causa, essencialmente, a antecipação da fase de audiência de julgamento, através da eliminação ou condensação de fases processuais investigatórias em relação ao que seria previsível se a situação fosse tratada em termos de processo comum.

A estrutura da audiência de julgamento não sofre qualquer desvio significativo em relação ao modelo de julgamento que sustenta o processo comum, identificado na apresentação de uma acusação e na sua validação ou não validação jurisdicional, justificadamente sustentada na prova previamente recolhida e apresentada na acusação[1055].

A especificidade que legitima a existência deste tipo de processo encontra-se no momento de apuramento e validação dos factos decorrentes da situação de flagrante delito ou da evidência das provas recolhidas que, pelo facto de consubstanciarem uma prova reforçada sobre a factualidade, traduzem um menor juízo de incerteza na determinação da verdade.

[1055] Veja-se, neste sentido para o processo acelerado germânico, Claus Roxin, *Derecho Procesal Penal*, cit., p. 518.

DIFERENCIAÇÃO PROCESSUAL E FUNDAMENTAÇÃO

De um ponto de vista processual, a redução da incerteza probatória para além de restringir ou eliminar as fases processuais de natureza investigatórias, é suficiente para sustentar a prova a produzir no acto de julgamento.

O desvio em relação à racionalidade própria do processo comum encontra-se assim na essência do próprio modelo ou seja, na questão da prova. Nesse sentido, a especificidade do procedimento sustentado tanto na imediação da prova decorrente do flagrante delito como nas situações de evidência reforçada, impõe que a audiência de julgamento e o modo como esta se desenrola seja efectuada igualmente num período temporal próximo da ocorrência dos factos, de forma a que a imediação não fique prejudicada, não havendo qualquer utilidade em dilatar o início da audiência. A ultrapassagem dos prazos normativamente fixados para os procedimentos leva aliás, em regra, à alteração da forma do processo. Ou seja, o condicionamento probatório que justifica a forma do procedimento demonstra-se igualmente no desvio ao padrão racional da audiência em processo comum.

A compreensibilidade da audiência de julgamento neste modelo sujeita a essas especificidades não pode deixar de condicionar a racionalidade da decisão a proferir, nomeadamente, no âmbito da fundamentação.

As finalidades subjacentes à vinculação constitucional do princípio da fundamentação das sentenças são exigíveis a todas as decisões.

A configuração de modos estruturais diversos de sentenças nomeadamente, quando incidem sobre modelos de prova reforçada que reduzem a incerteza relativa à verdade dos factos produzidas numa audiência, também ela efectuada em circunstâncias temporais que não correspondem, necessariamente, ao momento em que é efectuada a audiência em processo comum, atenuam de uma forma objectiva, a própria configuração do princípio da completude da fundamentação exigida ao juiz que sustenta a sua decisão com base naqueles meios de prova.

Nestas situações, o figurino da sentença final exigido, porque se sustenta num modo específico e facilitado de determinação da verdade dos factos ocorridos, pode justificar formas diferenciadas de estruturação da sentença, nomeadamente através de formas sumárias de fundamentação.

Tanto no processo sumário, como no processo abreviado estabelecidos no CPP, as divergências normativas em relação ao procedimento sentencial estabelecido para o processo comum são muito ténues.

As especificidades normativas estabelecidas no quadro específico de cada um dos procedimentos para o modo de construção da sentença, não vão além do idêntico normativo, em ambos os procedimentos, que ordena que a sentença seja «proferida verbalmente e ditada para a acta», de acordo como o que está estabelecido nos artigos 389º nº 6 e 391º-E nº 3 do CPP[1056].

No que respeita ao processo sumário[1057], e só para este procedimento, o legislador impõe que «os actos e termos do julgamento são reduzidos ao mínimo indispensável ao conhecimento e boa decisão da causa», princípio regulador geral cujo conteúdo não é inócuo[1058]. Neste sentido, será exigível que o intérprete, na configuração normativa a que deve decorrer na interpretação das normas do processo sumário, leve em consideração aquele princípio fundamental que tem que condicionar todo o desenvolvimento do processo, incluindo a fase sentencial.

O quadro normativo do proceso sumário não sofreu, no que respeita ao seu procedimento, alterações significativas ao longo do seu extenso período de vigência na ordem jurídica nacional, tendo sempre sido enquadrado como resposta processual à pequena criminalidade que tinha na sua base o flagrante delito[1059].

[1056] Tratou-se aliás de uma alteração introduzida apenas pelo Decreto-lei nº 320-C/2000 de 15 de Dezembro, juntamente com idêntica norma referente à decisão instrutória, tendo o legislador considerado então que «não existem motivos que justifiquem mais uma audiência só para efeitos de leitura do referido despacho [instrutório] ou da sentença»: cf. preâmbulo do referido Decreto-lei. Sublinhe-se que no processo acelerado germânico não são visíveis particularidades normativas referentes à sentença, em relação ao processo comum: cf. neste sentido Roxin, *Derecho Procesal Penal*, cit., p. 518. NOTA: cf. adenda, tendo em conta o regime jurídico introduzido pela Lei nº 26/2010, de 30 de Agosto.

[1057] Vale a pena sublinhar que o processo sumário foi, desde o seu estabelecimento no CPP, assumido pelo legislador, com um estrutura análoga à prevista no CPP29, apenas se eliminando a presunção probatória estabelecida que conferia aos autos de notícia, bem como, «as sensíveis restrições aos direitos de defesa», conforme decorre do ponto 67) da Lei nº 43/86, de 26 de Setembro, relativa à Autorização Legislativa em matéria de processo penal. Naquele código também não se constatava qualquer especificidade normativa no regime do processo sumário para o modo de estruturação da sentença que aí seria proferida (artigo 559º).

[1058] Curiosa é a «fonte» da norma processual estabelecida no artigo 386º nº 2 que parece decalcada do artigo 554º do CPP29, que regulava os julgamentos realizados em processo de transgressão.

[1059] Recorde-se, ainda, que na ordem jurídica portuguesa o processo sumário motivado pelos dois elementos da pouca gravidade da infracção (durante o CPP29 limitada pelos crimes puníveis com pena de prisão até três anos) e da prisão em flagrante delito foi estabelecido pela primeira vez pelo § 2 do artigo 1º do decreto nº 2 de 29.3.1890 e, desde então, manteve sempre essa dupla condição. O limite da aplicabilidade do processo às pequenas penas era aliás justificado pela doutrina, de uma forma pacífica «para pelo imprevisto do julgamento, não pre-

As alterações introduzidas no conjunto de normas que o CPP estabelece para o processo sumário, primeiro por virtude da reforma de 1998 mas, sobretudo, pela reforma de 2007, relativas ao âmbito de aplicação do processo no que respeita ao tipo de crimes, agora estabelecido para crimes puníveis com pena de prisão cujo limite máximo não seja superior a 5 anos de prisão, não podem deixar de questionar esse princípio solidificado pelo tempo, de que no processo sumário está em causa a processualização rápida da pequena criminalidade condicionada pela verificação do flagrante delito.

A intencionalidade legislativa de alargamento do campo de aplicação do procedimento e a compatibilização com outros mecanismos processuais para resolver uma ampla «fatia» da criminalidade a que o sistema tem que responder, através de procedimentos mais céleres, como é o caso da suspensão provisória do processo e do processo sumaríssimo, não pode omitir o facto de ter aumentado exponencialmente o leque de crimes passíveis de serem julgados em processo sumário. Muitos destes crimes protegem bens jurídicos fundamentais, sendo assim entendidos e percepcionados pela ordem jurídica, não se inserindo numa categoria criminológica enquadrada uma criminalidade bagatelar.

A possibilidade de aplicação de uma pena até cinco anos de prisão não pode deixar de exigir, por parte do tribunal, uma fundamentação adequada e suficiente, ponderada em função das razões da culpa e das razões de prevenção, de modo a garantir o cumprimento das finalidades exigíveis à aplicação das penas. As razões justificativas que têm que fundamentar uma condenação numa pena de prisão com um *quantum* tão elevado como uma pena superior a três anos de prisão, dificilmente são compreensíveis sem uma ponderada e justificada argumentação exigida para a justificação de uma pena desta natureza, passível de enquadrar-se num modo simplificado de sentenciar.

---

judicar o réu nos seus meios de defesa, sempre mais de atender quanto maior é a pena a impor»: cf. Luis Osório, *Comentário ao Código de Processo Penal Português, 2º volume*, Coimbra Editora, Coimbra 1932, p. 29. Nas Ordenações havia, no entanto, um processo sumário que no entanto se não pode confundir com a forma «actual» de processo sumário, «que tinha lugar independentemente da gravidade das infracções, tanto se aplicava às menos graves como às punidas com pena de morte; também se não tomava em consideração a prisão do réu em flagrante; o processo sumário aplicava-se quando era preciso proceder com rapidez ou não necessitava de grandes formalidades»: cf. Luis Osório, *Comentário ao Código de Processo Penal Português, 5º volume*, cit., pp. 546 e 550.

A FUNDAMENTAÇÃO DA SENTENÇA NO SISTEMA PENAL PORTUGUÊS

De igual modo o exercício do direito de defesa, na pressuposição de que pode ser aplicada uma pena de prisão com um limite tão elevado, não deve ser condicionado por razões de celeridade. A questão coloca-se, para alguma doutrina, no âmbito da deficiente qualidade das decisões que podem ser proferidas em processos cuja marca identificativa se sustenta fundamentalmente na celeridade, nomeadamente com a desvalorização dos aspectos relacionados com o direito de defesa e também com a aplicação de penas concretas elevadas, face aos parâmetros utilizados quando está em causa o julgamento dos mesmos factos num processo comum[1060].

Estes argumentos também não podem deixar de ser aplicados ao processo abreviado e ao modo de nele se proceder na sentença e na sua fundamentação.

Antes, porém, sublinhe-se que o julgamento em processo abreviado é regulado pelas disposições relativas ao processo comum[1061], apenas com as alterações pontuais estabelecidas no nº 2 do artigo 391º-E. Não existe qualquer comando normativo que imponha nesta fase qualquer processualização simplificada e agilizada, contrariamente ao que se passa no processo sumário, pese embora estar-se no âmbito de um procedimento que assenta a sua especificidade num modelo de prova facilitada e que, em abstracto reduz a incerteza e a complexidade.

No entanto, no processo abreviado, a sentença é logo proferida verbalmente e ditada para a acta, tal como no processo sumário. Esta imposição normativa, sugerindo uma simplificação do procedimento e uma agilização no modo de elaboração da decisão só pode compreender-se, neste tipo de procedimento, exactamente porque o que está em causa é um reconhecimento do reforço probatório que se desvia da racionalidade exigida à profe-

---

[1060] Neste sentido Camille Viennot, em relação ao processo especial francês de *comparution immédiate*, refere, criticamente, que «o seu carácter demasiado expedito, com garantias de prova asseguradas e julgamentos nocturnos, as penas são, em regra, mais severas»: cf. «Célèrité et justice penale: l'exemple de la comparution immediate», cit. p. 140. Alertando para este perigo, cf. Claus Roxin, *Derecho Procesal Penal*, cit., p. 515.

[1061] Sublinhe-se novamente que na concepção legislativa que justificou o processo abreviado, sustentada na Proposta de Lei nº 157/VII, o legislador visava introduzir "um procedimento caracterizado por uma substancial aceleração nas fases preliminares, *mas em que se garante o formalismo próprio do julgamento em processo comum, com ligeiras alterações de natureza formal justificadas pela pequena gravidade do crime e pelos pressupostos que o fundamentam*" (itálico nosso). NOTA: cf. adenda, tendo em conta o regime jurídico introduzido pela Lei nº 26/2010, de 30 de Agosto.

DIFERENCIAÇÃO PROCESSUAL E FUNDAMENTAÇÃO

rição da decisão no processo comum e que, por isso, não deve exigir um modo complexo de decidir ou um modo de decidir sobreposto ao processo comum. Sendo racionalidades diferentes que sustentam o processo de decisão nas duas formas processuais deve igualmente ser diferente a racionalidade da fundamentação da sentença que em cada processo é proferida.

Assim entendidas as coisas, a fundamentação da sentença no processo abreviado, pelo menos no que respeita ao procedimento referido à valoração da prova que sustenta a factualidade, justifica que as referências ao tipo de prova imponham uma abordagem especialmente concisa sobre a questão do exame crítico das provas. Desta forma se cumprirá a imposição do modo conciso de fundamentar, estabelecido no artigo 374º nº 2, agora reflectido no processo abreviado.

Não deixam, ainda assim, de se manter as dúvidas suscitadas a propósito da fundamentação da pena aplicada, sobretudo quando esta se enquadra no âmbito dos limites contidos entre a dimensão dos três e dos cinco anos de prisão.

3. A hipótese da fundamentação sumária

A fundamentação sumária traduz-se num modo de elaboração da fundamentação da decisão que consiste numa redução do âmbito da estrutura justificativa dos actos decisórios tendo em conta a especificidade estrutural que cada acto assume no procedimento.

A vinculação genérica ao princípio da completude, evidenciado no tratamento jurisdicional justificatório de todas as questões suscitadas, como corolário do princípio constitucional da fundamentação das decisões[1062], não colide com a admissibilidade de uma redução desse conteúdo completo, sustentada em razões justificativas e de acordo com a modulação diferente da estrutura dos actos decisórios.

As razões fundantes que podem justificar a existência dessa compressão do dever de fundamentação encontram-se, numa primeira variante, na modulação diferente da estrutura dos actos decisórios interlocutórios ou finais que não sejam sentenças.

A emergência da fundamentação de todos os actos decisórios nomeadamente decorrente da imposição generalista do princípio constitucional da fundamentação das decisões não pode deixar de ser interpretada de acordo

---

[1062] Desenvolvidamente, infra, Capítulo II, ponto 4.3.

A FUNDAMENTAÇÃO DA SENTENÇA NO SISTEMA PENAL PORTUGUÊS

com a diversa estrutura que sustenta a tipologia das decisões. Mesmo no domínio do processo penal, onde a imposição normativa estabelecida no artigo 97º nº 5 do CPP sobre a exigência de fundamentação dos actos decisórios é inequívoca, a diversidade dos actos processuais que estão em causa e a estrutura racional de cada decisão, embora diferente, exige um tratamento em termos de fundamentação também ele diferenciado.

Trata-se, neste domínio, ao contrário do esquema estrutural típico em que assenta a fundamentação da sentença, de actos sustentados num modelo de construção que não tem que ser semelhante ao modelo delineado para a sentença, onde não está em causa o processo definitivo de fixação da verdade material, como fim fundamental do processo penal.

Em todos os actos decisórios, tanto nas decisões interlocutórios como finais, que não a sentença, a sua fundamentação é válida desde que cumprido um conteúdo mínimo[1063] assente nas exigências legais pré-estabelecidas de modo a que possam ser concretizadas as finalidades da fundamentação vinculadamente constitucionais, mas especificamente determinadas em relação a cada acto decisório e às suas próprias finalidades.

Nada obsta a que na sua formulação, desde que respeitado esse conteúdo mínimo exigível a cada uma das decisões, seja possível uma forma de fundamentação sumária, desde que garantida a possibilidade do seu controlo.

No caso dos actos decisórios que não sejam sentenças finais, o controlo da fundamentação sumária é assegurado pela alusão clara e expressa aos motivos que prevalecem, de entre aqueles que determinaram a emissão da decisão[1064].

A questão da fundamentação sumária assume, numa segunda vertente, um especial relevo no âmbito das sentenças cujo modo de construção da decisão/sentença se afasta também da estrutura típica resultante do modelo de confronto entre «a prova e a contraprova e entre a hipótese e a contra-hipótese bem como a organização dos resultados probatórios num desenho coerente e global», a que se refere Iacovello[1065].

[1063] Sobre a exigência de um conteúdo mínimo de motivação exigível aos «decreti» com motivação obrigatória no sistema italiano, veja-se Andrea Pellegrino, in *I provedimenti del Giudice Penale*, cit., p. 4. Sobre o «mínimo de motivação» cf. igualmente, Siracusano, in «I provvedimenti penali...», cit., pp. 384 e 403.

[1064] Neste sentido cf. Siracusano, «I provvedimenti penali...», cit., p. 389.

[1065] Cf. «Motivazione della sentenza penale (controlo della)», cit., p. 768.

DIFERENCIAÇÃO PROCESSUAL E FUNDAMENTAÇÃO

Nos modelos analisados sobre a estrutura dos processos especiais assentes tanto no maior grau de certeza da prova dos factos ocorridos, como no consenso relativo à factualidade em causa, é notório o afastamento da estrutura típica referida.

No modelo processual específico cujo fundamento assenta no consenso a intervenção jurisdicional de natureza decisória assume, como se referiu, duas dimensões: ou a decisão é homologatória e, como tal, põe termo ao processo através de uma condenação de natureza penal com consequências imediatas para o sujeito processual ou a decisão é não homologatória e assume outro tipo de consequências, que podem ou não ser definitivas, em termos processuais.

A especificidade do tipo de decisão, quer se trate de decisões de natureza homologatória quer de natureza não homologatória, não é compatível com um discurso de sumarização ou simplificação da decisão na medida em que a própria natureza específica do processo de decisão impõe um modo diverso de formatar e fundamentar. Nestas decisões uma restrição ao processo argumentativo justificatório não tem qualquer sentido. Ou se homologa e, nesse sentido, não é necessária uma razão justificativa que vá além da natureza legitimatória da decisão, ou não se homologa e a fundamentação exigida (quando exigida, na medida em que a não homologação pode implicar de imediato uma alteração da forma do processo), deve ser referida sem outros condicionantes que não os que decorrem dos seus fundamentos.

No que respeita ao modelo de validação gradativa da prova como causa justificativa de um processo especial, a sentença sustenta-se num modo específico de validação da prova que determina a verdade dos factos ocorridos, sendo nessa especificidade que radica o conjunto de razões justificativas para a eliminação de fases processuais de modo a antecipar ou a simplificar a audiência de julgamento.

Nesse sentido e nestes casos, o processo decisório afasta-se da estrutura racionalmente sustentada no modelo configurado na acusação como facto hipotético, verificação da existência ou não existência do facto e validação da opção probatoriamente demonstrada, que configura o procedimento sob a forma comum[1066], pelo menos na medida em que a validação da opção probatória sobre os factos está sustentada num modelo probatório reforçado.

[1066] Modelo já desenvolvido infra no Capítulo II ponto 3.2.

A exigência de explicitação e justificação das opções tomadas pode assim ser atenuada e, nessa medida, todo o processo de fundamentação das decisões pode também suportar uma simplificação.

A aceitação dogmática de um princípio que admite a fundamentação sumária das decisões, justificada por razões processuais também elas específicas, deve traduzir-se no entanto, numa disponibilidade normativa específica. Ou seja, a vinculação constitucional ao princípio da fundamentação impõe que seja a lei a possibilitar esse constrangimento, na medida em que na fundamentação sumária não está em causa um modo de fundamentar, mas antes «uma particular técnica de elaboração da decisão imposta pela lei»[1067].

Como técnica de elaboração da decisão que deve resultar de admissibilidade legal, a fundamentação sumária surge como forma privilegiada de fundamentação nas formas de processo especial que não assentem no modelo contratualista referido.

Daí que na fundamentação sumária possa admitir-se tanto a fundamentação *per relationem* como a fundamentação implícita, replicando-se as questões suscitadas naqueles modos de fundamentação já apreciadas anteriormente[1068].

A perplexidade, no que respeita ao sistema português, decorre do facto de, no quadro normativo vigente (e mesmo em anteriores versões), não se verificar qualquer reflexo explícito destes princípios.

Quer no âmbito do processo sumário, quer no âmbito do processo abreviado, o legislador não suscitou, aparentemente, qualquer abertura normativa a uma fundamentação sumária das sentenças[1069].

É certo que tanto no processo sumário (artigo 389º nº 6), como no processo abreviado (artigo 391º-E, nº 3), o legislador impõe, actualmente, que

---

[1067] Neste sentido, Amodio, «Motivazione della sentenza penale», cit., p. 228 e Siracusano, «Il provvedimenti...», cit., pp. 337 e 379.

[1068] Pellegrini admite inequivocamente a motivazione *per relationem* para os casos de motivação dos «decreti», nos casos em que têm que ser motivados e para as «ordenanza» (que, nos termos do artigo 125 comma 1 do CPPit, têm que ser sempre motivadas): assim Andrea Pellegrini, in *I Provedimenti del Giudice Penale*, cit., pp. 4 e 30. Recorde-se que a fundamentação por remissão é expressamente admitida no CPP para a decisão instrutória, conforme decorre do artigo 307º nº 1.

[1069] NOTA: cf. adenda, tendo em conta o regime jurídico introduzido pela Lei nº 26/2010, de 30 de Agosto.

DIFERENCIAÇÃO PROCESSUAL E FUNDAMENTAÇÃO

a sentença seja «logo proferida verbalmente e ditada para a acta»[1070]. Trata-se de uma norma que, na sua interpretação, não se deve cingir a um mero entendimento literal e, como tal, não deve ter como consequência apenas e só a proferição da sentença «verbalmente» e na «acta do julgamento».

As especificidades evidenciadas na *ratio* que sustenta a admissibilidade do procedimento, maxime, a validação de um conjunto probatório que credibiliza, à partida, um processo de reconstrução da verdade, deve repercutir-se na própria sentença e no modo da sua fundamentação.

A concisão, a que alude o artigo 374º nº 2 do CPP, como elemento que deve comandar todo o processo de fundamentação, tem, na vertente oral imposta aos processos especiais um significado próprio que suporta a admissibilidade da fundamentação sumária[1071].

Nessa medida a elaboração da fundamentação das sentenças nos processos abreviado e sumário é normativamente condicionada, tanto pelo facto de ser proferida verbalmente – ao contrário da sentença no processo comum – como ter que ser ditada para a acta e por isso deve ser especificamente concisa.

Importa no entanto referir que a fundamentação sumária estará limitada no seu conteúdo pelo facto da decisão poder ser objecto de ulterior controlo e, através dele, dever ser efectivamente concretizada a sindicância da sentença pelos tribunais superiores. Daí a exigência, indisponível, a um conteúdo mínimo da fundamentação, sem o qual não é possível efectuar aquele controlo. Só assim ficará salvaguardada a dimensão endoprocessual garantística que preside à exigência constitucional do princípio da fundamentação das decisões.

[1070] Sublinhe-se que, no que respeita ao processo sumário e abreviado, a única alteração constatada desde a versão inicial em que foram incluídos no código, decorre apenas da imposição que a partir de 2000 (Decreto-lei nº 320-C/2000, de 15 de Dezembro) o legislador estabeleceu no sentido da sentença *ter que ser* logo proferida verbalmente e ditada para a acta deixando desde então de constituir apenas uma possibilidade (itálico nosso).

[1071] No sistema germânico está normativamente estabelecida a «fundamentação» sumária oral da sentença quando esta é proferida pelo tribunal logo após o julgamento e seguidamente à leitura do dispositivo e que, no caso da decisão abreviada, funciona claramente como justificação plena do «concreto exercício da jurisdição»: cf., neste sentido Pellingra, *La Motivazione della Sentenza Penale*, cit. p. 108.

A FUNDAMENTAÇÃO DA SENTENÇA NO SISTEMA PENAL PORTUGUÊS

IV. A fundamentação abreviada das sentenças

A exigência e concretização do princípio da fundamentação das sentenças, com a estrutura que vem sendo evidenciada nomeadamente na sua vinculação constitucional ao princípio da completude, coloca algumas interrogações sobre a exequilibidade da sua extensão num sistema de recursos limitados como é o sistema de justiça, directamente reflectido no tempo e no custo do procedimento.

O que se trata é de entender o modo de resolver um aparente paradoxo entre a exigência de um adequado processo de fundamentação das sentenças, que traz pressuposto um sentido de justiça inalienável e o facto da consagração de um dever aprofundado e necessariamente oneroso de fundamentação, importar atrasos e custos acrescidos no sistema judicial, provocando, como efeito directo, o enfraquecimento público da confiança no próprio sistema[1072].

As fortes razões que justificam estas preocupações levam alguns países a não reconhecer o dever de fundamentar as decisões ou, pelo menos, a questionar a praticabilidade de um sistema generalizado de fundamentação a todo o tipo de procedimentos[1073].

As razões pragmáticas invocadas – «não há tempo para um fastidioso preciosismo na elaboração das justificação», refere Ho[1074] – não podem deixar de ser analisadas e sobretudo levadas em consideração.

Se parecem ultrapassadas as dúvidas sobre a exigência do tratamento diferenciado de procedimentos, seja pela via da redução das fases processuais, seja pela via da implementação e alargamento das opções dos processos

---

[1072] A questão é expressamente colocada ao nível dos sistemas de *common law* constituindo uma preocupação fortíssima nalguns países nomeadamente em sede de compatibilização dos interesses da justiça com a disponibilidade de recursos existentes. Veja-se sobre esta questão, HL Ho, «The judicial duty to give reasons», cit., pp. 50-51, e Rosanna Gambini, «Uno sguardo all'experienza inglesa in tema di accelerazione dei procedimenti», cit., p. 1361.

[1073] Ho refere o exemplo do Canadá e da Nova Zelândia onde os juízes questionaram, por esse motivo, o facto de «existir um dever legal de dar razões»: cf. «The judicial duty to give reasons», cit., p. 51. De igual modo os juízes australianos questionam o peso que o dever de dar razões assume no procedimento e nesse sentido, não defendendo a sua rejeição, assumem a necessidade de se consagrarem situações de dispensa desse dever, nomeadamente a proferição de sentenças abreviadas de forma oral em alguns casos, tudo com base no princípio de que é necessário ajustar o grau de detalhe exigível da fundamentação em função das circunstâncias: *ibidem*, p. 52.

[1074] Cf. «The judicial duty to give reasons», cit., p. 52.

416

DIFERENCIAÇÃO PROCESSUAL E FUNDAMENTAÇÃO

especiais, começa a emergir um princípio que assegura o tratamento diferenciado das situações processuais em sede de fundamentação das decisões.

As razões para diferenciar os procedimentos, através da adequação da sua estrutura à maior ou menor exigência de simplificação da questão controvertida, tanto pela via do consenso, como pela via da graduação da prova, permite que a fundamentação da decisão que lhe está associada possa sustentar uma racionalidade que admita, igualmente, uma estrutura diferenciada de fundamentação.

O reconhecimento de que o discurso da fundamentação deve variar em função dos casos e sobretudo das tipologias processuais tem uma sustentação dogmática e jurisprudencial inequívoca[1075].

O princípio da fundamentação diferenciada das decisões é, aliás, reconhecido pelo TEDH no sentido de que a fundamentação das sentenças não tem de obedecer a qualquer modelo único e uniforme podendo (e devendo) variar de acordo com as circunstâncias de cada caso e as razões que neste determinam a convicção do tribunal. É isso que resulta de várias decisões nomeadamente, nas decisões *Helle contra Finlândia* de 19 de Dezembro de 1997, *Higgins contra França*, de 19 de Fevereiro de 1998 e *Taxquet contra Bélgica*, de 13 de Janeiro de 2009[1076].

De igual modo o TC tem sublinhado, inequivocamente, que «com o dever de fundamentação das decisões a Constituição não impõe, na verdade, um modelo único de fundamentação, podendo (e devendo) variar de acordo com as circunstâncias de cada caso e as razões que neste determinaram a convicção do tribunal»[1077].

O TC parece, no entanto, enquadrar a questão da diferenciação numa perspectiva de *quantum* no modo de fundamentação em relação a cada caso concreto, tendo em conta o exame obrigatoriamente conciso dos motivos de facto e de direito e o exame crítico das provas que o artigo $374.^{\circ}$ $n.^{\circ}$ 2 do

---

[1075] Sobre esta questão, no TEDH, veja-se Wanda Mastor, «Essai sur la motivation des décisions de justice», cit., p. 44. Sobre a diferenciação do discurso justificador no âmbito dos tribunais colectivos e nos tribunais monocráticos, que por regra, tratam de casos mais simples, veja-se Perfecto Andrès Ibañez, «Acerca de la motivación de los hechos en la sentencia penal», cit., p. 295. Salientando, ainda no ordenamento espanhol, a diferenciação da fundamentação nos casos em que é exigida uma motivação reforçada, onde não é possível uma motivação sucinta, veja-se Ignacio Colomer Hernández, *La Motivación de las Sentencias*, cit., p. 432-435.
[1076] Sobre os acórdãos, mais pormenorizadamente cf. infra Cap. II, ponto 5.2.
[1077] Cf. Ac TC nº 27/2007, processo 784/05 e, no mesmo sentido, o Ac. nº 258/2001.

CPP estabelece. O TC admite, e bem, que no processo interno de exame crítico das provas possa existir uma diferenciação na fundamentação dos depoimentos em função da sua relevância casuistica, não tendo por isso que ser «uma espécie de assentada, em que o tribunal reproduza os depoimentos de todas as pessoas ouvidas, ainda que de forma sintética». Não se trata, no entanto, de admitir uma diferenciação *qualitativa* da fundamentação em função de modelos diferenciados de procedimento ou de julgamento.

Como anteriormente já tinha sido referido, a dicotomia processual processo comum/processo especial como resposta à necessidade de tratar de uma forma diferente o que é desigual foi ultrapassada como única abordagem processualmente operativa.

O tratamento diferenciado da fundamentação das sentenças, para além da dimensão dogmática que foi sendo exposta ao longo do trabalho e que decorre de princípios como a concisão, a adequação, a proporcionalidade e, sobretudo, a celeridade processual tem tradução normativa em vários sistemas continentais, fora do âmbito dos processos especiais que foram referidos e que importa analisar.

Na fundamentação das sentenças não se pode tratar o que é desigual de uma forma igual.

Salientem-se, neste domínio para além das experiências germânica e suíça, que serão pormenorizadamente analisadas, outras soluções onde a simplificação do procedimento através da simplificação das sentenças e sobretudo da sua motivação são normativamente configuradas.

Assim no sistema processual espanhol cuja estrutura processual se sustenta no modelo de atribuição ao juiz da responsabilidade pela investigação criminal, embora em curso de discussão para uma reforma global, a necessidade de serem resolvidos problemas de aceleração processual e adequação dos recursos disponíveis levou o legislador a adoptar no âmbito do processo abreviado[1078], um mecanismo de simplificação de sentenças.

[1078] O processo abreviado não reveste a natureza de processo especial, aplicando-se a todos os delitos puníveis com pena privativa de liberdade não superior a nove anos ou, ainda, a quaisquer outras penas de distinta natureza ainda que sejam únicas, conjuntas ou alternativas, qualquer que seja a sua quantia ou duração, nos termos do artigo 757 da Ley de Enjuiciamento Criminal. Sobre os vários processos actualmente estabelecidos na lei processual penal espanhola, veja-se Teresa Armenta Deu, «El nuevo proceso penal español: proceso abreviado; juicio rápido y prisión provisional», cit., p. 218.

DIFERENCIAÇÃO PROCESSUAL E FUNDAMENTAÇÃO

O legislador, no âmbito daquele processo abreviado, impôs que a sentença seja proferida oralmente após a finalização da audiência sem prejuízo da sua ulterior documentação, contrariamente ao que era até então uma mera possibilidade dada ao juiz. Proferido o dispositivo («fallo») e uma «sucinta motivação» sobre o decidido (artigo 789 da Ley de enjuiciamento criminal), a sentença oralmente produzida pode tornar-se imediatamente definitiva se todas as partes do processo expressarem a opinião de não recorrer[1079].

Também o sistema processual penal holandês, com o objectivo de indirectamente promover a celeridade processual, admite como forma de simplificação processual, as chamadas sentenças «tête-queue». Trata-se de sentenças que consistem na pronúncia do dispositivo e na indicação sintética das fontes de prova em que se sustentou a deliberação, omitindo-se quer o conteúdo das provas quer a sua apreciação crítica. Só em caso de recurso será elaborada uma sentença completa de modo a permitir o objecto de controlo pelas instâncias superiores de recurso[1080].

De igual modo, no sistema anglosaxónico, nos casos onde o sistema admite a fundamentação das decisões, o dever de motivar não é automático, não se aplicando a não ser que uma das partes solicite ao tribunal uma decisão motivada. É assim em Inglaterra no que concerne aos *magistrates´courts*, quando julgam um caso penal. Nesta jurisdição, a decisão de condenar ou absolver o suspeito sustenta-se normalmente na declaração de culpabilidade. No entanto, para efectivar um procedimento que se chama *case stated*[1081] a

---

[1079] Sobre o processo legislativo da reforma do processo abreviado veja-se Teresa Armenta Deu, «El nuevo proceso penal español: proceso abreviado; juicio rápido y prisión provisional», cit., pp. 217 e ss; Adán Carrizo González-Castel, «Proceso penal en españa. Mutaciones incontrolabes?», cit., p. 274; Ignacio Javier Rafols Perez, «Modificaciones del procedimiento abreviado introducidas por la Ley 38/2002, de 24 de octubre», *Jueces para la Democracia, Información y Debate*, n. 49, Marzo/2004, p. 74 e Nicolás Rodriguez Garcia, «Análisis de la nueva regulación del princípio del consenso en el procedimiento penal abreviado español», *Liber Discipulorum para Figueiredo Dias*, cit., p. 1477.

[1080] Sobre este tipo de decisões no sistema processual penal holandês, veja-se Geert Corstens, «La célerité de la procédure pénale aux Pays Bas», in Association International de Droit Penal, «La célerité de la procedure pénale», *Revue Internationale de Droit Penal*, 66º Année, 1995, pp. 602, 610-611.

[1081] *Case stated* é uma função disponível na Inglaterra e no País de Gales, que possibilita a revisão de uma decisão judicial sobre uma questão de direito proferida por um *magistrate court*. Qual-

A FUNDAMENTAÇÃO DA SENTENÇA NO SISTEMA PENAL PORTUGUÊS

parte acusadora ou o defensor podem exigir uma motivação com o objectivo da decisão ser controlada pelo *Divisional Court*[1082].

O exemplo germânico, que desde sempre surgiu como matriz à construção do modelo processual penal português mas que, no que respeita à sentença, dele divergiu, evidencia uma solução sustentada na fundamentação abreviada das sentenças (§ 268, IV, StPO).[1083]

No exemplo Suíço, adoptado para o novo Código de Processo Penal que vai aplicar-se a todos os cantões da Confederação a partir de 1 de Janeiro de 2011, substituindo um conjunto de códigos diferenciados que regulamentam ainda os diversos Cantões, surge, de forma explícita a renúncia à fundamentação das sentenças.

1. A sentença com motivação reduzida no modelo germânico

No modelo processual penal germânico, a sentença é o acto decisório proferido no final da audiência de julgamento através da qual o tribunal profere o resultado da decisão e comunica os fundamentos em que sustentou a sua deliberação, esgotando o objecto do processo tal como foi admitido em juízo[1084].

A sentença é, formalmente, um documento, consignado por escrito que regista a decisão e os seus fundamentos.

Na sua estruturação a sentença é iniciada pelo pórtico «em nome do Povo», a que se segue uma introdução que inclui a identificação do arguido, a indicação dos factos puníveis, a designação do tribunal assim como a menção do dia em que decorreu a audiência[1085].

---

quer pessoa que seja parte num processo perante um *magistrate court* pode questionar o processo com base no facto de que a justiça cometeu um erro de direito.

[1082] Cf. John R. Spencer, «Quelques observations préliminaires», in *Revue Internacional de Droit Comparé*, nº 3 1999, p. 824. Sobre o sistema, mais desenvolvidamente cf. Mireille Delmas-Marty, (direct.), *Procédures Pénales d'Europe*, cit., pp. 124 e ss.

[1083] Segundo Roxin, na Alemanha outras propostas têm sido formuladas no sentido de potenciar a aceleração do procedimento no âmbito da fase decisória. Assim Denker advoga a constatação simplificada dos factos que tenham sido considerados indiscutíveis pelas partes. No mesmo sentido, Fezer tem desenvolvido reflexões que conduzem a um processo judicial simplificado, com uma audiência oral na qual a extensão, composição e recepção da prova dependem em grande medida da disponibilidade das partes: cf. *Derecho Procesal Penal*, cit., p. 117.

[1084] Uma análise aprofundada sobre a matéria é efectuada por Claus Roxin, *Derecho Procesal Penal*, cit., pp. 419-428. Uma análise da sentença no sistema alemão pode ver-se em Ellen Schluchter, *Derecho Procesal Penal*, cit., pp. 150-153.

[1085] Sobre a estrutura segue-se essencialmente, Claus Roxin, *ibidem*, pp. 419-421.

DIFERENCIAÇÃO PROCESSUAL E FUNDAMENTAÇÃO

De seguida a sentença refere a parte dispositiva que consubstancia o fundamento do caso julgado e estabelece a eventual execução da pena. Em caso de condenação deve indicar-se no dispositivo o fundamento jurídico (o tipo de crime) e as consequências jurídicas (pena ou outras sanções acessórias). Em caso de absolvição, apenas deve constar a referência à absolvição sendo que os motivos desta constarão na fundamentação. Também as medidas de segurança devem constar no dispositivo que estabelece, ainda, as disposições legais aplicáveis.

Ao dispositivo segue-se a fundamentação que, de uma forma clara e aprofundada, deve identificar o modo como se chegou ao dispositivo e, no caso concreto, se fez justiça. Através da fundamentação possibilita-se a quem tenha legitimidade para impugnar a sentença as condições para que se possa emitir um juízo correto sobre a interposição de recursos, tornando possível à instância superior o exame da sentença, expondo-se o que se provou e porque foi provado. Através de uma descrição clara dos factos na fundamentação, a doutrina sublinha a questão essencial da garantia do princípio do *ne bis in idem*[1086].

Na estrutura da fundamentação identificam-se os factos provados que constituem o facto «criminoso» ocorrido[1087], a factualidade relativa à apreciação decisória sobre circunstâncias especiais que possam ter ocorrido, como é o caso da legítima defesa, bem como, em caso de condenação, a pena aplicada e os fundamentos em que se sustenta. Para além disso é exigível uma apreciação detalhada sobre a valoração da prova que foi produzida e através da qual se sustentaram os factos provados[1088], tendo em atenção a necessidade da mesma ser eventualmente sindicada e reapreciada em sede de recurso, quando posta em causa.

Na prática, com excepção das situações com fundamentação reduzida a que se alude no § 267, IV do StPO, as sentenças condenatórias dos tribunais

---

[1086] Neste sentido, inequivocamente, Claus Roxin, *ibidem*, pp. 426 e 436.

[1087] Ao contrário do sistema português, no sistema germânico não há a necessidade de se referirem na sentença simultaneamente os factos considerados provados e também aqueles que não ficaram provados. A opção do legislador alemão reside, segundo Roxin, na exigência da exposição dos factos controvertidos que é expressa no processo civil (ZPO, §313), ser «uma consequência do princípio do dispositivo; dado que este não rege no processo penal não está por isso prevista no processo penal»: cf. *Derecho Procesal Penal*, cit., p. 426.

[1088] Sobre alguma controvérsia que a necessidade de identificar ou não os motivos decisivos para a fundamentação da convicção do juiz, cf. Claus Roxin, *ibidem*, p. 426.

A FUNDAMENTAÇÃO DA SENTENÇA NO SISTEMA PENAL PORTUGUÊS

penais alemães «incluem uma motivação exaustiva onde, para além da argumentação referente aos diversos meios de prova utilizados que serviram para fundar a convicção do tribunal (motivação probatória) contêm uma pormenorizada descrição dos factos julgados, do historial pessoal do acusado e das razões determinantes da imposição concreta da pena»[1089].

Por último, entende-se que a fundamentação da sentença, em caso de condenação, proporciona às autoridades de execução da pena e da medida de segurança pontos de apoio para o modo de orientar a execução da pena de prisão e para o tratamento do arguido.

A importância da publicidade como princípio ordenador do processo penal germânico nomeadamente, a sua vinculação à legitimidade do exercício da função jurisdicional, impõe que finda a audiência, o conhecimento da sentença deva ser efectuado de forma pública e oral. Nesse sentido a sentença é notificada através da leitura pública do dispositivo – previamente fixado por escrito pelo Tribunal – seguida da comunicação e explicação oral do conteúdo essencial (ou sumário) da fundamentação (§ 268 II do StPO)[1090].

Relevando a preocupação pela necessidade da sentença constituir um acto processual público, mas com destinatários concretos que a devem compreender e preceber de uma forma clara, nomeadamente qual o conteúdo preciso e inequívoco das suas consequências, impõe-se que à publicação da sentença se siga a comunicação aos interessados dos meios de impugnação que são possíveis nomeadamente, o prazo e a forma dos mesmos, o que pode ser efectuado oralmente pelo presidente (§35 do StPO).

Através do modo oral e explícito de exposição pública da fundamentação garantem-se as finalidades internas (endoprocessuais) e externas (extraprocessuais) que subjazem à exigência da fundamentação das sentenças nomeadamente, pela leitura e explicação pública de forma sumária da motivação efectuada pelo tribunal bem como, pela informação total sobre a possibili-

---

[1089] Assim, José Miguel Garcia Moreno, «Los Tribunales de escabinos en el sistema procesal penal alemán», cit., p. 95. Uma crítica à fundamentação por vezes longa das sentenças proferidas no sistema germânico pode ver-se em «Criminal procedure in Germany», in www.joachinski.de/StPO/Rechtsvergleich/rechtvergleich-html (consulta em 18.04.2008).

[1090] Mais detalhadamente veja-se Ellen Schluchter, *Derecho Procesal Penal*, cit., p. 152. Salientando a exposição oral dos motivos sobre os quais se baseia a sentença, no momento da leitura do dispositivo e antes da sua formulação escrita, veja-se Konstanze Jarvers, «Profili generalidel diritto processuale tedesco», cit., p. 948.

DIFERENCIAÇÃO PROCESSUAL E FUNDAMENTAÇÃO

dade de manifestação de vontade de recorrer ou não da decisão, por parte de quem tem legitimidade para tal[1091].

A redacção escrita da sentença é efectuada posteriormente à comunicação do dispositivo, no prazo máximo de cinco semanas, com possibilidade de prorrogação (§ 275 StPO).

Salvaguardadas as duas finalidades essenciais que presidem à exigência da fundamentação das sentenças o legislador alemão permite, no entanto, a existência de decisões reduzidamente fundamentadas[1092].

Sustentado num princípio de economia processual, que atravessa todo o ordenamento jurídico germânico[1093], admite-se e distingue-se o que é uma sentença plenamente motivada (§ 267, I-III do StPO) de uma sentença com motivação reduzida (§ 267, IV do StPO).

A sentença com motivação reduzida ou abreviada é uma sentença escrita que é proferida em função quer da inexistência de recurso, quer da renúncia prévia de quem tem legitimidade para recorrer da decisão, desde que tenha manifestado expressamente essa vontade no prazo que lhe é concedido para tal[1094]. A versão da sentença abreviada é ainda admissível para recursos parciais, «com trânsito em julgado em matéria de culpa»[1095].

Nesta situação, nos casos de sentença condenatória, o tribunal apenas indica os factos concretos provados a que corresponde o crime cometido, a lei penal aplicada bem como as consequências jurídicas ou outras determinações que tenham que ser proferidas (§ 267, I-IV do StPO)[1096].

[1091] Sublinhando esta dimensão veja-se a apreciação efectuada por Pellingra ao sistema germânico: cf. *La Motivazione della Sentenza Penale*, cit., p. 108.

[1092] Sobre esta fundamentação cf. Claus Roxin, *ibidem*, p. 427. Uma interessante visão comparatística sobre a motivação reduzida no sistema germânico é efectuada por Benedetto Pellingra, in *La Motivazione della Sentenza Penale*, cit., pp. 107-109.

[1093] Salientando esta dimensão de celeridade e a sua repercussão na fundamentação da sentença, no modelo germânico, veja-se Benedetto Pellingra, *ibidem*, p. 108.

[1094] Cf. *Karlsruher Kommentar Strafpozessordnung*, 4. Auflage, München, Verlag C.H. Beck, 1999, p. 267 e Meyer-Goßner, *Strafpozessordnung*, 46. Auflage, München, Verlag C.H. Beck, 2003, p. 973.

[1095] Assim, neste sentido *Karlsruher Kommentar Strafpozessordnung*, cit., p. 267. Referindo expressamente esta situação Meyer-Goßner sublinha a «abdicação por inteiro, no que respeita à decisão quanto à culpa e consequências jurídicas»: cf. *Strafpozessordnung*, cit., p. 973.

[1096] Cf., neste sentido, *Karlsruher Kommentar Strafpozessordnung*, cit., p. 267 e Meyer-Goßner, *Strafpozessordnung*, cit., p. 973.

A admissibilidade de uma decisão abreviada não prejudica a exigência da necessidade de que a exteriorização da fundamentação seja de facto clara e não lacunosa, para evitar que a sentença seja objecto de recurso por falta de factos (§ 344, II, StPO). Neste sentido também não é admíssivel a indicação dos factos por remissão.

O princípio fundamental que o legislador germânico pretende acautelar nesta matéria nomeadamente, a compreensibilidade total dos fundamentos da sentença levou-o a impor que quando se utiliza a sentença abreviada seja prática adequada e comum a informação escrita de que se trata de uma sentença abreviada – «abreviada segundo o §267 IV do StPO»[1097].

Se a decisão for absolutória apenas é necessário referir que o delito imputado ao arguido não foi provado por motivos de facto ou de direito.

Deixa-se sempre ao tribunal a possibilidade de, segundo a sua discricionariedade e em função do caso concreto, poder explicitar de forma mais detalhada todo o conteúdo da motivação (§ 267, IV, 3º do StPO) nomeadamente nas situações em que seja importante levar em em consideração «as necessidades da execução da pena ou da execução da medida de segurança»[1098]. Nestes casos o tribunal poderá levar em consideração ser necessário especificar factos e observações que possam vir a assumir uma especial relevância numa decisão futura, como é o caso de uma decisão que revogue a suspensão da execução da pena de prisão, onde tais factos poderão ter vir a assumir uma especial relevância.

Sublinhe-se que a doutrina tem entendido, claramente, que na sentença com motivação reduzida não se está em presença de uma sentença não motivada, sem fundamento[1099]. A sentença, no processo penal germânico, seja qual for a modalidade que revista, tem que ser sempre fundamentada.

[1097] Sublinhando esta exigência veja-se *Karlsruher Kommentar Strafpozessordnung*, cit., p. 267 e Meyer-Goßner, *Strafpozessordnung*, cit., p. 973.

[1098] Cf. Claus Roxin, *ibidem*, p. 427 e Karlsruher Kommentar Strafpozessordnung, cit., p. 267.

[1099] Alguma doutrina italiana, como é o caso de Marianno Mena, questiona a compatibilidade do princípio da indisponibilidade da fundamentação das sentenças com a sentença abreviada estabelecida no § 267 4 do StPO: cf. *La Motivazione del Giudizio Penale*, cit. p. 31. Perplexidade igualmente suscitada por Pellingra, se bem que com outro fundamento: cf. *La Motivazione della Sentenza Penale*, cit., p. 108. A afirmação inequívoca de que a «a sentença abreviada não é uma sentença sem fundamento», conforme é referido no *Karlsruher Kommentar Strafpozessordnung*, cit., p. 267, aniquila de alguma forma as criticas referidas.

DIFERENCIAÇÃO PROCESSUAL E FUNDAMENTAÇÃO

No caso de simplificação o que está em causa é a não utilização dos mecanismos de fundamentação estabelecidos no § 267, ponto II e III do StPO. Ou seja é eliminada toda a fundamentação referente à densificação das circunstâncias que justificam os motivos da aplicação em concreto da pena[1100] e, também, a justificação referente à apreciação relativa à valoração detalhada sobre a prova em que se sustenta a decisão.

O princípio essencial da fundamentação das sentenças e os seus corolários nomeadamente, o seu carácter indisponível, não fica postergado pela utilização da sentença abreviada.

2. O modelo de renúncia à fundamentação da sentença do novo Código de Processo Penal Suíço

A diversidade, complexidade e articulação necessária que se manifestam no sistema constitucional suíço torna-o, em determinados aspectos, numa espécie de *case study* dogmático em diversas áreas, cujo interesse ultrapassa a sua própria relevância concreta.

A Suiça é uma República Federal que se encontra dividida em 23 cantões, sendo que três deles, Unterwall, Appenzel e Basileia, estão divididos por razões históricas em dois semi-cantões. Segundo a Constituição Federal, os cantões são soberanos, exercendo os seus órgãos constitucionais todos os direitos que não sejam delegados à Confederação pela Constituição Federal[1101]. A autonomia constitucional dos cantões traduz-se na possibilidade atribuída a cada um dos seus órgãos constitucionais de exercer os poderes legislativo, executivo e judiciário de uma forma também autónoma o que os configura como «verdadeiros e próprios Estados»[1102].

Sublinhe-se que a especificidade do sistema Suíço decorre do facto de se tratar de um País que assenta numa realidade histórica multicultural onde se destaca a diversidade dos aspectos sócio-culturais da sua vida pública, sustentada na vigência de quatro línguas, numa profunda divisão e diversidade religiosa mas, simultaneamente, numa grande estabilidade sócio-política.

[1100] Expressamente neste sentido cf. *Karlsruher Kommentar Strafpozessordnung, ibidem*, p. 267 e Meyer-Goßner, *Strafpozessordnung, ibidem*, p. 973.

[1101] Cf. artigos 1 e 3 da Constituição Federal.

[1102] Assim Jean Blondel, «Il modello svizzero; un futuro per l'Europa?», *Rivista Italiana di Scienza Política*, nº 2, 1988, p. 211.

A FUNDAMENTAÇÃO DA SENTENÇA NO SISTEMA PENAL PORTUGUÊS

Este conjunto de características fazem do país um modelo laboratorial objecto de estudo no âmbito jurídico político com especial incidência no domínio constitucional[1103].

Do ponto de vista judicial, os vários cantões têm uma organização judiciária própria e independente da organização judicial Federal aplicando tanto leis cantonais próprias, como leis comuns à Confederação[1104] de forma a responder de forma equilibrada ao mosaico cultural, sociológico e religiosamente diversificado que constitui a população do país.

Até à entrada em vigor do novo Código de Processo Penal, que ocorreu em 1 de Janeiro de 2011, a legislação processual penal era da competência dos cantões tendo cada cantão um código de processo penal assente em vários modelos que se diferenciam entre si.

Pelo menos desde 1942, ano em que entrou em vigor o Código Penal unificado na Suiça, que no país se debatia com recorrência a necessidade de unificar o sistema de processo penal de todos os cantões. Tal ambição dogmática e legislativa era obstaculizada por virtude das competências constitucionais em matéria de processo penal e organização judiciária estarem atribuídas aos cantões, sendo apenas atribuída competência constitucional à Confederação para legislar em matéria de determinados crimes graves, no domínio do processo penal militar e no processo penal administrativo. A permanência deste figurino constitucional permitiu a vigência e persistência de 26 códigos de processo penal diferentes que coexistiam com três leis que regulam o processo penal no domínio federal.

Para além de múltiplos, os códigos de processo penal vigentes até 31.12.2010, eram estruturados em modelos diversos obedecendo a lógicas e sistemas processuais também eles diversos, comportando inconvenientes

---

[1103] Neste sentido veja-se, no âmbito constitucional, Peter Häberle, «La Swvizzera come laboratório, política costituzionale in vista della futura Grande Europa», *Quaderni Costituzionali*, n. 3, 1991, p. 631, Jean Blondel, «Il modelo svizzero; un futuro per l'Europa?», cit., p. 203 e Remédio Sánchez Ferriz e Maria Vicenta Garcia Soriano, *Suiza, Sistema Político y Constitución*, Centro de Estúdios Políticos Constitucionales, Madrid, 2002, p. 21.

[1104] Sobre a complexidade e articulação do sistema constitucional suíço veja-se, exaustivamente Remédio Sánchez Ferriz e Maria Vicenta Garcia Soriano, *Suiza, Sistema Político y Constitución*, cit., pp. 27-30 e 69-92 e Jean Blondel, «Il modelo svizzero; un futuro per l'Europa?», cit., pp. 215 e ss. De uma forma tópica, sobre a mesma complexidade veja-se Bernard Stranli, «Le jury genevois» in *Revue Internationale de Droit Pénale*, Vol. 72, 2001, pp. 318-319.

DIFERENCIAÇÃO PROCESSUAL E FUNDAMENTAÇÃO

e perturbando de forma evidente o andamento e a rapidez dos processos em toda a Confederação[1105].

No sistema vigente até Dezembro de 2010, podiam identificar-se quatro modelos processuais penais que coexistiam no sistema Suíço, decorrentes dos vários códigos vigentes nos Cantões, embora com algumas especificidades.

O primeiro modelo, que pode chamar-se de «juiz de instrução I», previa que um juiz de instrução independente dirija o inquérito preliminar e a instrução intervindo o Ministério Público apenas como parte. Este modelo existia nos cantões de Glaris, Zoug, Fribourg, Vaud e Valais.

O segundo modelo, «juiz de instrução II», previa que o juiz de instrução dirija o inquérito preliminar e a instrução, mas agindo sempre sob o impulso do Ministério Público a quem está submetido. Há uma repartição de poderes entre ambos no que respeita à condução das investigações. O modelo existia nos cantões de Zurique, Berna, Luzerna, Obwald-Nidwald, Schwyz, Appenzell Exterior, Argovie, Grisons, Turgovia e Basileia-Campo (parcialmente).

O modelo do «Ministério Público I», como terceiro modelo, previa que a polícia judiciária conduza o inquérito, sob a direcção do Ministério Público que por sua vez requer o juiz para conduzir a instrução. Este modelo existia no processo penal federal e nos cantões de Uri, Argóvia, Neuchatel, Genéve e Jura.

Finalmente o modelo do «Ministério Público II», que se caracterizava pela abstenção total do juiz de instrução de investigar, atribuindo-se ao Ministério Público o inquérito e a instrução. O Ministério Público dirige as investigações da polícia, conduz a instrução, efectua a acusação e sustenta-a no julgamento. O juiz assume, na fase de inquérito uma função de tutela de garantias de direitos fundamentais. Até á unificação era o modelo vigente nos cantões de Basileia-cidade, Ticino, Saint-Gall, Appenzell-Interior, Soleure, Shaffhouse, Basileia-Campo (este último apenas para a criminalidade económica)[1106].

[1105] A necessidade de resolver este problema, antes do novo Código, levou as autoridades cantonais a concretizarem uma concordada relativa à cooperação intercantonal em matéria penal. Sobre esta concordata veja-se Gérard Piquerez, «La célerité de la procédure pénale en suisse», *Revue Internationale de Droit Penal*, 66eme année, 1995, p. 665. Sublinhando as dificuldades práticas decorrentes do sistema processual múltiplo, veja-se François Clerc, «Le problème des procedures accélérées en Suisse», *Archives de Politique Criminelle*, nº 5, 1982, p. 179.

[1106] Um quadro descritivo mais pormenorizado pode ver-se na *Message Relatif à l'Unification du Droit de la Procédure Penal*, que o presidente da Confederação e a Chanceler da Confederação

A Constituição Federal foi alterada em 2003, após referendo popular realizado em 2000 sobre as reformas da justiça, no sentido de atribuir a competência à Confederação para legislar dum modo genérico em matéria de processo penal[1107].

A partir de então foi concretizado o processo de unificação da legislação processual penal, que terminou com a aprovação do Código de Processo Penal Suiço em 5 de Outubro de 2007, referendado em 24 de Janeiro de 2008, que entrou em vigor no dia 1 de Janeiro de 2011[1108].

---

efectuaram em 21 de Dezembro de 2005 ao Parlamento: cf. *Message Relatif à l'Unification du Droit de la Procédure Penal*, cit., pp. 1078 e 1079.

[1107] Matéria actualmente regulada no artigo 123 da Constituição Federal.

[1108] De forma resumida o processo decorreu da seguinte forma: em 1998 uma comissão de peritos criada em 1994 pelo Departamento Federal de Justiça e Polícia (DFJP) publicou o «Conceito de um Código de Processo Penal Federal», conhecido como «De 29 à l'unité». Com base neste documento um perito externo à administração elaborou, sob mandado do DFJP um anteprojecto de um código de processo penal Suíço. Em 27 de Junho de 2001 o Conselho Federal autorizou o DFJP a levar a efeito um processo de consulta relativa ao referido anteprojecto (e igualmente a um anteprojecto relativo ao processo penal aplicável a menores, entretanto elaborado por um outro perito). Em 2 de Julho de 2003 o Conselho Federal já com o conhecimento dos resultados do processo de consulta, encarregou o DFJP de elaborar uma mensagem relativa à unificação do processo penal suíço, que foi adoptada pelo Conselho Federal em 21 de Dezembro de 2005. Todo o processo que levou à unificação está disponível em www.ejpd.admin.ch/ejpd/fr/home/themen/sicherheit/ref_gesetzgebung/ref_strafprozess.html, (consulta em 5.05.2009). A história do processo pode ser vista mais detalhadamente no documento *Message Relatif à l'Unification du Droit de la Procédure Pénale*, cit., pp. 1067-1074. A entrada em vigor do Código para 2011 (inicialmente prevista para 2010) ficou adever-se à necessidade de implementar uma nova lei federal de organização das autoridades penais da Confederação, tendo em conta a unificação da acção penal no Ministério Público (sobre esta legislação cf. «Message relatif à la loi fédéral sur l'organisation des autorités pénales de la Confederation du 10/9/2008» in www.bj.admin.ch/bj/fr/home/dokumentation/medieninformationen/2008/ref_2008-09-100.html, (consulta em 17.05.2009). Ainda sobre o processo legislativo, de uma forma sintetica, veja-se André Kuhn e Camille Perrier, «Le project de code de procédure pénale unifiée et son incidence sur les organismes cantonales», cit., p. 250. Sobre o processo de unificação pode ver-se ainda Joseph Dupuit, «Algunos aspectos de la unificación del procedimiento penal en Suiza» in *Anuario de Derecho Penal*, 2004, pp. 208-413. Sobre o processo de elaboração do CPPS e das suas vicissitudes, embora relacionadas com a mediação penal, veja-se Catherine Faller, «Historique de la médiation pénale dans le Code de procedure pénale suisse: de son introduction à sa supression», *Revue Penale Suisse*, Tome 127, 1, 2009 pp. 24-37. Mais recentemente, sobre o processo, cf. André Kuhn, «La procédure pénale suisse selon le CPP unifié», *Revue de Droit Suisse*, Band 128, 2009, II p. 131.

DIFERENCIAÇÃO PROCESSUAL E FUNDAMENTAÇÃO

A unificação do sistema processual, para além de modernizar completamente todo o conjunto normativo processual vigente, adapta o sistema processual penal à doutrina e jurisprudência mais recente de modo a garantir tanto os direitos individuais como também as exigências com que o sistema é confrontado em termos de resposta às várias formas de criminalidade[1109].

A estrutura do novo diploma, respeitando os princípios constitucionais estabelecidos na Constituição Federal nos artigos 29º a 32º que fixam a «constituição penal», sustenta-se essencialmente no modelo referido de «Ministério Público II» e estrutura-se no sistema acusatório que atribui ao Ministério Público a responsabilidade pela acção penal pública, a um Tribunal o poder de decidir sobre medidas de detenção e outras medidas que colidam com direitos fundamentais e a um tribunal de primeira instância o poder de julgar[1110].

A legitimidade para iniciar o inquérito compete, por iniciativa própria ou sob denúncia, à polícia que procede às primeiras investigações (artigos 15º, 2 e 305º), podendo praticar desde logo um conjunto de actos e mesmo realizar interrogatórios de suspeitos[1111]. A polícia tem, por outro lado, a obrigação de informar o Ministério Público da existência de um inquérito, podendo este, a qualquer momento, dar directivas à polícia sobre o processamento da investigação.

[1109] As repercussões que o novo Código pode vir a ter no âmbito das respostas ao combate à criminalidade económica mesmo fora do sistema Suíço, são sublinhadas por Paolo Bernasconi tendo em conta que os mecanismos processuais agora estabelecidos interessam não apenas internamente mas reflectem-se igualmente «na execução das rogatórias provenientes do estrangeiro no interesse dos procedimentos penais estrangeiros»: cf. «Provvedimenti coercitivi riguardanti banche e imprese secondo il nuovo codice svizzero di procedura penale», *Rivista Trimestrale di Diritto Penale dell'economia*, Anno XX, nº 4 Ottobre-Dicembre 2008, p. 969.

[1110] Sobre as razões da opção veja-se *Message Relatif à l'Unification du Droit de la Procédure Pénale*, cit., p. 1080. Sobre a compatibilização constitucional, *ibidem*, p. 1368. Os princípios que regem o processo penal estão estabelecidos nos artigos 3º a 11º do CPPS: respeito da dignidade; processo equitativo; independência; celeridade; princípio da verdade material; princípio da legalidade; aplicação restritiva do princípio da oportunidade; princípio do acusatório; presunção da inocência; princípio da livre apreciação da prova; *ne bis in idem*.

[1111] Na explicação sumária do processo segue-se, sinteticamente, o texto de André Kuhn e Camille Perrier, «Le Project de Code de procédure pénale unifiée et son incidence sur les organismes cantonales», cit., p. 253 e o texto de André Kuhn, «La procédure pénale suisse selon le CPP unifié», cit. p. 138-141.

Ao Ministério Público, como responsável pelo exercício da acção pública, é atribuído o poder de abrir uma instrução cuja finalidade é estabelecer os factos para que o processo esteja em condições de ser julgado por um tribunal. O Ministério Público tem o dever de investigar «à charge et à decharge» e para isso pode ordenar os actos processuais que entenda necessários, mesmo quando ponham em causa direitos fundamentais, com excepção das medidas mais graves, como é o caso da prisão preventiva, autorização para intercepções telefónicas e uso de agentes infiltrados, matéria que é da competência de um tribunal próprio (*Tribunal des mesures de contrainte*, previsto no artigo 18º).

Concluída a investigação e a instrução, que configuram a fase de *procédure preliminaire*, o Ministério Público decide sobre o arquivamento e classifica o processo através da possibilidade de emitir uma *ordonnance pénale* ou efectuar uma acusação perante o tribunal competente, desde que verificadas e estabelecidas as suspeitas e que a *ordonnance* não tenha sido viável. O envio do processo para o tribunal abre uma nova fase – *procedure de première instance* – da competência do tribunal, passando o Ministério Público a ser uma parte do processo[1112]. À fase de julgamento, que pode decorrer perante um juiz único ou perante um colégio de juízes, segue-se a fase de recurso (artigos 393º, 398º e 410º).

O Código estabelece o princípio da fundamentação das decisões impondo que todas as sentenças escritas devem ser motivadas[1113].

Trata-se de uma norma fundamental sustentada no princípio do «direito a ser ouvido por um tribunal»[1114], no direito a um processo equitativo bem

---

[1112] Neste sentido André Kuhn e Camille Perrier, «Le Project de Code de procédure pénale unifiée et son incidence sur les organismes cantonales», cit. p. 253.

[1113] É isso que decorre dos artigos 80º e 82 alínea a). O princípio da fundamentação das decisões está consagrado em algumas Constituições cantonais, nomeadamente nos cantões de Berna (artigo 26 alínea 2 e 97 alínea 2), Neuchatel (artigo 61) e Saint Galle (artigo 78 alínea 5). Já em 1893 o Tribunal Federal tinha considerado «a inexistência de motivação um vício capital»: cf. neste sentido Gérard Piquerez, *Traité de Procedure Pénale Suisse*, 2 éme edition, Schultess, Zurich, 2006, p. 713.

[1114] Segundo a doutrina processual penal suiça «o direito de ser ouvido em tribunal exige que na decisão seja, pelo menos, indicado de forma sucinta quais as considerações que nortearam as autoridades e nas quais se baseou a decisão»: neste sentido Rober Hauser, Enhard Schweri e Karl Hartman in *Schweizerisches Strafprozessrecht*, 6ª Aufl., Helbi &Lichtenhahn, Basel, 2005 p. 207 e também Niklaus Schmid, in *Strafprozesserecht: Eine Einführung auf der Grundlage des Strafprozessrechts des Kantons Zürich und des Bundes*, 4. Auflage, Schulthess, Zürich, 2004, p. 191.

DIFERENCIAÇÃO PROCESSUAL E FUNDAMENTAÇÃO

como na obrigação imposta às autoridades judiciárias de motivarem as decisões de forma suficientemente clara e precisa para que o condenado possa compreender a decisão e interpôr recurso, se assim o entender, de modo a que a autoridade de recurso possa exercer o seu controlo[1115].

Na sequência da actual posição doutrinal, jurisprudencial e também normativa estabelecida nalguns cantões, o princípio da fundamentação das sentenças não foi assumido pelo legislador federal para o novo Código com um carácter absoluto[1116].

É, actualmente, inquestionável para a doutrina o dever de fundamentação das sentenças, que será sempre assegurado pela garantia de que os interessados ficam sempre a conhecer as razões que determinaram a decisão do tribunal[1117].

Admite-se porém que em determinadas circunstâncias, aqueles que participam no processo penal, conhecendo o dispositivo e as razões em que o tribunal se sustentou de uma forma oral, possam renunciar à exigência de uma exposição escrita da motivação, tendo em conta que um dos objectivos do processo penal é o restabelecimento da paz jurídica[1118].

[1115] Razões sustentadas, actualmente, em códigos processuais de vários cantões: cf. neste sentido Gérard Piquerez, *Traité de Procedure Pénale Suisse*, cit., p. 713 e Niklaus Schmid, *Strafprozesserecht...*, cit., p. 191.

[1116] O Tribunal Federal, pese embora a exigência que faz sobre o dever de motivação, não tem sido muito exigente na concretização do âmbito desse dever. Tem, no entanto, vindo a afirmar um conjunto de exigências mínimas de motivação que garantam esse direito: cf. Gérard Piquerez, *Traité de Procedure Pénale Suisse*, cit., p. 714.

[1117] Neste sentido, inequivocamente, Niklaus Schmid, *Strafprozesserecht: Eine Einführung auf der Grundlage des Strafprozessrechts des Kantons Zürich und des Bunde*, cit., p. 192.

[1118] Várias leis federais e cantonais de processo, actualmente, prevêem que nas causas simples a autoridade judiciária possa renunciar à motivação das suas sentenças se as partes o requererem, nomeadamente o Código de Processo Penal dos cantões da Argóvia (artigo 168), de Berna (artigo 315 § 1), Zurich (§ 160 a), Uri (artigo 194), Shaffausen (artigo 280) e Friburgo (artigo 186) Neste último caso, nos processos cujo julgamento é da competência do Tribunal de polícia a sentença apenas é motivada integralmente se alguma da partes o requerer (cf. artigo 186 nº 3 e 5). Ainda neste sentido, no Cantão de Friburgo, qualquer das partes que deseje uma sentença integralmente motivada «deve requer no prazo de dez dias após a notificação do dispositivo escrito»: cf. Damien Piller-Claude Pochon, *Commentaire du Code de Procedure Penale du Canton de Fribourg*, Fribourg, 1998, p. 291. Igualmente no cantão de Argóvia, «no prazo de dez dias após a notificação da parte dispositiva da decisão, as partes podem exigir a notificação da decisão completa, que inclua as considerações de facto e de direito»: cf. von Beat Brühlmeier, *Aargauische Strafprozessardrung-Kommentar*, 2. Auflage, Kelleer Verlag, Argau

A FUNDAMENTAÇÃO DA SENTENÇA NO SISTEMA PENAL PORTUGUÊS

Não existirá qualquer motivo para uma fundamentação exaustiva da sentença se os intervenientes processuais conhecendo o dispositivo e as razões que o sustentaram, de uma forma compreensível, mas não necessariamente escrita, de modo a poderem avaliar se pretendem recorrer após esse conhecimento, aceitam e se conformam com a decisão.

Nos casos em que está em causa a absolvição do arguido, alguma doutrina tem inclusivamente sustentado que face ao princípio da presunção da inocência e tendo em conta a tutela da personalidade do arguido, dever-se-ia tão só, na fundamentação mencionar «as circunstâncias que determinam a decisão da absolvição, excluindo-se quaisquer outras considerações»[1119].

Tendo em conta estes princípios o Código, de acordo com o artigo 82º, 1, permite que o tribunal não motive a sentença por escrito, verificadas e concretizadas determinadas condições especificamente estabelecidas que, no entanto, têm que funcionar de uma forma cumulativa.

Em primeiro lugar, o tribunal deve motivar sempre a sentença, oralmente, de uma forma breve e elaborar sempre, por escrito, o dispositivo (cf. art. 81º e art. 84º al. 2). Ao exigir-se a motivação da decisão, mesmo que sintética, garante-se o princípio fundamental, com suporte em algumas Constituições cantonais, subjacente à obrigatoriedade de fundamentação das sentenças sustentado no direito ao conhecimento das razões em que o tribunal fundou a sua decisão (função extraprocessual da fundamentação). Por outro lado, a exigência da decisão escrita do dispositivo garante a verificação e fixação do caso julgado.

Em segundo lugar, a não motivação não é admissível em todas as situações, estando limitada aos casos em que o Tribunal não tenha pronunciado uma pena privativa de liberdade superior a dois anos, uma pena de internamento aplicada nos termos do artigo 64º do Código Penal, uma pena de tra-

---

1980, p. 322. No caso do cantão de Schafausen a curiosidade decorre do facto de, para além da exigência de uma fundamentação oral que deve ser transcrita para a acta, o segundo requisito «para se prescindir da fundamentação escrita da decisão consiste na circunstância de a decisão, no que respeita aos factos e ao direito, não divergir substancialmente da acusação»: cf. Mattias Gut, in *Grundsätze und Ablauf des ordentlichen erstinstanzlichen Verfahrens der Schaffhauser Strafprozessordnung*, Schultess, Zürich, 1991, p. 254. No mesmo sentido cf. Niklaus Schmid, *Strafprozesserecht: Eine Einführung auf der Grundlage des Strafprozessrechts des Kantons Zürich und des Bunde*, cit., p. 192.

[1119] Neste sentido, Rolf Küng-Hofer, *Die Beschleuniqung des Strafverfaherns unter Wahrung der Rechtsstaatlichheit*, Peter land, Frankfurt am Main, Nancy, New York, 1984, p. 241.

DIFERENCIAÇÃO PROCESSUAL E FUNDAMENTAÇÃO

tamento aplicável nos termos do artigo 59º, alínea 3 do Código Penal ou uma pena de privação de liberdade de mais de dois anos por virtude da revogação de uma pena suspensa. Ou seja o legislador nos casos em que a decisão impõe uma pena que assenta na restrição de liberdade de alguma forma acentuada, não cede na exigência de motivação total e no conhecimento das razões da decisão perante as exigências de celeridade.

Em terceiro lugar, todas as partes intervenientes (Ministério Público, arguido e vitima/ofendido), devidamente informadas sobre as consequências do seu acto, devem renunciar à fundamentação escrita, não interpondo qualquer recurso ou, nos casos em que qualquer uma das partes não requeira a fundamentação da decisão, nos dez dias seguintes à leitura do dispositivo[1120]. Trata-se de garantir a existência do direito à reapreciação da decisão por outro tribunal salvaguardando a função endoprocessual da fundamentação das sentenças.

A razão de ser da opção legislativa radica na preocupação de simplificar e racionalizar o procedimento em determinadas situações, nomeadamente nas causas mais simples, adequando o procedimento à efectivação de princípios como a celeridade processual, expressamente reconhecido em alguns cantões, nomeadamente nos mais recentes[1121], não pondo, no entanto, em causa direitos e garantias estabelecidos na Constituição federal e nas várias Constituições cantonais nomeadamente, o direito de recurso[1122].

As razões de simplificação e celeridade subjacentes à concretização do processo penal levam a que, nos casos referidos, o tribunal fundamente a sentença apenas e só se qualquer uma das partes o requerer em determinado prazo ou se pretender interpôr recurso.

[1120] Trata-se de uma solução semelhante à vigente nos actuais códigos de processo penal dos cantões de Schaffausen e Friburgo, neste caso no que respeita aos processos julgados no Tribunal de Polícia mas com um conteúdo mais amplo.

[1121] Como é o caso dos cantões de Berna e Basileia-cidade (artigos 26 alínea 2 e art. 9, alínea 3, das Constituições respectivas). Sobre o princípio da celeridade no sistema processual suíço e as formas concretas como nos diversos códigos processuais penais dos cantões se concretiza, veja-se Gérard Piquerez, «La célerité de la procédure pénale en suisse», cit., p. 657.

[1122] Como se pode verificar na *Message Relatif à l'Unification du Droit de la Procédure Pénale*, cit., p. 1135.

V. Síntese

Assumir um discurso relativo à diferenciação processual exige que se parta do princípio de que a garantia de um processo justo não é, em caso algum, posta em causa. Há um núcleo essencial de princípios que vinculam o processo penal e que garantem, de modo indisponível, que o cidadão tenha direito a saber quais os factos jurídicos que lhe dizem respeito e sobre os quais é investigado, que esse procedimento decorra sem influências na formulação de juízos, que lhe seja permitida a apresentação de provas e a sua contestação, que tenha o direito à assistência por um defensor e que seja julgado por um juiz imparcial que, no final, profira uma decisão fundamentada.

A afirmação deste princípio e das suas concretizações normativas não tem que assumir um conteúdo idêntico em todos os casos nem em todas as situações processuais.

Nesse sentido, elevou-se a discussão ao nível de saber da operacionalidade da distinção conceptual entre casos fáceis e casos difíceis e, assumindo que essa é uma base de diferenciação com alguns fundamentos, analisou-se uma das suas manifestações ou seja, o caso das decisões que, em recurso extraordinário de revisão, fixam uma determinada jurisprudência. De acordo com o objecto do trabalho pretendemos identificar a questão da fundamentação da sentença que voluntária e conscientemente, diverge da decisão proferida num caso difícil como é a decisão de fixação de jurisprudência e que, por isso, obriga a uma fundamentação reforçada de modo a que não seja posta em causa a legitimidade de quem decidiu.

Num segundo ponto, abordaram-se de uma forma não exaustiva as razões e soluções de diferenciação que decorrem da emergência de um discurso sustentado na celeridade, na eficácia e na eficiência. A saturação do sistema de justiça penal, aliada a um conjunto de problemas complexos resultantes da própria necessidade de resposta a novas criminalidades, fazem despontar conceitos como a capacidade funcional da administração da justiça penal que colocam em causa uma abordagem meramente normativa do problema. É preciso levar em consideração outros discursos e o que eles têm trazido à discussão jurídico-penal, nomeadamente na procura de soluções para os problemas suscitados.

Neste sentido analisaram-se as duas dimensões extra e endoprocessual que pretendem responder a esses problemas focando, neste último domínio, uma abordagem mais incisiva através da análise dos processos especiais como solução intraprocessual mais generalizada. Identificados e distinguidos dois grandes grupos de procedimentos, sustentados numa abordagem consensualista e numa abordagem gradativa da prova, permitiu-se constatar que no domínio dos processos especiais existe alguma capacidade de concretizar uma política diferenciada de elaborar sentenças e, sobretudo, da sua fundamentação.

A constatação desta hipótese levou-nos à discussão e análise da fundamentação sumária e à sua possível aplicação ao modelo de processo especial fundado na gradação da prova, tendo em conta que neste caso a sentença sustenta-se num modo específico de validação da prova que determina a verdade dos factos ocorridos, sendo nessa especificidade que radica o conjunto de razões justificativas para a eliminação de fases processuais de modo a antecipar ou a simplificar a audiência de julgamento.

A exigência de explicitação e justificação das opções tomadas pode nestes casos ser atenuada e, nessa medida, todo o processo de fundamentação das decisões, pode também suportar uma simplificação. A aceitação dogmática do princípio que admite a fundamentação sumária das decisões deve traduzir-se, no entanto, numa disponibilidade normativa específica.

Na tentativa de resolver o aparente paradoxo entre a exigência de um adequado processo de fundamentação das sentenças, que traz pressuposto um sentido de justiça inalienável, e o facto da consagração de um dever aprofundado e necessariamente oneroso de fundamentação importar atrasos e custos no sistema judicial com os inerentes danos efectivos na sua confiança, constatou-se a necessidade de procurar outras soluções normativas que, não prescindindo de uma forte legitimação constitucional, permitam soluções inovadoras no âmbito da simplificação da fundamentação das sentenças.

Para além da tópica referência a algumas soluções no direito comparado, a análise incidiu especificamente nos sistemas germânico e suíço.

O sistema germânico, assumidamente um dos sistemas fundantes do processo penal português, apresenta soluções normativas em relação à fundamentação abreviada da sentença cujo interesse é indiscutível sendo, por isso, referência inequívoca ao modelo onde se pretende intervir.

O sistema suíço tem em curso de implementação um novo modelo processual a aplicar num futuro próximo a toda a Confederação, numa ordem jurídica muito específica, mas nem por isso menos relevante, sustentada num cruzamento jurídico cultural muito diversificado e complexo e, por isso mesmo, desafiante. Trata-se de um modelo cuja construção «arquitectónica» decorreu de uma opção fundada numa discussão aprofundada nas matrizes germânica e italianas, onde a preocupação de simplificar e racionalizar o procedimento em determinadas situações nomeadamente, nas causas mais simples é um objectivo central, de modo a adequar o procedimento à efectivação de princípios como a celeridade processual.

Capítulo VI
É possível uma sentença abreviada
no modelo processual português?

I. Um modelo de diferenciação sentencial

Admitir um processo penal cuja estrutura normativa possibilite enquadrar soluções diferenciadas para tratar problemas distintos nomeadamente, no âmbito da sentença penal, constituiu uma abordagem sistemática efectuada ao longo do trabalho.

Propusemo-nos analisar a sustentabilidade jurídico-constitucional do modelo processual penal português no sentido de compatibilizar aquele tipo de soluções, no que respeita à elaboração da sentença e à sua fundamentação, enquanto elemento essencial da própria decisão.

Não se prescindiu de entender que, mesmo numa escolha diferenciada de procedimento, o conhecimento da verdade, enquanto guia essencial na questão da sentença penal, é um limite inalienável, na medida em que a própria legitimação da sentença está ancorada nessa dimensão.

De igual modo, a sustentabilidade de um modelo diferenciado de sentença, nomeadamente no que respeita à admissibilidade de uma sentença com uma fundamentação abreviada, só é compreensível se vinculada ao modelo constitucional de fundamentação das decisões.

Os exemplos vigentes (ou em vias de o serem) noutros sistemas, nomeadamente, no germânico e suíço, demonstram de uma forma evidente que uma solução normativa no domínio da fundamentação que admita formas diferenciadas e, sobretudo, que concretize formas abreviadas de fundamen-

A FUNDAMENTAÇÃO DA SENTENÇA NO SISTEMA PENAL PORTUGUÊS

tação, é uma resposta possível à manutenção de um sistema processual unitário assente em princípios democráticos que, no que respeita à fundamentação das sentenças, não prescinde da exigência do dever de dar razões e de estas serem conhecidas tanto pelos destinatários das decisões, como sobretudo pelo auditório mais amplo configurado pelos cidadãos em nome dos quais a justiça é exercida.

A questão e o problema identificam-se na necessidade de compatibilizar o princípio da desejabilidade, que decorre da configuração de um modelo de fundamentação sustentado nos princípios da generalidade, da indisponibilidade e da completude aplicável a todas as sentenças em todos os procedimentos, com o princípio da exequibilidade, como razão pragmática fundamental na concretização e implementação de qualquer sistema de justiça. Ou seja, se toda a solução normativa deve ser devidamente enquadrada num modelo teórico ideal deve, no entanto, adequar-se à dimensão prática onde é ou vai ser aplicável.

Nesta perspectiva, a adopção de um modelo normativo deve ser sustentado num quadro sócio-jurídico adequado, isto é, que permita justificar a opção tomada.

Como foi referido na parte inicial do trabalho, pretendeu-se não encerrar o discurso numa compreensibilidade simplificadamente normativa, olhando antes, para uma dimensão global que permita a compreensão do sistema de justiça, nomeadamente no âmbito da sentença penal, na sua dinâmica prática.

Os estudos publicados que têm sido efectuados sobre o sistema penal em Portugal[1123] salientam, sistematicamente, uma vertente estatística relativa ao tipo de criminalidade participada e julgada que identifica e quantifica a pequena e média criminalidade como o núcleo fundamental que tem ocupado todo o sistema de justiça penal português[1124]. Os mesmos estudos

---

[1123] Cf. Boaventura Sousa Santos (coord.), *Os Tribunais nas Sociedades Contemporâneas*, Afrontamento, Coimbra, 1996, pp. 293-385. Boaventura de Sousa Santos e Conceição Gomes (coord.), *As Reformas Processuais e a Criminalidade na Década de 90. As Formas Especiais de Processo e a Suspensão Provisória do Processo: Problemas e Bloqueios*, Centro de Estudos Sociais, Coimbra, Julho 2002, pp195-196, Boaventura Sousa Santos e Conceição Gomes (coord.), *A Geografia da Justiça. Para um Novo Mapa Judiciário*, Observatório Permanente da Justiça Portuguesa, Centro de Estudos Sociais, Coimbra, 2006, p. 438 e Boaventura de Sousa Santos e Conceição Gomes (coord.), *A Justiça Penal. Uma Reforma em Avaliação*, cit., pp. 148-156 e 192-197.
[1124] Entende-se como pequena e média criminalidade todo o conjunto de crimes tipificados puníveis com penas de prisão até cinco anos.

demonstram, também, um fenómeno de colonização das instâncias formais de controlo por um vasto conjunto de processos relativos àquele tipo de criminalidade.

A percepção desta colonização e a necessidade de alterar a situação, em função da concretização de objectivos que passam pela resposta eficaz do sistema aos estrangulamentos detectados, constituíram um dos principais objectivos do legislador em todas as reformas do sistema que têm sido efectuadas[1125].

Neste sentido, o leque de processos especiais disponíveis no CPP tem sido um dos instrumentos utilizados pelo legislador para enfrentar uma realidade criminológica que assenta genericamente naquele tipo de criminalidade. No entanto, a aplicabilidade dos vários processos, como concretização daqueles objectivos, não tem tido, em termos práticos, resultados muito significativos[1126].

[1125] Em 1995, com o Decreto-Lei nº 317/95, de 28 de Dezembro, não obstante não se ter alterado o quadro normativos dos processos especiais, o legislador, «no sentido de potenciar uma maior celeridade e eficiência da justiça penal» veio reequacionar a competência do tribunal singular alargando a sua competência para efectuar julgamentos puníveis com pena até cinco anos de prisão. Em 1998, com a Lei nº 59/98, de 25 de Agosto, foram efectuadas três alterações no domínio dos processos especiais: aumento do leque de possibilidades de aplicação do processo sumário; alargamento do princípio da desjudicialização através da expansão do âmbito do processo sumaríssimo; criação de um novo processo especial denominado processo abreviado. Em 2000, com o Decreto-Lei nº 320-C/2000, de 15 de Dezembro, são ainda as razões de eficácia e de celeridade que estão na origem do estabelecimento de que nos processos sumário e abreviado a sentença será proferida no final e deve ser de imediato ditada para a acta. Em 2007, a Lei nº 48/2007 de 29 de Agosto, alargou o âmbito de aplicação dos processos especiais, de forma a incentivar a sua utilização. Sobre esta última reforma, no que respeita aos processos especiais, cf. Sónia Fidalgo, «O processo sumaríssimo na revisão do Código de Processo penal», cit., pp. 297 e «O consenso no processo penal: reflexões sobre a suspensão provisória do processo e o processo sumaríssimo», cit, p. 295 e ss., Helena Leitão, «Processos especiais: os processos sumário e abreviado no Código de Processo Penal (após a revisão operada pela Lei nº 48/2007 de 29 de Agosto», cit., pp 337 e ss. e Pedro Soares de Albergaria, «Os Processos especiais na revisão de 2007 do Código de Processo Penal», cit., pp. 465 e ss
[1126] Em 2002 era clara a conclusão idêntica que se retirava do estudo efectuado coordenado por Boaventura de Sousa Santos e Conceição Gomes, onde se referia, com perplexidade que «não se compreende porque razão estas formas de processo, menos formais, menos ritualizadas, menos burocráticas, são tão sub utilizadas» e ainda «porque é que num quadro em que tudo parece conjugar-se para uma forte utilização destas formas de processo, o sistema judicial é tão selectivo na sua utilização»: cf. *As Reformas Processuais e a Criminalidade na Década de 90. As*

Dos estudos citados conclui-se que o país é atravessado por uma criminalidade de baixa intensidade a que corresponde, no entanto, uma utilização processual por parte das instâncias formais de controlo que incide maioritariamente na forma de processo comum, singular ou colectivo e, numa percentagem relativamente reduzida, nas formas especiais de processo. A disfunção existe, está demonstrada e aparentemente não foi ultrapassada pelas reformas efectuadas.

Como se verificou, no sistema de justiça penal português, à semelhança, aliás, de outros sistemas jurídico-penais que nos são teoricamente próximos, o tratamento processual de um enorme e diversificado conjunto de crimes, tanto qualitativa como quantitativamente, impõe a criação de soluções para os problemas referidos. Estas soluções pretendem-se inteligentes e passam pela adequação das respostas normativas a diversos problemas concretos, sem prescindir de um quadro normativo de garantias que respeitem os princípios que constitucionalmente vinculam todo o processo penal.

Como se analisou, ao nível processual existe diversificação normativa nas formas de processo tendo já alguns dos processos especiais uma sedimentação prática com relevância estatística[1127].

No que respeita à questão da fundamentação da sentença penal todo o enquadramento normativo está assente no modelo estabelecido para o processo comum, sem soluções específicas que levem em consideração as tipologias específicas dos vários processos, tanto os especiais (admitidos expressamente no CPP) como outros procedimentos, nomeadamente os que decorrem do sistema de execução das penas e medidas privativas de liberdade.

Formas Especiais de Processo e a Suspensão Provisória do Processo: Problemas e Bloqueios, cit. p. 196. Mais recentemente, no último estudo publicado, aqueles autores relativamente aos processos especiais, referem que: «apesar das sucessivas reformas, a utilização das formas especiais de processo não regista alterações muito significativas ao longo do período analisado (...) Em 2000, os processos especiais no seu conjunto representavam um peso relativo de 28,1% do total dos processos entrados, enquanto que, em 2008, representavam cerca de 39,2%. Os pesos relativos dos processos sumaríssimos e abreviados, entrados ao longo do período, apresentam números residuais: uma média de 4,3% e 7,1%, respectivamente»: cf. *A Justiça Penal. Uma Reforma em Avaliação*, p. 411.

[1127] Segundo o estudo *A Justiça Penal: uma Reforma em Avaliação*, cit. p. 352, «em 2008 os processos especiais, no seu conjunto, representaram um peso relativo de 39,2% do total dos processos entrados no sistema».

É, no entanto, possível identificar situações diversificadas relativas ao modo de sentenciar, tanto nas formas especiais de processo como na forma processual comum, ainda que não tenha existido, a montante, qualquer justificação para que se tenha optado por um processo especial ou por uma outra solução processual.

Tais situações podem permitir a admissibilidade de formas de sentenciar e, sobretudo, de fundamentar as decisões de uma forma não totalmente sobreposta com o modelo actualmente estabelecido como regra geral no CPP e que, normativamente, se sustenta nos artigos 374º e 375º daquele código.

Na estrutura do processo penal português não se vislumbra um fechamento constitucional e normativo ao estabelecimento de um modo diferenciado de fundamentar as sentenças, o que permite puder tratar de uma forma diferente as sentenças proferidas num procedimento que, a montante, justificou pela sua própria especificidade, um conjunto normativo também ele diferente. O caso dos processos especiais é um exemplo paradigmático.

O modelo ideológico sustentado no princípio de que uma decisão jurídica racionalmente válida é uma decisão justificada encontra-se, no caso português, constitucionalmente vinculado ao princípio da fundamentação das decisões.

As exigências normativas que decorrem dessa vinculação, traduzidas nos princípios da generalidade, da completude, da indisponibilidade, da publicidade e da garantia do duplo grau de jurisdição não obstam, no entanto, que se admitam soluções normativas que, não colidindo com tais princípios, continuem a respeitar as várias dimensões em que se desdobram as finalidades subjacentes à fundamentação das decisões.

Como se constatou, a concretização das finalidades extra e endoprocessual da fundamentação das sentenças não pode compatibilizar-se com situações normativas excludentes da própria fundamentação.

Porém, o modo e a forma de fundamentar a sentença podem compatibilizar-se, através de um modelo de compressão ou, pelo contrário, de expansão da estrutura normativa que deve ser exigida.

Em qualquer das situações, desde que esteja salvaguardado o cumprimento das finalidades referidas, tanto de um ponto de vista endoprocessual como de um ponto de vista extraprocessual, admite-se que os corolários constitucionais que decorrem da exigência constitucional do princípio da fundamentação das sentenças podem adaptar-se às várias situações concretas.

A FUNDAMENTAÇÃO DA SENTENÇA NO SISTEMA PENAL PORTUGUÊS

II. A sentença abreviada

Estando em causa, no trabalho que nos propusemos, concretizar a dimensão simplificadora do procedimento no que respeita à sentença penal, releva, por isso, identificar um modelo de compressão da fundamentação da sentença sustentado no quadro constitucional e normativo que modela o processo penal português[1128].

O modelo de compressão da fundamentação consiste, em primeiro lugar, num modelo de fundamentação de sentença que, por isso mesmo, não pode ser confundido com qualquer modelo que permita a admissibilidade de sentenças sem fundamentação.

Abreviar ou restringir a fundamentação, seja por via da compressão do modo como é efectuada, seja por via do modo oral da sua concretização é sempre um modo de fundamentar a sentença.

Trata-se, em segundo lugar, de concretizar um tipo de sentença abreviada que respeite os princípios subjacentes e vinculativos ao modelo constitucional de fundamentação das decisões mas que permita agilizar e simplificar o procedimento, densificando, assim de um ponto de vista normativo, outros princípios fundamentais como é o caso da celeridade e economia processual.

Neste sentido, importa identificar um primeiro elemento ou requisito condicionador do modelo ou seja, a relevância que deve ser atribuída ao consenso relativo à sentença proferida.

O facto de existir consenso entre todos os sujeitos processuais sobre a sentença proferida, entendendo-a como justa e, por isso, todos eles manifestarem o seu acordo com a decisão do tribunal, tanto em caso de condenação como de absolvição, pode justificar um processo de fundamentação que, levando em consideração esse condicionamento, comprima o âmbito da própria justificação.

Assim, o modelo abreviado de fundamentação deve partir, desde logo, da demonstração inequívoca de que nenhum dos sujeitos processuais com legitimidade para tal pretende interpor recurso da decisão.

[1128] A justificação para um modelo de expansão de fundamentação encontra razão de ser, como referimos supra, eventualmente, no âmbito do sistema decisional da fundamentação no domínio do procedimento que envolve a execução da pena privativa de liberdade, na medida em que em alguns dos procedimentos aí estabelecidos, se justifique uma fundamentação reforçada das decisões – cf. Capítulo IV, ponto V, 3.4.

Tendo em conta que está em causa a concretização de uma das finalidades mais relevantes da fundamentação, ou seja a efectivação do duplo grau de jurisdição, a vontade de não interpor recurso da decisão só pode decorrer da manifestação inequívoca dessa vontade, através de declaração expressa por parte de todos aqueles que tenham legitimidade para o fazer.

Concretizado esse requisito e salvaguardada, assim, a dimensão endoprocessual da finalidade da fundamentação, a sentença escrita pode limitar-se à parte que especifica os factos provados e à concretização do dispositivo, relegando-se para momento posterior, se for necessário, a fundamentação exaustiva da motivação probatória e jurídica da decisão.

Com esta possibilidade fica inequivocamente assegurada a garantia de que no caso concreto se fez justiça através da comunicação dos factos provados bem como das suas consequências reflectidas no dispositivo nomeadamente, através da identificação dos crimes imputados e da pena concretamente aplicada ou mesmo, se essa for a situação, da medida de segurança imposta.

Em caso de absolvição, essa garantia sustenta-se na referência expressa a que não se provaram os factos ou que, provando-se, ocorreu uma consequência jurídica que extinguiu a responsabilidade criminal, a ilicitude ou a culpa. Sublinhe-se que a questão do caso julgado ficará, nestas condições, sempre salvaguardada. As finalidades endoprocessuais subjacentes ao princípio da fundamentação das sentenças estão assim absolutamente garantidas.

No que respeita à garantia da finalidade extraprocessual da fundamentação, nomeadamente a dimensão legitimadora que lhe é inerente, fica salvaguardada através da dimensão oral e pública da exposição das razões justificativas da decisão que necessariamente têm que ser publicamente expressas no acto da leitura da sentença.

O Tribunal tem, obrigatoriamente, que explicitar oralmente de uma forma concisa, mas suficientemente explícita, a fundamentação de facto em que sustenta a sua decisão.

A concretização do princípio constitucional da fundamentação da sentença pode compatibilizar-se com uma fundamentação oral, desde que suficientemente explícita e compreensível, que poderá inclusivamente ficar imediatamente registada por processos tecnologicamente adequados, nomeadamente em suporte digital de áudio (ou mesmo vídeo). A fundamentação, pelo facto de ser oralmente proferida pelo tribunal, não deixa de concretizar o dever de dar as razões através das quais o tribunal fundou a sua decisão. A oralidade garante, de forma inequívoca, a genuinidade das razões que sustentam a decisão proferida.

A sentença abreviada será, assim, sempre fundamentada não pondo, por isso, em causa qualquer das consequências que decorrem da estrutura constitucional que informa o princípio da fundamentação das decisões.

A indisponibilidade da fundamentação, como princípio decorrente da vinculação constitucional do modelo português nomeadamente, garantindo as relevantes exigências que a finalidade extraprocessual da fundamentação comporta, na medida em que não se verifique uma exigência de controlo posterior da decisão, fica garantida pela forma oral que a fundamentação tem que assumir nestes casos.

No caso de manifestação de vontade explícita de interposição de recurso, no prazo legalmente fixado para o efeito, então a sentença será completada com o teor integral da fundamentação escrita, que será disponibilizada aos sujeitos processuais.

Neste caso será assegurado um procedimento normativo que possibilite o acesso em tempo devido à fundamentação da sentença para que seja possível concretizar a necessária elaboração da motivação que consubstancia o recurso. Depois de redigida e conhecida a fundamentação integral da sentença poderá, ainda, configurar-se a possibilidade de ocorrer uma desistência do recurso, num determinado prazo fixado.

Isto é, sem nunca prejudicar nem o caso julgado nem, por outro lado, o direito ao recurso na sua plenitude (aqui se incluindo o controlo por uma instância superior de todo o processo de conhecimento que levou à pronúncia daquela decisão) agiliza-se o procedimento, tornando-o mais célere, mas sem deixar de continuar a ser preciso, seguro e inequívoco. De igual modo, não colocando em causa a vinculação constitucional subjacente ao princípio da fundamentação das decisões, não é posto em causa o modelo ideológico da justificação, assegurando-se desta forma a legitimação de quem julga.

A previsível dilação temporal do procedimento é compensada pelos ganhos de celeridade que o sistema processual na sua globalidade irá conseguir, tendo em conta a percentagem de recursos que são efectivamente interpostos.

A concretização do modelo assente nesta configuração é susceptível de aplicação a todas as formas de procedimento, tanto de natureza comum como especial.

É POSSÍVEL UMA SENTENÇA ABREVIADA NO MODELO PROCESSUAL PORTUGUÊS?

Será, no entanto, importante, exactamente para salvaguardar a dimensão extraprocessual das finalidades da fundamentação, que se restrinja a aplicabilidade da decisão abreviada aos casos em que a pena de prisão aplicada (e não aplicável) seja inferior a três anos de prisão e aos casos em que seja aplicada uma medida de segurança por facto ilícito-típico a que seja aplicado uma moldura penal superior.

A concretização de uma pena de prisão ou a execução de uma medida de segurança, sobretudo quando assume um patamar que já tem ínsito uma dimensão de uma gravidade mediana, como é o caso de uma pena de prisão superior a três anos, deve levar em consideração, no programa de execução subsequente, todo o condicionalismo que o tribunal ponderou, nomeadamente, algumas das razões que sustentam o processo justificativo que consubstancia a fundamentação e que levaram à aplicação dessa pena concreta.

Por outro lado, em qualquer situação, incluindo os casos de aplicação de penas de prisão mais curtas ou mesmo de outro tipo de penas aplicadas pelo tribunal, seja de multa, de suspensão da execução da pena de prisão, de trabalho a favor da comunidade ou outras, deve deixar-se ao tribunal de condenação – e aqui sem qualquer restrição – a possibilidade de, se assim for entendido, ser elaborada uma decisão fundamentada nos termos em que esta está, actualmente, estabelecida no artigo 374º nº 2 do CPP.

A decisão de fundamentar uma decisão deve ainda ser deixada ao critério do Tribunal mesmo nos casos em que tenha sido expressamente manifestada vontade de não recorrer por todos os intervenientes com legitimidade para o efeito.

A opção do tribunal, nestes casos, justifica-se por razões de natureza extraprocessual subjacentes à finalidade da fundamentação, nomeadamente em sede de legitimação da decisão, de acordo com as exigências do auditório mais amplo que ultrapassa aqueles que directamente são afectados pela decisão.

A relevância social de uma decisão ou o impacto que a mesma possa ter em qualquer dos auditórios a que se destina, pode condicionar uma opção jurisdicional que leve ao não funcionamento da compressão da fundamentação.

A decisão do tribunal de concretizar a fundamentação da sentença será, nesta perspectiva, soberana e por isso, insusceptível de ser sindicada por recurso.

Este modelo, como se referiu, pode ser aplicável tanto no processo comum como nos processos especiais, com excepção do processo sumaríssimo, tendo em conta a especificidade do processo de decisão que lhe está subjacente.

A aplicabilidade de um modelo normativo passível de abranger um tão vasto campo de procedimentos, deve ser previamente testado na medida em que suscita uma modificação profunda na cultura dos sujeitos processuais afectados pelas decisões.

No que respeita aos processos especiais será possível enquadrar ainda um outro modelo de sentença que leve em consideração as várias especificidades que estão na origem do próprio modelo de processo.

Como se analisou são dois os modelos identificados que sustentam o quadro normativo dos processos especiais no processo penal português.

De um lado, o modelo consensual, evidenciado no processo sumaríssimo e que se identifica, em regra, pela aceitação pelo arguido da pena que lhe é justificadamente proposta e que, nesse sentido é objecto de homologação jurisdicional.

Tendo em consideração a própria estrutura e racionalidade a que obedece o processo sumaríssimo, a intervenção jurisdicional na sua fase terminal e a decisão que daí decorre assume uma dimensão essencialmente garantística, sem necessidade de uma outra fundamentação que não a verificação dos requisitos que possibilitam o funcionamento do modelo e a concordância do arguido. Sublinhe-se que nesta fase (final), a decisão jurisdicional configura uma segunda intervenção do tribunal sendo que, na primeira intervenção processual, o juiz pôde, de uma forma inequívoca, exercer os seus poderes de garantia de forma alternativa, tanto rejeitando a proposta, como convidando o Ministério Público à sua reformulação.

De outro lado, encontra-se o modelo que identificámos como de validação gradativa da prova e que se revela nas duas formas processuais actualmente disponíveis no CPP: o processo sumário e o processo abreviado.

Em ambos os procedimentos está em causa a valorização específica da prova enquanto modo através do qual é condicionado o julgamento. Tanto pelo facto de ter ocorrido uma situação de flagrante delito, como pelo facto de se estar perante uma situação de prova evidente, constata-se uma especificidade na racionalidade do procedimento que pode – e aqui sublinha-se, pode – ter um efeito semelhante na forma de fundamentar a sentença que decorre dessa especificidade.

Nessa medida, nestas formas de procedimento, tanto pode ser utilizado o mecanismo da sentença abreviada já explicitado, porventura com maior propriedade, como poderá criar-se um mecanismo de fundamentação sumária das sentenças proferidas no âmbito daqueles processos, o qual evidencie exactamente a valorização do elemento probatório que levou à escolha do procedimento.

No mecanismo de fundamentação sumária, a revalorização do elemento probatório que se propõe demarca-se de um qualquer entendimento que possa confundir-se com um retorno ao sistema de prova legal ou tarifada. Muito longe de tal asserção, que entendemos não ter actualmente qualquer sentido, o que se pretende salientar em termos processuais na fase da sentença decorre da necessidade de possibilitar ao tribunal a utilização de mecanismos que, não deixando de concretizar o dever de dar razões que justificaram a decisão, possam ser compatíveis com um modelo de simplificação da sentença que leve em consideração as especificidades de prova que justificaram o próprio procedimento.

Nesse sentido será legalmente admissível uma fundamentação mínima sustentada na redução do âmbito da estrutura justificativa que decorre do reconhecimento valorativo do tipo de prova que levou à própria determinação do procedimento, seja o flagrante delito seja a prova evidente.

No modelo de sentença simplificada aplicável aos processos especiais pode admitir-se, ainda, um modo de fundamentação *per relationem* nomeadamente com a expressa remissão para a própria acusação que sustenta o procedimento. Como se referiu trata-se de uma forma de fundamentação dogmaticamente aceitável e que, desde que respeitados determinados requisitos, constitui um instrumento normativo que permite concretizar as exigências de simplificação adequadas a cada um dos tipos de processo especial referidos.

Nesta situação a decisão deve compatibilizar-se com a vinculação constitucional que envolve todo o processo de fundamentação, em especial a garantia do funcionamento do duplo grau de jurisdição, não impedindo a concretização das finalidades da fundamentação, nomeadamente de natureza endoprocessual. Daqui decorre que todas as divergências significativas que ocorram durante a fase de julgamento relativamente à racionalidade probatória que sustentou o procedimento, tanto em caso de flagrante delito como de prova evidente, devam ser obrigatoriamente objecto de inserção, discussão e explicitação na própria fundamentação de modo a que não fiquem quaisquer dúvidas sobre essa divergência essencial e quais as suas consequências para a opção em que se funda a sentença.

III. Síntese

A proposição inicial de analisar a sustentabilidade do modelo processual penal português no sentido de compatibilizar soluções diferenciadas no que respeita à elaboração da sentença e, sobretudo, à sua fundamentação, para além de constitucionalmente sustentada é uma solução que mais tarde ou mais cedo terá quer ser implementada.

A adopção de um modelo normativo deve ser sustentado num quadro sócio-jurídico adequado que permita justificar a opção tomada.

Os estudos mostram que o país é atravessado por uma criminalidade geral de baixa intensidade sendo que os mecanismos processuais utilizados, em regra, pelas instâncias formais de controlo são o processo comum, singular ou colectivo e, numa percentagem mais reduzida, as formas especiais de processo. As respostas normativas são demasiado inflexíveis e sobretudo, no que respeita à sentença a proferir em todos as formas de processo, trata-se de uma solução centrada no modelo único do processo comum que não leva sequer em consideração as especificidades que sustentam a existência dos processos especiais. A disfunção existe e está demonstrada sendo racionalmente desejável a introdução de novas soluções que permitam concretizar essa diferenciação.

A concretização das finalidades extra e endoprocessual da fundamentação das sentenças não é compatível com situações normativas excludentes da própria fundamentação, podendo o modo e a forma de fundamentar a sentença assegurar essa compatibilidade, através de um modelo de compressão ou, pelo contrário, de expansão da estrutura normativa que deve ser exigida.

Assim, um modelo de compressão sustenta-se no modo abreviado de fundamentação da sentença que deve, num primeiro momento, partir da demonstração inequívoca de que não se pretende interpôr recurso da decisão, através da manifestação expressa de vontade por parte de todos aqueles que tenham legitimidade para o fazer. Concretizado esse requisito, a sentença escrita pode limitar-se à parte que especifique os factos provados e à concretização do dispositivo, sendo a fundamentação proferida de forma oral, ainda que registada por processos tecnologicamente adequados, nomeadamente em suporte digital, relegando-se para ulterior momento, se assim for necessário a fundamentação exaustiva da decisão.

Este modelo, embora deva sofrer restrições impostas pela medida concreta da pena aplicável é tão sustentável para o processo comum como para os processos especiais, com excepção do processo sumaríssimo, tendo em conta a sua especificidade.

No que respeita aos processos especiais é ainda admissível uma forma de sumária de fundamentação (fundamentação mínima), sustentada no reconhecimento valorativo do tipo de prova que determinou a própria escolha do procedimento.

Desde que respeitados os requisitos referidos, a configuração de uma sentença abreviada será assim possível no ordenamento processual penal português, como constitucionalmente sustentada e capaz de responder a alguns desafios que o próprio sistema de justiça enfrenta, nomeadamente em termos de um maior empenhamento da celeridade processual sem pôr em causa os direitos fundamentais dos cidadãos.

Síntese Final

Propusemo-nos analisar a possibilidade do sistema processual penal português admitir um modo diferenciado de elaborar sentenças penais nomeadamente, na perspectiva de simplificar o processo de fundamentação em função da diferenciação processual.

Iniciámos o percurso analítico e argumentativo pela análise da dimensão epistemológica da decisão jurisdicional onde abordámos a verdade judicial como questão essencial no âmbito do processo de construção da sentença penal e da sua fundamentação. Discutidos alguns modelos de verdade, justificámos o modelo judicial de sentença sustentado numa fundamentação verdadeira, como modelo aproximativo que assume, igualmente, uma função legitimadora da própria jurisdição.

No plano jurídico-constitucional, argumentámos a proposta de que é possível sustentar uma fundamentação de sentença abreviada sem pôr em causa o quadro normativo e constitucional que configura o direito português nomeadamente, o princípio constitucional da fundamentação das decisões.

Tendo presente que a vinculação a este princípio impõe a garantia do respeito pelos corolários da generalidade, da indisponibilidade, do conteúdo completo, da publicidade e do duplo grau de jurisdição, que na sua essência foram analisados, evidenciaram-se também alguns caminhos interpretativos que possibilitam garantir uma dimensão discriminatória em que a fundamentação das sentenças pode ser abreviada. Neste domínio, não omitimos a integração do sistema jurídico nacional numa ordem jurídica mais ampla e, nesse sentido, foram analisadas tanto a jurisprudência mais recente do TEDH, como as consequências que advêm da institucionalização de um espaço judiciário europeu.

O núcleo essencial da investigação a que nos propusemos sustentou-se na questão da fundamentação das decisões e na sua razão de ser no quadro de um Estado de direito democrático. Nesse sentido, partindo da análise e desenvolvimento da dupla dimensão finalística que sustenta o princípio da fundamentação das decisões, a dimensão endo e extraprocessual, abordámos a estrutura e os requisitos da fundamentação, como acto processual autónomo para sustentar o que entendemos como um modelo racional de construção e fundamentação.

Nesse sentido, concluímos ser possível um modelo racional de fundamentação da sentença sustentado num acto de conhecimento intersubjectivo, contraditório e público, em que todo o processo de recolha, apreciação, produção e valoração da prova assenta na afirmação de um discurso que impõe a justificação de todos os passos do processo aquisitivo e valorativo da prova, limitado pela percepção de que o acto de conhecimento efectuado no julgamento envolve uma dimensão especificamente intuitiva e, por isso, não racionalizável.

Para sustentar a proposta, analisámos especificamente o modelo processual de fundamentação da sentença vigente que enquadrámos numa tripla dimensão: suficiência, coerência e razoabilidade. Neste âmbito, abordámos problemas estruturais que o modelo suscita e a sua relevância no âmbito do objectivo proposto, isto é, encontrar uma solução diferenciada para as sentenças nomeadamente, através da possibilidade de um modelo de economia argumentativa que decorre da imposição normativa do que deve ser uma fundamentação concisa. Foram analisadas questões como a fundamentação do voto de vencido proferido em decisões colegiais, a fundamentação das decisões no âmbito das decisões que restrinjam direitos fundamentais e as decisões proferidas no âmbito do sistema de execução das penas privativas de liberdade, como exemplos decisórios da necessidade de introduzir desvios ao modelo padrão de justificação das decisões.

Confrontados com a situação actual do sistema de justiça penal nomeadamente, a massificação da criminalidade de baixa densidade que o atravessa, discutimos as vantagens que, de um ponto de vista normativo uma proposta de diferenciação de sentenças implica em termos de celeridade processual, sem pôr em causa as garantias que sustentam um processo penal democrático. Não omitimos o elemento fundamental do direito comparado, introduzindo uma análise de dois modelos processuais penais que embora diferentes, pretenderam responder à compatibilização entre a exigência da sustentabilidade dogmática de uma solução normativa e o pragmatismo exigido no âmbito da concretização de uma política criminal eficaz.

Neste sentido, propusemos a introdução de um modelo de sentença processual diferenciado, sustentado na compreensão da decisão enquanto fenómeno complexo que exige respostas diferentes em função de problemas também eles diferentes.

Trata-se, em síntese, de um modelo de compressão da fundamentação que, partindo da demonstração de que não se pretende interpôr recurso da decisão, limita a sentença escrita à parte que especifica os factos provados e à concretização do dispositivo sendo a fundamentação proferida de forma oral e registada por processos tecnologicamente adequados, relegando para ulterior momento, se assim for necessário, a fundamentação exaustiva da decisão.

Pensamos ter contribuído para a resolução de um problema jurídico que, para além de se confinar ao direito, é um problema da sociedade: a administração da justiça de forma justa, célere, eficaz e equitativa.

Fica, assim, evidenciado o que se pretendia com o trabalho: simplificar, legitimar e diferenciar a aplicação da justiça em Portugal no âmbito da sentença penal.

Adenda[1129]

A sentença nos processos sumário e abreviado, após as alterações introduzidas pela Lei nº 26/2010, de 30 de Agosto.

I. A origem da alteração legislativa

A revisão do Código do Processo Penal efectuada pela Lei nº 48/2007, de 29 de Agosto, tendo suscitado uma generalizada contestação em relação a vários dos seus pontos, levou a que fosse determinado pelo Governo a realização de uma avaliação e monitorização das alterações legais introduzidas por aquela revisão, a cargo do Observatório Permanente da Justiça.

A avaliação da reforma, iniciada no final de 2007, culminou na entrega, em 2009, de um relatório final e de um relatório complementar, onde foram assinaladas questões pontuais que justificariam uma intervenção legislativa cirúrgica «no sentido de eliminar estrangulamentos na acção penal e, desta forma, reforçar e ampliar os objectivos pretendidos com a própria reforma»[1130].

Para concretizar essa intervenção, o Governo nomeou uma Comissão, envolvendo personalidades ligadas à prática judiciária e ao estudo universitário, com o objectivo de propor medidas correctivas cirúrgicas para aprofundar a reforma processual penal introduzida pela Lei nº 48/2007[1131].

[1129] Texto que corresponde, em parte, ao artigo publicado na obra "Estudos em Homenagem ao Senhor Professor Peter Hünerfeld" (no prelo).

[1130] *A Justiça penal. Uma reforma em avaliação*, Observatório Permanente da Justiça, Centro de Estudos Sociais, Faculdade de Economia da Universidade de Coimbra, Julho, 2009. O relatório completo está disponível em www.ces.pt

[1131] A comissão de Revisão foi constituída por Despacho do Senhor Ministro da Justiça de 12 de Novembro de 2009 e era constituída pelo senhor Secretário de Estado da Justiça, Dr. João Correia, que presidia, Dra. Francisca Van Dunen, Procuradora Geral-Adjunta, Dr. Euclides

A FUNDAMENTAÇÃO DA SENTENÇA NO SISTEMA PENAL PORTUGUÊS

As questões identificadas no relatório do Observatório Permanente da Justiça, passíveis de discussão e eventual alteração, envolviam matérias no domínio dos processos especiais, nomeadamente no processo sumário e no processo abreviado, no regime processual do segredo de justiça, nos prazos em que o inquérito decorre com exclusão do acesso aos autos por parte dos sujeitos processuais, no quadro normativo referente à prisão preventiva e no regime de detenção.

A Comissão de Reforma, no seguimento do «caderno de encargos» a que estava sujeita no âmbito do despacho que a instituiu, elaborou e propôs, com esse enquadramento, um conjunto de alterações ao Código de Processo Penal que respondessem aos problemas identificados, cumprindo assim integralmente o seu mandato, no curto período de tempo que dispôs para elaborar o trabalho.

Num único ponto, no entanto, a Comissão foi além do mandato. No relatório e proposta de alteração apresentada foi introduzida uma novidade normativa no domínio do regime jurídico da sentença nos processos sumário e abreviado.

Pretendia-se, assim, «abrir» o regime formal e rigoroso de elaboração, pronunciamento e formalização da sentença no CPP que, transmitindo a relevância do acto sentencial no processo, nomeadamente em termos de concretização da indisponibilidade do princípio constitucional da fundamentação das decisões, pudesse ser adaptado em função de determinadas circunstâncias.

Recorde-se que a sentença, como acto documental, com identidade própria, está normativizada no CPP através de uma estrutura que começa por um relatório, a que se segue a elaboração da fundamentação, que consta da enumeração dos factos provados e não provados, bem como de uma exposição de motivos tanto quanto possível completa, ainda que concisa, dos motivos, de facto e de direito, que fundamentam a decisão, com indicação e exame crítico das provas que serviram para formar a convicção do tribunal. Termina pelo dispositivo que contém as disposições legais aplicáveis e a decisão condenatória ou absolutória. Até às modificações introduzidas pela Lei nº 26/2010, de 26 de Agosto, a estrutura da sentença, com pequeníssimas alterações, era formalmente idêntica para todas as formas de processo.

Como justificação para a proposta, entendeu-se que, pese embora se estivesse a propor algo que ia além do que era «pedido», a alteração ao regime sen-

Dâmaso Simões, Procurador Geral-Adjunto, Dr. José Mouraz Lopes, Juiz auxiliar no Tribunal da Relação de Coimbra, Professora Doutora Fernanda Palma, Professor Doutor Manuel da Costa Andrade, Dr. Alfredo Castanheira Neves, advogado, Dra. Helena Mourão e Dr. Rui Batista, procurador Adjunto, que secretariava.

ADENDA

tencial dos processos especiais, através da sentença simplificada, com fundamentação oral, constituiria uma proposta inovadora importante para adaptar o regime processual penal a novas exigências de celeridade, nomeadamente num tipo de criminalidade menos grave, mas com um impacto quantitativo relevante.

Os trabalhos da Comissão, nesta dimensão das alterações, sustentaram-se numa proposta inicial, em que se pretendia introduzir, em determinadas circunstâncias, a possibilidade de proferir uma sentença estruturada apenas na indicação dos factos provados e na parte dispositiva da sentença, relegando-se para ulterior momento, se necessário em função do recurso, a fundamentação exaustiva da motivação probatória da decisão.

Assim, estabelecia-se um regime geral, com algumas excepções, em que terminada a fase de audiência de julgamento e efectuada a deliberação, a sentença seria proferida através da fixação dos factos provados e do dispositivo. No caso de interposição de recurso, no prazo legal, possibilitar-se-ia que a sentença fosse completada com a fundamentação, assegurando-se obviamente um procedimento que possibilitasse o acesso em tempo devido à motivação da sentença.

Como justificação para a proposta, assumia-se que a necessidade de agilizar o processo penal é tarefa indispensável num momento e num tempo onde o enorme volume de trabalho é uma constante dos tribunais, sendo certo que a simplicidade, a clareza e a precisão na realização de actos processuais poderão contribuir para conseguir um procedimento mais rápido, sem pôr em causa o exercício dos direitos fundamentais do cidadão. Esta era, essencialmente, a razão fundamental para a alteração proposta.

A proposta final apresentada pela Comissão, assumindo estas razões justificativas como *ratio* da solução adoptada, entendeu, no entanto, ser outro o modelo a propor. Assim, na proposta final adoptada, optou-se por sublinhar que nos casos da sentença a proferir em processo sumário e abreviado, esta é sempre oral, ou seja proferida verbalmente, registada na acta (por gravação), e estruturada com os elementos essenciais que consubstanciam a fundamentação da decisão.

A proposta da comissão foi acolhida pelo Governo que, nesse sentido, apresentou na Assembleia da República a proposta de lei nº 12/XI, referente às alterações a introduzir ao Código de Processo Penal, sublinhando que nesta matéria se tratava de regular de forma inovadora a sentença oral simplificada nos processos sumário e abreviado[1132].

[1132] A afirmação do carácter inovador da proposta é expressamente referida na exposição de motivos da proposta de Lei 12/XI.

No seguimento do processo legislativo então iniciado, foram apresentados na Assembleia da República vários projectos de alteração ao Código de Processo Penal, pelos partidos com assento parlamentar, onde, curiosamente, em alguns deles foram introduzidas, igualmente, propostas de modificação legislativa neste domínio.

Assim, tanto os projectos apresentados quer pelo CDS/PP, quer pelo PCP, como o projecto de Lei apresentado pelo Governo, propunham alterações legislativas aos processos especiais, concretamente no âmbito da sentença[1133].

Os projectos apresentados pelo PSD e BE não contemplavam alterações no âmbito do regime da sentença, não obstante terem apresentado alterações no âmbito dos processos especiais[1134].

No projecto apresentado pelo CDS, embora na exposição de motivos se refira expressamente que são propostas alterações no domínio do processo sumário («simplificação do procedimento inerente à elaboração da sentença»), o texto que constava no articulado para o processo sumário era igualmente aplicável para o processo abreviado.

Tratava-se de uma estrutura sentencial demasiado vaga e pouco precisa, encabeçada pelo pórtico «deve limitar-se ao absolutamente necessário para a respectiva compreensão e fundamentação», sem outra inovação que não a admissibilidade da fundamentação por remissão.

Quanto às propostas do PCP e do Governo, ambas concretizavam uma efectiva alteração do modo de elaborar a sentença no domínio dos processos especiais, nomeadamente nos processos sumário e abreviado.

Nas duas propostas concretizava-se uma efectiva política de diferenciação nesta matéria, quer em relação ao que até àquela altura tinha sido efectuado, quer sobretudo em relação ao regime sentencial no processo comum. As propostas apresentadas em ambos os projectos sustentavam-se numa valorização do princípio da oralidade que ultrapassava o seu «campo natural» no domínio da fase de audiência de julgamento, para se assumir, também, como princípio com reflexo directo no domínio da sentença, embora limitada aos processos especiais.

[1133] Respectivamente, os projectos de Lei nº 173/XI, do Grupo parlamentar do CDS, «Alteração ao Código de processo penal» e o projecto de Lei nº 178/XI, do Grupo Parlamentar do PCP, «Altera o Código de Processo Penal, garantindo maior celeridade no julgamento da criminalidade de menor gravidade».

[1134] Trata-se dos projecto de Lei nº 181/XI, do Grupo parlamentar do Bloco de Esquerda, «Altera o Código de Processo Penal» e o projecto de Lei nº 275/XI do Partido Social Democrata, «Alterações ao Código de Processo Penal».

Identificavam-se, no entanto, nos dois projectos algumas divergências estruturais que importa sublinhar.

No projecto do PCP a sentença seria proferida de forma oral e ditada integralmente para a acta, assumindo-se que a restrição ao princípio da oralidade decorreria apenas da situação em que fosse de aplicar uma pena privativa de liberdade.

No projecto do Governo, a sentença era proferida integralmente de forma oral e apenas o dispositivo seria ditado para a acta.

As excepções do princípio da oralidade, no projecto do Governo, configuravam-se tanto nos casos em que fosse de aplicar uma pena privativa de liberdade, como nos casos em que o juiz entenda que as circunstâncias do caso concreto tornem necessária a sua elaboração escrita.

A admissibilidade do princípio da oralidade na fase sentencial impõe no entanto que a sentença seja obrigatoriamente documentada em suporte digital, princípio que no caso do projecto do Governo estava expressamente estabelecido. Na proposta do PCP embora isso não fosse referido expressamente, essa garantia decorria implicitamente do regime normativo da documentação da audiência.

No processo legislativo que decorreu no Parlamento, todos os projectos foram aprovados na generalidade no dia 23 de Março de 2010, sendo que as propostas efectuadas, votadas na sessão plenária de 25 de Março de 2010[1135], deram origem a um único texto normativo, aprovado na sessão por todos os partidos com assento parlamentar[1136].

II. A nova estrutura da sentença nos processos sumário e abreviado.
A alteração legislativa efectuada pela Lei nº 26/2010, de 30 de Agosto, no domínio da sentença nos processos especiais, reflectiu-se no aditamento de um novo artigo ao CPP, nomeadamente o artigo 389º-A, para o processo sumário, numa nova redacção ao artigo 391º-F do CPP, para o processo abreviado, este último remetendo o regime normativo da sentença para o novo regime do processo

---

[1135] Cf. DAR, 3ª série, nº 39 de 26 de Março de 2010.
[1136] Um análise aprofundada sobre todas as alterações introduzidas pela reforma é efectuada por José Manuel Saporiti Machado da Cruz Bucho, in «A Revisão de 2010 do Código de Processo Penal Português», disponível in www.trg.mj.pt/Estudos/Reforma_de_2010_CPP.

sumário e, finalmente, numa alteração ao artigo 379º nº 1, relativo à nulidade da sentença.

O que se pretendeu, de uma forma clara, foi assumir o princípio de que, também na sentença, não pode continuar a tratar-se processualmente da mesma forma o que estruturalmente não é igual.

O que está em causa é a normativização, no domínio da sentença, do princípio da diferenciação sustentado, fundamentalmente, nas exigências de celeridade processual que devem imprimir-se aos processos especiais, legitimados, eles mesmos, em mecanismos de aquisição e valoração de prova diferenciados em relação ao processo comum.

Salientam-se, as principais alterações ao regime sentencial, agora consagrados nos artigos 389º A e no artigo 391º-F do CPP, o primeiro aplicável no processo sumário e o segundo vigente para o processo abreviado.

A estrutura normativa da sentença é, em ambos os processos, a mesma, independentemente das razões diversas que justificam e estão na origem dos dois tipos de processos[1137].

Salienta-se, ainda, a imperativa constatação que a sentença oral, pelo facto de assumir esta forma, é uma sentença fundamentada, constituindo a sua omissão um caso inequívoco de nulidade da sentença, conforme dispõe o artigo 379º nº 1 alínea a).

2.1. Numa primeira constatação sublinha-se o alargamento do princípio da oralidade, como princípio estrutural do processo penal, agora extensível à fase sentencial.

O que se diz, no novo regime, é que terminada a produção da prova, as alegações e a fase deliberativa, a sentença é logo proferida oralmente.

Daqui deve retirar-se a imposição inequívoca de que a sentença, no processo sumário e abreviado, por regra, é uma sentença oral e não uma sentença escrita. Ou seja, o princípio da oralidade, como um dos princípios estruturantes do processo penal é agora assumido como condicionante de toda a fase de julgamento, nomeadamente na própria sentença, no caso dos processos especiais sumário e abreviado. Há nesta parte uma inversão do paradigma até agora vigente nesta fase processual, ainda que limitada ao âmbito dos processos especiais.

A dimensão da oralidade deve, por outro lado, reflectir-se na linguagem utilizada na sentença. Será, assim, um momento importante para evitar todo um

---

[1137] Aprofundadamente, sobre essas razões ver supra Cap. V II, 3 e III 2.

ADENDA

estilo utilizado usualmente nas sentenças escritas, sustentado numa dimensão prolixa, excessivamente pesada, opaca e densificada por abundantes citações doutrinais.

Ao contrário, a sentença oral deve ser narrativamente escorreita, linear, simples, clara e perceptível pelos seus destinatários.

Se é certo que a sentença comporta em regra, uma narrativa complexa, na medida que se serve de múltiplos argumentos que comportam estilos e semânticas diversificadas e específicos, como é o caso da linguagem legal, na sua expressão oral a sentença deve ser enfatizar a compreensibilidade pelos sujeitos destinatários. Daí a exigência de um discurso rigoroso, mas inequívoco e perceptível.

2.2. Uma segunda constatação prende-se com a estrutura da sentença.

A relevância da sentença como acto processual autónomo sujeito a um regime normativo próprio e rigorosamente estabelecido, impõe que o tribunal, na elaboração da sentença oral não possa omitir, sob pena de nulidade, a estrutura definida no nº 1 do artigo 371º A. É isso que decorre, inequivocamente, da nova redacção do artigo 379º nº 1 alínea a).

O tribunal deve assim efectuar em primeiro lugar uma indicação sumária dos factos provados, garantia fundamental que permite dar a conhecer o objecto do processo. O tribunal pode, no entanto, efectuar esta indicação dos factos provados para a acusação e para a contestação por remissão. Pode assim limitar-se a referir «*considero provados os factos x e y que constam na acusação*» e «*não considero provados os factos xx e yy que constam na acusação e na contestação*».

Trata-se de uma opção legislativa que não levou em consideração algumas críticas decorrentes do «risco» de alargamento da remissão como forma de fundamentação da sentença. Importa, por isso, sublinhar que a remissão deve ser efectuada com algum cuidado nomeadamente garantindo sempre que a sentença seja compreendida por parte dos destinatários, tanto os destinatários directos – os sujeitos processuais – como os cidadãos em geral, nomeadamente todas as questões que foram objecto da decisão. Devem também evitar-se situações como a «remissão» de «remissão», prática que, por vezes, torna impossível a compreensão imediata das decisões.

O tribunal tem sempre que indicar quais as provas em que se sustentou para dar como provados os factos e efectuar um exame crítico das mesmas.

Importa, sobre este tópico efectuar uma explicitação. Do que se trata, nas duas alíneas a) e b) do artigo 389º A, é de concretizar na sentença oral a proferir nos processos sumário e abreviado (por via do artigo 391º-F) a imposição cons-

461

titucional do princípio da fundamentação das decisões a que se refere o artigo 205º da CRP.

A sentença oral é sempre uma sentença fundamentada, na medida em que não dispensa as razões que o tribunal tem que dar sobre as suas opções decisórias fundadas nas provas. O modo de fundamentação é, no entanto, oral ou seja é efectuado pelo juiz sem necessidade de escrever ou ditar esse processo de «dar as razões» pelas quais decidiu de determinada maneira.

Sublinha-se, também, a impressiva reafirmação da dimensão da concisão, como ideia «chave» de economia argumentativa na racionalidade da fundamentação.

Como se referiu supra (cf. Capitulo IV, ponto IV) a concisão assume-se como uma elemento identificador do carácter racional da fundamentação no sistema decisional português. Por maioria de razão deve ser concretizado e objecto de especial nota no domínio das sentenças no âmbito dos processos especiais e, por isso, ser objecto de especial atenção pelos juízes quando elaboram as decisões.

2.3. Numa terceira constatação importa enfatizar que o princípio da fundamentação se aplica quando a decisão consubstancia uma condenação e for aplicada uma pena.

A aplicação de uma pena implica que o tribunal fundamente também oralmente a escolha e a medida da pena que aplica, tendo por critério as normas estabelecidas nos artigos 40º, 70º e 71º do Código Penal. Trata-se, também aqui, no domínio da pena, de uma fundamentação oral em que o tribunal tem que dizer (e não ditar ou escrever) as razões que o levaram a escolher determinada pena e, se for o caso da sanção acessória, bem como as razões que justificam a medida concreta a que se chegou.

2.4. Numa quarta constatação importa referir que a estrutura da sentença tem que conter o «dispositivo» exactamente nos termos que constam no artigo 374º nº 3 alíneas a) a e) do CPP.

Trata-se, neste tópico, da «questão nuclear» ou «ponto nevrálgico» do regime sentencial agora estabelecido. Contrariamente aos restantes elementos estruturais da sentença, nomeadamente o relatório e a fundamentação, o dispositivo tem sempre que ser ditado para a acta ou ser escrito imediatamente pelo juiz. Não vigora, quanto ao dispositivo o princípio da oralidade da sentença.

Neste domínio a opção legislativa é muito clara, nomeadamente perante propostas que foram apresentadas (nomeadamente as propostas subscritas pelo Grupo Parlamentar do PCP no projecto de lei nº 178/XI) em que, para além do

ADENDA

dispositivo, também os factos provados eram escritos ou ditados, cingindo-se a oralidade apenas a parte da fundamentação que consubstanciava à motivação, de facto e de direito e ao exame critico das provas.

2.5 Numa quinta constatação importa sublinhar que a admissibilidade das sentenças abreviadas (ou com fundamentação oral) assenta no pressuposto da emergência da celeridade processual, sem no entanto pôr em causa os direitos de defesa. Daí que o direito ao recurso não seja questionado pelo modelo agora implementado.

Neste sentido é importante atentar nos números 3 e 4 do artigo 389º do CPP.

A afirmação inequívoca de que a sentença oral é sempre documentada, nos termos dos artigos 363º e 364º do CPP impõe que a sentença oral fique sempre integralmente registada no sistema de gravação do Tribunal.

Como consequência directa do registo áudio da sentença (nada impedindo que, num futuro próximo, seja inclusivé efectuado um registo vídeo) o exercício do direito de recurso está garantido. Se e quando os sujeitos processuais pretenderem recorrer da sentença, no prazo legalmente estabelecido para a interposição do recurso, poderão fazê-lo sem qualquer limitação.

O que os sujeitos processuais podem fazer, desde que presentes no momento da proferição/leitura da decisão, é prescindir do direito de recorrer e, nessa medida, prescindirem da entrega da cópia da sentença que ficou registada no sistema.

Relativamente à questão do exercício do direito de recorrer e sobretudo o modo como o recurso é posteriormente conhecido pelo Tribunal Superior, é evidente que aquele conhecimento do recurso terá que incidir sobre a transcrição do registo da sentença oralmente proferida, a ser efectuado pelos serviços do Tribunal e confirmada pelo juiz que elaborou a decisão. Efectuada esta operação a plenitude do direito de recorrer fica consagrada.

2.6. Numa sexta constatação importa salientar a excepção ao regime geral da sentença oral consagrada no número 5 do artigo 389º-A, relativa às situações em que o princípio da oralidade cede perante outras exigências e, por isso, a sentença deve ser escrita.

Assim e desde logo, nos casos em que seja aplicada uma pena privativa de liberdade, a sentença é sempre escrita.

A concretização de uma pena de prisão (ou a execução de uma medida de segurança) deve levar em consideração no programa de execução subsequente

A FUNDAMENTAÇÃO DA SENTENÇA NO SISTEMA PENAL PORTUGUÊS

todo o condicionalismo que o tribunal ponderou, nomeadamente, algumas das razões que sustentam o processo justificativo que consubstancia a fundamentação e que levaram à aplicação dessa pena concreta.

Por outro lado, em qualquer situação, incluindo os casos de aplicação de penas não privativas de liberdade ou qualquer outro tipo de penas aplicadas pelo tribunal, seja de multa, de suspensão da execução da pena de prisão, de trabalho a favor da comunidade ou outras, deve deixar-se ao tribunal de condenação – sem qualquer restrição – a possibilidade de, se assim for entendido, ser elaborada uma decisão fundamentada nos termos estabelecidos no artigo 374º nº 2 do CPP.

A decisão de fundamentar uma decisão deve ainda ser deixada ao critério do Tribunal mesmo nos casos em que tenha sido expressamente manifestada vontade de não recorrer por todos os intervenientes com legitimidade para o efeito.

A opção do tribunal, nestes casos, justifica-se por razões de natureza extraprocessual subjacentes à finalidade da fundamentação, nomeadamente em sede de legitimação da decisão, de acordo com as exigências do auditório mais amplo que ultrapassa aqueles que directamente são afectados pela decisão.

A relevância social de uma decisão ou o impacto que a mesma possa ter em qualquer dos auditórios a que se destina, pode condicionar uma opção jurisdicional que leve ao não funcionamento da fundamentação oral.

A decisão do tribunal de concretizar a fundamentação da sentença será, nesta perspectiva, soberana e por isso, insusceptível de ser sindicada por recurso.

2.7. Numa sétima e última constatação, eliminando as possíveis dúvidas sobre a natureza da fundamentação oral como uma forma de fundamentação constitucionalmente legítima, à luz do artigo 215º da Constituição da República, o artigo 379º nº. 1, alínea a) do CPP é muito claro ao estabelecer que a omissão da decisão condenatória ou absolutória ou as menções referidas nas alíneas a) a d) do nº 1 do artigo 389º-A e 391º F implica a nulidade da sentença.

O que se quer dizer é que o direito de dar as razões que fundaram a decisão, mesmo quando assume a forma oral, é um direito essencial e indisponível e, por isso, não pode, a nenhum título, ser dispensado.

SIGLAS E ABREVIATURAS

Ac.	Acórdão
BFDUC	Boletim da Faculdade de Direito da Universidade de Coimbra
BMJ	Boletim do Ministério da Justiça
CEDH	Convenção Europeia dos Direitos do Homem
CEPMPL	Código da Execução das Penas e Medidas Privativas da Liberdade
CP	Código Penal
CPP	Código de Processo Penal
CPP29	Código de Processo Penal de 1929
CPPit	Código de Processo Penal Italiano
CRP	Constituição da República Portuguesa
DAR	Diário da Assembleia da República
DR	Diário da República
LOFTJ	Lei de Organização e Funcionamento dos Tribunais Judiciais
RLJ	Revista de Legislação e de Jurisprudência
ROA	Revista da Ordem dos Advogados
RPCC	Revista Portuguesa de Ciência Criminal
STJ	Supremo Tribunal de Justiça
StPO	Código Processual Alemão
TC	Tribunal Constitucional
TEDH	Tribunal Europeu dos Direitos do Homem
TEP	Tribunal de Execução de Penas

BIBLIOGRAFIA

A., M., «Algumas observações sobre a 2ª edição do projecto do código do processo criminal, feitas depois de uma rápida leitura do mesmo projecto», *RLJ*, 14º ano.

AARNIO, Aulis, «La tesis de la única respuesta correcta y el principio regulativo del razionamiento jurídico», *Doxa*, nº 8, 1990.

– *Le Rationnel Comme Raisonable*, E. Story-Scientia, L.G.D.J., Paris, 1992.

AARNIO, MACCORMICK, Aulis, D. Neil, *Legal Reasoning*, Dartmouth, Aldershot, 1992.

ABREU, Carlos Pinto de, «Do dever de fundamentação das decisões penais em matéria de facto», *Revista Jurídica*, nº 23, Novembro 1999.

AESCHLIMANN, J. *Einführung in das Strafverfahren*, Stämpli Verlag AG, Bern, 1999.

AFONSO, Orlando, «A independência do poder judicial. Garantia do Estado de Direito», *Sub judice*, nº 14, 1999.

AGRO, LAVAGNA, SCOCA, VITUCCI, António S., Carlo, Franco, Paolo, *La Costituzione Italiana, Annotata com la Giurisprudenza della Corte costituzionale*, UTET, Torino, 1979.

AGUILERA, Abel Téllez, *Dicionário de Ciências Penales*, Edisofer, Madrid, 2000.

ALBERGARIA, Pedro Soares de, «Considerações sobre o processo sumaríssimo em processo penal», *Maia Jurídica*, Ano II, Número 1, Janeiro-Junho, 2004.

– *Plea Bargaining*, Almedina, Coimbra, 2007.

– «Os Processos especiais na revisão de 2007 do código de processo penal», *RPPC*, Ano 18, nº 4, Outubro-Dezembro, 2008

ALBUQUERQUE, Paulo Pinto de, *A Reforma da Justiça Criminal em Portugal e na Europa*, Almedina, Coimbra, 2005.

– *Direito Prisional Português e Europeu*, Coimbra Editora, Coimbra, 2006.

– *Comentário do Código Penal à luz da Constituição da República Portuguesa e da Convenção Europeia dos Direitos do Homem*, Universidade Católica Editora, Lisboa, 2008.

– *Comentário ao Código de Processo Penal*, Universidade Católica Editora, Lisboa, 2009.

ALEXY, Robert, «Justicia como corrección», *Doxa*, nº 26, 2003.

– *La Institucionalización de la Justicia*, Editorial Comares, Granada, 2005.

– *Teoria de la Argumentación Jurídica*, 2ª edición, Centro de Estúdios Políticos y Constitucionales, Madrid, 2007.

ALMEIDA, Dário Martins, *O Livro do Jurado*, Almedina, Coimbra, 1978.

AMELUNG, Knut «Constitution et procès penal en Allemagne», *Revue de Science Criminelle et Droit Pénal Comparé*, nº 2 Avril-Juin, 1994.

AMODIO, E., «Motivazione della sentenza penale», *Enciclopédia del Diritto*, XXVII, Giuffrè, Milano,

– «Libero Convincimento e Tassatività dei mezzi di prova: un approccio comparativo», *Rivista Italiana di Diritto e Procedura Penale*, Fasc. 1., Gennaio, 1999.

- «Giusto processo, procés équitable e fair trial: la riscoperta del giusnaturalismo processuale in Europa», *Rivista Italiana di Diritto e Procedura Penale*, Fasc. 1-2, Gennaio-Giugno, 2003.

ANCEL, Jean Pierre, «Les opinions dissidentes», in *Cycle de conférences annuellles sur les méthodes de jugement*, Grand Chambre, Cour de Cassation, Paris, Octobre 2005 (disponível in www.courdecassation.fr/colloques), consulta 2.02.2009

ANDRADE, José Carlos Vieira de, *Os Direitos Fundamentais na Constituição Portuguesa de 1976*, Almedina Coimbra, 1987.

- *O Dever de Fundamentação Expressa de Actos Administrativos*, Almedina, Coimbra, 1992.

ANDRADE, Lédio Rosa, «Brasil: derecho penal diferenciado», *Jueces para la Democracia, Información y Debate*, nº 42, Noviembre, 2001.

ANDRADE, Manuel da Costa, «Consenso e oportunidade (reflexões a propósito da suspensão provisória do processo e do processo sumaríssimo), Centro de Estudos Judiciários, *Jornadas de Direito Processual Penal. O Novo Código de Processo penal*, Almedina, Coimbra, 1991.

- *Sobre as Proibições de Prova em Processo Penal*, Coimbra Editora, Coimbra, 1992.

- «Conferência Parlamentar. A revisão do código de processo penal», Assembleia da Republica, *Código de Processo Penal, Volume II, Tomo II*, Lisboa, 1999.

- «"Bruscamente no Verão Passado", a reforma do Código de Processo Penal – Observações críticas sobre uma lei que podia e devia ter sido diferente», *RLJ*, Ano 137º, nº. 3949, Março-Abril, 2008.

ANTUNES, DIAS, Carlos Henggeler, Luís Cândido (coordenação), *Decisão, Perspectivas Interdisciplinares*, Imprensa da Universidade de Coimbra, Coimbra, 2007.

ANTUNES, Maria João, «Anotação ao Acórdão do Supremo Tribunal de Justiça de 6 de Maio de 1992», *RPCC*, 1994, tomo 4.

- «O segredo de justiça e o direito de defesa do arguido sujeito a medida de coacção», AAVV, *Liber Disciplinorum para Jorge de Figueiredo Dias*, Coimbra Editora, Coimbra, 2003.

- *Notas Complementares para a cadeira de Direito e Processo Penal da Faculdade de Direito da Universidade de Coimbra*, policopiado, Coimbra, 2006-2007.

ARAUJO, Jose A. Estévez, «Crisis de la soberania estatal y constitución multinivel», *Anales de la Cátedra Francisco Suarez*, nº 40, 2006.

ARLEN, Mary Arden, «Una question de estilo? La forma de las sentencias en los sistemas jurídicos anglo-americanos», *Jueces para la Democracia, Información y Debate*, nº 65, julio, 2009.

ARROW, Kenneth, *Social Choice an Individual Values*, Yale University Press, New Haven and London, 1968.

ARUS, Francisco Bueno, «Panorama moderno de la pena de prison», *BFDUC*, Volume LXX, 1994.

- «El Consejo de Europa y el derecho penitenciário», in José Luiz Diez Ripollés, Carlos Maria Romeo Casabona, Luis Gracia Martin, Juan Felipe Higuera Guimerá (Editores), *La Ciência del Derecho Penal Ante el Nuevo Siglo*, Tecnos, Madrid, 2002.

ASSEMBLEIA DA REPÚBLICA, *Código de Processo Penal, (III Volumes)* Lisboa, 1999.

ASSOCIAZIONE TRA GLI STUDIOSI DEL PROCESO PENALE, *Il Libero Convincimento del Giudice Penale. Vecchie e Nuove Esperienza*, Milano Giuffrè, 2004.

ASSUNÇÃO, Maria Leonor, «Sobre o processo sumaríssimo», *Scientia jurídica*, Tomo L, nº 291, Setembro-Dezembro 2001.

ATIENZA, Manuel, «Para una razonable definición de "razonable"», *Doxa* nº 4, 1987.

- «Sobre lo razonable en el derecho», *Revista Española de Derecho Constitucional*, Año 9, Número 27, 1989.

- «Los limites de la interpretación constitucional. De nuevo sobre los casos trágicos»,

Anuário de la Facultad de Derecho de la Universidad Autónoma de Madrid 1 (1997), 1997.
- «Entrevista a A. Aarnio», *Doxa*, nº 21, 1998, I Volume.
- «Entrevista a Robert Alexy», *Doxa*, nº 24, 2001.
- *As Razões do Direito. Teorias da Argumentação Jurídica*, Landy Editora, São Paulo, 2002.
- «Sobre la argumentación en materia de hechos. Comentario a las tesis de Perfecto Ibañez», *Jueces para la Democracia, Información y Debate*, nº 22, 2, 1994.
- *Tras la Justicia*, Ariel, Barcelona, 2008.

AVRIL, Pierre, *La Republique*, Montchrestien, Paris, 2001.

BADINTER, Robert, «Une si longue défiance», *Pouvoirs*, nº 74, 1995.

BACHE, FLINDERS, Ian, Mattew (edi.), *Multi-Level Governance*, Oxford, 2005.

BARREIROS, José António, «Eficácia e garantia do modelo de recursos penais», Conceição Gomes, José Mouraz Lopes (coord.), *Reforma Penal de 2007*, Coimbra Editora, Coimbra, 2009.

BARRETO, Ireneu Cabral, «Notas para um processo equitativo. Análise do artigo 6º da Convenção Europeia dos Direitos do Homem à luz da Jurisprudência da Comissão e do Tribunal Europeu dos Direitos do Homem», *Documentação e Direito Comparado*, 1992, nº 49/50, 1992.
- *A Convenção Europeia dos Direitos do Homem, Anotada*, Coimbra Editora, Coimbra, 1999.

BARTOLI, Sérgio, «Opinion dissidenti: problemi istituzionali e cauteli procedurali», *Politica del Diritto*, Volume XXV, nº 2, Giugno, 1994.

BASSIOUNI, M. Cherif, «Il libero convincimento del giudice nei grandi sistema di giustizia penale», *Il Libero Convincimento del Giudice Penale. Vecchie e Nuove Esperienza. Atti del Convegno, Siracusa*, Associazione Tra Studiosi Del Proceso penale, Giuffrè Editore, Milano, 2004.

BASTAR, MOUHANNA, Benoit, Christian, *Une Justice dans l'Urgence*, Puf, Paris, 2008.

BELLEAU, JOHNSON, Marie Claire, Rebecca, «La dissidence judiciaire: réflexions préliminaires sur les émotions, la raison et les passions du droit/Judicial Dissent: Early Reflections on Emotion, Reason and passion in Law», in Marie-Claire Belleau et François Lacasse, dir., *Claire L'Heureux-Dubé à la Cour Suprême du Canada, 1887-2002/Claire L'Heureux-Dubé at the Supreme Court of Canada*, 1987-2002, Québec, Wilson & Lafleur, 2004.
«Les opinions dissidentes au Canada», in *Cycle de conférences annuellles sur les méthodes de jugement*, Grand Chambre, Cour de Cassation, Paris, Octobre 2005 (www.courdecassation.fr/colloques – consulta 2.02.2009).

BERGER, Vincent, *Jurisprudence de la Cour Européenne des Droits de L'Homme*, Editions Sirey, Paris, 2000.

BERGHOLTZ, Gunnar, «Ratio et Autorictas: algunas reflexiones sobre la significacion de las decisiones razonadas», *Doxa*, nº 8, 1990.

BERNAL, Francisco Chamorro Bernal, *La Tutela Judicial Efectiva*, Bosch, Barcelona, 1994.

BERNASCONI, Paolo, «Provvedimenti coercitivi riguardanti banche e imprese secondo il nuovo codice svizzero di procedura penale», *Rivista Trimestrale di Diritto Penale dell'Economia*, Anno XX, nº 4, Ottobre-Dicembre 2008.

BESSELINK, L.F.M., *A Composite European Constitution*, Europa Law Publishing, Groningen, 2007.

BINDER, Alberto M., «Tensiones politico criminales en el proceso penal», *Jueces para la Democracia, Información y Debate*, nº 60, noviembre, 2007.

BLONDEL, Jean Blondel, «Il modelo svizzero; un futuro per l'Europa?», *Rivista Italiana di Scienza Politica*, nº 2, 1998.

BOBBIO, Norberto «Quale giustizia, quale legge, quale giudice», *Questione Giustizia*, 2004, nº 1.

BOENTE, Sónia Esperanza Rodrigues, *La Justificación de las Decisiones Judiciales. El artículo 120.3 de la Constitución Española*, Universidade de Santiago de Compostela, Santiago de Compostela, 2003.

BONETTI, Michelle «Tutella della riservatezza ed âmbito penitenziario», *Rivista Italiana di Diritto e Procedura Penale*, Fasc. 3 Luglio-Settembre, 2004.

BORÉ, Louis, «La motivation des decisions de justice et la Convention Européenne des Droits de l'Homme», *La Semaine Juridique*, nº 3, Janvier, 2002.

BORGES, Hermenegildo, *Vida, Razão e Justiça. Racionalidade Argumentativa na Motivação Judiciária*, Minerva, Coimbra, 2005.

BORRE, Giuseppe, «Sentenza n. 2/1994 della Corte Costituzionale. Un experienza di opinione dissenziente», *Questione Giustizia*, nº 2-3, 1994.

BRANDÃO, Nuno, «Contrastes jurisprudenciais: problemas e respostas processuais», *Liber Discipulorum para Jorge de Figueiredo Dias*, Coimbra Editora, Coimbra, 2003.

– «Medidas de coacção: o procedimento de aplicação na revisão do Código de Processo Penal», *Revista do CEJ*, nº 9, 1º Semestre de 2008.

BRAZ, Manuel Joaquim, «As medidas de coacção no Código de processo penal revisto. Algumas Notas», *Colectânea de Jurisprudência*, Ano XXXII, Tomo IV, 2007.

BRITO, Jose de Sousa e, «A Lei Penal na Constituição», *Estudos sobre a Constituição*, coordenação de Jorge Miranda, Livraria Petrony, Lisboa, 1978

BRUINSMA, Fred. J. «The Room at the Top: Separate Opinions in the Grand Chambers of the ECHR (1998-2006)», *Ancilla Iuris* (www.anci.ch), 2008.

BRÜHLMEIER, von Beat, *Aargauische Strafprozessardrung: Kommentar*, 2. Auflage Kelleer Verlag, Aargau, 1980.

BÜLLESBACH, Alfred, «Princípio da teoria dos sistemas», Arthur Kaufmann, Winfried Hassemer, *Introdução à Filosofia do Direito e à Teoria do Direito Contemporâneas*, Fundação Calouste Gulbenkian, Lisboa, 2002

CABRERA, Ana Maria del Gesso, «Lenguage y derecho. El discurso jurídico, un discurso connotado», *Critica Juridica*, nº 13, 1993.

CAETANO, Marcello Caetano, *Constituições Portuguesas*, 4ª edição, Verbo, Lisboa, 1978.

CADIET, Loïc (direction), *Dictionnaire de la Justice*, Puf, Paris, 2004.

CALVO, Alberto Pérez, «El Derecho Constitucionaly los Nuevos Modos de OrganizaciónPolítica»,www.uned.es/dpto.derecho.politico/Ponencia%20A%Perez%20 Calvo%.pdf (consulta em 28.07.2008).

CAMPBELL, Ian B., «Réflexions autour de la rédaction de la décision de justice», *Revue International de Droit Comparé*, 50º année, nº 3 Juillet-Setembre 1998, página 836.

CAMPBELL, N.R., «The duty to give reasons in administrative law», *Public Law*, Summer, 1994.

CANIVET, Guy, «Les influences croisées entre juridictions nationales et internationales. Éloge de la bénévolence des juges», *Revue de Science Criminelle et Droit Pénal Comparé*, octobre/décembre 2005.

CANOTILHO, J.J. Gomes, *Direito Constitucional e Teoria da Constituição*, 3ª edição, Almedina, Coimbra, 1999.

– «Anotação ao Acórdão do Tribunal Constitucional nº 70/90», *RLJ*, ano 123, nº 3792, 1990.

– *"Brancosos" e Interconstitucionalidade*, Almedina, Coimbra, 2006.

– «Entre a justiça e a prudência. Uma carta para o Centro de Estudos Judiciários», *Revista do CEJ*, Número 4, 1º Semestre, 2006.

– «Julgar e decidir entre a antecâmara e a racionalidade da decisão», *Revista do CEJ*, nº 7, 1º Semestre de 2007.

– «Princípios. Entre a sabedoria e a aprendizagem.», *Ars Iudicandi. Estudos em Homenagem ao Prof. Doutor António Castanheira Neves*, Coimbra Editora, 2008.

BIBLIOGRAFIA

CANOTILHO, MOREIRA, J.J. Gomes, Vital, *Constituição da República Portuguesa, Anotada*, 3ª edição, revista, Coimbra Editora, 1993.

– *Constituição da República Portuguesa, Anotada*, Volume I, Coimbra Editora, 2007.

CANTON, Fernando Diaz, *La Motivación de la Sentencia penal y otros Estúdios*, Editores del Puerto, Buenos Aires, 2005.

CANZIO, Giovanni, «I potteria di cognizione e di decisione del giudice "preliminare", in tema di liberta personale: una rilettura del quadro normativo», *Legislazione Penale*, 1999.

– «Le due riforme processuali del 2006 a confronto: vizio di motivazione, autosufficienza del ricorso e accesso agli atti nei giudizi civili e penali di legittimità», *Rivista Italiana di Diritto e Procedura Penale*, Fasc. 1 Gennaio-Marzo, 2007.

CAPONE, A., «Diritto à la prova e obbligo di motivazione», *L'Indice Penale*, 2002, número 1.

CARACCIOLO, Ricardo A., «Derecho y decisiones colectivas», *Revista de Centro de Estúdios Constitucionales*, nº 10, 1991.

CARDET, Christophe, «Les procédures disciplinaires en prison: entre spécialisation des fonctions et spécificité des "juridictions"», *Revue de Science Criminelle et Droit Pénal Comparé*, nº 4 Octobre /Décembre 2006.

CARDOZO, Benjamin, «Law and literature», *Yale Law Revue*, nº 14, 1925.

CARMO, Rui do, «A prova documental e a prova pericial no código de processo penal», *in* Manuel Monteiro Guedes Valente, (coord.), *I Congresso de Processo Penal*, Almedina, Coimbra, 2005.

CARRERA, GEYER, Sérgio, Florian, «El Tratado de Lisboa y un Espacio de Libertad, Seguridad y Justicia: excepcionalismo y fragmentación en la Unión Europeia», *Revista de Derecho Comunitário Europeu*, nº 29, 2008.

CARRILHO, Maria Carrilho (dir.), *Dicionário do Pensamento Contemporâneo*, Círculo de Leitores, 1991.

CARTIER, Marie Elisabeth, «La judiciarisation de l'exécution des peines», *Revue de Science Criminelle et de Droit Pénal Comparé*, nº 1 Janvier-Mars, 2001.

CASALMIGLIA, Albert, «Justicia, eficiência e direito», *Revista del Centro de Estúdios Constitucionales*, nº 1 Septiembre-diciembre, 1988.

CASTRO, Aníbal de Castro, *Impugnação das Decisões Judiciais*, Livraria Petrony, Lisboa, 1984.

CASTRO, Artur Anselmo de Castro, *Direito Processual Civil Declaratório*, Almedina, Coimbra, 1982, Volume III.

CASTRO, Jose Luis Cascajo, «La figura del voto particular en la jurisdiction constitucional española», *Revista Española de Derecho Constitucional*, nº 17, Maio/agosto, 1986.

CAVALLO, Vicenzo *La Sentenza Penale*, Napoli, 1936.

CÉDRAS, Jean «La célérité du procès penal dans le droit de la common law», Association International de Droit Penal, «La célerité de la procedure pénale», *Revue Internationale de Droit Penal*, 66º Année, 1995.

CHIAVARIO, Mário (a cura), *Procedura Penale d'Europa*, Cedam, Padova, 2001.

CHOUKR, AMBOS, Fauzi Hassan, Kai, (coord.), *Processo Penal e Estado de Direito*, São Paulo, 2002.

CLERC, François, «Le problème des procedures accélerées en Suisse», *Archives de Politique Criminelle*, nº 5, 1982.

COHENDET, Marie-Anne, «La collégialité des jurisdictions: un principe en voie de disparition?», *Revue Française de Droit Constitutionnel*, nº 68, 2006.

COMANDUCCI, Paolo, «La motivazione *in* fatto», *in La Conoscenza del Fatto nel Processo Penale*, Giulio Ubertis (a cura), Giuffrè Editore, Milano, 1992.

COMETTI, Jean-Pierre, «Racionalidade e comunicação», *Dicionário do Pensamento Contemporâneo*, Manuel Maria Carrilho (dir.) Circulo de Leitores, 1991.

CONDE, Francisco Muñoz, *La Búsqueda de la Verdad en el Proceso Penal*, Hammurabi, Buenos Aires, 2007.

CONSELHO DA EUROPA, *Politique Pénale en Europe*, éditions du Conseil de l'Europe, Strasbourg, 2005.

– *Régles Pénitenciaires Européennes*, éditions du Conseil de l'Europe, Strasbourg, 2006.

CONSTANT, J., J. Constant, «Propôs sur la motivation des jugements et arrêts en matiére répressive», *Revue de Droit Pénal et Criminologie*, nº 3, Décembre, 1970.

CORDERO, Franco, *Procedura Penale*, (6ª edizione), Giuffrè, Milano, 2001.

– *Procedura Penale*, (8ª edizione), Giuffrè, Milano, 2006.

CORDOPATI, Francesco, «La ratio decidendi», *Rivista di Diritto Processuale*, Anno XLV, seconda série nº 1, Gennaio-Marzo 1990.

CORREIA, Eduardo, *Lições de Processo Penal, Conforme as prelecções do Prof. Dr. Eduardo Correia ao 4º ano jurídico de 1946-1947, por J. Rodrigues Pereira*, Coimbra, policopiado, 1947.

– «Parecer da Faculdade de Direito da Universidade de Coimbra sobre o artigo 653º do projecto, em 1ª revisão ministerial de alteração ao código de processo civil», *BFDUC*, Volume XXXVII, 1961.

– «Les preuves en droit penal portugais», *Revista de Direito e Estudos Sociais*, nº 14, 1967.

– *Direito Criminal I*, Almedina, Coimbra, 1971.

CORREIA, Fernando Alves, «Os Direitos Fundamentais e a sua protecção jurisdicional efectiva», *BFDUC*, Coimbra, 2003.

CORREIA, João Conde, *Contributo para a análise da inexistência e das nulidades processuais penais*, Coimbra Editora, Coimbra, 1999.

– «Concordância judicial à suspensão provisória do processo: equívocos que persistem», *Revista do Ministério Público*, Ano 30, nº 117, Janeiro-Março, 2009.

CORSTENS, Geert, «La célerité de la procédure pénale aux Pays Bas», *Revue Internationale de Droit Pénale*, 66 éme Année, 1995.

CORTÊS, António Ulisses, «A fundamentação das decisões no processo penal», *Direito e Justiça*, Volume XI, tomo 1, 1997.

COSTA, A. Almeida Costa, «Passado, presente e futuro da liberdade condicional», Separata do *BFDUC*, 1989.

COSTA, Eduardo Maia, «Motivação da matéria de facto», Anotação ao Acórdão nº 680/98 do Tribunal Constitucional de 2 de Dezembro de 1998», *Revista do Ministério Público*, nº 78, 1999.

COSTA, LOPES, Eduardo Maia/José Mouraz, «Entrevista a Luigi Ferrajoli», *Julgar*, nº 6, Setembro – Dezembro, 2008.

COSTA, José de Faria, «Diversão (desjudicialização) e mediação: que rumos?», *BFDUC*, volume LXI, 1985

– *O perigo em direito penal*, Coimbra Editora, 1992.

– «Consenso, verdade e direito», *BFDUC*, nº 77, 2001.

– «A informação, a honra, a crítica e a pós-modernidade (ou os equilíbrios instáveis do nosso desassossego), Anotação ao Acórdão de 28 de Setembro de 2000 do TEDH, *RPCC*, ano 11, Fasc. 1º, Janeiro-Março de 2001.

– «O fenómeno da globalização e o direito penal económico», *Revista Brasileira de Ciências Criminais*, nº 34, Abril-Junho, 2001.

– «O direito penal e o tempo (algumas reflexões dentro do nosso tempo em redor da prescrição)», Separata do *BFDUC*, Volume Comemorativo, 2002.

– «Construção e interpretação do tipo legal de crime à luz do princípio da legalidade: duas questões ou um só problema?», *RLJ*, ano 134, 2002.

– *Linhas de Direito Penal e Filosofia*, Coimbra Editora, 2005.

– «O direito, a justiça e a terceira pessoa», in *O Direito e o Futuro*, António José Avelãs Nunes, Jacinto Nelson de Miranda Coutinho (coord.), Almedina, Coimbra, 2008.

- *Noções Fundamentais de Direito Penal*, Coimbra Editora, Coimbra, 2009.
- COSTA, José Gonçalves da Costa, «O Sistema Judiciário Português», *BFDUC, LXXIV,* 1998.
- «Recursos», Centro de Estudos Judiciários, *Jornadas de Direito Processual Penal. O Novo Código de Processo penal,* Almedina, Coimbra, 1989.
- COUVRAT, Pierre, «Le dificile passage du guê. De la decision d'administrstion judiciaire à la decision jurictionelle», *Revue de Science Criminelle et Droit Pénal Comparé,* nº 2, Avril-Juin, 2001.
- CUNHA, José Manuel Damião, *O Caso Julgado Parcial. Questão da Culpabilidade e Questão da Sanção num Processo de Natureza Acusatória,* Universidade Católica, Porto, 2002.
- DALIA, FERRAIOLI, António, Marzia, *Manuale di Diritto Processuale,* Cedam, Padova, 2000.
- DANTI-JUAN, Michel, «Les reformes recentes de la justice française après l'affaire Outreau», *Revue de Droit pénal et de Criminologie,* Septembre-Octobre 2008.
- DARBÉDA, Pierre Darbéda, «Détenus en surnombre? À propôs de la Recommandation du 30 sepetembre 1999 du Conseil de l'Europe», *Revue de Science Criminelle et Droit Pénal Comparé,* nº 2 Avril-Juin 2000.
- DELMAS-MARTY, Mireille, (sous la direction), *Procédures Pénales d'Europe,* Puf, Paris, 1995.
- DELMAS-MARTY, Mireille, *La Refondation des Pouvoirs,* Seuil, Paris, 2007.
- DENNINGER, GRIMM, Erhard e Dieter, *Derecho Constitucional para la Sociedade Multicultural,* Editorial Trotta, Madrid, 2007.
- DEU, Teresa Armenta, «El nuevo proceso penal Español: proceso abreviado», *Themis,* nº 11, 2005.
- DEUMIER, Pascale, «Création du droit et rédaction des arrêts par la Cour de Cassation», *Archives de Philosophie du Droit,* nº 50, 2006.
- DE VITA, Anna, «Aperçu Comparatif», *Révue Internationale de Droit Comparé,* 50ºéme année, nº 3, Juillet-Septembre 1998.

- DIAS, Figueiredo Jorge, *Direito Processual Penal,* Coimbra Editora, Coimbra, 1981.
- *Direito Processual Penal, Lições coligidas por Maria João Antunes,* policopiadas, Coimbra, 1988-9.
- «Para uma reforma global do processo penal português – da sua necessidade e de algumas orientações fundamentais», *Para uma Nova Justiça Penal,* Almedina, Coimbra, 1983.
- *Direito Penal Português, As consequências jurídicas do crime,* Aequitas, Editorial Notícias, Lisboa, 1993.
- «Os princípios estruturantes do processo e a revisão de 1998 do Código de Processo Penal», *RPCC,* Ano 8, Fasc. 2, 1998.
- «Nótulas sobre temas de Direito Judiciário», *RLJ,* ano 127, nº 3850, 1995.
- «A pretensão a um juiz independente como expressão do relacionamento democrático entre o cidadão e a justiça», *Sub judice,* nº 14, 1999.
- «O processo penal português. Problemas e perspectivas», *Que futuro para o direito processual penal?,* Coimbra Editora, Coimbra, 2008
- «Sobre a revisão de 2007 do Código de Processo penal português, *RPPC,* Ano 18, nº 2-3, Abril-Setembro, 2008.
- DIAS, ANDRADE, Jorge Figueiredo, Manuel da Costa, *Criminologia,* Coimbra Editora, Coimbra, 1984.
- DIAS, RODRIGUES, Jorge Figueiredo, Anabela, «Segredo de deliberação e votação em processo penal. Proibição de declaração de voto», *RPCC,* Ano 5, 3º e 4º, 1995.
- DIMOULIS, LUNARDI, Dimitri, Soraya Gasaparetto, «A verdade e a justiça constituem finalidades do processo penal?», *Sequência,* nº 55, Dezembro, 2007.
- DINIS, Monteiro, «A revisão constitucional. As magistraturas e os tribunais», Sindicato dos Magistrados do Ministério Público, *A revisão Constitucional. O Processo Penal e os Tribunais,* Livros Horizonte, Lisboa, 1981.

DOLCINI, Emílio, «Pene detentive, pene pecuniarie, pena limitative della liberta personale: uno sguardo sulla prassi», *Rivista Italiana di Diritto e Procedura Penale*, Fasc. 1 Gennaio-Marzo, 2006.

DONINI, Massimo, «Escenarios del derecho penal en Europa a princípios del siglo XXI», Santiago Mir Puig, Mirentxu Corcoy Bidasolo (dir.), *La Politica Criminal en Europa*, Atelier, Barcelona, 2004.

DWORKIN, Ronald, *Los Derechos en Serio*, Ariel, Barcelona, 1984.

– *Uma Questão de Princípio*, Martins Fontes, São Paulo, 2000.

DUARTE, Rui Pinto, «Algumas notas acerca do papel da "convicção-crença" nas decisões judiciais», *Themis*, ano 6, 2003.

DUPUIT, Joseph, «Algunos aspectos de la unification del procedimiento en Suiza», *Anuário de Derecho Penal*, 2004.

EECKHOUT, TRIDIMAS, P., T. (eds), *Yearbook of European Law*, 26, 2007, Oxford University Press, 2007.

ENGISH, Karl, *Introdução ao Pensamento Jurídico*, Fundação Calouste Gulbenkian, Lisboa, 1979.

ENTERRIA, Eduardo Garcia (dir.), *La Encrucijada Constitucional de la Unión Europea*, Civitas, Madrid, 2002.

ESPARZA, Julio Muerza, *El Proceso Penal Abreviado*, Aranzadi Editorial, Madrid, 2002.

ESPINAR, José Miguel Zugalda, «El derecho a obtener una sentencia motivada y la individualización de la pena», *Poder Judicial*, 2ª época, número 18, 1990.

EVANGELISTA, «La motivazionne della sentenza civile», *Enciclopedia del Diritto*, T. XXVII, Giuffrè, Milano, 1977.

FABRI, SOREL, Hélène Ruiz, Jean Marc (dir.), *La Motivation des Décisions des Jurisdictions Internationales*, Editions A. Pedone, Paris, 2008.

FALLER, Catherine, «Historique de la médiation pénale dans le Code de procedure pénale suisse: de son introduction à sa supression», *Revue Penale Suisse*, Tome 127, 1, 2009.

FERNANDES, Fernando, *O Processo Penal como Instrumento de Política Criminal*, Almedina, Coimbra, 2001.

FERNANDÉZ, EDERRA, Sobral, Prieto, *Psicologia y Ley. Un Examen de las Decisones Judiciales*, Eudema, Madrid, 1994.

FERRAJOLI, Luigi, *Derecho y Razón*, Editorial Trota, Madrid, 1997.

– *Los Fundamentos de los Derechos Fundamentales*, Editorial Trotta, Madrid, 2001.

– «Las garantias constitucionales de los derechos fundamentales», *Doxa*, nº 29, 2006.

– «Garantismo e Direito Penal», *Julgar*, nº especial, «Qualidade da Justiça nas democracias do século XXI», Setembro-Dezembro, 2008.

FERREIRA, Aurélio Buarque de Holanda, *NOVO AURÈLIO Século XXI: o Dicionário da Língua Portuguesa*, Editora Nova Fronteira, Rio de Janeiro, 1999.

FERREIRA, Manuel Marques Ferreira, «Meios de Prova», Centro de Estudos Judiciários, *Jornadas de Direito Processual Penal. O Novo Código de Processo Penal*, Almedina, Coimbra, 1991.

– «Da fundamentação da sentença penal em matéria de facto», *Revista Jurídica de Macau*, Janeiro, Abril, 1997.

FERRIZ, SORIANO, Remédio Sánchez, Maria Vicenta Garcia, *Suiza, Sistema Político y Constitución*, Centro de Estúdios Políticos Constitucionales, Madrid, 2002.

FIDALGO, Sónia, «O processo sumaríssimo e a revisão do código de processo penal», *Revista do CEJ*, nº 9, 1º semestre, 2008.

– «O consenso no processo penal: refexões sobre a suspensão provisória do processo e o processo sumaríssimo», *RPCC*, Ano 18º, nº 2-3, Abril-Setembro, 2008.

FIGUEIREDO, Joaquim Roseira de, «Organização judiciária», *ROA*, Ano 32, 1972.

FIGUEROA, Alfonso Garcia, «Palavras, palabras, palabras...De lo que el derecho les dice a los jueces», *Jueces para la Democracia, Información y Debate*, nº 36, noviembre 1999.

FISCHER III, HORWITZ, REED, William W., Morton J., Thomas A., *American Legal Realism*, Oxford University Press, New York, 1993.

FISS, Owen, *El Derecho como Razón Pública*, Marcial Pons, Madrid, 2007.

FLORA, Giovanni, «La Liberazione condizionale: quale futuro?», *BFDUC*, Volume LXV, 1989.

FONSECA, Guilherme da Fonseca, «A responsabilidade civil por danos decorrentes do exercício da função jurisdicional (em especial o erro judiciário)», *Julgar*, nº 5 Maio--Agosto, 2008.

FOSCHINI, Gaetano, «Dibattimento», *Enciclopédia del Diritto*, XII, Giuffrè Editore, Milano, 1964.

GADAMER, *Verdad y Método*, Ediciones Sigueme, Salamanca, 1997.

GAMBINI, Rosana, «Uno sguardo all'experienza inglese in tema di accelerazione dei procedimenti», *Questione Gustizia*, nº 6, 2002.

GANUZAS, Francisco, *El Voto Particular*, Centro de Estudios Constitucionales, Madrid, 1990.

GARAPON, Antoine, «La question du juge», *Pouvoirs*, nº 74, 1995.

GARAPON, ALLAR, Antoine, Julie, *Os Juizes na Mundialização*, Instituto Piaget, Lisboa, 2006.

GARCIA, António Gonzalez-Cuellar «La libertad condicional: su futuro», *BFDUC*, Volume LXV, 1989.

GARCIA, A. Del Moral (dir.), *Recursos en el Orden Jurisdiccional Penal*, Consejo General del Poder Judicial, Madrid, 1995.

GARCIA, Eusébio Fernandez, «Los jueces buenos y los buenos jueces. Algunas sencillas reflexiones y dudas sobre ética judicial», *Derechos y Libertades*, Número 19, Época II, Junio, 2008.

GARCIA, Javier Hernandez, «Conocimiento cientifico y decision judicial. Como accede la ciencia al processo y como puede valorarse por los jueces?», *Jueces para la Democracia, Información y Debate*, nº 54, Noviembre, 2005.

GARCIA, Jesus I. Martinez, «Decisión jurídica y argumento de autoridad», *Anuario de Filosofia del Derecho*, Tomo I, 1984.

GARCIA, Nicolas Rodriguez, «Análisis de la nueva regulación del "principio del consenso" en el procedimento abreviado», *Liber Dicipulorum para Jorge Figueiredo Dias*, Coimbra Editora, Coimbra, 2003.

GAROFOLI, «Giudizio, regole e giusto processo. I tormentati itinerari della cognizioni penale», *Rivista Italiana di Diritto e Procedura Penale*, Fasc. 2, Aprile-Giugno, 2000.

GASPAR, António Henriques Gaspar, «Processos Especiais», Centro de Estudos Judiciários, *O Novo Código de Processo Penal*, Almedina, Coimbra, 1991.

– «A influência da CEDH no Diálogo Interjurisdicional», *Julgar*, nº 7, Janeiro-Abril, 2009.

GERKRATH, Jög «L'effet contraignant des arrêts de la Cour Européenne des droits de l'homme vu à travers le prisme de la Cour Constitutionnelle Allemande», *Revue Trimestrelle des Droits de L'Homme*, 17º eme Année, nº 67, Juillet, 2006.

GOFFINON, Jean Paul, «A propôs de l'arrêt Taxquet/Belgique» in *Justine, Bulletin de L'Association Syndicale des Magistrats*, nº 22, Mai, 2009.

GOMES, Carla Amado, «O Tratado de Lisboa. Ser ou não ser...reformador (eis a questão)», *Revista do Ministério Público*, nº 114, Abril-Maio, 2008.

GOMES, LOPES, Conceição, José Mouraz, (coord.), *Reforma Penal de 2007*, Coimbra Editora, Coimbra, 2009.

GOMES, Joaquim, «A motivação judicial em processo penal e as suas garantias constitucionais», *Julgar*, nº 6, Setembro-Dezembro, 2008.

GONÇALVES, Maia, *Código de Processo Penal, Anotado e Comentado*, Almedina, Coimbra, 1972.

- «Meios de Prova», Centro de Estudos Judiciários, *O Novo Código de Processo Penal*, Almedina, Coimbra, 1991.

GONZÁLEZ-CASTELL, Adán Carrizo, «Proceso penal en España. Mutaciones incontrolables?», Manuel Monteiro Guedes Valente (coord.), *II Congresso de Processo Penal*, Almedina, Coimbra, 2006.

GREVI, Vittorio, *Alla Ricerca di un Processo Penale Giusto*, Giuffré, Milano, 2000.

GRILLI, Luigi, *Il Dibattimento Penale*, CEDAM, Milano, 2003.

GUARNIERI, Carlo, *La Giustzia in Italia*, Il Muligno, Bologna, 2001.

GUARNIERI, PEDERZOLI, Carlo, Patrizia, *Los Jueces y la Política*, Taurus, Madrid, 1999.

GUT, Mattias, *Grundsätze und Ablauf des Ordentlichen Erstinstanzlichen Verfahrens der Schaffhauser Strafprozessordnung*, Schultess, Zürich, 1991.

HABERMAS, Jürgen, *Theorie de l'agir Communicationnel*, Payot, Paris, 1987.

- *Logique des Sciences Sociales et Autres Essais*, Puf, Paris, 1987.

- *Direito e Moral*, Instituto Piaget, Lisboa, 1999.

- *Racionalidade e Comunicação*, Edições 70, 2002.

- *L'Éthique de la Discusión et la Question de la Verité*, Grasset, Paris, 2003.

- *Facticidad y Validez*, Editorial Trotta, Madrid, 2008.

HÄBERLE, Peter, «La Svizzera come laboratório: politica costituzionale in vista della futura Grande Europa», *Quaderni Costituzionali*, n. 3, 1991.

HASSEMER, Winfried, «Palabras justas para un derecho justo?», *Persona y Derecho*, nº 35, 1996.

- «Processo Penal e direitos fundamentais», Maria Fernanda Palma (coord.), *Jornadas de Direito Processual penal e Direitos Fundamentais*, Almedina, Coimbra, 2004.

HAUSER, SCHWERI, HARTMAN, Rober, Enhard, Karl, *Schweizerisches Starfprozes-*

srecht, 6ª Aufl., Helbing &Lichtenhahn, Basel, 2005.

HERNÁNDEZ, Ignacio Colomer, *La Motivación de las Sentencias: sus Exigências Constitucionales y Legales*, tirant lo blanch, Valência, 2003.

HESPANHA, António Manuel, *O Caleidoscópio do Direito*, Almedina, Coimbra, 2008.

HESSEN, Johannes, *Teoria do Conhecimento*, Arménio Amado, Editor – sucessor, Coimbra, 1976.

HO, Hock Lai, «The judicial duty to give reasons», *Legal Studies*, nº 20, 2000.

- *A Philosophy of Evidence Law. Justice in the Search of Truth*, Oxford University Press, 2008.

HOMEM, António Pedro Barbas, *O Justo e o Injusto*, Associação Académica da Faculdade de Direito da Universidade de Lisboa, Lisboa, 2001.

- *Judex Perfectus, Função Jurisdicional e Estatuto Judicial em Portugal, 1640-1820*, Almedina, Coimbra, 2003.

HOMEM, PINTO, COSTA e SILVA, VIDEIRA, FREITAS, António Pedro Barbas, Eduardo Vera-Cruz, Paula, Susana, Pedro (coordenação), *O Perfil do Juiz na Tradição Ocidental*, Almedina, Coimbra, 2009.

HOUAISS, VILLAR, António, Mauro de Salles, *Dicionário Houaiss da Língua Portuguesa*, Círculo de Leitores, Lisboa, 1992.

HÜNERFELD, Peter, «A pequena criminalidade e o processo penal», *Revista de Direito e Economia*, Ano IV, nº 1, Janeiro-Junho, 1978.

- «La célérité dans la próceure penale en Allemagne», *Revue International de Droit Pénal*, 66 éme année, 1995

- «Le droit allemand», *Revue International de Droit Pénal*, 63 éme année, 1992.

HUTCHENSON Jr., Joseph C., «The judgment intuitive: the function of the "hunch" *in* judicial decision», *American Legal Realism*, William W. Fischer III, Morton J. Horwitz, Thomas A. Reed, Oxford University Press, New York 1993.

IACOVIELLO, Francesco *La Motivazione della Sentenza Penale e il suo Controllo in Cassazione*, Giuffré, Milano, 1997.

- «Motivazione della Sentenza Penale (controlo della)», *Enciclopédia di Diritto, Aggiornamenteo IV*, Giuffreé, 2000.

IACOBONI, Alessandro, *Prova Legale e Libero Convincimento del Giudice*, Giuffrè Editore, Milano, 2005.

IBÁÑEZ, Perfecto Andrès, «"Carpinteria" de la sentencia penal (en matéria de hechos)», *Revista del Poder Judicial*, nº 49, 1998.

- «A experiencia espanhola do Consejo General del Poder Judicial», *Sub judice*, nº 14, 1999.

- «Sobre el valor de la imediación (una aproximación critica), *Jueces para la Democracia, Información y Debate*, nº 46, Marzo, 2003.

- «Sobre prueba y motivacíon», *Jueces para la Democracia, Información y Debate*, nº 59, Júlio, 2007.

- «A profissão de juiz, hoje», *Julgar*, nº 1, 2007.

IBAÑEZ, ALEXY, Perfecto Andrès, Robert, *Jueces y Ponderación Argumentativa*, Universidad Nacional Autónoma de México, 2006.

INNERARTY, Daniel, «La ilustración sociológica de Niklas Luhmann», *Persona y Derecho*, nº 17, 1987.

ISASCA, Frederico, *A Alteração Substancial dos Factos e a sua Relevância no Processo Penal Português*, Almedina, Coimbra, 1992.

JACKSON, Bernard, «Truht or Proof: the criminal verdict», *International Journal of Law*, Vol. XI, nº 35, 1998.

- «Bentham, verdade e semiótica jurídica», *Liber Amicorum de José de Sousa Brito*, Almedina, Coimbra, 2009.

JACOBS, Ann Jacobs, «L'Arrêt *Cottin c. Belgique* ou l'irrésistible marche vers l'expertise contradictoire en matière penal», *Revue Trimestrelle des Droits de l'Homme*, 18eme Année, nº 69, Janvier, 2007.

JAMES, William, *O Pragmatismo*, Imprensa Nacional Casa da Moeda, Lisboa, 1997.

JARVERS, Konstanze, «Profili generali del direitto processuale penale tedesco», *Rivista Italiana di Diritto e Procedura Penale*, Ano XLVI, fasc. 3 Luglio-Settembre 2003.

JAUFFRET-SPINOSI, Camille, «Elaboration des décisions de justice», *Revue International de Droit Comparé*, 50º année, nº 3, Juillet-Septembre, 1998.

JEULAND, Emmanuel, «Motivation», Loïc Cadiet (direction), *Dicitionnaire de la Justice*, puf, Paris, 2004.

JÍMENEZ-BLANCO, Antonio, *Comentário a La Constitution*, Editorial Centro de Estudos Ramón Areces, S.A. Madrid, 1993.

JOUANNET, Emmanuelle, «La motivation ou le mystere de la boite noire», Hélène Ruiz Fabri et Jean-Marc Sorel (direct.), *La Motivation des Décisions des Juridictions Internationales*, Éditions A. Pedone, Paris, 2008.

KARLSRUHER KOMMENTAR STRAFPOZESSORDNUNG, 4. Auflage, München, Verlag C.H. Beck, 1999.

KAUFMANN, Arthur, *Filosofia do Direito*, Fundação Calouste Gulbenkian, 2004.

KAUFMANN, HASSEMER, Arthur, Winfried, *Introdução à Filosofia do Direito e à Teoria do Direito Contemporâneas*, Fundação Calouste Gulbenkian, Lisboa, 2002.

KUHN, André, «Le "plea bargaining" américain es-il propre à inspire le législateur suisse?», *Révue Penale Suisse*, tome 116/1, 1998.

- «La procédure pénale suisse selon le CPP unifié», *Revue de Droit Suisse*, Band 128, II, 2009.

KUHN, PERRIER, André, Camille, «Le project de code de procédure pénale unifiée et son incidence sur les organisations cantonales», *Revue Pénale Suisse*, Tome 125, n. 3 2007.

KÜNG-HOFER, *Die Beschleuniqung des Strafverfahenrs unter Wahrung der Rechtstaatlichkeit*, Peter Lang, Frankfurt am Main, Nancy, New York, 1984.

KUKATHAS, PETTIT, Chandran, Philip, *Rawls, «Uma teoria da justiça» e os seus críticos*, Gradiva, Lisboa, 1995.

LAGIER, D. Gonzalez, «Hechos y argumentos (racionalidad epistemológica y prueba de los hechos en el processo penal», *Jueces para la Democracia, Información y Debate*, nº 46, Marzo, 2003.

LAMBERT, Pierre, «Motivation des décisions de la Cour Européenne et frustration des justiciables», *Revue Trimestrelle des Droits de L'homme*, nº 69, 18eme Année, Janvier, 2007.

LAMBERT-ABDELGAWAD, Elisabeth, «L'emprisonnement des personnes condamnées par les juridictions pénales internationales», *Revue de Science Criminelle et Droit Pénal Comparé*, nº 2 Janvier-Mars 2003.

LAMEGO, José, «Fundamentação "material" e justiça da decisão», *Revista Jurídica da AAFDL*, nº 8, 1986.

LARIZZA, Sílvia, «Liberazione condizionale: verso l'abbandono della concezione premiale», *Rivista Italiana di Diritto e Procedura Penale*, Anno XXXIV, Fasc. 2 Aprile-Giugno, 1991.

LARRALDE, Jean-Manuel, «Les Règles Pénitentiaires Européennes, instrument d'humanisation et de modernisation des politiques carcérales», *Revue Trimestrelle des Droits de l'Homme*, 18 eme Année, nº 72, Octobre 2007.

LATANZI, Giorgio, *Codice di Procedura Penale, Annotato com la giurisprudenza*, Giuffrè, Milano, 2002.

LATAS, António «Intervenção jurisdicional na execução das reacções criminais privativas de liberdade na vigência do Decreto-Lei nº 265/79: aspectos práticos», *Direito e Justiça*, 2004.

LAVAGNA, Carlo, *La Costituzione Italiana. Comentata com la Decisioni delle Corte Costituzionale*, UTET, 1970.

LE BARR, Thierry, «Juge unique/collégialité», Loïc Cadiet (direction), *Dictionnaire de la Justice*, Puf, Paris, 2004.

LÉCUYER, Yannick, «Le secret du délibéré, les opinions séparés et la transparence», *Revue Trimestrelle de Droit de l'Homme*, nº 57, 2004.

LELIEUR, SAAS, WEIGEND, Juliette, Clair, Thomas, «Chronique de droit pénal constitutionnel allemand», *Revue de Science Criminelle et Droit Pénal Comparé*, nº 3, Juillet/Sepetembre, 2009.

LEITÃO, Helena, «Processos especiais: os processos sumário e abreviado no código de processo penal após a revisão operada pela Lei nº 48/2007, de 29 de Agosto», *Revista do CEJ*, nº 9, 1º Semestre de 2008.

LOPES, José António Mouraz, «A Responsabilidade civil do Estado pela privação da liberdade decorrente da prisão preventiva», *Revista do Ministério Público*, nº 88, 2001.

– «O Sistema penal e a interpretação jurisdicional. Sentido, valor e extensão do "voto de vencido" – os casos da natureza da declaração de especial complexidade do processo, das armas proibidas e do ónus de transcrição», *Polícia e Justiça*, III Série, nº 2, Julho-Dezembro, 2003.

– *A Tutela da Imparcialidade Endoprocessual no Processo Penal Português*, Coimbra Editora, Coimbra, 2005.

LOUREIRO, João, *O Procedimento Administrativo. Entre a Eficiência e a Garantia dos Particulares*, Coimbra Editora, Coimbra, 1995.

LOURENÇO, Paulo Lopes, *Fundamentação dos Actos Comunitários*, Coimbra Editora, Coimbra, 2002.

LUCA, Giuseppe de, «Il sistema delle prove penali e il principio del libero convincimento del nuovo rito», *Rivista Italiana di Diritto e Procedura Penale*, Anno XXXV, Fasc. 4, Ottobre-Dicembre, 1992.

LUCHAIRE, VEDEL, François, Georges, «Contre: le point de vue de deux anciennes membres du Conseil Constitutionnel», *Les cahiers du Conseil Constitutionnel*, nº 8, 2000.

LUCIO, A. Laborinho, «Subjectividade e motivação no novo processo penal», *RPCC*, Ano 1 nº 2.

LUHMANN, Niklas, *Legitimação pelo Procedimento*, Editora Universidade de Brasília, Brasília, 1980.

LUNARDI, DIMOULIS, Soraya Gasaparetto Lunardi, Dimitri «A verdade e a justiça constituem finalidades do processo penal?», *Sequência*, nº 55, Dezembro de 2007.

LUQUE, CANALES, Luís Aguiar de, Ricardo Blanco, *Constitucion Española. 1978.1988*, Centro de Estudos Constitucionales, Madrid, 1988.

LUTHER, Jorg, «L'experienza del voto disidente nei paesi di lengua tedesca», *Politica del Diritto*, Volume XXV, nº 2, Giugno, 1994.

LYNCH, Michael P., *La Importancia de la Verdad. Para una Cultura Publica Decente*, Paidós, Barcelona, 2005.

MACCORMICK, Neil, *Legal Reasoning and Legal Theory*, Clarendom Press, Oxford, 1978.

– «On legal decisions and their consequences: from Dewey to Dworkin» in Aulis Aarnio, Neil Maccormick, *Legal Reasonig*, Vol. II, Dartmonth, Alddershot, 1992.
«La argumentación y la interpretación en el Derecho», *Revista Vasca de Administración Pública*, nº 36, 1993.

MACCORMICK, WEINBERG, Neil, O., *Pour une Theorie Institutionelle du droit*, LGJG, Paris, 1992.

MADLENER, Kart, «Meios e métodos para alcançar-se no processo penal as metas do "prazo razoável" e de "celeridade". Observações a respeito da justiça alemã», *Que Futuro para o direito processual penal?*, Coimbra Editora, Coimbra, 2009.

MAGALHÃES, Pedro Coutinho, «Democratização e independência judicial em Portugal», *Análise Social*, nº 130,Vol. XXX, 1995.

MAIER, Júlio B., «Es la "imediacion una condicion de la condena penal?: un aspecto parcial de la lucha entre inquisicion vs.

composicion», *Jueces para la Democracia, Información y Debate*, nº 49, Marzo, 2004.

MALINVERNI, Alessandro, *Principi del Processo Penale*, G. Giappicheli Editore, Torino, 1972.

MANES, Vittorio, «La incidência de "las decisiones marco" en la interpretation en matéria penal: perfiles de dercho substantivo», *Revista Electrónica de Ciência Penal y Criminologia*, nº 9, 2007.

MARÍN, R. Hernandez, *Las Obligaciones Básicas de los Jueces*, Marcial Pons, Madrid, 2005.

MARISCAL, Nicolás, «La gobernanza de la Unión», *Cuadernos Europeos de Deusto*, Número 27, 2002.

MARKS, HOOGHE, BLANK, Gary, Liesbet, Kermit, «European Integration from 1980s: state-centric v. multi-level governance», *Journal of Commom Market Studies*, Vol. 34, Sep.1996.

MARTIN, Adān Nieto, «Fundamentos constitucionales del sistema europeo de dercho penal», *Direito e Cidadania*, Ano VII, nº 22, 2005.

MARTIN, Javier de Lucas, «Democracia y transparência. Sobre poder secreto y publicidad», *Annuario de Filosofia del Dercho*, VII, 1990.

MARTINEAU, François, *Tratado de Argumentação Judiciária*, Tribuna, Lisboa, 2006.

MASTOR, Wanda, «Essai sur la motivation des décisions de justice», *Annuaire Internacional de Justice Constitutionnelle*, XV, 1999.

– «Pour les opinions séparés au Conseil constitutionnel français», *Cycle de conférences annuelles sur les méthodes de jugement*, Grand Chambre, Cour de Cassation, Paris, Octobre 2005 (www.courdecassation.fr/colloques – consulta 2.02.2009).

MATTA, Paulo Saragoça da, «A livre apreciação da prova e o dever de fundamentação da sentença», *Jornadas de Direito Processual Penal e Direitos Fundamentais*, coord. Maria Fernanda Palma, Almedina, 2004.

MAZZARRA, Assunta, *La Rinnovazione del Dibattimento in Apello*, Cedam, Padova, 1995.

MELO A. Barbosa de, J.M. Cardoso da Costa, J.C. Vieira de Andrade, *Estudo e Projecto de Revisão da Constituição*, Coimbra Editora, Coimbra, 1981.

MENDES, João de Castro, *Direito Processual Civil, III Volume*, AADFL, Lisboa, 1987.

MENDONÇA, LOPES, Luis Correia de, José Mouraz, «Julgar: contributo para uma análise estrutural da sentença civil e penal», *Revista do CEJ*, nº 1, 2º semestre de 2004.

MENNA, Mariano, *La Motivazione del Giudizio Penale*, Pubblicazione della Facoltà Di Giurisprudenza della Seconda Università Ni Napoli, Casa Editrice Jovene, Napoli, 2000.

MERINO, Luis Benéytez, «Deontologia de la decision judicial», AA.VV. *Ética del Juiz y Garantias Procesales*, Consejo General del Poder Judicial, Madrid, 2005.

MESQUITA, Paulo Dá Mesquita, «Os processos especiais no código de processo penal português – respostas processuais à pequena e média criminalidade», *Revista do Ministério Público*, nº 68, 1996.

MEYER-GOSSNER, Lutz, *Strafpozessordnung*, 46. Auflage, München, Verlag C.H. Beck, Munchen, 2003.

MIHMAN, Alexis, *Juger à Temps*, L'Harmattan, Paris, 2008.

MIGUEL, Carlos Ruiz, «Hacia el fin del derecho Constitucional Europeu?», *BFDUC* nº 79, 2003.

MINISTÉRIO DA JUSTIÇA, *Relatório da Comissão de Estudo e Debate da Reforma do Sistema Prisional*, Almedina, 2005.

MIRANDA, Jorge, *Estudos sobre a Constituição*, (coordenação), Livraria Petrony, Lisboa, 1978.

– *Manual de Direito Constitucional, tomo I*, Coimbra Editora, 1981.

– *As Constituições Portuguesas*, Petrony, Lisboa, 4ª edição, 1997.

– *Manual de Direito Constitucional, tomo IV*, Coimbra Editora, Coimbra, 2000.

– «O perfil dos juízes nas constituições democráticas», in António Pedro Barbas Homem, Eduardo Vera-Cruz Pinto, Paula Costa e Silva, Susana Videira, Pedro Freitas (coordenação), *O Perfil do Juiz na Tradição Ocidental*, Almedina, Coimbra, 2009.

MITSILEGAS, Valsamis, «The transformation of criminal law in the "Area of Freedom, Security and Justice"», in P. Eeckhout, T. Tridimas (eds.), *Yearbook of European Law*, 26, 2007, Oxford Universiti Press, 2007.

MOLINE, José Cid, «El sistema penitenciário en España», *Jueces para la Democracia, Informacion y Debate*, nº 45º, Noviembre, 2002.

MONTANARI, Bruno, «La "faute" et "l'acusation": reflexions sur la vérité dans le procés», in *Revue International de Droit Penal*, Volume 68, nº 1-2, 1997.

MOREIRA, Vital, «A revisão Constitucional. As magistraturas e os tribunais», SINDICATO DOS MAGISTRADOS DO MINISTÉRIO PÚBLICO, *A Revisão Constitucional. O Processo Penal e os Tribunais*, Livros Horizonte, 1981.

MORENO, Faustino Cordon, *Las Garantias Constitucionales del Processo Penal*, Arandzi Editorial, Madrid, 1999.

MORENO, J.M. Garcia, «Los tribunales de escabinos en Alemania», *Jueces para la Democracia, Informacion y Debate*, nº 43, Marzo, 2002.

MOTA, José Luís, «A revisão do código de processo penal», *RPCC*, Ano 8º Fasc. 2, Abril, Junho, 1998.

MOURISCA, José, *Código de Processo Penal (Anotado), volume IV*, Tipografia Vouga, Albergaria-a-Velha, 1934.

NADAIS, António, António Vitorino, Vitalino Canas, «Constituição da República Portuguesa, Texto e comentário à Lei nº 1/82» Suplemento à *Revista Jurídica AAFDL*, Lisboa 1983, página 245.

NAVARRO, Pablo E., «Sistema jurídico, casos dificiles y conocimiento del derecho», *Doxa*, nº 14, 1993.

NAZARETH, F.J. Duarte, *Elementos de Processo Criminal*, 3ª edição, Imprensa da Universidade, Coimbra, 1853.

BIBLIOGRAFIA

- *Elementos de Processo Criminal*, 4ª edição, Imprensa da Universidade, Coimbra, 1861.
- NEVES, A. Castanheira, *Sumários de Processo Criminal*, Coimbra, 1968.
- «O instituto dos "Assentos" e a Função Jurídica dos Supremos Tribunais», Coimbra, *RLJ*, Ano 105, nº 3474, (1972-1973) e Ano 116, nº 3706, 1983.
- «O princípio da legalidade criminal», Estudos em Homenagem ao prof. Doutor Eduardo Correia, *BFDUC*, número especial, I, 1984.
- «O problema da constitucionalidade dos assentos – comentário ao Acórdão nº 810/93 do Tribunal Constitucional», *RLJ*, ano 127, nº 3839 e 3840, 1994.
- *Digesta*, Volume I, Coimbra Editora, Coimbra, 1995.
- «Entre o «legislador», a «sociedade» e o «juiz» ou entre «sistema», «função» e «problema» – os modelos alternativos da realização jurisdicional do Direito", *RLJ*, ano 130º, nº 3883, 3884 e 3886, ano 131, nº 3886, 1998.
- «Da jurisdição no actual Estado de Direito», *AB UNO OMNES, 75 anos da Coimbra Editora*, Coimbra, 1998.
- NETTEL, Ana Laura, «La distinción entre contexto de descubrimiento y de justificación y la racionalidad de la decisión judicial», *Isonomia*, nº 5, Octubre, 1995.
- NICOLAS, FRAPOLLI, J.A. e Mª. J. (Editores), *Teorias de la Verdad en el Siglo XX*, Tecnos, Madrid, 1997.
- NUNES, COUTINHO, António José, Jacinto Nelson de Miranda (coord.), *O Direito e o Futuro*, Almedina, Coimbra, 2008.
- OFFICE FEDERAL DE JUSTICE, *Message Relatif à l'Unification du Droit de la Procedure Pénale*, Berne, 2005.
- ORTEGA, M. Segura Ortega, «La racionalidade del derecho: sistema y decision», *BFDUC*, Volume LXXI, 1995.
- *La Racionalidad Jurídica*, Tecnos, Madrid, 1998.

- ORTEGA, R. Rivero, «Quien custodia a los custódios: casacion y motivacion como garantias del controlo de las decisiones judiciales», *Jueces para la Democracia, Información y Debate*, nº 29, julio 1997.
- ORTELS, M. «Origen historico del deber de motivar las sentencias», *Revista de Derecho Procesal Iberoamericana*, nº 4, 1997.
- OSÓRIO, Luis, *Legislação sobre o Processo Penal com Notas*, Porto, 1920.
- *Comentário ao Código do Processo Penal Português, 2º volume*, Coimbra Editora, 1932.
- *Comentário ao Código do Processo Penal Português, 5º volume*, Coimbra Editora, 1934.
- OST, François, *Dire le Droit, Faire Justice*, Bruylant, Bruxelles, 2007.
- PALMA, Maria Fernanda (coordenação), *Jornadas de Direito Processual Penal e Direitos Fundamentais*, Almedina, Coimbra, 2004.
- PAIVA, José da Cunha Navarro de, «Da prova em matéria criminal», *Revista dos Tribunais*, 9º, 10º, 11º e 12º anno.
- *Projecto definitivo de Código de Processo Criminal*, Imprensa Nacional, Lisboa, 1882.
- *Projecto de Código de Processo Penal*, Imprensa Nacional, Lisboa, 1886.
- PAPADOULOS, Ioannis Papadoulos, *Plaider Coupable*, puf, Paris, 2004.
- PASTOR, D.R., «Procesos penales solo para conocer la verdad?», *Jueces para la Democracia, Información y Debate*, nº 59, júlio, 2007.
- PASTOR, Santos, «Modelos para avaliar a legislação em matéria de justiça: impacto nos custos e eficiência», *Sub judice*, nº 34, Janeiro-Março, 2006.
- PATENAUDE, Pierre, *L'Expertise en Preuve Penal*, Éditions Yvon Blais, Québec, 2003.
- PECHSTEIN, Matthias, «La constitutionnalisation du droit au juge en Allemagne», *Le Droit au Juge dans l'Union Européenne*, L.G.D.J., Paris, 1998
- PELLEGRINI, Andrea, *I Provedimenti del Giudice Penale*, Giuffrè Editore, Milano, 2006.
- PENALVA, Ernesto Pedraz, *Derecho Procesal Penal*, Tomo I, Colex, Madrid, 2000.

PERELMAN, Chaïm, *Logique Juridique, Nouvelle Rhétorique*, Dalloz, Paris 1979.

PERELMAN, FORIERS, Chaïm, P., *La Motivation des Décisions de Justice*, Bruylant, Bruxelles, 1978.

PERELMAN, OLBRECHT-TYTECA, Chaïm, Lucie, *Tratado de Argumentação*, Instituto Piaget, Lisboa, 2006.

PERNICE, Ingolf, «Multilevel constitucionalism and the Treaty of Amsterdam», *Common Law Market Review*, 1999.

PEREIRA, Belmiro, *Apontamentos do Curso de processo Penal, de harmonia com as prelecções feitas pelo Exmo. Sr. Doutor José Beleza dos Santos ao curso do 5.º ano jurídico de 1930-31 na Universidade de Coimbra*, Coimbra, 1931.

PEREIRA, Luís Silva, «Os processos especiais do código de processo penal após a revisão de 1998», *Revista do Ministério Público*, n.º 77, Janeiro-Março, 1999.

PEREZ, Ignacio Javier Rafols, «Modificaciones del procedimiento abreviado introducidas por la Lei 38/2002, de 24 de octubre», *Jueces para la Democracia, Información y Debate*, n.º 49, Marzo, 2004.

PETERS, PIERRE, Guy B., Jon, «Developments in intergovernmental relations: tpwards multi-level governance», *Policy &Politics*, V. 29, n.º 2, 2001.

PETIITI, DECAUX, IMBERT, Louis –Edmond, Emanuel e Pierre-Henri (direction), *La Convention Européenne Des Droits de L'Homme*, Económica, Paris, 1995.

PEUKERT, Wolfang, «La célérité de la procedure pénal. La jurisprudence des órganes de la convention Européenne des Droits de l'Homme», *Revue Internationale de Droit Pénal*, 66 éme année, 1995.

PICAZO, L.M. Diez, *Constitucionalismo de la Union Europea*, Madrid, 2002.

PICOTTI, Lorenzo, «Las relaciones entre derecho penal y derecho comunitário: estado actual e perspectivas», *Revista de Derecho Penal y Criminologia*, 2ª Época, n.º 13.

PILLER, POCHON, Damien, Claude, *Commentaire du Code de Procédure Penale du Canton de Fribourg*, Fribourg, 1998.

PIMENTA, José da Costa, «A declaração de voto nas decisões dos tribunais», *Revista do Ministério Público*, Ano 14º Outubro/Dezembro 1993, n.º 56.

PINHEIRO, MATTA, Alexandre de Sousa, Paulo Saragoça da, «Algumas notas sobre o processo penal na forma sumária», *Revista do Ministério Público*, n.º 63, Julho-Setembro, 1995.

PINO, Giorgio, «Coerenza e verità nell'argomentazione giuridica. Alcune riflessione», *Rivista Internazionale di Filosofia di Diritto*, IV Série, LXXV, n.º 1, 1998.

PINTO, Ana Luísa, *A Celeridade no Processo Penal: o Direito à Decisão em Prazo Razoável*, Coimbra Editora, Coimbra, 2008.

PIQUEREZ, Gérard, «La célérité de la procedure pénale en suisse», *Revue Internationale de Droit Pénal*, 66 eme Année, 1995.

– *Traité de Procedure Pénale Suisse*, 2 éme edition, Schultess, Zurich, 2006.

PISANI, Mario «Appunti per la storia della motivazione nel processo penale», *L'Indice Penale*, Anno IV, 1970.

– «La célérité dans la prócedure pénale italienne», *Revue Internationale de Droit Pénal*, 66 éme Année, 1995.

PIZZORUSSO, Alessandro, «Osservazioni del dissenso nelle motivazioni delle decisioni della Corte Costituzionale», *Politica del Diritto*, Volume XXV, n.º 2, Giugno, 1994.

– «Le opinioni dissenzienti ed il ruolo attuale della corte costituzionale», *Questione Giustizia*, n.º 1, 1994.

– «La experiência italiana del Consiglio Superiore della Magistratura», *Jueces para la Democracia, Información y Debate*, n.º 25, 1995.

POÇAS, Sérgio Gonçalves, «Da sentença penal – fundamentação de facto», *Julgar*, n.º 3, 2007.

PONCELA, Pierrete, «La procédure disciplinaire carcérale dans la tormente» in *Revue de Science Criminelle et Droit Pénal Comparé*, nº 4 Octobre/Décembre 2001.

- «L'isolement cárceral sous le controle des juridictions administratives et de la Cour européenne des droits de l'homme», *Revue de Science Criminelle et Droit Pénal Comparé*, nº 2 Avril-Juin, 2005.

- «L'harmonisation des normes pénitentiaires européennes», *Revue de Science Criminelle et Droit Pénal Comparé*, nº 1 Janvier/Mars, 2007.

POPPER, Karl, *Conjecturas e Refutações*, Almedina, Coimbra, 2000.

POSNER, Richard A., *Problemas de Filosofia do Direito*, Martins Fontes, São Paulo, 2007.

- *How Judges Think*, Harvard University Press, Cambridge, Massachusetts, London, England, 2008.

POURTOIS, Hervé, «Théorie sociale et jugement juridique. A propôs de J. Haberlas et Claus Gunter», *Archives de Philosophie du Droit*, Tome 37, 1992.

PRADEL, Jean, «La celeridad del proceso penal en derecho comparado», in Association International de Droit Penal, «La célerité de la procedure pénale», *Revue Internationale de Droit Penal*, 66º Année, 1995.

- «Le plaider coupable. Confrontation des droits américain, italien et français», *Revue Internationale de Droit Comparé*, nº 2 Avril-Juin, 1995.

- «La célérité e les temps du procès penal. Comparaison entre quelques legislations européennes», *Le Champ pénal. Mélanges en l'honneur du professeur Reynald Ottenhof*, Dalloz, Paris, 2006.

PROVEDOR DE JUSTIÇA, *As Nossas Prisões III*, Provedoria da Justiça, Lisboa, 2003.

- *Relatórios Sociais*, Provedoria da Justiça, Lisboa, 2008.

PUIG, BIDASOLO, Santiago Mir, Mirentxu Corcoy (dir.), *La Politica Criminal en Europa*, Atelier, Barcelona, 2004.

PULIDO, Carlos Bernal, «La racionalidad de la ponderación», *Revista Española de Derecho Constitucional*, número 77, Mayo-Agosto, 2007.

QUEIRÓ, Afonso Rodrigues, «A função administrativa», *Revista de Direito e de Estudos Sociais*, ano XXIV, nºs 1-2-3, Janeiro-Setembro, 1977.

QUEIROZ, Cristina, *Interpretação Constitucional e Poder Judicial*, Coimbra Editora, Coimbra, 2000.

RAMOS, FERNANDEZ, Manuel Ortells, Isabel Tapia (coord), *El Proceso Penal en la Doctrina del Tribunal Constitucional (1981-2004)*, Thomson-Arandzi, Madrid, 2006.

RANGEL, Paulo Castro, «Uma teoria da interconstitucionalidade. Pluralismo e Constituição no Pensamento de Francisco Lucas Pires, *Themis*, nº 2, 2000.

- *Repensar o Poder Judicial*, Universidade Católica, Porto, 2001.

- «Estado fraco, tribunais fortes: de novo as questões de legitimidade e função», *Julgar*, nº 7, 2007.

- «A justiça nas constituições poliárquicas do século XXI: instituição liberal ou instituição democrática», *Julgar*, nº especial, Novembro, 2008.

RAWLS, John, *Uma Teoria da Justiça*, Editorial Presença, Lisboa, 1993.

REICHENBACH, Hans, *La Filosofia Cientifica*, Fondo de Cultura Económica, México, Buenos Aires, 1953.

RIBEIRO, Vinício, *Código de Processo Penal, Notas e Comentários*, Coimbra Editora, 2008.

RICOEUR, Paul, *El Discurso de la Accion*, Catedra, Madrid, 2ª edición, 1988.

- *O Justo ou a Essência da Justiça*, Instituto Piaget, Lisboa, 1997.

- *Le Juste 2*, Éditions Esprit, Paris, 2001.

- *A Crítica e a Convicção*, Edições 70, Lisboa, 2009.

RIDEAU, Joel (dir.), *Le Droit au Juge dans l'Union Européenne*, L.G.D.J. Paris, 1998.

RIGANO, Francesco «Note sullo statuto costituzionale del giudice commune», *Rivista di Diritto Costituzionale*, 2006.

RIPOLLÉS, CASABONA, MARTIN, GUIMERÁ, José Luiz Diez, Carlos Maria Romeo, Luis Gracia, Juan Felipe Higuera (Editores), *La Ciência del Derecho Penal Ante el Nuevo Siglo*, Tecnos, Madrid, 2002.

ROCHA, João Luís Moraes, *Reclusos Estrangeiros: um Estudo Exploratório*, Almedina, Coimbra, 2001.

– *Entre a Reclusão e a Liberdade, Estudos Penitenciários*, Almedina Coimbra, 2005.

ROCHA, Manuel Lopes, «A motivação da sentença», *Documentação e Direito Comparado*, nº 75/76, 1998.

RODRIGUES, Anabela Miranda, «A posição jurídica do recluso na execução da pena privativa de liberdade – seu fundameto e âmbito», Separata do *BFDUC*, 1982

– «La preuve en procédure penale comparé. Le droit portugais», *Revue Internationale de Droit Pénale*, 63 éme année, 1992.

– «Os processos sumário e sumaríssimo ou a celeridade e o consenso no CPPP», *RPCC*, Ano 6, Fasc., 1996.

– «A celeridade no processo penal – uma visão de direito comparado», *RPCC*, Ano 8, Fasc. 2º, Abril-Junho, 1998.

– *Novo Olhar Sobre a Questão Penitenciária*, Coimbra Editora, Coimbra, 2002.

– «O Mandado de detenção europeu – na via da construção de um sistema penal europeu: um passo ou um salto?», *RPCC*, 13º 2003.

– *O Direito Penal Europeu Emergente*, Coimbra Editora, Coimbra, 2008.

RODRIGUES, José Narciso da Cunha, «Recursos», Centro de Estudos Judiciários, *Jornadas de Direito Processual Penal. O Novo Código de Processo Penal*, Almedina, Coimbra, 1989.

– *Comunicar e Julgar*, Minerva, Coimbra, 1999.

– «Para onde vai a justiça?», *Sub judice*, nº 14, 1999.

– «Engrenagens de poder: justiça e comunicação social», *Sub judice*, nº 15/16, Novembro, 2000.

– *Lugares do Direito*, Coimbra Editora, Coimbra, 1999.

– «Justiça comunitária e qualidade da justiça: um discurso do método», *Julgar*, nº especial, Novembro 2008.

RODRIGUES, Maria Conceição Carapinha, «Linguagem, discurso e direito – algumas questões de linguagem jurídica», *Revista do Ministério Público*, nº 11

RODRÍGUEZ, RIVAS, VELASCO, IBAÑEZ, José Manuel Martinez Pereda, Juan José Gonzalez, Joaquin Huelin y Martinez de e José Luís Gil, *Constitucion Española*, Colex, 1993.

ROLLA, Giancarlo, «El desarrollo del regionalismo asimétrico y el principio de autonomia en los nuevos sistemas constitucionales: un acertamento comparativo», *Revista de Derecho Constitucionale Europeo*, nº 8, Julio-Diciembre, 2007.

ROMBOLI, Roberto, «Introduzione dell'opinione dissenzienti nei giudizi costituzionali: strumento normativo, aspetti procedurale e ragioni d'opportunitá», *Politica del Diritto*, Volume XXV, nº 2 Giugno, 1994.

RORTY, Richard, *Consequências do Pragmatismo*, Instituto Piaget, Lisboa, 1999.

ROSA, Anne-Maries La, *Jurisdictions Pénales Internationales*, puf, Paris, 2003

ROSANVALLON, Pierre, *La Légitimité Démocratique*, Seuil, Paris, 2008.

ROTH, Peter M., «Les éléments de fait reunis par le juge: le système anglais», *Révue Internationale de Droit Comparé*, 50éme année, nº 3, Juillet-Septembre 1998.

ROURE, Sandrine, «L'élargissement du principe de publicité des débats judiciaires: une judiciarisation du débat public», *Revue Française de Droit Constitutionnel*, nº 68, 2006.

ROUSSEAU, Dominique, «Pour ou contre les opinions dissidentes», *Les cahiers du Conseil Constitutionnel*, nº 8, 2000.

– «Pour: une opinion dissidente en faveur des opinions dissidentes», *Les cahiers du Conseil Constitutionnel*, nº 8, 2000.

- «Les opinions dissidentes, "preuve" de la rationalité des décisons de justice», in Francisco Fernandez Segado (editor), *The Spanish Constitution in the European Constitutional Context/ La constitución Española en el Contexto Constitucional Europeu*, Dyckinson, Madrid, 2003.

ROXIN, Claus Roxin, *Derecho Procesal Penal*, Editores del Puerto, Buenos Aires, 2000.

- «Sobre o desenvolvimento do direito processual penal alemão», in AAVV, *Que Futuro para o Direito Processual Penal?*, Coimbra Editora, 2009.

RUBI-CAVAGNA, Eliette, «Réflexions sur l'harmonisation des incriminations et des sanctions pénales prévue par le traité de Lisbonne», *Revue de Science Criminelle et Droit Pénal Comparé*, nº 3, juillet-septembre, 2009.

RUF, Pablo López, «Dos modelos de adjudicación», *Doxa*, nº 21-II, 1998.

RUGGERI, Antonio, «Per la introduzione nel dissent nei giudizi di costituzionalità: problemi di técnica della normatzione», *Politica del Diritto*, Volume XXV, nº 2 Giugno, 1994

RUIZ, Maria Angeles Ahumada, «La regla de la mayoria y la formulación de doctrina constitucional», *Sub judice*, nº 42, Janeiro-Março, 2008.

SACCUCI, Andrea, «L'Art. 6 della Convenzione di Roma e l'applicazione delle giusto processo ai giuzio di impugnación», *Rivista Italiana di Diritto e Procedura Penale*, Anno XLII, Fasc. 2, Aprile-Giugno, 1999.

SALAS, Denis, *Le Tiers Pouvoir*, Hachette, Paris, 1998.

- «Le juge aujourd'hui», *Droits*, nº 34, 2001.

SALAVERRIA, Juan Igartua, *Valoración de la Prueba, Motivacion y Control en el Proceso Penal*, Tirant lo blanch, Valência, 1995.

- *La Motivación de las Sentencias, Imperativo Constitucional*, Centro de Estúdios Políticos y Constitucionales, Madrid, 2003.

SANGUINETI, Luigi Maria, *Lezioni di Procedura*

Penale, Giuffrè Editore, Milano, 1996.

SANTIAGO, Rodrigo, «Sobre o dever de motivação das respostas aos quesitos em processo penal», *ROA*, Ano 43, 1983.

- «Sobre a prova pericial no código de processo penal de 1987», *RPCC*, ano 11, Fasc. 3, 2001.

SANTOS, André Teixeira dos, «Do processo sumaríssimo: uma idílica solução de consenso ou uma verdade produzida», *O Direito*, Ano 137º, I, 2005.

SANTOS, Beleza dos, *Apontamentos do Curso de Processo Penal, Código de Processo penal (Decreto nº 16489) – De harmonia com as prelecções feitas pelo Ex.mo Sr. Doutor José Beleza dos Santos ao 5º ano jurídico de 1930-31*, Por Belmiro Pereira, Universidade de Coimbra, 1931.

- «Os tribunais de execução das penas em Portugal (razões determinantes da sua criação – estrutura – resultados e sugestões)», Separata do *BFDUC*, Coimbra, 1953.

SANTOS, GOMES, Boaventura, Conceição (coord.), *As Reformas Processuais e a Criminalidade na Década de 90. As Formas Especiais de Processo e a Suspensão Provisória do Processo: Problemas e Bloqueios*, Observatório Permanente da Justiça Portuguesa, Centro de Estudos Sociais, Faculdade de Economia da Universidade de Coimbra, Coimbra, Julho 2002.

- *A Geografia da Justiça. Para um Novo Mapa Judiciário*, Observatório Permanente da Justiça Portuguesa, Centro de Estudos Sociais, Coimbra, 2006.

- *Justiça Penal. Uma Reforma em Avaliação*, Centro de Estudos Sociais, Faculdade de Economia da Universidade de Coimbra, Coimbra, Julho, 2009.

SANTOS, Gil Moreira dos Santos, *O Direito Processual Penal*, Edições Asa, Porto, 2003.

SANTOS, Simas, «Anotação ao Acórdão de 29 de Fevereiro de 1996», *RPCC*, Ano 6, fascículo 4, 1996.

- «Revisão do processo penal: os recursos», *Que Futuro para o Direito Processual Penal?*, Coimbra Editora, Coimbra, 2009.

SAUVEL, Tony, «Histoire du jugement motivé», *Revue du Droit Public et de La Science Politique en France et a l'Etranger*, année 61, 1955.

SACCUCCI, Andrea, «L'Art.6 della Convenzione di Roma e l'applicazione delle garanzie del giusto processo ai giudizio d'impugnazioni», *Rivista Italiana di procedura penale*, Anno XLII Fasc. 2, Aprile-Giugno, 1999.

SAEZ, Ramon, «Juicios rápidos, condenas negociadas, ordenes de alejamiento y deterioro del proceso penal», *Jueces para la Democracia, Información y Debate*, nº 49, Marzo, 2004.

SCHARZE, Jurgen, «Perspectivas Constitucionales de La Unión Europea ante la próxima CIG de 2004», *La Encrucijada Constitucional de la Unión Europea*, Eduardo Garcia Enterria (dir.), Civitas, Madrid, 2002.

SCHLUCHTER, Ellen, *Derecho Procesal Penal*, 2ª edición reelaborada, Tirant lo Blanch, Valencia, 1999.

SCHMID, Niklaus, *Strafprozeserect: Eine Einführung auf der Grundlage des Strafprozessrechts des Kantons Zürich und des Bundes*, 4. Auflage, Schulthess, Zürich, 2004.

SCHÜNEMANN, Bernd, *La Reforma del Proceso Penal*, Dyckinson, Madrid, 2005.

SEABRA, SANTOS, Hugo Martinez de, Tiago, *Reclusos Estrangeiros em Portugal*, Observatório da imigração, Presidência do Conselho de Ministros, Lisboa, 2006.

SEDLEY, Stephen, «La prise de decision par le juge anglais», *Revue internationale de droit comparé*, 50éme année, nº 3 Juillet-Septembre 1998.

SEGADO, Francisco Fernández (editor), *The Spanish Constitution in the European Context/La Constitución Española en el Contexto Constitucional Europeo*, Dyckinson, Madrid, 2003.

SESMA, Victoria Iturralde, *Aplicación del Derecho y Justificación de la Decisón Judicial*, Tirant lo blanch, Valência, 2003.

SHORE, Chris, «"Government Without Statehhood?" Anthropological perspectives on governance and sovereignaty in the European Union», *European Law Journal*, Volume 12, Issue 6, Novembre, 2006.

SILVA, Germano Marques da Silva, *Curso de Processo Penal, III*, Verbo, 1994.

- «A fundamentação das decisões judiciais. A questão da legitimidade democrática dos juízes», *Direito e Justiça*, Volume X, tomo 2, 1996,

- «Conferência Parlamentar. A revisão do código de processo penal», Assembleia da Republica, *Código de processo penal*, Volume II, Tomo II, Lisboa, 1999.

- «Sobre a liberdade no processo penal ou do culto da liberdade como componente essencial da prática democrática» in AA VV. *Liber Discipulorum para Figueiredo Dias*, Coimbra Editora, Coimbra, 2003.

- *Curso de Processo Penal, II Volume*, 4ª edição, Lisboa, 2008.

SILVA, Miguel Moura e, «A Análise económica do direito em Portugal», *Sub judice*, nº 33, Outubro-Dezembro, 2005.

SILVA, Sandra Oliveira, «A liberdade condicional no direito Português: breves notas», *Revista da Faculdade de Direito da Universidade do Porto*, Ano I, 2004.

SIMON, Dieter, *La Independencia del Juez*, Ariel, Barcelona, 1985.

SINDICATO DOS MAGISTRADOS DO MINISTÉRIO PÚBLICO, *A Revisão Constitucional. O Processo Penal e os Tribunais*, Livros Horizonte, Lisboa, 1981.

SIRACUSANO, Delfino, «I provvedimenti penale e le motivazioni implícita, per relatione e sommaria», *Rivista Italiana di Diritto e Procedura Penale*, Anno I, 1958.

SIRACUSANO, GALATI, TRANCHINA, ZAPPALÀ, D., A., G., E., *Diritto Processuale Penale*, *(Volume I e II)*, Giuffrè Editore, Milano, 2001.

SOLUM, Lawrence, «Os vícios e os defeitos de um juiz: um guia aristotélico para o recrutamento de juízes», *Julgar*, nº 7, Abril, 2009.

SORO, José Félix Muñoz, *Decisión Jurídica y Sistemas de Información*, Servicio de Estúdios del Colegio de Registradores, Madrid, 2003.

SOUSA, João Castro e Sousa, *A Tramitação do Processo Penal*, Coimbra Editora, Coimbra, 1983.

SOUSA, João Ramos, «Léxico», *Sub judice*, nº 33, Outubro-Dezembro, 2005.

SOUSA, Marcelo Rebelo de, Luís Marques Guedes e Luís Marques Mendes, *Uma Constituição Moderna para Portugal*, Lisboa, 1997.

STELLA, Frederico, «Verità, scienza e giustizia: le frequenze médio-basse nella sucessione di eventi», *Rivista Italiana di Diritto e Procedura Penale*, Anno XLV, Fasc. 4, Ottobre-Dicembre, 2002.

– «Oltre il ragionevole dubbio: il libero convincimento del giudice e le indicazioni vincolanti della costituzione italiana», in Associazione tra gli Studiosi del Proceso penale, Il *Libero Convincimento del Giudice Penale, Vecchie e Nuove Esperienza*, Milano Giuffrè, 2004.

STEINER, George, «A Ciência está perto dos limites?», *A Ciência terá limites?*, AAVV, Fundação Calouste Gulbenkian/Gradiva, Lisboa, 2008.

STOLLEIS, Michael, «O perfil do juiz na tradição europeia», in António Pedro Barbas Homem, Eduardo Vera-Cruz Pinto, Paula Costa e Silva, Susana Videira, Pedro Freitas (coordenação), *O Perfil do Juiz na Tradição Ocidental*, Almedina, Coimbra, 2009.

STRANLI, Bernard, «Le jury genevois», *Revue Internationale de Droit Pénal*, Vol. 72, 2001.

STRECKER, Christoph, «Das Rechtsbeugungsprivileg», *Betrifft JUSTIZ*, nr.96, Dezember 2008.

SUDRE, Fréderic, «L'effectivité des arrêts de la Cour Européenne des droits de l'Homme», *Revue Trimestrelle des Droits de l'Homme*, 19 emme Année, nº 76, Octobre 2008.

SUEUR, Andrew Le, «Developing mechanisms for judicial accountability in the UK», *Legal Studies*, 2004.

SPENCER, John R, «La célérité de la procedure pénale en Angleterre», *Revue Internationale de Droit Pénal*, 66 éme Année, 1995.

– «Quelques observations préliminaires», *Revue Internacional de Droit Comparé*, nº 3 1999.

TARUFFO, Michele, *La Motivazionne della Sentenza Civile*, Cedam, Padova, 1975.

– «La fisionomia della sentenza in Itália», *Rivista Trimestrale di Diritto e Procedura Civile*, Anno XL, 1986.

– «Note sulla garanzia costituzionale della motivazione», *BFDUC*, Volume LV, 1979.

– «Idee per una teoria della decisione giusta», *Rivista Trimestrale di Diritto e Procedura Civile*, 1997.

– «Legalità e giustificazione della creazione giudiziaria del diritto», *Rivista Trimestrale di Diritto e Procedura Civile*, Marzo, 2001.

– «Senso comune, esperienza e scienza nel ragionamento del giudice», *Rivista Trimestrale do Diritto e Procedura Civile*, número 3, 2001.

– «Consideraciones sobre prueba y verdad», *Derechos y Libertades, Revista del Instituto Bartolomé de Las Casas*, Año VII, Enero/Diciembre, 2002, número 11.

– *La prueba de Los Hechos*, Editorial Trotta, Madrid, 2ª edicion, 2005.

– «Conocimiento científico y estándares de prueba judicial», *Jueces para la Democracia, Información y Debate*, nº 52, Marzo, 2005.

– «Consideraciones sobre prueba y motivación», *Jueces para la Democracia, Información y Debate*, nº 59, júlio, 2007.

– «Narrativas judiciales», *Revista de Derecho*, Volume XX, nº 1, julio, 2007.

TARUFFO, IBÁÑEZ, PÉREZ, Michele, Perfecto Andrés, Alfonso Candau, *Consideraciones sobre la Prueba Judicial*, Fundación Coloquio Jurídico Europeu, Madrid, 2009.

TENORIO, Pedro, «Proceso Penal y doctrina del Tribunal Constitucional», *Revista Española de Derecho Constitucional*, nº 8, Mayo-Agosto, 2007.

TESSA, Stefano, «Evoluzione e involuzione della liberazione condizionale», *Giurisprudenza Costituzionale*, Anno XXXVIII, 1993, Maggio-Giugno.

TIEDEMANN, Claus, «Constitution y derecho penal», *Revista Española de Derecho Constitucional*, ano 11, 1991.

TONINI, Paolo, *La Prova Penale*, 3ª edizione, Cedam Padova, 1999.

– *Manuale di Procedura Penale*, Giuffrè, Milano, 2000.

TORRÃO, Fernando, *A Relevância Político-criminal da Suspensão Provisória do Processo*, Almedina, Coimbra, 2000.

TRIUNFANTE, Luís Lemos, «O Tribunal Europeu dos Direitos do Homem e o Tribunal/Juiz Nacional», *Julgar*, Número Especial, 2009.

TRÓCASÁNYI, László, «Les opinions individuelles en Hongrie: une instituition», *Les cahiers du Conseil Constitutionnel*, nº 8, 2000.

TROPER, Michael, «Les juges pris au sérieux ou la théorie du droit selon Dworkin», *Droit et Societé*, nº 2, 1986.

TURCEY, Valéry, *Le Prince et ses Juges*, Plon, Paris, 1997.

TWINING, *Rethinking Evidence, Exploratory Essai*, Cambridge, 2006.

UBERTIS, Giulio, *Fatto e Valore nel Sistema Probatório Penale*, Giuffrè, Milan, 1979.

– *Principi di Procedura Penale Europea*, Rafaello Cortina Editore, 2000.

UBERTIS, Giulio (a cura), *La Conoscenza del Fatto nel Processo Penale*, Giuffrè Editore, Milano, 1992.

VALENTE, Manuel Monteiro Guedes (coord.), *I Congresso de Processo Penal*, Almedina, Coimbra, 2005.

– *II Congresso de Processo Penal*, Almedina, Coimbra, 2006.

VARGUES, Artur, «Alterações ao Regime da liberdade condicional», *Revista do CEJ*, nº 8, 1º Semestre de 2008.

VAZ, Alexandre Pessoa Vaz, «O tríplice ideal da justiça célere, económica e segura ao alcance do legislador processual moderno», *ROA*, ano 33, Volume 1, Janeiro-Junho, 1973.

– «A crise da justiça em Portugal. Os grandes paradoxos da prática judiciária nos últimos cinquenta anos», *ROA*, Ano 46, Volume III, Dezembro, 1986.

VEIGA, Catarina, «Prisão preventiva, Absolvição e responsabilidade do Estado» in *Revista do Ministério Público*, nº 97, 2004.

VERDELHO, Pedro, «Tempus fugit ou a reforma penal e a celeridade», *Revista do CEJ* nº 5, 2º semestre, 2006.

VIENNOT, Camille, «Celerité et justice penale: l'éxemple de la comparution immediate», *Archives de Politique Criminelle*, nº 29, 2007.

VIGGIANO, Filippo, «Patologie nel giudizio abbreviato e nell'aplicacion della pena su richiesta: il controlo della corte di cassazione», *Rivista Italiana di Diritto e Procedura Penale*, Anno XL, Fasc. 2 Aprile-Giugno, 1997.

VILAR, Silvia Barona, *Seguridad, Celeridad y Justicia Penal*, tirant lo blanch, Valência, 2004.

VILCHES, Baetriz Tébar, «La aplicación de la libertad condicional en España», *Revista de Derecho Penal y Criminologia*, 2ª Época, nº 18, 2006.

VOGEL, Joachin, «Politica criminal y dogmática penal europeas», *Revista Penal*, nº 11, 2003.

VOGLER, Richard, «Justiça penal e processo penal», Fauzi Hassan Choukr, Kai Ambos (coord.), *Processo Penal e Estado de Direito*, São Paulo, 2002.

WALTER, Christian, «La pratique des opinions disidentes à l'étranger: en Allemagne», *Les Cahiers du Conseil Constitutionnel*, nº 8, 2000.

WESTERN, Bruce, *Punição e Desigualdade na América*, Almedina, Coimbra, 2009.

WHITMAN, James Q., «Comment expliquer la peine aux États-Unis?», *Archives de Politique Criminelle*, nº 27, 2006.

WINTER, Lorena Bachmaier, «Dos modelos de prueba pericial en el derecho comparado: Estado Unidos de América y Alemania», *Jueces para la Democracia, Información y Debate*, nº 66, Noviembre, 2009.

WRÓBLEWSKY, J., «Motivation de la décision judiciaire», Ch. Perelman *et* P. Foriers, *La Motivation des Décisions de Justice*, Établissements Émile Bruylant, Bruxelles, 1978.

ZAGREBELSKY, Gustavo, «Contribuitions au débat sur les opinions dissidents dans les jurisdictions constitutionnelles: en Italie», *Les Cahiers du Conseil Constitutionnel*, nº 8, 2000.

– *El Derecho Dúctil. Ley, Derecho, Justicia*, Trotta, Madrid, 2007.

ZAZA, Carlo, *La Sentenza Penale*, Giuffrè Editore, Milano, 2004.

ZAPATER, Bacigalupo, «La motivación de la subsunción típica en la sentencia penale», *Cuadernos de Derecho Judicial*, nº 13, 1992.

ZENHA, Francisco Salgado, *Notas sobre a Instrução Criminal*, Braga, Centro Gráfico de Famalicão, 1968.

ÍNDICE

PALAVRAS PRÉVIAS	9
INTRODUÇÃO	11

CAPÍTULO I. A decisão judicial como questão essencial da jurisdição | 21
I. Enquadramento da questão decisional | 21
II. O problema da verdade na pretensão a uma decisão justa | 29
1. A pretensão a uma decisão justa | 29
2. Os modelos de verdade na justiça | 37
   2.1. As concepções objectivas de verdade | 38
   2.2. As teorias pragmáticas de verdade | 40
   2.3. O modelo consensualista de verdade | 42
3. Um modelo vinculativo à verdade | 44
III. A questão da verdade como factor de legitimação da jurisdição | 49
IV. A validade da decisão judicial pela fundamentação | 55
V. Síntese | 64

CAPÍTULO II. Construção e autonomia constitucional de um conceito:
           o princípio da fundamentação das decisões | 67
I. Introdução à dimensão constitucional da fundamentação das decisões | 67
II. A trajectória histórica do silêncio constitucional | 71
1. O constitucionalismo monárquico | 71
2. O constitucionalismo republicano | 75
3. O constitucionalismo democrático | 77
III. O princípio da fundamentação das decisões judiciais na Constituição
    da República | 79
1. A revisão constitucional de 1982 | 79
2. A revisão constitucional de 1997 | 85
IV. Corolários do princípio constitucional da fundamentação das decisões | 89

A FUNDAMENTAÇÃO DA SENTENÇA NO SISTEMA PENAL PORTUGUÊS

1. Generalidade	90
2. Indisponibilidade	94
3. Conteúdo completo da fundamentação (completude)	97
4. Publicidade	101
5. O duplo grau de jurisdição	103
V. Um novo constitucionalismo: um outro fôlego para a exigência de fundamentação?	106
1. Sintomas e decorrências de um novo constitucionalismo	106
2. A fundamentação das sentenças no sistema europeu de protecção de direitos fundamentais de acordo com o TEDH	112
2.1. O Acórdão *Taxquet contra Bélgica* e a dimensão legitimadora da fundamentação	117
3. Um «esquema europeu» de fundamentação das decisões penais	120
VI. Síntese	128
CAPÍTULO III. Estrutura e racionalidade da construção e fundamentação da sentença penal	131
I. Génese e finalidades da obrigação de fundamentação	131
1. A dimensão endoprocessual da fundamentação das decisões	136
1.1. Garantia de impugnação e mecanismo de heterocontrolo	137
1.2. Garantia de defesa	138
1.3. Mecanismo de autocontrolo	139
2. A dimensão extraprocessual da fundamentação das sentenças	141
2.1. O problema da legitimação (revisitação)	142
2.2. A emergência do princípio da transparência	144
2.3. Prestação de contas e responsabilização	146
II. A emergência de uma clarificação conceptual	149
1. Fundamentação, justificação e motivação	149
2. Fundamentação externa e fundamentação interna	154
III. O modelo racional de construção e fundamentação da sentença penal	157
1. Autonomia vinculante entre o dever de fundamentação e o dever de decisão	158
2. O processo de decisão como acto de conhecimento intersubjectivo	164
3. A dinâmica do modelo de contraditório no processo de fundamentação da sentença	168
4. Um modelo de racionalidade pública	173
4.1. O carácter público da decisão e as suas consequências na fundamentação	175
4.1.1. A fundamentação das restrições ao carácter público da audiência	178
4.1.2. A forma de publicitação da fundamentação da sentença	179

ÍNDICE

4.2. Os condicionamentos da racionalidade pública na fundamentação
    da sentença 181
5. Uma racionalidade ponderada ou uma crítica à «hiperracionalidade» 184
IV. Síntese 190

CAPÍTULO IV. A reconfiguração normativa de um modelo constitucionalmente
    vinculado de fundamentação da sentença penal 195
I.   Enquadramento histórico da questão da fundamentação da sentença
     no processo penal português 195
1.   Antecedentes 195
2.   O Código de Processo Penal de 1929 202
3.   O Código de Processo Penal de 1987 207
     3.1. O modelo de fundamentação da sentença 207
II. Critérios estruturais para uma compreensão vinculadamente
     constitucional da fundamentação da sentença 211
1.   Fundamentação suficiente 213
2.   Coerência 216
3.   Razoabilidade 218
III. Fundamentação de facto e fundamentação jurídica da sentença. 220
1.   A autonomia vinculada entre a fundamentação «de facto»
     e a fundamentação «jurídica» 220
2.   «Factos» e prova na fundamentação 223
     2.1. O processo de elaboração da fundamentação de facto: o modo
          de produção da prova 227
     2.1.1. O modelo analítico de produção e valoração da prova 229
     2.1.2. O exame crítico das provas: a livre apreciação da prova
          e a «dúvida razoável» 233
     2.1.3. As máximas de experiência 238
     2.1.4. A exigência de uma fundamentação reforçada na prova vinculada ... 242
     2.1.5. A imediação como «constrangimento» na elaboração
          da fundamentação 248
3.   Algumas particularidades na fundamentação jurídica da sentença 252
IV. A exigência da concisão como elemento modelador da fundamentação ... 259
1.   O princípio legal da concisão 259
2.   A fundamentação *per relationem* 265
3.   A fundamentação implícita 271
V.   Particularidades do modelo constitucional de fundamentação no sistema
     penal 273
1.   A fundamentação nas decisões colegiais e a questão do voto de vencido ... 274
2.   A fundamentação das decisões interlocutórias restritivas de direitos 290

A FUNDAMENTAÇÃO DA SENTENÇA NO SISTEMA PENAL PORTUGUÊS

3. A fundamentação das decisões no domínio da execução das penas
privativas de liberdade ... 297
   3.1. Breve justificação para a análise de um problema ... 297
   3.2. A execução da pena privativa de liberdade ... 298
   3.3. O processo de decisão na execução da pena privativa de liberdade ... 306
     3.3.1. A liberdade condicional ... 309
     3.3.2. Licenças de saída jurisdicionais ... 316
     3.3.3. A impugnação das sanções disciplinares ... 320
   3.4. A fundamentação das decisões na execução da pena de prisão
     como dever reforçado? ... 325
VI. Patologias da obrigação de fundamentação ... 331
1. A falta de fundamentação da sentença ... 332
2. A fundamentação insuficiente ... 338
3. A fundamentação contraditória ... 340
VII. Síntese ... 342

CAPÍTULO V. Diferenciação processual e fundamentação ... 347
I. O discurso da diferenciação e a sua repercussão no procedimento ... 347
1. A distinção entre casos fáceis e casos difíceis: um conceito operativo? ... 351
2. A decisão de fixação de jurisprudência ... 359
3. A fundamentação divergente da decisão que fixa jurisprudência ... 363
II. Razões e soluções para uma diferenciação ... 366
1. A emergência da capacidade funcional da administração da justiça penal:
celeridade, eficácia e eficiência ... 366
2. A dimensão extraprocessual e as soluções de diversão ... 373
3. As soluções de aceleração no domínio intraprocessual ... 375
   3.1. Modelos de diferenciação nos processos especiais ... 380
     3.1.1. O modelo de consenso ... 384
     3.1.2. O modelo de «validação gradativa» da prova ... 395
III. A fundamentação das sentenças nos processos especiais ... 400
1. A fundamentação da decisão no modelo consensual: o processo
sumaríssimo ... 401
2. A fundamentação da sentença no modelo gradativo de validação de prova:
os processos sumário e abreviado ... 406
3. A hipótese da fundamentação sumária ... 411
IV. A fundamentação abreviada das sentenças ... 416
1. A sentença com motivação reduzida no modelo germânico ... 420
2. O modelo de renúncia à fundamentação da sentença do novo Código
de Processo Penal Suíço ... 425
V. Síntese ... 434

CAPÍTULO VI. É possível uma sentença abreviada no modelo processual português? 437

I. Um modelo de diferenciação sentencial 437
II. A sentença abreviada 442
III. Síntese 448

SÍNTESE FINAL 451
ADENDA 455
I. A origem da alteração legislativa 455
II. A nova estrutura da sentença nos processos sumário e abreviado. 459

SIGLAS E ABREVIATURAS 465
BIBLIOGRAFIA 467
ÍNDICE 491